MARILYN FERGUSON

DIE SANFTE VERSCHWÖRUNG

SPHINX   NEUE DIMENSIONEN

Marilyn Ferguson

DIE SANFTE VERSCHWÖRUNG

Persönliche und Gesellschaftliche Transformation im Zeitalter des Wassermanns

SPHINX VERLAG BASEL

Aus dem Amerikanischen
von Thomas Reichau

CIP-Kurztitelaufnahme der Deutschen Bibliothek

Ferguson, Marilyn:
Die sanfte Verschwörung: persönl. u. gesellschaftl.
Transformation im Zeitalter d. Wassermanns
Marilyn Ferguson. Vorw. von Fritjof Capra.
[Aus d. Amerikan. von Thomas Reichau].
Basel: Sphinx-Verlag, 1982.
(Neue Dimensionen)
Einheitssacht.: The Aquarian conspiracy <dt.>
ISBN 3-85914-204-6

1982
2. Auflage
© 1982 Sphinx Verlag Basel
Alle deutschen Rechte vorbehalten
© 1980 Marilyn Ferguson
Originaltitel: The Aquarian Conspiracy
J.P. Tarcher, Inc., Los Angeles
Redaktion: Dieter A. Hagenbach
Lektorat: René Taschner
Gestaltung: Charles Huguenin
Umschlagbild: David Westwood
© 1980 Marilyn Ferguson
Produktion: Charles Huguenin
Gesamtherstellung: Zobrist & Hof AG, Pratteln
Printed in Switzerland
ISBN 3-85914-204-6

Für Eric, Kris und Lynn

Ohne irgendein sichtbares Anzeichen der Veränderung werden gelegentlich die Zeit an sich, die Ereignisse oder die blossen individuellen Leistungen des Geistes, eine allgemein geltende Überzeugung untergraben oder zunichte machen ... Es wurde keine Verschwörung formiert, um gegen sie Krieg zu führen, ihre Gefolgsleute sagen sich aber still von ihr los. Wenn ihre Gegner stumm bleiben oder ihre Gedanken nur heimlich untereinander austauschen, so sind sie sich lange Zeit selber nicht bewusst, dass tatsächlich eine grosse Revolution ausgelöst wurde.

Alexis de Tocqueville

Und ich bemühe mich darum, herauszufinden, wie ich meinen Gefährten ein Zeichen geben kann ... um wie Verschwörer zur rechten Zeit einen einfachen Satz, eine Losung auszusprechen: Schliessen wir uns zusammen, lasst uns eng beieinander bleiben und unsere Herzen sich verschmelzen lassen; lassen wir der Erde ein Gehirn und ein Herz entstehen und lasst uns dem übermenschlichen Daseinskampf eine menschliche Bedeutung verleihen.

Nikos Kazantzakis

Dieses Bewusstsein kann nur eine Verschwörung von Individuen sein.

Pierre Teilhard de Chardin

INHALT

	Vorwort von Fritjof Capra	11
	Danksagung	17
	Einleitung	19
1	Die Verschwörung	25
2	Vorahnungen von Transformation und Verschwörung	51
3	Transformation: Gehirn und Geist im Wandel	73
4	Zu neuen Ufern: Menschen verändern sich	95
5	Die Amerikanische Matrix der Transformation	137
6	Befreiendes Wissen: Neuigkeiten von der vordersten Front der Wissenschaft	167
7	Richtig angewandte Macht	219
8	Selbstheilung	283
9	Fliegen und Erkennen: Neue Wege des Lernens	323
10	Die Transformation der Werte und der inneren Berufung	375
11	Spirituelles Abenteuer: Verbindung mit der Quelle	417
12	Menschliche Bindungen: Verändernde Beziehungen	447
13	Die weltweite Verschwörung	467
	Anhang A	483
	Anhang B	487
	Bibliographie	497
	Namensregister	511
	Sachregister	519

VORWORT

Indem wir uns weiter in die achtziger Jahre bewegen, wird uns zunehmend bewusst, dass wir uns in einer tiefgreifenden, weltweiten kulturellen Krise befinden. Es ist eine komplexe, mehrdimensionale Krise, deren Aspekte jeden Bereich unseres Lebens berühren – unser Wohlbefinden und unseren Lebensunterhalt, die Qualität unserer Umwelt und unsere gesellschaftlichen Beziehungen, unsere Wirtschaft, Technologie und Politik. Es ist ein auffallendes Zeichen dieser Krise, dass Leute, die als Experten auf verschiedenen Gebieten galten, nicht länger mit den vordringlichen Problemen fertig werden, die in ihren Fachbereichen entstanden sind. Ökonomen sind unfähig, die Inflation zu begreifen, Ärzte sind sich uneinig über die Ursachen von Krebs, Psychiater stehen vor dem Rätsel der Schizophrenie, die Polizei ist hilflos angesichts der steigenden Verbrechensrate; die Liste liesse sich beliebig fortsetzen. Das dieser Ideenkrise zugrundeliegende Problem ist auf allen Gebieten dasselbe. Die meisten unserer Akademiker, Politiker, Geschäftsleute und gesellschaftlichen Institutionen haben ein zu enges Weltbild, das zur Lösung der hauptsächlichen Probleme unserer Zeit unzulänglich ist. Diese Probleme sind «systemische» Probleme, das heisst, sie sind eng miteinander verbunden und stark voneinander abhängig. Sie können nicht verstanden werden mit Hilfe der fragmentarischen Methoden, die charakteristisch sind für unsere akademischen Fachbereiche und Regierungsämter. Solche Methoden lösen keine unserer schwierigen Probleme, sondern schieben sie in dem komplexen Netz gesellschaftlicher und ökologischer Beziehungen eher hin und her. Eine Lösung kann nur gefunden werden, wenn die Struktur des Netzes verändert wird, und dies bedingt radikale Transformation unserer gesellschaftlichen Institutionen, Wertbegriffe und Vorstellungen.

Um unsere vielgestaltige kulturelle Krise zu verstehen, müssen wir uns eine grosszügige Betrachtungsweise aneignen und unsere Situation im Kontext der kulturellen Entwicklung der Menschheit sehen. Wir müssen unsere Perspektive vom Ende des zwanzigsten Jahrhunderts auf eine Zeitspanne, die Tausende von Jahren umfasst, verlagern; von der Vorstellung statischer, gesellschaftlicher Strukturen zur Wahrnehmung dynamischer Muster des Wandels. Aus dieser Perspektive betrachtet, erscheint die Krise als Aspekt der Transformation, und es wird klar, dass die Probleme, denen wir heute gegenüberstehen, keine gewöhnlichen Probleme sind, sondern Anzeichen einer der grossen Phasen kulturellen Übergangs, wie sie in der menschlichen Geschichte nur sehr selten in Erscheinung getreten sind. Die mannigfaltigen Auswirkungen der gegenwärtigen Übergangsperiode auf das innere und äussere Leben des einzelnen und unsere gesellschaftlichen Einrichtungen sind Gegenstand des vorliegenden Buches.

Marilyn Ferguson zeigt überzeugend, dass ein zentraler Aspekt unserer kulturellen Transformation ein, wie sie es nennt, «Paradigmawechsel» ist – eine dramatische Veränderung in bezug auf die Gedanken, Wahrnehmungen und Wertbegriffe, die ein besonderes Realitätsempfinden entstehen lassen. Das umfasst eine grosse Anzahl von Vorstellungen, die unsere Gesellschaft während Hunderten von Jahren beherrscht haben; Werte, die mit verschiedenen Strömungen westlicher Kultur verknüpft gewesen sind, unter ihnen die wissenschaftliche Revolution des siebzehnten Jahrhunderts, die Aufklärung, und die Industrielle Revolution. So zum Beispiel der Glaube in die wissenschaftliche Methode als einzig gültigen Zugang zum Wissen, die Trennung von Geist und Materie, die Vorstellung der Natur als ein mechanisches System, die Betrachtung des Lebens in der Gesellschaft als ein Konkurrenzkampf um das Überleben und der Glaube an unbegrenzten materiellen Fortschritt durch wirtschaftliches und technologisches Wachstum. Alle diese Vorstellungen und Wertbegriffe zeigen sich jetzt als äusserst begrenzt und bedürfen einer radikalen Überprüfung. Wir leben heute in einer global verknüpften Welt, in der biologische, psychologische, gesellschaftliche und Umweltphänomene alle voneinander abhängig sind. Um diese Welt zu begreifen, benötigen wir eine ökologische Perspektive, die uns das Weltbild der kartesianisch-newtonschen Wissenschaft nicht liefern kann.

Das neue Paradigma, das jetzt in verschiedenen Bereichen auftaucht, ist von einer ganzheitlichen und ökologischen Sicht geprägt. Es umfasst neue Konzepte von Raum, Zeit und Materie aus der subatomaren Physik; die Systembegriffe des Lebens, des Geistes, des Bewusstseins und der Evolution; den entsprechenden ganzheitlichen Zugang zu Gesundheit und Heilen; die Integration westlicher und östlicher Methoden der Psychologie und Psychotherapie; ein neues Konzept für Wirtschaft und Technologie; und eine ökologische und feministische Betrachtungsweise, die letztlich zutiefst spirituell ist.

Das vorliegende Buch versucht nicht, ein umfassendes Gedankensystem für das neue Weltbild anzubieten; dennoch gelang es der Autorin in bemerkenswerter Weise, einige grundlegende Aspekte aufzuzeigen. Das neue Paradigma besteht nicht nur aus neuen Konzepten, sondern auch aus einem neuen Wertsystem und spiegelt sich in neuen Formen gesellschaftlicher Organisationen und neuen Institutionen. Es kommt grösstenteils ausserhalb unserer akademischen Institutionen zum Ausdruck, die zu eng mit dem kartesianischen System verbunden bleiben, um die neuen Ideen anzuerkennen. Die neue Realitätsvorstellung ist von zahlreichen Individualisten, Gemeinschaften und Netzwerken geformt worden, die neue Wege des Denkens entwickeln und sich selbst entsprechend neuer Grundsätze organisieren. Ihre Aktivitäten und ihre kollektiven und individuellen Erfahrungen stehen im Mittelpunkt des Buches von Marilyn Ferguson.

Die sechziger und siebziger Jahre haben eine ganze Reihe philosophischer, spiritueller und politischer Bewegungen hervorgerufen, die alle in die gleiche Richtung zu gehen scheinen; sie alle betonen verschiedene Aspekte des neuen Paradigmas. Zunehmende Besorgnis gilt der Ökologie, die sich in Bürgerinitiativen ausdrückt, die sich um gesellschaftliche und Umweltfragen gruppieren, auf die Grenzen des Wachstums hinweisen, eine neue ökologische Moral vertreten und angemessene «sanfte» Technologien entwickeln. Sie sind die Quellen neu entwickelter Gegenmassnahmen, die auf dezentralisierten und ökologisch harmonischen Lebensstilen basieren. Auf der politischen Bühne bekämpft die Anti-Atomkraft-Bewegung die extremsten Auswüchse unserer Technologie und wird dadurch zu einer der machtvollsten politischen Kräfte in diesem Jahrzehnt.

Gleichzeitig wird eine bedeutsame Verschiebung von Wertbegriffen sichtbar – von der Bewunderung der Grossunternehmen zum Gedanken des «small is beautiful», vom materiellen Konsum zu freiwilliger Bescheidenheit, vom wirtschaftlichen und technologischen Wachstum zu innerem Wachstum und innerer Entwicklung. Diese neuen Werte werden unterstützt durch die «human potential»-Bewegung, die Bewegung zur ganzheitlichen Heilkunde und durch spirituelle Bewegungen, die die geistige Bedeutung des Lebens erneut betonen. Schliesslich, aber vielleicht am wichtigsten, wird das alte Wertsystem durch den Aufstieg des aus der Frauenbewegung entstandenen feministischen Bewusstseins angefochten und tiefgreifend verändert.

Bis anhin haben die meisten dieser Bewegungen getrennt operiert und nicht erkannt, wie ihre Ziele miteinander in Beziehung stehen, aber mehrere bedeutende Vereinigungen haben kürzlich begonnen sich zu formieren. Wie zu erwarten ist, schlossen sich Umweltgruppen und Frauenbewegungen auf mehreren Gebieten zusammen, vor allem hinsichtlich der Atomkraft. Auch sind Kontakte entstanden zwischen Umweltschutzgruppen, Konsumentenvereinigungen und verschiedenen ethnischen Befreiungsbewegungen. Die neuen Allianzen und Vereinigungen verbinden inzwischen bereits Hunderte von Gruppen und Netzwerken untereinander, und Fergusons Buch legt eindrucksvolle Beweise vor für die Tatsache, dass die verschiedenen Bewegungen die Gemeinsamkeit ihrer Ziele zu erkennen beginnen und zusammenströmen in einer «sanften Verschwörung», einer machtvollen Kraft gesellschaftlicher und kultureller Transformation.

Da der Feminismus in unserer kulturellen Transformation eine Hauptkraft darstellt, ist es wahrscheinlich, dass die Frauenbewegung in der Verschmelzung der unterschiedlichen gesellschaftlichen Bewegungen eine Schlüsselrolle spielen wird. Tatsächlich spielen Frauen oft die Hauptrolle beim Aufbau von Netzwerken und Schmieden von neuen Vereinigungen, und Marilyn Ferguson ist seit vielen Jahren eine solche Leitfigur. Ihre Newsletters, *Brain/Mind Bulletin* und *Leading Edge,* haben unzählige Einzelpersonen und Gruppen untereinander in Kontakt treten lassen und massgebend dazu beigetragen, unser Informations- und Erziehungssystem neu zu strukturieren, durch Verlagern der Betonung des Journalismus von der fragmentarischen zur ganzheitlichen Sicht und durch die Entwicklung einer neuen Berufsmoral auf der Grundlage gesellschaftlichen und ökologischen Bewusstseins.

Wie ihre Newsletters stellt Marilyn Fergusons Buch eine positive und dynamische Vorstellung der Zukunft vor. In China ist der Begriff für Krise – *wei-ji* – aus dem Schriftzeichen für «Gefahr» und «Gelegenheit» zusammengefügt, und diese Verbindung ist im Buch *Die Sanfte Verschwörung* ebenso klar ersichtlich.

Wenn Marilyn Ferguson die vielfältigen Auswirkungen des Paradigmawechsels beschreibt, verliert sie nie die Sicht auf die Verbindung zwischen Krise und Transformation, zwischen Gefahr und Gelegenheit.

Fritjof Capra,
Berkeley, Januar 1982

DANKSAGUNG

Eine vollständige Aufzählung jener Hunderte von Menschen, die, jeder auf seine Weise, zu diesem Projekt seit seinem Beginn im Jahre 1976 beitrugen und denen ich zu Dank verpflichtet bin, ist an dieser Stelle schier unmöglich. Sie alle wissen jedoch, wer sie sind und werden ihre Anregungen hier und dort wiedererkennen. Ihnen und all den anderen Vielbeschäftigten, die sich die Zeit nahmen und auf die Umfrage der Verschwörung im Zeichen des Wassermanns antworteten – meinen aufrichtigen Dank.

Besonderer Dank gilt meiner langjährigen Freundin und Mitarbeiterin Anita Storey für ihre unermüdliche Unterstützung, ihre Einfühlsamkeit und ihren Humor ...

Mein Dank gilt ebenso Sandra Harper, einer aussergewöhnlichen Forschungsassistentin, unerlässlichen Begleiterin, wenn es galt, Entdeckungen zu machen ... und meinen Kindern Eric, Kris und Lynn Ferguson, dafür, dass sie während oft mühsamer Zeiten ein Verständnis zeigten, welches ihre Belastbarkeit häufig überschritt. Viele, die Hilfestellung gaben, werden im Buch jeweils im Zusammenhang mit ihrer besonderen Sachkenntnis zitiert.

EINLEITUNG

Im Verlauf der Recherchen zu einem Buch über die Beziehung zwischen dem Gehirn und dem Bewusstsein des Menschen haben mich in den frühen siebziger Jahren wissenschaftliche Ergebnisse sehr beeindruckt, welche menschliche Fähigkeiten aufzeigten, die weit über unser Verständnis für «das Normale» hinaus gehen. Zu dieser Zeit sind die sozialen Implikationen dieser Nachforschungen von der Wissenschaft im wesentlichen noch nicht untersucht worden und blieben der Öffentlichkeit weithin unbekannt. Die Forschung war spezialisiert, verstreut über viele Disziplinen; technisch abgehandelt, wurden die Ergebnisse zwei oder drei Jahre später in Fachzeitschriften veröffentlicht, die vorwiegend in Spezialbibliotheken aufliegen.

Während die Wissenschaft in der ihr eigenen objektiven Manier überraschende Daten über die menschliche Natur und die Natur der Wirklichkeit hervorbrachte, sah ich, dass Hunderttausende von Individuen bei sich selbst auf subjektive Überraschungen stiessen. Durch systematische Erforschung der bewussten Erfahrung entdeckten sie mit Hilfe einer Vielzahl von Methoden solche Phänomene des Geistes wie beschleunigtes Lernen, erweiterte Bewusstheit, die Macht der inneren Vorstellungskraft in bezug auf Heilung und Problemlösung und die Fähigkeit, verborgene Erinnerungen wiederzuentdecken; die daraus gewonnenen Einsichten veränderten ihre Wertvorstellungen und ihre

Beziehungen. Sie streckten ihre Hände nach jeder Information aus, die ihnen helfen würde, ihre Erfahrungen zu begreifen.

Vielleicht weil es einen der ersten Versuche einer Synthese darstellt, versetzte mich mein Buch *Die Revolution der Gehirnforschung* in die Lage einer unfreiwilligen Aufklärerin sowohl für die Forscher, welche die Implikationen ihrer Ergebnisse sahen, als auch für Individuen, welche die Aufzeichnungen vergleichen wollten, und für Journalisten, die nach dem Hintergrund des keimenden Interesses am Thema «Bewusstsein» suchten. Um diesem offensichtlichen Bedürfnis nach Verbindung und Kommunikation zu begegnen, begann ich Ende 1975 *Brain/Mind Bulletin*, eine zweimal monatlich erscheinende Zeitschrift, zu veröffentlichen. Sie umfasst Beiträge über Forschung, Theorien und Neuerungen in bezug auf Lernen und Erziehung, Gesundheit, Psychiatrie, Psychologie, Bewusstseinszustände, Träume, Meditation und verwandte Themen.

Dieses Bulletin hatte den Effekt eines «Blitzableiters» für Energien, die ich sehr unterschätzt hatte. Die unmittelbare Reaktion in Form einer Lawine von Artikeln, Korrespondenzen und Gesprächen bestätigte, dass eine rasch zunehmende Anzahl von Menschen neues Terrain sowohl in der objektiven Wissenschaft als auch im Rahmen der subjektiven Erfahrungen erforschten.

Als ich in den USA umherreiste, Vorträge hielt und Konferenzen besuchte, stiess ich überall auf diese Pioniere. Zudem sind die neuen Perspektiven praktisch angewandt worden. Die sozialen Aktivitäten der sechziger Jahre und die «Revolution des Bewusstseins» der frühen siebziger Jahre schienen die Form einer historischen Synthese anzunehmen: soziale Transformation resultierend aus der persönlichen Transformation – die Veränderung von innen heraus.

Im Januar 1976 veröffentlichte ich einen Leitartikel: «Die namenlose Bewegung». Er lautete wie folgt:

Es geschieht soeben etwas Bemerkenswertes. Dieses Etwas bewegt sich mit beinahe schwindelerregender Schnelligkeit, aber es hat keinen Namen und es entzieht sich jeglicher Beschreibung.

Laut den Berichten des *Brain/Mind Bulletin* über neue Organisationen – Gruppierungen, die ihre Aufmerksamkeit auf eine neue Betrachtungsweise in bezug auf Gesundheit, humanistische Erziehung, neue Politik und Management richten – sind wir von der unbestimmbaren Eigenschaft des Zeitgeistes geprägt.

Der Geist unseres Zeitalters ist voll von Paradoxien. Er ist zugleich pragmatisch und transzendent. Er respektiert sowohl Aufklärung als auch Mysterium ... Macht und Menschlichkeit ... gegenseitige Abhängigkeit und Individualität. Er ist sowohl politisch als auch unpolitisch. Bei denjenigen, die den Geist unseres Zeitalters in Bewegung setzen und aufrütteln, sind sowohl unfehlbares Establishment als auch engagierte Radikale zu finden.

Innerhalb der gegenwärtigen Geschichte hat dieses «Etwas» sowohl die Medizin als auch die Erziehung, die Sozialwissenschaft, die Naturwissenschaft und die Regierung mitsamt ihren Folgerungen angesteckt. Es wird durch in ständigem Fluss befindliche, der Schaffung hierarchischer Strukturen gegenüber widerwillige Organisationen charakterisiert, die Dogmen ablehnen. Es wirkt nach dem Prinzip, dass Veränderungen nur gefördert, nicht aber verordnet werden können; es weist wenig Manifeste auf. Es scheint etwas sehr Altes anzusprechen. Indem es Magie und Wissenschaft, Kunst als auch Technologie miteinbezieht, wird es vielleicht dort erfolgreich sein, wo alles andere versagt hat.

Vielleicht, so schrieb ich, ist die unbestimmbare Kraft eine Idee, deren Zeit nun gekommen ist; vielleicht ist sie jetzt stark genug, um benannt zu werden. Aber wie könnte man dies charakterisieren? Die Leserbriefe zu dem genannten Leitartikel und die Bitte um Nachdruckrechte, die von anderen Zeitschriften an mich gelangten, bestätigten, dass viele dieselbe Kraft fühlten und sahen.

Als ich Monate später ein noch unbetiteltes Buch über in Erscheinung tretende soziale Alternativen konzipierte, dachte ich wiederum über die besondere Form dieser Bewegung nach: Die atypische Führung, die geduldige Beharrlichkeit ihrer Anhänger und deren ungleiche Erfolge. Plötzlich kam mir der Gedanke, dass die Teilnehmer in bezug auf gemeinsame Strategien, Verbindungen und gegenseitiges, durch feine Signale bestimmtes Erkennen nicht bloss kooperierten: sie standen miteinander in heimlichem Einverständnis. «Es» – nämlich diese Bewegung – war eine Verschwörung!

Zuerst widerstrebte es mir, diesen Begriff zu benutzen. Ich wollte mit der Darstellung dieser Ereignisse kein Aufsehen erregen, und mit dem Begriff Verschwörung sind normalerweise negative Assoziationen verbunden. Dann stiess ich auf ein Buch über spirituelle Übungen, in dem der griechische Schriftsteller Nikos Kazantzakis seinen Kameraden «wie Verschwörern» signalisieren möchte, dass sie sich um der Erde willen vereinen mögen. Am nächsten Tag brachte die *Los Angeles Times* einen Bericht über die Rede des kanadischen Premierministers Pierre Trudeau vor der Habitat-Konferenz der Vereinten Nationen in Vancouver; Trudeau zitierte einen Abschnitt, in dem der französische Wissenschaftler und Geistliche Pierre Teilhard de Chardin nachdrücklich eine «Verschwörung der Liebe» empfiehlt.

Verschwören bedeutet buchstäblich «zusammen atmen». Damit ist eine innige Verbundenheit gemeint. Um die wohlwollende Natur dieser Verbundenheit klar zu machen, fügte ich den Begriff «Wassermann» hinzu. Obwohl ich der Astrologie unkundig bin, hat mich der Symbolgehalt dieses unsere Kultur durchdringenden Traumes in seinen Bann gezogen: der Gedanke, dass wir nach einem dunklen, gewalttätigen Fische-Zeitalter eine Ära der Liebe und des Lichtes betreten – in den Worten des bekannten Liedes «The Age of Aquarius» eine Zeit der «wahren Befreiung des Geistes».

Mag es nun in den Sternen geschrieben stehen oder nicht – ein anderes, ein neues Zeitalter scheint seinen Anfang zu nehmen; und der Wassermann, der Wasserbringer der alten Sternbild-Lehre, als Symbol des Fliessens und des Stillens eines uralten Durstes, ist ein zutreffendes Bild dafür. Im Verlauf der folgenden drei Jahre, einer Zeit steten Forschens, Nachdenkens und Revidierens dieses Buches, entstand der vorliegende Titel: «*Die Sanfte Verschwörung* – Persönliche und Gesellschaftliche Transformation im Zeitalter des Wassermanns.» Er rief immer wieder erschrockene, belustigte Reaktionen hervor, sobald die Verschwörer sich selbst und ihr heimliches Einverständnis in bezug auf Veränderung sozialer Institutionen, Art und Weise der Problemlösung und der Machtverteilung erkannten. Einige unterschrieben ihre Briefe als «Mit-Verschwörer», andere adressierten Korrespondenzen an mich: c/o Aquarian Conspiracy. Diese Anschriften schienen für die Solidarität und die innige Verbundenheit der Bewegung zu stehen.

So, wie sich ihr Netzwerk vergrösserte, wurde die Verschwörung von Woche zu Woche wahrer. Überall in den USA und im Ausland schienen sich spontan Gruppierungen zu bilden. In ihren Ankündigungen und internen Mitteilungen drückten sie alle dieselbe Überzeugung aus: «Wir befinden uns inmitten einer grossen Transformation ...» «In dieser Zeit des kulturellen Erwachens ...» Verschwörer stellten Verbindungen zwischen mir und anderen Verschwörern her: dazu gehörten Politiker, Verwalter öffentlicher und privater Gelder, Berühmtheiten, die ihre Berufe zu verändern suchten und sogenannte «normale» Leute, die bei sozialen Veränderungen wahre Wunder bewirkten. Dies wiederum ermöglichte mir den Kontakt zu anderen Menschen und deren Beziehungen und Netzwerken.

Auf vielerlei Arten wurde mir Hilfe zuteil: In Form von Forschungsunterstützung, Hinweisen, privat verbreiteten Schriften, Büchern und

Artikeln, Expertisen, Kritiken am Manuskript in seinen verschiedenen Entwürfen, Ermutigungen sowie Unterstützung beim Entdecken der reichen Geschichte der transformativen Sichtweise. Denjenigen, die halfen, lag nichts an Anerkennung; sie wollten nur, dass andere das fühlten, was sie gefühlt haben, damit wir alle unseres gemeinsamen Potentials gewahr werden können.

Ende 1977 sandte ich an zweihundert Personen, die sich auf vielen verschiedenen Gebieten mit der gesellschaftlichen Transformation beschäftigten, einen Fragebogen, um meine eigene Einschätzung der Verschwörung und die Sicht ihrer Anhänger zu überprüfen; einhundertfünfundachtzig davon antworteten. Sie repräsentieren viele verschiedene Bereiche des Lebens. Viele von ihnen sind bekannt, einige sogar berühmt, die meisten jedoch sind Menschen, deren Namen kaum jemand kennt. Nur drei baten um Anonymität. Es handelt sich in der Tat um eine «offene Verschwörung».

Die Teilnehmer dieser Umfrage werden dem Leser nicht erkennbar sein, obschon die Namen vieler, die ihrer Ansicht öffentlich Ausdruck gegeben haben, im Text des Buches enthalten sind. Die Verschwörung sollte nicht mit Persönlichkeiten assoziiert werden. Einzelnen Menschen, die in aller Stille für die Veränderung tätig waren, mag es – einmal identifiziert – schwer fallen, unter forschenden Blicken weiterzuwirken. Ebensowenig förderlich wäre eine künstliche Unterscheidung zwischen Verschwörern und Nichtverschwörern. Mit der Betonung der Namen würde man die Aufmerksamkeit auf die falsche Sache lenken; jeder kann ein Verschwörer sein.

Als ich mit dem ersten Entwurf dieses Buches begann, zögerte ich zuerst nicht nur, das Wort Verschwörung zu verwenden, ich scheute noch viel mehr den Begriff Transformation. Letzterer impliziert eine grosse, vielleicht unmögliche Veränderung. Heute jedoch scheinen wir zu wissen, dass unsere Gesellschaft nicht nur verbessert, sondern erneuert werden muss, der diesbezügliche Gedanke hat bei der Allgemeinheit Eingang gefunden. Die Leute sprechen freimütig über die Transformation dieser oder jener Institution, dieses oder jenes Verfahrens, und Individuen zeigen bei der Diskussion ihrer eigenen Transformation weniger Scheu (in dem Sinne, dass der einzelne sich selber weniger im Wege steht, er kann besser über seinen eigenen Schatten springen); es handelt sich dabei um einen fortdauernden Prozess, der den Verlauf ihres Lebens verändert hat.

Die Aufmerksamkeit auf eine einstmals anonyme Bewegung zu lenken, die, ohne allgemein bekannt zu sein, derart wirkungsvoll tätig gewesen ist, birgt natürlich Risiken in sich. Es besteht immer die Möglichkeit, dass diese grosse kulturelle Neuorientierung kooptiert, trivialisiert und ausgenutzt wird; in der Tat ist dies bis zu einem gewissen Masse schon geschehen.

Was für Risiken eine Enthüllung auch immer bergen mag: diese Verschwörung, deren Ursprünge tief in der menschlichen Geschichte verwurzelt sind, gehört uns allen. Dieses Buch zeichnet die Dimensionen dieser Verschwörung sowohl für jene auf, die ihr geistig angehören, die sich aber nicht bewusst waren, wie viele andere Menschen diese Empfänglichkeit für Möglichkeiten teilen, als auch für jene, die verzweifeln, aber bereit sind, Zeugnisse für eine berechtigte Hoffnung anzuerkennen.

Ähnlich wie beim Benennen eines neuen Sterns lässt uns das Benennen und Aufzeichnen der Verschwörung nur ein Licht sehen, das schon immer gegenwärtig gewesen ist. Es wurde nur nicht entdeckt, weil wir nicht wussten, wohin wir unseren Blick wenden sollten.

Marilyn Ferguson
Los Angeles, Januar 1980

1
DIE VERSCHWÖRUNG

> Dem endgültigen Nein folgt ein Ja. Und von diesem Ja hängt die Zukunft der Welt ab.
> *Wallace Stevens*

Ein führerloses, aber dennoch kraftvolles Netzwerk arbeitet, um in dieser Welt eine radikale Veränderung herbeizuführen. Seine Mitglieder haben sich von gewissen Grundkonzeptionen westlichen Denkens losgesagt und dabei möglicherweise sogar die Kontinuität der Geschichte unterbrochen.

Dieses Netzwerk ist die Sanfte Verschwörung im Zeichen des Wassermanns. Eine Verschwörung ohne politische Doktrin. Ohne Manifest. Mit Verschwörern, die Stärke suchen, nur um diese weiterzuverbreiten – ihre Strategien sind pragmatisch, sogar wissenschaftlich; ihre Perspektiven klingen jedoch so mystisch, dass sie sich darüber zu diskutieren scheuen. Aktive Verschwörer stellen verschiedene unbequeme Fragen und fordern somit das Establishment von innen her heraus.

Weitreichender als Reformen, tiefgehender als eine Revolution hat diese beginnende Verschwörung im Hinblick auf eine neue Epoche der Menschheit die schnellste kulturelle Neuorientierung der Geschichte ausgelöst. Bei dem grossen, erdbebenartigen, unwiderruflichen Umschwung, der auf uns zukommt, handelt es sich weder um ein neues politisches noch um ein religiöses oder philosophisches System. Es handelt sich um einen neuen Geist – eine aufsehenerregende, neue Sicht der Welt nimmt ihren Anfang, die bahnbrechende Erkenntnisse der Wissenschaft und Einsichten ältesten menschlichen Gedankengutes umfasst.

Die Verschwörung des Wassermanns erstreckt sich über alle sozialen und intellektuellen Schichten. Es finden sich hier Schullehrer und Büroangestellte, berühmte Wissenschaftler, Regierungsbeamte und Gesetzgeber, Künstler und Millionäre, Taxifahrer und Berühmtheiten, führende Persönlichkeiten der Medizin, des Bildungswesens, der Rechte, der Psychologie. Einige bekennen sich öffentlich zu der Verschwörung, und ihre Namen mögen uns vertraut sein. Andere bewahren Stillschweigen über ihr Dazugehören, da sie glauben, der Sache mehr dienen zu können, wenn sie nicht mit Ideen identifiziert werden, die allzu oft missverstanden worden sind.

Es gibt unzählige Verschwörer. Sie befinden sich in Firmen, Universitäten und Krankenhäusern, in Lehrerkollegien, in Fabriken und Arztpraxen, in Bundes- und Staatsämtern, in Stadträten und an Regierungssitzen, bei gesetzgebenden Organen, bei gemeinnützigen Organisationen; im Grunde genommen in allen Bereichen des Landes, wo Politik gemacht wird.

Wie unterschiedlich ihr Bildungsstand auch sein mag, die Verschwörer sind miteinander verbunden, blutsverwandt durch ihre inneren Entdeckungen und ihr Aufgerütteltwerden. Du kannst alte Begrenzungen, ehemals vorhandene Trägheit und Furcht durchbrechen und zu Ebenen der Erfüllung gelangen, die bisher unmöglich schienen ... hin zu einem Reichtum an Wahl, Freiheit, menschlicher Verbundenheit. Du kannst produktiver, selbstsicherer sein und dich angesichts deiner Unsicherheit besser fühlen. Probleme können als Herausforderungen, als eine Chance zur Erneuerung und nicht als Stress erfahren werden. Gewohnheitsmässige Abwehr und Sorgen können wegfallen. *Es kann alles anders sein.*

Zu Beginn setzen sich gewiss die wenigsten eine Veränderung der Gesellschaft zum Ziel. In diesem Sinne handelt es sich um eine ungewöhnliche Verschwörung. Sie sahen nun aber, dass ihr eigenes *Leben* zur Revolution geworden war. Als die persönliche Transformation erst einmal ernstlich begonnen hatte, erkannten sie sich selber als diejenigen, die alles neu überdachten, alte Voraussetzungen untersuchten, ihre Arbeit und ihre Beziehungen, die Gesundheit, die politische Macht sowie die sogenannten «Experten», Ziele und Werte neu überprüften.

In jeder Stadt und in jeder Institution haben sie sich zu kleinen Gruppen vereinigt. Sie haben das gebildet, was man als «atypische Organisationen» bezeichnet. Einige Verschwörer sind sich des nationalen, ja sogar internationalen Ausmasses dieser Bewegung sehr bewusst, und sie befassen sich damit, Verbindungen – Netzwerke – herzustellen. Sie sind zugleich Antenne und Transmitter, sowohl Zuhörer als auch Exponent. Sie erweitern die Aktivitäten der Verschwörung, indem sie Verbindungen schaffen, Broschüren veröffentlichen und der neuen Sichtweise durch Bücher, Vorträge, Schullehrpläne, ja sogar durch Verhandlungen innerhalb der gesetzgebenden Versammlung sowie mittels nationaler Medien Ausdruck verleihen.

Andere haben ihre Aktivität auf ihr Spezialgebiet gerichtet, indem sie Gruppierungen innerhalb bereits vorhandener Organisationen und Institutionen bilden, ihre Mitarbeiter mit neuen Ideen bekanntmachen und sich dabei oft auf Unterstützung, Feedback und Hintergrundinformationen stützen, die sie von grösseren Verbindungen erhalten.

Und es gibt Millionen anderer, die sich nie als Teil einer Verschwörung gesehen haben, die aber fühlen, dass ihre Erfahrungen und ihre Anstrengung Teil von etwas Grösserem sind, Teil einer weitreichenden sozialen Veränderung, die zunehmend sichtbarer wird, wenn man zu schauen weiss. Bezeichnenderweise sind sie sich des nationalen Netzwerks und dessen Einfluss auf höhere Stellen nicht bewusst; möglicherweise sind sie an ihrem Arbeitsplatz, in ihrer Nachbarschaft oder innerhalb ihres Freundeskreises auf ein oder zwei gleichgesinnte Geister gestossen. Aber selbst in noch so kleinen Gruppen – zwei, drei, acht oder zehn Menschen umfassend – wohnt diesen wenigen eine gewisse Schlagkraft inne.

Man wird vergeblich nach Vereinigungen traditionellen Stils – politische Parteien, ideologische Gruppierungen, Clubs oder brüderliche Organisationen – Ausschau halten. Stattdessen trifft man auf kleine Gruppen und auf lose miteinander verbundene Vereinigungen. Es gibt mehrere zehntausend Wege, um sich dieser Verschwörung anzuschliessen. Wo immer Menschen Erfahrungen teilen, verbinden sie sich früher oder später und schliessen sich dabei möglicherweise auch weiteren Kreisen an. Täglich wird deren Anzahl grösser.

Wie verwegen und romantisch diese Bewegung auch erscheinen mag, so sollten wir dennoch sehen, dass sie sich aus einer Sequenz geschichtlicher Ereignisse entwickelt hat, die schwerlich irgendwoanders hätte hinführen können ... und sie drückt grundlegende Prinzipien der Natur aus, die erst jetzt von der Wissenschaft beschrieben und bestätigt werden. In ihrer Beurteilung dessen, was möglich ist, handelt die Bewegung unerbittlich rational.

«Wir erleben einen äusserst aufregenden Augenblick der Geschichte, vielleicht befinden wir uns an einem Wendepunkt», äusserte Ilya

Prigogine, dem 1977 der Nobelpreis für eine Theorie zugesprochen wurde, die nicht nur Wandlungen in den physikalischen Wissenschaften, sondern auch solche innerhalb der Gesellschaft aufzeigt – die Rolle von Stress und «Unruhen», die uns in eine neue, höhere Ordnung drängen können.

Die Wissenschaft, so sagt er, beweist die Realität einer «tiefen kulturellen Vision». Die Dichter und Philosophen hatten recht mit ihren Andeutungen eines offenen, kreativen Universums. Transformation, Innovation, Evolution – sie stellen die natürlichen Antworten auf eine Krise dar. Es wird zunehmend klarer, dass die Krisen unserer Zeit den notwendigen Impuls für die soeben beginnende Revolution darstellen. Und wenn wir die transformativen Kräfte der Natur einmal verstehen, so sehen wir, dass gerade die Krisen unserer Zeit unsere machtvollen Verbündeten sind und keineswegs Zwänge, die wir zu fürchten hätten oder denen wir uns unterwerfen müssten. *Unser Wissen um die Krankheit ist unsere Chance.*

In jedem Zeitalter – so der Wissenschaftler und Philosoph Pierre Teilhard de Chardin – hat sich der Mensch selber zu einem Wendepunkt in der Geschichte erklärt. «Bis zu einem gewissen Grad, so, wie er sich auf einer steigenden Spirale vorwärtsbewegt, hat der Mensch damit nicht unrecht gehabt. Es gibt jedoch Augenblicke, in denen dieser Eindruck der Transformation hervorgehoben wird und somit besonders gerechtfertigt erscheint.»

Teilhard prophezeite das zentrale Phänomen dieses Buches: eine Verschwörung von Männern und Frauen, deren neue Perspektiven eine entscheidende «Ansteckung» hin zur Veränderung auslösen würden. In der gesamten Geschichte begannen alle Anstrengungen zur Neugestaltung einer Gesellschaft im wesentlichen mit der Änderung ihrer äusseren Form und ihrer Organisationen. Man nahm an, dass eine rationale Gesellschaftsstruktur mit Hilfe eines Systems von Belohnungen, Strafen und Machtmanipulationen Harmonie hervorbringen könne. Die periodischen Versuche, mittels politischer Experimente eine gerechte Gesellschaft zustande zu bringen, scheinen durch den menschlichen Eigensinn vereitelt worden zu sein ... und nun? Die Verschwörung des Wassermanns steht für dieses «was nun?». Wir müssen uns in das Unbekannte vorwagen: Das Bekannte hat allzu vollständig versagt.

Mit ihrer weitreichenden Sicht der Geschichte und ihrem tieferen Ausloten der Natur stellt die Verschwörung des Wassermanns eine andersartige Revolution, mit andersartigen Revolutionären dar. Sie richtet ihr Augenmerk auf den Umschwung des Bewusstseins, wie er bei einer entscheidenden Anzahl von Individuen stattfindet, die ausreicht, um eine Erneuerung der Gesellschaft hervorzubringen.

«Wir können nicht darauf warten, dass die Welt sich ändert», meinte die Philosophin Beatrice Bruteau, «wir können nicht auf Zeiten der Veränderung warten, um uns mit ihnen zu ändern, wir können nicht auf eine Revolution warten, auf dass uns der neue Verlauf mittrage. Wir selbst *sind* die Zukunft. Wir *sind* die Revolution.»

DER PARADIGMENWECHSEL

Neue Perspektiven bringen neue Zeitalter hervor. Die Menschheit hat viele dramatische Revolutionen des Verständnisses durchlaufen – grosse Sprünge, eine plötzliche Befreiung von alten Begrenzungen. Wir entdeckten den Gebrauch des Feuers und das Rad, die Sprache und die Schrift. Wir fanden heraus, dass die Erde nur flach *zu sein scheint,* dass die Sonne nur die Erde zu umkreisen *scheint,* dass Materie nur fest zu sein *scheint.* Wir lernten miteinander zu kommunizieren, zu fliegen, zu erforschen.

Jede dieser Entdeckungen wird zutreffend als «Paradigmawechsel» beschrieben; ein Begriff, der von Thomas Kuhn, einem Wissenschaftstheoretiker und Philosophen, in seinem bahnbrechenden, 1962 erschienenen Buch *Die Struktur wissenschaftlicher Revolutionen* erstmals verwendet worden ist. Kuhns Ideen sind nicht nur deshalb äusserst hilfreich, weil sie uns verstehen helfen, wie eine neue Perspektive entsteht, sondern uns auch begreifen lassen, wie und warum solch neuen Sichtweisen stets für eine gewisse Zeit Widerstand entgegengebracht wird.

Ein Paradigma ist ein Gedankenrahmen (vom griechischen *paradeigma:* Muster). Ein Paradigma ist ein Schema, um gewisse Aspekte der Wirklichkeit zu verstehen und zu erklären. Obwohl sich Kuhn auf die Wissenschaft bezog, fand der Begriff allgemeine Verwendung. Man spricht von erzieherischen Paradigmen, Paradigmen bei der Stadtplanung, Paradigmenwechsel in der Medizin usw.

Ein Paradigmenwechsel ist eine eindeutig neue Denkweise im Hinblick auf alte Probleme. Während mehr als zwei Jahrhunderten nahmen führende Denker beispielsweise an, dass Isaac Newtons Paradigma – seine Beschreibung vorhersehbarer mechanischer Kräfte – letztlich alles in Zusammenhang mit Flug- und Wurfbahnen, Schwerkraft und Kräften im allgemeinen erklären würde. Man glaubte, dass dies die letzten Geheimnisse eines «Uhrwerk-Universums» umfassen würde. Wie aber die Wissenschaftler auf die schwer fassbare, letztliche Antwort hinarbeiteten, fügten sich hin und wieder Teilchen gewisser Daten nicht ins Newtonsche Schema. Eine typische Erscheinung für jedes Paradigma. Letztlich häufen sich allzu viele verwirrende Beobachtungen ausserhalb des alten Erklärungssystems und beeinträchtigen es. Gewöhnlich hat jemand zu diesem Zeitpunkt der Krise eine grossartige, ketzerische Idee. Eine bedeutende neue Einsicht erklärt die offensichtlichen Widersprüche. Sie führt ein neues Prinzip ein ... eine neue Perspektive. Indem sie eine umfassendere Theorie geradezu erzwingt, ist die Krise nicht *destruktiv,* sondern *instruktiv.*

Einsteins Spezielle Relativitäts-Theorie bildete das neue Paradigma, das Newtons Physik ersetzte. Sie hat die Lösung vieler unbeantworteter Gedanken, Anomalien und Rätsel gebracht, die sich nicht in das Naturbild der alten Physik einfügen lassen. Und es zeigte sich eine erstaunliche Alternative: die alten Gesetze der Mechanik waren nicht allgemeingültig, sie trafen weder auf die Ebene der Galaxien noch auf jene der Elektronen zu. Unser Verständnis der Natur wechselte von einem Uhrwerk-Paradigma zu einem Paradigma der Ungewissheit, vom Absoluten zum Relativen.

Ein neues Paradigma umfasst ein Prinzip, das schon immer gegenwärtig, uns aber bis anhin unbekannt geblieben war. Es umfasst das Alte als eine Teil-Wahrheit, als einen Aspekt dessen, wie die Dinge funktionieren, während es zugleich erlaubt, dass sich die Dinge genauso auf ganz andere Art und Weise verhalten können. Durch seine breiteren Perspektiven transformiert das neue Paradigma traditionelles Wissen sowie die eigensinnigen neuen Beobachtungen und gleicht somit deren offensichtliche Widersprüche aus.

Das neue System bringt mehr hervor als das alte. Es macht genauere Voraussagen. Und es rennt für neue Erforschungen offene Türen ein.

Nach dieser Darstellung der überlegenen Macht und des Ausmasses neuer Ideen mag man erwarten, dass sich letztere ziemlich rasch zu behaupten mögen. Dies geschieht allerdings beinahe nie. Das Problem besteht darin, dass man das neue Paradigma nicht annehmen kann, solange man das alte nicht losgelassen hat. Man kann nicht halbherzig sein und die Veränderung Schritt für Schritt vollziehen. «So wie beim Gestalt*-Wechsel (Switch)», sagte Kuhn, «muss alles zur gleichen Zeit geschehen.» Das neue Paradigma wird nicht «berechnet», sondern plötzlich gesehen.

Neue Paradigmen werden beinahe in jedem Fall mit Kühle, oder gar

---

* Gestalt im Sinne von Form oder Muster.

mit Hohn und Feindseligkeit empfangen. Entdeckungen dieser Art werden ihrer Ketzerei wegen attackiert (als historische Beispiele rufe man sich Kopernikus, Galilei, Pasteur, Mesmer in Erinnerung). Die Idee mag zuerst bizarr, ja sogar verschwommen erscheinen, weil der Entdecker einen intuitiven Sprung vollzogen hat, während ihm noch nicht alle Daten zur Verfügung gestanden haben. Die neue Perspektive verlangt einen derart raschen Umschwung, dass etablierte Wissenschaftler die Wandlung selten mitvollziehen. Wie Kuhn betont, sind jene, die erfolgreich mit der alten Sichtweise gearbeitet haben, emotional und gewohnheitsmässig an sie gebunden. Gewöhnlich nehmen sie ihren beharrlichen Glauben mit ins Grab. Sogar mit überwältigendem Beweismaterial konfrontiert, bleiben sie halsstarrig mit dem Falschen, jedoch Vertrauten verhaftet.

Der Einfluss des neuen Paradigmas wird aber immer grösser. Eine neue Generation erkennt seine Kraft und Stärke. Zu dem Zeitpunkt, wo eine bestimmte Anzahl von Denkern die neue Idee akzeptiert hat, hat ein kollektiver Paradigmenwechsel stattgefunden. Genug Menschen haben die neue Perspektive begriffen oder sind mit ihr aufgewachsen, um einen Konsens zu bilden.

Nach einer gewissen Zeit wird dieses Paradigma ebenso von Widersprüchen heimgesucht; ein erneuter Durchbruch geschieht und der Prozess wiederholt sich. Auf diese Weise durchbricht und erweitert die Wissenschaft unaufhörlich ihre eigenen Ideen.

Wirklicher Fortschritt in bezug auf das Verständnis der Natur geschieht selten im Sinne einer messbaren Zunahme des «Begreifens». Alle wichtigen Fortschritte sind plötzliche Intuitionen, neue Prinzipien, neuartige Sichtweisen. Da Bücher jedoch dazu neigen, sich Revolutionen, seien sie nun kultureller oder wissenschaftlicher Art, gefügig zu machen, haben wir diesen Sprung nach vorn nicht vollständig erkannt. Sie beschreiben die Fortschritte so, als ob diese zu ihrer Zeit logisch und keineswegs schockierend gewesen wären.

Da man sich in den ersten Jahren nach dem intuitiven Sprung nach vorn mit aller Sorgfalt um Erklärungen bemüht hat, scheinen die neuen Ansichten im nachhinein vernünftig, ja sogar unvermeidbar zu sein. Wir erachten sie als selbstverständlich – anfangs klangen sie jedoch verrückt.

Indem Kuhn ein plötzlich erkennbares Phänomen mit Namen versah, machte er uns die Wege von Revolution und Widerstand bewusst. Da wir nun die Dynamik revolutionärer Einsichten zu verstehen beginnen, können wir unsere eigene gesunde Veränderung fördern lernen; wir können uns mit anderen zusammenschliessen, um den kollektiven

Umschwung innerhalb unseres Geistes zu erleichtern, ohne auf das Fieber einer Krise zu warten. Wir können dies tun, indem wir auf eine neue Art und Weise Fragen stellen – indem wir unsere alten Postulate herausfordern. Diese grundsätzlichen Annahmen sind die Luft, die wir atmen, das vertraute Inventar. Sie sind Teil der Kultur. Wir alle sind ihnen gegenüber blind, sie müssen jedoch grundlegenderen Perspektiven Platz machen, falls wir entdecken wollen, was eigentlich nicht richtig funktioniert – und warum dem so ist. Wie die *Koans,* welche die Zen-Meister ihren Schülern aufgeben, so können die meisten Probleme nicht auf der Ebene gelöst werden, auf der sie in Erscheinung treten. Sie müssen neu formuliert und in einen grösseren Zusammenhang gestellt werden. Ungerechtfertigte Axiome müssen aufgegeben werden.

In einem in der Zeitschrift *New Yorker* erschienenen Cartoon verkündet ein König, dass er auf *diese und jene* Art und Weise Humpty Dumpty* helfen könnte, aber er benötige dazu *mehr* Pferde und *mehr* Männer. Auf eben diese irrationale Weise versuchen wir mit den vorhandenen Mitteln und in deren alteingesessenem Zusammenhang unsere Probleme zu lösen, anstatt einzusehen, dass die eskalierende Krise ein Symptom unserer eigentlichen Querköpfigkeit darstellt.

Wir fragen uns beispielsweise, wie wir eine angemessene nationale Krankenversicherung schaffen können, indem wir die zunehmenden Behandlungskosten in Betracht ziehen. Diese Frage stellt automatisch Gesundheit auf dieselbe Stufe wie Krankenhäuser, Ärzte, Arzneimittel und Technologie. Stattdessen sollten wir uns fragen, wieso Menschen überhaupt krank werden. Was ist eigentlich Gesundheit? Oder wir erörtern beispielsweise die besten Methoden zur Vermittlung des Lehrplans in staatlichen Schulen; in den wenigsten Fällen wird jedoch die Frage aufgeworfen, ob der Lehrplan an und für sich geeignet ist. Sogar noch seltener haben wir uns gefragt: Was ist die Natur des Lernens?

Unsere Krise zeigt uns, wie unsere Institutionen die Natur verraten haben. Wir haben Wohlstand materiellem Konsum gleichgestellt, wir haben die Arbeitswelt verunmenschlicht und sie unnötigerweise auf Wettbewerb ausgerichtet, wir fühlen uns unbehaglich in bezug auf unsere Lern- und Lehrfähigkeiten. Das enorm kostspielige medizinische Versorgungswesen hat nur wenig Fortschritte in der Bekämpfung chronischer und verhängnisvoller Krankheiten gemacht, während der

---

* Humpty Dumpty: wörtl.: kleine dicke Person; Figur aus einem Märchen von Lewis Carroll. In den USA feststehendes Idiom → Bedeutung hier: das Problem lässt sich nicht auf der Ebene des Problems lösen.

Versorgungsapparat stets unpersönlicher und lästiger wird. Unsere Regierung ist komplex und verantwortungslos, unser Wohlfahrtssystem bricht unter jeder stärkeren Belastung zusammen.

Die Möglichkeit zur Befreiung liegt in dieser Zeit der Krise weder im Glück oder Zufall noch im Wunschdenken. Ausgerüstet mit einem besseren Verständnis dafür, wie Veränderungen vor sich gehen, wissen wir, dass dieselben Kräfte, die uns das Umherirren am Rande des Abgrunds beschert haben, den Samen zur Erneuerung in sich tragen. Das gegenwärtige persönliche und soziale Ungleichgewicht deutet eine neue Form der Gesellschaft an. Rollenverhalten, Beziehungen, Institutionen und alte Ideen werden neu untersucht, neu formuliert und neu gestaltet.

Erstmals in der Geschichte ist die Menschheit auf ein Instrument zur Herbeiführung von Veränderung gestossen – auf ein Verständnis dafür, wie Transformation stattfindet. Wir leben in *der Veränderung der Veränderung,* einer Zeit, in der wir uns vorsätzlich der Natur anschliessen können, um uns selbst und unsere dem Zusammenbruch geweihten Institutionen zu erneuern.

Das Paradigma der Verschwörung im Zeichen des Wassermanns betrachtet die Menschheit als in die Natur eingebettet. Es unterstützt das autonome Individuum in einer dezentralisierten Gesellschaft. Es sieht uns als Verwalter all unserer inneren und äusseren Reichtümer. Es sagt, dass wir *keine* Opfer, keine Pfandobjekte sind und durch keine Bedingungen oder Konditionierungen begrenzt werden. Als Erben evolutionärer Reichtümer sind wir der Imagination, Invention und Erfahrungen fähig, die wir bis anhin nur flüchtig zu sehen bekommen haben.

Die menschliche Natur ist weder gut noch schlecht, sondern offen für kontinuierliche Transformation und Transzendenz. Sie muss nur sich selbst entdecken. Die neue Perspektive respektiert die gesamte Ökologie: Geburt, Tod, Lernen, Gesundheit, Familie, Arbeitswelt, Wissenschaft, Spiritualität, die Künste, das Gemeinwesen, Beziehungen und Politik.

Die Verschwörer im Zeichen des Wassermanns werden durch ihre parallelen Entdeckungen vereint; durch Paradigmenwechsel, die sie davon überzeugten, dass sie bis anhin unnötigerweise ein begrenztes Leben führten.

PERSÖNLICHE PARADIGMENWECHSEL: WIR SEHEN DIE VERSTECKTEN BILDER

Der vom einzelnen erfahrene Paradigmenwechsel mag mit der Entdeckung «versteckter Bilder» in Kinderbüchern vergleichbar sein. Man betrachtet eine Skizze, die scheinbar einen Baum und einen See darstellt. Dann bittet uns jemand, genauer hinzusehen – nach etwas Ausschau zu halten, was man dort gar nicht erwartet hätte. Plötzlich sieht man auf dem Bild «getarnte Objekte»: der Ast wird zu einem Fisch oder einer Heugabel, die Umrisse des Sees «verstecken» eine Zahnbürste. Keiner kann dir das Sehen dieser versteckten Bilder einreden. Du bist nicht davon *überzeugt,* dass die Objekte vorhanden sind. Entweder siehst du sie oder du siehst sie nicht. Hat man sie jedoch einmal gesehen, so sind sie bei jedem erneuten Betrachten der Zeichnung unverkennbar dort. Man wundert sich, wie man sie vorher überhaupt übersehen konnte.

Als Heranwachsende erfuhren wir kleine Paradigmenwechsel: z.B. Einsichten in die Prinzipien der Geometrie oder in jene eines Spiels; oder man sah sich einer plötzlichen Erweiterung seiner politischen oder religiösen Ansichten gegenüber. Jede Einsicht erweiterte den Kontext, brachte «frischen Wind», um Zusammenhänge wahrzunehmen.

Ein neues Paradigma tritt bescheiden und anregend in Erscheinung; unsere Ansichten waren nicht so sehr falsch als vielmehr unvollständig, so als hätten wir bloss mit einem Auge gesehen. Das Paradigma besteht nicht aus mehr Wissen, sondern aus *neuem Wissen.* Edward Carpenter, ein bemerkenswert visionärer Sozialwissenschaftler und Dichter des späten 19. Jahrhunderts, beschrieb einen solchen Wechsel wie folgt:

> Wenn du dem Denken Einhalt gebietest und ausharrst, gelangst du schliesslich an einen Bereich des Bewusstseins unter oder hinter dem Denken ... und zur Verwirklichung einer insgesamt ausgedehnteren Form des Selbst als jenes, das wir gewohnt sind. Und da das gewöhnliche Bewusstsein, mit dem wir im alltäglichen Leben beschäftigt sind, ja vor allen Dingen auf dem kleinen begrenzten Selbst beruht ... bedeutet dies, dass mit dem Aussteigen aus diesem kleinen Selbst das gewöhnliche Selbst und die gewöhnliche Welt dahinschwindet.
>
> Es bedeutet ein Dahinschwinden im alltäglichen Sinne, doch ist andererseits ein Erwachen und die Feststellung miteinbezogen, dass das «Ich», unser eigenstes, innerstes Selbst, das Universum und alle anderen Wesen durchdringt.

Diese Erfahrung ist so wunderbar, so herrlich, dass man sagen kann, dass alle kleinen Fragen und Zweifel angesichts dieser Erhabenheit wegfallen. In tausend und abertausend Fällen gilt es als gesichert: wenn ein Individuum eine solche Erfahrung auch nur ein einziges Mal macht, so sind sein weiteres Leben und seine Weltansicht vollkommen revolutioniert.

Carpenter hat damit die Essenz der transformativen Erfahrung umfassend aufgezeigt: Erweiterung, inneren Zusammenhang (Korrelation) und die Kraft, ein Leben ständig umzuformen. Er hat uns zudem wissen lassen, dass sich dieser «Bereich des Bewusstseins» dann auftut, wenn wir ruhig und wachsam sind, und nicht im Zuge geschäftigen Denkens und Planens.

In der gesamten Geschichte haben Menschen sowohl zufällig als auch absichtlich solche Erfahrungen gemacht. Tiefgreifende innere Veränderungen können sich als Antwort auf disziplinierte Kontemplation und schwere Krankheit einstellen, ebenso auf Hochgefühle, kreatives Bemühen, spirituelle Übungen, kontrolliertes Atmen, Techniken des «Gedankenzurückhaltens», Psychedelika, auf Bewegung, Isolation, Musik, Hypnose, Meditation, Träumerei sowie als Folge intensiven, intellektuellen Ringens.

Jahrhundertelang sind in verschiedenen Teilen der Welt Technologien zur Herbeiführung solcher Erfahrungen unter wenigen Eingeweihten einer jeden Generation geteilt worden. Vereinzelte Bruderschaften, religiöse Orden und kleine Gruppen erforschten das, was aussergewöhnliche Ebenen bewussten Erfahrens zu sein schienen. Gelegentlich schrieben sie in ihren esoterischen Lehren über die befreiende Eigenschaft ihrer Einsichten. Aber sie waren zu wenige, sie hatten keine Möglichkeit, ihre Entdeckungen wirklich weiten Kreisen nahezubringen, und die meisten Erdenbewohner waren hauptsächlich mit ihrem eigenen Überleben beschäftigt – nicht mit Transzendenz.

Recht plötzlich, in *diesem* Jahrzehnt, sind diese trügerisch einfachen Systeme und ihre Literatur – der Reichtum zahlreicher Kulturen – ganzen Bevölkerungsschichten, sowohl im Original als auch in zeitgemässen Adaptionen, verfügbar. Kioske in Warenhäusern und Flughäfen bieten die Weisheit der Zeitalter als Taschenbuch an. Spezielle Vorlesungen der Universitäten und Wochenendseminare, Volkshochschulkurse und kommerzielle Zentren warten mit Techniken auf, die den Menschen helfen, sich mit neuen Quellen persönlicher Energie, Wegen zur Vervollkommnung und Harmonie zu verbinden.

Diese Systeme zielen darauf ab, Geist und Körper zu verfeinern und miteinander in Einklang zu bringen, das Empfinden des Gehirns zu vergrössern und die Teilnehmer zu einer neuen Bewusstheit in bezug auf das eigene unermessliche, unerschlossene Potential zu führen. Wenn diese Systeme funktionieren, so ist dies, als ob man den Geist mit Sonnenenergie, Radar und kraftvollen Linsen zugleich ausstatten würde.

Die Verwendung solcher Techniken auf breiter Ebene sowie deren Verbreitung in allen Gesellschaftsschichten wurde von P. W. Martin in den fünfziger Jahren vorhergesagt, als die «Bewusstseins»-Forschung gerade ihren Anfang nahm. «Zum ersten Mal in der Geschichte wird der wissenschaftliche Forschergeist auf die andere Seite des Bewusstseins gerichtet. Es bestehen gute Aussichten, dass die Entdeckungen diesmal dokumentiert werden können, so dass sie nicht weiterhin zum verlorenen Geheimnis, sondern zum lebenden Erben des Menschen werden.» Wie wir in Kapitel 2 sehen werden, ist die Idee einer plötzlichen, mit einer Vorhut beginnenden Transformation der Menschheit, im Verlauf der Geschichte von vielen der grössten Denker, Künstler und Idealisten geäussert worden.

Sämtliche Systeme zur Erweiterung und Vertiefung des Bewusstseins bringen dieselben Strategien zur Anwendung und führen in bemerkenswerter Weise zu den gleichen persönlichen Entdeckungen. Und nun wissen wir zum ersten Mal, dass diese subjektiven Erfahrungen ihre objektiven Ergänzungen haben.

Wie die Laborforschung zeigt – und wie wir noch feststellen werden –, beziehen all diese Methoden die Aktivität des Gehirns mit ein; das Funktionieren des Gehirns beruht weniger auf Zufällen; es wird zu einem Streben nach höherer Organisation veranlasst. *Das Gehirn erfährt buchstäblich eine beschleunigte Transformation.*

Die Techniken der Transformation bieten uns einen Weg zur Kreativität, zur Heilung, zur Selbstbestimmung. Das Geschenk der Einsicht – der Fähigkeit, phantasievolle neue Zusammenhänge herzustellen –, das einstmals das Vorrecht einiger Glücklicher gewesen war, steht nun jedermann offen, der willens ist, beharrlich an sich weiterzuarbeiten, zu experimentieren, zu erforschen.

Im Leben der meisten Menschen hat sich Erkenntnis nur zufällig eingestellt. Wir warten auf sie, so wie der Mensch früher auf den Blitz wartete, um ein Feuer zu entfachen. Geistige Zusammenhänge herzustellen ist jedoch unser entschiedenstes Lernmittel, die Essenz der menschlichen Intelligenz: Verbindungen zu knüpfen; hinter das Gegebene zu schauen; Muster, Beziehungen und den Kontext zu begreifen.

Die natürliche Konsequenz dieser verfeinerten Wissenschaften des

Geistes ist Erkenntnis. Dieser Prozess kann so beschleunigt ablaufen, dass wir durch das Entfalten neuer Möglichkeiten verwirrt, ja sogar ein wenig erschreckt sind. Beides befähigt uns, besser zu verstehen und genauer vorherzusagen, was für unser Leben bestimmend sein wird.

Es mag kaum erstaunen, dass diese Veränderungen innerhalb des Bewusstseins als Erwachen, als Befreiung, als Vereinheitlichung – als Transformation erfahren werden. Es lohnt sich – und deshalb ist es verständlich, dass Millionen Menschen innerhalb weniger Jahre solche Praktiken aufgenommen haben. Sie alle entdecken, dass sie nicht darauf warten müssen, dass sich die «äussere» Welt ändert. Ihr Leben und ihre Umwelt beginnen sich in dem Masse umzugestalten, wie sich ihr Geist transformiert. Sie erkennen, dass sie in sich selbst eine – geistig wie körperlich – gesunde Mitte besitzen, genau das Nötige, um mit Stress angemessen umzugehen und Erneuerungen zu schaffen; und sie stellen fest, dass sie «dort draussen» Freunde haben. Sie alle bemühen sich, anderen mitzuteilen, was mit ihnen geschehen ist. Sie haben keine vernünftige logische Erklärung dafür, und sie empfinden es irgendwie lächerlich oder anmassend, über ihre Erfahrung zu sprechen. Sie versuchen ein Gefühl des Erwachens nach jahrelangem Schlaf zu beschreiben, das Zusammenkommen zerbrochener Teile des eigenen Selbst, einen Heilungsprozess und eine Heimkehr.

Für viele sind die Reaktionen von Freunden und Verwandten schmerzlich gönnerhaft, ja herablassend, ähnlich der Warnung Erwachsener an einen Jugendlichen, nicht zu naiv und idealistisch zu sein. Es fällt in der Tat schwer, sich selbst zu erklären.

VERTRAUEN, FURCHT UND TRANSFORMATION

Nachdem jene, die gelernt haben, sich selber zu vertrauen, ein Zentrum der Stärke und Gesundheit in sich selbst gefunden haben, fühlen sie sich wohler dabei, wenn sie anderen Vertrauen entgegenbringen. Diejenigen, die über Veränderung zynisch denken, sind gewöhnlich sich selbst und ihrer eigenen Fähigkeit zur positiven Veränderung gegenüber ebenso zynisch. Wie wir sehen werden, erfordert Transformation ein gewisses Minimum an Vertrauen.

Es ist möglich, dass wir den Verlust der Kontrolle fürchten. Wir können argwöhnen, dass wir in uns jene dunklen unbewussten Kräfte vorfinden, die beispielsweise von religiösen Lehren und von Freud geschildert werden. Wir mögen befürchten, uns allzusehr von Familie und Freunden zu entfernen und plötzlich mit uns selber allein zu sein.

Und wir haben spürbar Angst davor, unseren Hoffnungen Platz zu machen. Wir bewegen uns so um diese neue Möglichkeit, als ob es sich dabei um einen Zaubertrick handeln würde. Wir überprüfen die Taschen, wir halten nach Spiegeln und doppelten Böden Ausschau. Je aufgeklärter wir sind, desto misstrauischer sind wir. Schliesslich sind uns zahlreiche Formen der Täuschung und Selbst-Täuschung eng vertraut: das «Spiel des Lebens», politische Propaganda, Potemkinsche Dörfer und geschickte Werbung.

Wir sind zuvor enttäuscht und durch Versprechungen betrogen worden, die zu gut schienen, um wahr zu sein – und sie waren es auch. Es ist auch klar, dass das Gold der Transformation eine ganze Generation von Nachahmern inspiriert hat.

Die neue Skala von Möglichkeiten, die zur Wahl stehen, erscheint uns zu prächtig und zu mannigfaltig; das Versprechen ist allzu unbegrenzt. Unsere Ängste sind unsere sicheren Begrenzungen; mit der Zeit haben wir uns mit unseren Schranken zu identifizieren gelernt. Nun, da wir schlau genug sind, dem Versprechen einer Oase zu vertrauen, verteidigen wir die Verdienste der Wüste.

«Die Wahrheit ist», so schrieb Russell Baker, ein Kommentator der *New York Times*, «dass ich mich die meiste Zeit nicht wohl fühle, und ich möchte es auch nicht. Ausserdem verstehe ich nicht, warum sich dies irgend jemand wünschen sollte.» Es ist völlig normal, sich nicht wohl zu fühlen, meinte er. In unserem Schubladensystem kultureller Vorurteile herrscht die Überzeugung, dass Unglücklichsein das Kennzeichen für Sensibilität und Intelligenz sei.

«Wir können lernen, die Narben unserer Gewissensbisse auszukosten», äusserte sich Theodore Roszak, «bis wir schliesslich unsere gesamte Identität aus ihnen beziehen. Das ist es, was vielen von uns als solide, stabil und letztlich ‹ernsthaft› erscheint – jene strenge voreingenommene Redlichkeit und schreckliche Resignation ... schliesslich glauben wir, dass Sünde die Wirklichkeit des Selbst sei ... Noch wirksamer als jede Polizeimacht ist Misstrauen gegenüber dem eigenen Selbst, das die Menschen verwundbar und unterwürfig macht.»

Er meinte, dass diejenigen, die sich sorgen, dass die neuen Ideen die Kultur in ihren Grundfesten erschüttern werden, recht hätten. Unsere Konformität ist teilweise auf unsere Furcht gegenüber uns selbst und auf unsere Zweifel in bezug auf die Richtigkeit unserer eigenen Entscheidungen zurückzuführen.

So fremd uns der Transformationsprozess zunächst erscheinen mag, so empfinden wir ihn bald als unumstösslich richtig. Was immer auch die anfänglichen Befürchtungen sein mögen; wenn wir einmal in uns etwas angerührt haben, das für immer verloren schien – unsere Heimkehr –, dann besteht keine weitere Bindung an das Alte. Wenn diese Reise einmal ernstlich begonnen hat, gibt es nichts, das einen wieder davon abbringen kann. Keine politische Bewegung, keine organisierte Religion verlangt eine grössere Loyalität. Es handelt sich um eine Verpflichtung gegenüber dem Leben selbst, eine zweite Möglichkeit für dessen Bedeutung.

KOMMUNIZIEREN UND SICH VERBINDEN

Falls diese Entdeckungen der Transformation erstmals in der Geschichte unser gemeinsames Erbe werden sollen, müssen sie weite Verbreitung finden. Sie müssen zu unserem neuen Konsensus werden – zu dem, «was jeder kennt».
   Im frühen 19. Jahrhundert beobachtete Alexis de Tocqueville, dass sich kulturelles Verhalten und unausgesprochene Meinungen bezeichnenderweise sehr viel früher ändern, ehe sich die Menschen offen eingestehen, dass sich die Zeiten geändert haben. Schon längst ungültig gewordene Ideen werden jahrelang – über Generationen hinweg – mündlich überliefert. Keiner verschwört sich gegen diese alten leeren Hüllen, sagte Tocqueville, und so fahren diese fort, Kräfte zu schöpfen und Erneuerer zu entmutigen.
   Noch lange nachdem ein altes Paradigma seinen Wert verloren hat, fordert es eine Art heuchlerischer Ergebenheit. Wenn wir jedoch den Mut haben, unsere Zweifel und unsere Lossagung von diesem Paradigma offen einzugestehen, sowie dessen Unvollständigkeit, wackelige Struktur und Fehler freizulegen, so können wir es niederreissen. Wir müssen nicht darauf warten, dass es über uns zusammenbricht.
   Die Verschwörung des Wassermanns benutzt ihre vielverzweigten Einflussmöglichkeiten, um sich richtig auf die gefährlichen Mythen und Symbole des alten Paradigmas einzustellen und um überholte Ideen und Praktiken anzugreifen. Die Verschwörer legen uns nahe, jene Kraft wiederzugewinnen, die wir vor langer Zeit der Gewohnheit und der Autorität geopfert hatten; damit sollten wir im Wirrwarr all unserer Konditionierungen den Kern der Integrität entdecken, der Konventionen und Verhaltensmassregeln transzendiert.
   Wir alle ziehen Nutzen aus jenem Phänomen, das Marshall McLuhan 1964 vorausgesagt hatte: die Implosion von Information. Unser Planet ist in der Tat ein globales Dorf. Niemand ahnte, wie schnell der technologische Fortschritt zum Nutzen des Individuums eingesetzt

würde, wie schnell uns Kommunikation und Verständigung möglich sein würden. Die Konformität, die Tocqueville schmerzte, öffnet den Weg zu einer wachsenden Authentizität, zu einer Epidemie, die in der Geschichte keine Parallele kennt.

Nun können wir uns wirklich gegenseitig finden. Wir können uns berichten, was wir aufgegeben haben, welche Meinung wir nun vertreten. Wir können uns gegen die alten, toten Postulate verschwören. Wir können gegen sie *leben*.

Globale Kommunikationsmittel haben unsere Welt eingekreist: das Rad kann nicht mehr zurückgedreht werden. Unser gesamter Planet wimmelt nun von unmittelbaren Kontakten; von Menschenhand geschaffene Netzwerke, die das Gleichgewicht zwischen Kommunikation und Kooperation aufrechterhalten.

Diejenigen, die gleichen Geistes sind, können genauso schnell Kräfte vereinen wie man einen Brief fotokopiert, ein Flugblatt im Schnellverfahren druckt, ein Telefongespräch führt, durch die Stadt fährt oder zu einem Treffen fliegt ... oder so, wie man einfach offen im Einklang mit seinen Veränderungen des Herzens leben kann.

«Möglicherweise zum ersten Mal in der Geschichte», erklärte der Psychologe Carl Rogers im Jahre 1978, «sind die Menschen wirklich offen; sie drücken ihre Gefühle ohne Furcht vor dem Urteil anderer aus. Die Kommunikation unterscheidet sich qualitativ von unserer geschichtlichen Vergangenheit – sie ist reicher, komplexer.»

Menschliche Katalysatoren wie die Verschwörer im Zeichen des Wassermanns bringen die neuen Standpunkte überall zum Ausdruck: in Klassenzimmern, im Fernsehen, gedruckt, im Film, in der Kunst, in Liedern, in wissenschaftlichen Zeitschriften, auf Vortragsreisen, während Kaffeepausen, in Regierungsdokumenten, bei gesellschaftlichen Anlässen und im Rahmen neuer Verwaltungspolitik und neuer Gesetzgebung. Diejenigen, die sich möglicherweise davor geängstigt hatten, die vorherrschenden Meinungen zu hinterfragen, fassen nun Mut.

Die Ideen der Transformation treten auch in Form von Büchern ins Blickfeld: über Gesundheit und Sport, in Diät-Ratgebern, Handbüchern zu Themen wie Geschäfts-Management, Selbstverteidigung, Stress, zwischenmenschliche Beziehungen und Selbst-Vervollkommnung. Ungleich den «Do it Yourself»-Büchern der Vergangenheit, legen sie ihr Hauptgewicht auf die Einstellung und nicht auf das Verhalten. Die Übungen und Experimente sind für die direkte Erfahrung aus einer neuen Perspektive bestimmt.

Nur das, was im Innersten gefühlt wird, kann uns verändern. Rationale Argumente allein können die Schichten von Furcht und

Konditionierung, die unser lähmendes Glaubenssystem umfassen, nicht durchdringen. Wo immer sich Möglichkeiten bieten, verschafft die Verschwörung des Wassermanns den Menschen die Gelegenheiten, Bewusstseinsveränderungen zu erfahren. Sowohl die Herzen als auch der Geist müssen sich ändern. Die Kommunikation muss nicht nur weitreichend, sondern auch tiefgehend sein.

Übereinstimmung kann auf viele Arten mitgeteilt werden, manchmal sogar in aller Stille, wie es Roszak vor zahlreicher Zuhörerschaft auf dem Welt-Symposium über Humanität im Jahre 1977 in Vancouver darlegte:

> In unserer Zeit wird ein geheimes Manifest geschrieben. Seine Sprache ist eine Sehnsucht, die wir gegenseitig in unseren Augen lesen. Es ist das Verlangen, unsere authentische Berufung in der Welt zu kennen, jene Arbeit und Lebensweise zu finden, die jedem von uns gehört ... Ich spreche von dem Manifest des Individuums, von der Erklärung unseres souveränen Rechts auf Selbst-Entdeckung. Ich kann nicht sagen, ob diejenigen, die seinem Aufruf gefolgt sind, wirklich nach Millionen zählen, aber ich weiss, dass sich sein Einfluss unter uns bedeutsam ausweitet, ein unterirdischer Strom unserer Geschichte, der in allen, die davon erreicht werden, einen berauschenden Sinn dafür erweckt, wie tief die Wurzeln des Selbst greifen, und welch wunderbare Energiequellen sie umfassen ...

Indem wir zu den Wurzeln der Furcht und der Zweifel vordringen, können wir uns grundlegend ändern. Einzelne Menschen beginnen soziales Denken und Verhalten in einer Weise zu unterstützen, wie es zuvor durch äussere Einflüsse wie Überzeugungskraft, Propaganda, Patriotismus, religiöse Gebote, Drohungen oder Moralpredigten niemals erreicht worden ist. Eine neue Welt bedeutet – so wie es die Mystiker immer gesagt haben – einen neuen Geist.

VON DER VERZWEIFLUNG ZUR HOFFNUNG

Zeitgenössische Sozialkritiker sprechen zu oft über ihre eigene Verzweiflung; eine Art zynischer Chic, der ihr eigenes Unvermögen Lügen straft. «Optimismus gilt als geschmacklos», bemerkte der Philosoph Robert Solomon in *Newsweek*. «Was von Wichtigkeit zu sein scheint, verrät sich selbst als Bequemlichkeit, als selbstherrliche Bitterkeit, welche die Gesellschaft für ‹verdorben› erklärt, um sich dann selbst als in ihr ‹gefangen› bedauern zu können. Man macht die Welt – oder politisches Versagen – für sein eigenes Unglücklichsein verantwortlich.»

Wenn wir unseren Weg über unruhiges Gewässer finden müssen, so ist uns besser mit einer Gemeinschaft gedient, die Brücken gebaut hat, mit Menschen, die sich über den Zustand der Verzweiflung und Trägheit hinaus bewegt haben. Die Verschwörer im Zeichen des Wassermanns sind nicht deshalb von Hoffnung erfüllt, weil sie weniger als die Zyniker wissen, sondern weil sie *mehr* wissen: aus persönlicher Erfahrung, aufgrund neuester wissenschaftlicher Erkenntnisse und nichtoffizieller Nachrichten über erfolgreiche soziale Experimente, die überall auf der Welt durchgeführt werden.

Sie haben die Veränderung an sich selbst erfahren, bei ihren Freunden, bei ihrer Arbeit. Sie sind geduldig und zugleich pragmatisch; sie hüten für sich kleine Erfolge, die sich zu einem grossen kulturellen Erwachen summieren; sie wissen, dass sich die Möglichkeiten zur Transformation in mancherlei Gestalten offenbaren, dass Auflösung und Schmerz notwendige Stufen der Erneuerung sind und dass «Fehler» ausgesprochen lehrreich sein können.

Sie alle sind in das Tun und Handeln miteinbezogen; sie sehen sich täglich den schlechten Nachrichten gegenüber und fahren mit ihren Bemühungen fort. Sie haben das Leben gewählt, was immer es auch kosten mag. Und am meisten wissen sie nun um die gemeinsame Stärke.

DIE NEUE KULTUR TRITT INS BLICKFELD

Die westliche Gesellschaft befindet sich an einem Wendepunkt. Viele grosse Denker haben den Paradigmenwechsel erfahren, indem sie erlebten, wie Paradigmenwechsel stattfinden. Eine Revolution in dem Verständnis dafür, wie Revolutionen beginnen: aus bohrenden Fragen heraus, aus der stillen Erkenntnis, dass die alten Paradigmen nicht ausreichen werden.

Als ernsthafter Sucher nach den Voraussetzungen für eine Revolution versuchte Tocqueville in den späten vierziger Jahren des 19. Jahrhunderts die Regierungsgewalt in Frankreich vor der Möglichkeit eines Umsturzes zu warnen. Er war davon überzeugt, dass die Regierung und der Hof das Volk so erzürnt hatten, dass demokratische Leidenschaften die Regierung bald stürzen würden. Am 27. Januar 1848 empörte sich Tocqueville vor dem Abgeordnetenhaus: «Man sagt mir, dass keine Gefahr bestünde, weil sich keine Unruhen bemerkbar machen. Da an der Oberfläche der Gesellschaft keine Störung festzustellen ist, finden unter dieser Oberfläche keine Revolutionen statt. Meine Herren, erlauben Sie mir die Bemerkung, dass Sie meiner Ansicht nach unrecht haben. Unruhe findet nicht draussen statt, sondern sie hat das Bewusstsein der Menschen in Besitz genommen.»

Innerhalb von vier Wochen revoltierte das Volk, der König floh, und die Zweite Republik wurde ausgerufen.

Die kulturelle Transformation kündigt sich durch plötzliches, stossweises Aufflackern, durch winzige Vorfälle hier und dort an – durch neue Ideen, die möglicherweise schon jahrzehntelang schwelen. An vielen verschiedenen Orten, zu verschiedenen Zeiten, ist der Zunder für den wirklichen, den grossen Brand gelegt, der die alten Wahrzeichen verzehren und die Landschaft für immer verwandeln wird.

In dem Buch *Democracy in America* schrieb Tocqueville, dass das Kennzeichen einer bevorstehenden Revolution eine entscheidende Periode der Unruhe sei, in deren Verlauf für einige wenige Schlüssel-Reformer genug Möglichkeiten zur Kommunikation bestehen, um sich gegenseitig zu stimulieren, auf dass «neue Standpunkte, die das Gesicht der Welt verändern» eingenommen werden können.

Wie wir sehen werden, ist eine Revolution zuerst an Tendenzen erkennbar – am veränderten Verhalten und an Trends, die leicht zu Missverständnissen führen, indem sie im Sinne des alten Paradigmas für etwas erklärt werden, was sie eigentlich nicht sind. Und um das Ganze noch mehr zu verwirren, werden diese neuen Verhaltensformen möglicherweise von denjenigen nachgeahmt und übertrieben, denen die Grundlage dieses Verhaltens nicht durch eine innere Schau klar geworden ist. Alle Revolutionen ziehen sowohl die Gewinnsüchtigen, die Sensationshascher und die Ungefestigten, als auch die tatsächlich Verpflichteten an.

Eine Revolution, die sich gerade zu formieren beginnt, wird anfangs – so wie eine wissenschaftliche Revolution – als verrückt oder unpassend abgetan. Während sich ihre Entwicklung klar abzeichnet, erscheint sie alarmierend und bedrohlich. In der Rückschau, wenn die Macht in andere Hände übergegangen ist, scheint der Verlauf vorherbestimmt gewesen zu sein.

Obwohl wir uns der Tatsache nicht bewusst sind, wie sich im Verlauf der Geschichte Werte und Systeme verändert haben, und ebensowenig die kontinuierliche und zugleich drastische Natur der Veränderung zur Kenntnis nehmen, neigen wir dazu, mit kulturellen Revolutionen konfrontiert zu werden, ohne zu wissen, wer den ersten Schuss abgab und warum. Wir haben keine Übung im Erwarten von Dingen, im Fühlen jenes Bebens, das kommende kulturelle Umbrüche anzeigt, im Wahrnehmen feiner Veränderungen am Horizont.

Alle sozialen, wissenschaftlichen und politischen Revolutionen überraschen ihre Zeitgenossen – mit Ausnahme der «Hellseher», welche die kommende Veränderung aus frühen, skizzenhaften Informationen entdeckt zu haben scheinen. Wir werden feststellen, dass Logik allein ein dürftiger Prophet ist. Um das Bild zu vervollständigen, braucht es Intuition.

Per definitionem verlaufen Revolutionen nicht gradlinig, nicht gleichzeitig in einem Schritt, Ereignis A führt zu Ereignis B usw. Viele Ursachen wirken zugleich aufeinander ein. Revolutionen sind plötzlich da – wie das Muster in einem Kaleidoskop. Sie verlaufen weniger als Entwicklung denn als Kristallisationsprozess.

Ein altes Sprichtwort warnt: «Dem Blinden geschieht alles unerwartet.» Die in diesem Buch beschriebene Revolution wird nicht in ferner Zukunft stattfinden. Sie ist unsere unmittelbare Zukunft und auf vielerlei Arten unsere dynamische Gegenwart. Für diejenigen, die begreifen, stellt die neue Gesellschaft innerhalb der alten keine Gegenkultur dar, keine Reaktion, sondern eine entstehende Kultur – die Verschmelzung zu einer neuen sozialen Ordnung. Eine Gruppe in England hat dies als eine Ansammlung von «parallel verlaufenden Kulturen» definiert:

> Wir alle sind Menschen, die sich darüber einig sind, dass die Entfremdung und die gegenseitige Feindschaft innerhalb der Gesellschaft durch eine Strategie überwunden werden soll, die darin besteht, inmitten der alten Kulturen neue, auf Werten beruhende Kulturen aufzubauen. Diese neuen Kulturen werden mit den alten zusammen existieren und sie vielleicht zum Schluss ersetzen.

The Whole Earth Papers, eine Reihe von Monographien, beschreibt diese neue Bewegung als «provolutionär» ... ein Aufblühen des Bewusstseins und das Einsetzen von Paradigmenwechseln ... Unsere Krise repräsentiert keinen Zusammenbruch, sondern einen *Durchbruch* zum Fortschritt der menschlichen Gemeinschaft.

Stress und Transformation ... dieses Zweigespann bildet ein endloses Thema in der Literatur zur Verschwörung des Wassermanns.

Bei der Ankündigung ihrer 1978 in Toronto durchgeführten Versammlung bezog sich die Gesellschaft für Humanistische Psychologie auf «diese Periode von aussergewöhnlicher, evolutionärer Bedeutung ... Das eigentliche Chaos gegenwärtigen Seins liefert das Material für die Transformation. Wir werden nach neuen Mythen und neuen Weltansichten suchen».

Die Energie dieser Bewegung stellt eine Art «Kraftfeld» dar, meinte die britische Sozialkritikerin Arianna Stassinopoulos. Es bringt jene zusammen, die «angeregt von aus neuen Ideen geborenen Wünschen damit beginnen, eine neue Kraft, ein neues Bewusstsein, eine neue Macht zu manifestieren». Die Ideen, die bei einigen wenigen ihren Anfang nehmen, strahlen auf die Massen aus.

In einem Bericht über die nahezu neuntausend Teilnehmer eines 1978 in der Nähe von London durchgeführten «Festivals für Geist und Körper» sah der Kommentator der Londoner *Times,* Bernard Levin, eine aussergewöhnlich rasche Verbreitung des allgemeinen Interesses für Transformation voraus:

Das, wovon die Welt gegenwärtig lebt, ist nicht ausreichend. Es wird es weder in Zukunft sein, noch glauben weiterhin viele Menschen daran, dass dem so sein wird. Länder wie das unsrige sind voller Menschen, die allen materiellen Komfort haben, den sie sich wünschen, dennoch führen sie in vielen Fällen ein Dasein stiller (und manchmal schreiender) Verzweiflung; sie verspüren nichts anderes als die Tatsache, dass in ihnen ein Loch vorhanden ist – wieviel Essen und Trinken sie da auch hineinschütten, mit wievielen Autos und Fernsehern sie es auch immer zu stopfen versuchen und mit wieviel ausgeglichenen Kindern und loyalen Freunden sie es auch garnieren ... es *schmerzt.*

Diejenigen, die am Festival teilnahmen, haben nach etwas gesucht – keine Sicherheit, sondern Verständnis: Verständnis in bezug auf sich selbst. Fast jeder Weg begann bei näherem Betrachten an demselben Ort: im Suchenden selbst.

Die Frage wird heute eindringlicher als je zuvor gestellt ... Die Massen, die sich diesem Gedanken zuwenden, sind bloss der erste Tropfen einer Welle, die bald über den Köpfen der Politiker und Ideologen zusammenbricht, deren leere Versprechungen ertränkt und tief in ein Selbstvertrauen eindringt, das einem wahren Verstehen der eigenen Natur entspringt.

Im Jahre 1979 lautete die Ankündigung eines Symposiums über die Zukunft der Menschheit: «Unsere erste grosse Herausforderung gilt der Schaffung einer allgemeinen Übereinstimmung, wonach eine grundlegende Veränderung möglich ist – die Erschaffung eines Klimas, eines Rahmens, in dem jene Kräfte integrierend organisiert und koordiniert werden können, die sich heutzutage auf scheinbar unterschiedlichen Wegen um Wachstum bemühen. Wir werden eine unaufhaltsame, pulsierende Vision herbeiführen, ein neues Paradigma für ein konstruktives menschliches Verhalten ... Ehe wir den vollkommenen Kontext dafür geschaffen haben, ist alles Gerede über Strategien bedeutungslos.»

Dieses Buch hat diesen Kontext zum Inhalt. Es ist ein Buch, das jene Beweise darlegt, die unmissverständlich auf die tiefgreifende persönliche und kulturelle Veränderung hinweisen. Es ist ein Handbuch, um Paradigmen zu sehen, um neue Fragen zu stellen, um die grossen und kleinen Veränderungen zu verstehen, die sich hinter dieser immensen Transformation befinden.

Es berichtet über die Technologien, die Verschwörer, die Netzwerke – die Gefahren, Ambitionen und Versprechen – der Veränderung. Es stellt ebenso einen Versuch dar aufzuzeigen, dass das, was einige als elitäre Bewegung betrachten, höchst allumfassend ist und jedem offensteht, der ein Teil davon sein möchte.

Wir werden die geschichtlichen Wurzeln der Idee, wonach eine Verschwörung eine neue Gesellschaft hervorrufen kann, ebenso untersuchen wie die Vorahnung auf eine sich über Jahre vollziehende Transformation. Wir werden miteinander jene Beweise erörtern, laut denen das menschliche Gehirn geradezu beunruhigende Fähigkeiten zur Transformation und zur Erneuerung besitzt. Dazu werden wir auch die Vielzahl von Methoden besprechen, die der Förderung solcher Transformation dienlich sind. Ferner untersuchen wir individuelle Berichte über Erfahrungen, die das Leben der Menschen verändert haben.

Wir werden feststellen, wie kulturelle und historische Gegebenheiten zu der gegenwärtigen Veränderungsbereitschaft dieser Gesellschaft geführt haben und wie lange vorher Visionen dieses Wendepunktes vorhanden gewesen sind. Wir werden das Muster einer neuen Welt aus der Perspektive unserer neuen Modelle der Natur sehen; erstaunliche neue Einsichten, die sich klar aus der Konvergenz vieler Bereiche der Wissenschaft ergeben – Durchbrüche, die eine neue Zeit des Entdeckens versprechen.

Wir werden die in der Politik vorhandenen Veränderungs-Tendenzen sowie das Entstehen von Netzwerken als eine neue soziale Form betrachten – als Institution unserer Zeit, als eine noch nie dagewesene Quelle der Kraft für jedes Individuum. Wir werden die grundlegenden

Paradigmenwechsel untersuchen, die sich im Gesundheits- und Erziehungswesen, in der Arbeitswelt und innerhalb unserer Wertvorstellung abzeichnen. In jedem dieser Bereiche werden wir auf Beweise für eine weitreichende Unterstützung durch etablierte Einrichtungen stossen.

Wir werden uns mit dem «spirituellen Abenteuer», das hinter der Verschwörung des Wassermanns steht, beschäftigen, mit der Suche nach der Bedeutung, die in sich selbst ein Ende findet. Wir werden dem mächtigen und oft erschütternden Effekt des transformativen Prozesses bei persönlichen Beziehungen nachgehen. Und schliesslich werden wir sorgfältig das Beweismaterial für eine mögliche weltweite Veränderung betrachten.

Im gesamten Buch werden spezifische Projekte und Menschen als Illustration dienen, obwohl dabei nichts als Nachweis oder Autorität zitiert wird. Vielmehr bilden sie Teile eines grossen Mosaiks, einer überwältigenden neuen Richtung menschlichen Bemühens; sie stehen an diesem Punkt der Geschichte für den menschlichen Geist. Vielen werden sie als kreative Inspiration, als Modelle der Veränderung, als dem Individuum freigestellte, den eigenen Bedürfnissen anzupassende Wahl dienen.

Diese neuen Paradigmen werden einige Fragen aufwerfen, die viele lieber ungestellt liessen. Die Leser mögen sich mit gewissen entscheidenden Punkten ihres eigenen Lebens konfrontiert sehen. Neue Perspektiven bringen einen Wandel alter Ansichten und Werte mit sich; langjährige Ablehnung und Verteidigung können überwunden werden. Die Verästelungen einer auch nur kleinen persönlichen Revolution können uns alarmierender erscheinen als eine drohende grosse kulturelle Veränderung.

Im Verlauf dieser Reise werden wir gewisse kraftvolle Schlüssel-Ideen verstehen lernen, die unser Leben bereichern und erweitern können – Ideen, die bis jetzt zumeist das Vorrecht von Spezialisten und Politikern darstellten.

Wir werden Brücken zwischen den alten und neuen Welten errichten. Wenn man die grundlegende Veränderung begreift, die auf jedwelchem Hauptgebiet stattfindet, so fällt es auch leichter, die anderen Veränderungen zu verstehen. Diese Entdeckung eines neuen Musters transzendiert die Erklärung. Der Umschwung vollzieht sich qualitativ, unerwartet, als Resultat neurologischer Vorgänge, die zu schnell und komplex vonstatten gehen, als dass sie vom bewussten Geist verfolgt werden könnten. Obwohl logische Erklärungen bis zu einem gewissen Punkt möglich sind, findet das Sichten eines Musters nicht in Sequenzen, sondern in ein und demselben Vorgang statt. Wenn ein neues

Konzept bei der ersten Begegnung nicht gerade Gefallen findet, so lese man weiter. Man wird dabei auf viele verwandte Gedanken, Zusammenhänge, Beispiele, Metaphern, Analogien und veranschaulichende Geschichten stossen. Mit der Zeit werden Muster entstehen und Veränderungen auftauchen. Von der neuen Perspektive aus gesehen, können alte Fragen plötzlich belanglos erscheinen.

Wenn man einmal das innere Wesen dieser Transformation begriffen hat, fallen einem möglicherweise viele andere unerklärliche Ereignisse und Trends ein, die in unserer unmittelbaren Umgebung oder in den Nachrichten – Presse, Radio, usw. – vorhanden sind. Es ist einfacher, Veränderungen in der eigenen Familie, innerhalb der eigenen Gemeinschaft, in der Gesellschaft zu verstehen. Am Ende werden wir viele der dunkelsten Ereignisse unseres Lebens als Teil eines stets heller werdenden historischen Bildes sehen – so wie man von einem im Stil des Pointillismus gemalten Bild einige Schritte zurücktreten muss, um dessen Bedeutung voll erfassen zu können.

In der Literatur gibt es einen bewährten Kunstgriff, der als «Schwarzer Augenblick» bekannt ist; der Moment, wo vor der schlussendlichen Rettung alles verloren zu sein scheint. Sein Gegenstück wird in der Tragödie als «Weisser Augenblick» bezeichnet – ein unerwarteter Sturm der Hoffnung, eine rettende Chance, unmittelbar vor der unausweichlichen Katastrophe.

Einige mögen nun den Verdacht äussern, dass es sich bei der Verschwörung des Wassermanns mit ihrem Versprechen eines Wechsels in letzter Minute bloss um einen «Weissen Augenblick» in der Erdgeschichte handle; ein mutiger, hoffnungsloser Versuch, der von einer ökologischen, gesamthaften, nuklearen Tragödie verfinstert wird. Die von der Bildfläche verschwindende Menschheit. Vorhang zu; Schluss.

Und dennoch ... gibt es eine andere Zukunft, die einen Versuch wert wäre?

Wir befinden uns laut Lewis Mumford am Vorabend eines neuen Zeitalters, dem Zeitalter einer offenen Welt, einer Zeit der Erneuerung, in der eine Freisetzung frischer geistiger Energien in der Kultur unserer Welt neue Möglichkeiten erschliessen kann. «Die Summe all unserer Tage ist gerade unser Anfang.»

Mit neuen Augen gesehen, kann unser Dasein vom Unglücksfall zum Abenteuer umgeformt werden. Wir können die alten Begrenzungen, die armseligen Erwartungen transzendieren. Es stehen uns neue Wege des Geborenwerdens offen, wir verfügen über humane und symbolische Formen des Sterbens und über verschiedene Wege, reich zu sein. Auf unseren zahllosen Reisen werden wir von Gemeinschaften getragen, und wir sehen neue Wege vor uns, menschlich zu sein und zu entdecken, was wir uns gegenseitig bedeuten. Nach unseren tragischen Kriegen, nach der Entfremdung und dem Zerstören unseres Planeten ist dies vielleicht die Antwort, die Wallace Stevens meint – dem endgültigen Nein folgt ein Ja, von dem die Zukunft der Welt abhängt.

Die Zukunft, so sagte Teilhard de Chardin, liegt in den Händen jener, die der kommenden Generation triftige Gründe dafür geben können, zu leben und zu hoffen. Die Botschaft der Sanften Verschwörung im Zeichen des Wassermanns besteht darin, dass die Zeit reif ist für ein Ja.

2

VORAHNUNGEN VON TRANSFORMATION UND VERSCHWÖRUNG

> Es begann morgens, als ich erwachte. In einem Traum hörte ich vor dem Aufwachen einen Taktschlag, ein Trommeln, einen Marsch, der von den ersten Schamanen der Neandertaler bis zu den vedischen Sehern und sämtlichen Patriarchen reichte. Ich hatte das Gefühl, dass niemand Einhalt gebieten könnte.
>
> Michael Murphy, *Jacob Atabet*

Die Verschwörung des Wassermanns, wie sie im späten 20. Jahrhundert in Erscheinung tritt, wurzelt in den Mythen und Metaphern, den Prophezeiungen und der Poesie der Vergangenheit. Überall in der Geschichte gab es da und dort Einzelpersonen oder in den Randbezirken von Wissenschaft und Religion kleine Gruppen, die aufgrund ihrer eigenen Erfahrung glaubten, der Mensch könne eines Tages das begrenzte «Normalbewusstsein» überschreiten und die Brutalität und Entfremdung menschlichen Daseins ins Gegenteil umkehren.

Von Zeit zu Zeit ist die Vorahnung, dass eine Minderheit einzelner Individuen eines Tages einen Gärungsprozess in der ganzen Gesellschaft auslösen könnte, schriftlich festgehalten worden. Indem ihre Kultur als Magnet dient, würde sie die bestehende Ordnung «anziehen» und so das Ganze transformieren.

Der Hauptgedanke war immer derselbe: Nur durch einen neuen Geist kann sich die Menschheit erneuern, und das Potential für einen neuen Geist dieser Art ist naturbedingt.

Diese paar Mutigen bildeten bis anhin den Radar der Geschichte, ein Frühwarnsystem für den Planeten. Wie wir sehen werden, brachten einige ihren Einblick auf romantische Weise zum Ausdruck, andere in Form intellektueller Konzepte, aber alle wiesen auf eine umfassendere Sehweise hin. «Öffnet eure Augen», riefen sie uns zu, «es gibt mehr.»

Mehr Tiefe, Höhe, Dimension, Perspektiven und Wahlmöglichkeiten, als wir uns bis anhin vorgestellt hatten. Sie feierten die Freiheit, die man in diesem grösseren Zusammenhang fand und warnten vor der gefährlichen Blindheit der herrschenden Betrachtungsweise. Lange bevor die Stunde des globalen Krieges, der ökologischen Belastung und der nuklearen Krise geschlagen hatte, fürchteten sie um die Zukunft einer Menschheit ohne Zusammenhalt.

Obwohl sie sich selbst über die herrschenden Ideen ihrer Zeit hinausbewegten, wussten sie nur wenige Zeitgenossen für ihre Idee zu begeistern. Meistens blieben sie missverstanden, einsam, ja sogar geächtet. Bis zu diesem Jahrhundert mit seinen schnellen Kommunikationsmitteln gab es wenig Aussicht auf eine Verbindung zwischen diesen weitverstreuten Individuen. Ihre Gedanken dienten jedoch als Treibstoff für spätere Generationen.

Diejenigen, die Vorahnungen einer Transformation hatten, glaubten, dass zukünftige Generationen die uns umgebenden unsichtbaren Gesetze und Kräfte entdecken könnten: Die lebenswichtigen Netzwerke der Beziehungen; die Bande zwischen allen Aspekten des Lebens und des Wissens, die Verflechtungen der Menschen, die Rhythmen und Harmonien des Universums, die Verbundenheit, die aus einzelnen Teilen Ganzheit schafft und die Muster, die ihren Sinn im Gewebe der Welt finden. Sie meinten, dass die Menschheit die feinen Schleier, die dem Sehen auferlegt sind, erkennen und sich des Täuschungsmanövers der Gewohnheit, des Gefängnisses von Sprache und Kultur sowie der Fesseln der Umstände bewusst werden könnte.

Die Themen der Transformation entwickelten sich im Laufe der Zeit mit wachsender Stärke und Klarheit und gewannen mit zunehmender Kommunikationsmöglichkeit an Stosskraft. Zu Beginn sind Überlieferungen dieser Art in kleineren Kreisen weitergegeben worden: von Alchimisten, Gnostikern, Kabbalisten und Geheimgesellschaften. Mit der Erfindung der Buchdruckerkunst Mitte des 15. Jahrhunderts sind sie eine Art offenes Geheimnis geworden, waren aber nur den wenigen Lesekundigen zugänglich und wurden oft von Kirche oder Staat verboten.

Unter den kühnen und isolierten Stimmen befanden sich Meister Eckhart, der deutsche Geistliche und Mystiker des 14. Jahrhunderts, Giovanni Pico della Mirandola im 15. Jahrhundert, Jacob Böhme im 16. und 17. Jahrhundert und Emanuel Swedenborg im 17. und 18. Jahrhundert.

Sie verkündeten, dass unser Geist frei ist und wir die Herren unserer eigenen Evolution sind. Die Menschheit hat die Wahl. Wir können uns unserer wahren Natur bewusst werden. Indem wir unsere inneren Quellen völlig ausschöpfen, vermögen wir eine neue Dimension des Geistes zu erreichen, können wir mehr sehen. «Ich sehe durch das Auge hindurch und nicht mit ihm», äusserte sich der Dichter und Kupferstecher William Blake, der im späten 18. und frühen 19. Jahrhundert lebte. Der Feind einer ganzheitlichen Sicht, so sagte er, war die Trennung der Urteilskraft von unserem Denkvermögen, das sich «stahlartig verschliesst». Dieser Halbgeist schuf ständig Gesetze und fällte moralische Urteile, er erstickte Spontaneität, Gefühle und die Kunst. Für Blake bildete sein eigenes Zeitalter den Ankläger; es war von Angst, Anpassung, Neid, Zynismus und dem Geist der Maschine geprägt. Aber diese dunkle Kraft war nur ein «Nachtmahr», ein Gespenst, das aus den Köpfen, die es heimsuchte, ausgetrieben werden konnte.

«Ich werde nicht vom geistigen Kampf ablassen», schwor er, «bis wir Jerusalem erbaut haben, auf Englands grünen, erquickenden Auen». Wie spätere Mystiker sah Blake in den französischen und amerikanischen Revolutionen nur anfängliche Schritte im Hinblick auf eine weltweite Befreiung, sowohl spiritueller als auch politischer Art.

1836, neun Jahre nach Blakes Tod, kamen anlässlich der 200-Jahresfeier der Harvard University einige amerikanische Intellektuelle miteinander ins Gespräch und entdeckten ihr gemeinsames Interesse und ihre Begeisterung für neue philosophische Richtungen; sie bildeten den Kern dessen, was historisch als die amerikanische Transzendentalisten-Bewegung bekannt geworden ist.

Die Transzendentalisten Ralph Waldo Emerson, Henry Thoreau, Bronson Alcott und Margaret Fuller rebellierten gemeinsam mit einigen Dutzend anderen gegen das, was sich als der tote, trockene Intellektualismus ihrer Zeit darstellte. Es fehlte irgend etwas – eine unsichtbare Dimension der Wirklichkeit, die von ihnen gelegentlich als Überseele bezeichnet wurde. Sie suchten aus vielen Quellen Verständnis zu schöpfen: Erfahrung, Intuition, die Idee des inneren Lichtes bei den Quäkern, aus der *Bhagavadgita,* bei den deutschen Philosophen der Romantik, dem Historiker Thomas Carlyle, dem Dichter Samuel Coleridge, bei Swedenborg und den metaphysischen Schriftstellern Englands des 17. Jahrhunderts. Ihre Bezeichnung für Intuition lautete «transzendentale Vernunft». Sie griffen der Bewusstseinsforschung unserer Zeit vor, indem sie der Überzeugung waren, dass die andere Methode der Wissensgewinnung, wie sie vom Gehirn angewandt wird, keine Alternative zum gewöhnlichen Denkprozess, sondern eine Art transzendente Logik darstellt, die zu schnell und zu komplex abläuft, als dass wir ihr mit dem schrittweise vorgehenden Denkvermögen unseres Alltagsbewusstseins folgen könnten.

So wie Böhme auf Swedenborg einen gewissen Einfluss ausübte, der seinerseits Blake beeinflusste, so übten alle drei eine Wirkung auf die Transzendentalisten aus. Die Transzendentalisten wiederum hinterliessen ihre Spuren in der Literatur, Erziehung, Politik und dem Wirtschaftsleben mehrerer Generationen, sie beeinflussten Nathaniel Hawthorne, Emily Dickinson, Herman Melville, Walt Whitman, John Dewey, die Gründer der britischen Labour Party, Gandhi und Martin Luther King.

Im späten 19. und frühen 20. Jahrhundert blühte der Industrialismus. Eine ausgedehnte, auf eine Änderung des Herzens basierende soziale Transformation erschien noch als ein ferner Traum. In England sagte Edward Carpenter jedoch voraus, dass die jahrhundertealte Tradition eines Tages ihre Gestalt und Kontur wie schmelzendes Eis im Wasser verlieren würde. Langsam würden sich Netzwerke von Individuen formen; sich stets erweiternde Kreise treffen und überschneiden sich, um sich schliesslich rund um ein neues Zentrum für die Menschheit zusammenzufinden.

Diese letztliche Verbindung wäre den zusammenhängenden Fasern und Nerven eines Körpers vergleichbar, indem sie im Innern des äusserlich sichtbaren Körpers der Gesellschaft läge. Die Netzwerke würden sich auf diesen schwer erreichbaren Traum, auf «die vollendete, freie Gesellschaft» hinbewegen.

Carpenter äusserte zudem, dass die Einsichten der östlichen Religionen der Samen für die grosse Veränderung bilden könnten, indem sie die westliche Sicht der Wirklichkeit erweitern.

In dem 1901 geschriebenen Buch *Kosmisches Bewusstsein* gab der amerikanische Arzt Richard Bucke der Erfahrung einer erregenden Bewusstheit in bezug auf die Einheit mit allem Leben Ausdruck. Er schrieb, dass die Menschen, die solche Bewusstseinszustände erfahren, immer zahlreicher würden; sie wandeln auf derselben Erde und atmen dieselbe Luft wie wir, aber gleichzeitig wandeln sie auf einer anderen Erde und atmen eine andere Luft, von der wir wenig wissen. Diese neue Rasse ist im Begriff, von uns geboren zu werden, und in naher Zukunft wird sie die Erde in Besitz nehmen.

1902 definierte der grosse amerikanische Psychologe William James die Religion auf eine neue Weise: Nicht als Dogma, sondern als Erfahrung – die Entdeckung eines neuen Zusammenhanges, einer unsichtbaren Ordnung, mit der das Individuum Übereinstimmung erreichen kann. Unser gewöhnliches Bewusstsein lässt eine Bewusstheit dieser geheimnisvollen, erweiterten Dimension nicht durchdringen – solange wir uns jedoch über deren tatsächliche Existenz nicht im klaren sind, müssen wir uns hüten, «voreilige Schlüsse in bezug auf die Realität» zu ziehen.

Von allen Geschöpfen der Erde können nur die Menschen ihre Verhaltensmuster ändern, meinte James. «Einzig der Mensch ist seines Schicksals Schmied. Die grösste Revolution unserer Generation besteht darin, dass die Menschen durch Veränderung ihrer Geisteshaltung die äusseren Aspekte ihres Lebens verändern können.»

Nach und nach begannen westliche Gelehrte die Grundfesten westlicher Denkweise anzugreifen. Unsere Erwartung, dass die mechanistische Wissenschaft die Geheimnisse des Lebens erklären würde, war naiv. Diese Vertreter einer erweiterten Weltsicht wiesen darauf hin, wie unsere Institutionen die Natur verletzen: Unsere Erziehung und Philosophie versäumte es, der Kunst, den Gefühlen und der Intuition Wertschätzung entgegenzubringen.

Jan Christiaan Smuts, Burengeneral und zweimaliger Premierminister von Südafrika, formulierte in den zwanziger Jahren ein brillantes Konzept, das viele wissenschaftliche Durchbrüche des späten 20. Jahrhunderts vorwegnahm. In *Holism and Evolution* lenkte Smuts die Aufmerksamkeit auf ein unsichtbares aber mächtiges, der Natur innewohnendes Organisationsprinzip. Wenn wir nicht die Ganzheit betrachten würden und nicht den Drang der Natur nach immer höheren Organisationen erkennen könnten, wären wir nicht in der Lage, unseren stets schneller sich vollziehenden wissenschaftlichen Entdeckungen einen Sinn abzugewinnen.

Im Geist selbst ist ein Ganzheit schaffendes Prinzip vorhanden, behauptete Smuts. Wie die lebende Materie, so entwickelt sich auch der Geist zu immer höheren Ebenen. Er behauptete, dass der Geist der Materie innewohnt. Smuts beschrieb ein Universum, das immer bewusster wird.

Die Idee der sich immer weiter ausdehnenden Geisteskräfte entfaltete sich auch in der Literatur. «Neue» Menschen mit erhöhter Sensibilität tauchten oft in der Dichtung Hermann Hesses auf. In seinem äusserst beliebten Roman *Demian* (1925) schildert Hesse eine Gemeinschaft von Männern und Frauen, die paranormale Fähigkeiten und eine gegenseitige, unsichtbare Verbindung entdeckt hatten. «Wir waren von der Mehrheit der Menschen nicht durch eine Grenze getrennt», äusserte der Erzähler, «sondern einfach durch eine andere Art der Wahrnehmung.» Sie stellten den Prototyp einer anderen Lebensweise dar.

Im Jahre 1927 entwarf Nikos Kazantzakis, der grosse griechische Schriftsteller, das Bild einer Vereinigung solcher Individuen – jener Menschen, die für die Erde ein Gehirn und ein Herz schaffen und «dem übermenschlichen Daseinskampf eine menschliche Bedeutung geben könnten». Kameraden, denen er «wie Verschwörern mit einem Losungswort ein Zeichen geben könnte». Er glaubte, dass das, was wir als Gott bezeichnet haben, die evolutionäre Triebkraft des Bewusstseins im Universum sei. «Die neue Erde gibt es nur im Herzen der Menschen.»

In *The Open Conspiracy: Blueprints for a World Revolution* (1928) wies der Schriftsteller und Historiker H.G. Wells darauf hin, dass die Zeit beinahe reif für die Verschmelzung von kleinen Gruppen zu einem flexiblen Netzwerk wäre, welches eine globale Veränderung hervorrufen könne. «Diese ganze Welt ist erfüllt mit dem Versprechen grösserer Dinge», sagte Wells einmal, «und es wird ein Tag kommen, einer in der endlosen Folge von Tagen, an dem Wesen, deren Samen wir jetzt schon in uns tragen, auf dieser Erde wie auf einem Schemel stehen und nach den Sternen greifen werden.»

Der Schweizer Psychoanalytiker C.G. Jung wies auf eine transzendente Dimension des Bewusstseins hin, die im Westen normalerweise ignoriert wird; auf die Vereinigung des Intellekts mit dem intuitiven, Muster erkennenden Geist. Jung führte sogar einen noch grösseren Zusammenhang ein, jenen des kollektiven Unbewussten: eine Dimension von gemeinsamen Symbolen, ein rassenbezogenes Gedächtnis, das gesammelte Wissen der Spezies. Er schrieb von dem «Daimon», der den Sucher antreibt, nach Ganzheit zu suchen.

1929 veröffentlichte der Philosoph und Mathematiker Alfred North Whitehead das Buch *Process and Reality,* in dem die Wirklichkeit als eine ständige Bewegung beschrieben wird, deren Zusammenhalt eher im Geist denn in etwas Fassbarem «da draussen» zu suchen ist. Er versuchte, bemerkenswerte Prinzipien in der Natur zu formulieren, die von der offiziellen Forschung erst Generationen später entdeckt worden sind.

Nach einem Besuch in den Vereinigten Staaten im Jahre 1931 segelte Pierre Teilhard de Chardin von San Francisco nach China zurück*. Unterwegs schrieb der Jesuit und Paläontologe ein Essay,

---

* Teilhard de Chardin war die im Rahmen einer Umfrage (siehe Einleitung und Anhang) am meisten als starker «Einfluss» bezeichnete Einzelperson. Seine einstmals unterdrückten Bücher sind inzwischen vielmillionenmal verkauft und in beinahe alle Sprachen übersetzt worden. Die nächstmeist genannten einflussreichen Persönlichkeiten sind Aldous Huxley, C.G. Jung und Abraham Maslow.

«Der Geist der Erde», der von seiner zunehmenden Überzeugung inspiriert war, dass eine «Verschwörung von Individuen aus allen Schichten der amerikanischen Gesellschaft sich darum bemüht, «das Gebäude des Lebens auf eine neue Stufe zu heben.»

Zurück in Peking, verkündete er seine Hauptthese: Der Geist machte im Verlauf der gesamten Evolutionsgeschichte nach und nach Neugestaltungen durch, bis er einen entscheidenden Punkt erreicht hat – die Entdeckung seiner eigenen Evolution.

Diese neue Bewusstheit – dass der sich entwickelnde Geist den evolutionären Prozess erkennt – «stellt die zukünftige Naturgeschichte der Welt dar». Diese Bewusstheit wird im Laufe der Zeit Allgemeingut werden. Sie wird den ganzen Planeten umspannen und in einer die ganze Menschheit umfassenden Erleuchtung kulminieren, die Teilhard de Chardin als «Omega»-Punkt bezeichnete. Gewisse Individuen, die sowohl von einer transzendenten Vision der Zukunft als auch gegenseitig angezogen werden, schienen bei der «gemeinsamen Aufgabe», die Menschheit zu dieser erweiterten Bewusstheit zu bringen, eine Art Speerspitze zu bilden. «Der einzige Weg vorwärts führt in die Richtung eines gemeinsamen Verlangens, einer Verschwörung.»

Und, wie er einen Freund wissen liess, nichts im Universum könnte sich «der sich steigernden Begeisterung der kollektiven Seele» entziehen, falls eine genügend grosse Anzahl transformierter Menschen zusammenarbeiten. «Obwohl viele den Gedanken, dass sich der Geist entwickle, von sich weisen, wird er schliesslich akzeptiert werden», meinte er. «Wird eine Wahrheit erst einmal erkannt – auch nur von einem einzigen Geist –, so kann ihr am Ende die Gesamtheit des menschlichen Bewusstseins nicht mehr ausweichen.» Beweise für diesen evolutionären Vorstoss lieferten, laut Teilhard de Chardin, alle Wissenschaften, und diejenigen, die sich weigerten, dies zu erkennen, wären blind. «Die Evolution ist ein Zustand, dem sich alle Theorien beugen, eine Kurve, der alle Linien folgen müssen.»

«Niemand kann sich modern nennen, der diesen evolutionären Vorstoss missachtet», lautete seine Ansicht. Unseren Nachfahren wird dies ein ebenso geläufiger und instinktiver Gedanke sein, wie es für einen Säugling die dritte Dimension des Raums darstellt.

Die Entstehung des Menschen war während Teilhard de Chardins Leben auf die private Verbreitung beschränkt, da ihm die Kirche eine Veröffentlichung des Buches verbot. Er warnte in dieser Schrift davor, dass ein Geist, der sich diesem evolutionären Konzept geöffnet hat, Angst und Verwirrung erfahren könnte. Er muss für alles das, was früher in seiner inneren Welt wohlgeordnet vorhanden war, ein neues

Gleichgewicht schaffen. «Er ist geblendet, wenn er aus seinem dunklen Gefängnis emporsteigt.»

Er wies darauf hin, dass es jetzt unwiderlegbare Beweise dafür gäbe, dass wir in die grösste Periode der Veränderung eingetreten sind, welche die Welt je gekannt hat. «Die Übel, an denen wir leiden, hatten ihren Sitz in den ureigensten Grundlagen menschlichen Denkens. Aber heute geschieht etwas mit der ganzen Struktur des menschlichen Bewusstseins. Eine neue Art Leben beginnt.»

Wir sind die Kinder des Übergangs, wir sind uns der neuen Kräfte, die entfesselt werden, noch nicht voll bewusst: «Die Zukunft bietet uns nicht nur das Überleben, sondern ein ‹Über-Leben›.»

Der Historiker Arnold Toynbee äusserte 1935, dass eine kreative Minderheit, die «sich der inneren Welt der Psyche zuwendet», die Vision eines neuen Lebensstils für unsere geplagte Zivilisation hervorbringen könnte. Er sagte ebenso voraus, dass die bedeutsamste Entwicklung dieses Zeitalters der Einfluss östlicher spiritueller Betrachtungsweise auf den Westen sein würde.

In den späten dreissiger Jahren wies ein polnischer Graf, Alfred Korzybski, noch auf einen anderen Aspekt des Bewusstseins hin – die Sprache. Sprache formt den Gedanken, schrieb er, als er die Prinzipien der allgemeinen Semantik entwarf. Wir verwechseln sie mit der Wirklichkeit; sie schafft falsche Sicherheit. Mit Worten versuchen wir, Dinge zu isolieren, die nur im Zusammenhang existieren können. Es gelingt uns nicht, den Prozess, die Veränderung und die Bewegung zu erkennen. Wenn wir die Wirklichkeit erfahren wollen, sagte Korzybski, müssen wir die Grenzen der Sprache anerkennen.

In *The Wisdom of the Heart* – Aufsätze, die am Vorabend des zweiten Weltkrieges veröffentlicht worden sind – warnte Henry Miller vor der Schwierigkeit, neuen Realitäten innerhalb der Grenzen der Sprache Ausdruck zu geben:

> Es gibt heute auf der ganzen Welt eine Reihe moderner Denker, die alles andere als modern sind. Sie kommen mit der heutigen Zeit überhaupt nicht zurecht und sind trotzdem ein echteres und authentischeres Spiegelbild unseres Zeitalters als diejenigen, die mit dem Strom schwimmen. Mitten im Herzen des Zeitgeistes gibt es eine Spaltung. Das Ei bricht auf, die Chromosomen teilen sich, um mit einem neuen Lebensmuster voranzugehen. Diejenigen unter uns, die am fremdesten, am wenigsten konform erscheinen ... sind diejenigen, die vorwärtsschreiten, jenes Leben zu erschaffen, das erst rudimentär vorhanden ist.

Wir, die davon betroffen sind, können uns nicht verständlich machen ... Dies ist das Zeitalter, in dem apokalyptische Visionen ihre Erfüllung finden werden. Wir stehen an der Schwelle zu einem neuen Leben, wir betreten einen neuen Bereich. Mit welchen Worten können wir Dinge beschreiben, für die es bis jetzt noch keinen neuen Namen gibt? Und wie lassen sich Beziehungen beschreiben? Wir können die Natur jener, von denen wir uns angezogen fühlen, nur erraten – die Kräfte, denen wir uns willentlich in Gehorsam hingeben ...

Noch in den ersten Tagen des Krieges bekannte der Philosoph Martin Buber, dass er ein wachsendes Verlangen nach einem Bezugspunkt fühle. «Mit der Langsamkeit, die allen Ereignissen der wahren Menschheitsgeschichte innewohnt, zieht am Horizont eine grosse Unzufriedenheit auf, die sich von aller vorhergegangenen Unzufriedenheit unterscheidet.» Die Menschen werden nicht länger bloss gegen den einen oder anderen Unterdrücker rebellieren, sondern gegen die Entstehung einer grossen Sehnsucht, «dem Streben in Richtung auf eine Gemeinschaft».

In einem Brief aus dem Jahre 1940 schrieb Aldous Huxley, dass er – obwohl augenblicklich zutiefst pessimistisch in bezug auf die Menschheit als Ganzes – «äusserst optimistisch sei, was Einzelpersonen und Gruppen von Individuen anbelange, die in den Grenzgebieten der Gesellschaft existieren». Der britische Autor, der in Los Angeles lebte, bildete den Angelpunkt einer Vorform der Verschwörung des Wassermanns; ein internationales Netzwerk von Intellektuellen, Künstlern und Wissenschaftlern, die an der Idee von Transzendenz und Transformation interessiert waren. Sie verbreiteten neue Gedanken, unterstützten einander in ihren Bemühungen und fragten sich, ob jemals etwas aus der ganzen Angelegenheit werden würde. Viele von Huxleys Interessen waren ihrer Zeit derart voraus, dass sie erst in dem Jahrzehnt nach seinem Tod eine weitere Verbreitung erfuhren. Als Ideen dieser Art noch als Ketzerei galten, war Huxley ein Befürworter der Bewusstseinsforschung, der Dezentralisation von Regierung und Wirtschaft, paranormaler Heilungsverfahren, praktischer Anwendung veränderten Bewusstseins, visueller Neuerziehung und Akupunktur.

Er war auch einer der ersten Anhänger von Ludwig von Bertalanffy, einem deutschen Biologen, der eine Wissenschaft des Zusammenhangs entwarf, die er erst Perspektivismus, später allgemeine Systemtheorie nannte. Diese Theorie, deren Einfluss auf viele verschiedene Disziplinen ständig wuchs, betrachtet alles in der Natur – einschliesslich des menschlichen Verhaltens – als miteinander verbunden. Gemäss der allgemeinen Systemtheorie kann nichts für sich allein – isoliert – verstanden werden, sondern ist als Teil eines Systems aufzufassen.

In der zur Tagesordnung zurückgekehrten Nachkriegszeit gab es einige Menschen, die eine nahende Umwälzung spürten, ein Bewusstwerden in bezug auf unsere kulturellen Konditionierungen. Selbst als er die Entfremdung und Konformität von *Die Einsame Masse* beschrieb, vermutete der Soziologe David Riesman, dass dem schlafähnlichen Zustand möglicherweise ein Ende gesetzt werden könnte. «Viele veränderte Strömungen entgehen der Aufmerksamkeit der Berichterstatter in diesem am meisten beobachteten Land der Erde ... Amerika ist nicht nur gross und reich, es ist auch geheimnisvoll, und mit seiner Fähigkeit, Interessen mit Humor oder Ironie zu verbergen, kommt es dem sprichwörtlich unergründlichen China gleich.»

Riesmans Buch – neben anderen – förderte eine neue Bewusstheit für das Gefängnis der Konformität. Es stellt verborgene Postulate in Frage und weist auf Widersprüche hin – der erste Schritt zur Zerstörung eines alten Paradigmas.

Mitte der fünfziger Jahre löste der Psychoanalytiker Robert Lindner mit seiner prophetischen Warnung, dass eine «Revolte der Jugend» drohe, eine Kontroverse aus:

> Wir haben sie mit unseren Ängsten und Unsicherheiten infiziert und ihnen unsere Fehler und falschen Vorstellungen aufgehalst. Sie drücken an unserer Stelle die aufgestaute Wut aus, die Spannung und die schreckliche Frustration der Welt, in die sie hineingeboren worden sind ... Sie sind Gefangene der groben Fehler und Selbsttäuschungen ihrer Vorfahren – und wie alle Gefangenen sind sie in ihren Herzen Meuterer.

Must we conform? (Müssen wir uns anpassen?), fragt der Titel eines Buches, das Lindner 1956 schrieb. «Die Antwort ist ein kraftvolles Nein! *Nein* – nicht nur, weil wir schliesslich und endlich Geschöpfe sind, die sich nicht anpassen können ... sondern *nein*, weil es eine alternative Lebensweise gibt, die uns hier und jetzt zugänglich ist. Es ist der Weg der positiven Rebellion, der Pfad des kreativen Protests.»

Der Schlüssel liegt laut Lindner in der erweiterten Bewusstheit, in der Erkenntnis, wie wir von unbewussten Ängsten und Motiven verkrüppelt werden. «Ich glaube fest, dass das Steuer herumgeworfen werden kann.»

Der bedeutende Psychologe Gardner Murphy prophezeite in den

fünfziger Jahren, dass das zunehmende wissenschaftliche Interesse am Bewusstsein zu «neuen Bereichen der Erfahrung» führen würde. Je mehr wir uns mit der «anderen Seite des Geistes» beschäftigen und je mehr wir diese Begabungen zur Anwendung bringen, die noch keine Kultur jemals vollständig zu nutzen wusste, desto unwahrscheinlicher ist es, dass unsere alten Annahmen standhalten werden – nicht einmal die Ideen von Darwin und Freud. Radikal verschiedene Gedanken würden entstehen, meinte Murphy, «und wir werden sie selbstverständlich wütend bekämpfen.»

Neue Ideen – neue Menschen. Der Romancier und Essayist C.S. Lewis beschrieb, was ihm als eine Art Geheimgesellschaft neuer Männer und Frauen erschien, «die hier und dort über die ganze Erde verstreut sind». Man könne sie erkennen lernen, meinte er, und zweifellos erkennen sie sich gegenseitig.

In einem französischen Bestseller des Jahres 1960, *Aufbruch ins Dritte Jahrtausend,* beschrieben Louis Pauwels und Jacques Bergier eine «offene Verschwörung» intelligenter Individuen, die durch ihre inneren Entdeckungen transformiert werden. Die Mitglieder dieses Netzwerkes sind möglicherweise die zeitgenössischen Verwalter einer von altersher überlieferten esoterischen Weisheit, behaupteten Pauwels und Bergier. Sind diese erst heute aus den geheimen Traditionen der Alchimisten und Rosenkreuzer an die Öffentlichkeit getreten?

Möglicherweise fanden einige das, wonach sich viele gesehnt hatten. J.B. Priestley schliesst sein monumentales Werk *Literature and Western Man* (1960) mit einem Blick auf das weitverbreitete Verlangen nach Vollendung. Die gespaltene westliche Kultur suchte verzweifelt nach ihrem Zentrum, nach einem Gleichgewicht zwischen innerem und äusserem Leben. «Die Innenwelt des gesamten Zeitalters ... versucht, eine Art Defekt im Bewusstsein wettzumachen; ein Gleichgewicht wiederherzustellen, das durch Einseitigkeit zerstört worden ist; die grellen Gegensätze zu vereinen.»

Nur die Religion kann die Bürde der Zukunft tragen, meinte er, aber nicht die Religion der Kirchen, sondern jene spirituelle Dimension, die Sitten und Politik transzendiert.

Auch wenn wir der Ansicht sind, dass die Zeit unserer Zivilisation schnell verrinnt – so, wie Zucker sich aus einem zerrissenen Beutel ergiesst –, müssen wir abwarten. Aber während wir warten, können wir versuchen, so zu fühlen, zu denken und zu handeln, als ob unsere Gesellschaft bereits im Begriffe wäre, von der Religion vollständig umfasst zu werden ... *wie wenn* wir im Universum unseren Weg nach Hause wiederfinden würden. Wir können aufhören, unser eigenes Erbe zu zerstören ... Wir können dem ganzen entmenschlichenden, die Persönlichkeit zerstörenden Prozess entgegentreten, der die Fülle an Sinnbildern und die Dimension der Tiefe aus dem Leben der Menschen nimmt und jene Betäubung bewirkt, die nach Gewalt und Horroreffekten verlangt; oder um die Rückseite des Mondes zu betrachten – eine Sache, die von unserem Leben weit entfernt ist –, können wir versuchen, das Innere unseres eigenen Geistes in Augenschein zu nehmen.

Wenn wir uns einfach «als ob» verhalten, so könnte uns dies den Weg nach Hause zeigen – sich als der Schritt in Richtung Heilung, Gerechtigkeit, Ordnung und wahrer Gemeinschaft erweisen. «Wenn wir einfach verkünden, was bei uns nicht stimmt, was unser tiefstes Bedürfnis darstellt, dann werden Tod und Verzweiflung vielleicht schrittweise verschwinden ...»

In seinem letzten Roman, *Eiland* (1963), schilderte Huxley eine Gesellschaft, in der Heilung auf Geisteskräften beruhte, erweiterte «Familien» Geborgenheit und Rat boten, Lernen auf Handeln und Vorstellungskraft gründet und in der sich der Handel der Ökologie unterordnete. Um die dringende Notwendigkeit der Bewusstheit zu betonen, flogen abgerichtete Mynahvögel umher und riefen: «Sei hier und jetzt!» Die meisten Kritiker bezeichneten *Eiland* in ihren Rezensionen als Unsinn; es war weniger erfolgreich als Huxleys dunkle Vision, *Schöne neue Welt*. Aber Huxley hatte nicht nur eine Welt beschrieben, die er für möglich hielt, sondern sie als eine Mischung von Praktiken dargestellt, von denen man weiss, dass sie in den zeitgenössischen Kulturen vorhanden sind. In den Worten des Dr. MacPhail in *Eiland*:

> Das Beste aus beiden Welten entstehen zu lassen, der orientalischen und europäischen, der alten und der neuen Welt – was sage ich da? Das Beste aus *allen* Welten zu erschaffen – den Welten, die bereits in den verschiedenen Kulturen verwirklicht worden sind, und – über diese hinaus – den Welten noch unerkannter Möglichkeiten.

Und in der Tat üben die verschiedenen Kulturen eine immer stärkere Wirkung aufeinander aus. In seinem äusserst einflussreichen Werk *Understanding Media* (1964) beschrieb Marshall McLuhan die künftige Welt als ein «globales Dorf», das durch die Kommunikationstechnologie und die rasche Verbreitung von Informationen verbunden wird.

Diese elektrifizierte Welt mit ihren unmittelbaren Verbindungen würde keine Ähnlichkeit mit den vorausgegangenen Tausenden von Jahren der Geschichte haben.

In unserer Zeit sind wir uns des Unbewussten bewusst geworden, betonte McLuhan. Obwohl die meisten von uns weiterhin den alten fragmentarischen Denkmustern folgen, führt uns die elektronische Koppelung auf «mystische und integrierende» Weise zusammen. McLuhan sah die kommende Veränderung: Immer mehr Menschen streben nach Ganzheit, Einfühlungsvermögen, einer tieferen Bewusstheit; sie wehren sich gegen aufgezwungene Verhaltensmuster und wünschen sich, dass die Menschen allem gegenüber offen sind.

Seiner Ansicht nach, wird uns die Flut neuen Wissens erneuern.

Die unmittelbare Aussicht für den zersplitterten westlichen Menschen, der die elektrische Implosion innerhalb seiner eigenen Kultur erlebt, besteht in seiner stetigen und schnellen Transformation zu einem komplexen Wesen ... Emotional der vollständigen gegenseitigen Abhängigkeit bewusst, die zwischen ihm und dem Rest der menschlichen Gesellschaft besteht ...

Könnte die gegenwärtige Übertragung unseres gesamten Lebens in die spirituelle Form der Information nicht bewirken, dass aus dem ganzen Globus und aus der Menschenfamilie ein einziges Bewusstsein wird?

In der Einleitung zu «World Perspectives», einer Serie von Büchern, die Harper & Row in den sechziger Jahren zu veröffentlichen begannen, schrieb Ruth Ananda Ashen von einem «neuen Bewusstsein», das die Menschheit über Angst und Isolation hinaus führen könnte*. Wir ringen heute mit einer grundlegenden Veränderung, da wir nun die Evolution selbst begreifen. Es besteht nunmehr «eine Gegenkraft zu der Sterilität der Massenkulturen ... ein neuartiges, bisweilen unmerkliches geistiges Gefühl der Annäherung an eine Einheit der Menschen und der Welt».

Die neue Buchreihe sollte ein «Wiedererwachen der Hoffnung» fördern und dabei das zu erfassen helfen, was in der Vergangenheit unserer Aufmerksamkeit entgangen ist. Weil der Mensch seine eigene

---

* Die «World Perspectives»-Serie umfasste viele Autoren, deren Denken die Verschwörung im Zeichen des Wassermanns beeinflusste. Darunter finden sich Lancelot Law Whyte, Lewis Mumford, Erich Fromm, Werner Heisenberg, René Dubos, Gardner Murphy, Mircea Eliade, Kenneth Boulding, Marshall McLuhan, Milton Mayerhoff, Ivan Illich and Jonas Salk.

Natur erkannt hat, stehen ihm jetzt neue Möglichkeiten offen, «da er das einzige Geschöpf ist, das die Fähigkeit besitzt, zum Leben nicht nur nein, sondern auch ja zu sagen.» Die transformative Vision wurde zunehmend glaubhafter, als sich eine wachsende Zahl einflussreicher Denker mit deren Möglichkeiten auseinandersetzte.

Der Psychologe Abraham Maslow beschrieb einen angeborenen menschlichen Trieb, der über das einfache Überleben und die emotionalen Bedürfnisse hinausgeht – ein Verlangen nach Sinn und Transzendenz. Dieses Konzept der «Selbstverwirklichung» gewann schnell Anhänger. Maslow schrieb: «Es zeigt sich immer deutlicher, dass eine philosophische Revolution stattfindet. Ein umfassendes System ist in rascher Entwicklung begriffen, wie ein Baum, der an allen Ästen gleichzeitig Früchte zu tragen beginnt.» Er beschrieb eine Gruppe, die er als Transzendierende betrachtete, eine «Vorhut der Menschheit», Leute, welche die traditionellen Kriterien psychologischer Gesundheit weit übertrafen. Er stellte eine Liste von etwa dreihundert kreativen, intelligenten Individuen und Gruppen zusammen, deren Leben von häufigen «Gipfelerfahrungen» (ein Begriff, den er prägte) bestimmt wurde. Dies war sein Eupsychisches Netzwerk – wörtlich: «von guter Seele». Seiner Ansicht nach fühlen sich Transzendierende unwiderstehlich voneinander angezogen; zwei oder drei solcher Menschen würden einander in einem Raum mit hundert Leuten finden, und sie können sowohl Geschäftsleute, Ingenieure und Politiker als auch Richter oder Priester sein.

In einem 1967 entstandenen Nachtrag zu seiner berühmten Studie zum Thema «Entfremdung», *The Outsider,* lenkte Colin Wilson in England die Aufmerksamkeit auf einen entscheidenden Punkt, auf den Maslow und andere in aller Stille in den Vereinigten Staaten hingewiesen hatten: auf die Möglichkeit einer Metamorphose der Menschheit – die Vision einer Welt, die gegenüber Kreativität und mystischer Erfahrung aufgeschlossen ist. Nach der Meinung von John Platt, einem Physiker an der Universität von Michigan, kann keine Analogie – auch nicht die Metamorphose – das Plötzliche oder das Radikale der bevorstehenden Transformation völlig erfassen. Nur Träumer wie Wells und Teilhard de Chardin hatten «deren enorme Reichweite, Neustrukturierung, Einheit und Zukunft erkannt. Sie stellt einen Quantensprung, einen neuen Zustand der Materie dar». Und diese Transformation wird in ein oder zwei Generationen stattfinden, meinte Platt. «Wir befinden uns jetzt möglicherweise in der Zeit der schnellsten Veränderung, die innerhalb der gesamten Evolution der Menschheit stattfindet ... einer Art Kulturschock.»

Von Teilhard de Chardins Vision eines sich entwickelnden menschlichen Bewusstseins bewegt, forderte die Zukunftsforscherin Barbara Marx Hubbard im Jahre 1967 Tausende von Leuten in der ganzen Welt auf – Maslows Netzwerk inbegriffen –, eine «menschliche Front» derer zu bilden, die den Glauben an die Möglichkeit des transzendentalen Bewusstseins miteinander teilten. Hunderte antworteten darauf, einschliesslich Lewis Mumford und Thomas Merton. Daraus erwuchs eine locker verbundene Organisation, das Committee for the Future.

In *Die Revolution der Hoffnung* (1968) sah Erich Fromm eine «neue Front» voraus; eine Bewegung, die den Wunsch nach tiefgreifender gesellschaftlicher Veränderung mit einer neuen spirituellen Perspektive verbinden würde. Ihr Ziel ist die Humanisierung der technologischen Welt.

Eine Bewegung dieser Art, wie sie im Verlauf der nächsten zwanzig Jahre entstehen könnte, wäre gewaltlos. Sie würde aus Menschen bestehen, die bereits den Wunsch nach einer neuen Richtung verspüren, und würde Alte und Junge, Konservative und Radikale, sämtliche sozialen Schichten mit einbeziehen. «Die Mittelklasse hat begonnen zuzuhören und ist beeindruckt», meinte Fromm. Weder Staat noch politische Parteien oder die organisierte Religion könnten für diesen Vorstoss eine intellektuelle oder spirituelle Heimat bilden. Institutionen wären zu bürokratisch, zu unpersönlich.

Der Schlüssel zum Erfolg der Bewegung bestünde darin, dass sie im Leben ihrer überzeugtesten Mitglieder verkörpert würde. Kleine Gruppen arbeiten auf eine persönliche Transformation hin, unterstützen sich gegenseitig und demonstrieren der Welt «die Stärke und Freude von Menschen, die von tiefen Überzeugungen erfüllt sind, ohne fanatisch zu sein, die lieben, ohne ins Sentimentale abzugleiten ... die phantasievoll sind, ohne unrealistisch zu werden ... die diszipliniert sind, aber keinen blinden Gehorsam kennen».

Sie würden inmitten der Entfremdung des heutigen sozialen Milieus ihre eigene Welt aufbauen. Möglicherweise würden sie sich mit Meditation und anderen meditativen Zuständen des Bewusstseins beschäftigen, um offener, weniger egozentrisch, dafür aber verantwortungsbewusster zu werden. Und sie würden eine begrenzte Loyalität durch eine umfassende, liebende und kritische Fürsorge ersetzen. Ihr Konsumverhalten wird sich an «den Bedürfnissen des Lebens orientieren, nicht an jenen der Produzenten».

Die Flaggen wurden gehisst.

Carl Rogers beschrieb den «entstehenden Menschen»; Lewis Mumford die «neuen Wesen», das Zeitalter, das «die Renaissance wie eine

Totgeburt erscheinen lässt». Jonas Salk meinte, dass die Menschheit an der Schwelle einer neuen Epoche steht. Er behauptete, dass die Evolution «das Überleben der Weisesten» fördert. «Wer sind sie? Was müssten sie tun? Wie können sie sich selbst und andere entdecken, mit denen sie zusammenarbeiten können?» Der Pädagoge John Holt verlangte «einen vollkommen neuen Menschen». Der Philosoph Lancelot Law Whyte betonte die Notwendigkeit eines Netzwerkes: «Wir, die bereits Anzeichen dieser sich formenden Einstellung teilten, müssen einander gewahr werden ... durch rechtzeitige Zeichen Verbündete sammeln.»

Der Mythologe Joseph Campbell äusserte 1968, dass die einzige Chance für unsere Zeit in «einem losen Zusammenschluss von Männern und Frauen derselben Geisteshaltung liegt. Nicht eine Handvoll, sondern tausend, zehntausend Helden, die eine Vorstellung davon vermitteln werden, was die Menschheit in Zukunft sein kann.»

Im Jahre 1969 prophezeite der bekannte politische Schriftsteller Jean François Revel, dass die Vereinigten Staaten in Kürze, die «zweite grosse Weltrevolution» erleben würden – eine Umwälzung, welche die erste Revolution «vollenden sollte»; das Entstehen der Demokratie im Westen. In *Without Marx or Jesus* sah er das Entstehen des *Homo novus,* des neuen Menschen voraus. Revel glaubte, dass in den Vereinigten Staaten die Tendenz zur Beschäftigung mit spirituellen Dingen – die sich in dem zunehmenden Interesse an östlichen Religionen zeigt – eine tiefgreifende Veränderung in dem einzigen Land des Planeten ankündige, das frei genug für eine unblutige Revolution sei. Revel betrachtete die kommende zweite Revolution als ein emporstrebendes Muster inmitten des Chaos der sechziger Jahre; der sozialen Bewegungen, der neuen Sitten und Modeerscheinungen, des Protestes und der Gewalt. In der Tat wandten sich viele Aktivisten nach innen; eine Richtung, die ihren Gesinnungsgenossen in der konventionellen Linken als Ketzerei erschien. Sie sagten, dass sie die Gesellschaft so lange nicht verändern könnten, bis sie sich selbst veränderten. Irving Thomas, der in der politisch-sozialen Bewegung der sechziger Jahre aktiv war, erinnerte sich später:

> Etwas Seltsames geschah auf dem Weg zur Revolution. Da waren wir nun und forderten lautstark eine soziale Veränderung, als uns langsam aufging, dass unser sozial-politischer Kampf nur ein unbedeutendes Gefecht innerhalb einer Revolution des Bewusstseins darstellte, die so gewaltig ist, dass es schwierig war, sie innerhalb unserer Wirklichkeit überhaupt erfassen zu können.

Und Michael Rossman, einer der Führer des *Berkeley Free Speech Movements,* sowie andere Anführer der angeblich entfremdeten studentischen Rebellen sprachen eher niedergeschlagen von einer erstaunlichen Entwicklung. Bei ihrem Vorstoss in Richtung Veränderung begannen sie «das Beängstigende einer tatsächlichen Entscheidung und Möglichkeit zu erfahren. Man hatte das Gefühl, als ob die Oberfläche der Wirklichkeit irgendwie vollständig abhanden gekommen wäre. Nichts war mehr das, was es vorher zu sein schien».

War dieser Zustand gemeint, als es hiess, die Welt ungewohnt und neu zu gestalten? Die Bewegung ins Leben zu rufen und ihr einen Namen zu geben, «hatte die Verantwortung erleichtert, als es galt, einem ungewollten und erschreckend wirren Bereich von Möglichkeiten innerhalb eines Universums gegenüberzutreten, in dem irgendwie alles möglich war». Wie den Zauberern in den Büchern von Carlos Castaneda war es Rossman und seinen Freunden – wenn auch nur einen Moment lang – gelungen, «die Welt anzuhalten». Die Strategie der Konfrontation wurde immer weniger attraktiv, je deutlicher man sah, dass wir, wie Walt Kellys Cartoonheld Pogo einmal bemerkte, «dem Feind entgegengetreten sind – er ist wir selbst.»

Als die Revolution sich nach innen wandte, konnten Fernsehkameras und Zeitungsreporter nicht mehr darüber berichten. Sie war in verschiedener Hinsicht unsichtbar geworden.

Vielen Aktivisten bot sich der Idealismus als einzige pragmatische Alternative an. Der Zynismus hatte sich als selbsterfüllende Prophezeiung erwiesen. Der Wirtschaftswissenschaftler und Pädagoge Robert Theobald drängte auf die Schaffung einer neuen Koalition, auf eine Verbindung all derer, denen die soziale Veränderung in einem Zeitalter der schnellen Kommunikation am Herzen liegt.

> Wir leben in einem besonderen Augenblick der Geschichte. Wenn wir die Wirklichkeit der Welt vom Standpunkt des industriellen Zeitalters aus betrachten, ist es offensichtlich, dass keine Hoffnung besteht ... Aber man kann unsere Situation auch anders sehen. Wir können die grosse Zahl der Leute entdecken, die entschlossen sind, sich zu ändern ... Wenn wir so vorgehen, scheint es ebenso unmöglich, dass uns die Lösung unserer Probleme nicht gelingen wird.

Wir sind nicht von einer Krise in die andere gelangt, weil unsere Ideale versagt hätten, sondern weil wir die Ideale nie zur Anwendung gebracht haben, meinte Theobald. Eine Rückbesinnung auf die erhabensten Hoffnungen und Träume unserer Vorfahren könnte uns retten. Durch die Ansichten, die wir vertreten, bestimmen wir, welche Zukunft wir uns schaffen.

In *The Transformation* (1972) beschrieb George Leonard das jetzige Zeitalter als «einzigartig in der Geschichte»; der Beginn zur umfassendsten Veränderung in bezug auf die Qualität menschlicher Existenz seit der Geburt unserer zivilisierten Staaten. «Dies hat nicht zur Folge, dass wir die Werte und Handlungsweisen unserer Zivilisation über Bord werfen, sondern dass wir dieselben einer höheren Ordnung unterstellen.»

Ebenfalls im Jahre 1972 erklärte der Anthropologe Gregory Bateson, dass die nächsten fünf bis zehn Jahre der föderalistischen Periode in der Geschichte der Vereinigten Staaten vergleichbar sein würden. Öffentlichkeit, Presse und Politiker würden alsbald über die neuen Ideen debattieren, ähnlich wie im 18. Jahrhundert die Schöpfer der amerikanischen Demokratie nach Übereinstimmung gesucht hatten. Die Bemühungen der Jugend und ihr Interesse an orientalischer Philosophie zeugten laut Bateson von einem gesünderen Verstand, als er den Konventionen des Establishments innewohnt. In seinem 1970 erschienenen Bestseller *The Greening of America* konzentrierte sich Charles Reich auf die äusseren Symbole der Veränderung, insbesondere jene, die sich in der Kleidung und in der Lebensweise der Jugend zeigten; aber Bateson wies darauf hin, dass es «nicht nur langhaarige Professoren und langhaarige Jugendliche» waren, die anders dachten. Tausende von Geschäftsleuten und sogar die Gesetzgeber hatten damit begonnen, eine Veränderung *herbeizuwünschen*.

M.C. Richards, die Kunsthandwerkerin und Dichterin, schrieb in ihrem Buch *The Crossing Point:*

> Eine der Wahrheiten unserer Zeit besteht in diesem tiefen Verlangen der Menschheit dieses Planeten, eine gegenseitige Beziehung aufzubauen.
>
> Das menschliche Bewusstsein ist im Begriff, eine Schwelle zu überschreiten, die so gewaltig ist wie jene vom Mittelalter zur Renaissance. Nachdem sie so viel harte Arbeit darauf verwendet haben, den äusseren Raum der physikalischen – naturwissenschaftlichen – Welt zu erkunden, hungern und dürsten die Menschen nach einer Erfahrung, von der sie in ihrem Innern fühlen, dass sie echt ist. Ihr Mut wächst, das zu verlangen, was sie brauchen: Lebendige gegenseitige Verbindungen, ein Gefühl des persönlichen Werts und gemeinsame Möglichkeiten ...
>
> Unsere Beziehung zu den bisherigen Autoritätssymbolen ändert

sich, weil wir uns als individuelle Wesen verstehen lernen, die sich von innen heraus selbst bestimmen können. Besitz und Status schüchtern uns nicht mehr so ein ... Neue Symbole entstehen: Bilder einer Ganzheit. Die Freiheit jubiliert sowohl in uns als auch um uns herum ... Weise und Seher haben diesen zweiten Beginn vorausgesagt. Die Menschen wollen sich nicht festgefahren fühlen, sie wollen fähig sein, sich zu ändern.

Die Veränderung stellte sich am mühelosesten in geographischen Regionen ein, wo eine weithin bekannte Toleranz für Experimente herrscht. In Kalifornien nahmen die ersten Wellen der Unruhe an den Universitäten in den sechziger Jahren ihren Anfang. In den siebziger Jahren begann Kaliforniens weltweiter Ruf als zentraler Schauplatz des neuen, namenlosen Dramas. Eine wachsende Anzahl Forscher und Erneuerer, die sich für die Ausdehnung der Bewusstheit und deren Folgen für die Gesellschaft interessierten, zogen an die Westküste.

Jacob Needleman, Professor für Philosophie an der San Francisco State University – ebenfalls ein Umsiedler von der Ostküste –, wies 1973 in *The New Religions* darauf hin, dass die Nation sich mit den neuen spirituell-intellektuellen Verbindungen in Kalifornien auseinandersetzen müsse. «Früher oder später müssen wir Kalifornien verstehen lernen, und zwar nicht nur, um die Zukunft für den Rest des Landes voraussagen zu können ... Etwas kämpft darum, hier das Licht der Welt zu erblicken.» Er meinte, dass die Westküste nicht von jenem europäischen Vorurteil gelähmt sei, von dem das zynische intellektuelle Establishment der Ostküste beherrscht wird: von der Idee einer Trennung des menschlichen Geistes vom Rest des Kosmos. «Obwohl ich nichts hineingeheimnissen möchte, muss ich sagen, dass über diesem Staat ein starkes Gefühl grösserer Kräfte des Universums liegt.»

Anerkannte Denker aus vielen Bereichen der Wissenschaft beschrieben eine unmittelbar bevorstehende Transformation. Der Direktor für politische Forschung am Stanford Research-Institut, Willis Harman, meinte: «Wenn der Materialismus die philosophische Grundlage der alten Linken bildete, so hat die Spiritualität anscheinend diese Rolle bei der neuen Linken übernommen. Wir haben eine Matrix verknüpfter Überzeugungen; wir sind sicher, dass wir unsichtbar miteinander verbunden sind, dass Dimensionen vorhanden sind, die Zeit und Raum transzendieren, dass das individuelle Leben sinnvoll ist, dass Gnade und Erleuchtung wirklich existieren, und dass es möglich ist, stets höhere Ebenen des Verständnisses zu erreichen.»

Sollten sich diese neuen Verbindungen durchsetzen und sollte eine Art transzendente Prämisse die Kultur beherrschen, so wäre das Ergebnis nach Harmans Meinung ein soziales und historisches Phänomen, so gross und alles durchdringend wie die protestantische Reformation.

Harman war als Mitglied einer Gruppe von Geisteswissenschaftlern und politischen Analytikern daran beteiligt, *Gangbare Wege in die Zukunft* zu schreiben, eine wegweisende Studie, die im Jahre 1974 vom Stanford Research-Institut für die Charles Kettering Foundation erstellt worden ist. Dieses bemerkenswerte Dokument legte das Fundament für einen Paradigmawechsel des Verständnisses dafür, wie eine persönliche und gesellschaftliche Transformation durchgeführt werden könnte. «Das Entstehen eines neuen Leitbildes und/oder eines neuen Paradigmas kann durch eine wohlüberlegte Wahl beschleunigt oder verlangsamt werden», stellte die Studie fest und schloss mit der Feststellung, dass ein Wendepunkt auch gefördert werden könne.

Die Studie zeigte auf, dass es trotz zunehmender wissenschaftlicher Belege für das Vorhandensein eines gewaltigen menschlichen Potentials schwierig sei, das neue Leitbild zu vermitteln. Die Wirklichkeit ist reicher und vielschichtiger als jede Metapher. Aber vielleicht ist es möglich, die Menschen «zu einer direkten Erfahrung dessen zu führen, was die Sprache nur unvollständig und unangemessen ausdrücken kann ... Es scheint tatsächlich einen Weg zu geben, der über eine tiefgreifende Transformation der Gesellschaft zu einer Situation führt, in der unsere Schwierigkeiten lösbar sind».

George Cabot Lodge, Staatsmann und Professor für Wirtschaftswissenschaften in Harvard, äusserte sich wie folgt: «Die Vereinigten Staaten befinden sich mitten in einer grossen Transformation, vergleichbar mit jener, die das Mittelalter beendete und dessen Institutionen in den Grundfesten erschüttert hatte ... Die alten Ideen und Voraussetzungen, die einst unsere Institutionen rechtfertigten, sind morsch geworden. Angesichts einer sich ändernden Wirklichkeit verlieren sie den Boden unter den Füssen und werden durch andere Ideen ersetzt, die noch nicht ausgegoren, ja widersprüchlich und verwirrend sind.»

Ein Physiker aus Stanford, William Tiller, meinte, dass die namenlose Bewegung den Zustand der «kritischen Masse» erreicht habe und nicht mehr aufzuhalten sei. Die Metapher von der kritischen Masse wurde auch von Lewis Thomas, dem Präsidenten des Sloan-Kettering-Instituts, in *Das Leben überlebt. Geheimnis der Zellen* (1974) benutzt. Erst in diesem Jahrhundert sind wir uns nahe genug – und auch zahlreich genug –, um die Verschmelzung auf der ganzen Erde in Gang zu setzen; ein Prozess, der jetzt sehr schnell voranschreiten könnte. Es ist möglich, dass das menschliche Denken an einer Entwicklungsschwelle angelangt ist.

Der Kunsthistoriker José Argüelles beschrieb «eine seltsame Unruhe, welche die geistige Atmosphäre durchdringt, eine unbeständige Pax Americana». Die Revolution der sechziger Jahre hatte den Samen der Offenbarung gepflanzt. Die psychedelischen Drogen, wenn sie auch oft missbraucht wurden, hatten einer genügend grossen Anzahl von Individuen eine visionäre Erfahrung der Transzendenz des Selbst geliefert, so dass diese nun durchaus die Zukunft der menschlichen Entwicklung bestimmen könnten – «keine Utopie, sondern ein allgemein veränderter Zustand des Bewusstseins».

«Wir leben in einer Zeit, in der die Geschichte ihren Atem anhält», schrieb Arthur C. Clarke, der Autor von *Die letzte Generation* und *2001*, «und die Gegenwart entfernt sich von der Vergangenheit wie ein Eisberg, der sich von seinem Standort losgelöst hat, um über den endlosen Ozean zu treiben.»

Carl Rogers, der in privat verbreiteten Schriften das Entstehen einer neuen Gattung des autonomen Menschen vorausgesagt hatte, pries 1976 die von kalifornischen Bürgern und Gesetzgebern vorgenommene Gründung eines Netzwerks namens Self Determination. Auch wenn es nicht auf andere Staaten übergreifen sollte, meinte er, «ist es ein deutliches Anzeichen dafür, dass es die nach Entwicklung strebenden Individuen wirklich gibt und dass sie anderer Gleichgesinnter gewahr werden».

Aber es betraf nicht nur Kalifornien. Human Systems Management, ein internationaler Zusammenschluss von Verwaltungswissenschaftlern, begann an der Columbia University in New York City mit der Schaffung eines Netzwerks: «Eine Suche nach besonderen Leuten hat begonnen, und diese sind nicht auf einer Liste verzeichnet, die man kaufen kann. Wir müssen einander aufspüren, einander finden und uns miteinander verbinden. Man weiss nicht, wie viele wir sind und wo wir sind ...»

Und 1976 war es soweit, dass Theodore Roszak die Meinung vertrat, es werde bald keine Politik mehr überleben können, die den spirituellen Umstürzlern nicht gerecht wird, «dieser neuen Gesellschaft in der Hülle der alten». Die Do-it-yourself-Revolution, die Erich Fromm vorausgesagt hatte, fand zehn Jahre früher statt.

«In einem Netzwerk arbeiten» wurde jetzt zu einem festen Begriff, und dies vollzog sich mittels Konferenzen, Telefongesprächen, Flugreisen, Büchern, Scheinorganisationen, Schriften, Flugblättern, Fotokopien, Vorlesungen, Workshops, Parties, Gerüchten, gemeinsamen Freunden, Gipfeltreffen, Bündnissen, Tonbändern und Rundschreiben. Die Geldmittel wurden durch Zuschüsse, kleinere Spenden und durch die Hilfe reicher Gönner beschafft – verbunden mit dem typisch amerikanischen Pragmatismus. Erfahrungen und Erkenntnisse wurden sehr schnell geteilt, durchdiskutiert, getestet, angenommen und auf ihre brauchbaren Bestandteile reduziert.

Es gab jetzt Netzwerke von Akademikern, einschliesslich College-Präsidenten und Studienleitern, die dem Gedanken eines sich entwikkelnden Bewusstseins durch ihren Ruf Nachdruck verliehen, sowie lose verbundene Gruppen von Beamten, die nach Wegen suchten, die neuen Ideen mit den der Regierung zur Verfügung stehenden Möglichkeiten zu unterstützen. Ein Netzwerk für humanistisches Recht diskutierte die Möglichkeiten einer Transformation der unerbittlichen Justiz, während sich unbemerkt ein internationales Netzwerk von Physikern mit der Erforschung des Bewusstseins beschäftigte.

Die transformative Vision ist von Menschen in vielen Sozialbewegungen geteilt worden – es entstanden Netzwerke zu Themen wie Tod, und Sterben, Wahnsinn, alternative Geburt, Ökologie und Ernährung. Ein Netz «holistischer» Ärzte und ein weiteres, das sich aus Medizinstudenten und Fakultäten verschiedener Universitäten zusammensetzte, formulierten radikal neue Gedanken über Gesundheit und Krankheit. Einzelgängerische Theologen und Mitglieder des Klerus sannen über die «neue Spiritualität» nach, der sich immer mehr Leute zuwandten, während die Kirche im Niedergang begriffen war. Es gab Netzwerke innovativer, «transpersonneller» Pädagogen, gesetzgebender Ausschüsse und eine Mischung von Wirtschafts-Zukunfts-Verwaltungs-, Ingenieur- und Systemtheoretikern, die alle nach schöpferischen, humanistischen Alternativen suchten. Den Netzwerken gehörten einige Grossindustrielle und Finanzmogul an, ferner Stiftungsbeamte und Universitätsplaner, Künstler und Musiker, Verleger und Fernsehproduzenten.

Ende der siebziger Jahre begann sich der Kreis schnell zu schliessen. Die Netzwerke überlappten, verbanden sich. Es herrschte die beunruhigende, zugleich anregende Überzeugung, dass sich etwas Bedeutsames tat.

Edward Carpenter meinte dazu: *Sie träumen den Traum, der nach der Meinung aller Menschen stets vergeblich ist; sie träumen von der Stunde, die noch nicht gekommen ist; und siehe – sie schlägt!*

Die Netzwerke wurden zur lang prophezeiten Verschwörung.

3

TRANSFORMATION: GEHIRN UND GEIST IM WANDEL

> Es ist notwendig, daher ist es möglich.
> *A. Borghese*

In der zeitlosen viktorianischen Fantasy-Erzählung *Flatland* sind die handelnden Personen verschiedenartige geometrische Figuren, die in einer ausschliesslich zweidimensionalen Welt leben. Zu Beginn der Geschichte hat der Erzähler, ein Quadrat mittleren Alters, einen beunruhigenden Traum, in dem er ein eindimensionales Reich namens Lineland (Land der Linien) besucht, dessen Einwohner sich nur von einem Punkt zum anderen bewegen können. Mit zunehmender Frustration versucht er sich selbst zu erklären, dass er eine aus Linien bestehende Linie ist, die aus einem Bereich stammt, wo man sich nicht nur von Punkt zu Punkt, sondern auch von einer Seite zur andern bewegen kann. Die zornigen Bewohner von Lineland wollen ihn soeben angreifen, als er erwacht.

An demselben Tag versucht er später seinem Enkel, einem kleinen Sechseck, bei dessen Studien zu helfen. Der Enkel schlägt die Möglichkeit einer dritten Dimension vor, eines Bereichs, in dem sowohl «von oben nach unten» als auch «von links nach rechts» vorhanden sind. Das Quadrat erklärt diesen Gedanken für dumm und unvorstellbar.

In derselben Nacht hat das Quadrat eine ausserordentliche, lebensverändernde Begegnung: den Besuch eines Bewohners aus Spaceland, dem Reich der drei Dimensionen. Anfangs ist das Quadrat von seinem Besucher – einem eigentümlichen Kreis, der seine Grösse offenbar verändern kann und gelegentlich sogar zu verschwinden scheint – lediglich verwirrt. Der Besucher erklärt, dass er eine Kugel sei. Nur deshalb sah es so aus, als ob er seine Grösse verändern könnte und verschwinden würde, weil er sich durch den Raum auf das Quadrat zu bewegte und sich gleichzeitig von oben nach unten sinken liess.

Als der erboste Kreis erkennt, dass Argumente allein das Quadrat nicht von der Existenz der dritten Dimension überzeugen würden, verschafft er dem Quadrat eine Erfahrung räumlicher Tiefe. Das Quadrat ist schwer erschüttert:

> Ich hatte einen schwindel- und übelkeiterregenden Eindruck eines Sehens, das nicht wie Sehen war; ich sah eine Linie, die keine Linie war, Raum, der kein Raum war. Ich war ich selbst und nicht ich selbst. Als ich meine Stimme wiederfand, schrie ich laut, voller Verzweiflung: «Entweder ist dies der Wahnsinn, oder es ist die Hölle.»
>
> «Es ist keines von beiden», antwortete ruhig die Stimme der Kugel. «Es ist das Wissen, es sind die drei Dimensionen. Öffne noch einmal deine Augen und versuche, ruhig hinzuschauen.»

Nachdem er einen Blick in eine andere Dimension getan hat, wird das Quadrat zum Wanderprediger und versucht, seine Mitbewohner in Flatland davon zu überzeugen, dass der Raum mehr sei als bloss eine verrückte Idee der Mathematiker. Wegen seiner Hartnäckigkeit wird er schliesslich zur Wahrung des öffentlichen Wohls eingesperrt. Danach überprüft der Hohepriester Flatlands, der Oberkreis, jedes Jahr erneut, ob das Quadrat wieder bei Sinnen sei, aber es bleibt standhaft und beharrt weiterhin auf der Existenz einer dritten Dimension. Es kann sie nicht vergessen, es kann sie nicht erklären.

Eine allgemein anerkannte Tatsache in bezug auf transzendente Augenblicke besteht darin, dass diese durch Worte niemals angemessen vermittelt werden können; man kann sie nur erfahren. «Das Tao, das beschrieben werden kann, ist nicht das Tao ...» Kommunikation baut schliesslich auf einer gemeinsamen Grundlage auf. Purpur kann man jemandem, der Rot und Blau kennt, beschreiben, aber man kann niemandem Rot beschreiben, der diese Farbe noch nie gesehen hat. Rot ist elementar und lässt sich auf nichts anderes zurückführen. Ebensowenig könnte man Salzigkeit, Sandigkeit und Helligkeit beschreiben.

Es gibt bei diesen Erfahrungen einen Sinnesaspekt, der manchmal vage als transzendent, transpersonal, spirituell, verändert, aussergewöhnlich oder als Gipfelerlebnis beschrieben wird, der aber auf nichts zurückgeführt werden kann. Diese Eindrücke – Licht, Verbindung, Liebe, Zeitlosigkeit, Verlust von Begrenzungen – werden noch komplizierter aufgrund von Widersprüchen, die eine logische Beschreibung verunmöglichen. So, wie das unglückliche Quadrat sich ausdrückte, als es die dritte Dimension zu beschreiben versuchte: «Ich sah eine Linie, die keine Linie war.»

Wie vergeblich deren Bemühungen auch immer sein mögen; diejenigen, welche Erfahrungen machten, die ausserhalb der üblichen Dimensionen liegen, sehen sich gezwungen, diesen Erfahrungen in der Sprache von Raum und Zeit Ausdruck zu verleihen. Sie sagen, dass sie etwas fühlten, das hoch oder tief war, ein Rand oder ein Abgrund, ein fernes Land, eine Grenze, das Niemandsland. Die Zeit schien schnell oder langsam zu sein; die Entdeckungen waren alt oder neu, prophetisch und in der Erinnerung vorhanden, fremd, aber dennoch bekannt. Der Blickwinkel veränderte sich abrupt – wenn auch nur für einen Augenblick – und transzendierte die alten Widersprüche und die Verwirrung.

Wie wir in Kapitel 2 festgestellt haben, glauben einige ausserordentlich intelligente und berühmte Leute, dass der menschliche Geist möglicherweise eine neue Stufe innerhalb seiner Entwicklung erreicht hat; die Erschliessung eines Potentials, die dem Entstehen der Sprache vergleichbar ist. Ist diese ehrfurchtgebietende Möglichkeit ein utopischer Traum ... oder noch brüchige Wirklichkeit?

Bis vor wenigen Jahren fussten Behauptungen, wonach das Bewusstsein erweitert und transformiert werden kann, auf subjektiven Zeugnissen. Plötzlich – zunächst in den Laboratorien einiger weniger bahnbrechender Wissenschaftler, danach in Tausenden von Experimenten auf der ganzen Welt – begannen sich unbestreitbare Beweise dafür zu zeigen.

Erwachen, Fliessen, Freiheit, Einheit und Synthese haben schliesslich ihren Sitz nicht nur «im Geist». Sie befinden sich ebenso im Gehirn. Etwas in der Funktionsweise des Bewusstseins ist zu einer tiefgreifenden Veränderung fähig. Die subjektiven Berichte sind in eine direkte Beziehung zu den konkreten Anzeichen einer physischen Veränderung gebracht worden: Höhere Ebenen der Integration im Gehirn selbst, eine wirksame Verarbeitung, verschiedene «Obertöne» der elektrischen Rhythmen des Gehirns, Verschiebungen in der Wahrnehmungsfähigkeit.

Viele Forscher äussern, dass sie ihre eigenen Entdeckungen in bezug auf Veränderungen der Bewusstseinsfunktion – und deren Folgen im Hinblick auf eine weitverbreitete gesellschaftliche Veränderung – persönlich erschüttert hätten. Man muss sich mit konkreten Tatsachen auseinandersetzen, nicht nur mit vagen Spekulationen.

Es würde ein weiteres Buch erfordern – eher eine ganze Serie von Büchern –, wollte man einen vollständigen Überblick über das Thema dieses und des nächsten Kapitels geben. Die Belege für eine Veränderung; die Auslöser, die Werkzeuge und die Entdeckungen der persönlichen Transformation; die Erfahrungen jener Leute, die diesen Prozess hier und jetzt durchmachen. Auf jeden Fall sollten Transformationen des Bewusstseins besser erfahren denn studiert werden.

Man sollte sich also stets vor Augen halten, dass diese beiden Kapitel ein Panorama darstellen, eine Zusammenfassung eines gewaltigen, tiefgreifenden Gebiets. Sie werden ihren Zweck erfüllt haben, wenn es gelingt, eine Ahnung von jenen Gefühlen und Einsichten zu vermitteln, die an dem transformativen Prozess beteiligt sind – wenn hier und da eine Verbindung zu irgend etwas im Leben des Lesers hergestellt wird. Wir werden uns mit Veränderungen des Geistes, des Gehirns, des Körpers und der Richtung unserer Lebensorientierung beschäftigen.

Vor allen Dingen benötigen wir als Ausgangspunkt eine grundlegende Definition des Begriffs Transformation, wenn wir deren Macht über das Leben der einzelnen Individuen und die Art und Weise, wie sie eine tiefgreifende gesellschaftliche Wandlung bewirkt, verstehen wollen. Die Verschwörung des Wassermanns ist sowohl Ursache als auch Wirkung einer solchen Transformation.

TRANSFORMATION: EINE DEFINITION

Der Begriff *Transformation* umfasst interessanterweise parallele Bedeutungen innerhalb der Mathematik, der Naturwissenschaften und der Veränderung des Menschen. Eine Transformation bedeutet wörtlich eine Umgestaltung: eine neue Neustrukturierung. Mathematische Transformationen wandeln ein Problem in neue Begriffe um, die eine Lösung ermöglichen. Wie wir später sehen werden, funktioniert das Gehirn selbst durch komplexe mathematische Transformationen. In den Naturwissenschaften hat eine transformierte Substanz eine andere Beschaffenheit oder Eigenschaft – einen anderen Aggregatzustand – angenommen; beispielsweise wenn Wasser zu Eis gefroren ist oder zu Dampf wird.

Und wir sprechen natürlich von der Transformation des Menschen –

insbesondere von der Transformation des Bewusstseins. In diesem Zusammenhang bedeutet Bewusstsein nicht das einfache Wachbewusstsein. Hier bezieht es sich auf den Zustand, *sich seines Bewusstseins bewusst zu sein.* Man ist sich deutlich gewahr, dass man eine Bewusstheit besitzt.Tatsächlich ist dies eine neue Perspektive, die andere Perspektiven sieht – ein Paradigmawechsel. Der Dichter e.e. cummings freute sich einst, dass er «das auge meines auges ... das ohr meines ohrs» gefunden hatte. *Seeing Yourself See,* wie ein Buchtitel lautet. Diese Bewusstheit der Bewusstheit ist eine andere Dimension.

Bezeichnenderweise beschreiben alte Traditionen die Transformation als neues *Sehen.* Ihre Metaphern sind Licht und Klarheit. Sie sprechen von Einsichten und Visionen. Teilhard de Chardin meinte, dass das Ziel der Evolution «immer perfektere Augen» sei, «in einer Welt, in der es immer mehr zu sehen gibt.»

Die meisten von uns gehen durch das tägliche Leben, ohne den eigenen Gedankenabläufen grosse Bedeutung zu schenken: Wie der Geist sich bewegt, was er fürchtet, was er beachtet, wie er mit sich selbst spricht, was er beiseite schiebt, die Beschaffenheit unserer Ahnungen; das Gefühl unserer Höhen und Tiefen; unsere falschen Vorstellungen. Die meiste Zeit essen wir, arbeiten wir, unterhalten wir uns, machen uns Sorgen, hoffen, planen, lieben uns, gehen einkaufen – alles mit minimalem Gedankenaufwand darüber, wie wir *denken.*

Der Beginn der persönlichen Transformation ist geradezu absurd einfach. *Wir müssen nur unsere Aufmerksamkeit auf den Fluss der Aufmerksamkeit selbst lenken.* Sofort eröffnet sich uns eine neue Perspektive. Der Geist kann dann seine vielen Stimmungen, seine Spannungen im Körper, den Fluss der Aufmerksamkeit, seine Wahlmöglichkeiten und Sackgassen, Schmerzen und Wünsche, sein Schmecken und Berühren beobachten.

Der Geist hinter den Kulissen, jener Teil, der den Beobachter beobachtet, wird in der Tradition der Mystik als Zeuge bezeichnet. Da sich dieses Zentrum mit einer umfassenderen Dimension identifiziert als unser gewöhnliches zersplittertes Bewusstsein, ist es freier und besser informiert. Wie wir feststellen werden, hat diese erweiterte Perspektive Zugang zu einer unerschöpflichen Anzahl von Informationen, die vom Gehirn auf einer unbewussten Ebene verarbeitet werden, Bereiche, in die wir gewöhnlich aufgrund der Starrheit oder der Kontrolle der oberflächlichen Geister nicht eindringen können – ein Umstand, den Edward Carpenter als «das kleine, begrenzte Selbst» bezeichnet hat.

Geist, der sich seiner selbst nicht bewusst ist – *gewöhnliches* Bewusstsein –, kann man mit einem Passagier vergleichen, der angeschnallt in einem Flugzeugsessel sitzt, Scheuklappen trägt und nichts weiss von der Beschaffenheit des Transportmittels, den Ausmassen des Flugzeugs, dessen Reichweite, dem Flugplan und der Nähe anderer Passagiere.

Geist, der sich seiner selbst bewusst ist, gleicht einem Piloten. Es stimmt, dass er die Flugregeln beachten muss, vom Wetter beeinflusst wird und auf Navigationshilfen angewiesen ist, aber er ist dennoch weitaus freier als der «Passagier».

Alles, was uns in einen aufmerksamen, wachsamen Zustand versetzt, besitzt die Macht zur Transformation, und jeder, der über eine normale Intelligenz verfügt, kann einen derartigen Prozess durchlaufen. Der Geist ist tatsächlich das Mittel der eigenen Transformation, von Natur aus bereit, in neue Dimensionen zu wechseln, wenn wir es ihm nur zugestehen. Konflikte, Widersprüche, gemischte Gefühle, all diese schwer erfassbaren Elemente, die normalerweise an den Rändern der Bewusstheit umherwirbeln, können auf immer höheren Ebenen neu geordnet werden. Jede neue Integration macht die nächstfolgende einfacher.

Dieses Bewusstsein des Bewusstseins – die Ebene des Zeugen – wird gelegentlich als «höhere Dimension» bezeichnet, ein Ausdruck, der oft missverstanden wurde. Der Psychiater Victor Frankl wies darauf hin, dass dies kein moralisches Urteil impliziert:

> *Eine höhere Dimension stellt einfach eine umfassendere Dimension dar.* Wenn man zum Beispiel ein zweidimensionales Quadrat nimmt und dieses senkrecht erweitert, so dass daraus ein dreidimensionaler Würfel entsteht, kann man sagen, dass das Quadrat im Würfel enthalten ist. Zwischen den verschiedenen Ebenen der Wahrheit kann es keine gegenseitige Ausschliesslichkeit geben, keinen echten Widerspruch, da das Höhere das Niedrigere miteinbezieht.

Das Quadrat in *Flatland* versuchte, sich den Bewohnern von Lineland als eine «aus Linien bestehende Linie» zu erklären. Später beschreibt sich die Kugel als ein «aus Kreisen bestehender Kreis». Wie wir sehen werden, ist der menschliche transformative Prozess, sobald er einmal einsetzt, geometrisch. In einer gewissen Weise bedeutet die vierte Dimension einfach: *die anderen drei Dimensionen mit neuen Augen sehen.*

BEWUSSTE EVOLUTION

Die Idee, dass wir zwischen verschiedenen Arten des Bewusstseins wählen können, ist alles andere als neu. Zu Beginn der Renaissance schrieb Pico della Mirandola:

> Nach freier Wahl und mit Hochachtung, als ob du der Schöpfer und Former deiner selbst wärst, kannst du dich in jeder beliebigen Form gestalten, welche immer du auch vorziehst. Du sollst die Macht haben, auf die niederen tierischen Formen des Lebens einzuwirken. Du sollst aus dem Ermessen deiner Seele heraus die Macht haben, in höheren Formen wiedergeboren zu werden.

Damals wie heute stritten die Philosophen darüber, ob die menschliche Natur gut oder böse sei. Heute bietet uns die Wissenschaft eine andere Alternative: Das menschliche Gehirn und unser Verhalten sind geradezu unglaublich formbar. Es trifft zu, dass wir so konditioniert sind, dass wir ängstlich, abwehrend und feindlich reagieren, doch haben wir ebenso die Fähigkeit, aussergewöhnliche Transzendenz zu erfahren.

Diejenigen, die an die Möglichkeit einer bevorstehenden gesellschaftlichen Transformation glauben, sind – was die menschliche Natur anbelangt – nicht optimistisch; sie trauen eher dem transformativen Prozess selbst. Da sie eine positive Veränderung in ihrem eigenen Leben erfahren haben – mehr Freiheit, Gefühle der Verwandtschaft und Einheit, mehr Kreativität, eine grössere Fähigkeit, mit dem Stress fertigzuwerden, eine Ahnung von Sinn und Zweck – räumen sie ein, dass die anderen sich vielleicht auch ändern werden. Sobald genug Individuen neue Fähigkeiten in sich selbst entdecken, werden sich diese selbstverständlich verschwören, um eine Welt zu schaffen, die gegenüber menschlicher Phantasie, Wachstum und Zusammenarbeit aufgeschlossen ist.

Die erwiesene Flexibilität des menschlichen Gehirns und der menschlichen Bewusstheit eröffnet die Möglichkeit, dass *individuelle Evolution* vielleicht zur *kollektiven Evolution* führt. Wenn eine Person eine neue Fähigkeit erschlossen hat, wird deren Existenz plötzlich auch für andere deutlich, die dann möglicherweise dieselbe Fähigkeit entwickeln. Bestimmte Fertigkeiten, Künste und Sportarten beispielsweise, haben sich in bestimmten Kulturen bis zur Perfektion entwickelt. Auch unsere «natürlichen» Fähigkeiten müssen gefördert werden. Die Menschen laufen oder sprechen noch nicht einmal aus eigenem Antrieb. Wenn in Heimen untergebrachte Kleinkinder in ihren Betten sich selbst überlassen bleiben und nichts anderes zu tun haben, als an die Decke zu starren, werden sie – wenn überhaupt – erst sehr spät zu laufen und zu sprechen beginnen. Diese Fähigkeiten müssen freigesetzt werden; sie entwickeln sich in Wechselwirkung mit anderen menschlichen Wesen und der Umwelt.

Wir wissen nur, wozu das Gehirn in der Lage sein kann, wenn wir es entsprechend fordern. Das genetische Repertoire aller Spezies umfasst eine beinahe unbegrenzte Anzahl von Entwicklungsmöglichkeiten, mehr als von irgendeiner Umwelt oder während eines einzelnen Lebens erschlossen werden kann. Wie ein Genetiker es ausdrückte: Es ist so, als ob wir alle Klaviere in uns hätten, die aber nur wenige zu spielen lernen. Ebenso wie die Menschen lernen können, bei gymnastischen Übungen der Schwerkraft zu trotzen oder Hunderte von Sorten Kaffee zu unterscheiden, ebenso können wir eine Gymnastik der Aufmerksamkeit exerzieren und die Feinheit inneren Fühlens erlangen.

Vor Jahrtausenden entdeckte die Menschheit, dass das Gehirn zu tiefgreifenden Wechseln der Bewusstheit gedrängt werden kann. Der Geist kann lernen, sich selbst und seine eigenen Wirklichkeiten auf eine Art und Weise zu sehen, wie sie selten spontan vorkommt. Diese Systeme, Werkzeuge für eine ernsthafte innere Forschung, ermöglichten eine bewusste Evolution des Bewusstseins. Die wachsende weltweite Anerkennung dieser Fähigkeit sowie die Mittel und Wege, wie sie erlangt wird, stellt die grösste technologische Errungenschaft unserer Zeit dar.

William James drängte seine Zeitgenossen mit folgenden bekannten Worten dazu, solche Wechsel zu beachten:

> Unser normales Wachbewusstsein, das rationale Bewusstsein, wie wir es nennen, ist nur ein spezieller Typ des Bewusstseins, während sich darum herum, nur durch eine hauchdünne Zwischenwand getrennt, überall potentielle Formen des Bewusstseins finden, die sich davon völlig unterscheiden.
>
> Es ist möglich, dass wir durch das Leben gehen, ohne die Existenz dieser Formen des Bewusstseins zu erahnen, aber sobald wir den erforderlichen Stimulus zur Anwendung bringen, sind sie sofort uneingeschränkt vorhanden ... Keine Darstellung des Universums kann vollständig sein, welche diese anderen Formen des Bewusstseins völlig ausser acht lässt.

METHODEN UNSERER VERÄNDERUNG

Es gibt vier grundlegende Methoden, um unseren Geist zu verändern, sobald wir eine neue und gegensätzliche Information erhalten. Die einfachste und begrenzteste könnten wir als *Veränderung durch Ausnahme* bezeichnen. Unser altes Glaubenssystem bleibt intakt, aber es lässt einige Unregelmässigkeiten zu, auf die Art und Weise, wie ein altes Paradigma vor dem Durchbruch zu einem grösseren, zufriedenstellenderen, eine gewisse Anzahl merkwürdiger Phänomene, die sich an seinen Rändern abspielen, toleriert. So kann beispielsweise eine Person, die sich an der Veränderung durch Ausnahme beteiligt, alle Mitglieder einer bestimmten Gruppe – bis auf eines oder zwei – nicht leiden. Letztere werden als «die Ausnahmen, welche die Regel bestätigen» bezeichnet, anstatt als Ausnahmen, welche die Regel *widerlegen*.

Die Veränderung durch Zuwachs läuft Schritt für Schritt ab, und das Individuum ist sich nicht bewusst, dass es sich verändert hat.

Ferner gibt es die sogenannte *Pendelveränderung;* das Aufgeben eines geschlossenen und sicheren Systems zugunsten eines anderen. Der Falke wird zur Taube, der ernüchterte religiöse Fanatiker wird ein Atheist, die sexuell freizügige Person wird prüde, und vice versa – genau umgekehrt.

Der Pendelveränderung gelingt es nicht, das, was am alten System richtig war, zu integrieren und zwischen dem Wert des neuen Systems und seinen Übertreibung zu unterscheiden. Die Pendelveränderung verwirft ihre eigene frühere Erfahrung und tauscht eine Art des Halbwissens gegen eine andere ein.

Die Veränderung durch Ausnahme, die Veränderung durch Zuwachs und die Pendelveränderung schrecken vor der Transformation zurück. Das Gehirn kann sich mit widersprüchlichen Informationen nur dann auseinandersetzen, wenn es sie zu integrieren weiss. Ein einfaches Beispiel: Wenn es dem Gehirn nicht gelingt, das doppelte Sehen zu einem einzigen Bild zu verschmelzen, so wird es schliesslich die Signale eines Auges unterdrücken. Die Sehzellen im Gehirn, die für dieses Auge zuständig sind, verkümmern, was zur Erblindung führt. Auf dieselbe Weise wählt das Gehirn zwischen sich widersprechenden Ansichten. Es unterdrückt jene Information, die nicht mit seinen vorherrschenden Überzeugungen übereinstimmt.

Es sei denn, dass das Gehirn die Ideen im Rahmen einer kraftvollen Synthese in Einklang bringt. Das ist das, was wir als *Paradigmaveränderung,* als Transformation bezeichnen. Die vierte Dimension der Veränderung: Die neue Perspektive, die Einsicht, die es der Information gestattet, sich in einer neuen Form oder Struktur zu verbinden. Paradigmaveränderung verfeinert und integriert. Paradigmaveränderung versucht die Wahnvorstellung des Entweder-Oder, des Dies-oder-Das zu heilen.

Veränderung durch Ausnahme sagt: «Ich habe recht, ausser bei –.» *Veränderung durch Zuwachs* sagt: «Ich hatte fast recht, aber jetzt habe ich ganz recht.» Die *Pendelveränderung* sagt: «Ich hatte vorher unrecht, aber jetzt habe ich recht.» Die *Paradigmaveränderung* sagt: «Ich hatte vorher teilweise recht, und jetzt ist dieses teilweise Rechthaben noch ein bisschen grösser geworden.» Bei der Veränderung des Paradigmas erkennen wir, dass unsere bisherigen Ansichten nur einen Teil des Bildes ausmachten, und dass das, was wir jetzt wissen, nur ein Teil von dem ist, was wir später wissen werden. Die Veränderung ist nicht mehr länger bedrohend. Sie absorbiert, erweitert und bereichert usw. Das Unbekannte ist ein freundliches, interessantes Gebiet. Jede Einsicht erweitert den Weg und macht den nächsten Abschnitt der Reise, die nächste Öffnung einfacher.

Die Veränderung ändert sich selbst, genau wie sich in der Natur die Evolution von einem einfachen zu einem komplexen Prozess entwikkelt. Jedes neue Ereignis ändert die Natur jener, die folgen werden – es trägt sozusagen Zinseszinsen. Die Paradigmaveränderung ist nicht ein einfacher linearer Effekt, wie etwa die zehn kleinen Negerlein in dem Kindervers, die eins nach dem anderen verschwinden. Es handelt sich dabei um einen plötzlichen Wechsel des Musters, um eine Spirale und gelegentlich um eine verheerende Umwälzung.

Wenn wir uns des Fliessens und der Umbildung unserer eigenen Bewusstheit gewahr werden, verstärken wir die Veränderung. Die Synthese baut auf der Synthese auf.

STRESS UND TRANSFORMATION

Die richtigen Umstände vorausgesetzt, verfügt das Gehirn über grenzenlose Fähigkeiten zu Paradigmenwechseln. Es kann sich selbst regulieren und wieder ordnen, integrieren und alte Konflikte transzendieren. Alles, was die alte Ordnung unseres Lebens unterbricht, besitzt das Potential, eine Transformation auszulösen, eine Bewegung in Richtung grösserer Reife, Offenheit und Stärke.

Manchmal ist das beunruhigende Element offensichtlicher Stress: ein Arbeitsplatzverlust, eine Scheidung, ernstliche Erkrankung, finanzielle Schwierigkeiten, ein Todesfall in der Familie, eine Gefängnisstrafe, sogar ein plötzlicher Erfolg oder eine Beförderung. Oder es kann ein subtiler geistiger Stress sein: Eine enge Beziehung zu einem Menschen, dessen Ansichten von unseren eigenen, stets vertretenen Ideen deutlich abweichen; ein Buch, das unsere Überzeugungen erschüttert; oder eine neue Umgebung, ein fremdes Land.

Sowohl der persönliche als auch der kollektive Stress unseres Zeitalters – der vieldiskutierte Zukunftsschock –, kann die wirkende Kraft der Transformation darstellen, sobald wir ihn zu integrieren wissen. All unserer Sehnsucht nach der guten alten Zeit zum Trotz treibt uns ironischerweise das turbulente 20. Jahrhundert vielleicht in Richtung jener Veränderung und Kreativität, von der wir seit Menschengedenken träumen. Die ganze Kultur erlebt ein Trauma und Spannungen, die nach einer neuen Ordnung verlangen. Als der Psychiater Frederich Flach sich zu dieser historischen Entwicklung äusserte, zitierte er den englischen Schriftsteller Samuel Butler, der in *Der Weg allen Fleisches* schrieb: «In einem stillen, ereignislosen Leben sind die inneren oder äusseren Veränderungen so gering, dass im Rahmen des Verschmelzungs- und Anpassungsprozesses nur eine kleine oder gar keine Belastung entsteht. In einem anderen Leben gibt es eine grosse Belastung, aber ebenso ist auch ein grosses Verschmelzungs- und Anpassungsvermögen vorhanden.» Flach fügt hinzu:

> Dieses Vermögen, zu verschmelzen und sich anzupassen, das Butler beschrieb, ist in der Tat die Kreativität. Das war 1885. Heute empfinden immer weniger Menschen ihr Leben als ruhig und ereignislos. Veränderungen finden in beschleunigtem Tempo statt und berühren jeden auf irgendeine Weise. In einer Welt zunehmend komplexerer Spannungen persönlicher und kultureller Art, können wir es uns nicht länger leisten, unsere kreativen Fähigkeiten nur hin und wieder zur Lösung spezifischer Probleme aufzubieten: Unsere körperliche und geistige Gesundheit erfordert, dass wir ein wirklich kreatives Leben führen lernen.

Wir werden von vielen Dingen geplagt, die wir nicht in Übereinstimmung miteinander bringen können; von den Widersprüchen des Alltagslebens. Die Arbeit sollte vor allem sinnvoll sein, die Arbeit soll gut bezahlt sein. Kinder sollten Freiheit haben, Kinder sollten im Zaum gehalten werden. Wir werden hin-und hergerissen zwischen dem, was andere für uns wollen und was wir selbst für uns wollen. Wir wollen mitleidsvoll sein, wir wollen ehrlich sein. Wir wollen Sicherheit, wir wollen Spontaneität.

Widerstreitende Prioritäten, Stress, Schmerz, Widersprüche, Konflikte – sie alle können aus sich selbst überwunden werden, falls wir uns voll und ganz mit ihnen befassen. Wenn wir uns jedoch nur indirekt mit unseren Spannungen auseinandersetzen, wenn wir sie ersticken oder wankelmütig werden, *leben* wir nur indirekt. Wir betrügen uns selbst um die Transformation.

DER WEG DES AUSWEICHENS

Auf der Ebene des gewöhnlichen Bewusstseins leugnen wir den Schmerz und die Widersprüche. Wir betäuben uns mit Valium, stumpfen unsere Gefühle mit Alkohol ab oder flüchten uns in die Ablenkung durch Fernsehkonsum.
    Das Leugnen ist eine Lebensweise. Oder zutreffender: eine Weise, das Leben zu vermindern, es so erscheinen zu lassen, als sei es leichter zu handhaben. Das Leugnen ist die Alternative zur Transformation.
    Persönliches Leugnen, gegenseitiges Leugnen, kollektives Leugnen. Das Leugnen von Tatsachen und Gefühlen. Das Leugnen von Erfahrungen, ein absichtliches Vergessen desjenigen, was wir sehen und hören. Das Leugnen unserer Fähigkeiten. Politiker leugnen Probleme, Eltern leugnen ihre Verwundbarkeit, Lehrer leugnen ihre Voreingenommenheit, Kinder leugnen ihre Absichten. Vor allem leugnen wir, was wir tief im Innersten wissen.
    Wir sind zwischen zwei verschiedenen Evolutionsmechanismen gefangen: dem Leugnen und der Transformation. Wir entwickelten uns mit der Fähigkeit, Schmerzen zu unterdrücken und Randinformationen auszufiltern. Dies waren nützliche, kurzfristige Strategien, die es unseren Vorfahren erlaubten, Reize zu verdrängen, deren Erfassen in einer Notsituation zuviel wäre, ebenso wie das Kampf- oder Flucht-Syndrom sie in die Lage versetzte, eine physische Gefahr zu bewältigen.
    Die Fähigkeit des Leugnens ist ein Beispiel für das gelegentlich kurzsichtige Verhalten des Körpers. Einige der automatischen Reaktionen des Körpers richten auf lange Sicht mehr Schaden an, als dass sie nützen. So verhindert beispielsweise die Bildung von Narbengewebe, dass nach einem Unfall die Nerven in der Wirbelsäule wieder zusammenwachsen. Bei vielen Verletzungen verursacht die Schwellung mehr Schaden als das ursprüngliche Trauma. Und es ist eher die hysterische Überreaktion des Körpers auf einen Virus, der uns krank macht, denn der Virus selbst.

Unsere Fähigkeit, eine Erfahrung zu blockieren, ist eine evolutionäre Sackgasse. Anstatt Schmerz, Konflikt und Angst zu erfahren und *zu transformieren,* lenken wir sie in vielen Fällen ab oder dämpfen sie mit einer Art unbeabsichtigter Hypnose.

Im Verlauf des Lebens sammelt sich immer mehr und mehr Stress an. Eine Stresslösung findet nicht statt, und unser Bewusstsein verengt sich. Das Flutlicht schrumpft zum schmalen Strahl einer Taschenlampe. Wir verlieren die Lebendigkeit der Farben, die Empfindlichkeit für Geräusche, das periphere Sehvermögen, die Sensibilität für andere und die emotionale Intensität. Das Spektrum der Bewustheit wird noch enger.

Die wahre Entfremdung in unserer Zeit ist nicht die Entfremdung von der Gesellschaft, sondern jene vom Selbst.

Wer weiss, wann dieser Entfremdungsprozess beginnt? Vielleicht in unserer frühen Kindheit, wenn wir uns ein Knie aufschürfen und irgendein freundlicher Erwachsener uns mit einem Scherz oder einer Süssigkeit ablenkt. Sicherlich fördert unsere Kultur nicht die Gewohnheit, unsere Erfahrungen wirklich zu erfahren. Aber das Leugnen würde wahrscheinlich aufgrund unseres Geschicks, alles was schmerzt, zu vertuschen – selbst auf Kosten des Bewusstseins –, sowieso stattfinden.

Das Ausweichen ist eine kurzfristige Lösung wie Aspirin. Das Ausweichen entscheidet sich für einen chronischen dumpfen Schmerz anstelle einer kurzen, heftigen Konfrontation. Der Preis dafür ist die Flexibilität; genauso wie sich ein Arm oder ein Bein bei chronischem Schmerz zusammenzieht, so verkrampft sich der gesamte Bereich der Bewegungsmöglichkeit unseres Bewusstseins.

Wenn der Leugner auch noch so sehr eine menschliche und natürliche Reaktion darstellt, fordert er dadurch einen furchtbaren Preis. Es ist, als ob wir uns entschliessen würden, im Vorzimmer unseres Lebens zu leben. Und letztendlich funktioniert es nicht. Ein Teil des Selbst spürt heftig all den verleugneten Schmerz.

Den grössten Teil des Jahrhunderts hielten sich die Psychologen an ein bürokratisches Modell des Geistes: Der bewusste Geist an der Spitze, der befehlshabende Offizier; das Unterbewusste, wie ein unzuverlässiger Oberleutnant; das Unbewusste, tief unten, eine unbändige Kompanie von erotischen Energien, Archetypen und Ungereimtheiten. Es ist somit ein Schock, zu erfahren, dass ein Mit-Bewusstsein neben uns funktioniert hat – eine Dimension der Bewusstheit, die der in Stanford tätige Psychologe Ernest Hilgard als den «versteckten Beobachter» bezeichnete.

Laborexperimente in Stanford haben gezeigt, dass ein anderer Teil des Selbst Schmerzen und andere Reize erkennt, die hypnotisierte Versuchspersonen nicht beachten. Dieser Aspekt des Bewusstseins ist immer gegenwärtig, immer ganz erfahrend, und man kann sich, wie Hilgards Experimente zeigten, ziemlich leicht an ihn wenden.

So berichtete zum Beispiel eine hypnotisierte Frau, deren Hand in Eiswasser getaucht war, dass der Schmerz, den sie fühlte – von einer Skala von Null bis Zehn ausgehend –, gleich Null war. Ihre andere Hand jedoch, die Zugang zu Papier und Bleistift hatte, berichtete von einem Ansteigen des Schmerzes: «0 ... 2 ... 4 ... 7 ...» Andere Versuchspersonen machten widersprüchliche Aussagen, je nachdem, an welches «Selbst» der Hypnotiseur sich wandte.

Wie bei einer defekten Schallplatte, die stets in derselben Rille hängenbleibt, so hallen all unsere verleugneten Erfahrungen und Emotionen endlos in der anderen Hälfte des Selbst wider. Eine riesige Menge Energie wird darauf verwendet, diese Information ausserhalb des Bereichs der gewöhnlichen Bewusstheit kreisen zu lassen. Es ist kaum ein Wunder, wenn wir uns ermüdet, unwohl und entfremdet fühlen.

Wir haben zwei grundsätzliche Möglichkeiten, damit fertig zu werden: Die Methode des Ausweichens und die Methode der Aufmerksamkeit.

In seinem Tagebuch aus dem Jahre 1918 erinnert sich Hermann Hesse an einen Traum, in dem er zwei deutliche Stimmen hörte. Die erste sagte ihm, er solle Kräfte aufspüren, um das Leiden zu überwinden und sich selbst zu beruhigen. Sie klang wie die Eltern, die Schule, Kant und die Kirchenväter. Aber die andere Stimme – die weiter entfernt klang, wie «die Ursache aller Dinge» – sagte, dass das Leiden nur schmerzt, weil man es fürchtet, sich darüber beklagt und vor ihm flieht.

> Tief in dir weisst du recht gut, dass es nur eine einzige Magie gibt, eine einzige Kraft, eine einzige Erlösung ... und diese heisst Liebe. Liebe somit dein Leiden! Kämpfe nicht dagegen an und fliehe nicht vor ihm. Gib dich ihm hin. Es ist nur deine Abneigung, die schmerzt, und nichts anderes.

Der Schmerz ist die Abneigung; die heilende Magie ist die Aufmerksamkeit.

Wenn man ihm die richtige Beachtung schenkt, kann der Schmerz unsere entscheidensten Fragen beantworten, auch die, welche wir nicht bewusst ausdrücken. Der einzige Weg aus unserem Leiden führt durch das Leiden selbst hindurch. Wie es in einem alten Sanskritwerk heisst: «Versuche nicht den Schmerz dadurch zu vertreiben, dass du vorgibst, er sei nicht echt. Wenn du die Klarheit in der Einheit suchst, wird der Schmerz von selbst verschwinden.»

Konflikt, Schmerz, Spannung, Angst, Widerspruch ... hier suchen Transformationen den Durchbruch. Wenn wir ihnen nicht ausweichen, beginnt der transformative Prozess. Diejenigen, die dieses Phänomen – sei es durch Suchen oder durch Zufall – entdecken, erkennen Schritt für Schritt, dass die Belohnung den Schrecken eines unbetäubten Lebens wert ist. Die Erlösung vom Schmerz, das Gefühl der Befreiung und die Lösung des Konflikts machen es einfacher, sich der nächsten Krise oder dem nächsten hartnäckigen Widerspruch zu stellen.

DER WEG DER AUFMERKSAMKEIT

Wir verfügen über die biologische Fähigkeit, unseren Stress zu verleugnen – oder ihn zu transformieren, indem wir ihm unsere Aufmerksamkeit zuwenden. Die jüngsten Entdeckungen auf dem Gebiet der Gehirnforschung helfen uns, sowohl den psychologischen als auch den physiologischen Aspekt dieser beiden Wahlmöglichkeiten zu verstehen. Ebenso erkennen wir, warum die Methode der Aufmerksamkeit eine wohlüberlegte Wahl darstellt.

Die rechte und die linke Hemisphäre des Gehirns stehen in ständiger Wechselwirkung zueinander, aber jeder obliegen bestimmte eigene Funktionen. Diese spezifischen Funktionen der Hemisphären sind zuerst anhand von Symptomen festgestellt worden, die sich bei Verletzungen der einen oder anderen Gehirnhälfte einstellten. Später standen raffiniertere Techniken zur Verfügung, um Unterschiede festzustellen. So liess man beispielsweise vor dem linken und dem rechten Gesichtsfeld verschiedene Bilder aufblitzen oder liess das rechte und das linke Ohr gleichzeitig verschiedene Töne hören. Bei der Autopsie von Gehirnen zeigten sich feine strukturelle Unterschiede zwischen den beiden Hemisphären. Schliesslich entdeckte man, dass die Gehirnzellen, die bestimmte Chemikalien produzieren, mehrheitlich in der einen Gehirnseite vorhanden waren.

Die Hemisphären können unabhängig voneinander als zwei getrennte Zentren des Bewusstseins arbeiten. Dies zeigte sich auf dramatische Weise in den sechziger und siebziger Jahren, als sich auf der ganzen Welt fünfundzwanzig Patienten – alles schwere Fälle von

Epilepsie – einer Operation unterzogen, bei der ihr Gehirn gespalten wurde (Split-Brain). Die Verbindungen zwischen den Hemisphären wurden zertrennt, in der Hoffnung, dass die Anfälle auf eine Gehirnseite beschränkt werden könnten.

Nach ihrer Genesung von der Operation wurden die Patienten, die im übrigen ziemlich normal schienen, getestet, um zu bestimmen, ob sich aufgrund der Gehirnspaltung eine Dualität der bewussten Erfahrung eingestellt hatte. Gleichzeitig wollte man die getrennten Funktionen der beiden Hemisphären beobachten. Welche Aufgabe würde jedes Halb-Selbst zu vollbringen in der Lage sein? Was würde es beschreiben können?

Es stellte sich heraus, dass der Patient mit der Gehirnspaltung tatsächlich zwei Geisteshälften besass, die unabhängig voneinander funktionieren konnten. Manchmal wusste die linke Hand im wahrsten Sinne des Wortes nicht, was die rechte Hand tat.

So kann beispielsweise ein Patient mit einer Gehirnspaltung dem Experimentator den Namen eines Gegenstandes nicht nennen, der nur der stummen rechten Hemisphäre bekannt ist*.

Die Versuchsperson behauptet, nicht zu wissen, was der Gegenstand darstellt, obwohl die linke Hand (die von der rechten Gehirnhälfte kontrolliert wird) denselben aus einer Ansammlung von Gegenständen – die ausserhalb des Gesichtsfeldes liegt – herausgreifen kann. Wenn der Patient mit der Gehirnspaltung einfache Formen mit der rechten Hand nachzuzeichnen versucht (deren kontrollierende linke Gehirnhälfte räumliche Beziehungen nicht zu erfassen vermag), kann es geschehen, dass die linke Hand die Aufgabe zu vollenden versucht.

Wir neigen dazu, das «Ich» der «verbalen» – Worte formenden – linken Gehirnhälfte und deren Arbeitsweisen gleichzusetzen, jenem Teil von uns, der sich über Erfahrungen äussern und sie analysieren kann. Die linke Hemisphäre kontrolliert im wesentlichen die Sprache. Sie fügt hinzu, subtrahiert, setzt Bindestriche, misst ab, teilt ein, organisiert, benennt, klassifiziert usw.

Obwohl die rechte Hemisphäre wenig Kontrolle über den Sprachmechanismus ausübt, versteht sie die Sprache und gibt unserer Sprechweise deren emotionelle Färbung. Wenn eine bestimmte Region des rechten Gehirns beschädigt ist, wird die Sprechweise monoton und farblos. Die rechte Hemisphäre ist musikalischer und mehr sexualitäts-

---

* Diese Funktionen sind bei manchen Leuten umgekehrt, insbesondere bei zahlreichen Linkshändern. Dies bedeutet, dass die Sprache eher in der rechten als in der linken Hemisphäre sitzt, das räumliche Empfinden eher in der linken usw.

bezogen als die linke. Sie denkt in Bildern, sieht das Ganze und entdeckt Muster. Sie scheint Schmerzen intensiver zu vermitteln als die linke Hemisphäre.

Um es mit Marshall McLuhans Worten auszudrücken: Die rechte Gehirnhälfte «stimmt» die Information ein, die linke Gehirnhälfte «passt» sie an. Die linke Hemisphäre beschäftigt sich mit der Vergangenheit; sie vergleicht die momentane mit einer früheren Erfahrung und versucht, sie einzuordnen; die rechte Hemisphäre ist empfänglich für das Neue, das Unbekannte. Die linke Gehirnhälfte macht Momentaufnahmen, die rechte betrachtet den ganzen Film.

Die rechte Gehirnhälfte zieht visuelle Schlussfolgerungen – dies bedeutet, dass sie eine Form identifizieren kann, die nur von einigen wenigen Linien angedeutet wird. Sie verbindet im Geist die Punkte zu einem Muster. Wie die Psychologen es ausdrücken würden: die rechte Gehirnhälfte komplettiert die «Gestalt». Sie schafft Ganzheit – sie wirkt holistisch.

Das Erkennen von Tendenzen und Mustern ist eine entscheidende Fertigkeit. Je genauer wir aufgrund einer minimalen Information das Bild erstellen können, um so besser sind wir für ein Überleben ausgerüstet. Die Fähigkeit, aus einer begrenzten Form ein Muster zu bilden, versetzt den erfolgreichen Kaufmann oder Politiker in die Lage, früh einen Trend zu entdecken, den Diagnostiker, eine Krankheit zu bezeichnen, und den Psychotherapeuten, ein ungesundes «Muster» bei einer Person oder einer Familie zu erkennen.

Die rechte Hemisphäre hat viele Verbindungen zu dem aus alter Zeit stammenden limbischen Gehirn, dem sogenannten emotionalen Gehirn. Die mysteriösen limbischen Strukturen haben mit der Verarbeitung des Gedächtnisses zu tun und erzeugen, falls sie elektronisch stimuliert werden, viele jener Phänomene, wie sie im Rahmen veränderter Bewusstseinszustände auftreten.

Im klassischen Sinn von «Herz und Geist» – im Sinne von Gefühl und Verstand – können wir uns diesen Kreislauf aus rechter Hemisphäre und limbischem System als das Gehirn des Herzens – unseres Gefühls – vorstellen. Wenn wir beispielsweise feststellen: «Mein Gefühl sagt mir», so beziehen wir uns auf die tief empfundene Reaktion, die von «der anderen Seite des Gehirns» vermittelt wird.

Sowohl aus kulturellen als auch aus biologischen Gründen scheint die linke Gehirnhälfte die Bewusstheit der meisten von uns zu beherrschen. Forscher haben berichtet, dass es in einigen Fällen sogar vorkam, dass die linke Hemisphäre jene Aufgaben übernahm, in denen die rechte Gehirnhälfte überlegen ist.

Einen grossen Teil unserer bewussten Bewusstheit beschränken wir auf jenen Aspekt der Gehirnfunktion, der die Dinge in ihre Teile zerlegt. Und so sabotieren wir unsere einzige Strategie zur Bedeutungsfindung, indem das linke Gehirn durch ein gewohnheitsmässiges Ausschalten der von der rechten Gehirnhemisphäre ausgehenden Konflikte, auch seine Fähigkeit, Muster und das Ganze zu sehen, ausser Tätigkeit setzt.

Wir nehmen ohne Skalpell einen operativen Eingriff zur Gehirnspaltung an uns selbst vor. Wir isolieren Herz und Geist – Gefühl und Verstand. Abgeschnitten von der Einbildungskraft, den Träumen, Eingebungen und holistischen Prozessen der rechten Gehirnhemisphäre, ist die linke steril. Und die rechte Gehirnhemisphäre, die von der Integration mit ihrem organisierenden Partner abgeschnitten ist, setzt den Kreislauf ihrer emotionalen Ladung fort. Gefühle werden eingedämmt, wodurch sie möglicherweise im stillen Unheil anrichten: durch Ermüdung, Krankheit, Neurose, durch ein durchdringendes Gefühl, dass etwas nicht stimmt, dass etwas fehlt – eine Art kosmisches Heimweh. Diese Aufsplitterung kostet uns unsere Gesundheit und unsere Fähigkeit zur Innigkeit. Wie wir in Kapitel 9 feststellen werden, kostet sie uns auch die Befähigung, zu lernen, schöpferisch tätig zu sein und zu erneuern.

WISSEN UND BENENNEN

Das Rohmaterial für die menschliche Transformation befindet sich um uns und in uns selbst, allgegenwärtig und unsichtbar wie Sauerstoff. Wir schwimmen in Wissen, das wir noch nicht in Anspruch genommen haben – ein Wissen, das durch jenen Bereich des Gehirns vermittelt wird, der das, was er weiss, nicht zu benennen vermag.

Es gibt Techniken, die uns beim Benennen unserer Träume helfen können. Sie sind dazu bestimmt, die Brücke zwischen rechts und links wieder für den Durchgangsverkehr zu öffnen und der linken Gehirnhälfte die Existenz ihres Gegenstücks bewusster zu machen.

Meditation, das Skandieren von Hymnen und ähnliche Techniken vergrössern die Kohärenz und die Harmonie in den Gehirnwellenmustern, sie schaffen einen grösseren Synchronismus zwischen den Hemisphären, was den Gedanken nahelegt, dass auf diese Weise eine höhere Ordnung erreicht wird. Es kommt gelegentlich vor, dass eine wachsende Anzahl Nervenzellen in den Rhythmus einbezogen werden, bis alle Bereiche des Gehirns so zu pochen scheinen, als ob sie sich nach einer Choreographie und einer Partitur bewegen würden. Die üblicherweise asynchronen Muster der beiden Hirnhälften scheinen sich aneinander zu gewöhnen. Die Gehirnwellenaktivität in den älteren, tieferliegenden Gehirnstrukturen kann ebenso eine unerwartete Synchronität mit dem Neocortex aufweisen.

Ein Beispiel einer solchen Technik ist das Fokussieren, eine Methode, die von dem Psychologen Eugene Gendlin von der Universität Chicago entwickelt wurde. Die Menschen, welche diese Technik anwenden, lernen stillzusitzen und das Gefühl oder die «Aura» einer bestimmten Sache entstehen zu lassen. Sie bitten tatsächlich, dass sich dieses Gefühl oder die «Aura» selber identifizieren möge. Üblicherweise taucht nach ungefähr einer halben Minute ganz plötzlich ein Wort oder ein kurzer Satz im Gedächtnis auf. Wenn es das richtige ist, reagiert der Körper. Gendlin beschrieb diesen Vorgang wie folgt:

> Wenn diese kostbaren Worte kommen, verspürt man ein angeregtes Gefühl oder eine Gefühlserleichterung, einen Gefühlswechsel, der im allgemeinen schon stattfindet, ehe man sagen kann, worin dieser Wechsel besteht. Manchmal sind diese Worte nicht sehr eindrucksvoll oder neuartig, aber nur diese Worte und keine anderen haben eine spürbare Wirkung*.

Forschungsergebnisse zeigen, dass diese «Gefühlswechsel» von einer ausgeprägten Veränderung der Gehirnwellenobertöne begleitet werden. Ein bestimmtes, komplexes Muster scheint mit dieser Erfahrung der Einsicht in Wechselwirkung zu stehen. Die Aktivität des Gehirns wird auf einer höheren Ebene integriert. Und wenn eine Person von einem Gefühl des «Festhängens» berichtet, findet ein feststellbarer Zusammenbruch eben dieser EEG-Obertöne statt.

Alles, was die Barriere abbaut und die nicht beanspruchten Elemente zum Vorschein kommen lässt, ist transformativ. Das Wiedererkennen – wörtlich «wieder wissen» – ereignet sich, wenn das analytische Gehirn, mit seinem Vermögen, zu benennen und zu klassifizieren, die Weisheit seiner anderen Hälfte zu voller Bewusstheit kommen lässt.

---

* Gendlins Beispiel für einen Gefühlswechsel: Man begibt sich auf eine Reise mit dem bekannten, unbehaglichen Gefühl, etwas vergessen zu haben. Während man im Flugzeug sitzt, überdenkt man die verschiedenen Möglichkeiten. Vielleicht erinnert man sich eines Gegenstandes, den man tatsächlich vergessen hat, aber man verspürt kein Gefühl der Erleichterung; man weiss, *dies* war es nicht. Wenn der «wahre» Gegenstand aus dem Gedächtnis auftaucht, findet ein deutliches Wiedererkennen statt, ein greifbarer Wechsel, die Sicherheit, dass dies genau das war, was einen bedrückt hat.

Der organisierende Teil des Gehirns kann nur das verstehen, was er in ein früheres Wissen einzuordnen weiss. Die Sprache holt das Fremde, das Unbekannte ins volle Bewusstsein, und wir sagen: *«Natürlich ...»*

In der griechischen Philosophie war *Logos* («Wort») das göttliche Ordnungsprinzip, mit dessen Hilfe das Neue und Fremde in das Schema der Dinge eingefügt wurde. Immer, wenn wir Dingen einen Namen geben, strukturieren wir Bewusstsein. Wenn wir die grosse gesellschaftliche Transformation betrachten, die gegenwärtig stattfindet, werden wir wieder und wieder feststellen, dass die Namengebung neue Perspektiven eröffnet: Sanfte Geburt, bewusste Bescheidenheit, sanfte Technologie, Paradigmenwechsel.

Die Sprache holt das Unbekannte aus der Vergangenheit hervor und bringt es auf eine Weise zum Ausdruck, die das ganze Gehirn verstehen kann. Beschwörungen, Mantras, die Poesie und geheime heilige Worte sind alles Brücken, welche die beiden Gehirnhälften verbinden. Martin Buber äusserte einmal, dass sich der Künstler einer Form gegenüber sehe. «Falls die erscheinende Form dem aus seinem innersten Wesen stammenden Elementarwort entspricht, dann strömt die wirksame Kraft hervor und das Werk entsteht.»

Bei der komplizierten Beschaffenheit des Gehirns mag es vielleicht Generationen dauern, ehe die Wissenschaft jene Prozesse versteht, die uns ein Wissen, ohne zu wissen, dass wir wissen, ermöglichen. Wie dem auch sei – was zählt, ist, dass *etwas* in uns weiser und besser informiert ist als unser gewöhnliches Bewusstsein. Wenn wir einen solchen Verbündeten in unserem Inneren haben, warum sollten wir dann den Weg alleine gehen?

DAS ZENTRUM FINDEN

Die Verbindung der beiden Teile des Geistes schafft etwas Neues. Das Wissen des gesamten Gehirns umfasst weit mehr als die Summe seiner Teile und ist von beiden *verschieden*.

Der britische Literaturkritiker John Middleton Murry meinte, dass die Versöhnung von Geist und Herz – Verstand und Gefühl – «das zentrale Geheimnis aller bedeutenden Religionen sei». In den vierziger Jahren schrieb Murry, dass sich eine zunehmende Anzahl von Männern und Frauen zu «einer neuen Art von Menschen» wandle, bei der sich Gefühl und Intellekt verschmelzen. Er schrieb, dass die meisten Menschen innere Konflikte ablehnen. Sie finden Trost im Glauben, in der Geschäftigkeit und im Leugnen des Konflikts.

Aber es gab stets einige Menschen, bei denen diese Opiate keine Wirkung zeigten ... Gefühl und Verstand bestanden beide zu sehr auf ihren Rechten, als dass man sie hätte versöhnlich stimmen können. Im Zentrum ihres Wesens war bei diesen Menschen ein toter Punkt vorhanden, und sie bewegten sich stetig auf einen Zustand der Isolation, des Aufgebens und der Verzweiflung zu. Ihre innere Teilung war vollständig.

Aus dieser extremen und absoluten Teilung heraus entstand plötzlich eine Einheit. Eine neue Art von Bewusstsein wurde in ihnen geschaffen. Verstand und Gefühl, die unversöhnliche Feinde gewesen waren, vereinigten sich in der Seele, die das liebte, dessen sie sich bewusst war. Die innere Teilung war geheilt.

Murry bezeichnete dieses neue Wissen als die Seele*. (Jahrhundertelang wurde die transzendentale Erfahrung oft als ein geheimnisvolles «Zentrum» beschrieben, als Eindringen in ein unbekanntes, jedoch zentrales Gebiet**). Dieses transzendentale Zentrum findet sich im überlieferten Wissen aller Kulturen, dargestellt in den Mandalas, der Alchimie, den Königskammern in den Pyramiden («das Feuer in der Mitte»), dem Sanctum sanctorum, dem Allerheiligsten. Robert Frost schrieb: «Wir sitzen im Kreis herum und stellen Vermutungen an, aber das Geheimnis sitzt in der Mitte und weiss.»

Die Flucht aus dem Gefängnis der beiden Geisteshälften – das Ziel der Transformation – ist das grosse Thema, das Hesses Romane *Steppenwolf, Narziss und Goldmund, Das Glasperlenspiel, Demian* und *Siddharta* durchdringt. Im Jahre 1921 gab er der Hoffnung Ausdruck, dass die spirituelle Welle Indiens seiner Kultur «ein Korrektiv, eine Erfrischung vom entgegengesetzten Pol aus» bieten möge. Jene Europäer, die mit ihrem überspezialisierten intellektuellen Klima unzufrieden waren, wandten sich laut Hesse nicht so sehr Buddha und Lao-tse zu, sondern eher der Meditation; «eine Technik, deren höchstes Ergebnis reine Harmonie darstellt, eine gleichzeitige und gleichberechtigte Zusammenarbeit des logischen und intuitiven Denkens.»

---

* Nikos Kazantzakis sprach davon, die «beiden entgegengesetzten Kräfte» innerhalb des Gehirns in Einklang zu bringen und sie einander anzupassen. Von einem transzendenten Gipfel aus kann man die Schlacht des Gehirns beobachten; wir müssen jede Zelle des Gehirns belagern, weil dort Gott eingesperrt ist, «der danach trachtet, eine Pforte in der Festung der Materie zu öffnen, der es immer wieder versucht und draufloshämmert».

** Als Charles Lindbergh eine ausserordentliche mystische Erfahrung beschrieb, die er auf seinem berühmten Flug gemacht hatte, erzählte er, dass er sich «in dem Gravitationsfeld zwischen zwei Planeten gefangen» gefühlt habe.

Während der Osten über den Wald meditiert, zählt der Westen die Bäume. Die Notwendigkeit einer Vervollständigung tauchte jedoch als Thema in den Mythen aller Kulturen auf. Alle strebten danach – und viele transzendierten die Spaltung: Der Geist, der die Bäume *und* den Wald wahrnimmt, ist ein neuer Geist.

Die Macht des wahren Zentrums muss das sein, was der menschlichen Weisheit am häufigsten mangelt. Es ist so, als ob dieselbe Botschaft immer wieder an Land gespült würde – niemand zerbricht die Flasche, und noch weniger entschlüsselt jemand die Botschaft. Hesse meinte, dass sich tatsächlich zahlreiche deutsche Professoren sorgten, dass der intellektuelle Westen von einer buddhistischen Flutwelle überschwemmt werden könnte. Er bemerkte trocken: «Der Westen wird dennoch nicht ertrinken.» In der Tat hat der Westen erst seit kurzem die weiterhin an Land gespülten Flaschen wahrgenommen und jene Strömung verspürt, die letztere mit sich trägt.

Als er die Unterschiede der spirituellen Wege aufzeigte, drängte Aldous Huxley zu der «zentralen Türe» anstatt zu den rein intellektuellen oder rein praktischen Methoden: «Das Beste von beiden Welten ... das Beste aus *allen* Welten». Wie ein östlicher Denker vor kurzem bemerkte, gehört zum Gleichgewicht mehr als blosses Stehvermögen.

Das Erregende der neuen Perspektive kann nicht über einen unbegrenzten Zeitraum aufrechterhalten werden. Unvermeidlich und oft fällt das Individuum in die alten Positionen, in die alten Gegensätze und Verhaltensweisen zurück. In *Mount Analog* beschrieb René Daumal das Zurückgleiten mit folgenden Worten:

Man kann nicht immer auf dem Gipfel verharren, man muss wieder herunterkommen. Warum sich somit überhaupt bemühen? Nur dies: Was oben ist, weiss, was unten ist, aber was unten ist, weiss nicht, was oben ist. Man klettert hoch, man sieht, man klettert wieder herunter; man sieht nicht länger, aber man hat gesehen.

Es gibt einen Kunstgriff, sich in den niedrigeren Regionen von dem, was man weiter oben wahrgenommen hat, leiten zu lassen: «Wenn man nicht länger sehen kann, kann man zumindest immer noch wissen.»

Wir leben – wie wir im nächsten Kapitel feststellen werden – von dem, was wir gesehen haben.

4

ZU NEUEN UFERN: MENSCHEN VERÄNDERN SICH

> Es gibt nur eine Geschichte von Bedeutung – und das ist die Geschichte dessen, an das wir einst geglaubt haben, und die Geschichte dessen, was zu glauben uns die Erfahrung gelehrt hat.
> *Kay Boyle*

> Toto, ich habe das Gefühl, wir befinden uns nicht mehr in Kansas. *Dorothy*, in *The Wizard of Oz*

Der Unterschied zwischen einer zufälligen und einer systematischen Transformation kann mit jenem zwischen einem Blitz und einer Lampe verglichen werden. Beide spenden Helligkeit, während das eine jedoch gefährlich und unzuverlässig ist, erweist sich das andere als relativ sicher, zweckgerichtet und jederzeit verfügbar.

Es gibt unzählige Intentionen und auslösende Momente transformativer Erfahrungen – alle besitzen jedoch eine gemeinsame Eigenschaft. Sie alle richten ihre Bewusstheit auf die Erkenntnis – ein entscheidender Umschwung. Trotz ihrer äusserlichen Verschiedenheiten richten sich die meisten auf etwas allzu Fremdes, Komplexes, schwer Fassbares oder Gleichförmiges, als dass es von der analytischen, intellektuellen Hemisphäre des Gehirns gehandhabt werden könnte: man beschäftigt sich mit der Atmung, mit sich wiederholenden körperlichen Bewegungen, mit Musik, Wasser, Feuer, einem Wortklang ohne Bedeutung, einer kahlen Wand, einem *Koan,* einem Paradox. Das intellektuell funktionierende Gehirn vermag die Bewusstheit nur dadurch zu beherrschen, indem es sich auf etwas Definitives und Begrenztes fixiert. Falls etwas schwer Fassbares oder Gleichförmiges die Aufmerksamkeit in seinen Bann zieht, können die Signale der anderen Gehirnhemisphäre vernommen werden.

Einzelpersonen, die den Fragebogen zur Verschwörung im Zeichen des Wassermanns beantworteten, berichteten über folgende auslösende Momente:

- Ausschaltung und Überbeanspruchung der Sinne, da heftig wechselnde äusserliche Einflüsse einen Umschwung des Bewusstseins verursachen.
- Biofeedback – die Verwendung von Apparaturen, welche Töne oder Aufzeichnungen körperlicher Vorgänge wie Gehirnwellenaktivität, Muskelaktivität, Hauttemperatur rückkoppeln – Vorgänge dieser Art unter Kontrolle zu bekommen erfordert einen ungewöhnlich entspannten und wachen Zustand.
- Autogenes Training – vor mehr als fünfzig Jahren in Europa entstanden – Selbst-Suggestion mit dem Ziel, dass sich der Körper entspannt, «selbst atmet».
- Musik (gelegentlich in Verbindung mit bildlichen Darstellungen oder Meditation). Das Gehirn ist Tönen und verschiedenen Tempi gegenüber höchst sensibel, und Musik beschäftigt die rechte Hemisphäre. Singen, Malen, Bildhauerei, Töpfern sowie ähnliche Beschäftigungen, die dem Erschaffenden die Möglichkeit bieten, sich in der Schöpfung aufzugeben.
- Improvisations-Theater; wobei sowohl vollkommene Aufmerksamkeit als auch Spontaneität erforderlich sind. Psychodrama, da es eine Bewusstheit der Rollen und des Rollenspiels herausfordert. Kontemplation über die Natur sowie andere ästhetisch überwältigende Erfahrungen.
- Die Strategien der «Bewusstseinsentwicklung» der verschiedenen Sozial-Bewegungen, die auf die alten Leitsätze hinweisen.
- Selbsthilfegruppen und sich gegenseitig unterstützende Netzwerke – beispielsweise die Anonymen Alkoholiker, die Anonymen Übergewichtigen und deren Gegenstücke: Zwölf Regeln schliessen dabei ein, dass man den eigenen, bewussten Prozessen und Veränderungen Aufmerksamkeit zu schenken hat und somit erkennt, dass man sein Verhalten selbst bestimmen kann. Durch ein nach innen gerichtetes Schauen ist ein Kooperieren mit «höheren Kräften» möglich.
- Hypnose und Selbsthypnose.
- Meditationsformen jeglicher Art: Zen, Tibetanischer Buddhismus, dynamische, transzendentale, christliche, kabbalistische Meditation, Kundalini, Raja Yoga, Tantra Yoga, usw. Psychosynthesis, ein System, das Bildersprache und einen meditativen Zustand verbindet.

- Sufi-Geschichten, *Koans* und der Tanz der Derwische. Verschiedene Techniken von Schamanen und Zauberern, die eine wache Aufmerksamkeit in den Mittelpunkt stellen.
- Seminare wie EST (Erhard Seminar Training), Silva Mind Control, Actualizations und Lifespring, die das Ziel verfolgen, die kulturelle Verwirrung zu bannen und dem einzelnen neue Wahlmöglichkeiten zu eröffnen.
- Traumtagebücher, da Träume das zugänglichste Medium darstellen, um Informationen aus einem Bereich jenseits des gewöhnlichen Bewusstseins zu erlangen.
- Arica, Theosophie und das Gurdjieff-System: Synthesen verschiedener mystischer Traditionen – Techniken zur Wandlung der Bewusstheit.
- Zeitgenössische Psychotherapien, wie beispielsweise Viktor Frankls Logotherapie, die eine Suche nach dem Sinn und den Gebrauch der «paradoxen Intention» – der direkten Konfrontation mit der Quelle der Furcht – miteinbezieht. Primär-Therapie und deren Erweiterungen, welche in der frühen Kindheit erfahrenen Schmerz wiederaufleben lassen. Der Fischer-Hoffman-Prozess, ein ähnlicher Wiedereintritt in Kindheits-Ängste, gefolgt von einem intensiven Gebrauch der Bildersprache, um sich mit seinen Eltern auszusöhnen und ihnen für jegliche negative frühkindliche Erfahrung zu vergeben. Gestalt-Therapie, das behutsame Drängen nach neuen Erkenntnismustern oder Paradigmawechseln.
- Die Wissenschaft des Geistes, ein Ansatz zur Heilung und Selbstheilung.
- «Ein Kurs über Wunder», eine unorthodoxe zeitgenössische Annäherung an das Christentum, die auf einem grundlegenden Wechsel in der Wahrnehmung beruht.
- Unzählige körperliche Disziplinen und Therapien: Hatha Yoga, Reich-Therapie, das System von Bates zur Verbesserung des Sehens, T'ai Chi Ch'uan, Aikido, Karate, Jogging, Tanzen, Rolfing, Bioenergetik, Feldenkrais- und Alexander-Techniken, angewandte Kinesiologie.
- Intensive Erfahrungen persönlicher und kollektiver Veränderungen an gewissen Instituten, wie beispielsweise dem Esalen-Institut in Big Sur, Sensitivitäts-Gruppen, Encounter-Gruppen, informelle, sich unterstützende Freundesgruppen.
- Sport, Bergsteigen, Wildwasserrennen und ähnliche physisch erschöpfende Aktivitäten, die einen qualitativen Umschwung in

dem Sinne verursachen, dass man sich selbst als lebendig erfährt. Abgeschiedenheit in der Natur, Alleinflüge oder Segeln fördern die Erfahrungen des eigenen Selbst und ein Gefühl für Zeitlosigkeit.

All diese Annäherungsmethoden können als *Psychotechnologien* bezeichnet werden – Systeme zu einer ausgewogenen Veränderung des Bewusstseins. Unabhängig voneinander können Individuen möglicherweise einen neuen Weg entdecken, um wachsam zu sein, und sie mögen lernen, solche Bewusstheitszustände mittels selbstgefundener Methoden herbeizuführen. Alles kann funktionieren*.

Der Schlüssel zu erweiterter Bewusstheit, so bemerkte vor fünfundsiebzig Jahren William James, ist die Hingabe. In dem Moment, wo der Kampf aufgegeben wird, ist er gewonnen. «Um schneller zu sein, musst du dich beruhigen», sagt der Held in John Brunners Zukunftsroman *Schockwellen-Reiter*. Ein Biofeedback-Forscher, Chefpsychiater eines bekannten Gesundheitszentrums, äusserte gegenüber seinen Kollegen: «Man kann dieses Rennen nur gewinnen, wenn man seinen Fuss vom Gaspedal nimmt.»

Die Komplexität einer Methode sollte nicht mit ihrer Wirksamkeit verwechselt werden. Für einige mögen äusserst gegliederte Disziplinen und ausgeklügelte Symbole von Vorteil sein, während andere mittels einfacher Technologien schnellste Veränderung erfahren. Ein Annäherungsweg, der einige Zeit funktioniert, kann plötzlich ungeeignet erscheinen – oder eine Methode scheint keinen bedeutenden Unterschied zu bewirken; rückblickend erkennt man jedoch, dass etwas Wichtiges vorgefallen ist.

Unsere Nervensysteme sind auf verschiedene Weise organisiert, unsere gesundheitliche Verfassung ist unterschiedlich, und wir alle

---

* Ein grosser Teil der an den Psychotechnologien geübten Kritik beruht auf dem offensichtlichen Widerspruch zwischen dem Verhalten des Individuums und dessen Ansprüchen in bezug auf persönliche Veränderung. Viele Menschen diskutieren über ihre besagte neue Bewusstheit so, als ob es sich dabei um den neusten Film oder die neuste Diät handeln würde; auch diese Phase mag jedoch der wirklichen Veränderung vorausgehen. Manche haben das Gefühl, dass sie sich so verändern, dass es für andere gar nicht offensichtlich sei. Wieder andere durchlaufen offenbar zuerst eine Phase negativer Veränderung, Perioden der Zurückgezogenheit oder Erregbarkeit, ehe sie eine neue Ausgeglichenheit erreichen. Wir können die Veränderungen in anderen Menschen nur erraten; Transformation ist kein Sport für Zuschauer. Und wir können möglicherweise sogar den Vorgang in uns selbst missverstehen, indem wir nur rückblickend erkennen, dass ein wichtiger Umschwung stattgefunden hat. Oder wir glauben uns für immer verändert, nur um uns gelegentlich dabei zu ertappen, dass wir in alte, eingefahrene Muster des Denkens und Verhaltens zurückfallen.

haben verschiedene Entwicklungen der Innenschau, der Verträumtheit, der Rigidität und der Angst hinter uns. So wie es von Natur aus begabte Athleten gibt, so gibt es einzelne, denen Veränderungen des Bewusstseins leicht widerfahren. Der Schlüssel zu all diesen Annäherungen ist ein ausgeweiteter, entspannter Zustand der Aufmerksamkeit; er muss nicht erzwungen, nur zugelassen werden.

Anstrengung beeinträchtigt diesen Prozess, und einigen Menschen fällt es schwer, einfach loszulassen.

Viele Leute scheinen den Psychotechnologien gegenüber neurologisch resistent zu sein, möglicherweise deshalb, weil sie in der Kindheit Schmerzen gegenüber empfindlicher gewesen sind oder mehr schädliche Einflüsse zu erfahren hatten. Noch eher scheint es, dass sie sich von der mehr emotional reagierenden, schmerzempfindlichen rechten Hemisphäre des Gehirns getrennt haben. Andere Menschen sind beweglicher – vielleicht deshalb, weil sie geborene Erneuerer und Erforscher sind, ein flexibleres Temperament besitzen oder weil sie früh im Leben gelernt haben, es mit Furcht und Schmerz aufzunehmen.

Aufgrund der anfänglichen Vorteile oder Nachteile, die sich innerhalb der verschiedenen Nervensysteme bemerkbar machen, scheint es zuerst, als ob die Reichen reicher und die Armen entmutigter würden. Jedermann erlangt jedoch eine Verbesserung, so wie Praxis uns geschicktere Skiläufer oder Schwimmer werden lässt, unabhängig von den uns innewohnenden Talenten.

Wie bei körperlichem Training steigern sich die Wirkungen der Technologien, Veränderungen im Gehirn gehen jedoch nicht auf dieselbe Art und Weise verloren, wie die Muskelkraft bei nicht fortgesetztem Körpertraining schwindet. «Kein Spiegel wird wieder zu Eisen», schrieb der Sufi-Dichter Rumi, «keine reife Weintraube wird wieder sauer.»

STUFEN DER TRANSFORMATION

Kein System verspricht einen Umschwung von der gewöhnlichen menschlichen Zersplitterung zu einer Klarheit, die vierundzwanzig Stunden am Tag anhält. Transformation ist eine Reise ohne Endziel. Sie umfasst jedoch Stufen, und diese sind überraschenderweise genau auszumachen; sie beruhen auf abertausend historischen Darstellungen und auf den immer häufiger in Erscheinung tretenden Berichten zeitgenössischer Sucher. Ein Teil der Fallen, der Höhlen, des Treibsandes und der gefährlichen Überquerungen bleibt der individuellen Reise vorbehalten, aber es gibt Einöden, Gipfel und gewisse fremdartige Ziele, die beinahe von jedem beobachtet werden, der beharrlich weiterarbeitet. Mit der Erkenntnis, dass diese Form der Aufzeichnung nicht das eigentliche Territorium der Transformation darstellt, werden wir den Prozess mit Hilfe von vier Hauptstufen beschreiben.

Die erste Stufe ist einleitend, sie findet beinahe zufällig statt; ein *Einstieg*. In den meisten Fällen kann der Einstieg als solcher nur rückblickend identifiziert werden. Er kann durch alles ausgelöst werden, was unser altes Weltverständnis, die alten Prioritäten aufrüttelt. Gelegentlich handelt es sich dabei um eine aus Langeweile, Neugier oder Verzweiflung vorgenommene «Ersatz»-Investition – ein Zehn-Dollar-Buch, ein Hundert-Dollar-Mantra, ein Volkshochschulkurs.

Für die meisten ist dieses auslösende Moment eine spontane, mystische oder psychische Erfahrung gewesen, die sich genauso schwierig erklären wie vereinen lässt. Oder es stellt sich als intensive alternative Wirklichkeit dar, die durch eine psychedelische Droge ausgelöst worden ist.

Die historische Bedeutung der Psychedelika als Einstiegsmittel, wodurch die Menschen zu anderen transformativen Technologien gelangten, kann nicht hoch genug eingeschätzt werden. Für Zehntausende von Ingenieuren, Chemikern, Psychologen und Medizin-Studenten, die zumeist «mit der linken Gehirnhälfte» dachten, und die vorher niemals ihren spontaneren, phantasievolleren Bruder der rechten Hemisphäre verstanden hatten, stellten Drogen – besonders in den sechziger Jahren – sozusagen die Einreisegenehmigung für Xanadu* dar.

Die durch Psychedelika ausgelöste Veränderung in der Chemie des Gehirns führt zu einer Metamorphose der vertrauten Welt. Diese schwindet zugunsten einer rasch wechselnden Bildersprache, ungewohnter Tiefe visueller Wahrnehmung und des Hörens, einem Fliessen «neuen» Wissens – das zugleich sehr alt zu sein scheint – sowie einer oft als schmerzlich empfundenen Ur-Erinnerung. Im Unterschied zu den durch Traumvorgänge oder Alkohol bestimmten Geisteszuständen ist die psychedelische Bewustheit nicht verschwommen, sondern oftmals intensiver als das normale Wach-Bewusstsein. Allein durch diesen intensiv wechselnden Zustand wurden sich einige Menschen jener Bedeutung vollkommen bewusst, die unserem Bewusstsein beim Schaffen der alltäglichen Wirklichkeit innewohnt.

Jene, die Psychedelika einnahmen, entdeckten alsbald, dass historische Darstellungen, die ihren eigenen Erfahrungen am nächsten ka-

---

* Xanadu: Verheissenes Land; amerikanische Metapher für Paradies.

men, entweder aus der mystischen Literatur oder aus dem Wunderland der theoretischen Physik stammten – zwei sich ergänzende Sichtweisen in bezug auf «das Alles, die Fülle und die Leere», jener wirklich realen Dimension, die weder in Kilometern noch in Minuten gemessen werden kann.

Ein Chronist der sechziger Jahre bemerkte treffend: «LSD vermittelte einer ganzen Generation eine religiöse Erfahrung.» Chemisches *Satori* ist jedoch vergänglich; seine Effekte sind zu überwältigend, als dass sie im Alltag integriert werden könnten. Die drogenfreien Psychotechnologien bieten eine *kontrollierte* und stetige Bewegung in Richtung zu dieser umfassenden Wirklichkeit. In den Annalen der Verschwörung im Zeichen des Wassermanns finden sich unzählige Berichte von Übergängen dieser Art: von LSD zu Zen, über LSD nach Indien, von Psilocybin zur Psychosynthesis.

Welche Herrlichkeiten die Pilze und getränkten Zuckerwürfel auch immer enthielten; sie waren nur ein flüchtiger Blick – sozusagen eine Vorschau und nicht der «Hauptfilm».

Die Erfahrung beim Einstieg deutet eine lichtere, reichere und sinnvollere Dimension des Lebens an. Einige werden von diesem flüchtigen Einblick wie durch Zauberei gefesselt und werden getrieben, immer mehr zu sehen. Andere, weniger ernsthafte Naturen, bleiben nahe dem Einstieg stehen, sie tändeln mit dem Okkulten sowie mit Drogen und treiben ihr Bewusstseinsveränderungs-Spiel. Einige wiederum fürchten sich, überhaupt weiterzugehen. Sich dem Nicht-Rationalen gegenüberzusehen ist entmutigend. Der entfesselte Geist erleidet hier eine Art von Platzangst, eine Furcht vor den eigenen überwältigenden Möglichkeiten, die in ihm ruhen. Menschen mit einem starken Bedürfnis nach Selbstkontrolle fürchten sich möglicherweise vor einem Bereich, dem vielfältige Wirklichkeiten, viele Sichtweisen innewohnen. Sie würden sich lieber an ihre Richtig/Falsch-Schwarz/Weiss-Version der Welt halten. Sie unterdrücken Einsichten, die dem alten Wertsystem widersprechen.

Einige zögern, weil sie nicht wissen, wohin sie sich als nächstes wenden sollen. Furcht vor Kritik wiederum hemmt andere. Sie könnten der Familie, den Freunden und Mitarbeitern lächerlich, anmassend, ja sogar verrückt erscheinen. Sie ängstigen sich, dass die Reise nach innen als narzisstisch oder als Flucht vor der Wirklichkeit ausgelegt werden könnte. In der Tat haben jene, die über den Einstieg hinausgehen, einen allgemeinen kulturellen Widerstand gegenüber der Selbstbeobachtung – Innenschau – zu überwinden. Die Suche nach Selbsterkenntnis wird oft einem Eigendünkel gleichgesetzt, der die

Sorge um seine eigene Psyche auf Kosten gesellschaftlicher Verantwortlichkeit austrägt. Die allgemein verbreitete Kritik an den Psychotechnologien wird durch den Begriff «Neuer Narzissmus» (aus einem Artikel von Peter Marin in *Harper's*) sowie durch das «Ich-Jahrzehnt» charakterisiert (letzteres ist ein herabwürdigender Begriff, der von Tom Wolfe im *New York Journal* eingeführt worden ist)*.

Die Isolation jener, die den transformativen Prozess begonnen haben, wird durch ihre Unfähigkeit verstärkt, zu erklären, wie sie sich fühlen und warum sie weitermachen. Wenn sie die Entdeckung einer Art inneren Wohlbefindens – eines potentiell ganzheitlichen, gesunden Selbst, das auf Befreiung wartet – zu erklären versuchen, dann fürchten sie, egoistisch zu wirken.

Das ist die Furcht, allein gelassen zu werden. Das aus diesen Erfahrungen resultierende Wissen ist oft schwer fassbar und nicht leicht zu rekonstruieren. Was wäre, wenn sich all diese Einsichten nur als Phantome, als Illusionen erweisen würden? In der Vergangenheit haben wir an Versprechen geglaubt, die gebrochen worden sind. Wir haben die Fata Morgana neuer Hoffnung dahinschwinden sehen, ehe wir sie verwirklichen konnten. Die Erinnerung an diese grossen und kleinen Enttäuschungen sagt uns: «Hab kein Vertrauen ...»

Noch verbreiteter, so Abraham Maslow, ist die Furcht vor unseren eigenen höheren Fähigkeiten. «Wir geniessen, ja wir begeistern uns sogar für die gottähnlichen Möglichkeiten, die wir in Momenten sogenannter ‹Gipfelerfahrungen› in uns selber feststellen. Und dennoch erzittern wir gleichzeitig vor Schwäche, Scheu und Furcht angesichts dieser Möglichkeiten.» Ein augenscheinlicher Mangel an Neugier ist

---

* Der Philosoph William Bartley erachtete es als sonderbar, dass die Verantwortung für soziale und politische Unverantwortlichkeit jemals der «Bewusstseins-Bewegung» zugeschoben worden ist, insbesondere seit zahlreiche soziale Bewegungen deren Techniken übernommen haben. «Dem Versuch, jene Dinge im Leben zu transzendieren, die den Menschen zum Narzissmus führen, wohnt nichts Narzisstisches inne», meint er.
Die Exzesse einiger weniger, die sich mit den Psychotechnologien befassen – beispielsweise die übertriebenen Ansprüche von «Kleingeistern» und Rechtgläubigen, die Tyrannei einiger angeblicher Lehrer und Gurus –, machen sich die öffentliche Meinung zum Gegner. Ein weitverbreitetes und bedeutsames gesellschaftliches Phänomen wird durch die Überbewertung des Sensationellen, des Trivialen und des am wenigsten Typischen missverstanden. Zugleich werden die Psychotechnologien gelegentlich aufgrund individueller Unglücksfälle kritisiert, wie etwa eines psychotischen Zusammenbruchs eines einzelnen. Zu viel Sonne hat einen Sonnenbrand zur Folge, aber wir beschuldigen deswegen nicht die Sonne. All diese Systeme erschliessen eine Quelle der Kraft, die missbraucht werden kann.
Gegenseitige Kritik und Selbstkritik innerhalb der Bewusstseins-Bewegung begegnet diesem Problem mit mehr Unerbittlichkeit und Sorgfalt als dies Kritik von aussen zu tun vermag.

oftmals eine Form von Selbstschutz. «Furcht vor Wissen bedeutet im Innersten eine Furcht vor selbständigem Handeln», schrieb Maslow. Wissen bringt Verantwortung mit sich.

Das Selbst fürchtet sich davor und zeigt einen Widerwillen gegenüber dem Vertrauen in unsere tieferen Bedürfnisse. Wir ängstigen uns, dass ein impulsiver Aspekt die Oberhand gewinnen könnte. Man stelle sich vor, es würde einem klar, dass sich das, was wir vom Leben wirklich haben möchten, bedrohlich von dem unterscheidet, was wir zur Zeit «leben». Ausserdem hegen wir die Befürchtung, dass wir von einem Strudel ungewöhnlicher Erfahrungen mitgerissen würden, und – schlimmer noch – dass uns dies gefallen könnte. Oder man wäre einer anspruchsvollen Disziplin ausgeliefert; sollten wir uns Meditationspraktiken zuwenden, müssten wir vielleicht um fünf Uhr früh aufstehen oder Vegetarier werden.

Der Mensch, so besagt eine chassidische Schrift, fürchtet sich vor Dingen, die ihm nicht schaden können, und erbittet Dinge, die ihm nicht helfen können. «Tatsächlich aber fürchtet er irgend etwas in sich selbst, und es ist irgend etwas in ihm selbst, um das er bittet.» Wir fürchten und bitten zugleich darum, wirklich wir selbst zu werden.

Irgendwann beim Einstieg in den transformativen Prozess wissen wir: Wenn wir diesem Heiligen Gral folgen, wird nichts mehr so wie bis anhin sein. Es besteht immer die Möglichkeit, sich von diesem Einstieg wieder abzuwenden. Überall findet sich ein «Notausgang».

Für jene, die weitergehen, heisst die zweite Stufe *Erforschung* – das Ja nach dem endgültigen Nein. Nachdem der einzelne spürt, dass es etwas Wertvolles zu finden gilt, beginnt er mit Vorsicht oder Enthusiasmus danach zu suchen.

Der erste ernsthafte Schritt – und mag er noch so klein sein – ist stärkend und bedeutsam. Ein spiritueller Lehrer drückte dies so aus: «Die Suche *ist* die Transformation selbst.»

Der Psychologe Eugene Gendlin beschreibt es als «bewusstes Loslassen». Dieser Vorgang gestattet dem inneren Wissen, zutage zu treten. Es handelt sich dabei um eine gewollte Befreiung, so als würden wir wohlüberlegt unsere Gewalt über etwas aufgeben und uns entspannen. Diese Gewalt verkörpert die Kontraktion unseres Bewusstseins, unsere psychische Verkrampfung, die sich zuerst lockern muss, ehe irgendeine Änderung stattfinden kann.

Die Psychotechnologien dienen dazu, uns von dieser angespannten Gewalt zu befreien, auf dass wir unbekümmert und heiter werden. Ähnlich einem Rettungsschwimmer, der das verzweifelte Sichanklammern eines Ertrinkenden lockert, damit er ihn retten kann.

Ironischerweise suchen wir transformative Erfahrungen nur auf die einzige uns bekannte Art und Weise: als Konsumenten und Konkurrenten, die nach wie vor gemäss den Werten des alten Paradigmas handeln. Wir vergleichen unsere Erfahrungen mit denjenigen anderer und fragen uns, ob wir «es auch richtig machen», ob wir schnell genug sind, ob sich Fortschritte zeigen. Möglicherweise versucht man eine besonders lohnende oder bewegende Erfahrung zu wiederholen. In dieser Phase erproben diese und jene zahlreiche Techniken und Lehrer – man vergleicht wie beim Einkaufen. Im Zeitalter der Überschallflüge und Satelliten-Verbindungen neigen wir dazu, sofortige Befriedigung, Rückkopplung und Ergebnisse zu erwarten. Der Transformationsprozess mag untergründig wie eine heisse Springquelle kochen – wir können ihn jedoch nicht wahrnehmen und warten ungeduldig auf sein Zutagetreten.

Einige fallen zunächst in andere Extreme: die anfängliche Methode, z. B. Transzendentale Meditation, Jogging, est, Rolfing wird als das Allheilmittel gegen die Krankheiten der Welt angesehen. Alle anderen Systeme werden abgelehnt.

Während dieser Phase falscher Gewissheit kann oft ein enormer Belehrungseifer beobachtet werden. Die Möchtegern-Evangelisten lernen jedoch bald, dass kein einziges System allein gerecht werden kann, zudem führen die Methoden selbst letztendlich zu der Erkenntnis, dass es keine endgültigen Antworten geben wird.

Der Science Fiction-Autor Ray Bradbury meinte dazu: «Wir befinden uns alle auf derselben Suche, um das alte Geheimnis zu lösen. Natürlich wird uns das nie gelingen. Wir werden darüber hinauswachsen. Wir werden schliesslich mit dem Geheimnis leben ...»

Auf der dritten Stufe, jener der *Integration,* leben wir mitten in dem Geheimnis. Obwohl es bevorzugte Lehrer oder Methoden geben mag, vertraut der Mensch einem inneren «Guru».

Im Verlauf der vorhergehenden Stufen bestand möglicherweise eine gewisse Unstimmigkeit, ein heftiger Konflikt zwischen neuen Ansichten und alten Mustern. Gleich der beunruhigten Gesellschaft, die mit den alten Mitteln und Strukturen um ihre Wiederherstellung kämpft, so sucht der einzelne zuerst, die Situation zu verbessern, statt sie zu ändern, er versucht lieber zu reformieren, statt zu transformieren.

Es mag sein, dass man nun zwischen Heiterkeit und Einsamkeit hin und her schwankt, weil sich die Furcht auf den aufrüttelnden Effekt konzentriert, den die transformative Entwicklung auf den bisherigen Lebensweg ausüben könnte: auf die Karriere, auf Beziehungen, Ziele und Werte ... Es findet sich ein neues Selbst innerhalb der alten

Kultur. Aber dies schliesst neue Freunde, neue Erfolge, neue Möglichkeiten ein.

Während dieser Zeit handelt man auf eine neue Art und Weise, man denkt mehr darüber nach als während dem geschäftigen Suchen im Zustand der Erforschung. Genauso, wie einem Paradigmawechsel in der Wissenschaft eine Säuberungsaktion, ein Zusammenfassen folgt, der die losen Enden in einen neuen Rahmen bringt, verspüren jene, die sich in dem Prozess persönlicher Transformation befinden, die intellektuelle (links-hemisphärische) Notwendigkeit nach Wissen. Die Intuition ist über das reine Verständnis hinausgewachsen. Was ist nun tatsächlich vorgefallen? Der einzelne experimentiert, läutert sich, prüft Ideen, verwirft dieselben, schärft seine Sichtweise und dehnt seine Bewusstheit aus.

Manche untersuchen Themen, für die sie bis anhin kein Interesse oder keine Fähigkeiten gezeigt hatten, weil sie sich darum bemühen, etwas über wechselnde Bewusstseinszustände zu erfahren.

So befassen sie sich möglicherweise mit Philosophie, Quantenphysik, Musik, Semantik, Gehirnforschung oder Psychologie. Von Zeit zu Zeit zieht sich der neue «Wissenschaftler» für eine Zeit der Assimilation zurück. Die sich eröffnenden Möglichkeiten sind unermesslich gewesen. Alles ist von Bedeutung.

Während eine Bestätigung oder Rechtfertigung von aussen nur in geringem Masse nötig ist, kann das Sich-selbst-in-Frage-Stellen ironischerweise grosse Bedeutung erlangen. Gewöhnlich geht der einzelne aus einer solchen Neubewertung gestärkt, sicher und zielgerichtet hervor.

Beim Einstieg entdeckte das Individuum, dass es andere Wege gibt, um Wissen zu erlangen. Auf der Stufe der Erforschung sah der einzelne, dass Methoden zur Herbeiführung dieses anderen Wissens vorhanden sind. Nachdem er festgestellt hat, dass viele seiner alten Gewohnheiten, Ambitionen und Strategien nicht mit seinen neuen Überzeugungen vereinbar sind, lernte er auf der Stufe der Integration, dass es andere Möglichkeiten des Seins gibt.

Auf der vierten Stufe, jener der *Verschwörung*, entdeckt er nun andere Quellen der Kraft und verschiedene Möglichkeiten, dieselben zur Erfüllung und im Dienst der Mitmenschen anzuwenden. Das neue Paradigma übt nicht nur auf sein eigenes Leben eine Wirkung aus – es scheint auch bei anderen Menschen seine Wirkung zu zeigen. *Wenn das individuelle Bewusstsein heilen und transformieren kann, warum sollte es dann nicht möglich sein, dass sich das Bewusstsein vieler Menschen verbindet, um die Gesellschaft zu heilen und zu transformieren?*

Wenn der einzelne früher die Ideen der Transformation weiterzugeben versuchte, dann meistens nur deshalb, weil er sich und sein Verhalten erklären oder Freunde und Angehörige – seine Familie – in den Prozess miteinbeziehen wollte.

Nun werden die umfassenden gesellschaftlichen Implikationen offenbar.

Es handelt sich hier um eine Verschwörung, die dazu bestimmt ist, eine Transformation zu ermöglichen – nicht um letztere jenen aufzudrängen, die dafür weder reif noch daran interessiert sind; die Transformation soll jenen ermöglicht werden, die nach ihr dürsten. Michael Murphy, Mitbegründer des Esalen-Instituts in Big Sur, wies darauf hin, dass sich die wissenschaftlichen Disziplinen selbst in Richtung einer Erneuerung verschwören. «Lasst diese Verschwörung offenkundig werden! Wir können unseren Alltag in jenem Rhythmus gestalten, für den die Welt bestimmt ist.»

Während dieser Zeit, in der das Individuum Verantwortlichkeiten, Rollen und Richtungen abschätzt, kann sich paradoxerweise eine Kluft in bezug auf die gesellschaftlichen Aktivitäten zeigen. Falls der einzelne die Kraft besitzt, die Gesellschaft zu verändern, – und sei es auf noch so bescheidene Weise – so hat er immer wacher und bewusster zu sein. Das ganze Gefüge von Führerschaft, Macht und Hierarchie wird neu überdacht. Man fürchtet, die grossartige Möglichkeit einer gesellschaftlichen Transformation dadurch zu zerstören, dass man in altes Verhalten – Abwehrhaltung, Selbstgefälligkeit oder Ängstlichkeit – zurückfällt.

Gerechterweise kann keine Schilderung eines transformativen Prozesses als typisch bezeichnet werden, da jede «Geschichte» so einzigartig wie ein Fingerabdruck ist. Die stufenweise Entwicklung ist jedoch ein Motiv, das häufig Erwähnung findet.

Ein junger, an einem staatlichen Krankenhaus tätiger klinischer Psychologe fügte seinem Fragebogen zur Verschwörung des Wassermanns einen vierseitigen Brief bei, der den erörterten Prozess auf geradezu klassische Weise beschreibt. Zunächst der *Einstieg:*

> Im Frühjahr 1974 beendete ich gerade meine Diplomarbeit über Behaviorismus ... Eines Abends beschloss ich, gemeinsam mit einem anderen Studenten mit LSD zu experimentieren. Im Verlauf des Abends hatte ich ein Erlebnis, das zu erklären oder zu beschreiben grosse Schwierigkeiten bereitete – das plötzliche Gefühl eines Wirbels, der in meinem Kopf begann und irgendwo über mir aufhörte. Ich begann diesem Wirbel mit meiner Bewusstheit zu

folgen. Mit zunehmender Höhe begann ich die Kontrolle zu verlieren und fühlte sowohl starken Druck und Lärm als auch körperliche Empfindungen, wie Schweben, Hochgerissenwerden usw. Plötzlich tat ich einen Sprung hinaus aus dem Wirbel. Während ich vorher von dem nicht gerade sehr attraktiven Wohnkomplex des Universitätsgeländes umgeben war, standen nun dieselben Gebäude in einer so unglaublichen Schönheit vor mir, dass ich es noch immer nicht beschreiben kann. Es herrschte eine derartige Ordnung, Komplexität und Einfachheit, als ob allem – sowohl für sich allein als auch in bezug auf die anderen Elemente der Umgebung – ein Sinn innewohnen würde. Wesentlich an dieser Erfahrung war für mich das starke Gefühl, dass dies nicht bloss auf die Einnahme der Droge zurückzuführen war.

Im Verlauf der folgenden Tage sprach er mit Kommilitonen und Professoren über diese Erfahrung und wurde «sofort zum Freak abgestempelt». Als er weiterhin davon erzählte, empfahl ihm ein Student, Carlos Castanedas Bücher über Don Juan zu lesen. Anfangs war er skeptisch. «Ich erachtete mich selbst als sehr wissenschaftlich orientiert, und dieses Gerede über einen indianischen Zauberer schien mir allzu befremdlich.»
Er suchte verzweifelt nach einer Antwort. Er gab seinen intellektuellen Widerstand auf und betrat die nächste Stufe, die *Erforschung:*

Ich nahm mir das erste Buch vor und stellte nach ein paar Seiten fest, dass da jemand dieselben Erfahrungen gemacht hatte. Ich begann alle Bände zu lesen und beschloss, mich im Hinblick auf mein Abschlussexamen und meine Dissertation auf dieses Thema zu spezialisieren. Zu diesem Zeitpunkt war ich mir keineswegs im klaren, auf was ich mich da eigentlich spezialisieren würde – ebensowenig, wie ich das, wonach ich suchte, zu benennen wusste.

Nach einem mit Lesen und weiteren experimentellen Forschungsarbeiten verbrachten Sommer hatte ich mich für meine Aufgabe entschieden: ich beschloss, Meditation als einen standardisierten Vorgang zur Erforschung des menschlichen Bewusstseins anzuwenden.

In jenem Sommer begann er seine Gedanken und Experimente in einem Tagebuch niederzuschreiben und seine eigenen im Verlauf von zehn LSD-Experimenten beobachteten Wahrnehmungsveränderungen zu studieren. Er benutzte zudem verschiedenartige Strategien, um spektakuläre Veränderungen des Bewusstseins zu erlangen. Negative und zuweilen auch beängstigende Episoden veranlassten ihn schliesslich, die Drogen aufzugeben und die psychischen Spiele zu mässigen. «Meditation war ein verlässlicherer und sicherer Weg zu tiefgehender und stabiler Erforschung und Veränderung.» Eine Zeit der *Integration* begann Ende 1974:

> Vom Herbst bis zum Frühling setzte ich meine persönliche Suche mittels Meditation fort. Ich legte mir das Material für meine Abschlussprüfung zum Thema «Meditation und Bewusstsein» zurecht und erprobte einige Dinge, über die ich gelesen hatte – beispielsweise Erfahrungen ausserhalb meines Körpers. Ich kam zu der Überzeugung, dass es diese Wirklichkeit tatsächlich gibt – eine Wirklichkeit, für die ich noch nicht «bereit» war. Ausserdem wusste ich aus der Literatur, dass Meditation auf eine produktivere Art und Weise praktiziert werden sollte.

Man beachte, dass er nun ernsthafter vorgeht. Er ist nicht länger von den paranormalen Fähigkeiten und Tricks gefesselt, indem er sich fragt, was er lernen kann. Die Frage lautet nun, was er *sein* kann.

Eines Nachts machte er eine aussergewöhnliche Erfahrung, nachdem er vor dem Einschlafen meditiert hatte. Er erwachte und sah in seinem Gesichtsfeld ein dreidimensionales kreisförmiges pulsierendes Muster. Am nächsten Tag fertigte er diese Bilder an, die er später als ein *Yantra* identifizierte, wie es in östlichen spirituellen Disziplinen zur Kontemplation Verwendung findet. Als er später dann erfuhr, dass C.G. Jung ein Buch geschrieben hatte, wo das Entstehen solcher Muster aus dem kollektiven Unbewussten dargelegt wird, fühlte er sich in seinem Entschluss, die psychologische Bedeutung von Meditations-Phänomenen zu erörtern, um so mehr bestärkt.

Im Jahre 1975 schrieb er seine Dissertation über eine experimentelle Studie mit Probanden, die Meditation, Entspannungsübungen und Biofeedback praktizierten. Es gelang ihm, seine Ergebnisse dem Prüfungsgremium in die richtigen Worte umgesetzt zu unterbreiten; einem Gremium, den «ein gut geschulter Behaviorist» und ein eingehend mit Bewusstseinsforschung beschäftigter Professor angehörten.

1976 begann er an einem staatlichen Krankenhaus zu arbeiten, und 1977 sah er sich auf der vierten Stufe angelangt, bei der *Verschwörung:*

> Ich vermute, dass der Rest meiner Erzählung an diesem Punkt auf eine Synthese und auf einen Einstieg in das gerichtet ist, was Sie als

Verschwörung des Wassermanns bezeichnen. Ich möchte meine Arbeit auf dem Gebiet Transpersonale Psychologie, Meditation, Biofeedback und Musik-Meditation fortsetzen und dabei hauptsächlich im Bereich der klinischen Psychologie bleiben.

Ich habe stets daran gearbeitet, an diesem Krankenhaus die Fahne des Transpersonalen zu hissen – dies war nur allmählich, Schritt für Schritt möglich, da sich dieser Staat nicht in dem fortschrittlichen Rhythmus befindet wie Los Angeles und die Bay Area. Die Arbeit mit der Musik-Meditation hat sich jedenfalls so weit entwickelt, dass uns das Krankenhaus einen Zuschuss bewilligt hat ... Gestern hörte ich von Interessenten aus einer Institution in Ohio und heute von solchen aus Washington.

Ich bin sehr zufrieden über die Richtung, in die mich meine Meditation geführt hat, und ich versuche mir stets in Erinnerung zu rufen, dass auf diesem Weg «langsam beschleunigt» werden muss. Schritt für Schritt durchdringen wir die herrschende klinische Struktur der Behandlungsmethoden ... Wir benutzen das experimentelle Programm im Rahmen der psychologischen Intensivbehandlung und stellen dabei fest, dass es sich sogar bei ernstlich an Schizophrenie Erkrankten bewährt.

Später schloss er sich mit einem Psychiater, der einige Zeit in einem Zen-Zentrum in Kalifornien verbracht hatte, und mit einem psychologischen Assistenten zusammen. Über ein Jahr lang arbeiteten diese drei einen Plan zur dringlichen Neugestaltung des überfüllten staatlichen Krankenhauses aus. Frustriert durch den hartnäckigen Widerstand der Verwaltung, unterbreiteten sie ihre Pläne einem für Institutionen dieser Art verantwortlichen hohen Staatsbeamten.

Der Beamte hörte sie an und gab ihnen eine sehr direkte Antwort: «Vielleicht haben Sie Glück damit.» Und dann überraschte er sie mit einem Zitat von Carlos Castaneda: «Vielleicht ist dies Ihr Kubikzentimeter Chance.»*

Der Plan zur Neuorganisation wurde akzeptiert und funktionierte tatsächlich. Der Staat erliess eine Verordnung zur Anwendung von Psychotechnologien bei Klinikpatienten. Das Resultat war ein Wirbel

---

* Aus: *Die Reise nach Ixtlan*: «Jeder von uns, ob er ein Krieger ist oder nicht, hat einen Kubikzentimeter Chance, der von Zeit zu Zeit vor unseren Augen erscheint. Der Unterschied zwischen einem gewöhnlichen Menschen und einem Krieger besteht darin, dass der Krieger sich dessen bewusst ist – und eine seiner Aufgaben lautet, wachsam zu sein, besonnen zu warten, so dass er beim Erscheinen des Kubikzentimeters die nötige Schnelligkeit und Tapferkeit besitzt, diese Chance wahrzunehmen.»

im Personalwesen: Aufsichtsleute wurden ausgewechselt oder versetzt, und der besagte Psychologe wurde gebeten, die administrative Leitung einer Abteilung zu übernehmen.

Schliesslich lehnte er ab. «Ich erkannte, dass mir eigentlich gar nicht an Geld oder Status gelegen war – ich will tatsächlich nur mit Patienten arbeiten.»

Gegenwärtig arbeitet er in einer klinischen Privatpraxis und ist als Berater eines Staatsgefängnisses tätig. Ausserdem ist er Mitglied eines staatlichen Ausschusses, der sich mit der Auswertung von Methoden zur Förderung der geistigen Gesundheit befasst.

> Es war interessant, mich bei dieser kürzlich geschehenen Veränderung in meinem Leben selbst zu beobachten, besonders als ich tatsächlich die Klippe hinuntersprang ... Es ist schon eigenartig zu beobachten, was für ein Risiko ich auf mich nahm, ohne zu wissen, wo dies alles enden würde. Das alte negative Gefühl eines möglichen Versagens lauert zwar stets hinter der nächsten Ecke, aber mein stärkeres Gefühl, «aus der Mitte meines Seins heraus zu handeln», stellt diese verdriesslichen Geschöpfe der Dunkelheit in den Schatten. Ich werde nach meinem nächsten Kubikzentimeter Chance Ausschau halten.

Dieser Übergang von auffälligem Experimentieren zu ernsthaftem Interesse und Verantwortlichkeit bis hin zur Verschwörung ist weder typisch noch ungewöhnlich.

DIE ENTDECKUNGEN

Die Psychotechnologien haben ihrerseits dazu beigetragen, innere, im Verlauf der verschiedenen Kulturen und Zeiten unterschiedlich benannte Symbole wiederzuentdecken. Um den transformativen Vorgang besser verstehen zu können, werden wir diese Perspektiven genauer betrachten. Wir stellen dabei fest, dass die Entdeckungen gegenseitig abhängig sind und einander stärken; sie können nicht scharf voneinander getrennt werden. Sie treten auch nicht einzeln in Sequenzen auf; einige finden gleichzeitig statt. Sie vertiefen und verändern sich; keine Veränderung ist ein für allemal abgeschlossen.

Historisch gesehen, ist Transformation stets als ein *Erwachen*, als eine neue Qualität der Aufmerksamkeit beschrieben worden. Und genauso, wie wir uns nach dem Erwachen wundern, dass wir unsere

Welt der Träume für Realität gehalten haben, genauso sind jene, die eine erweiterte Bewusstheit erfahren, überrascht, dass sie sich selbst für wach hielten, während sie bloss schlafwandelten.

Jeder Mensch wird so lange geplagt, bis seine Menschlichkeit erwacht, schrieb Blake. «Wenn die Pforten der Wahrnehmung gereinigt wären, würden wir die Welt so sehen, wie sie ist: unendlich.» Und der Koran warnt: «Die Menschen schlafen. Müssen sie sterben, bevor sie erwachen?»

Der erweiterte Zustand des Bewusstseins erinnert viele an Erfahrungen, die sie während der Kindheit gemacht hatten, damals, als alle Sinne intensiv und offen waren – als die Welt kristallhell zu sein schien. In der Tat finden sich nur selten Individuen, die sich eine lebenswichtige Wachheit ins Erwachsenenalter zu bewahren wissen. Forscher auf dem Gebiet des Schlaf-Bewusstseins haben festgestellt, dass die meisten Erwachsenen während des Wach-Bewusstseins physiologische Merkmale von Schläfrigkeit aufweisen – und dabei glauben, dass dieser Zustand vollkommen normal sei.

In der berühmten «Ode an die Ankündigung der Unsterblichkeit» (Ode on the Intimations of Immortality) beschrieb William Wordsworth die allmähliche Stillegung unserer Sinne: Die Herrlichkeit und der Traum schwinden, nach der Kindheit umgibt uns das Gefängnis des eigenen Daseins, und die Sitten und Gebräuche lasten auf uns «so schwer wie Frost».

Das Gefängnis ist unser Zerstückeln der Welt, unser Kontrollieren, unsere verzerrte Aufmerksamkeit – das Planen, das Sich-Erinnern, jedoch nicht das *Sein*. Über der Notwendigkeit, mit den Dingen des Alltags zu kooperieren, verlieren wir die Bewusstheit über das Wunder unseres Bewusstseins. Der Apostel Paulus drückte dies folgendermassen aus: Wir sehen jetzt durch einen Spiegel in einem dunklen Wort, dann aber von Angesicht zu Angesicht. Jetzt erkenne ich's stückweise, dann aber werde ich erkennen, gleichwie ich erkannt bin (1. Korinther 13,12).

Die Metapher für das «neue Leben» ist immer wieder das Erwachen. Wir haben tot im Schoss gelegen – wir waren noch nicht geboren.

Ein Verschwörer im Zeichen des Wassermanns, ein vermögender Immobilienhändler, berichtete in seinem Fragebogen:

Es geschah am Esalen-Institut, während meines ersten Besuches vor einigen Jahren. Ich hatte soeben eine Rolfing-Sitzung beendet und betrat die Strasse.

Plötzlich war ich von der Schönheit von allem, was mich umgab, überwältigt. Diese intensive transzendente Erfahrung riss meine begrenzte Sichtweise schier auseinander. Eine solche gefühlsmässige Höhe hätte ich nie für möglich gehalten. Während dieser halbstündigen, allein durchlebten Erfahrung fühlte ich ein Einssein mit allem, allumfassende Liebe und Verbundenheit. Diese wundervolle Zeit zerstörte nachhaltig meine alte Realität.

Wie zahlreiche andere, so fragte auch er sich: «Wenn ich dies einmal erlebt habe, warum sollte es nicht erneut möglich sein?»
Man entdeckt ein neues Verständnis des *Selbst* – eines, das wenig Ähnlichkeit mit dem Ego, der Selbstsucht oder der Selbstlosigkeit hat. Es gibt vielerlei Dimensionen des Selbst; ein neues, integriertes Gefühl seiner selbst als Individuum ... eine Verbundenheit mit anderen, wie wenn man eins mit ihnen wäre ... und die Verschmelzung mit einem Selbst, das universeller und ursprünglicher ist.
Auf individueller Ebene entdecken wir ein Selbst, das sich nicht mit anderen vergleicht. Das Selbst ist so neugierig wie ein Kind und freut sich, seine sich verändernden Kräfte zu erproben. Zudem ist es ausgesprochen autonom. Es sucht das Wissen um sich selbst; es will keinen Nutzen aus diesem Wissen ziehen, und es weiss, dass es seinen eigenen grössten Fähigkeiten nie auf den Grund gehen wird. Ein rehabilitierter Alkoholiker drückte es wie folgt aus: «Die einzige Person, die ich zu sein brauche, bin ich selbst. Damit kann ich wirklich zufrieden sein. In der Tat kann ich niemals scheitern, solange ich einfach ich selber bin und dich so lasse, wie du bist.»
Diese Neuorientierung des Selbst entschärft den Wettbewerb. «Die Freude an dieser Suche liegt nicht in einem Triumph über andere», meinte Theodore Roszak, «sondern in der Suche nach Eigenschaften, die wir im Sinne unserer Einzigartigkeit mit anderen teilen – das hebt uns über jegliches Wettbewerbsdenken hinaus.»
Das Wissen um das eigene Selbst ist eine Wissenschaft; jeder Mensch ist ein Laboratorium, sein *eigenes* Laboratorium. Jeder kann die Natur bei sich selbst am besten erfahren. C.G. Jung meinte dazu: «Wenn die Ereignisse auf der Welt fehlerhaft verlaufen, dann stimmt mit mir selbst etwas nicht. Wenn ich sensibel bin, so erkenne ich daher, dass ich zuerst mich selbst verbessern muss.»
Das durch den transformativen Prozess befreite Selbst vereinigt nun in sich Aspekte, denen zuvor das Recht zu leben entzogen worden war. Gelegentlich wird dies so erfahren, dass Frauen die Fähigkeit zu tatkräftiger Handlung und Durchsetzung entwickeln (das maskuline Prinzip), während Männer mütterlichumsorgende Gefühle in sich

wahrnehmen (das feminine Prinzip). In der Literatur des Buddhismus wird diese Wiedervereinigung malerisch als *Sahaja* – «zusammen geboren» – beschrieben.

In dem Masse, wie sich die uns innewohnende Natur selbst erneuert, wird die emotionelle Turbulenz fortwährend abgeschwächt. Spontaneität, Freiheit, Ausgeglichenheit und Harmonie scheinen zuzunehmen. «Es ist, als ob man erst richtig entstünde», schrieb ein Beantworter des Fragebogens.

Wir waren auf jeder Ebene gespalten und unfähig, mit den widersprüchlichen Gedanken und Gefühlen Frieden zu schliessen. Kurz vor seinem Selbstmord äusserte der Dichter John Berryman den universellen Wunsch: «Vereinige meine verschiedenartigen Seelen ....» Wenn wir die unvollständigen Identitäten respektieren und akzeptieren, finden Wiedervereinigung und Wiedergeburt statt.

Wenn es eine Wiedergeburt gibt, was stirbt dann eigentlich? Möglicherweise die handelnde Person. Und die Illusionen, dass man ein Opfer der Umstände sei, recht habe, unabhängig oder fähig sei, auf alles eine Antwort zu erhalten. Die Desillusionierung kann ein schmerzhafter Eingriff sein, aber die Ergebnisse sind äusserst lohnend. «Du sollst die Wahrheit erfahren, und die Wahrheit soll dich so gestalten, wie du wirklich bist», lautet ein Satz in Brunners *Schockwellen-Reiter*.

Ein Verschwörer im Zeichen des Wassermanns sprach davon, «einen inneren Impuls zu erfahren, eine erweiterte Kompetenz, entstanden aus grösserer Offenheit und der Fähigkeit, alle Aspekte seines eigenen Wesens zur Wirkung zu bringen. Wenn wir zu einem Menschen sagen, er besitze Kraft, so scheinen wir von einem Selbst zu sprechen, das sich nicht zu rechtfertigen braucht. Ebensowenig hat dies mit der Position zu tun, die diese Person innehat. Jeder kann in diesem Sinne Stärke besitzen».

Die Redaktorin einer in Boston erscheinenden Zeitschrift schrieb, dass ihre intensivste Erfahrung der Transformation jene war, als sie lernte, ohne die Brille zu schauen, die sie seit achtzehn Jahren getragen hatte. Sie praktizierte eine Methode zum Abbau des geistigen Stresses, die von William Bates entwickelt worden war. Dabei hatte sie ein «blitzähnliches» Erlebnis der klaren Schau, das sie so beschrieb:

> Als ich das erste Aufleuchten wahrnahm, schien eine starke Kraft in mir zu sagen: «Nun, da du uns ein klein wenig hast sehen lassen, bestehen wir auf ein vollständiges Sehen.» Ich erkannte, dass wir alle ganzheitlich und vollkommen sind und dass wir diese Ganzheit

einfach deshalb nicht erfahren, weil wir sie verhüllt haben. Es erfordert weniger Energie, frei und fliessend zu sein, als vom eigenen Stress eingeschlossen zu werden und zu erfahren, dass sich etwas in uns schrecklich danach sehnt, dieses Verströmen und dieses Fliessen zu erleben und auszudrücken. Wir lernen so uns zu befreien und loszulassen, statt uns zu verschliessen.

Diese Vollkommenheit, diese Ganzheit bezieht sich nicht auf erhabene Ziele, moralische Rechtschaffenheit oder Persönlichkeit. Sie zieht weder Vergleiche, noch ist sie auf Personen ausgerichtet. Sie verkörpert vielmehr eine Einsicht in die Natur – in die Integration von Form und Funktion im Leben selbst; eine Einsicht in die Verbundenheit mit einem vollkommenen Werdegang. Wenn auch nur kurz, so erkennen wir uns dadurch selbst als Kinder der Natur und nicht als Fremde in der Welt.

Jenseits von persönlicher Wiedervereinigung und erneuerter innerer Verbundenheit, über die Erfahrung hinaus, verlorene Teile seiner selbst wiederzufinden, entsteht eine Verbindung zu einem noch grösseren Selbst – zu jenem unsichtbaren Kontinent, auf dem wir alle unsere Heimat errichten. In seinem Fragebogen zur Verschwörung im Zeichen des Wassermanns berichtete ein Universitätsprofessor, dass er durch einen langen Aufenthalt in entlegenen Gebieten indonesischer Inseln tief beeindruckt gewesen sei. Er hatte dort «eine Art wundersamen Kreis» verspürt, «eine Einheit mit allem Leben und allen kosmischen Geschehnissen, einschliesslich meines eigenen Lebens.»

Das abgesonderte – isolierte – Selbst ist eine Illusion. Zahlreiche Beantworter des Fragebogens bemerkten, dass sie ihren Glauben, sie seien Einzelwesen, die sich in sich selbst abkapseln, aufgegeben hatten. Eine Psychologin erläuterte, dass sie die Idee eines sich abmühenden Selbst aufgeben musste – «die Idee, dass ‹Ich› nur auf die Art existiere, wie ich es naiverweise vorausgesetzt hatte, und dass ‹Ich› letztlich mit Erleuchtung gekrönt würde».

Das individuelle Selbst ist ein Bereich innerhalb grösserer Bereiche. Wenn sich das kleine Selbst mit dem grossen Selbst vereint, entsteht Kraft. Bruderschaft überwältigt den einzelnen wie eine Armee ... den Ausschlag geben nicht die obligaten Bindungen von Familie, Nation und Kirche, sondern eine lebendige pulsierende Verbundenheit, das vereinigende «Ich-Du» Martin Bubers, eine spirituelle Verschmelzung. Diese Entdeckung lässt Fremde zu Verwandten werden, und wir erkennen ein neues, freundliches Universum.

Alte Begriffe wie «Kameradschaft» und «Gemeinschaft» erhalten eine neue Bedeutung. Immer mehr dürfte sich das Wort «Liebe» in unserem Vokabularium finden; trotz dessen Vieldeutigkeit und sentimentaler Bedeutung trifft kein anderer Begriff dieses neue Gefühl der Fürsorge und der Verbundenheit besser.

Es entsteht ein neues und verändertes gesellschaftliches Bewusstsein, das wie folgt in Begriffen aus dem Problemkreis des Hungers und des Hungertodes ausgedrückt worden ist:

> Ich kann mich selbst nicht mehr länger vor der Wirklichkeit des Hungertodes schützen, indem ich so tue, als ob jene Menschen, die hungern, namenlose, gesichtslose Fremde seien. Ich weiss nun, wer sie sind. Sie sind so wie ich, mit dem Unterschied, dass sie hungern. Ich kann mir nicht mehr länger vortäuschen, dass mich die Ansammlung politischer Vereinbarungen, die wir als «Staaten» bezeichnen, von dem Kind trennt, das auf der anderen Seite des Globus vor Hunger schreit. Wir sind eins, und einer von uns ist hungrig.

Jemand äusserte einmal, dass die Gruppe das Selbst des Altruisten sei. Erhöhtes Einfühlungsvermögen, ein Gefühl des Teilhabens an allem Leben, mehr Fürsorge, mehr Freude sowie eine Bewusstheit, die sich stetig wandelt und die Vielschichtigkeit und Komplexität der Ursachen sieht – dies alles erschwert es, selbstgerecht und schnell mit Urteilen bei der Hand zu sein.

Sogar jenseits des kollektiven Selbst, jenseits der Bewusstheit der eigenen Verbundenheit mit anderen, existiert ein transzendentes, universelles Selbst. Der Übergang von dem, was Edward Carpenter als das «kleine, begrenzte Selbst» bezeichnet, zu jenem Selbst, welches das gesamte Universum durchdringt, wurde ebenso von Teilhard de Chardin als seine erste Reise in «die Unendlichkeit» beschrieben:

> Ich wurde mir bewusst, dass ich den Kontakt mit mir selbst verlor. Auf jeder Stufe des Fallens wurde in mir eine neue Person offenbart, deren Namen ich nicht mehr wusste und die mir nicht länger gehorchte. Und als ich diese meine Beobachtung beenden musste, weil der Pfad unter meinen Schritten schwand, fand ich zu meinen Füssen eine bodenlose Tiefe vor; aus ihr entsprang – ich weiss nicht woher – der Strom, den ich mein Leben zu nennen wage.

Die vierte Dimension ist kein anderer Ort; sie ist *dieser* Ort und befindet sich in unserem Innern – ein Entwicklungsprozess.

Die *Bedeutung des Entwicklungsprozesses* ist eine weitere Entdeckung. Zielen und Endpunkten wohnt weniger Bedeutung inne. Lernen ist dringlicher als das Speichern von Informationen. Liebende, zuversichtliche Fürsorge ist besser als Obhut. Die Wege selbst *sind* das Ziel. Die Reise selbst ist die Bestimmung.

Wir beginnen festzustellen, wie wir das Leben aufgeschoben haben, indem wir niemals dem Augenblick Aufmerksamkeit schenken.

Wenn das Leben zu einem Entwicklungsprozess wird, schwinden die alten Unterscheidungen zwischen Gewinnen und Verlieren, Erfolg und Versagen. Alles, sogar ein negatives Resultat, hat das Potential, uns etwas zu lehren und unsere Suche zu fördern. Wir experimentieren und erforschen. Innerhalb eines erweiterten Paradigmas gibt es keine «Feinde», nur nutzbringende, wenn auch provozierende Menschen, deren Opposition empfindliche Stellen wie durch ein Vergrösserungsglas erkennen lässt.

Alte Sprichwörter, die früher bloss in den Bereich der Dichtkunst gehörten, scheinen nun höchst wahr zu sein. Wie die heilige Katharina von Siena, die da sagte: «Der Weg zum Himmel ist der Himmel.» Oder Cervantes: «Die Strasse ist besser als der Gasthof.» C.P. Cavafy: «Ithaka hat dir die schöne Reise beschert...» und Kazantzakis: «Ithaka ist die Reise selbst.»

Wenn man die Reise geniesst, ist das Leben fliessender, weniger zergliedert; die Zeit verläuft weniger linear und auf subtileren Ebenen. Indem der Entwicklungsprozess an Bedeutung gewinnt, beginnen sich frühere Wertvorstellungen, ähnlich den Reflexionen auf einem Fensterglas, zu verschieben. Die Sichtweise verändert sich: Was gross war, mag nun klein und weit entfernt erscheinen, das einst Triviale kann sich nun wie ein starker Fels vor uns erheben.

Wir entdecken zudem, dass *alles Entwicklung bedeutet.* Die starre Welt ist ein ständiges Fortschreiten, ein Tanz der subatomaren Teilchen. Eine Persönlichkeit ist eine Sammlung von verschiedenen Entwicklungsprozessen. Angst stellt eine Entwicklung dar. Dasselbe gilt für eine Gewohnheit. Ein Tumor ist ein Entwicklungsprozess. All diese offensichtlich feststehenden Phänomene werden in jedem Augenblick neu geschaffen; sie können auf zahllose Weisen verändert, neu geordnet und transformiert werden.

Die Verbindung zwischen Geist und Körper ist eine Entdeckung, die ebenfalls in Beziehung zum Entwicklungsprozess steht. Der Körper reflektiert nicht nur all die vergangenen und gegenwärtigen Konflikte des Geistes; die Neugestaltung des einen hilft das andere ebenfalls neuzugestalten. Psychotechnologien, wie die Therapie nach Wilhelm

Reich, Bioenergetik und Rolfing, bewirken die Transformation von Körper und Geist, indem sie den Körper neu strukturieren und neu ausrichten. Jedes Eingreifen im Bereich des dynamischen Geist-Körper-Geschehens beeinflusst das Ganze.

Ein junger Kursteilnehmer einer als Neurokinästhetik bezeichneten körperlichen Disziplin beschrieb seine eigene Transformation wie folgt:

> Ich bin erstaunt, wie sich mein Leben verändert hat und wie sehr es sich weiterhin verändert. Es treten viele physische Veränderungen auf, und ich lerne, körperliche Signale verschiedener Systeme aufzunehmen, auch jene, die für autonom gehalten werden. Gleichzeitig verbessert sich meine Beziehung zu den Mitmenschen ...
>
> In den frühen siebziger Jahren waren meine Freunde und ich mit der Welt unzufrieden. Unsere «Lösungen» waren radikal, rhetorische Intellektualisierungen, grundlegend handelte es sich dabei jedoch um Studien der Frustration. Wir wussten, dass sich die Welt ändern müsste, unsere Antworten waren jedoch deshalb nicht befriedigend, weil wir uns nicht auf der angemessenen Ebene mit dem menschlichen Leiden beschäftigten.
>
> Wir können für eine Situation keine Verantwortung übernehmen, falls wir die Umwelt nicht zu kontrollieren vermögen – das heisst: unsere eigenen Körper, physisch, geistig und spirituell. Darin besteht das eigentliche Leiden. Wir können in Harmonie mit der Umgebung leben und die Welt aus einer klaren Perspektive anschauen. Indem unsere Körper fliessen lernen, können wir Situationen und dem Selbst anderer Menschen um so freier begegnen.

Mehr Bewusstsein bedeutet mehr Bewusstheit des Körpers. Wenn wir sensibler für die augenblicklichen und tagtäglichen Auswirkungen angespannter Emotionen auf den Körper werden, empfänglicher für die subtile Art und Weise, wie Krankheit einen inneren Konflikt ausdrückt, so lernen wir, mit Stress direkter umzugehen. Wir entdecken unsere Fähigkeit, Stress sogar dann zu handhaben, wenn er sich steigern sollte.

Der Körper kann ebenfalls ein Mittel zur Transformation darstellen. Indem wir unsere eigenen Grenzen beim Sport, beim Tanz oder bei anderen körperlichen Übungen ermitteln, entdecken wir, dass das physische Selbst keine Sache ist, sondern ein sich veränderndes, fliessendes, formbares bioelektrisches System. Wie der Geist beherbergt es erstaunliche Möglichkeiten.

Eine der köstlichsten Entdeckungen ist jene *der Freiheit* – der Übergang zu jenem Ort, den die *Upanischaden* als eine Stätte «jenseits von Kummer und Gefahr» beschreiben.

In unserer eigenen Biologie liegt der Schlüssel zu dem Gefängnis, der Furcht vor der Furcht, der Illusion der Isolation. Die Erfahrungen, die ein ganzheitlich funktionierendes Gehirn macht, zeigen uns die Tyrannei von Kultur und Gewohnheit. Unsere Autonomie wird wiederhergestellt, unsere Sorgen und Ängste werden integriert. Wir sind frei, Neues zu schaffen, Veränderungen herbeizuführen, zu kommunizieren. Wir sind frei, «warum?» und «warum nicht?» zu fragen.

«Allein die Tatsache, ein klein wenig bewusster zu sein, verändert die eigene Handlungsweise», meinte der Meditations-Lehrer Joseph Goldstein. «Wenn man einmal einen flüchtigen Blick auf das getan hat, was wirklich vor sich geht, so ist es sehr schwierig, erneut von den alten Strukturen eingeholt zu werden ... Es ist, als ob eine zarte Stimme im Hintergrund fragen würde: «Was machst du eigentlich?»

Die Psychotechnologien helfen, die «kulturelle Verwirrung» aufzulösen – die naive Annahme, dass der Schmuck und die Binsenwahrheiten unserer eigenen Kultur universelle Erkenntnisse seien oder einen Höhepunkt der Zivilisation darstellen würden. Der Roboter rebelliert, Galathea wandelt sich von der Statue zum lebendigen Wesen, und Pinocchio kneift sich in den Arm, um festzustellen, dass dieser gar nicht mehr aus Holz besteht.

Ein fünfundfünfzigjähriger Soziologe beschrieb die Entfaltung seiner Freiheit:

An einem Samstagmorgen Ende September 1972 begab ich mich auf den Tennisplatz, um zum soundsovielten Male zu spielen. Plötzlich fragte ich mich selbst: «Warum machst du das eigentlich?»

... Es war ein plötzliches Gewahrwerden der Tatsache, dass die Welt der konventionellen Aktivitäten und der gesellschaftlich akzeptierten Interpretationen der Wirklichkeit oberflächlich und keineswegs lohnenswert war.

Ich mühte mich achtundvierzig Jahre lang vergeblich ab, in den mir vermittelten sozialen Identitäten und in der Jagd nach gesellschaftlich sanktionierten Zielen Glück und Erfüllung zu finden.

Ich fühlte, dass ich nun eine so vollkommene und wahrhaftige Freiheit erlangt habe, wie sie ein entflohener Sklave in der Zeit vor dem Bürgerkrieg empfunden haben muss. An einem Punkt wurde ich von den mit meiner religiösen Erziehung verbundenen Ängsten und Schuldgefühlen befreit. Ein weiterer Umschwung fand zu einem anderen Zeitpunkt statt, als ich mich selbst nicht mehr durch meinen Namen, Status oder meine Rolle erkannte – sondern als ein freies, namenloses Wesen.

Durch das Anbieten ihrer unwillkürlich gefassten Meinungen begrenzt jede Gesellschaft die Sichtweise ihrer Mitglieder. Von frühester Kindheit an werden wir zu einem System von Ansichten verleitet, das so unentwirrbar in unsere Erfahrung eingeflochten wird, dass wir Kultur und Natur nicht mehr unterscheiden können.

Der Anthropologe Edward Hall meint, dass die Kultur ein Mittel darstellt, das jeden Aspekt unseres Lebens berührt: Die Körpersprache, die Persönlichkeit, unsere Art, uns auszudrücken, die Gestaltung unserer Gemeinschaften. Wir sind sogar Gefangene unserer eigenen Vorstellung von Zeit. Unsere Kultur verläuft beispielsweise «monochronologisch» – d.h.: ein Ereignis zu einer bestimmten Zeit –, wohingegen in vielen anderen Kulturen die «polychronologische» Zeit herrscht. Bei der polychronologischen Zeit beginnen und enden Aufgaben und Ereignisse gemäss der natürlichen, zu ihrem Verlauf und Abschluss benötigten Zeit und nicht aufgrund starrer Termine.

Für die monochronologisch empfindenden, in der nördlichen europäischen Tradition aufgezogenen Menschen stellt sich die Zeit wie eine Strasse oder ein Band linear und aufgeteilt dar; sie weitet sich vorwärts in die Zukunft und rückwärts in die Vergangenheit aus. Ebenso ist die Zeit greifbar. Sie sprechen von ihr, als ob man sie bewahren, verlieren, verschwenden, ausgeben, erfinden, beschleunigen, verlangsamen und auslaufen lassen könnte.

Obwohl die monochronologische Zeit etwas Auferlegtes, Erlerntes und Willkürliches darstellt, neigen wir dazu, sie so zu behandeln, als ob sie ins Universum eingebaut worden wäre. Die transformative Entwicklung macht uns für die Rhythmen und schöpferischen Tendenzen der Natur sowie für die Schwingungen unseres eigenen Nervensystems empfänglicher.

Eine andere Befreiung, die Freiheit von der «Bindung», stellt möglicherweise den von den meisten westlich denkenden Menschen am wenigsten verstandenen Gedanken östlicher Philosophie dar. Für uns klingt «Ungebundenheit» gefühllos, und dem Begriff «Wunschlosigkeit» haftet nichts Wünschenswertes an.

Richtigerweise sollten wir Ungebundenheit als Unabhängigkeit interpretieren. Ein grosser Teil unserer inneren Unruhe widerspiegelt die Angst vor Verlust: Unsere Abhängigkeit von Leuten, Umständen und Dingen, die wir nicht wirklich unter Kontrolle haben. Auf einer gewissen Ebene wissen wir, dass wir schon morgen mit leeren Händen dastehen können, und dennoch klammern wir uns immer wieder verzweifelt an Dinge, die wir letztlich nicht festzuhalten vermögen. Ungebundenheit ist die realistischste aller Einstellungen. Sie bedeutet Freiheit von einem Wunschdenken; Freiheit davon, sich immer zu wünschen, dass die Dinge anders wären.

Indem uns die Psychotechnologien die Sinnlosigkeit unseres Wunschdenkens bewusst machen, tragen sie dazu bei, uns von ungesunden Abhängigkeiten zu befreien. Wir erweitern unsere Fähigkeit, zu lieben, ohne dabei auf Abmachungen, Erwartungen oder emotionelle Pfandbriefe abzuzielen. Zugleich verleiht eine erweiterte Bewusstheit den alltäglichen, einfachen Dingen und Ereignissen einen wunderbaren Glanz, so dass das, was als Hinwendung zu einem kargen Leben erscheinen mag, oft die Entdeckung subtiler, weniger vergänglicher Reichtümer darstellt.

Eine weitere Entdeckung: Wir sind nicht befreit, ehe wir nicht andere befreien. Solange wir es nötig haben, andere Menschen zu kontrollieren – wie gutgemeint unsere Motive auch sein mögen –, so lange sind wir in dieser Notwendigkeit gefangen. Indem wir anderen Freiheit schenken, befreien wir uns selbst – und unsere Mitmenschen sind frei, auf ihre eigene Art und Weise zu wachsen.

André Kostelanetz erzählte, wie Leopold Stokowski die Form des Orchesters radikal erneuerte, indem er die Musiker befreite:

> Er verzichtete bei den Streichern auf eine einheitliche Bogenführung, da er wusste, dass jeder Musiker ein unterschiedlich starkes Handgelenk hatte. Um den klangvollsten Ton zu erlangen, sollte jeder Spieler ein Maximum an Elastizität verspüren. Stokowski ermutigte auch die Bläser, nach ihrem eigenen Gutdünken zu atmen. Er kümmere sich nicht darum, äusserte er, wie die Musik entstünde, solange sie schön sei.

Die Fesseln unserer Kultur sind oft unsichtbar, und ihre Mauern sind wie aus Glas. Möglicherweise denken wir, frei zu sein. *Wir können die Falle nicht eher verlassen, als bis wir wissen, dass wir in ihr gefangen sind.* Niemand ausser wir selbst sind die «Wärter und Gefangenen», wie Edward Carpenter vor langer Zeit festgestellt hat. Immer wieder schildert die mystische Literatur die Zwangslage der Menschen als unnötige Gefangenschaft; es ist so, als ob der Schlüssel stets in Reichweite vor dem Gitter läge, aber wir denken überhaupt nicht daran, uns nach ihm umzusehen.

Eine weitere Entdeckung: *Unsicherheit*. Nicht einfach die Unsicherheit des Augenblicks, die vorübergehend sein mag, sondern eine nicht auszulotende Unsicherheit – jenes Geheimnis, das für immer den Randbezirken unseres Seins innewohnen wird. Aldous Huxley brachte dies in *Die Pforten der Wahrnehmung* folgendermassen zum Ausdruck:

> Aber wer durch die Tür in der Mauer zurückkommt, wird nie wieder ganz derselbe Mensch sein, der durch sie hinausging. Er wird weiser sein, aber weniger selbstsicher, glücklicher, aber weniger selbstzufrieden, demütiger im Zugeben seiner Unwissenheit, und doch besser ausgerüstet, die Beziehung zwischen Wörtern und Dingen, zwischen systematischem vernunftmässigem Denken und dem unergründlichen Geheimnis zu verstehen, das er mit jenem immerzu vergeblich zu begreifen sucht.

Oder um mit den Worten von Nikos Kazantzakis zu sprechen: «Die wirkliche Bedeutung von Erleuchtung liegt darin, mit ungetrübten Augen auf alles Dunkle zu blicken.»

Die Psychotechnologien «verursachen» genausowenig Unsicherheit, wie sie Freiheit bewirken. Sie öffnen lediglich unsere Augen gegenüber diesen beiden Dingen. Der einzige Verlust ist die Illusion. Wir erlangen nur das, was uns – unausgesprochen – seit jeher gehört hat. James Thurber wusste: «Weder in den Zahlen noch anderswo liegt Sicherheit.» In der Tat besassen wir niemals Sicherheit, nur eine Karikatur derselben.

Viele Menschen haben ihr Leben lang ein Gefühl für das Geheimnisvolle verspürt und dabei behaglich – d. h. ungestört – gelebt. Andere, die hinter der Gewissheit wie ein Jäger hinter seiner Beute her waren, sind möglicherweise durch die Feststellung, dass die Vernunft selbst ein Bumerang ist, erschüttert worden. So bringt nicht nur das alltägliche Leben unerklärliche Ereignisse hervor; nicht nur, dass wir die Verhaltensweisen der Menschen oft als unvernünftig bezeichnen möchten – selbst die Hüter rationellen Denkens wie formale Logik, formale Philosophie, theoretische Mathematik und Physik stecken voller Widersprüche. Viele der Verschwörer im Zeichen des Wassermanns berichteten, dass sie durch ihre wissenschaftliche Schulung die Grenzen des rationellen Denkens entdeckt hatten. Typische Antworten auf die Frage: *Welche Grundgedanken mussten Sie aufgeben?* lauteten:

«Den wissenschaftlichen Beweis als einzigen Weg zum Verständnis.»
«Dass der Rationalismus die Lösung sei.»
«Der Glaube an das rein Vernunftmässige.»
«Dass die Logik alles sei, was es wirklich gäbe.»
«Eine lineare Sichtweise.»
«Das mechanistische Weltbild der Wissenschaft, in dem ich ausgebildet worden war.»
«Die materialistische Wirklichkeit.»
«Kausalität.»
«Ich erkannte, dass die Wissenschaft ihren Mitteln zum Erkennen der Natur Schranken gesetzt hatte.»
«Nach vielen Jahren intellektueller, mit der linken Hirnhemisphäre ergründeter Wirklichkeit lehrte mich eine Erfahrung mit LSD, dass wechselweise verändernde Formen der Wirklichkeit vorhanden sind.»

In der Tat gaben sie alle die Gewissheit auf.

In *Zen und die Kunst ein Motorrad zu warten* beschrieb Robert Pirsig das Risiko, die Vernunft bis zur äussersten Grenze zu treiben, wo sie dann auf sich selbst zurückfällt. «Im Hochland des Geistes», so beobachtete er, «muss man sich der dünneren Luft der Unsicherheit und dem enormen Ausmass der gestellten Fragen anpassen ...»

Je bedeutsamer die Frage, desto unwahrscheinlicher ist es, dass eine eindeutige Antwort erfolgen wird.

Das Anerkennen unserer Unsicherheit ermutigt uns, zu experimentieren, und wir werden durch unsere Experimente transformiert. Wir sind frei, die Antworten nicht zu kennen, wir sind frei, unsere Position zu wechseln, wir sind frei, keine Position einzunehmen. Und wir lernen, unsere Probleme in einen neuen Rahmen zu stellen. Immer wieder erfolglos die gleiche Frage zu stellen ist dasselbe, wie wenn wir einen verlorenen Gegenstand weiterhin an Orten suchen, die wir bereits durchgekämmt haben. Die Antwort liegt – ebenso wie der verlorene Gegenstand – ganz woanders. Wenn wir einmal die Kraft entdecken, an den in unseren alten Fragen enthaltenen Annahmen und Voraussetzungen zu rütteln, können wir unseren eigenen Paradigmawechsel fördern.

Wie bei vielen anderen Beispielen sind auch die Entdeckungen miteinander verbunden. Verständnis für den Entwicklungsprozess macht die Unsicherheit erträglich. Ein Gefühl der Freiheit bedingt Unsicherheit, weil wir auf unserem Weg frei sein müssen für Veränderungen, Modifikationen und die Annahme neuer Informationen. Unsicherheit ist der notwendige Kamerad aller Forscher.

Falls wir das Verlangen nach Sicherheit im Sinne von Kontrolle und festgelegten Antworten aufgeben, erfahren wir paradoxerweise eine andere Sicherheit. Wir beginnen, der *Intuition* Vertrauen entgegenzubringen, dem ganzheitlichen Wissen des Gehirns, jenem Phänomen, das der Wissenschaftler und Philosoph Michael Polanyi als «das stillschweigende Wissen» bezeichnet. In demselben Masse, wie wir uns auf die inneren Signale einstellen, scheinen sich diese zu verstärken.

Jemand, der sich mit den Psychotechnologien befasst, erkennt, dass dieses innere Drängen und diese «Ahnungen» in keiner Weise der Vernunft widersprechen, sondern eine transzendente Vernunft darstellen; die Fähigkeit des Gehirns, gleichzeitig zu analysieren, einen Vorgang, den wir nicht bewusst aufspüren und verstehen können. In *Mr. Sammler's Planet* schrieb Saul Bellow über die Art und Weise, wie wir gewöhnlich dieses Wissen zunichte machen:

> Der intellektuelle Mensch wurde zu einer Kreatur, die alles erklären will. Väter erklären ihren Kindern, Frauen ihren Männern, Vortragende ihren Zuhörern ... die Geschichte, die Struktur, die Gründe, warum etwas geschieht. Meistens geht das beim einen Ohr hinein und beim anderen wieder hinaus. Die Seele jedoch wollte das, was sie wollte. Sie besass ihr eigenes natürliches Wissen. Sie sass unglücklich auf den Superstrukturen der Erklärung; ein armer Vogel, der nicht weiss, wohin er fliegen soll.

Die Psychotechnologien führen einen dahin, «dem armen Vogel» zu vertrauen – mehr noch, ihn fliegen zu lassen. Intuition, dieses «natürliche Wissen», wird zu einem verlässlichen Partner im Alltag; man kann sich auch bei kleinen Entscheidungen auf sie berufen und bewirkt damit ein immer allgegenwärtiges Gefühl des Fliessens und der Richtigkeit.

Eng verbunden mit Intuition ist die *Berufung,* – wörtlich, ein «Ruf». Antoine de Saint-Exupéry schrieb über die Freiheit: «Es gibt keine Freiheit ausser der Freiheit, die einer erfährt, wenn er seinen Weg in Richtung auf irgend etwas nimmt.»

Berufung ist die Entwicklung, seinen eigenen Weg zu gehen – auf irgend etwas loszusteuern. Es ist mehr eine Richtung als ein Ziel. Eine Hausfrau und spätere Filmemacherin äusserte nach einem Gipfelerlebnis: «Ich hatte das Gefühl, als ob ich gerufen worden wäre, um einem Plan zu dienen, den irgend jemand für die Menschheit erdacht hatte.»

Typischerweise berichten die Verschwörer von einem Gefühl, als ob sie mit den Ereignissen kooperieren würden und nicht von einer Beherrschung oder Duldung derselben – so wie der Aikido-Meister seine Stärke vermehrt, indem er sich nach den vorhandenen Kräften – auch denjenigen, die ihm entgegenstehen – ausrichtet.

Das Individuum entdeckt eine neue Art flexiblen Willens, der uns in die Berufung hineinzufinden hilft. Dieser Wille ist gelegentlich als «Intention» bezeichnet worden. Er stellt das Gegenteil des Zufalls dar und repräsentiert eine gewisse Besonnenheit; sie besitzt jedoch nicht die «harten» Eigenschaften, die wir gewöhnlich mit dem Willen in Verbindung bringen.

Für Buckminster Fuller bedeutet das Überantworten an die Berufung «etwas Mystisches. Die Minute, in der man das zu tun beginnt, was man tun will, ist der Anfang einer wirklich anderen Art des Lebens». W.H. Murray bemerkte über dasselbe Phänomen, dass es die göttliche Vorsehung in Anspruch zu nehmen scheine. «Vielerlei Dinge ereignen sich, die sonst nie geschehen wären, um uns zu helfen. Unserem Entschluss entspringt ein ganzer Strom von Ereignissen, der zu unseren Gunsten unvorhergesehene Zufälle, Begegnungen und materielle Unterstützung bringt, von denen niemand gedacht hätte, dass sie auf diese Art und Weise eintreffen würden.»

Berufung ist eine merkwürdige Mischung von Willkürlichem und Unwillkürlichem – der freien Wahl und des Sichauslieferns. Menschen bemerken, dass sie sich stark in eine bestimmte Richtung oder zu einer gewissen Aufgabe hingezogen fühlen, und sie sind zugleich davon überzeugt, dass sie auf irgendeine Weise dazu «bestimmt» sind, eben diese – und keine andere – zu tun. Der Dichter und Künstler M.C. Richards meint: «Das Leben befindet sich stets an irgendwelchen Grenzen und macht Ausfälle in das Unbekannte. Sein Weg führt immer weiter in die Wahrheit hinein. Wir können es nicht als spurlose Verschwendung bezeichnen, denn wenn der Weg auftaucht, dann sieht es so aus, als ob er sich schon immer dort befunden und auf die Schritte gewartet hätte ... Folglich die Überraschungen, folglich die Kontinuität.»

Der ehemalige Astronaut Edgar Mitchell zeigte nach seinem Mondflug starkes Interesse für die Förderung von Studien über Bewusstseinszustände. Er startete eine Organisation zur Finanzierung solcher Unternehmungen. Einmal berichtete er einem Freund: «Ich habe beinahe das Gefühl, unter Befehl zu handeln ... Wenn ich alles verloren glaube und meinen Fuss über dem Abgrund erhebe – dann taucht irgend etwas auf, um ihn rechtzeitig zurückzustossen.»

Für einige Menschen gibt es einen bewussten Augenblick der Entscheidung. Andere erkennen die Verpflichtung erst rückblickend. Dag Hammarskjöld beschrieb den Umschwung seines eigenen Lebens vom Gewöhnlichen zum Bedeutungsvollen wie folgt:

> Ich weiss nicht, wer oder was die Frage stellte. Ich weiss nicht, wann sie gestellt worden ist. Ich erinnere mich nicht einmal an die Antwort. Aber irgendwann gab ich jemandem oder irgendetwas eine Antwort. Und von dieser Stunde an war ich sicher, dass das Dasein sinnvoll ist und dass deshalb mein Leben in der Selbstaufgabe ein Ziel hatte.

Jonas Salk, der Entdecker des ersten Polio-Impfstoffes, der sich ebenfalls einem evolutionären Modell der gesellschaftlichen Transformation anvertraut hatte, äusserte einmal: «Ich habe gelegentlich das Gefühl, dass ich gar nicht so sehr gewählt habe, sondern dass ich erwählt worden bin. Und machmal wünsche ich wahrlich, ich wäre davon befreit worden!» Er fügte hinzu, dass sich jene Dinge, die er sich, all seinen vernunftmässigen Erklärungen zum Trotz, zu tun gezwungen fühlte, als sehr lohnenswert erwiesen.

C.G. Jung sprach von seinen eigenen Erfahrungen, als er äusserte: «Die Berufung offenbart sich wie ein Gesetz Gottes, aus dem es kein Entrinnen gibt.» Der schöpferische Mensch ist überwältigt, gefangen und getrieben von einem Dämon. Falls man der Kraft seiner inneren Stimme nicht zustimmt, kann sich die Persönlichkeit nicht entfalten. Obwohl wir jenen, die dieser Stimme Gehör schenken, oft misstrauen, meint Jung, «werden diese dennoch unsere legendären Helden.»

Indem die Psychotechnologien unsere Bewusstheit für die inneren Signale steigern, schaffen sie ein Gefühl der Berufung, eine innere Bereitschaft, die auf Entdeckung und Lossagung wartet. Wenn ein Mensch seine Probleme gelöst hat und bereit ist, der Welt mit Imagination und Energie zu begegnen – so bemerkte Frederich Flach –, dann geschehen die Dinge zur rechten Zeit; es findet ein Zusammenwirken der Person und der Ereignisse statt, das die Kooperation des Schicksals für sich zu beanspruchen scheint:

> C.G. Jung nannte dieses Phänomen «Synchronizität». Er definierte es als «akausale, durch einen gemeinsamen Sinn verbundene gleichzeitige Vorgänge» ... In demselben Augenblick, in dem wir darum bemüht sind, eine Art persönlicher Autonomie zu erlangen, wirken ebenso durch uns Lebenskräfte, die viel umfassender als wir selbst

sind; während wir Protagonisten unseres eigenen Lebens sein mögen, sind wir also zugleich auch Mitspieler in einem weitaus grösseren Schauspiel; Spieler, die als Zugabe gedacht waren oder die man sich aufgehoben hatte ...

Dieses Phänomen klingt nur deshalb mystisch, weil wir es nicht verstehen. Es sind jedoch zahllose Anhaltspunkte verfügbar, die dem Geist den richtigen Rahmen – Offenheit – vermitteln; das sinnvolle Zusammenfügen der Anhaltspunkte zu einem Ganzen wird möglich.

Einige Verschwörer beschreiben ein starkes Gefühl der Bestimmung, eines inneren Auftrags. Hier ein typischer Bericht:

Eines Tages, im Frühling 1977, verspürte ich während eines Spazierganges – ich hatte zuvor gerade meditiert – ein erregendes Gefühl, das ungefähr fünf Sekunden dauerte. In diesen Sekunden fühlte ich mich vollkommen in die schöpferische Kraft des Universums einbezogen. Ich «sah», was die spirituelle Transformation zu tun versuchte, was meine Bestimmung im Leben war; und ich sah ausserdem einige alternative Wege, um dies zu erreichen. Ich wählte einen, und ich bin im Begriff, ihn zu gehen ...

Saul Bellow äusserte einmal: «Der Herzenswunsch des Menschen lautet, dass sich das Leben selbst nach einem sinnvollen Plan vervollständigen möge.» Die Berufung gibt uns einen solchen Plan.

Eine ernüchternde Entdeckung – nicht jene der Schuld und nicht die der Pflicht, sondern jene der *Verantwortlichkeit* im Sinne des lateinischen Ursprungs dieses Begriffes: die Tat des Zurückgebens, des Erwiderns. Wir können den Modus unseres Teilhabens an der Welt oder unsere Erwiderung gegenüber dem Leben auswählen. Wir können ärgerlich, gütig, humorvoll, einfühlsam oder verrückt sein. Wenn wir uns einmal unserer gewohnheitsmässigen Erwiderungen bewusst werden, erkennen wir die Wege, mit denen wir viele unserer eigenen Leiden immerwährend fortgesetzt haben.

Indem die Psychotechnologien die Aufmerksamkeit auf unseren eigenen Denkvorgang richten, zeigen sie uns, wieviel von unserer Erfahrung durch unwillkürliche Erwiderungen und Annahmen geschaffen werden. Ein Rechtsanwalt aus Los Angeles berichtete von der verborgenen Einsicht in bezug auf Verantwortlichkeit, damals in den sechziger Jahren, als er sich als Student freiwillig an einem Universitäts-Experiment über die Wirkung von LSD beteiligt hatte:

Plötzlich gewann ich – zunächst kurz und verschwommen – einen Einblick in mein «wirkliches» Selbst. Ich hatte mit meinen Eltern wochenlang nicht gesprochen; nun erkannte ich, dass ich sie aus dummem Stolz unnötigerweise verletzt hatte, indem ich einen familiären Streit ausdehnte, dem keinerlei emotionelle Gültigkeit mehr innewohnte. Warum hatte ich dies nicht früher erkannt?

Augenblicke später folgte eine weitere Entdeckung, bitter und schmerzlich. Ich erkannte all die köstlichen Möglichkeiten, die ich kürzlich verschwendet hatte, indem ich die Beziehung zu einer jungen Frau abbrach – ein Schritt, zu dem ich damals gute Gründe zu haben glaubte. Nun erkannte ich all meine Eifersucht, meine Besitzgier, mein Misstrauen ... Mein Gott, *ich* war derjenige, der unsere Liebe zerstört hatte, nicht sie.

Ich sah mich selbst in einem anderen «objektiveren» Licht ... Ich wurde weder ausgetrickst noch manipuliert. Der Unruhestifter war *ich,* ganz allein *ich,* und *ich* war es immer gewesen. Ich begann zu weinen. Die jahrelange Last der Selbstverleugnung schien von mir zu weichen ...

Diese Erfahrung «heilte» mich sicherlich nicht vollständig von meinen destruktiven Charakterzügen, ich gewann jedoch an diesem Tag unschätzbare Einsichten, die mir zum ersten Mal das Aufrechterhalten einer liebevollen Beziehung durch all ihre Höhen und Tiefen hindurch erlauben würden. Sicherlich war es kein Zufall, dass ich einige Wochen später die Frau traf, mit der ich bis heute verheiratet bin.

Er würde niemals wieder LSD einnehmen, versichert er, aber die Erfahrung hatte ihn von der Sklaverei des emotionalen Arrangements befreit. «Von da an war ich frei, mich bewusst und kontinuierlich mit meinen Emotionen abzumühen – ein Bemühen, das bis heute andauert.»

Wir sprechen oft verächtlich von einem «System» und beziehen uns dabei auf eine etablierte Machtstruktur ... In der Tat, falls wir erkennen, dass wir Teil eines dynamischen Systems sind, in welchem jede Handlung das Ganze beeinflusst, sind wir tatsächlich fähig, eine Änderung vorzunehmen. Ein Absolvent eines EST-Seminars erzählte, dass er auf diese Erkenntnis mit gemischten Gefühlen reagiert habe:

Oft erwachte ich morgens mit dem Gefühl, einen kalten grauen Stein der Angst in meinem Solarplexus (Sonnengeflecht) liegen zu haben – Angst, die mir wirklich unter die Haut geht ... Angst, dass dieses Sichängstigen kein Ende mehr nehmen würde ... Auf dieselbe Weise, wie mir diese Entdeckung Furcht eingeflösst hat, so hat sie mich auch wachgerüttelt. Sie gibt mir eine Erklärung meiner selbst, die mir sagt, dass ich Integrität und Würde besitze. Sie sagt mir nicht bloss, dass ich einen Unterschied machen kann, sondern dass *ich der Unterschied in der Welt bin*.

Michael Rossman erzählte, wie die Organisatoren des *Free Speech Movement* gemeinsam die Entdeckung machten, dass sie die Kraft besassen, die Dinge *wirklich* zu ändern:

> Nichts war weiterhin so, wie es bis anhin zu sein schien. Alles – Gegenstände, Begegnungen, Ereignisse – wurde geheimnisvoll ... Dieses Gefühl liess sich nicht vermeiden, und ich weiss, dass es viele Leute erschaudern liess. Wir erwähnten es beinahe nie, und niemand begriff es, aber wir fühlten uns wie das Publikum und die Schauspieler im alten griechischen Drama – wir spielten unabhängige Rollen in einem unerbittlichen Drehbuch, das wir bereits auswendig kannten. Es gibt keine Worte, diese schmerzliche Gleichzeitigkeit des freien Willens und des Schicksals zu beschreiben.
>
> ... Es mag tatsächlich sein, dass wir uns jedesmal, wenn wir zusammen an einer Erneuerung der Welt arbeiten – und mag dies noch so bescheiden sein –, nahe am Durchbruch zu einem anderen Bereich befinden. Wie wäre es, wenn der Rahmen individueller Wahrnehmung durch eine willentliche und kollektive Veränderung der gesellschaftlichen Realität ebenso nachhaltig durchbrochen werden könnte?

Jeder von uns verkörpert – potentiell – den Unterschied der Welt.

Eine spätere Entdeckung, die beträchtlichen Schmerz verursacht, ist die Feststellung, dass *keiner einen anderen davon überzeugen kann, dass er sich ändern soll*. Jeder von uns bewacht ein Tor zur Veränderung, das nur von innen her geöffnet werden kann. Wir können das Tor eines anderen nicht öffnen, weder mittels Argumenten noch durch ein Appellieren an die Gefühle.

Auf das Individuum, dessen Tor zur Veränderung gut gesichert ist, wirkt die transformative Entwicklung bedrohlich – selbst wenn diese bei anderen stattfindet. Die neuen Ansichten und Wahrnehmungen anderer Menschen fordern die «richtige» Wirklichkeit jener heraus, die sich noch nicht verändern – irgend etwas in ihnen könnte zum Sterben verurteilt sein. Diese Aussicht ist beängstigend, weil sich unsere Identität in der Tat mehr aus unseren Ansichten denn aus unserem Körper zusammensetzt. Das Ego, diese Ansammlung von Zweifel und Schuldgefühlen, fürchtet sich vor seinem eigenen Ende. In der Tat bedeutet jede Transformation eine Art Freitod, die Zerstörung von Aspekten des Ego, um ein grundlegenderes Selbst zu bewahren.

An einem gewissen, früh eintretenden Zeitpunkt in unserem Leben entscheiden wir uns, wie bewusst wir sein wollen. Wir setzen eine Schwelle der Bewusstheit fest. Wir entscheiden, bis zu welchem Ausmass wir bereit sind, eine Wahrheit in unser Bewusstsein eindringen zu lassen, wie rasch wir Widersprüche in unserem Leben und unseren Ansichten zu untersuchen gewillt sind und wie tief wir zur Wahrheit vorstossen wollen. Unser Gehirn kann alles, was wir sehen und hören, zensieren; wir können die Wirklichkeit so filtern, dass sie sich der Ebene unseres Musters anpasst. An jeder Kreuzung haben wir erneut die Wahl zwischen grösserer oder begrenzterer Bewusstheit.

Jene, die ihre eigenen befreienden Entdeckungen anderen nicht mitteilen können, mögen sich zeitweise jenen Menschen gegenüber, die ihnen ansonsten nahestehen, als völlig entgegengesetzt empfinden. Schliesslich – wenn auch widerwillig – akzeptieren sie die unverletzliche Natur der individuellen Freiheit. Falls eine andere Person aus irgendwelchen Gründen eine Lebensstrategie des Verleugnens gewählt hat, die ihre eigenen harten Opfer fordert, so vermögen wir diese Entscheidung nicht rückgängig zu machen. Ebensowenig können wir das chronisch in Erscheinung tretende Unbehagen jener Menschen erleichtern, das seinen Ursprung in einem Leben der zensierten Wirklichkeit hat.

Es folgt jedoch eine Entdeckung, die dies zu kompensieren vermag. Schritt für Schritt nehmen jene, welche die transformative Entwicklung durchlaufen, das Vorhandensein eines grossen *unterstützenden Netzwerkes* wahr.

«Es ist ein einsamer Weg», schrieb ein Verschwörer, «aber du bist nicht allein auf diesem Pfad.» Das Netzwerk bedeutet mehr als eine blosse Vereinigung gleichgesinnter Menschen. Es bietet moralische Unterstützung, Rückkoppelung, eine Möglichkeit zur gegenseitigen Entdeckung und Bekräftigung, Ungezwungenheit, Innigkeit und eine Möglichkeit, Erfahrungen und Teile des grossen Puzzles untereinander auszutauschen.

Erich Fromms Entwurf für eine gesellschaftliche Transformation betont die Notwendigkeit gegenseitiger Unterstützung, im besonderen innerhalb kleiner Freundeskreise: «Die menschliche Solidarität ist die erforderliche Voraussetzung für die Entfaltung jedes einzelnen.» «Keine Transformation, kein Supergeist ohne solche Freunde», meint der Erzähler in Michael Murphys Roman *Jacob Atabet,* der zum Teil auf den Experimenten und der Forschung Murphys und dessen Freunden beruht. «Wir alle sind uns gegenseitig Geburtshelfer.»

Wie Teilhard de Chardin einst äusserte, ist die unermessliche freundschaftliche Erfüllung zwischen jenen, die sich für die Förderung der Bewusstseinsevolution einsetzen, von einer charakteristischen Beschaffenheit, die sich nicht beschreiben lässt. Barbara Marx Hubbard bezeichnete die intensive Affinität als «Über-Sexualität»; eine beinahe sinnliche Sehnsucht nach Gemeinschaft mit jenen, die der erweiterten Sicht teilhaftig geworden sind. Die Psychologin Jean Houston benutzte den Begriff «sich in Schwärmen zusammenfinden», während ein Verschwörer von einem «Netzwerk der Bruderschaft» sprach.

Ein im Jahre 1978 geschriebener Brief von John Denver, Werner Erhard und Robert Fuller, dem früheren Präsidenten des Oberlin-Instituts, betont, dass eine Verschwörung vorhanden ist, die dazu beiträgt, die Erfahrung der Transformation für den Menschen weniger gefahrvoll zu machen:

> Das Eingeständnis uns und anderen gegenüber, dass wir alle Mitglieder dieser «Verschwörung» sind, welche die Welt zu einem sicheren Ort für persönliche und gesellschaftliche Transformation machen hilft, bringt uns Klarheit in bezug auf unser Ziel und bei der Erfüllung unserer Aufgabe, ein Gefühl der Verbundenheit.
>
> In der Tat ist die ursprüngliche Bedeutung von Verschwörung: «Zusammen atmen»; damit wird genau das ausgedrückt, was wir denken. *Wir sind zusammen.*

In dem Roman *Schockwellen-Reiter* wird die Gesellschaft des 21. Jahrhunderts als ein computergesteuerter Alptraum dargestellt. Der einzige Zufluchtsort für ein Privatleben, für Individualität und menschliche Fürsorge ist ein Dorf namens Precipice, das sich aus einer Seemannssiedlung von Überlebenden eines grossen Erdbebens in der Bay Area entwickelt hatte. Seine Einwohner schützen es als Oase und Prototyp für die Errettung vor der Entmenschlichung. Im ganzen Land ist es einer geheimen Schar von Sympathisanten bekannt.

Freeman, einem Flüchtling vor dem autoritären System, wird von dieser geheimen Schar geholfen. Später bemerkt er: «Precipice ist ein ungeheuer grosser Ort, wenn man ihn zu erkennen gelernt hat.»

Genauso funktioniert die Verschwörung. Mit zunehmender Mitgliedschaft wird es einfacher, sich gegenseitig zu unterstützen. Freundschaften aufzubauen – sogar im Rahmen einengender öffentlicher Institutionen und kleiner Städte.

Gemeinschaftsgefühl und die Bestätigung gegenseitiger Entdeckungen ermutigen den einzelnen bei diesem andernfalls einsamen Unterfangen. Das Netzwerk ist – so Roszak – das Mittel der Selbstentdeckung. «Wir wenden uns der Gemeinschaft jener zu, die unsere innigste und verbotene Identität mit uns teilen; und dort beginnen wir, uns selbst als Mensch zu erfahren.»

Kurze Begegnungen genügen für ein Erkennen. Jene, die den Fragebogen zur Verschwörung im Zeichen des Wassermanns ausfüllten, äusserten sich wie folgt über das Finden ihrer Verbündeten:

- Flüsterpropaganda von Freunden anderer Freunde: «Wenn du dich da-und-dort befindest, besuche diese-und-jene.»
- Synchronizität oder «Führung»: «Sie schienen sich immer dann zu zeigen, wenn ich sie benötigte.»
- Wissen um die typischen Interessen. Viele Verbündete halten Vorträge, sind publizistisch tätig, organisieren oder führen Zentren – aber auch jene, die sich weniger spezifisch verhalten, sind allem gegenüber offen.
- Gute Anknüpfungspunkte bieten sich auf Konferenzen, in Seminaren und bei anderen Veranstaltungen, wo sich mit grosser Wahrscheinlichkeit Leute mit ähnlichen Interessen versammeln.
- «Überall». In Aufzügen und Supermärkten, im Flugzeug, auf Parties, im Büro. Einige Verschwörer berichteten, dass sie gelegentlich Mitarbeitern oder Freunden eine kleine Anekdote über die Verschwörung erzählen, um dann auf eine Reaktion und auf ein mögliches Aufkommen von Verständnis zu warten. Wie bei den ersten Christen, Föderalisten oder einer Widerstandsbewegung verbünden sich einzelne und folgen dem buddhistischen Spruch: «Suche die Bruderschaft.»

In ihrem Buch *On Waking Up* beschrieb Marian Coe Brezic ihre neuen besten Freunde als «einen Haufen praktizierender, volksverbundener Mystiker»:

Sie haben Hypotheken zu begleichen,
ihre Chefs zufriedenzustellen und
wahrscheinlich auch einen Ehepartner,
der sich wundert, was da eigentlich
los sei ...

Währenddessen vergraben sie sich dennoch
in die alten Weisheiten,
die nun wiederentdeckt und miteinander geteilt werden ...
jene Art von Gedanken, die man nicht am
Frühstückstisch erklären will
oder erklären kann, die jedoch
auf irgendeine Weise ein Licht
im Leben anzünden.

Triff sie am Arbeitsplatz,
und diese metaphysischen Freunde
schauen aus wie Nachbarn,
die mit dir über die Preisentwicklung
von Birnen oder Kaffee reden werden –
Falls du ihre Suche nicht teilst ...

So herrscht ein ausgeprägter Sinn für die Familie vor – für eine Familie, deren Bande nicht die des Blutes, sondern jene des Respektes und der gegenseitigen Freude am Leben des anderen sind. Der Romancier Richard Bach meinte dazu: «Selten wachsen Mitglieder einer solchen Familie unter demselben Dach auf.» Die Gemeinschaft verleiht dem Abenteuer Freude und Substanz.

Die heikelste Entdeckung ist *die Transformation der Angst.*

Die Angst war unser Gefängnis: Angst vor dem Selbst, Angst vor dem Verlust, Angst vor der Angst. «Was behindert eigentlich unseren Weg?» fragte der Schriftsteller Gabriel Saul Heilig. «Noch immer zittern wir vor dem Selbst wie Kinder vor der Dunkelheit. Wenn wir es jedoch einmal gewagt haben, den Weg in das Innere unseres Herzens zu beschreiten, werden wir feststellen, dass wir in eine Welt gelangt sind, in der die Tiefe zum Licht führt – und dem Betreten dieser Welt sind keine Grenzen gesetzt.»

Die Angst vor dem Versagen wird durch die Erkenntnis transformiert, dass wir uns mit kontinuierlichen Experimenten und Aufgaben befassen.

Die Angst vor der Isolation wird durch das Entdecken der «unterstützenden Netzwerke» gewandelt. Die Angst vor Wirkungslosigkeit fällt allmählich in demselben Masse weg, wie wir den monochronologischen Zeitbegriff unserer Kultur schwinden sehen und unsere Prioritäten sich ändern.

Die Furcht, genarrt zu werden oder gar als Narr zu gelten, wird durch die plötzliche Erkenntnis transformiert, dass das *Nicht-Ändern* und das *Nicht-Erforschen* eine weitaus realere und erschreckendere Möglichkeit darstellt*.

Schmerz und Widerspruch schüchtern uns nicht mehr länger ein, sobald wir die Belohnungen für deren Auflösung zu ernten beginnen und dieselben als periodisch wiederkehrende Symptome betrachten, die das Bedürfnis nach der Transformation von Disharmonie erkennen lassen. Jede Erfahrung des Überlebens und der Transzendenz verleiht uns für die nächste Begegnung Mut. Ein Mensch, der überlebt hat, weiss um die Wahrheit in Viktor Frankls Aussage: «Was Licht spenden kann, muss das Verbrennen aushalten.»

Die Furcht, irgendeinen Teil unseres gegenwärtigen «Inventars» aufzugeben, schwindet, sobald wir erkennen, dass sich jede Veränderung durch freie Entscheidung vollzieht. Wir lassen einfach nur das los, was wir nicht mehr wollen. Die Angst vor der Untersuchung des eigenen Selbst wird überwunden, weil sich das Selbst gar nicht als so dunkel, impulsiv und geheimnisvoll erweist, wie uns als Warnung mitgegeben worden war; wir stossen auf ein starkes, gesundes Zentrum.

Gelegentlich hat ein kleines Kind das Gleichgewicht zu beherrschen gelernt, fürchtet sich jedoch vor dem Laufen; in diesem Falle werden es die Erwachsenen mittels eines dargebotenen Spielzeugs dazu zu verlocken suchen. In gewissem Sinne stellen die transformativen Technologien Kunstgriffe dar, um uns zur Erprobung unseres inneren Gleichgewichts zu veranlassen. Letztlich wird das Vertrauen in diese Systeme zu Selbstvertrauen – oder, um es exakter auszudrücken, zum Vertrauen in den Vorgang der Veränderung selbst. Wir lernen, dass Angst ebenso wie Schmerz nur ein Symptom ist. Angst ist die Frage: «Was fürchtest du und warum?» Genauso, wie der Same der Gesundheit in der Krankheit liegt, da letztere Informationen in sich birgt, stellen unsere Ängste – falls wir sie untersuchen – eine Schatzkammer der Selbsterkenntnis dar. Manchmal umschreiben wir unsere Ängste anders: Wir sagen, dass wir krank und müde, ägerlich oder realistisch seien; wir behaupten, unsere Grenzen zu kennen. Herauszufinden, wovor wir uns fürchten, kann den Code zahlreicher selbstzerstörerischer Verhaltensweisen und Ansichten zunichte machen.

---

* Es gibt keine Gegenverschwörung ausser Furcht und Trägheit. Vierundvierzig Prozent der befragten Verschwörer im Zeichen des Wassermanns erachteten die «allgemeine Angst vor Veränderung» als die grösste Gefahr für eine weitverbreitete gesellschaftliche Transformation. Andere genannte Fakten waren «konservativer Rückstoss» (20 Prozent), «übertriebene Ansprüche der Befürworter einer Veränderung» (18 Prozent) und «Entzweiung unter den Fürsprechern einer Veränderung» (18 Prozent).

Wenn wir einmal die Transformation einer Furcht erlebt haben, wird es beschwerlich, dieselbe wieder einzuholen; es ist, als ob man weit genug vom Feuer zurückgetreten wäre, um zu erkennen, dass die brennenden Gebäude nur Teil einer Theaterdekoration sind. Es zeigt sich, dass Angst sozusagen einen «Bühnentrick» unseres Bewusstseins darstellt. Wir werden unser ganzes Leben lang Ängsten und Sorgen begegnen, aber wir haben nun ein Mittel in der Hand, das einen himmelweiten Unterschied ausmacht.

DAS TRANSFORMIERTE SELBST

Während der transformativen Entwicklung werden wir zu den Künstlern und Wissenschaftlern unseres eigenen Lebens. Eine erweiterte Bewusstheit fördert in uns allen jene Merkmale, die bei einem schöpferischen Menschen reichlich vorhanden sind: Ganzheitliches Sehen; frisches, kindliches Empfindungsvermögen; ein spielerisches Element; ein Gefühl des Fliessens; Risikobereitschaft; die Fähigkeit zu entspannter Aufmerksamkeit; Hingabe an den Gegenstand einer Kontemplation; die Fähigkeit, sich mit zahlreichen komplexen Ideen zugleich zu befassen; Bereitschaft, von der allgemein geltenden Sichtweise abzuweichen; Zugang zu Bereichen der Vorahnung; Wahrnehmen des tatsächlich Vorhandenen und nicht des erwarteten Konditionierten.

Das transformierte Selbst weist neue Mittel, Gaben, Gefühle auf. Wie ein Künstler nimmt es Muster wahr; entdeckt einen Sinn und seine eigene unausweichliche Originalität. «Jedes Leben», meint Hesse, «steht unter seinem eigenen Stern.»

Wie ein guter Wissenschaftler, so experimentiert, spekuliert und erfindet das transformierte Selbst und erfreut sich am Unerwarteten.

Da das Selbst nun gegenüber den eigenen Kulturprägungen wach geworden ist, versucht es deren Vielfalt mit der Neugier und dem Interesse eines Anthropologen zu verstehen. Die Gepflogenheiten anderer Kulturen lassen auf unendliche Varianten des Menschseins schliessen.

Das transformierte Selbst ist ein Soziologe und ebenso ein Forscher auf dem Gebiet der Verbindungen zwischen Gemeinschaft und Verschwörung. Wie ein Physiker akzeptiert es die letzte Ungewissheit als eine Tatsache des Lebens; es verspürt einen Bereich jenseits von linearer Zeit und festgelegtem Raum. Wie ein Molekularbiologe ist es gegenüber der Natur und deren Fähigkeit zu Erneuerung, Veränderung und immer höherer Ordnung mit Ehrfurcht erfüllt.

Das transformierte Selbst ist ein Architekt, der sich seine eigene Umgebung schafft; ein Idealist, der sich eine alternative Zukunft vorstellt.

Wie ein Dichter streckt es die Hand nach ursprünglichen tief in der Sprache vorhandenen metaphorischen Wahrheiten aus. Es ist ein Bildhauer, der seine eigene Form aus dem Fels der Gewohnheit herausarbeitet. Mit erhöhter Aufmerksamkeit und Flexibilität wird es zu einem Bühnenschriftsteller, und er stellt sein eigenes Ensemble von Darstellern: Clown, Mönch, Athlet, Held, Heiliger und Kind.

Es ist ein Tagebuchverfasser, ein Autobiograph. Indem es die Scherben seiner Vergangenheit sichtet, wird es zum Archäologen. Es ist Komponist, Instrument ... und die Musik.

Zahlreiche Künstler waren der Ansicht, dass die Kunst, so wie wir sie kennen, verschwinden wird, sobald das Leben selbst vollkommene Bewussheit erlangt. Die Kunst ist nur ein Notbehelf, das unvollkommene Bemühen einer Umgebung, in der fast jeder schlafwandelt, einen Sinn abzugewinnen.

Das Material des Künstlers ist stets naheliegend. «Wir leben am Rande des Wunderbaren», meinte Henry Miller, und T.S. Eliot schrieb, dass wir am Ende unseres Forschens wieder an unserem Ausgangspunkt anlangen werden – wobei wir diesen erstmals erkennen. Für Marcel Proust bestand Entdeckung nicht aus dem Suchen neuer Landschaften, sondern aus dem Erlangen neuer Augen. Whitman fragte: «Wirst du in weiter Ferne suchen? Zuletzt wirst du auf Dinge zurückkommen, mit denen du bestens vertraut bist, und du wirst Glück und Wissen nicht an einem anderen Ort, sondern an diesem Ort finden ... nicht zu einer Stunde, sondern in *dieser* Stunde.»

Zu lange haben wir unbekümmert Spiele gespielt, an deren Regeln wir nicht glaubten. Wenn es je Kunst in unserem Leben gegeben hat, dann war es serielle Kunst. Das als Kunst gelebte Leben findet seinen eigenen Weg, schafft sich seine eigenen Freunde und seine eigene Musik und sieht mit seinen eigenen Augen. «Ich schreite voran, indem ich erfühle, wo ich hinzugehen habe», schrieb der Dichter Eric Barker, «gehorsam meiner eigenen, von Erleuchtung geführten Hand folgend.»

Sowohl für das transformierte Selbst als auch für den Künstler bedeutet Erfolg niemals einen Ort des Verweilens, sondern nur einen augenblicklichen Lohn. Die Freude besteht im Risiko, im Erschaffen von Neuem. Eugene O'Neill verachtete den «blossen» Erfolg:

Jene, die Erfolg haben und nicht weiterstreben und dabei grössere Risiken des Versagens eingehen, bilden die geistige Mittelklasse. Ihr Stehenbleiben beim Erfolg ist der Beweis für ihre kompromissbereite Bedeutungslosigkeit. Wie hübsch müssen ihre Träume gewesen sein! ... Allein durch das Unerreichbare erlangt der Mensch eine Hoffnung, für die es sich zu leben und zu sterben lohnt – und so erreicht er *sich selbst*.

Ein Designer und Ingenieur gab folgenden Ratschlag: «Sei bereit, einen Fehler zu akzeptieren, und erstelle einen neuen Entwurf. Es gibt keinerlei Versagen.»

Wenn wir uns die Sichtweise des Künstlers und des Wissenschaftlers gegenüber dem Leben zu eigen machen, *so gibt es keinerlei Versagen*. Ein Experiment bringt Ergebnisse: Wir lernen aus ihnen. Da sie zu unserem Verständnis und unserer Sachkenntnis beitragen, verlieren wir nichts – wie immer die Ergebnisse auch aussehen mögen. Das Erfahren an und für sich ist ein Experiment.

Als «Populär»-Wissenschaftler werden wir gegenüber der Natur, gegenüber Beziehungen und Hypothesen feinfühlig. Wir können beispielsweise experimentell unsere unbesonnenen Impulse von wahren Intuitionen unterscheiden lernen, um so eine Art ausgedehntes Biofeedback in bezug auf dieses innere Gefühl der Richtigkeit zu erlangen.

Bei der Umfrage zur Verschwörung im Zeichen des Wassermanns sind die Teilnehmer gebeten worden, aus einer Liste von fünfzehn Vorschlägen die vier ihrer Ansicht nach wichtigsten Mittel zur Erlangung einer gesellschaftlichen Veränderung auszuwählen. Die am meisten genannte Antwort war: «Persönliches Beispiel».

Vor mehr als einem Jahrzehnt warnte Erich Fromm, dass keine grossartige umwälzende Idee überleben könne, solange sie nicht in Individuen verkörpert wird, deren Leben selbst die Botschaft darstellt.

Das transformierte Selbst ist das Mittel dazu. Das transformierte Leben stellt die Botschaft dar.

5
DIE AMERIKANISCHE MATRIX DER TRANSFORMATION

> Es liegt in unseren Kräften, die Welt erneut entstehen zu lassen.
> Thomas Paine, Common Sense (1776)

Am 4. Juli 1976 machten Millionen durch das Fernsehen miteinander verbundene Amerikaner eine kollektive Gipfelerfahrung, als sie sich eine Armada friedlicher und wunderschöner Segelboote anschauten, die sanft durch den Hafen von New York glitten. In vielen wurde ein unerkläriches Gefühl der Hoffnung und der Harmonie entfacht; für einige Stunden wurden sie von der alten Vision und den Versprechungen der Nation erfüllt, von den Überbleibseln jenes Traumes von Einheit und den «unbegrenzten» Möglichkeiten, von dem, was Thomas Jefferson einst als «die heilige Ursache der Freiheit» bezeichnet hatte.

Während dieses Sommers vermerkte die Presse in Europa die Bedeutung des «amerikanischen Experimentes», wie es der *London Sunday Telegraph* nannte. Wäre sie nicht erfolgreich gewesen, «so hätte die Idee der individuellen Freiheit das zwanzigste Jahrhundert niemals überleben können». Die *Neue Zürcher Zeitung* schrieb: «Die amerikanischen Zweihundertjahrfestlichkeiten feiern den grössten Erfolg der modernen Geschichte. Der Leitstern von 1776, der auf verschiedene Arten neu belebt und bekräftigt worden ist – nicht zuletzt durch die puritanische Selbstkritik –, leuchtet immer noch.» Die Stockholmer Zeitung *Dagens Nyheter* beobachtete, dass die Amerikaner nicht so sehr durch gesellschaftliche und kulturelle Bande, durch die Familie oder gar durch die Sprache miteinander verbunden seien, als vielmehr durch den amerikanischen Traum selbst.

Dann müssen wir aber auch fragen: «*Wessen* amerikanischer Traum?» Der Traum ist so wandelbar wie ein Chamäleon; er hat sich stets aufs neue verändert. Für die ersten Einwanderer war Amerika ein Kontinent, den es zu erforschen und nutzbar zu machen galt, ein Zufluchtsort der Unerwünschten und Andersdenkenden – ein Neubeginn. Allmählich wurde der Traum zu einem asketischen und idealistischen Bild der Demokratie, das von der uralten Hoffnung auf Gerechtigkeit und Autonomie zeugt. Viel zu schnell verwandelte sich der Traum zu einer auf Expansion bedachten, materialistischen, nationalistischen, ja sogar imperialistischen Vision des Wohlstandes und der Herrschaft – die «väterliche Fürsorge», das «manifeste Schicksal». Aber auch damals gab es eine dieser Entwicklung entgegengesetzte Vision der Transzendentalisten: Die Vision der Güte, der spirituellen Reichtümer, der Entfaltung von Gaben, die dem einzelnen innewohnen.

Es gab volksnahe Träume, in denen eine wohltätige amerikanische Regierung andauernde Gleichheit unter den Menschen schafft, indem sie den Wohlstand und die «unbegrenzten Möglichkeiten» neu verteilt. Es gab Träume rauhbeiniger Individualität – und Ideale der Bruderschaft, von einer Küste zur anderen.

Wie der Traum der Gründerväter und der amerikanischen Transzendentalisten in der Mitte des neunzehnten Jahrhunderts, so bildet der Traum von der Verschwörung im Zeichen des Wassermanns in Amerika den Rahmen für eine nichtmaterialistische Erweiterung: für Autonomie, Erwachen und Kreativität – und für Versöhnung.

Wir werden feststellen, dass es stets zwei «Körper» des amerikanischen Traumes gegeben hat. Einer ist der Traum des Sachvermögens; materielles Wohlergehen und praktische alltägliche Freiheiten stehen dabei im Brennpunkt. Ähnlich dem Ätherleib erweitert sich der andere Traum über das Materielle hinaus und sucht eine seelische Befreiung – ein Ziel, das zugleich wesentlicher und schwerer fassbar ist. Die Verfechter des letztgenannten Traumes stammen beinahe immer aus den wohlhabenden gesellschaftlichen Schichten. Nachdem sie das erste Mass der Freiheit erreicht haben, verlangen sie nach dem zweiten.

DER URSPRÜNGLICHE TRAUM

Wir haben vergessen, wie radikal dieser ursprüngliche Traum gewesen ist, wie mutig die Gründer der Demokratie tatsächlich gewesen sind. Sie wussten, dass sie eine Form der Regierung entwarfen, die alle Leitsätze der Aristokratie und die durch den Verwandlungsapparat überlasteten Machtstrukturen der westlichen Geschichtsschreibung herausforderten.

Die Revolutionäre machten sich alle verfügbaren Mittel der Kommunikation zunutze. Sie verbanden ihre Netzwerke durch tatkräftiges Briefeschreiben. Jefferson entwarf ein aus fünf miteinander verbundenen Schreibfedern bestehendes Gerät, das ihm vielfache Kopien seiner Briefe ermöglichte. Die neuen Ideen wurden durch Pamphlete, Wochenzeitungen, Anschläge, Kalender und Predigten verbreitet. Der Historiker James MacGregor Burns bemerkte, dass die Revolutionäre ihre Proteste auch als offizielle Appelle an den König von England gerichtet hatten; Appelle, «die nach geeigneter Bekanntmachung in der Heimat über den Atlantik geschickt worden sind.»

Kaum jemand erwartete, dass der amerikanische Aufstand Erfolg haben würde. Tausende der Ansiedler emigrierten nach Kanada oder versteckten sich in den Wäldern: sie waren überzeugt, dass die Armeen des Königs die Kolonialregimenter in Fetzen reissen würden.

Ebensowenig unterstützte die Mehrzahl der Menschen den Unabhängigkeitskampf – nicht einmal theoretisch. Historiker schätzen, dass rund ein Drittel die Unabhängigkeit anstrebten, ein Drittel das Verbleiben unter britischer Herrschaft begünstigten, während ein Drittel unentschlossen war.

«Der Amerikanische Krieg ist vorüber», schrieb Benjamin Rush im Jahre 1787, «dies gilt jedoch bei weitem nicht für die Amerikanische Revolution. Im Gegenteil, nur der erste Akt des grossen Schauspiels ist vorüber.» Die Revolution ging nicht nur weiter, wie Rush meinte, sie ging der militärischen Konfrontation voraus. «Der Krieg war kein Bestandteil der Revolution», meinte John Adams im Jahre 1815, «sondern bloss eine Folge und eine Konsequenz der Revolution.» *Die Revolution vollzog sich im Geist der Menschen.* Diese radikale Veränderung der Prinzipien, der Ansichten, Gefühle und Neigungen der Menschen war die wirkliche Amerikanische Revolution. Lange nachdem der Waffenstillstand erklärt ist, fährt sie fort, neue Prioritäten zu setzen. Obwohl es in der Geschichte der Amerikanischen Revolution selten vermerkt wird, entstammten viele der Ur-Revolutionäre einer mystischen Tradition. Ausser Hinweise wie die Symbole auf der Rückseite des Grosssiegels der Vereinigten Staaten und auf der Dollarnote sind wenige Zeugnisse dieses esoterischen Einflusses erhalten geblieben (Rosenkreuzer, Freimaurer, Hermetische Gesellschaft)*.

Dieses Gefühl brüderlicher Verbundenheit und spiritueller Befreiung war bei der Intensität, mit der die Revolutionäre auftraten, und bei ihrer Verpflichtung gegenüber der Verwirklichung einer Demokratie von grosser Bedeutung.

Auf der Rückseite des Grosssiegels der Vereinigten Staaten steht: «Eine neue Ordnung der Zeiten beginnt» – genau dies hatten die Revolutionäre vor. Das amerikanische Experiment wurde bewusst als ein bedeutender Schritt der Evolution der Menschheit verstanden. «Die gerechte Sache Amerikas ist in hohem Masse die Angelegenheit der gesamten Menschheit», schrieb Thomas Paine in seinem aufrührerischen Pamphlet *Common Sense*.

DIE TRANSZENDENTALISTEN – DIE ERWEITERUNG DES TRAUMS

Im frühen und mittleren 19. Jahrhundert formulierten und bekräftigten die amerikanischen Transzendentalisten diesen zweiten Traum aufs neue. Wie wir in Kapitel 7 feststellen werden, lehnten sie die traditionelle Autorität zugunsten der inneren Autorität ab. Ihr Begriff für Autonomie war «Selbstvertrauen». Die Transzendentalphilosophie schien ihnen die logische Erweiterung der Amerikanischen Revolution

---

* Die Familie Adams, aus der zwei amerikanische Präsidenten hervorgingen, gehörte einer druidischen Sekte an, die in England verfolgt worden war. Zur Zeit der Amerikanischen Revolution stand das Freimaurertum seinen mittelalterlichen Ursprüngen näher als je zuvor, und es war mehr eine mystische Bruderschaft denn jene gesellschaftliche Loge, zu der es nach der Verfolgung der Freimaurer im neunzehnten Jahrhundert geworden war. Zu den kolonialistischen Freimaurern gehörten George Washington, Benjamin Franklin und Paul Revere. Man vermutet, dass fünfzig der fünfundsechzig Unterzeichner der Unabhängigkeitserklärung Freimaurer gewesen sind. Der Historiker Charles Ferguson beschrieb Washingtons Armee als eine «Versammlung von Freimaurern», mit dem Hinweis, dass sich die Revolutionäre in ihrer Verbundenheit am meisten auf ihre Bruderschaft bezogen. Franklin erhielt französische Hilfe durch seine Verbindungen als Freimaurer in Frankreich, und Washington selbst führte General Lafayette in den Glaubensorden ein.
Weil die Bruderschaft als etwas galt, was nationale oder politische Treue transzendiert, wird von Revolutionssoldaten berichtet, die verlorengegangenen Schriften einer britischen Loge sorgsam zurückerstattet haben. Ein anderes Beispiel: Die offensichtliche Laxheit einiger britischer Generäle ist ihrer insgeheimen Hoffnung auf eine schnelle unblutige Beilegung des Konfliktes zugeschrieben worden, auf dass Freimaurer nicht gegen Freimaurer zu kämpfen hätten.

zu sein – spirituelle Befreiung als eine Ergänzung zu den von der Verfassung der Vereinigten Staaten garantierten Freiheiten.

Für sie war die Autonomie des einzelnen weit wichtiger als die Treue gegenüber irgendeiner Regierung. Wenn das Gewissen mit dem Gesetz nicht übereinstimmt, meinte Thoreau, wird ziviler Ungehorsam heraufbeschworen.

Angeblich bedrohten die Transzendentalisten mit ihren «neuen Ideen» die althergebrachte Ordnung; die Ideen waren jedoch nicht neu, neu war lediglich die Aussicht, sie auf eine Gesellschaft anzuwenden. Die Transzendentalisten, die eklektisch vorgingen, bezogen sich nicht allein auf Traditionen der Quäker und Puritaner, sondern ebenso auf deutsche und griechische Philosophen und östliche Religionen. Obgleich man ihnen eine Geringschätzung gegenüber der Geschichte angelastet hat, entgegneten sie, dass die Menschheit von der Geschichte befreit werden könne.

In jedem Lebensbereich forderten sie die Leitsätze – die stillschweigenden Voraussetzungen – ihrer Zeit heraus: In Religion, Philosophie, Wissenschaft, Ökonomie, Kunst, Erziehung und Politik. Sie nahmen viele der Bewegungen des 20. Jahrhunderts vorweg. Wie die als *Human-Potential Movement* bekannte Bewegung in den sechziger Jahren unseres Jahrhunderts verfochten die Transzendentalisten die Meinung, dass die meisten Menschen nicht damit begonnen hätten, ihre eigenen, ihnen innewohnenden Kräfte zu erschliessen; die meisten hätten weder ihre Einzigartigkeit noch ihren Grundstock an Kreativität entdeckt. Ralph Waldo Emerson meinte dazu: «Tue deine Dinge, und ich werde dich erkennen.»

Sie tolerierten untereinander Meinungsverschiedenheiten und Ungleichheit, da sie sicher waren, dass Einstimmigkeit weder möglich noch wünschenswert sei. Sie wussten, dass jeder von uns die Welt mit seinen eigenen Augen, aus seiner eigenen Perspektive sieht. Lange vor Einstein glaubten sie, dass allen Beobachtungen Relativität innewohne. Sie suchten Gefährten, keine Schüler. Emersons Forderung lautete: «Öffne jenen die Türen, die nach dir kommen.»

Sie nahmen an, dass Geist und Materie stetig sind. Im Gegensatz zu den in der damaligen Zeit vorherrschenden mechanistischen Ideen Newtons betrachteten sie das Universum als organisch, offen und evolutionär. Form und Inhalt können ihrer Meinung nach im universellen Fliessen entdeckt werden, falls man sich der Intuition zuwendet – der «transzendentalen Vernunft». Mehr als ein Jahrhundert, bevor die Neurologie bestätigte, dass das Gehirn nach einem ganzheitlichen Modus funktioniert, beschrieben die Transzendentalisten gewisse Erleuchtungen, Intuitionen und eine Art gleichzeitigen Wissens. Generationen vor Freud anerkannten sie die Existenz des Unbewussten. «Wir befinden uns inmitten unermesslicher Intelligenz», meinte Emerson.

Intellektuelles Wissen lehnten sie jedoch nicht ab; sie glaubten, dass sich Vernunft und Intuition ergänzen und gegenseitig bereichern. Wenn man mit diesen beiden Gaben umzugehen weiss, kann man in «der gegenwärtigen Hülle» wach und lebendig sein. (Emerson äusserte einmal: «Jeder Tag ist der Tag des Jüngsten Gerichts.»)

Die Transzendentalisten verfochten die Meinung, dass die Innere Erneuerung der gesellschaftlichen Reform vorausgehen müsse; sie selbst aber kämpften im Namen des Wahlrechts, des Pazifismus und der nicht zu vereinbarenden Sklaverei. Zudem waren sie soziale Erneuerer: sie begründeten eine Art Genossenschaft und ein Künstlerkollektiv.

Um sich gegenseitig zu fördern und ihre Ideen einer breiteren Öffentlichkeit bekanntzumachen, halfen sie, literarische Gesellschaften ins Leben zu rufen; im Sinne einer frühen Form von Vortragsreihen reisten sie im Lande herum und brachten ihre Ideen auf vielfältige Weise unter die Leute. Ihre Zeitschrift *The Dial,* zunächst von Margaret Fuller und später von Ralph Waldo Emerson (mit Unterstützung von Henry Thoreau) herausgegeben, übte einen Einfluss aus, der weit über ihre Auflage von tausend Exemplaren hinausging, genauso wie die Transzendentalisten selbst einen Einfluss besassen, der in keinem Verhältnis zu ihrer Anzahl stand.

Bevor unerwartet der Bürgerkrieg ausbrach, hatte die Transzendentalphilosophie beinahe den Umfang einer nationalen Volksbewegung erlangt. Offensichtlich sind zahlreiche Amerikaner jener Tage von einer Philosophie angezogen worden, die eine innere Suche nach dem Sinn in den Vordergrund stellte. Obwohl die Bewegung der Transzendentalisten durch den Materialismus des späten 19. Jahrhunderts verschüttet worden ist, fand sie in vielerlei Gestalt weltweit Eingang in die Hauptströmungen der Philosophien, um literarische Grössen wie Walt Whitman und Melville zu inspirieren und Generationen gesellschaftlicher Reformisten zu stärken.

TRANSFORMATION – EIN AMERIKANISCHER TRAUM

Der Historiker Daniel Boorstin sagte von Amerika: «Wir fingen als ein Land des Andersartigen an. Nichts ist charakteristischer, noch lässt uns etwas uneuropäischer erscheinen als unser Zweifel an den althergebrachten, gut dokumentierten Unmöglichkeiten.»

In der amerikanischen Auffassung, dass jeder, der wirklich will, die Ungerechtigkeiten oder die Lebenselemente bezwingen könne, schwingt eine Art dynamische Unbefangenheit mit. Amerikaner haben wenig Verständnis dafür, stets an ihrem angestammten Ort zu verweilen. Der Mythos der Transzendenz wird durch ein wahres Pantheon von Persönlichkeiten fortgesetzt: Menschen, die die Wüste und den Mond erforschen, von Leuten, die in jedem Bereich Rekorde gebrochen haben, sowie von heldenhaften Gestalten wie Helen Keller und Charles Lindbergh.

Da der Traum von der Erneuerung im amerikanischen Charakter verankert liegt, bildet letzterer einen fruchtbaren Boden für den Gedanken der Transformation. Als der Psychologe Alex Inkeles vom Stanford-Institut amerikanische Charaktermerkmale mit jenen von Europäern verglich – so wie sie in einer Umfrage von 1971 dokumentiert wurden –, um sodann die am häufigsten genannten amerikanischen Merkmale mit jenen zu vergleichen, die in der Kultur vor zweihundert Jahren beobachtet worden sind, stellte er bei zehn Merkmalen eine überraschende Kontinuität fest*.

Amerikaner sind ausserordentlich stolz auf ihre Freiheiten und ihre Verfassung; ein Stolz, der Tocqueville bei seinem Besuch der neuen Republik sowohl beeindruckte als auch verwirrte.

Amerikaner legen grösseres Selbstvertrauen an den Tag als die Europäer. Inkeles meint, dass sie auch eher bereit sind, für irgendwelche Fehler die Verantwortung zu übernehmen. Sie glauben fest an den Willen als Grundlage allen Seelenlebens, und sie sind Menschen, die sich gerne einer Gruppe anschliessen. Sie sind vertrauensvoll, sie denken, dass sie die Welt verändern können, sie glauben, dass ein Sichabmühen zu Erfolg führt, sie sind innovativ und offen.

Die Umfrage zeigte, dass Amerikaner antiautoritärer sind als Europäer, und dass sie ein ausgeprägteres Gefühl für die «Qualität» des Selbst, für die Bedeutung des Individuums besitzen.

---

* Während derselben Zeitspanne haben im amerikanischen Charakter drei hauptsächliche Veränderungen stattgefunden: Wachsende Toleranz gegenüber Verschiedenheit; Abnutzung der Ethik in bezug auf Arbeit und Sparsamkeit; Sorge, die Kontrolle über das politische System zu verlieren.

Diese Merkmale lassen sich leicht mit der Entwicklung und den Entdeckungen der persönlichen Transformation vereinbaren, wie sie in den Kapiteln 3 und 4 beschrieben werden: Freiheit, die Tatsache, dass dem Selbst Macht und Verantwortlichkeit innewohnen, Verbundenheit mit anderen, unterstützende Netzwerke, Autonomie und Offenheit. *Persönliche Transformation ist tatsächlich ein Gesetz des ursprünglichen amerikanischen Traumes.*

DIE ZWEITE AMERIKANISCHE REVOLUTION

Die zweite Amerikanische Revolution – jene Revolution, die dazu führt, Freiheit in einer erweiterten Dimension zu erlangen – erwartete eine entscheidende Anzahl tatkräftiger, eine Veränderung bewirkender Menschen, die über Mittel verfügen, um untereinander leicht kommunizieren zu können. Im Jahre 1969 beschrieb Jean-François Revel in seinem Buch *Without Marx or Jesus* die Vereinigten Staaten als den geeignetsten Prototyp für die Weltrevolution. «Heute wächst in Amerika – Kind des europäischen Imperialismus – eine neue Revolution heran. Es ist dies die Revolution unserer Zeit ... und sie bietet der heutigen Menschheit den einzig möglichen Ausweg.»

Revel bemerkte, dass wirklich revolutionäre Aktivität darin besteht, *die Realität zu transformieren,* das heisst, die Realität so zu gestalten, dass sie dem eigenen Ideal näher kommt. Wenn wir von «Revolution» sprechen, müssen wir notwendigerweise von etwas reden, das im Kontext der alten Ideen weder wahrgenommen noch verstanden werden kann. Das, was eine Revolution und ihre ersten Erfolge ausmacht, muss die Fähigkeit zur Einführung von Neuerungen sein. In diesem Sinne ist heute in den Vereinigten Staaten – selbst bei der politischen Rechten – mehr revolutionäre Geisteshaltung vorhanden als sonstwo bei der politischen Linken.

Die relative Freiheit in den Vereinigten Staaten würde es einer solchen Revolution ermöglichen, sich ohne Blutvergiessen zu vollziehen, meint Revel. Wenn dies stattfände, und falls eine politische Zivilisation durch eine andere ersetzt würde – so, wie es gerade der Fall zu sein scheint –, würde sich eine entsprechende Wirkung auf dem Wege der Osmose weltweit geltend machen. Diese radikale Transformation würde das gleichzeitige Auftreten kleinerer Revolutionen erfordern: Politik und Gesellschaft im Rahmen internationaler, über die Rassentrennung hinausgehender Beziehungen, im Hinblick auf kulturelle Werte, Technologie und Wissenschaft. «Die Vereinigten Staaten sind das einzige Land, wo sich diese Revolutionen gleichzeitig entwickeln und wo sie organisch auf eine solche Art und Weise miteinander verbunden sind, als ob sie eine einzige Revolution bilden würden.»

Ebenso muss es eine interne Kritik in bezug auf Ungerechtigkeit geben; Kritik in der Verwaltung von materiellen und menschlichen Reichtümern sowie Kritik am Missbrauch von politischer Macht. Vor allem muss die Kultur an und für sich, ihre Moral, ihre Religion, ihre Gebräuche und ihre Künste kritisch betrachtet werden.

Zudem muss man Respekt gegenüber der Einzigartigkeit des einzelnen fordern, zusammen mit der Ansicht, wonach die Gesellschaft als Mittel zur Entwicklung des einzelnen und zur Brüderlichkeit zu betrachten ist.

Wie die Transzendentalphilosophie, so würde auch Revels Revolution «die Befreiung der kreativen Persönlichkeit und das Erwachen der persönlichen Initiative» umfassen, die im Gegensatz zu den beschränkten Ansichten repressiver Gesellschaftsformen stehen.

Die Unruhe, so meint Revel, würde von den privilegierten Schichten ausgehen, da dies der Weg ist, den Revolutionen nehmen. Sie werden von jenen in Gang gesetzt, die von jenen Werten, die von der Kultur als höchst lohnenswert erachtet werden, enttäuscht sind. Wenn die Bildung eines neuen Musters der Gesellschaft stattfinden soll – und nicht bloss ein Staatsstreich –, dann müssen auf höchster Ebene Dialoge und Debatten stattfinden.

Sicherlich wurden den sechziger Jahren grosse gesellschaftliche Unruhen beschert; besonders Mitglieder der Mittelklasse und der Oberschicht begannen die vorhandenen Institutionen zu kritisieren und mit einer neuen Gesellschaftsform zu spekulieren. Starke gesellschaftliche und historische Kräfte schlossen sich zusammen, um jenes Ungleichgewicht zu schaffen, das einer Revolution vorausgeht. Die Amerikaner wurden sich in zunehmendem Masse der Unfähigkeit bereits bestehender Institutionen wie Regierung, Schule, Gesundheitswesen, Kirche und Geschäftswelt bewusst, die den ständig wachsenden Problemen nicht beizukommen vermochten.

Die Enttäuschung über Moralvorstellungen und Institutionen war in der sogenannten Alternativszene am deutlichsten. Aber die Enttäuschung griff schnell auf andere Kreise über. Die Unzufriedenheit der Gesellschaft und ihre Bereitschaft, eine neue Richtung einzuschlagen, zeigte sich besonders deutlich in der schnellen Assimilierung von Sorgen, Werten, Verhalten, Mode und Musik der Alternativszene.

Welle um Welle des gesellschaftlichen Protests reflektierte die wachsende Skepsis gegenüber jeglicher Autorität*, grössere Sensibilität in bezug auf die Widersprüche in der Gesellschaft – dem Nebeneinander von Armut und Überfluss, Mangel und Konsum.

Es gab Protestmärsche, Lie-ins, Sit-ins, Be-ins, Pressekonferenzen, Tumulte. Die Bürgerrechtsbewegung, die Anti-Kriegsbewegung, das «Free Speech Movement», die Ökologie-Bewegung. Die Rechte der Frauen und die Rechte der Homosexuellen wurden propagiert. Es gab die «Grauen Panther», es wurden Gebetsversammlungen gegen die Atomkraft organisiert, es gab Revolten der Steuerzahler sowie Demonstrationen für und wider die Abtreibung. Alle Gruppen stibitzten sich ihre Strategien von ihren Vorgängern, einschliesslich der Taktiken, um in die Tagesschau zu gelangen.

Unterdessen fügte sich das aufkommende Interesse an Psychedelika genau in die Berichterstattung der Medien ein, die über neue Entdeckungen auf dem Gebiet der Bewusstseinsveränderung berichteten, wie sie aufgrund von Meditation und Biofeedback-Übungen erreicht wurden.

Die Entdeckung der Koordination von Geist und Körper – der ausserordentliche Zusammenhang zwischen geistiger Verfassung und Gesundheitszustand – untermauerte das Interesse am menschlichen Potential. Importierte Phänomene, wie beispielsweise Akupunktur, forderten weiterhin westliche Erklärungsmodelle zur Funktion der Dinge heraus.

Ein Beobachter beschrieb die stürmischen Ereignisse der sechziger Jahre als «die grosse Verweigerung»: Millionen Menschen schienen die Konventionen und Konzessionen, die generationenlang als gegeben erachtet wurden, zu verneinen. Es war, als ob sie im Sinne der Prophezeiung von Edward Carpenter handeln würden, derzufolge mit Sicherheit eine Zeit kommen wird, in der viele Menschen sich gegen stumpfsinnige Konformität, Bürokratie, gegen Kriege, unmenschliche Arbeit und unnötige Krankheiten auflehnen werden. Indem Menschen

---

* Der zunehmende Konsum von Marihuana versetzte der medizinischen, der gesetzlichen und der elterlichen Autorität einen Schlag. Hunderttausende von Jugendlichen aus ländlichen Kleinstädten, die in Friedenszeiten niemals mit Marihuana in Berührung gekommen wären, haben in Vietnam die Droge kennengelernt. Ironischerweise kann die Einführung von bedeutenden Psychedelika wie LSD in den 60er Jahren in hohem Masse dem amerikanischen Geheimdienst CIA zugeschrieben werden, der mit einigen Substanzen Forschung betrieb, um sie für einen möglichen militärischen Gebrauch zu testen. Experimente an mehr als achtzig von der CIA mit verschiedenen Codenamen versehenen Hochschulen verhalfen dem LSD unerwartet zu Popularität. Tausende von Studenten dienten als Versuchskaninchen. Bald synthetisierten sie sich ihren eigenen «Stoff». Laut der Nationalen Vereinigung gegen Missbrauch von Drogen und Marihuana hatten bis zum Jahr 1973 beinahe 5 Prozent aller erwachsenen Amerikaner zumindest einmal LSD oder vergleichbare Psychedelika versucht.

jene Bereiche des Geistes entdecken, in denen sie «das kleine, begrenzte Selbst» transzendieren, schaffen sie eine Art neue Ordnung zur Erneuerung der Gesellschaft.

Für den Historiker William McLoughlin brachten die sechziger Jahre den Anfang des vierten «grossen Erwachens» in Amerika zum Ausdruck; eine kulturelle Verschiebung und Wiederbelebung, die sich bis in die neunziger Jahre erstrecken wird*.

Diese Zeiten des Erwachens, die sich über eine Generation oder mehr erstrecken, «sind keine Zeitabschnitte gesellschaftlicher Neurosen, sondern Zeiten der Wiederbelebung. Sie sind therapeutisch und reinigend, nicht krankhaft». Sie resultieren aus einer Krise: Die Gewohnheiten der Kultur passen nicht länger mit den Ansichten und dem Verhalten der Menschen zusammen. Obwohl ein Erwachen mit einer Beunruhigung unter den Individuen seinen Anfang nimmt, resultiert es in einer Veränderung der gesamten Weltanschauung einer Kultur. «Zeiten des Erwachens beginnen in Zeiten kultureller Verzerrung und schwerwiegender persönlicher Belastungen; sie nehmen dann ihren Anfang, wenn wir den Glauben an die Berechtigung unserer Normen, an die Entwicklungsfähigkeit unserer Institutionen und an die Autorität unserer Führer verlieren.»

Gemäss McLoughlin versteht man die amerikanische Geschichte am besten als eine jahrtausendealte, von einer sich verändernden spirituellen Vision geleitete Bewegung. Obwohl sie sich stets neu definiert, um Zufällen und neuen Erfahrungen angemessen begegnen zu können, besteht eine Konstante: «Der grundlegende Glaube, dass Freiheit und Verantwortlichkeit nicht allein das Individuum, sondern die Welt vervollkommnen werden.» Diese Gefühle eines geheiligten kollektiven Zwecks, das in der Vergangenheit gelegentlich zu Aggressionen geführt hatte, wandelte sich bei diesem vierten Erwachen zu einem Sinn für die mystische Einheit der Menschheit und für die lebendige Kraft der zwischen Mensch und Natur herrschenden Harmonie.

McLoughlin macht auf das Modell gesellschaftlicher Veränderung aufmerksam, das im Jahr 1956 von dem Anthropologen Anthony C.W. Wallace in einem Essay formuliert worden ist. Nach Wallace

* Das puritanische Erwachen (1610–1640) ging der Gründung der konstitutionellen Monarchie in England voraus. Das erste grosse Erwachen in Amerika (1730–1760) führte zur Erschaffung der Amerikanischen Republik; das zweite (1800–1830) führte zu der Festigung der Union und zu dem Entstehen der «Parlamentarischen Demokratie» nach Jackson; das dritte (1890–1920) zu der Ablehnung der ungeordneten kapitalistischen Ausbeutung und zum Anfang des Wohlfahrtsstaates. Unser viertes Erwachen schien nun auf eine Ablehnung der ungeordneten Ausbeutung der Menschheit und der Natur sowie auf die Erhaltung und den optimalen Gebrauch der natürlichen Rohstoffquellen der Welt ausgerichtet zu sein.

stellen die Menschen innerhalb einer bestehenden Kultur von Zeit zu Zeit fest, dass sie sich nicht länger auf den «Irrwegen» bewegen können, auf jenen Mustern und Pfaden, die ihre Vorgänger beschritten haben. Die «alten Lichter» oder gewohnheitsmässigen Ansichten stimmen nicht mehr mit gegenwärtigen Erfahrungen überein. Nichts bringt einen der Lösung näher, weil sich dieselbe ausserhalb der akzeptierten Gedankenmuster befindet.

Zunächst verirren sich einige wenige, dann viele Menschen und beginnen politische Unruhe hervorzurufen. Mit zunehmender Kontroverse versuchen die Traditionalisten oder die «Eingeborenen» – jene also, für die am meisten auf dem Spiel steht oder deren Ansichten am verhärtetsten sind – die Menschen zu den «alten Lichtern» zurückzurufen. Die Symptome mit den Ursachen verwechselnd, billigen oder bestrafen sie das neue Verhalten. Schliesslich jedoch, so beschrieb es McLoughlin, «verursacht der angestaute Drang nach Veränderung eine derart heftige persönliche und gesellschaftliche Spannung, dass die gesamte Kultur die Kruste der Gewohnheit durchbricht, die Blöcke auf den Irrwegen zerschlägt und neue gesellschaftlich strukturierte Wege finden muss».

Das «neue Licht» besteht sodann aus einer allgemeinen Übereinstimmung; sie findet zuerst im Leben jener flexibleren Mitglieder der Gesellschaft Ausdruck, die willens sind, mit neuen Wegen oder neuen Lebensstilen zu experimentieren. Als Antwort auf die neue Weltsicht verändern sich die Auslegungen des Gesetzes, die Struktur der Familien, die Rollen der Geschlechter und die Lehrpläne der Schulen – nach und nach tendieren dann auch die Traditionalisten in diese Richtung.

Mit ihren völlig neuen Voraussetzungen alarmiert unsere gegenwärtige kulturelle Transformation sowohl Konservative als auch Liberale. Wohingegen in Zeiten gesellschaftlicher Unruhen die Konservativen seit altersher nach einer Rückkehr zu bürgerlichem Recht und Ordnung verlangen, fordern nun die «Nativisten» beider Enden des politischen Spektrums die Rückkehr zu einem gesetzmässigen und geordneten Universum.

Das modische Etikett für psychologische Meinungsverschiedenheit – gleichbedeutend mit der generellen Beschuldigung des Un-Amerikanischen in den fünfziger Jahren – ist der Narzissmus. Kritiker werfen jene, die durch innere Suche nach Antworten streben, zusammen mit Hedonisten und Kultisten in ein und denselben Topf; so, wie unter McCarthy politisch Andersdenkende als Kriminelle, Drogensüchtige und Sexualverbrecher eingestuft worden sind.

Irgend jemand versucht immer, uns zu einer leblosen Untertanenpflicht zurückzurufen: Zurück zur undifferenzierten Religion vergangener Tage. Zurück zur unbedarften Zurück-zur-Natur-Erziehung. Zurück zu dummem Patriotismus. Und nun werden wir zu einer einfältigen «Rationalität» zurückgerufen, die im Gegensatz zur persönlichen Erfahrung und zu den neuesten Erkenntnissen der Wissenschaft steht.

KOMMUNIKATIONSMITTEL – UNSER NERVENSYSTEM

In unruhigen Zeiten können sich die von einer Minderheit gestellten Fragen und Alternativen sowie die Herausforderungen an die Autorität und an die etablierten Werte sehr schnell über eine Kultur ausbreiten. Dadurch, dass die Kommunikationsmittel einer Gesellschaft sowohl die Unruhe als auch die gebotenen Möglichkeiten verstärken, verhalten sie sich genauso wie ein kollektives Nervensystem. In diesem Sinne ist die Technologie, die uns eine Zeitlang zu einer entmenschlichten Zukunft zu verleiten schien, ein machtvolles Mittel, um Verbundenheit unter den Menschen zu schaffen.

Im Jahre 1945 äusserte Gertrude Stein: «Augenblicklich ist Amerika das älteste Land der Welt, weil es das erste Land des 20. Jahrhunderts war.» Mit ihrer hochentwickelten Kommunikationstechnik und ihrer Tradition in der Auswertung von Neuigkeiten und der Erschaffung neuer Vorstellungswelten bildeten die Vereinigten Staaten in der Tat den folgerichtigen Rahmen für die einleitenden Stufen jener Revolution, die Revel vorausgesagt hatte.

So, wie sich Transformation auf einer erweiterten Bewusstheit und einer Verbundenheit im individuellen Gehirn aufbaut, so ist unsere gesellschaftliche Vorstellungskraft auf mühsame und verfeinerte Weise durch ein aus elektronischem Erfassen bestehendes Netzwerk belebt worden. Unsere Bewusstheit nimmt an höchst dramatischen Ereignissen teil: an politischen Skandalen, Kriegen, Friedensschlüssen, Tumulten, Unfällen, an Leid und Komik. Und ebenso wie die moderne Physik und die östlichen Philosophien den Westen mit einer integrierteren Weltsicht bekannt machen, verbindet unser medienhaft fliessendes Nervensystem unser gesellschaftliches Gehirn.

Marshall McLuhan meinte vor nicht allzulanger Zeit: «Die elektronische Schaltungstechnik orientalisiert den Westen. Das Messbare, das deutlich voneinander Unterscheidbare, das Isolierte, unser westliches Vermächtnis – wird nun durch das Fliessende, das Vereinigte, das miteinander Verschmolzene ersetzt.»

Diese Nervenbahnen übermitteln lebhaft unsere Schocks und Schmerzen, unsere Hochs und Tiefs, Mondlandungen und Morde, unsere kollektive Frustration, Tragödien, Banalitäten und Zusammenbrüche bestehender Einrichtungen. Sie verstärken den Schmerz jener Teile unseres gesellschaftlichen Körpers, die uns fremd geworden sind. Sie helfen uns, unsere kulturelle Verwirrung zu durchbrechen, Grenzen und Zeitzonen zu überqueren; sie gewähren uns kurze Einblicke in allgemeingültige menschliche Eigenschaften, die unsere eingeschränkten Pfade erhellen und uns unsere Verbundenheit vor Augen führen. Sie liefern uns Modelle der Transzendenz: Virtuose Schauspieler und Athleten, mutige Überlebende, Überschwemmungen und Brände, alltägliches Heldentum.

Unser kollektives Nervensystem widerspiegelt unsere Dekadenz. Es regt die rechte Hemisphäre unseres Gehirns mit Musik, archetypischen Schauspielen und überraschenden visuellen Wahrnehmungen an. Es bewahrt unser Traum-Tagebuch; es notiert sich unsere Phantasiegebilde und Alpdrücke, um uns zu sagen, was wir am meisten wünschen und was wir am meisten fürchten. Falls wir es zulassen, kann uns unsere Technologie aus dem jahrhundertelangen Schlafwandel aufrütteln.

Max Lerner verglich die Gesellschaft mit einem grossen Organismus, mit seinem eigenen Nervensystem. «Während der letzten Jahrzehnte waren wir Zeugen einer neurologischen Überlastung der Gesellschaft, einer Anspannung, die jener gleicht, die ein Individuum fühlt, wenn es sich kurz vor Übermüdung oder kurz vor einem Zusammenbruch befindet.» Er meint jedoch, dass die Technologie nun dazu verwendet werden könnte, uns bei der Erforschung der Bewusstseinszustände weiter vorwärtszubringen. «Die neuen Bewegungen, die sich der Bewusstheit annehmen, und diese neue Suche nach dem Selbst mögen mehr dem Zusammenhalt als der Auflösung dienen.»

Die Verbindungen innerhalb des sich erweiternden Nervensystems besteht nicht nur aus den weitläufigen Netzwerken des kommerziellen Fernsehens, der Tageszeitungen und des Radios, sondern auch aus «anderen Möglichkeiten des Wissens» – innovative öffentliche Fernsehanstalten und kleine Radiostationen, Kleinverlage, Zeitschriften-Kooperativen. Es gibt Mitteilungsblätter, stark expandierende Zeitschriften und Magazine, im Eigenverlag herausgegebene Bücher. In jedem Stadtteil befindet sich eine Schnelldruckerei, in jedem Supermarkt und jeder Bücherei findet sich ein Fotokopiergerät. Jeder Bürger hat Zugang zu Audio- und Video-Kassetten, Computerzeitmessgeräten, Heimcomputern, zur Möglichkeit von Konferenzgesprächen via Telephon und zu kostengünstigen Einrichtungen für den elektronischen Schriftsatz. Jeder kann ein Gutenberg sein. Wir kommunizieren mit Stickers und T-Shirts.

Unsere Neigung, uns selbst in Frage zu stellen und nach dem Sinn zu fragen, hat sich in zunehmendem Masse nach innen gewandt; nicht bloss der allgegenwärtigen Pop-Psychologie und der Selbsthilfe-Bücher wegen, sondern im Sinne der ursprünglichen, grundlegenden Quellen: der Literatur der Transformation. Die Bücher Teilhard de Chardins, deren Veröffentlichung während seines Lebens verboten war, verkaufen sich heute in Millionenauflagen. Die Schriften von Abraham Maslow, C.G. Jung, Aldous Huxley, Hermann Hesse, Carl Rogers, Jiddu Krishnamurti, Theodore Roszak und Carlos Castaneda sind Kassenschlager.

Und es gibt «New-Age»-Veröffentlichungen jeglicher Art: Radiosendungen und Mitteilungsblätter, Adressbücher von Organisationen, Listen über Hilfsmittel, Jahrbücher und Handbücher sowie neue Zeitschriften über Bewusstsein, Mythen, Transformation und Zukunft. Tausende von spirituellen Titeln gelangen in preisgünstigen Ausgaben auf den Markt.

Wenn wir einen erweiterten amerikanischen Traum träumen sollen, so müssen wir über unsere eigene Erfahrung hinaus gehen, genauso wie sich die Autoren der Verfassung der Vereinigten Staaten in das politische und philosophische Gedankengut zahlreicher Kulturen versenken mussten, und auf dieselbe Weise, wie die Transzendentalisten Erkenntnisse aus der Weltliteratur und aus verschiedenen Philosophien miteinander verbanden, um ihrer Sicht der inneren Freiheit Ausdruck zu verleihen.

Vor allem müssen wir jenen unangemessenen Zynismus und Dualismus fallenlassen. Das Vertrauen in die Möglichkeit zur Veränderung und ein Gefühl der Verbundenheit allen Lebens sind für die gesellschaftliche Transformation wesentliche Faktoren.

Toynbee meinte, dass die Zivilisationen nicht so sehr aufgrund von Invasionen oder anderer äusserer Kräfte zerfallen, sondern vielmehr aufgrund einer inneren Verhärtung der Ideen. Die «elitäre kreative Minderheit», die einst der Zivilisation zum Leben verholfen hatte, ist allmählich durch eine andere Minderheit ersetzt worden, die zwar stets noch dominiert, aber nicht mehr kreativ ist.

Kreativität verlangt unaufhörliche Transformation, Experimentieren und Flexibilität. Der Zynismus, ein chronischer Zustand des Misstrauens, steht im Gegensatz zu der Offenheit, die für eine kreative Gesellschaft notwendig ist. Für einen Zyniker sind Experimente nutzlos ... alle Schlussfolgerungen stehen im voraus fest. Zyniker kennen die Antworten, ohne vorher der Sache tief genug auf den Grund gegangen zu sein, um die Fragen überhaupt verstehen zu können. Wenn sie mit mystischen Wahrheiten herausgefordert werden, so stellen sie diesen «Fakten» entgegen. So, wie wir tote Philosophien, Illusionen und veraltete Wissenschaften loslassen müssen, um der Wirklichkeit zu begegnen, so muss ein Land, falls es transformiert werden will und die Erneuerung wünscht, mit der Herausforderung an seine Traditionen fortfahren.

Durch die stürmische See verschiedener Krisen, durch Sozialbewegungen und Kriege, durch Depressionen, Skandale und Treuebrüche hindurch sind die Vereinigten Staaten regelmässig für Veränderungen offen gewesen. Als Revel im Jahre 1978 in einem Fernsehinterview nach seiner damaligen Einschätzung des Transformations-Potentials in Amerika befragt wurde, antwortete er: «Die Vereinigten Staaten sind immer noch das revolutionärste Land der Welt, das Laboratorium für die Gesellschaft. Sämtliche Experimente – sozialer, wissenschaftlicher, rassischer Art, und solche, die verschiedene Generationen miteinbeziehen – finden alle in den Vereinigten Staaten statt.»

Die alte Hoffnung der Alten Welt: eine neue Welt, ein Ort, um sich selbst zu erneuern, ein Neubeginn, ein neues Leben, Freiheit von erschöpften Identitäten und wundgeriebenen Begrenzungen. Der Historiker C. Vann Woodward meint: «Die Gesamtheit jener Schriften, die das Amerika beschreiben, wie es sich Europa erträumt, ist gewaltig und nimmt noch immer zu. Viele dieser Schriften waren spekulativ, schlecht recherchiert, leidenschaftlich und mythisch – sie beschrieben ein Amerika, auf das man hofft, von dem man träumt, das man verachtet oder instinktiv fürchtet.»

Von dem man träumt... und das man fürchtet. Allein die Möglichkeit, dass wir unser Schicksal irgendwo neu gestalten können, ist in gewisser Weise ebenso bedrohlich wie das Wissen um Systeme für eine Suche nach innen.

KALIFORNIEN – DAS LABORATORIUM FÜR TRANSFORMATION

Durch unsern abergläubischen Zynismus schützen wir uns selbst vor Veränderung, sogar vor der Hoffnung auf Veränderung. Doch Erforschung jeder Art muss von Hoffnung genährt werden.

Als die Gebrüder Wright mit der *Kitty Hawk* zu fliegen versuchten, interviewte ein unternehmungslustiger Journalist Einwohner von Dayton im Staat Ohio, der Heimatstadt der Wrights. Ein älterer Mann meinte, wenn Gott gewollt hätte, dass der Mensch fliegen solle, so hätte Er ihm Flügel gegeben, «und ausserdem, falls jemand *tatsächlich* einmal fliegen wird, wird er nicht aus Dayton stammen». Siebzig Jahre später startete die erste mit Menschenkraft betriebene Flugmaschine, die *Gossamer Condor,* zu ihrem Jungfernflug. Sie ist in Kalifornien gebaut und geflogen worden – und die Kalifornier waren nicht überrascht. *«Wenn tatsächlich einmal jemand fliegen wird, wird er aus Kalifornien stammen.»*

Kalifornien, das zu einer sagenhaften Insel ernannt wurde, ist in den Vereinigten Staaten eine Insel der Mythen gewesen, der heilige Zufluchtsort des gefährdeten amerikanischen Traums. Walt Whitman kleidete es in folgende Worte:

Ich sehe in dir – und es wird mit Sicherheit eintreffen – das Versprechen von Tausenden von Jahren, das bis jetzt nur aufgeschoben ist.
...
Endlich die neue Gesellschaft ...
die den Boden für eine umfassende Menschlichkeit, für das wahre Amerika klärt.

Wenn Amerika frei ist, ist Kalifornien freier. Wenn Amerika offen für Erneuerung ist, ist Erneuerung Kaliforniens Beiname. Kalifornien unterscheidet sich nicht so sehr vom Rest des Landes, es ist *ein gesteigerter Zustand* desselben, stellte ein Schriftsteller bereits im Jahre 1883 fest. Kalifornien ist eine Vorschau auf unsere nationalen Paradigmenwechsel wie auch auf unsere Marotten und Moden.

Im Jahre 1963 sagte der Sozialkritiker Remi Nadeau voraus, dass Kalifornien bald nicht mehr bloss Vorposten, sondern der Quell amerikanischer Kultur sein wird. Wenn die Kalifornier eine neue Gesellschaft entwickeln, «so mag die Wirkung auf die Nation mehr als nur zufällig sein». Kalifornien scheint eine Art «Beschleuniger» des nationalen Charakters zu verkörpern. «Indem er die gesellschaftlichen Hemmungen seines alten Heimatortes hinter sich gelassen hat, wird der Kalifornier zu einer Art Amerikaner, der gerade in der Entwicklung begriffen ist. Was der Amerikaner wird, ist der Kalifornier bereits.»

Nadeau ist der Meinung, Kalifornien sei ein wunderbar ehrlicher und manchmal beängstigender Spiegel, in dem sowohl das Böse wie auch das Gute der Nation aufs beste untersucht werden könne. «Kalifornien bedeutet nicht nur eine grosse Gefahr, sondern auch eine grosse Hoffnung ... Nirgendwo anders findet der Konflikt zwischen individueller Freiheit und gesellschaftlicher Verantwortlichkeit offener statt, und nirgendwo befindet sich dieser Kampf in einem fortgeschritteneren Zustand.»

Der Kern des Experimentes namens Demokratie wird in dem Laboratorium Kalifornien getestet. Als Lieferant unserer elektronischen und filmischen Mythen hat Kalifornien nicht nur Wesentliches zum nationalen Mythos beigetragen, sondern es übermittelt ihn jenen, die nach Hoffnung Ausschau halten. Wenn etwas in Kalifornien funktioniert, kann es möglicherweise anderswo adaptiert und zur Wirkung gebracht werden.

Der Gedanke, dass Amerika das Land der «unbegrenzten Möglichkeiten» sei, ist nirgendwo sichtbarer als in Kalifornien, schrieb James Houston, Autor des Buches *Continental Drift*. «Kalifornien ist immer noch der Staat, wo alles möglich zu sein scheint, wo Menschen ihre Träume hintragen, die sie anderswo nicht träumen dürfen. So beobachtet der Rest des Landes, was dort geschieht, da es wie eine Vorhersage ist.» Gewiss war der Reichtum Kaliforniens ein Hauptfaktor im Kampf um Macht und Einfluss an der Westküste. Es ist reich – das siebtreichste «Land» der Erde – und es kommt für 12 Prozent des Bruttosozialproduktes der Vereinigten Staaten auf. Es ist der bevölkerungsreichste Staat des Landes. Allein die Gegend um Los Angeles übertrifft die Bevölkerung von einundvierzig anderen Staaten der USA. Ein Phänomen, das «nur in Kalifornien» besteht, mag in der Tat sehr gross sein.

Kalifornier hatten früh Gelegenheit, von der Illusion eines Himmels für Konsumenten enttäuscht zu werden. Michael Davy, Mitherausgeber des *Observer* in London und ehemaliger Washington-Korrespondent dieses Blattes, schrieb 1972:

> Die Menschen in Kalifornien verfügen über das Geld, die Zeit und die Sicherheit zukünftigen Komforts, um keine andere Alternative zu haben als jene, sich ihren eigenen Ängsten zu stellen. Bisher hat sich in jeder Gesellschaft nur eine kleine Elite gefragt: Was bin ich eigentlich? Der Rest ist entweder zu sehr mit dem Überleben beschäftigt gewesen oder war bereit, ein Wertsystem zu akzeptieren, das von der Elite weitergegeben worden war. In Kalifornien gibt es nicht nur kein allgemeines Wertsystem, sondern Millionen Menschen haben die Gelegenheit – und viele von ihnen auch die Bildung –, um sich über diese schreckliche Leere Gedanken zu machen.

In einem im *Saturday Review* veröffentlichten Artikel mit dem Titel «Anticipating America» schrieb Roger Williams Ende 1978, dass es ein anderes Kalifornien gibt als jenen Ort, den Amerika zu imitieren, zu verspotten und zu beneiden begonnen hat. «Man kann es das zukünftige Kalifornien, das Kalifornien des Grenzbereichs nennen – nicht der Grenze im alten westlichen Sinne, sondern im neuen nationalen Sinn der Erneuerung und der Offenheit.»

Kaliforniens fortwährendes Wachstum, so meinte er, stärkt die Offenheit und zwingt den Staat, sich direkt mit seinen grösseren Problemen auseinanderzusetzen. «Das Gefühl eines möglicherweise verlorenen Paradieses sowie das Gefühl eines überall vorhandenen Gemeinschaftssinnes machen Kalifornien zum aggressivsten Angreifer der Nation in bezug auf grosse soziale Probleme.» Williams machte auf das in Kalifornien überall in Erscheinung tretende Interesse an öffentlichen Angelegenheiten, Kommissionen und Ausschüssen aufmerksam. Er bemerkte weiterhin, dass Kalifornien bei wesentlichen vorbeugenden Gesetzgebungen im Bereich des Umweltschutzes, der Erhaltung der Küsten, der Energieforschung und der Sicherung vor Nuklearschäden bahnbrechende Arbeit geleistet hat.

Daniel Boorstin beschrieb die Vereinigten Staaten einmal als eine Nation von Nationen, die von der Sichtweise ihrer Einwanderer so geformt wird, dass sie international ist. Auf dieselbe Weise wird Kalifornien durch eine Vielfalt von Kulturen bereichert; eine Mischung asiatischer und europäischer Einflüsse, ein Treffpunkt von Ost und West, der Grenzbereich für Einwanderer aus dem amerikanischen Osten, Süden und Mittelwesten. Mehr als die Hälfte seiner Einwohner ist anderswo geboren.

Kalifornien stellt ebenso eine Synthese dessen dar, was C.P. Snow als die Zwei Kulturen bezeichnete – Kunst und Wissenschaft. Der Physiker Werner Heisenberg schrieb die Vitalität und die «menschliche Direktheit» des alten München dessen historischer Mischung aus Kunst und Wissenschaft zu. Kalifornien ist diese Mischung in den Vereinigten Staaten. Man nimmt an, dass 80 Prozent der in den USA betriebenen Grundlagenforschung in Kalifornien weitergeführt werden; hier wohnen mehr Nobel-Preisträger als in irgendeinem anderen Staat, und die Mehrheit der Mitglieder der Nationalen Akademie der Wissenschaften sind Kalifornier.

Die Künste – sowohl damit verbundene Geschäfte als auch avantgardistische Experimente – bilden in Kalifornien einen Haupterwerbszweig. Ein Beamter schätzte, dass im Grossraum von Los Angeles fast eine halbe Million Menschen «sich darum bemühen, ihr Leben mit künstlerischer Tätigkeit zu bestreiten». Die Unterhaltung der Nation wird weitgehend in Kalifornien produziert. Schauspieler, Schriftsteller, Musiker, Maler, Architekten und Designer bilden zusammen eine ganze Industrie. Ob im Guten oder im Schlechten – sie schaffen in hohem Masse die Kultur der Nation.

Der Historiker William Irwin Thompson meint, dass Kalifornien nicht so sehr ein Staat der Vereinigten Staaten als vielmehr eine Geisteshaltung sei, «eine Phantasie-Nation, die sich vor langer Zeit von unserer Realität losgesagt hat». Kalifornien führte die Welt bei ihrem Übergang von der industriellen zur nachindustriellen Gesellschaft an, von Hardware zu Software, vom Stahl zum Plastik, vom Materialismus zum Mystizismus; insofern «wurde Kalifornien der erste Staat, der entdeckte, dass die Phantasie die Realität führt und nicht umgekehrt». Das, was wir intuitiv wahrnehmen, können wir verwirklichen.

Der kalifornische Traum von Sonne und wirtschaftlicher Freiheit hat ebenso wie der auf Expansion bedachte amerikanische Traum stets einen zweiten Körper gehabt, eine transzendentale Sicht einer anderen Art des Lichts und einer anderen Art der Freiheit.

Mit dem Begriff «kalifornische Transzendentalisten» versah der Kritiker Benjamin Mott Schriftsteller wie Robinson Jeffers, John Muir und Gary Snyder. «Es ist nicht so, dass uns die kalifornischen Transzendentalisten – wie es auch Frost und Emerson taten – bloss dazu anhalten, gewisse geistige Höhen in uns zu erklimmen. Sie führen uns dorthin. Es scheint, dass sie zur Zeit in diesem Land die einzigen Schriftsteller sind, die eine klare Vorstellung davon haben, was Erhabenheit heisst ... Ihr wahrhaftiger Bereich ist überall. Was die Literatur angeht sind sie unentbehrlich.»

Michael Davy schrieb 1972: Falls es etwas gibt, was die Kalifornier zusammenhält, so ist es «eine Suche nach einer neuen Religion», eine Sichtweise, die «dem Mischmasch des vom Esalen-Institut geprägten Denkens, dem revolutionären Geplauder und dem Huxleyschen Mystizismus» entspringen mag. Davy äusserte weiterhin: Was immer die Quellen dieser neuen Bewegung sein mögen, sie sind möglicherweise für das ganze Land von Bedeutung.

«Im ruhelosesten Pionier findet sich etwas Orientalisches», sagte einst Henry Thoreau, «und der äusserste Westen ist nichts anderes als der äusserste Osten.» Auch Gustave Flaubert verband den äussersten Westen mit dem äussersten Osten: «Ständig träumte ich von Reisen durch Asien, davon, auf dem Landweg nach China zu reisen, von Unmöglichem, von den Indern oder von Kalifornien.» Als Thoreau und Flaubert im 19. Jahrhundert diese Zeilen schrieben, war die amerikanische Westküste bereits von Zentren und Studiengruppen übersät, die sich mit Buddhismus und «hinduistischen» Lehren beschäftigten. Heute lässt sich der Einfluss östlichen Denkens in ganz Kalifornien beobachten.

Kalifornien «stellt eine unterschiedliche Art des Bewusstseins und eine andere Kultur dar», schrieb der Historiker Page Smith, möglicherweise aufgrund des grossen geographischen Sprungs, den die Einwanderer im letzten Jahrhundert zu bewältigen hatten. «Die Menschen übersprangen von Nebraska bis Kanada eine wahre Barriere von fünfzehnhundert Meilen, um zur pazifischen Küste zu gelangen, und eine zeitlang herrschte dort eine gewisse Isolation.» Der Staat ist ebenso durch die viele Jahre dauernde spanische Herrschaft beeinflusst worden, wie durch die Nähe Mexikos, durch das milde Klima, durch das allgemeine Gefühl eines Neubeginns unter den Einwanderern sowie durch das Fehlen von Tradition.

Es ist somit folgerichtig, dass sich die Verschwörung im Zeichen des Wassermanns am deutlichsten in einer pluralistischen Umwelt erweisen wird, die sich Veränderung und Experimenten gegenüber freundlich zeigt; unter Menschen, deren relativer Wohlstand ihnen ermöglichte, dem materialistischen Traum in seiner hedonistischsten Form gegenüber ernüchtert zu werden; in einem Land, in dem es wenige Traditionen umzukrempeln gilt, wo Toleranz gegenüber Andersdenkenden herrscht, mit einer Atmosphäre der Experimentierfreudigkeit und Erneuerung und mit einer langen Geschichte bezüglich dem Interesse an östlicher Philosophie und sich verändernden Bewusstseinszuständen.

KALIFORNIEN UND DIE VERSCHWÖRUNG IM ZEICHEN DES WASSERMANNS

Im Jahr 1962 entsandte die Zeitschrift *Look* unter der Führung des Herausgebers George Leonard ein Team nach Kalifornien, um eine Sonderausgabe über diesen Staat vorzubereiten. Die Trends, über die *Look* berichtete, enthüllten die ersten Wurzeln der Verschwörung im Zeichen des Wassermanns in Kalifornien. Dabei wird ein führender Unternehmer aus San Francisco zitiert: «In Kalifornien werden die alten gesellschaftlichen Kategorien niedergerissen, und wir schaffen hier eine neue Aristokratie – eine Aristokratie jener, die sich aktiv um die Dinge kümmern. Die Dazugehörigkeit wird allein durch die entsprechende Fähigkeit bestimmt.» Die Zeitschrift berichtete, dass Kalifornien «eine neue Gesellschaftsform» zu entwickeln scheint, und vielleicht sogar einen neuen Menschen, der fähig ist, es mit dieser Gesellschaftsform aufzunehmen. Eines der Phänomene, die besonders betont wurden, bezog sich auf die offensichtlich starke Entwicklung von Freundschaften, die man der Tatsache zuschrieb, dass zumeist nur wenige Verwandte in der Nähe leben.

Look berichtete weiterhin, dass Aldous Huxley die Einwohner Kaliforniens zu einer neuen nationalen verfassungsgebenden Versammlung aufrief. «In einem gewissen Sinn», so berichtete die Zeitschrift, «halten viele Kalifornier verfassungsgebende Versammlungen ab; beispielsweise in Einrichtungen wie dem Zentrum für das Studium demokratischer Institutionen in Santa Barbara, dem Zentrum für fortgeschrittene Studien der Verhaltenswissenschaften in Palo Alto und im Stanford Research-Institut, in Vorstandssitzungen grosser Firmen oder Planungsgruppen, an den Regierungsstellen des Landes und bei den Stadträten – und gelegentlich sogar in den Wohnzimmern von Leuten, die erst vor kurzem aus Iowa, Maine oder Georgia zugezogen waren.»

Look meinte, die Kalifornier seien der Ansicht, dass jeder, der es aktiv versucht, bei der Gestaltung der Zukunft mitwirken kann. *Look* zitierte dazu Alan Watts: «Die traditionellen, auf Örtlichkeit beruhenden Muster der Beziehung liegen schief. Alte Denkmuster sind zusammengebrochen. Was die Menschen im Osten (der Vereinigten Staaten) nicht sehen können, ist die Tatsache, dass neue Muster entwickelt werden.»

In den fünfziger und sechziger Jahren gehörte der damals in Los Angeles ansässige Aldous Huxley zu jenen Menschen, die Michael Murphy und Richard Price in ihrer Entscheidung von 1961 ermutigten, das Esalen-Institut zu eröffnen, jenes Zentrum in der Gegend um Big Sur in Kalifornien, das sehr stark dazu beigetragen hatte, jene Bewegung ins Leben zu rufen, die als *Human Potential Movement* bekannt werden sollte.

Während der drei ersten Jahre gehörten zu den Seminarleitern am Esalen-Institut u.a. Gerald Heard, Alan Watts, Arnold Toynbee, Linus Pauling, Norman O. Brown, Carl Rogers, Paul Tillich, Rollo May und ein junger Student namens Carlos Castaneda.

Eine für die heitere Gelassenheit jener Tage vielleicht typische Geschichte: Eines Abends im Jahre 1962 zwang dichter Nebel auf der unsicheren Küstenstrasse von Big Sur den Urlauber Abraham Maslow dazu, im nächstgelegenen Haus Unterkunft zu suchen. Maslow fuhr auf dem unmarkierten, durch das Gewirr von Sträuchern führenden Weg zur nächsten Behausung, um nach einer Übernachtungsmöglichkeit Ausschau zu halten. Er kam gerade rechtzeitig, als eine Studiengruppe vom Esalen-Institut ein Paket mit zwanzig Exemplaren seines letzten Buches auspackte.

Maslows Verbundenheit mit Esalen bedeutete eine wichtige Verknüpfung der Netzwerke an den beiden Küsten Amerikas. Und im Jahre 1965 schlossen sich George Leonard und Michael Murphy zusammen. Leonards Bericht über ihre erste Begegnung und die folgende Zusammenarbeit vermittelt die intellektuelle Erregung und die geradezu vorausschauenden Eigenschaften, die den ersten Tagen dieser Bewegung innewohnten. Er enthüllt ebenso den Ursprung der weitverbreiteten Missverständnisse in bezug auf das, was diese Bewegung eigentlich bedeutete.

1964 und 1965 bereiste Leonard die USA und arbeitete an einem Bericht, von dem er glaubte, dass er der wichtigste in seiner Karriere sein würde. Er hoffte, dass der Bericht in Form von zwei oder drei Fortsetzungen in *Look* erscheinen würde, und er beabsichtigte, ihm den Titel «Das menschliche Potential» zu geben*.

Einige Leute hatten einen recht mysteriösen jungen Mann namens Michael Murphy erwähnt, der ein offensichtlich nicht zu klassifizierendes Institut an der wilden Küste von Big Sur in Kalifornien führte. Man berichtete mir, dass sich Murphy wie der Held in Somerset Maughams *Auf Messers Schneide* nach Indien begeben habe, um Erleuchtung zu erlangen; er habe achtzehn Monate im Ashram von Sri Aurobindo in Pondicherry verbracht ... Das Institut war angeblich ein Forum für neue Ideen, besonders für jene, welche die Weisheit des Ostens mit jener des Westens verbanden. Ich hörte, dass die erste Broschüre von Esalen den Namen einer Vortragsreihe von Aldous Huxley aus dem Jahre 1961 trug: «Menschliche Möglichkeiten» (Human Potentialities). Leonard berichtete über seine erste Begegnung mit Murphy:

> Das Abendessen war zauberhaft. Murphys Wissen über östliche Philosophie war umfassend, und er sprach darüber, als ob es sich um eine herrliche Erzählung voller Spannung und Abenteuer handeln würde. Er besass einen ausgeprägten Sinn für Geschichte und eine unwiderstehliche Sichtweise der Zukunft. Murphy gehörte nicht zu

---

* Leonards Artikel, der schliesslich den Umfang von zwanzigtausend Wörtern erreichte, wurde niemals veröffentlicht. *Look* war der Meinung, dass er «zu lang und zu theoretisch sei».

jenen Guru-Suchern, wie man sie gelegentlich an ihrem vagen Blick erkennen kann ... Dieser Suchende war unzweifelhaft auf dem amerikanischen Weg des *sadhana*. Man konnte sich ihn ohne weiteres in einem Pullover vorstellen, niemals in einem wehenden weissen Umhang ...
Nach dem Abendessen fuhren wir zu mir nach Hause, wo wir stundenlang weiterdiskutierten. Diese Begegnung war aussergewöhnlich; jeder brachte genau das vor, was in bezug auf Hintergrundverständnis nötig war, um mit dem, was der andere erzählte, zusammenzupassen. Murphy hatte östliche Philosophie und humanistische Psychologie studiert, ich für meinen Teil gesellschaftliche und politische Bewegungen in den Vereinigten Staaten.

Sie trafen sich in einem entscheidenden Augenblick in der Geschichte der Nation, berichtete Leonard: Präsident Lyndon B. Johnson trieb eine idealistische Gesetzesvorlage zu den Bürgerrechten und seinen «Kampf der Armut» voran. Im Lande herrschte das Gefühl eines sich ändernden Bewusstseins in demselben Masse, wie sich die gesellschaftlichen Bewegungen entwickelten: Die sexuelle Befreiung, die Free-Speech-Bewegung, die Sorge um die Rechte der Chicanos sowie der amerikanischen Indianer und, vor allem, die von Martin Luther King angeführte Bürgerrechtsbewegung.

Im Geist dieser Zeiten war der Begriff «Bewegung» etwas Selbstverständliches. Genauso, wie die Bürgerrechtsbewegung die Barrieren zwischen den Rassen – und damit auch andere Barrieren – niederreissen wird, so wird eine Human Potential-Bewegung die Barrieren zwischen Geist und Körper, zwischen östlicher Weisheit und westlicher Tatkraft, zwischen Individuum und Gesellschaft und damit auch zwischen dem begrenzten Selbst und dem potentiellen Selbst niederreissen.

Bald arbeiteten Leonard, Murphy und andere nicht nur Programme für Esalen aus, sondern suchten nach Wegen, wie die Einsichten dieser neuen «Bewegung des menschlichen Potentials» auf den grösseren Teil der Gesellschaft angewandt werden könnte. Sie erkannten deren Bedeutung im Hinblick auf Erziehung, Politik, Gesundheitsvorsorge, Rassenbeziehungen und Städteplanung. Solch unterschiedliche Persönlichkeiten wie B.F. Skinner und S.I. Hayakawa leiteten im Herbst 1965 zusammen mit Alan Watts, Carl Rogers und J.B. Rhine Seminare am Esalen-Institut. Leonard berichtete weiter:

Es war eine berauschende Zeit. Will Schutz und Fritz Perls kamen, um in Esalen zu leben. Neue Methoden entwickelten sich. Das kleine Haus von Esalen wurde zu einem Karneval der Innovation ... Im Jahre 1967 eröffnete das Institut eine Zweigstelle in San Francisco, um sich um städtische Probleme zu kümmern. Ich tat mich mit dem hervorragenden Psychiater Price Cobbs – einem Farbigen – zusammen, um Dauer-Konfrontationen in bezug auf Rassenprobleme zu leiten. Mike Murphy zog in die Stadt. Das Beste jedoch war – o herrliche goldene Tage der Gnade –, dass sich dies alles von der Öffentlichkeit beinahe unbemerkt abspielte.

Dann kamen die Medien – Fernsehen, Radio, Zeitschriften, Bücher –, und wir sahen uns den Widersprüchen, den Paradoxen und dem Kummer gegenüber, die jede ernsthafte Herausforderung an das kulturelle Gleichgewicht unausweichlich begleiten.

Die Zeitschrift *Time* schrieb im Herbst 1967 einen Artikel über Esalen, den Leonard als recht objektiv bezeichnete, und die Presseagentur «United Press International» (UPI) berichtete über den Umzug von Esalen nach San Francisco.

Aber es blieb einem bemerkenswerten Artikel im *New York Times Sunday Magazine* vom 31. Dezember 1967 vorbehalten, die Schleusen zu öffnen. Ich hatte bei dieser Gelegenheit gelernt, dass viele Journalisten eine sehr simple Methode zur Überprüfung und Erprobung der Wirklichkeit benutzten: Ehe etwas in der *New York Times* erschien, konnte man nie sicher sein, ob es wirklich stimmte. Wenn jedoch etwas in einem *vorteilhaften* Licht in der *Times* erschien, konnte man wetten, dass es nicht nur der Wirklichkeit entsprach, sondern auch eine weitere Berichterstattung wert war.

Hier hatten wir also den Artikel «Die Freude ist der Preis» von Leo Litwak, in dem über die persönlichen Erfahrungen des Autors anlässlich einer fünftägigen Encounter-Gruppe von Will Schutz berichtet und über die Sichtweise von Esalen Spekulationen angestellt wurden. Der Artikel begann mit dem erforderlichen Mass an Skepsis und endete mit entsprechend dosierter Ironie, war im allgemeinen jedoch positiv ... Wenige Tage nach der Veröffentlichung dieses Artikels sind in ganz New York Redaktoren von Leuten bestürmt worden, die einen Bericht, eine Show oder ein Buch über diesen seltsamen Ort an der kalifornischen Küste schreiben und über die dort verkündete «Bewegung» berichten wollten.

Dem Esalen-Institut war Publizität nicht willkommen. Seine Politik lautete, mit Reportern zusammenzuarbeiten, Berichterstattungen jedoch, wenn immer möglich, zu verhindern.

Obwohl nur 15 Prozent der Programme in Esalen aus Encounter-Gruppen bestanden, hatte Litwak über eine solche Gruppe geschrieben; dies wiederum verleitete andere Reporter und die Öffentlichkeit dazu, Esalen für alle Zeiten mit Encounter-Gruppen zu assoziieren. Einige Reporter, die vom Ideenreichtum, der in Esalen herrschte, verwirrt waren – und diese nur mühsam einzuordnen wussten –, gaben sich mit Zynismus zufrieden. Andere wurden Rechtgläubige, so Leonard, die «mithalfen, falsche Erwartungen zu schüren, die letztlich zu einer Ernüchterung führten».

Unvermeidlich entstanden überall im Land Zentren des «Menschlichen Potentials»; verschiedentlich wandten sich Einzelpersonen an Murphy und Price, die sich dem Esalen-Institut anzuschliessen wünschten, um den Namen für ihre eigenen Zentren benutzen zu können. Murphy und Price lehnten ab, ermutigten jedoch aktiv zu jeglichem Wettbewerb.

Die sich neu formierende Gesellschaft besass einen spirituellen Unterbau, der schwer zu identifizieren war. Jacob Needleman schrieb 1973 über seine ersten Jahre in Kalifornien folgendes:

> Die Person, die ich nun war, konnte niemals dieses neue Buch *(The New Religions)* schreiben ... Abgesehen von meiner intellektuellen Gewissheit, gab es da noch diese ganze Angelegenheit, wie ich über Kalifornien dachte. Als jemand, der vom Osten Amerikas hierher versetzt worden war, fühlte ich mich verpflichtet, nichts in Kalifornien sehr ernst zu nehmen. Ich empfand insbesondere keine Notwendigkeit, Kalifornien zu *verstehen* ... Für mich war es ein Ort, dem es in hoffnungsloser Weise an der Erfahrung von Begrenzungen mangelte ...
>
> Ich erhebe noch immer nicht den Anspruch, Kalifornien zu verstehen, bin jedoch sicher, dass es nicht von jedem Standpunkt aus gesehen leicht genommen werden kann ... Etwas kämpft hier darum, geboren zu werden.
>
> ... Ich wünschte, ich könnte klar darlegen, was es mit Kalifornien auf sich hat, was so viele seiner Bewohner – und nicht nur die jungen Menschen – so viel zugänglicher für die kosmische Dimension des menschlichen Lebens macht ... Die unbestreitbare Tatsache ist jedoch die, dass sich an der Westküste und deren Umgebung nicht jene Art von Intellektualität bemerkbar macht, die man in den

Städten des Ostens Amerikas vorfindet; eine Intellektualität, die in der europäischen Ansicht wurzelt, dass der menschliche Geist etwas Autonomes, ausserhalb der Natur Befindliches darstelle.

Jedenfalls haben die Kalifornier nicht die Realität hinter sich gelassen, sondern Europa ... Ich begann zu begreifen, dass meine Vorstellung in bezug auf Intelligenz eine moderne europäische Idee war; das Bewusstsein, von keiner Emotion behindert, körperlos, teilt sich auf edle Art und Weise mit ... Ich sah, dass ich Kalifornien aufgrund seines Mangels des europäischen Elementes beurteilt hatte.

Unnötig zu betonen, dass die Verschwörung im Zeichen des Wassermanns in Kalifornien Nahrung findet*.

Hier versammeln sich von Zeit zu Zeit ihre «Agenten» aus Boston und Cambridge, New York und Washington, London, Denver, Minneapolis, Houston, Chicago und Hunderten von kleineren Städten, um sich gegenseitig zu unterstützen und Mut zuzusprechen.

Die grosse «Bewusstseins»-Konferenz, die Anfang der siebziger Jahre in Kalifornien ins Leben gerufen worden war, stellte einen perfekten Beweis für diese gegenseitige internationale Befruchtung dar. Mit dem Jahr 1975 begannen kalifornische Gruppen im ganzen Land Strassenfeste, Konferenzen und Seminare zu organisieren**. In vielen Städten wurden sodann starke lokale Verbindungen geknüpft und gefestigt; die anschliessenden Programme sind von Ortsansässigen organisiert worden. Die Konferenzbudgets schienen für eine dauerhafte Zusammenarbeit auszureichen. Kleinere Workshops erwiesen sich als flexiblere, wirkungsvollere Strategien. Mittels solcher Treffen brachten die Verschwörer Freundeskreise und Kontaktstellen zusammen und vergrösserten und verbanden damit die Netzwerke unterein-

---

* Obwohl beinahe die Hälfte jener, die den Fragebogen zur Verschwörung im Zeichen des Wassermanns beantwortet haben, in Kalifornien leben, sind die meisten im Osten oder Mittelwesten Amerikas geboren worden. Die Bedeutung Kaliforniens und seiner Einwohner als Katalysatoren für eine gesellschaftliche Transformation ist 1979 in einer Einladung zu der in Sacramento durchgeführten Konferenz «Die kalifornische Renaissance» deutlich aufgezeigt worden. Die Teilnehmer dieser von der Vereinigung für Humanistische Psychologie unterstützten Konferenz sollten ihren Blick auf «die Bedeutung, das Versprechen und die Gefahren einer Erfahrung mit Kalifornien» richten und dieses mit Begriffen der persönlichen und weltweiten Entwicklung in Zusammenhang bringen.

** Interessanterweise sind zwei der ersten Konferenzen dieser Art von den Lockheed-Werken finanziert worden. Sie fanden 1971 in der Umgebung von San José statt; Teilnehmer waren Wissenschaftler und Ärzte.

ander. Bandaufnahmen von Konferenzvorträgen sind zu Tausenden verbreitet worden.

Während die östlichen Vereinigten Staaten dazu neigen, die Westküste mit Herablassung zu behandeln, entsandte ironischerweise das Belgische Fernsehen ein Team nach Kalifornien, um eine Dokumentation über den Einfluss der Alternativszene der sechziger Jahre auf die siebziger Jahre zu filmen. Dazu gehörte die Erklärung: «Was in Kalifornien geschieht, wird letztlich in Europa geschehen.»

Wenn Kalifornien wieder einmal den nächsten Schritt vorweggenommen hat, sind die Aussichten auf eine nationale Veränderung in der Tat recht vielversprechend.

VERZWEIFLUNG UND ERNEUERUNG

James Alan McPherson, ein junger Farbiger, der den Pulitzer-Preis für Dichtung gewann, verfolgte kürzlich den Fortschritt in bezug auf Freiheit – angefangen von der Magna Charta bis zu der Verfassungsurkunde der Vereinten Nationen. «Bei der allmählichen Ausarbeitung der Grundrechte», äusserte er, «sind die Umrisse von etwas deutlich geworden, das viel komplexer als ‹Schwarz› und ‹Weiss› ist.» Eine neue Bürgerschaft wird möglich, in der «jeder Bürger der Vereinigten Staaten sich den Idealen der Nation zu nähern versuchen kann, in der man mit ihrer gesamten Mannigfaltigkeit zumindest vertraut ist, und in der jeder den Hauptstrom der Kultur in sich selbst trägt».

Jeder Amerikaner würde eine Synthese von Höchstem und Niedrigstem, von Schwarz und Weiss, von Stadt und Land, von Provinziellem und Universellem sein. «Falls er mit diesen Widersprüchen leben könnte, wäre er einfach ein charakteristischer Amerikaner.»

Er zitierte den spanischen Philosophen Miguel de Unamuno, der die Aufmerksamkeit auf die Übernahme des Wortes *desperado* in die englische Sprache lenkte: «Es bedeutet Hoffnungslosigkeit, und Hoffnungslosigkeit allein erzeugt eine heldenhafte, eine absurde, eine verrückte Hoffnung.» McPherson fügte hinzu:

> Ich glaube, dass die Vereinigten Staaten komplex genug sind, um jene Art von Hoffnungslosigkeit hervorzurufen, die eine heldenhafte Hoffnung auslöst. Wenn man die Vielfalt der Vereinigten Staaten erfahren kann, eine Vielzahl ihrer Einwohner kennenlernen kann, über die Verrücktheiten dieses Landes lachen kann, aus seinen Tragödien Weisheit ziehen kann und dabei all dies in sich selbst zu

vereinen sucht, ohne verrückt zu werden, dann – so glaube ich – hat man sich das Recht erworben, sich «ein Bürger der Vereinigten Staaten» zu nennen ... Dann wird man sich dieser notwendigen Bewegung angeschlossen haben.

Diese Entwicklung von einer hoffnungslosen Person zu einem Desperado, so meinte er, ist «die einzige neue Richtung, die ich kenne».

Die amerikanische Gesellschaft verfügt über die meisten jener Faktoren: Relative Freiheit, relative Toleranz, genug Überfluss, um vom Überfluss enttäuscht zu sein, genug Erfolge, um zu erkennen, dass etwas anderes benötigt wird. Wir sind von Natur aus innovativ, mutig und vertrauensvoll gewesen. Unser nationaler Mythos sagt uns, dass wir die Alternative verwirklichen können, wenn wir nur die entsprechende Vorstellungskraft und den entsprechenden Willen tatsächlich auch aufbringen.

«Ein Amerikaner zu sein», sagt der Gesellschafts- und Literaturkritiker Leslie Fiedler, «bedeutet eher, sich ein Schicksal *vorzustellen* denn eines zu erben. Wir haben schon immer mehr dem Mythos als der Geschichte angehört.»

Sich ein Schicksal vorstellen, eine Vergangenheit transzendieren ... Wir haben wenig dabei zu verlieren, wenn wir die Institutionen unserer Vorfahren neu gestalten. Wir haben damit begonnen, unser komplexes Selbst zu erkennen: unsere Ursprünge, unsere kollektive Midlife-Crisis, unsere Sexualität, Tod und Erneuerung, unsere widersprüchlichen Sehnsüchte sowohl nach Freiheit als auch nach Ordnung, unsere Neigungen, die uns teuer zu stehen kommen. Wir empfinden die Begrenzungen unserer alten Wissenschaften ebenso wie die Gefahren unserer durch den Verwaltungsapparat überlasteten Beamtenhierarchien, und wir erkennen den Zusammenhang unseres Planeten.

Wir beginnen, unsere reale und spirituelle Verbundenheit mit anderen Kulturen zu erspüren. Wir haben unsere Kraft, zu lernen und zu verändern, zum Leben erweckt.

Und wir haben Ideen.

Ob wir nun ängstlich sind oder nicht – wir scheinen den Einstieg zur wirklichen Transformation hinter uns gelassen zu haben: Das kulturelle Aufrütteln, die Gewalt, die Faszination und die Exzesse, die Furcht vor dem Neuen und Unbekannten gehören der Vergangenheit an. Wir haben begonnen, uns die nun mögliche Gesellschaft vorzustellen.

6

BEFREIENDES WISSEN: NEUIGKEITEN VON DER VORDERSTEN FRONT DER WISSENSCHAFT

> Jede Wahrheit verursacht einen Skandal.
> *Marguerite Yourcenar*

Unsere Entdeckungen über die erstaunliche Natur der Wirklichkeit stellen eine Hauptkraft der Veränderung dar; sie untergraben das Gedankengut des gesunden Menschenverstandes und die alten, institutionalisierten Philosophien. «Die achtziger Jahre werden deshalb eine revolutionäre Zeit sein», meint der Physiker Fritjof Capra, «weil die gesamte Struktur unserer Gesellschaft nicht mit der Weltsicht eines neu entstehenden wissenschaftlichen Denkens übereinstimmt.»

Zur Tagesordnung dieses Jahrzehnts gehört unsere Reaktion auf diese neuen wissenschaftlichen Erkenntnisse; auf diese Entdeckungen, die jene Grundlagen revidieren, auf denen wir unsere Leitsätze, unsere Institutionen und unser Leben aufgebaut haben. Dieses neue Wissen verspricht weit mehr als die alte reduktionistische Sichtweise. Es enthüllt eine reiche, kreative, dynamische Wirklichkeit, deren Bestandteile folgerichtig ineinandergreifen. Wir erfahren, dass die Natur nicht eine Kraft ist, die wir besiegen müssen, sondern das Mittel zu unserer Transformation.

Die Geheimnisse, die wir in diesem Kapitel untersuchen werden, befinden sich nicht wie Schwarze Löcher irgendwo im Weltall, fern von uns, sondern *in uns selbst*. In unserem Gehirn und in unserem Körper. Im genetischen Code. In der Natur der Veränderung. In der Erweiterung und der Einschränkung der bewussten Erfahrung. In der Vorstellungskraft und dem Ziel. In der formbaren Natur von Intelligenz und Wahrnehmung.

Wir leben aufgrund dessen, was wir wissen. Wenn wir daran festhalten, dass das Universum und wir selbst mechanistisch funktionieren, so werden wir mechanistisch leben. Wenn wir andererseits jedoch wissen, dass wir Teil eines offenen Universums sind, und dass unser Bewusstsein eine Matrix der Wirklichkeit darstellt, dann werden wir unser Leben kreativer und kraftvoller gestalten.

Wenn wir uns einbilden, dass wir isolierte Wesen sind, dass so zahlreiche innere Ungereimtheiten auf einem Ozean der Gleichgültigkeit dahintreiben, werden wir ein anderes Leben führen, als wenn wir um ein Universum von ungebrochener Ganzheit wissen. Wenn wir an einer rigiden, unverrückbaren Welt festhalten, werden wir Veränderungen bekämpfen; falls wir um eine fliessende Welt wissen, werden wir mit der Veränderung zusammenarbeiten.

Abraham Maslow drückte es treffend so aus, dass eine Furcht vor Wissen sehr grundlegend eine Furcht vor dem Tätigwerden ist – und dies aufgrund der Verantwortlichkeit, die neuem Wissen innewohnt. Diese neuen Entdeckungen enthüllen Aspekte der Natur, die zu reichhaltig sind, als dass sie einer Analyse zugänglich wären; und dennoch können wir sie verstehen. Auf irgendeiner Ebene, man mag sie Herz, rechte Gehirnhemisphäre, das Innere oder das kollektive Unbewusste nennen, anerkennen wir die Richtigkeit, sogar die Einfachheit der Prinzipien, die hierbei von Bedeutung sind. Sie passen zu einem tief in uns verborgenen Wesen.

Die Wissenschaft bestätigt heute nur Paradoxien und Institutionen, denen die Menschheit schon viele Male begegnet ist, die sie aber starrköpfig einfach nicht beachtet hat. Dies sagt uns, dass unsere gesellschaftlichen Institutionen und unsere eigentlichen Lebensweisen die Natur verletzen. Das, was eigentlich in Bewegung und voller Dynamik sein sollte, teilen wir in Bruchstücke auf und frieren sie ein. Wir konstruieren unnatürliche Machtstrukturen. Wir wetteifern dort, wo wir eigentlich zusammenarbeiten sollten.

Falls wir die Handschrift an der Mauer der Wissenschaft lesen, so erkennen wir die entscheidende Notwendigkeit zur Veränderung – Ziel ist, kooperativ mit der Natur zu leben und nicht gegen sie.

Die Entdeckungen aus verschiedenen Bereichen der Wissenschaft – Gehirnforschung, Physik, Molekularbiologie, Erforschung des Lernens und des Bewusstseins, Anthropologie und Psychophysiologie – sind in einer revolutionären Art und Weise zusammengekommen; das aus ihnen entstehende Bild wird jedoch keinesfalls in angemessener

Weise erkannt. Einzelne Stimmen aus dem wissenschaftlichen Grenzbereich sickern gewöhnlich nur durch hochspezialisierte Kanäle, und gelegentlich werden sie dabei auch entstellt. Aber dies geht uns alle an; es handelt sich dabei um Neuigkeiten, die mit anderen geteilt werden sollen.

Bevor wir uns den Entdeckungen zuwenden, wollen wir kurz die Gründe erörtern, warum wir von den Neuigkeiten – wenn überhaupt – nur in Bruchstücken vernommen haben. Mit Sicherheit werden sie von niemandem zensiert. Wir werden feststellen, dass Übermittlungsprobleme einerseits auf der Fremdartigkeit der Entdeckungen beruhen, während andererseits die Forscher extrem spezialisiert sind, so dass ihnen der Überblick fehlt. Nur sehr wenige fügen die Informationen zusammen, die überall auf der Welt gesammelt werden.

Es gab eine Zeit, wo jedermann Wissenschaft «betrieb». Lange bevor wissenschaftliche Arbeit sich zur «Karriere» entwickelte, versuchten Menschen zu ihrem eigenen Vergnügen und aus eigenem Interesse, die Natur zu verstehen. Sie sammelten Tier- und Pflanzenmuster, experimentierten, bauten Mikroskope und Teleskope. Obgleich einige dieser Hobby-Wissenschaftler berühmt wurden, mag es uns schwerfallen einzusehen, dass sie in formaler Hinsicht ohne Ausbildung waren; sie schrieben keine Dissertationen für irgendwelche Abschlüsse.

Zudem waren wir alle ebenfalls Wissenschaftler – neugierige Kinder, die gewisse Substanzen auf der Zunge ausprobierten, die Schwerkraft entdeckten, unter Steine spähten, die Muster der Sterne wahrnahmen und sich wunderten, was die Nacht furchterregend und den Himmel blau erscheinen lässt.

Teils aufgrund der Tatsache, dass das Erziehungswesen Wissenschaft lediglich in einem reduktionistischen, zumeist der linken Gehirnhemisphäre entsprechenden Stil gelehrt hat, teils aufgrund der Forderungen der Gesellschaft nach praktischen Anwendungsmöglichkeiten der Technologie schwindet für die meisten Heranwachsenden das Romantische an der Wissenschaft recht schnell. Jene, die in den höheren Schulen die naturwissenschaftlichen Fächer lieben, aber keine Kleintiere sezieren mögen, lernen der Biologie bald aus dem Wege zu gehen. Schüler und Studenten, die sich für Psychologie einschreiben, hoffen, etwas über das Denken und Fühlen der Menschen zu lernen; sie stellen jedoch fest, dass sie mehr über Ratten und Statistiken erfahren, als sie jemals wissen wollten.

Im Rahmen der Hochschulausbildung verengt sich die Wissenschaft weiterhin. Die den Geisteswissenschaften zugewandten Schafe und die den Naturwissenschaften zugewandten Ziegen sind in ihren entsprechenden Gehegen zusammengetrieben; an vielen Universitäten sind die Institute und Seminare der Natur- und Geisteswissenschaften weit voneinander entfernt. Die meisten Studenten weichen allen anderen Fachrichtungen, die über die erforderliche Mindeststundenzahl hinausgehen, aus; die Abschlüsse konzentrieren sich bei den Naturwissenschaften auf die jeweiligen Spezialgebiete, Nebenspezialgebiete und Mikrospezialgebiete. Nach Beendigung des Studiums können sich die Studenten kaum noch untereinander verständigen.

Für die meisten endet es damit, dass sie den Eindruck erhalten, Wissenschaft sei etwas Spezialisiertes und Trennendes; etwas ausserhalb unseres Horizontes – etwa wie Griechisch oder Archäologie. Eine Minderheit betreibt die Wissenschaft engstirnig weiter, und damit entwickeln sich jene zwei Kulturen – die Wissenschaft und die Kunst –, von denen C.P. Snow sprach; diese fühlt sich ein bisschen überlegen, jene ist ein bisschen neidisch und auf tragische Weise unvollständig.

Jede wissenschaftliche Disziplin ist zugleich auch eine Insel. Die Spezialisierung hat viele Wissenschaftler davon abgehalten, andere «Bereiche» als ihre eigenen zu betreten, sowohl aus Furcht, wie ein Narr dazustehen, als auch wegen der Schwierigkeit der Kommunikation. Die Synthese bleibt jenen wenigen verwegenen, ununterdrückbaren, kreativen Forschern vorbehalten, deren Durchbrüche ganzen Industriezweigen zur Arbeit verhelfen.

Bei dem kürzlich durchgeführten Jahrestreffen der Amerikanischen Vereinigung zur Förderung der Wissenschaft (die zur Förderung interdisziplinären Austausches gegründet worden war) traf sich in einem Hotel in Philadelphia eine Gruppe von Anthropologen, um sich Berichte über die möglichen Ursachen für das Aussterben von Stämmen anzuhören. Gleichzeitig versammelten sich in einem nahegelegenen Hotel Hunderte von Biologen, um die Gründe für das Aussterben gewisser Tierarten zu diskutieren. Beide Gruppen kamen zu derselben Antwort: *Überspezialisierung.*

Die Spezialisierung hat ein anderes Problem mit sich gebracht: die technische und mathematische Fachsprache – ein Turm zu Babel.

Allein auf dem Gebiet der Gehirnforschung werden jährlich eine halbe Million wissenschaftliche Arbeiten veröffentlicht. Die Neurowissenschaften haben sich zu einer derart esoterischen Disziplin entwickelt – sie sind auf so engem Bereich überspezialisiert –, dass die Forscher sogar untereinander ausserordentliche Kommunikationsschwierigkeiten haben. Nur eine Handvoll Forscher versucht, dem Ganzen einen Sinn zu geben.

Der zweite Grund für die Lücke innerhalb der Kommunikation ist das völlig Unbekannte und Neue im Rahmen der neuen Weltsicht. Man verlangt von uns, einen Paradigmawechsel nach dem anderen zu vollziehen, unsere alten Ansichten drastisch zu ändern und alles aus einer neuen Perspektive zu betrachten.

Es wurde einmal gesagt, dass die Wissenschaft den gesunden Menschenverstand durch Wissen ersetze. In Wirklichkeit führen uns unsere fortgeschrittensten intellektuellen Abenteuer in wahre Märchenländer jenseits aller Grenzen logischen und linearen Verständnisses. Es gibt die oft zitierte Beobachtung des bekannten Biologen J.B.S. Haldane, wonach die Wirklichkeit nicht nur phantastischer ist als wir sie uns vorstellen, sondern phantastischer als wir sie uns je vorstellen *können*.

Es gibt in der Natur keine unterste Grenze. Es gibt keinen grundlegenden Standpunkt, von dem aus alles einen «ordentlichen Sinn» erhält. Dies kann erschreckend sein. Es kann uns den Eindruck vermitteln, als ob wir zur Kindheit zurückkehrten, in der die Natur uns unermesslich, geheimnisvoll und mächtig erschien. Später lernten wir dann, die Tatsachen von der Phantasie zu trennen, und das Geheimnisvolle reduzierte sich auf «Erklärungen». «Tatsachen» über das Licht, über den Magnetismus oder beispielsweise über Radiowellen führten uns zu der Annahme, dass die Natur verstanden würde, oder dass man nahe dabei sei, sie zu verstehen. Diese irrige Ansicht, die von den meisten Wissenschaftlern des späten 19. Jahrhunderts vertreten worden ist, übertrug sich auf das allgemein verbreitete Missverständnis in bezug auf die Macht der Wissenschaft.

Nun, wo unsere fortgeschrittenste Wissenschaft einen mystischen und symbolischen Ton anzunehmen beginnt, wo sie die Hoffnung nach dem Erreichen letzter Gewissheit fallenlässt, beginnen wir zu zweifeln. Es ist so, als würden wir gebeten, die Ehrfurcht und die Leichtgläubigkeit der frühen Kindheit wiederzuerlangen; wieder so zu sein, wie wir waren, ehe wir wussten, was der Regenbogen nun «wirklich» war.

Wir werden feststellen, dass die neue Wissenschaft über kühle, klinisch-neutrale Beobachtungen hinaus zu einem Bereich schimmernder Paradoxien vordringt, wo unsere eigentliche Vernunft gefährdet erscheint. Genau so, wie wir aus den grossartigen technologischen Entwicklungen unserer Zivilisation – wie beispielsweise dem Transistor – Nutzen ziehen können, kann unser Leben durch die neue Weltsicht der grundlegenden Wissenschaft befreit werden; einerlei, ob wir die technischen Einzelheiten verstehen oder nicht.

Viele der entscheidenden Einsichten der modernen Wissenschaft werden mit Hilfe der Mathematik ausgedrückt, einer «Sprache», die

die meisten von uns weder sprechen noch verstehen. Die gewöhnliche Sprache ist unzulänglich, um sich mit dem Ungewöhnlichen adäquat zu befassen. Worte und Sätze haben uns ein falsches Verständnis vermittelt, haben uns gegenüber der Komplexität und der Dynamik der Natur blind gemacht.

Das Leben ist nicht wie ein Satz konstruiert, in dem das Subjekt auf das Objekt einwirkt. In Wirklichkeit beeinflussen sich viele Ereignisse gleichzeitig. Nehmen wir ein Beispiel: Innerhalb einer Familie ist es unmöglich, auszumachen, «wer was zuerst tat» oder «wer welches Verhalten verursachte». Wir konstruieren uns unsere Erklärungen aufgrund eines linearen Modells, das bloss als Ideal existiert.

Die Sprachwissenschaftler Alfred Korzybski und Benjamin Whorf warnten davor, dass uns die indoeuropäischen Sprachen in ein fragmentarisches Lebensmodell einsperren würden. Diese Sprachen missachten die Beziehungen. Durch ihre auf Subjekt und Prädikat aufgebaute Struktur formen sie unser Denken dahingehend, dass wir in allen Fällen gezwungen sind, in einfachen Begriffen von Ursache und Wirkung zu denken. Aus diesem Grund fällt es uns so schwer, über Quantenphysik, über eine vierte Dimension oder über irgendeine andere Ansicht ohne klaren Anfang und ohne klares Ende, Oben und Unten, Zukunft und Gegenwart zu sprechen – oder darüber überhaupt *nachzudenken.*

Ereignisse in der Natur unterliegen gleichzeitig vielfältigen Ursachen. Andere Sprachen, insbesondere Hopi und Chinesisch, sind anders strukturiert und können nicht-lineare Gedankengänge müheloser zum Ausdruck bringen. Sie können sich in der Tat «wie Physik ausdrücken». Wie die alten Griechen, deren Philosophie in starkem Masse den mit der linken Gehirnhälfte denkenden Westen beeinflusst hatte, sagen wir: «Das Licht leuchtet auf.» Das Licht und das Aufleuchten waren jedoch *eins.* Ein Hopi würde genauer sagen: «Reh-pi!» – «Aufleuchten!»

Korzybski warnte davor, dass wir die Natur der Wirklichkeit solange nicht begreifen werden, bis wir die Begrenzungen der Worte erkennen. Die Sprache formt unser Denken und setzt uns somit Grenzen. Die Landkarte zeigt uns *nicht* das eigentliche Landesgebiet. Eine Rose ist *nicht* eine Rose ist eine Rose; der Apfel vom 1. August ist *nicht* der Apfel vom 10. September oder die runzelige Frucht vom 2. Oktober. *Die Veränderung und die Komplexität eilen unseren Möglichkeiten der Beschreibung stets voraus.*

Ironischerweise beziehen die meisten Wissenschaftler das wissenschaftliche Wissen nicht aufs alltägliche Leben. Der Druck, sich mit anderen zu vergleichen, entmutigt sie, nach einer erweiterten Bedeutung oder Signifikanz «ausserhalb ihres Bereichs» zu suchen. Sie hüten ihr Wissen, in Fächern eingeteilt, unanwendbar wie eine Religion, die nur an Feiertagen praktiziert wird. Nur wenige besitzen die intellektuelle Unerbittlichkeit und den persönlichen Mut, dass sie ihre Wissenschaft in ihr Leben zu integrieren versuchen. Capra bemerkte einmal, dass die meisten Physiker vom Labor nach Hause gehen und ihr Leben so führen, als ob Newton und nicht Einstein recht habe – als wäre die Welt in Bruchstücke aufgeteilt und mechanistisch. «Sie scheinen die philosophischen, kulturellen und spirituellen Implikationen ihrer Theorien nicht zu erkennen.»

Unsere quantitativ bestimmenden Messinstrumente wie Elektronenmikroskope, Computer, Teleskope, EEG, Statistiken, Integralrechner und Teilchenbeschleuniger haben uns letztlich den Zutritt zu einem Bereich jenseits der Zahlen ermöglicht. Was wir dort vorfinden, ist kein Unsinn, sondern eine Art Über-Sinn – es ist nicht unlogisch, sondern transzendiert die Logik in dem Sinne, wie wir sie einst definierten.

Einstein äusserte einmal, die Schaffung einer neuen Theorie bedeute nicht, dass an Stelle einer alten Scheune ein Wolkenkratzer errichtet würde. «Es ist vielmehr so, wie wenn man einen Berg hochklettert, zu einer neuen und erweiterten Sicht gelangt und unerwartete Verbindungen zwischen dem Ausgangspunkt und der prächtigen Umgebung des Berges entdeckt. Der Punkt, von dem aus wir aufbrachen, ist immer noch vorhanden, und man kann ihn sehen, obwohl er kleiner erscheint und nur einen winzigen Teil unserer erweiterten Sicht ausmacht ...»

DIE SICHT DER NEUEN WELT

Wie die Bewohner von Flatland sind wir mindestens um eine Dimension zu klein gewesen. Diese Dimension ist – so merkwürdig es auch zunächst klingen mag – ihrer eigentlichen Bedeutung nach der Ursprung unserer Welt; sie ist unsere wahre Heimat.

Dieses Kapitel wird uns durch verschiedene wissenschaftliche Pforten in diese andere Dimension hineinführen. Technische Begriffe sind auf ein Minimum beschränkt worden, damit dem «roten Faden» besser gefolgt werden kann.

Die linke Gehirnhemisphäre ist auf einer Entdeckungsreise ein nützlicher Begleiter – bis zu einem gewissen Punkt. Ihre Begabung, die Dinge messen zu können, hat dazu geführt, dass wir bis anhin die erweiterte Dimension respektieren und intellektuell an sie glauben. Aber in mancherlei Hinsicht ist es wie um Vergil in Dantes *Göttlicher Komödie* beschaffen. Vergil durfte den Dichter durch die Hölle und das Fegefeuer begleiten, dort, wo alles vernunftgemäss zuging, wo beispielsweise die Bestrafung dem jeweiligen Verbrechen entsprach.

Als Dante jedoch in den Umkreis des Paradieses gelangte, musste Vergil zurückbleiben. Er konnte dem Geheimnis zwar gegenübertreten, vermochte aber nicht einzudringen. Beatrice, die Geliebte des Dichters, begleitete ihn zu dem Ort der Transzendenz.

Ein nicht-lineares Verständnis gleicht eher einem «Sich-auf-etwas-Einstellen» als einer Reise von einem Ort zum andern. Die hier behandelten wissenschaftlichen Entdeckungen führen uns in ein Land, dessen Kartographie eher erfühlt denn ausfindig gemacht wird.

Wenn die linke Gehirnhemisphäre der nicht-linearen Dimension begegnet, dreht sie sich beständig im Kreise, bricht die Ganzheit in Teile, versucht, die Beobachtung rückgängig zu machen, und stellt – wie ein Reporter anlässlich eines Begräbnisses – die unpassenden Fragen: *Wo, wann, wie, warum?* Wir müssen die Fragen für einen Augenblick zurückhalten, uns auf kein Urteil festlegen, andernfalls können wir nicht zu der anderen Dimension «gelangen»; ebensowenig, wie man die beiden Perspektiven einer optischen Täuschung gleichzeitig wahrnehmen oder während des Analysierens einer Komposition die Symphonie geniessen kann.

Eine Welt ohne Raum und Zeit ist unserer Erfahrung nicht vollkommen fremd. Sie gleicht ein wenig unseren Träumen, in denen Vergangenheit und Zukunft ineinanderzufliessen scheinen, wo sich die Standorte auf geheimnisvolle Weise verschieben.

Erinnern wir uns an das Modell des Paradigmawechsels nach Thomas Kuhn: Jede bedeutende neue Idee in der Wissenschaft klingt zuerst fremdartig. Der Physiker Niels Bohr vertrat die Meinung, dass grosse Erneuerungen unvermeidlich einen verworrenen, verwirrenden und unvollständigen Eindruck vermitteln; sie scheinen sogar von ihren Entdeckern nur zur Hälfte verstanden zu werden und bleiben für jeden anderen ein Geheimnis. Bohr meinte, dass für irgendeinen spekulativen Gedanken, der auf den ersten Blick nicht absurd erscheint, keine Hoffnung bestünde. Bohr machte einmal über eine Idee, die von seinem berühmten Kollegen Werner Heisenberg entwickelt wurde, die Bemerkung: «Es ist nicht verrückt genug, um wahr zu sein.»*

---

* Charles Richet, der für seine Entdeckung des Allergischen Schocks den Nobelpreis erhielt, wurde wegen seiner Studien auf dem Gebiet des Hellsehens kritisiert. «Ich sagte nicht, dass es möglich wäre», entgegnete Richet, «ich sagte bloss, dass es wahr wäre.»

Wenn wir uns hartnäckig weigern, das zu betrachten, was wunderbar und unglaublich erscheint, so befinden wir uns in erlesener Gesellschaft. Die Französische Akademie der Wissenschaften verkündete einmal, dass sie keine weiteren Berichte über Meteore akzeptiere, da es augenscheinlich unmöglich sei, dass Steine vom Himmel fielen. Kurz danach ging ein wahrer Meteorenregen nieder, der die Fenster der Akademie beinahe zerbersten liess.

Wenn Wissenschaftler neue Informationen nur langsam akzeptieren, so ist die Öffentlichkeit im allgemeinen noch langsamer. Der bekannte Physiker Erwin Schrödinger stellte einmal fest, dass es zumindest *fünfzig Jahre* dauert, bis eine bedeutende wissenschaftliche Entdeckung in das Bewusstsein der Öffentlichkeit eindringt – es dauert ein halbes Jahrhundert, ehe die Menschen erkennen, was für wahrhaft überraschende Ansichten von führenden Wissenschaftlern vertreten werden. Die Menschheit kann sich diesen Luxus jedoch nicht mehr leisten. Der Preis, den wir in unserer Umwelt, in unseren Beziehungen, mit unserer Gesundheit, unseren Konflikten und unserer bedrohten gemeinsamen Zukunft bezahlen, ist zu hoch. Wir sind dazu verpflichtet, die Wahrheit zu suchen, Fragen zu stellen und unser Bewusstsein zu öffnen.

Eine Hauptaufgabe der Verschwörung im Zeichen des Wassermanns besteht darin, Paradigmenwechsel dadurch zu unterstützen, dass wir auf die Fehler alter Paradigmen hinweisen und zeigen, inwiefern der neue Kontext mehr erklärt und sinnvoller ist. Wie wir feststellen werden, fügen sich die kraftvollsten transformativen Ideen der modernen Wissenschaft wie Teile eines Puzzles zusammen. Sie unterstützen sich gegenseitig; zusammen bilden sie das Rüstzeug für eine erweiterte Weltsicht.

Jeder dieser Hauptgedanken stellt in sich selbst eine Ganzheit dar, ein System, das uns ein ganzes Spektrum von Phänomenen in unserem Leben und in dem der Gesellschaft verstehen lässt. Zugleich weist jede dieser Ideen ungeheure Parallelen zu ältesten dichterischen und mystischen Beschreibungen der Natur auf. Die Wissenschaft bestätigt jetzt nur das, was die Menschheit seit Beginn der Geschichte intuitiv gewusst hat.

In dem Buch *Aufbruch ins Dritte Jahrtausend* stellten die Autoren Pauwels und Bergier Spekulationen über das Vorhandensein einer offenen Verschwörung unter Wissenschaftlern an, die diese metaphysischen Wirklichkeiten entdeckt haben. Viele der Verschwörer im Zeichen des Wassermanns sind Wissenschaftler; sie stellen eine Art Bruderschaft unter Menschen dar, die Paradigmen durchbrochen haben und um neuer Einsichten willen den Wissensbereich der anderen durchschreiten. Zahlreiche andere zeigen als Laien ein intensives Interesse an den neuesten Entwicklungen auf allen Gebieten der Forschung. Sie leiten ihre Modelle für gesellschaftliche Veränderungen von wissenschaftlichen Einsichten in bezug auf das tatsächliche, fundamentale Wirken der Natur ab. Andere Verschwörer begannen sich deshalb für die Wissenschaft zu interessieren, weil sie die naturwissenschaftlichen Grundlagen jener Erfahrungen verstehen wollen, die sie mit Hilfe der Psychotechnologien gemacht haben*.

Indem die Verschwörung im Zeichen des Wassermanns Programme fördert, in denen Wissenschaftler vieler Fachrichtungen die Bedeutung ihrer Arbeit in bezug auf gesellschaftliche und persönliche Veränderung diskutieren können, ist sie von grosser erzieherischer Bedeutung. So wurde ein typisches, Ende 1978 in New York durchgeführtes Programm beispielsweise von zwei Physikern, dem Nobelpreisträger Eugene Wigner und Fritjof Capra, bestritten, ferner von der Psychologin Jean Houston, einer Forscherin auf dem Gebiet veränderter Bewusstseinszustände, dem Gehirnforscher Karl Pribram und Swami Rama, einem Yogi, der in den frühen sechziger Jahren durch seine bemerkenswerte – von der Menninger Foundation und anderen Laboratorien verifizierte – Fähigkeit der Beherrschung physiologischer Prozesse (einschliesslich des tatsächlichen Herzstillstandes) bekannt wurde. Das Thema des Programms lautete: «Neue Dimensionen des Bewusstseins». Die im Rahmen der Konferenz veröffentlichte Broschüre charakterisiert ebenfalls typisch die Annäherung von Wissenschaft und Intuition:

> Heute stehen wir kurz vor einer neuen Synthese. In den vergangenen vier Jahrhunderten hat die westliche Wissenschaft in ihren Grundkonzepten fortwährend Erschütterungen und Reformen erfahren. Nun hat die Wissenschaft damit begonnen, überraschende Wechselwirkungen zwischen ihren eigenen Ermittlungsergebnissen und jenen Entdeckungen festzustellen, die unklar von alten mystischen Traditionen zum Ausdruck gebracht werden. Eine Versamm-

---

* In gewissem Sinn repräsentieren die Verschwörer im Zeichen des Wassermanns jene zwei Kulturen, von denen C.P. Snow spricht (s. Kapitel 5): Typischerweise befassen sie sich sowohl mit Wissenschaft als auch mit den Künsten. Ein hoher Prozentsatz der Befragten spielt ein Musikinstrument, befasst sich regelmässig mit Kunst oder Handwerk und/oder liest Romane, Dichtung und Science Fiction. In der Wissenschaft suchen sie mehr als nur Information; sie suchen nach dem Sinn – die wesentlichste Suche des Künstlers.

lung weitsichtiger Männer und Frauen, die dieser neuen Synthese den Weg bahnen.

Ähnliche Programme sind überall in den Vereinigten Staaten präsentiert worden – an Universitäten, an wissenschaftlichen Institutionen, im Zentrum der etablierten Wissenschaft. Die Themen lauteten: *«Über die eigentliche Natur der Wirklichkeit; Die Physik des Bewusstseins; Bewusstsein und Kosmos; Bewusstsein und kulturelle Veränderung.*

GEHIRN- UND BEWUSSTSEINSFORSCHUNG

Bis in die sechziger Jahre gab es relativ wenig Wissenschaftler, die das Gehirn untersuchten, und noch weniger solche, welche die Wechselwirkung zwischen Gehirn und bewusster Erfahrung erforschten. Seither hat sich die Gehirn- und Bewusstseinsforschung zu einem blühenden Industriezweig entwickelt. Je mehr wir auf diesem Bereich wissen, desto grundlegender werden unsere Fragen. John Eccles, ein mit dem Nobelpreis geehrter Neurowissenschaftler, meinte dazu: «Bei diesem Unterfangen wird für Jahrhunderte kein Ende abzusehen sein.»

Es begann in den sechziger Jahren, als die Biofeedback-Forschung aufzeigte, dass Menschen feine, komplexe, lange als unwillkürlich erachtete innere Prozesse steuern können. In Laboratorien sind Menschen darin ausgebildet worden, ihren Herzschlag zu beschleunigen oder zu verlangsamen, den elektrischen Hautwiderstand zu verändern und ihre Gehirnwellen vom schnellen Beta-Rhythmus zum langsameren Alpha-Rhythmus übergehen zu lassen. Sie lernten, eine einzelne motorische Nervenzelle zu «befeuern» – (das bedeutet einen bioelektrischen Impuls in die Zelle zu senden). Barbara Brown, eine Forscherin, die auf dem Gebiet des Biofeedback bahnbrechende Arbeit geleistet hat, äusserte einmal, dass diese tiefe biologische Bewusstheit die Fähigkeit des Geistes widerspiegelt, jedes physiologische System, jede Zelle im Körper zu verändern.

Obgleich die Versuchspersonen wussten, wie sich diese Veränderungen mittels Biofeedback anfühlten, konnten sie beim besten Willen nicht erklären, wie sie zustande kamen. Auf einer Ebene scheint Biofeedback ein einfaches Phänomen zu sein; indem Informationen des Körpers mittels Aufzeichnungen auf Monitoren, tonaler Hinweise oder Lichtsignale wahrnehmbar werden, können die Empfindungen, die mit den rückgekoppelten Fluktuationen verbunden sind, identifiziert werden. Es gibt jedoch eine geheimnisvolle Kluft zwischen der

Intention und der physiologischen Reaktion. Wie ist es möglich, dass unser Wille eine einzelne Zelle unter Milliarden auswählen und sie zur Entladung veranlassen kann? Wie kann unser Wille eine spezielle chemische Substanz freisetzen? Wie weiss er den Fluss der Magensäfte zu begrenzen oder das rhythmische Verhalten von Gehirnzellen zu verändern? Wie erweitert er Kapillaren, um die Temperatur der Hände zu erhöhen?

Die Bewusstheit geht weiter und tiefer als alle vermutet hatten; der Wille ist machtvoller. Es zeigt sich deutlich, dass die Menschen noch nicht begonnen haben, sich ihr Potential zur Veränderung nutzbar zu machen.

Das Phänomen des Biofeedback veranlasste die Forscher, eiligst auf die Handvoll Publikationen über Yogis zurückzugreifen, die davon berichteten, dass diese eine derartige Kontrolle besässen – allerdings ohne Feedback. Bis zu dem Zeitpunkt, wo das Phänomen in Biofeedback-Laboratorien bestätigt wurde, nahm man zumeist an, dass die Yogis die wenigen Forscher, die gewillt waren, ihre Kunststücke zu bestaunen, auf irgendeine Weise getäuscht hätten.

Zu derselben Zeit begann man mit Laboruntersuchungen von Meditation und verschiedenen anderen Bewusstseinszuständen. Bei Meditierenden sind charakteristische physiologische Veränderungen im EEG, bei der Atmung und beim elektrischen Hautwiderstand festgestellt worden. Die Gehirnwellenmuster, die eine höhere Amplitude, rhythmischeres und ruhigeres Verhalten aufwiesen, bestätigten den Anspruch der Verfechter von Psychotechnologien, wonach die Praktizierenden eine grössere innere Harmonie erlangen.

Zu derselben Zeit zeigte die Forschung auf dem Gebiet des «Split-Brain» (Spaltung der Gehirnhemisphären) – siehe Kapitel 3 –, dass Menschen in der Tat über «zwei Arten des Geistes» verfügen, und dass diese Bewusstseinszentren unabhängig voneinander in einem einzigen Schädel funktionieren können. Die Bedeutung dieser Forschung, die einen damit verbundenen Bereich, die Untersuchung der Spezialisierung der einzelnen Gehirnhemisphären, eröffnete, kann nicht genug betont werden.

Sie half die charakteristische Natur «holistischer» Prozesse zu verstehen; jene geheimnisvolle Art des Wissens, die man jahrhundertelang einerseits hervorgehoben, andererseits bestritten und bezweifelt hat. Das Phänomen der «Intuition» fand nun einen – wenn auch vagen – Platz auf der neuroanatomischen Landkarte.

Die quantitativ bestimmende Gehirnhälfte bestätigte das tatsächliche Vorhandensein einer mit unterschiedlichen Eigenschaften versehenen «kleinen» Hemisphäre – eines gleichwertigen, wenn auch unterdrückten Partners. Seine Stärken offenbaren sich durch die erstaunlichen Leistungen der Versuchspersonen beim Biofeedback, durch die veränderten, bei Meditierenden gemessenen physiologischen Prozesse und die eigenartige zweifache Bewusstheit bei Patienten mit Gehirnspaltung. Verfeinerte Techniken enthüllten bald die Gegenwart «des anderen Geistes» innerhalb der allgemeinen Wahrnehmung. Forscher legten dar, dass unsere von Glaube und Emotion beeinflusste Wahrnehmung äusserst fein auswählt; wir können gleichzeitig auf parallel verlaufenden Kanälen Informationen verarbeiten; wir besitzen ein ausserordentliches Erinnerungsvermögen (ungeachtet der Tatsache, dass wir nicht immer leichten Zugang zu unserem Gedächtnis haben).

Mitte der siebziger Jahre eröffnete eine Serie wissenschaftlicher Durchbrüche ein aufregendes neues Forschungsgebiet, das unser Wissen über die Gehirnfunktion von Grund auf ändert. Am bekanntesten ist die Entdeckung gewisser Substanzen im Gehirn, die als Endorphine oder Enckephaline bekannt sind. Gelegentlich bezeichnet man sie als «das Morphium des Gehirns», weil sie zuerst anhand ihrer Funktion an jenen Stellen des Gehirns identifiziert worden sind, an denen Morphium seine Wirkung zeigt. Wie Morphium wirken die Endorphine auch schmerzlindernd.

Die Endorphine und die anderen, als Peptide bekannten Gehirnsubstanzen fügten der Funktionsweise des Gehirns ein neues Prinzip hinzu. Bei der Untersuchung der bekannten chemischen Transmitter fand man heraus, dass diese linear, von Zelle zu Zelle arbeiten. Die neuen Substanzen sind in ihrer Funktion jedoch simultaner; sie scheinen die Aktivitäten der Gehirnzellen etwa so zu regulieren, wie man ein Radio einstellt und die Lautstärke angleicht. Zudem «verbreiten» einige von ihnen Botschaften; dies veranlasste den für seine Tätigkeit auf dem Gebiet der Gehirnforschung mit dem Nobelpreis ausgezeichneten Forscher Roger Guillemin zur Folgerung, dass ein «neues», aus dieser Substanz bestehendes Nervensystem existiere.

Da die Peptide überall vorhanden sind und kraftvoll funktionieren, sind deren Wirkung auf Körper und Verhalten oft dramatisch. So konnte beispielsweise gezeigt werden, dass die Endorphine die Sexualität, den Appetit, die soziale Bande, Schmerzempfindungen, Wachheit, Lernfähigkeit, Schlaganfälle und Psychosen beeinflussen. Experimente haben die Endorphine mit dem geheimnisvollen Placebo-Effekt in Zusammenhang gebracht, bei dem eine unwirksame Substanz, wie z. B. eine Tablette aus Zucker, Erleichterung verschafft, weil der Patient dies erwartet. Patienten, die eine durch Placebo bewirkte

Erleichterung bei nachoperativen Zahnbeschwerden erfuhren, berichteten von einem Wiederauftreten der Schmerzen, nachdem ihnen ein chemischer Stoff verabreicht worden war, der störend auf die Endorphine eingewirkt hatte. Der innere Glaube, der durch das Placebo inspiriert wird, setzt offensichtlich die Endorphine frei. Wie dies abläuft, ist ein genau so grosses Geheimnis wie die Funktion des Willens beim Biofeedback.

Die Endorphine stellen anscheinend auch jenes System her, welches uns in die Lage versetzt, all das in unserem Bewusstsein auszuschalten, was wir nicht fühlen oder über das wir nicht nachdenken wollen – die Chemie der Verneinung. Ebenso sind sie klar an Zuständen geistigen Wohlbefindens beteiligt. Jungtiere, die durch Trennung von ihren Müttern geplagt sind, weisen einen verminderten Endorphin-Spiegel auf. Es gibt Hinweise darauf, dass durch Nahrungszufuhr Endorphine im Verdauungssystem freigesetzt werden, was eine Erklärung für die vom Menschen beim Essen verspürte Lust sein mag.

Es gibt viele verschiedene Stoffe in der Familie der Endorphine, die unterschiedliche Wirkungen hervorbringen. Aus der Sicht der Chemie sind Endorphine Moleküle, die aus einem Riesen-Molekül hervorgehen; dies wiederum, so wurde kürzlich festgestellt, wird innerhalb eines noch grösseren Moleküls gelagert. Das Gehirn scheint – je nach Bedarf – diese Chemikalien aus einer Art «Kaltlagerung» zu beziehen.

Geistige Zustände wie Einsamkeit, Triebhaftigkeit, Ärger, Zuneigung, Schmerz und Glauben finden nicht einfach «im Kopf», sondern ebenso im Gehirn statt. Gehirn, Geist und Körper sind ein Kontinuum.

All unsere Gedanken – Willenskraft, Angst, Phantasien, Vorstellungskraft und Erwartungen – verändern die Chemie des Gehirns. Und es funktioniert auch umgekehrt; Gedanken können durch eine mittels Drogen, Nährstoffen und Sauerstoff bewirkte Veränderung in der Chemie des Gehirns gewandelt werden.

Das Gehirn ist hoffnungslos komplex. Der Biologe Lyall Watson sprach von dem sogenannten *Catch 22*-Phänomen der Gehirnforschung*:

«Wenn das Gehirn so einfach wäre, dass wir es verstehen könnten, dann wären *wir* so einfach strukturiert, dass wir es nicht verstehen könnten.»

---

* *Catch 22*: amerikanischer Anti-Kriegsfilm; steht symbolisch für Sinnlosigkeit und Widersprüchlichkeit.

HOLISMUS UND SYSTEM-THEORIE

Ironischerweise warfen die wissenschaftlichen Einsichten in bezug auf die ganzheitlichen Begabungen des Gehirns – dessen in der rechten Hemisphäre gelagerte Fähigkeit, Ganzheiten zu erfassen – ernsthafte Fragen über die wissenschaftliche Methode selbst auf. Die Wissenschaft hat stets versucht, die Natur dadurch zu verstehen, indem sie gewisse Elemente in ihre Teile zerlegte. Nun zeigt sich mit überwältigender Klarheit, dass *Ganzheiten nicht durch Analyse von Teilen verstanden werden können*. Dies ist einer jener intellektuellen Bumerange, ähnlich jenem mathematischen Beweis, wonach kein mathematisches System in sich selbst wirklich kohärent sein kann.

Die griechische Vorsilbe *syn* («zusammen mit»), wie sie in *Syn*these, *Syn*ergie und *Syn*tropie zu finden ist, gewinnt zunehmend an Bedeutung. Wenn einzelne Elemente zusammenkommen, geschieht etwas Neues. Wenn Dinge miteinander eine Beziehung eingehen, stellt sich etwas Neues, Kreativität und grössere Komplexität ein. Ob wir über chemische Reaktionen oder menschliche Gesellschaften sprechen, über Moleküle oder internationale Abkommen: es gibt Qualitäten, die nicht durch Betrachtung der einzelnen Komponenten vorausgesagt werden können.

Vor einem halben Jahrhundert versuchte Jan Smuts in seinem Buch *Holism and Evolution* Darwins Evolutionstheorie und Einsteins Physik mit seinen eigenen Ansichten zusammenzufügen, um die Evolution sowohl des Geistes als auch der Materie zu begründen.

Ganzheit, so Smuts, ist eine grundlegende Charakteristik des Universums – das Produkt der nach Synthese strebenden Natur. «Holismus ist selbstschöpferisch, und seine Endstrukturen sind *ganzheitlicher* als seine Anfangsstrukturen.» Diese Ganzheiten – in der Tat diese Verbindungen – sind dynamisch, evolutionär und kreativ. Sie drängen auf immer höhere Ordnungen der Komplexität und Integration. «Evolution», so schreibt Smuts, «hat einen sich stets steigernden, nach innen gewandten, spirituellen Charakter.»

Wie wir gleich feststellen werden, hat die moderne Wissenschaft die Ganzheit schaffende Eigenschaft der Natur bestätigt – jene Eigentümlichkeit, einzelne Elemente zu einem immer synergetischeren und sinnvolleren Muster zusammenzufügen.

Die «Allgemeine System-Theorie», ein damit verbundener moderner Begriff, besagt, dass jede Variable innerhalb eines gegebenen Systems auf so vollkommene Weise auf die anderen Variablen einwirkt, dass Ursache und Wirkung nicht voneinander getrennt werden können. Eine einzige Variable kann sowohl Ursache als auch Wirkung sein. Die Wirklichkeit wird nicht unbeweglich sein. Und sie kann nicht zerlegt werden! Man kann eine Zelle, eine Ratte, eine Gehirnstruktur, eine Familie oder eine Kultur nicht verstehen, falls man sie aus ihrem Kontext herauslöst und isoliert. *Die Beziehung zueinander bedeutet alles.*

Ludwig von Bertalanffy meint, dass die «Allgemeine System-Theorie» darauf abziele, die Prinzipien von Ganzheit und Selbstorganisation auf allen Ebenen zu verstehen:

> Ihre Anwendungsmöglichkeiten reichen von der Biophysik zellulärer Prozesse bis hin zur Dynamik ganzer Populationen, von den Problemen der Physik bis zu jenen der Psychiatrie und politischer sowie kultureller Einheiten...
>
> Die «Allgemeine System-Theorie» steht symptomatisch für eine Veränderung unserer Weltsicht. Wir betrachten die Welt nicht mehr im Sinne eines blinden Spiels der Atome, sondern vielmehr als eine grosse Organisation.

Diese Theorie besagt, dass aufgrund der Geschichte – mag diese auch interessant und lehrreich sein – die Zukunft absolut nicht vorausgesagt werden kann. Wer vermag schon zu sagen, was der Tanz der Variablen morgen... nächsten Monat... nächstes Jahr hervorbringen wird! Der Natur wohnt die Überraschung inne.

EVOLUTION: DAS NEUE PARADIGMA

In dem Buch *Die letzte Generation* von Arthur Clarke erklären die geheimnisvollen ausserirdischen Über-Herren, welche die Erde seit hundert Jahren regiert haben, dass sie nur einstweilige Beschützer der Menschheit seien. Trotz ihrer grossartigen intellektuellen Fähigkeiten befinden sich die Über-Herren in einer evolutionären Sackgasse, während den Menschen die Fähigkeit zur unbegrenzten Evolution eigen ist.

> Über uns steht der Übergeist, der uns so benutzt wie der Töpfer seine Scheibe. Und eure Rasse ist der Ton, der auf dieser Scheibe geformt wird.
>
> Es ist zwar bloss Theorie, doch glauben wir, dass der Übergeist zu wachsen versucht, um seine Macht und seine Bewusstheit des

Universums zu erweitern. Bis jetzt hatte er die Summe vieler Rassen zu sein, und vor langer Zeit liess er die Tyrannei der Materie hinter sich ... Er entsandte uns hierher, um seine Anordnungen auszuführen, um euch auf die Transformation vorzubereiten, die nun vor euch liegt ...

Über die Natur der Veränderung können wir nur sehr wenig berichten ... sie breitet sich explosionsartig aus, so, wie sich die Kristalle um den ersten Kern in einer gesättigten Lösung bilden.

Was Clarke in einer literarischen Metapher beschrieb, haben zahlreiche ernsthafte Wissenschafter in akademischen Begriffen zum Ausdruck gebracht. Sie vermuten, dass wir mit unserer eigenen Evolution wie mit einem Musikinstrument umgehen können.

Darwins Evolutionstheorie mit ihren Ansichten über zufällige Mutation und Selektion hat sich zur Erklärung sehr vieler Beobachtungen in der Biologie als hoffnungslos ungeeignet erwiesen. Genauso, wie Ungereimtheiten innerhalb der Newtonschen Physik Einstein dazu geführt haben, eine schockierende neue Theorie zu formulieren, so entwickelt sich ein erweitertes Paradigma, um unser Verständnis für die Evolution zu erweitern.

Darwin bestand auf der Ansicht, dass sich die Evolution in kleinen Schritten vollziehe. Steven Jay Gould, ein Biologe und Geologe der Harvard-Universität, vermerkt, dass T.H. Huxley unmittelbar vor der Veröffentlichung seines Buches *Die Abstammung des Menschen* Darwin geschrieben und diesem versprochen hatte, in seinem Namen und für seine Ideen zu kämpfen. Zugleich aber warnte er ihn, dass er durch das Bestehen auf der Idee der schrittweisen Evolution seine Argumentation unnötig belastet habe. Darwins Schilderung einer sich langsam vollziehenden Evolution widerspiegelte zum Teil seine Bewunderung für Charles Lyell, der die Ansicht einer schrittweisen Entwicklung in der Geologie befürwortete. Gould sagt weiterhin, dass nach Darwins Auffassung die Evolution eine erhabene und geordnete Entwicklung darstelle, «die sich derart langsam vollziehe, dass niemand darauf hoffen könne, sie in seinem Leben zu beobachten».

So, wie Lyell den Beweis für völlige Umwälzung in der Geologie ablehnte, ignorierte Darwin Probleme, die dasselbe Phänomen auf seinem eigenen Gebiet bewiesen. Es ist zwar richtig, dass es grosse Lücken, fehlende Sprossen auf der Leiter der Evolution zu geben schien, er war jedoch der Ansicht, dass es sich dabei einfach um Unvollkommenheiten innerhalb der schriftlichen Aufzeichnungen zur Geologie handle. Veränderung *schien* nur abrupt.

Aber bis zum heutigen Tag haben Fossilienfunde die benötigten, fehlenden Verbindungsstücke nicht ans Tageslicht gebracht. Gould bezeichnete die extreme Seltenheit von Fossilienfunden, die Übergangsformen des Lebens aufzeigen, als «das Betriebsgeheimnis der Paläontologie».

Junge Wissenschaftler, die sich mit einem steten Ausbleiben solcher fehlenden Verbindungsstücke konfrontiert sehen, sind der alten Theorie gegenüber zunehmend skeptisch. «Die alte Erklärung, dass die Aufzeichnung der Fossilienfunde unzulänglich war, stellt selber eine unzulängliche Erklärung dar» so Niles Eldredge vom Amerikanischen Museum für Naturgeschichte.

Gould und Eldredge schlugen unabhängig voneinander eine Lösung dieses Problems vor; eine Theorie, die mit den geologischen Funden vereinbar ist. Sowjetische Paläontologen haben eine ähnliche Theorie gebracht.

Der Punktionalismus oder das «unterbrochene» Gleichgewicht regt zu der Überlegung an, dass das Gleichgewicht des Lebens von Zeit zu Zeit durch starken Stress «unterbrochen» wird. Wenn ein kleiner Teil der Urpopulation an der Peripherie ihres gewohnten Lebensraums isoliert wird, entsteht daraus möglicherweise eine neue Spezies. Dies bedeutet auch, *dass die Population deshalb in verstärktem Masse gestresst wird, weil sie am Rande ihrer Toleranzgrenze lebt*. «Günstige Variationen verbreiten sich schnell», so meinte Gould, «kleine, an der Peripherie gelegene ‹Isolierstationen› bilden das Laboratorium für evolutionäre Veränderung.»

Die meisten Spezies ändern ihre Richtung während ihrer Existenz auf Erden nicht. «Innerhalb der Fossilienfunde treten sie in derselben Form in Erscheinung, wie sie wieder verschwinden», so Gould. Eine neue Spezies taucht plötzlich bei den geologischen Funden auf. Sie entwickelt sich nicht allmählich durch die beständige Veränderung ihrer Vorfahren, sondern *sie entwickelt sich mit einem Male und vollständig*.

Das alte Paradigma betrachtet die Evolution als das ständige Erklimmen einer Leiter, wohingegen Gould und andere Wissenschaftler sie mit einer Verzweigung verschiedener Äste eines Baumes vergleichen. In den letzten Jahren haben Anthropologen beispielsweise entdeckt, dass es im Verlauf der Geschichte gleichzeitig zumindest drei koexistierende Hominiden gegeben hat, jene Wesen, die sich über den Affen hinaus entwickelt hatten. Früher war man der Ansicht, dass diese drei verschiedenen Exemplare eine Sequenz bildeten. Nun weiss man jedoch, dass ein «Nachkomme» zu derselben Zeit gelebt hatte wie seine vermuteten Vorfahren. Mehrere unterschiedliche Stämme trennten sich vom Elternstamm, den niederen Primaten. Einige überlebten und entwickelten sich weiter, während andere verschwanden. Der mit dem Grosshirn ausgestattete *Homo sapiens* tauchte recht plötzlich auf.

Das neue Paradigma schreibt die Evolution periodisch vollzogenen Sprüngen kleiner Gruppen zu*.

Aus zumindest zwei Gründen ist diese veränderte Ansicht bedeutsam: Erstens erfordert sie im Sinne biologischer Veränderung einen kraftvolleren Mechanismus als die zufällige Mutation, und zweitens zeigt sie uns die Möglichkeit einer schnellen Evolution in unserer Zeit auf, falls das Gleichgewicht der Spezies durch Stress unterbrochen wird. In der modernen Gesellschaft wird Stress mehr an den vordersten Fronten unserer psychologischen denn unserer geographischen Grenzen erfahren. Seit unsere physischen Grenzen bis auf die Erforschung des Raumes nahezu ausgeschöpft sind, wird Pionierarbeit zu einem zunehmend seelisch-spirituellen Wagnis.

Aufgrund dessen, was wir über die Natur grundlegender Veränderung lernen, wird die Transformation der menschlichen Spezies immer unwahrscheinlicher.

Gould machte darauf aufmerksam, dass die Europäer im 19. Jahrhundert sowohl in der Geologie als auch bei der Evolutionstheorie den Gedanken einer schrittweisen Entwicklung förderten; letztere stimmte mit der vorherrschenden Philosophie besser überein, die sämtliche Revolutionen – sogar jene in der Natur – verabscheute. Gould vertritt die Meinung, dass unsere Philosophien das begrenzen, was wir uns selbst zu erkennen erlauben**.

Wir benötigen pluralistische Philosophien, die uns die Freiheit geben, die Richtigkeit zahlreicher Standpunkte zu erkennen.

---

* Der wissenschaftliche Autor George Alexander beschrieb die neue Theorie folgendermassen: «Während man im Rahmen einer schrittweisen Entwicklung die Evolution mit einer langsamen, würdevollen Parade vergleichen würde, der sich viele zugesellen, um sie wieder zu verlassen, fasst die Idee des unterbrochenen Gleichgewichts mehr eine Reihe von Parties und Strassenfesten ins Auge. Diese örtlichen Ereignisse ... behaupten sich im Grunde allein.»

** Der Kunstkritiker und Historiker Rudolf Arnheim wies darauf hin, dass Europa das zweite Gesetz der Thermodynamik bei dessen erster Formulierung deshalb aufgriff, weil sich damit alles, was falsch zu funktionieren schien, erklären liess. «Die Sonne wurde kleiner und die Erde kälter», und der allgemeine Zerfall in einen Zustand der Entropie wurde auch in der sinkenden Armeedisziplin, im gesellschaftlichen Zerfall, in der sinkenden Geburtenrate, in der Zunahme von Geisteskrankheiten und Tuberkulose usw. deutlich.

Wenn der Gedanke einer schrittweisen Entwicklung mehr ein Produkt westlichen Denkens als eine Wahrheit der Natur darstellt, dann sollten wir alternative Philosophien der Veränderung in Erwägung ziehen, um unseren Bereich zu erweitern und unsere aufgezwungenen Vorurteile zu sprengen. In der Sowjetunion beispielsweise werden die Wissenschaftler im Sinne einer völlig anderen Philosophie der Veränderung ausgebildet ... Man spricht dort von der «Transformation der Quantität in Qualität.» Dies mag wie Hokuspokus klingen, doch es spielt auf die Tatsache an, dass sich nach einer langsamen Akkumulation verschiedener Formen von Stress – denen sich ein System bis ans Ende seiner Kräfte widersetzt – eine Veränderung durch grosse Sprünge vollzieht. Wenn man Wasser erhitzt, wird es schliesslich den Siedepunkt erreichen. Falls man Arbeiter mehr und mehr unterdrückt, werden sie plötzlich ihre Ketten sprengen.

Laut neuen Forschungsergebnissen kann die Evolution durch gewisse genetische Mechanismen beschleunigt werden. Es konnte gezeigt werden, dass Gene und Teile der DNA «abspringen», um sich an die Chromosomen von Bakterien und gewisser anderer Lebensformen anzukoppeln; dies deutet darauf hin, dass die Chromosomen möglicherweise ununterbrochen umgewandelt werden. Forscher haben die Vermutung aufgestellt, dass ein genetisches Überarbeiten dieser Art in *allen* Formen des Lebens zu erwarten sei.

Gewisse Teile der DNA scheinen zu dem normalen Produkt der Gene überhaupt nichts beizutragen. Der Forscher Walter Gilbert von der Harvard-Universität bezeichnete die Entdeckung solch intervenierender, im Kontext des genetischen Codes unsinnig erscheinender Sequenzen als «erschreckend». Die britische Zeitschrift *New Scientist* bemerkte treffend: «Unser eigentliches Konzept eines Gens gerät nun in Zweifel.» Die DNA verkörpert vielleicht nicht das konsistente Archiv, wie Biologen angenommen hatten, sondern vielmehr ein ständiges Fliessen – «ein dynamisches System, in dem sich Ansammlungen von Genen ausdehnen und zusammenziehen und in das frei bewegliche Element hinein- und hinausspringen»*.

---

* Die Evolution, von der man glaubte, dass sie Tausende von Jahren benötige, vollzieht sich vielleicht schon innerhalb einer Generation. Dies kann man aus der kürzlich beobachteten Geburt eines «Siabon» (sprachliche Kunstform) schliessen, der Nachkomme eines männlichen Gibbon und eines weiblichen Siamangs, zwei genetisch ungleiche Affen. Wissenschaftler stellen nun Spekulationen an, dass die vielfältigen Neuanordnungen des genetischen Materials eher jene primären, eine Abweichung der Rassen auslösenden Mechanismen sein mögen als akkumulierte Mutationen.

Der Entdecker des Vitamin C, der Biochemiker und Nobelpreisträger Albert Szent-Györgyi, vertritt die Ansicht, dass die Hinwendung zu einer höheren Ordnung ein grundlegendes Prinzip der Natur sei. Er nennt dies charakteristischerweise *Syntropie* – das Gegenteil von Entropie. Ferner ist er der Ansicht, dass lebende Materie einen ihr innewohnenden Drang nach Selbstvervollkommnung besitze. Vielleicht übermittelt die Peripherie der Zelle in einem lebendigen Organismus tatsächlich Informationen zum Kern der DNA zurück, und verändert damit die Anweisungen. «Schliesslich», so meint er, «war bis vor wenigen Jahren noch nicht einmal bekannt, wie die DNA der Zelle überhaupt die Anweisungen erteilt. Es mag sein, dass ein ebenso eleganter Prozess diese Anweisungen verändert.»

Er lehnt den Gedanken ab, wonach zufällige Mutationen für die Kultivierung lebendiger Materie verantwortlich sein sollten. Biologische Reaktionen sind Kettenreaktionen, und die Moleküle passen präziser zusammen als die Zahnräder einer Schweizer Uhr. Wie könnten sie sich dann aber zufällig entwickelt haben?

Wenn nur eines dieser speziellen «Zahnräder» innerhalb dieser Abfolge verändert wird, dann muss das ganze System einfach unwirksam werden. Zu behaupten, dass es durch zufällige Mutation eines Verbindungsteiles verbessert werden könne, klingt für mich so wie die Behauptung, dass man eine Schweizer Uhr dadurch verbessere, dass man sie fallen lässt, damit sich eines ihrer Räder oder Achsen verbiegt. Um eine Uhr zu verbessern, muss man alle Räder gleichzeitig austauschen – nur so ist erneut ein gutes Funktionieren gewährleistet.

Biologen haben beobachtet, dass es zahlreiche «entwickelte» Eigenschaften gibt, die entweder vollständig oder gar nicht auftreten. Dazu gehört etwa die Struktur der Vögel, welche sie zum Fliegen befähigt, eine Eigenschaft, die nicht durch die Prinzipien zufälliger Mutation und Selektion hätte auftreten können. Nur mit einem Flügel ausgestattet, hätte das Tier keinerlei Überlebenschancen mehr. Die Flügel hätten zudem keinen Nutzen gehabt, wenn sich nicht gleichzeitig auch die Struktur der Knochen verändert hätte.

Evolution bedeutet wirkliche Transformation, Neuformung der grundlegenden Struktur und nicht einfach ein Hinzufügen.

Es gibt sogar innerhalb niederer Lebensformen evolutionäre Errungenschaften, die so phantastisch sind, dass sich unsere grossartigsten Theorien daneben dürftig ausnehmen. In dem Buch *African Genesis* erzählt Robert Ardrey von einem Erlebnis in Kenia, wo ihn Louis Leakey auf etwas aufmerksam machte, das wie eine korallenfarbene, wie eine Hyazinthe aus vielen kleinen Blütenblättern bestehende Blume aussah. Bei näherer Betrachtung erwies sich jedes der länglichen Blütenblätter als der Flügel eines Insekts. Dies, so sagte Leakey, seien kleine flache Käfer.

Überrascht bemerkte Ardrey, dass dies sicherlich ein bemerkenswertes Beispiel für schützende Imitationen in der Natur sei. Leakey hörte vergnügt zu und erklärte dann, dass die korallene Blume, die von den kleinen flachen Käfern «imitiert» wird, in der Natur nicht vorkommt.

Zudem enthält jedes Gelege der Weibchen zumindest einen kleinen flachen Käfer mit grünen – nicht korallenfarbenen – Flügeln sowie einige Käfer mit dazwischenliegenden Farbschattierungen.

> Ich schaute genau hin. An der Spitze dieser Insektenblume war ein einziger grüner Käfer. Hinter ihm waren ein halbes Dutzend nur zum Teil ausgewachsener Blütenblätter, die nur eine Spur korallenfarben waren. Hinter diesen wiederum sass auf dem Zweig die vollständige Gesellschaft der kleinen flachen Käfer, die alle mit Flügeln wie aus reinster Koralle ausgestattet waren; sie alle hockten da, die Schöpfung dieser «Blume» zu vervollständigen und die Augen der hungrigen Vögel zu täuschen.
>
> Leakey rüttelte an dem Stengel. Die überraschte Kolonie erhob sich von ihrem Zweig, und alsbald war die Luft von kleinen flachen Käfern erfüllt. Danach kehrten sie auf ihren Zweig zurück. Sie liessen sich in keiner besonderen Anordnung nieder, und für einen Augenblick war der Zweig von der zufälligen Bewegung dieser kleinen Wesen erfüllt, die sich gegenseitig über die Schultern kletterten. Aber die Bewegung war keineswegs zufällig.
>
> Kurz danach war der Zweig ruhig, und man hielt ihn wieder für eine Blume.

Auf welche Weise hatten sich die kleinen flachen Käfer so entwickelt? Woher wissen sie um ihre bestimmten Standorte, und wie gelangen sie dorthin, indem sie übereinanderkrabbeln wie Schulkinder, die ihre Plätze einnehmen? Colin Wilson machte den Vorschlag, dass unter den Käfern nicht bloss eine Art gemeinschaftliches Bewusstsein vorhanden sei, sondern dass ihre eigentliche Existenz auf einer in den Genen verankerten telepathischen Verbundenheit beruhe. Die Gemeinschaft der kleinen flachen Käfer stellt in gewisser Weise ein einziges Individuum, ein einziges Bewusstsein dar, dessen Gene durch eine *kollektive* Notwendigkeit beeinflusst worden sind.

Ist es möglich, dass auch wir eine kollektive Notwendigkeit ausdrükken, die sich auf einen evolutionären Sprung vorbereitet? Der Physiker John Platt ist der Ansicht, dass die Menschheit gegenwärtig eine Art evolutionäre Schockfront erfährt und dass sie «sich sehr schnell zu derlei koordinierten Formen entwickeln könnte, die sie bis anhin nie gekannt hat ... Formen, welche die ganze Zeit im biologischen Material vorhanden gewesen sind, genauso, wie der Schmetterling mit Sicherheit der Raupe innewohnt.»

DIE WISSENSCHAFT DER TRANSFORMATION

Wenn die Puzzle-Spiele und Paradoxien lautstark nach einer Lösung rufen, hat dies ein neues Paradigma zur Folge. Glücklicherweise entwickelt sich nun eine tiefgreifende und kraftvolle neue Erklärung für eine rasche – biologische, kulturelle und persönliche – Evolution. Die Theorie der dissipativen Strukturen brachte 1977 dem belgischen Physiker und Chemiker Ilya Prigogine den Nobelpreis für Chemie ein. Diese Theorie mag für die Wissenschaften im allgemeinen einen genauso bedeutenden Durchbruch darstellen, wie es Einsteins Theorien für die Physik waren. Sie überbrückt die entscheidende Kluft zwischen der Biologie und der Physik – das fehlende Bindeglied zwischen lebenden Systemen und dem offensichtlich leblosen Universum, in dem die lebenden Systeme entstanden sind.

Die Theorie erklärt «irreversible Prozesse» in der Natur – die Entwicklung immer höherer Lebensformen. Prigogine, dessen früheres Interesse der Geschichte und den Geisteswissenschaften galt, empfand, dass die Wissenschaft insbesondere den Faktor *Zeit* ausser acht liess. Im Newtonschen Universum wurde die Zeit nur in bezug auf die Bewegung und auf die Flugbahn eines sich bewegenden Objektes betrachtet. Prigogine betonte jedoch stets, dass es viele Aspekte der Zeit gibt: Zerfall, Geschichte, Evolution, die Schöpfung neuer Formen und neuer Ideen. Wo war im alten Universum der Platz für das *Werden?*

Prigogines Theorie löst das grundlegende Rätsel, wie es lebenden Systemen gelang, sich ständig in einem Universum weiterzuentwickeln, von dem angenommen wird, dass es sich selbst «erschöpft».

Diese Theorie ist zudem für das tägliche Leben, für den *Menschen* von Bedeutung. Sie bietet ein wissenschaftliches Modell der Transformation auf jeder Ebene. Sie erklärt die entscheidende Bedeutung von Stress im Rahmen der Transformation – und sie erklärt den der Natur innewohnenden Impuls in Richtung Transformation!

Wie wir feststellen werden, sind die durch die Theorie der dissipativen Strukturen enthüllten Prinzipien sehr hilfreich für das Verständnis grundlegender Veränderungen auf dem Gebiet der Psychologie, der Erziehung, des Gesundheitswesens, der Soziologie, ja sogar der Politik und des Wirtschaftslebens. Die Theorie ist vom Verkehrsministerium der Vereinigten Staaten zu Prognosen im Strassenverkehr angewandt worden. Wissenschaftler vieler Disziplinen verwenden sie innerhalb ihres eigenen Spezialgebietes. Die Möglichkeiten sind unendlich.

Die Essenz der Theorie ist nicht schwer verständlich, wenn wir einmal eine gewisse semantische Verwirrung abgelegt haben. Zur Beschreibung der Natur gebrauchen Naturwissenschaftler häufig Worte der Umgangssprache in deren buchstäblichem Sinn – Worte, denen wir ebenso abstrakte Bedeutung und stark emotional belastete Werte zuordnen. Um Prigogines Theorie verstehen zu können, müssen wir uns traditioneller Werturteile über Worte wie «Komplexität», «Energieverbrauch», «Kohärenz», «Instabilität» und «Gleichgewicht» enthalten.

Betrachten wir zunächst nochmals kurz die Art und Weise, wie die Natur von Ordnung und Modellplänen erfüllt ist: Blumen und Insekten-Stämme, zellulare Interaktionen, Pulsar-Sterne und Quasare, der DNA-Code, biologische Uhren, der symmetrische Energieaustausch beim Zusammenprall subatomarer Teilchen und Gedächtnismuster des menschlichen Geistes.

Als nächstes sei daran erinnert, dass auf einer grundlegenden Ebene der Natur nichts unverrückbar festgelegt ist. Diese Muster befinden sich in ständiger Bewegung. Sogar ein Fels ist ein Tanz der Elektronen.

Einige Formen in der Natur sind *offene Systeme,* die in einen kontinuierlichen Energieaustausch mit der Umgebung involviert sind. Ein Samen, ein Ei und ein lebendes Wesen sind alles offene Systeme. Prigogine gibt als Beispiel eine Stadt an: Sie nimmt aus dem sie umgebenden Bereich Energie auf (Kraftquellen und Rohstoffe), wandelt diese im Fabrikationsprozess um und gibt an die Umgebung wieder Energie ab. Andererseits findet in *geschlossenen Systemen* – Beispiele dafür sind ein Fels, eine Tasse kalten Kaffees, ein Holzscheit – keine innere Transformation von Energie statt.

Prigogines Begriff für offene Systeme lautet *dissipative Strukturen.* Dies bedeutet, dass die Form oder Struktur dieser Systeme durch einen fortwährenden Verbrauch von Energie (dissipativ=energieverbrauchend) aufrechterhalten wird. Genauso, wie Wasser durch einen Strudel fliesst und diesen gleichzeitig erschafft, fliesst durch die dissipative Struktur Energie, während die Energie gleichzeitig die Struktur bildet. Alle Lebewesen und einige nichtlebende Systeme (zum Beispiel gewisse chemische Reaktionen) sind dissipative Strukturen. Sie können gut als eine *fliessende Ganzheit* beschrieben werden. Sie ist in höchstem Masse organisiert, befindet sich jedoch ständig in Entwicklung.

Nun bedenke man die Bedeutung des Wortes *komplex:* zusammengeflochten. Eine komplexe Struktur ist an vielen Punkten und auf vielerlei Arten verbunden. Je komplexer eine dissipative Struktur ist, desto mehr Energie wird für die Aufrechterhaltung all dieser Verbindungen benötigt. Sie ist deshalb gegenüber inneren Fluktuationen verwundbarer. Man sagt, sie ist «weit vom Gleichgewicht entfernt». (In den Naturwissenschaften bedeutet Gleichgewicht nicht gesunde Ausgeglichenheit. Es bezieht sich auf die absolut zufällige Verbreitung von Energie. Dieses Gleichgewicht ist eine Art Tod.)

Da diese Verbindungen nur durch ein Fliessen von Energie aufrechterhalten werden können, befindet sich das System in ständiger Veränderung. Man achte auf das Paradox: je *kohärenter* oder komplexer die Struktur verbunden ist, desto unstabiler ist sie. Erhöhte Kohärenz bedeutet erhöhte Instabilität! *Diese eigentliche Instabilität ist der Schlüssel zur Transformation.* Prigogine zeigte mit seinen eleganten mathematischen Berechnungen, dass der eigentliche Verbrauch von Energie das Potential für eine plötzliche Neuordnung darstellt.

Die ununterbrochene Bewegung von Energie durch das gesamte System resultiert in Fluktuationen; wenn diese gering sind, werden sie durch das System abgeschwächt und verändern dessen innere Integrität nicht. Erreichen die Fluktuationen jedoch einen gewissen entscheidenden Umfang, so «beunruhigen» sie das System. Sie erhöhen die Anzahl neuer innerer Interaktionen. Sie rütteln es auf. Die Elemente des alten Musters kommen miteinander auf neue Art und Weise in Berührung und schaffen neue Verbindungen. *Die Teile fügen sich zu einem neuen Ganzen. Das System flüchtet sich in eine höhere Ordnung.*

Je komplexer oder kohärenter eine Struktur, desto höher die nächste Ebene der Komplexität. Jede Transformation macht die nächste wahrscheinlicher. Jede neue Ebene ist sogar noch integrierter und verbundener als die vorherige; sie erfordert zu ihrer Aufrechterhaltung einen grösseren Fluss von Energie und ist daher noch instabiler. Mit anderen Worten: Flexibilität erzeugt Flexibilität. Prigogine drückt es so aus: Auf höheren Ebenen der Komplexität «verändert sich die Natur der Naturgesetze». Das Leben «verschlingt» Entropie. Leben besitzt das Potential, neue Formen zu schaffen, indem es ein Aufrütteln alter Formen zulässt.

Die Elemente einer dissipativen Struktur arbeiten zusammen, um diese Transformation des Ganzen zu bewerkstelligen. Prigogine machte die Beobachtung, dass bei einer solchen Veränderung sogar Moleküle nicht bloss auf ihre unmittelbaren Nachbarn einwirken, «sondern ebenso ein kohärentes Verhalten zeigen, das zu den Bedürfnissen des gesamten Organismus passt». Auf unterschiedlichen Ebenen arbeiten Insekten innerhalb ihrer Kolonien, Menschen innerhalb ihrer gesellschaftlichen Formen zusammen.

Ein jüngstes Beispiel für eine neue dissipative Struktur zeigte sich, als im Rahmen eines Experiments Bakterien in Wasser gegeben wurden, ein Medium, das für das Leben der Bakterien eine ungewohnte Belastung darstellt. Die Bakterien begannen auf höchst organisierte Art aufeinander einzuwirken, so dass es einigen gelang zu überleben.

Die sogenannte Zhabotinskii-Reaktion, eine dissipative Struktur in der Chemie, verursachte in den sechziger Jahren unter Chemikern eine kleine Sensation. In diesem erregenden Beispiel der Natur für die Schaffung von Mustern in Raum und Zeit entfalten sich in einer Lösung im Laborglas wunderschöne spiralige Formen, während die Farben der Lösung vibrieren und in regelmässigen Intervallen von Rot zu Blau wechseln. In ähnlicher Weise erscheint beim Erhitzen bestimmter Öle ein komplexes Muster von Sechsecken. Je grösser die Hitze, desto komplexer das Muster. Die Veränderungen vollziehen sich plötzlich und nicht linear. Dabei wirken vielfältige Faktoren gleichzeitig aufeinander ein*.

Die Idee, dass eine neue Ordnung durch Unruhe geschaffen wird, kommt einem zunächst befremdlich vor, so als schüttelte man eine wahllos mit Wörtern gefüllte Schachtel, um sodann einen vollständigen Satz auf den Tisch zu schütten. Dabei zeigt unser traditionelles Wissen durchaus parallele Züge. Wir wissen, dass Stress häufig genug urplötzlich neue Lösungen hervorbringt; dass eine Krise uns häufig genug auf neue Möglichkeiten hinweist; dass der kreative Prozess Chaos verlangt, um neue Formen zu entwickeln; dass ein Individuum aus Leid

---

* Nicht-lineares Verhalten ist keineswegs geheimnisvoll. Als Beispiel aus dem täglichen Leben führt Prigogine dichten Autobahnverkehr an. Bei geringer Verkehrsdichte kann man auf lineare Weise fahren; man muss nur selten verlangsamen oder die Fahrspur wechseln, man fährt mehr oder weniger so, wie man will. Bei hoher Verkehrsdichte hingegen «herrscht ein neues System vor – Wettbewerb zwischen einzelnen Ereignissen». Man fährt nicht nur, sondern wird vom System *gefahren*. Alle Autos beeinflussen sich jetzt gegenseitig.

und Konflikten oft gestärkt hervorgeht und dass die Gesellschaft ein gesundes Mass an Meinungsverschiedenheiten benötigt.

Die menschliche Gesellschaft bietet ein Beispiel für spontane Selbstorganisation. In einer ziemlich dicht bevölkerten Gesellschaft hat jedes Mitglied – durch gegenseitiges Schliessen von Bekanntschaften – innerhalb des gesamten Systems mehr Berührungspunkte über Freunde und deren Freunde. *Je grösser die Instabilität und Mobilität der Gesellschaft, desto mehr Interaktion.* Dies bedeutet ein grösseres Potential für neue Verbindungen, neue Organisationen, kurz: Abwechslungsreichtum. Genauso, wie sich im Lauf der Evolution gewisse Zellen oder Organe im Körper spezialisieren, so finden sich auch Menschen mit gemeinsamen Interessen und verfeinern durch gegenseitiges Stimulieren und Austauschen von Ideen ihre besonderen Eigenschaften.

Die Theorie der dissipativen Strukturen bietet durch eine andersdenkende Minderheit, wie sie die Verschwörung im Zeichen des Wassermanns darstellt, ein wissenschaftliches Modell für die Transformation der Gesellschaft. Prigogine hat hervorgehoben, dass diese Theorie «das Gesetz der grossen Zahl verletzt». Auch haben Historiker seit langem darauf hingewiesen, dass eine kreative Minderheit eine Gesellschaft neu organisieren kann. «Die historische Analogie ist so offensichtlich», sagte Prigogine. «Fluktuationen, das Verhalten kleiner Gruppen von Menschen, können das Verhalten einer Gruppe insgesamt völlig verändern.»

Entscheidende Unruhen – «eine Dialektik zwischen Masse und Minderheit» – können die Gesellschaft auf «einen neuen Standard» bringen. Prigogine meinte, dass Gesellschaften eine begrenzte Integrationskraft besitzen. Jedesmal, wenn eine solche Unruhe grösser ist als die Fähigkeit der Gesellschaft, sie «zu dämpfen», sie zu unterdrücken, wird die gesellschaftliche Organisation entweder (a) zerstört werden oder (b) einer neuen Ordnung Platz machen.

Kulturen, so bemerkte Prigogine, sind die kohärentesten und unerklärlichsten dissipativen Strukturen. Eine entscheidende Zahl von Fürsprechern der Veränderung können «eine bevorzugte Richtung» schaffen, so wie die innere Struktur eines Kristalls oder eines Magneten das Ganze zusammenhält.

Aufgrund ihrer Grösse und Dichte sind moderne Gesellschaften enormen inneren Fluktuationen ausgesetzt. Diese können Veränderungen zu einer höheren, reichhaltigeren Ordnung auslösen. Nach Prigogine können sie pluralistischer und abwechslungsreicher werden.

Wir werden durch Interaktion mit der Umgebung transformiert. Die Naturwissenschaften sind heute in der Lage, das grosse und letzte

Paradoxon genauso bewundernswert auszudrücken wie die Geisteswissenschaften; unser Bedürfnis, uns mit der Welt zu verbinden (Beziehung) und unsere einzigartige Position in derselben zu definieren (Autonomie).

Prigogine bestätigte eine grosse Ähnlichkeit zwischen der «Wissenschaft des Werdens» und der Vision östlicher Philosophien, der Dichter, Mystiker und Wissenschaftsphilosophen wie Henri Bergson und Alfred North Whitehead. Er nannte es «eine tiefgehende kollektive Vision». Er vertritt die Ansicht, dass der Bruch zwischen den beiden Kulturen sich *nicht* dergestalt vollzieht, wie Snow es sich dachte, dass nämlich die Vertreter der Geisteswissenschaften nicht genügend naturwissenschaftliche Werke lesen, und umgekehrt.

«Einer der grundlegenden Aspekte der Geisteswissenschaften ist die Zeit – die Art und Weise, wie die Dinge sich verändern. Die Gesetze der Veränderung. Solange in der Physik und der Chemie allein diese naiven Ansichten über Zeit Gültigkeit besassen, hatte die Naturwissenschaft der Kunst wenig zu bieten.» Heute bewegen wir uns in den Naturwissenschaften von einer Welt der Quantität in eine Welt der Qualität – in eine Welt, in der wir uns selbst erkennen können, in Richtung «einer menschlichen Physik». Diese Schau der Welt geht über Dualität und traditionelle Auffassungen hinaus, hin zu einer vielumfassenden, kulturell pluralistischen Weltanschauung, zur Erkenntnis, dass höher entwickeltes Leben nicht durch «Gesetze» eingegrenzt wird, sondern fähig ist zu uneingeschränkter Erneuerung und alternierenden Wirklichkeiten.

Und dieser Standpunkt wurde von vielen Dichtern und Schriftstellern wie z. B. Tagore und Pasternak vertreten ... Die Tatsache, dass wir die Wahrheit der Wissenschaftler und die Wahrheit der Dichter benennen können, liefert bereits den Beweis dafür, dass wir das Problem zwischen den «beiden Kulturen» irgendwo überbrücken können und die Grundlagen für einen neuen Dialog geschaffen sind.

Wir bewegen uns auf eine neue Einheit zu – auf eine nichttotalitäre Wissenschaft, in der wir nicht länger versuchen, eine Ebene gegenüber einer anderen im Wert herabzumindern.

DAS GEHIRN ALS EINE DISSIPATIVE STRUKTUR

Lange bevor Prigogines Theorie experimentell bestätigt wurde, verblüffte ihre Bedeutsamkeit einen israelischen Forscher namens Aharon Katchalsky. Katchalsky, Wissenschaftler auf dem Gebiet der physikalischen Chemie, hatte viele Jahre hindurch dynamische Muster der Gehirnfunktion untersucht. Er versuchte, Aufschluss darüber zu erlangen, wie das Gehirn ganzheitlich funktioniert, welche Bedeutung seine Rhythmen und Schwingungen haben.

Das Gehirn schien das vollkommene Beispiel einer dissipativen Struktur, das Äusserste an Komplexität zu sein; charakterisiert durch Form und Leistung, durch Interaktion mit der Umgebung, plötzliche Verschiebungen und durch Sensibilität gegenüber Störungen. Es verschlingt den Löwenanteil an Körperenergie – bei nur 2 Prozent des Körpergewichts verbraucht es 20 Prozent des verfügbaren Sauerstoffs. Das Auf und Ab des Energiezuflusses im Gehirn ist für eine unstabile dissipative Struktur charakteristisch.

Im Frühjahr 1972 organisierte Katchalsky am Massachusetts Institute of Technology einen Arbeitskreis führender Gehirnforscher, um Prigogines kürzlich entwickelte Theorie der Neurowissenschaft vorzustellen. Auch präsentierte Katchalsky seine eigenen kumulativen zusätzlichen Nachweise dynamisch sich organisierender Eigenschaften der Natur und wie sie durch plötzliche, heftige Fluktuationen beeinflusst werden.

Die Theorie der dissipativen Strukturen mag dynamische Muster von Gehirnfunktionen mit Übergangsstadien des Geistes in Verbindung bringen. Er erläuterte, dass die Gestaltpsychologie schon lange von plötzlichen Übergängen und Wahrnehmungssprüngen Notiz genommen hatte. «Die Neustrukturierung einer individuellen Persönlichkeit kann eine unerwartete Form annehmen, etwa bei Geistesblitzen, beim Erlernen neuer Handfertigkeiten, beim Sichverlieben oder bei der Wandlung eines Saulus zum Paulus».

Im Verlauf derselben Tagung prophezeite Vernon Rowland von der Case Western Revere University, dass dieser wissenschaftliche Ansatz in der Gehirnforschung das alte Geheimnis lüften würde: den Unterschied, dass ein Ding in seiner Gesamtheit grösser ist als die Summe seiner Bestandteile. Kooperation schien der Schlüssel; je komplexer ein System, desto grösser sein Potential für Selbst-Transzendenz.

Obwohl die Theorie für die meisten Teilnehmer neu war, stimmte man rasch überein, dass weitere Studien sowie eine Synthese unternommen werden sollten. Ein völlig neues Wissensgebiet schien zu entstehen. Vielleicht bot die Idee dissipativer Strukturen den Schlüssel zu weiterem Fortschritt in der Gehirnforschung, die dringend etwas anderes als den damals gegenwärtigen linearen Ansatz zu benötigen schien. Man beschloss, dass Katchalsky zukünftige Treffen vorbereiten, die Arbeit anleiten und die Ergebnisse koordinieren sollte.

Zwei Wochen später starb Katchalsky im Kugelregen eines Terroranschlags auf dem Flughafen von Tel Aviv.

Er hatte eine heisse Spur vielversprechender Zusammenhänge gefunden. Man betrachte die Theorie der dissipativen Strukturen, wie sie möglicherweise auf das menschliche Gehirn und das Bewusstsein anzuwenden ist. Sie ist hilfreich bei der Erklärung der transformativen Kraft der Psychotechnologien – warum sie etwa Konditionierungen durchbrechen können, die bei normalen Bewusstseinszuständen gegenüber Veränderung resistent sind.

Gehirnwellen reflektieren *Fluktuationen von Energie*. Ansammlungen von Neuronen werden ausreichend elektrisch aktiviert, um per EEG aufgezeichnet werden zu können. Bei normalem Bewusstseinszustand dominieren im EEG der meisten Menschen kurze, schnelle Gehirnwellen (Beta-Rhythmen). Im Beta-Zustand richtet sich unsere Aufmerksamkeit mehr auf die äussere Welt als auf die innere Erfahrung. Meditation, Tagträume, Entspannungsübungen und andere ausgesuchte Psychotechnologien neigen dazu, langsamere und grössere Gehirnwellen, die als Alpha- und Theta-Rhythmus bekannt sind, zu verstärken. Mit anderen Worten: aufs Innere gerichtete Aufmerksamkeit bringt eine grössere Fluktuation im Gehirn hervor. *Bei veränderten Bewusstseinszuständen können die Fluktuationen ein kritisches Stadium erreichen, genug, um den Wechsel zu einer höheren Organisationsebene zu bewirken.*

Erinnerungen, einschliesslich tief verwurzelter Verhaltens- und Gedankenmuster, sind dissipative Strukturen. Sie stellen im Gehirn gespeicherte Muster oder Formen dar. Erinnern wir uns daran, dass *kleine* Fluktuationen in einer dissipativen Struktur durch die bestehende Form unterdrückt werden; sie zeigen keine langanhaltende Wirkung. Grössere Fluktuationen von Energie können in der alten Struktur jedoch nicht gebändigt werden. Sie schicken Wellen durch das ganze System hindurch und schaffen damit unerwartete neue Verbindungen. Folglich ist eine Veränderung alter Muster am wahrscheinlichsten, wenn die Unruhe oder die Erschütterung ihr Höchstmass erreicht hat – in Bewusstseinszuständen aktiviert, in denen kein bedeutsamer Energiefluss zu verzeichnen ist.

Prigogines Theorie ist hilfreich bei der Deutung aufsehenerregender Wirkungen, die zeitweilig bei Meditation, Hypnose oder gelenktem Bilderleben beobachtet werden: die plötzliche Erlösung von einer lebenslangen Phobie oder einem langwierigen Leiden. Jemand, der eine traumatische Erfahrung in einem Zustand höchst konzentrierter Aufmerksamkeit auf das Innere neu durchlebt, stört das Muster dieser spezifischen alten Erinnerung. Dies löst eine Neuorganisation aus – eine neue dissipative Struktur.

Das alte Muster ist durchbrochen.

Der «empfundene Wechsel» bei der sogenannten «Technik der Aufmerksamkeit» nach Eugene Gendlin, der durch einen plötzlichen Phasenübergang in den harmonischen Alpha-Bereich im EEG gekennzeichnet wird, ist wahrscheinlich das Auftreten einer neuen Erkenntnis – einer neuen dissipativen Struktur. Ähnliche Phasenübergänge in meditativen Zuständen wurden mit subjektiven Berichten von Einsichten in Verbindung gebracht.

Ein festgefahrenes Gedankenmuster, ein altes Paradigma, ein Zwangsverhalten, eine impulsive Reaktion ... das alles sind dissipative Strukturen, die einer plötzlichen Erweiterung fähig sind. Die neue Struktur ist wie ein erweitertes Paradigma. Und die Unruhe, die in einer dissipativen Struktur die neue Ordnung hervorruft, ist analog zu der Krise, die den Wechsel zu einem neuen Paradigma anregen hilft.

Stets aufs neue werden die Befehle der Natur wiederholt:

Moleküle und Sterne, Gehirnwellen und Konzepte, Individuen und Gesellschaften – alle besitzen das Potential für Transformation.

Wie ein Fahrzeug auf einer abschüssigen Ebene wird Transformation, einmal in Bewegung gesetzt, an Geschwindigkeit zunehmen.

Jedes Ganze transzendiert seine einzelnen Bestandteile mittels seiner inneren Kohärenz, seiner Bereitwilligkeit zu Kooperation und seinem Offensein gegenüber Einflüssen von aussen.

Je höher auf der evolutionären Skala, desto mehr Freiheit zu Neuorganisation. Eine Ameise lebt ihrem Schicksal gemäss; der Mensch formt es sich.

Evolution ist ein ständiges Aufbrechen und Umformen, um neue, vollkommenere Ganzheit zu schaffen. Sogar unser genetisches Material befindet sich in ständigem Fluss.

Wenn wir versuchen, als geschlossene Systeme zu leben, so sind wir zum Rückgang verurteilt.

Wenn wir unsere Bewusstheit erweitern, neue Informationen aufnehmen und aus der ausserordentlichen Integrations- und Schlichtungsfähigkeit des Gehirns Nutzen ziehen, können wir uns in grossen Sprüngen weiterentwickeln.

PSI: DAS UNBEKANNTE IN DER PHYSIK UND IN DER PARAPSYCHOLOGIE

Um sich des Ausmasses, in dem die Komplexität der Natur die alltägliche Logik transzendiert, völlig bewusst zu sein, braucht man nur einmal das Wolkenkuckucksheim der Quantenphysik oder die Laboratorien der Parapsychologie aufzusuchen. Sowohl in der theoretischen Physik wie auch in der Parapsychologie bezeichnet der griechische Buchstabe *Psi* das Unbekannte.

Jeremy Bernstein, Professor für Physik am Stevens Institute of Technology, berichtet, dass er manchmal das Gefühl habe, man schreibe das Jahr 1905 und er sei Physikprofessor an der Universität von Bern.

Das Telefon läutet und jemand, von dem ich niemals zuvor gehört habe, stellt sich als Beamter des Bundesamts für geistiges Eigentum vor. Er sagt, er habe gehört, dass ich Vorlesungen über Elektromagnetismus halte, und er habe einige Ideen entwickelt, die mich unter Umständen interessieren könnten. «Was für Ideen?» frage ich ein wenig verächtlich.

Er fängt an, einige verrückt klingende Ansichten über Raum und Zeit zu erörtern. Lineale verkürzen sich, wenn man sie in Bewegung setzt: ein und dieselbe Uhr geht am Äquator langsamer als am Nordpol; die Masse eines Elektrons erhöht sich bei zunehmender Geschwindigkeit; ob zwei Ereignisse gleichzeitig ablaufen oder nicht, hängt vom Standpunkt des Betrachters ab, und so weiter. Wie hätte ich reagieren sollen?

Nun, die meisten Zeitgenossen Albert Einsteins hätten wohl den Telefonhörer aufgelegt. Schliesslich hatte er 1905 nicht einmal einen akademischen Beruf!

Ein aufmerksames Lesen seiner Schriften aber hätte gezeigt, dass sie durchaus an bereits Bekanntes anknüpften; so Bernstein. «Eine wirklich neue Theorie mag auf den ersten Blick wahrhaft verrückt erscheinen, doch wenn sie überhaupt zu etwas taugt, dann hat sie diesen Aspekt der Verbundenheit.» Sie schwebt nicht im luftleeren Raum, und das unterscheidet sie von blossen Hirngespinsten.

Die moderne Physik, die sich an jenem dünnen Verbindungsfaden immer weiter in das Unbekannte vorwagt, hat eine Wirklichkeit enthüllt, die sehr fliessend ist, wie die surrealistisch schmelzenden Uhren von Salvador Dalí. Materie besitzt lediglich «eine Tendenz zu existieren». Es gibt keine Dinge, sondern lediglich Verbindungen. Nur Beziehungen. Wenn Materie aufeinanderprallt, wird ihre Energie wie in einem Kaleidoskop von Leben und Tod unter anderen Teilchen neu verteilt – wie beim Tanz von Shiva in der hinduistischen Mythologie.

Anstelle einer realen und festen Welt bietet uns die theoretische Physik ein flimmerndes Gewebe aus Ereignissen, Beziehungen und unendlichen Möglichkeiten. Elementarteilchen vollziehen plötzlich Übergänge, «Quantensprünge», die sich einmal wie greifbare Einheiten, zu anderen Zeiten aber geheimnisvoll als etwas Wellenförmiges verhalten. Eine gegenwärtig diskutierte Theorie betrachtet das Universum als eine «sich verstreuende Matrix», in der es überhaupt keine Teilchen, sondern nur Beziehungen zwischen den Ereignissen gibt.

Auf seiner ursprünglichen Ebene scheint das Universum paradoxerweise ganzheitlich und homogen zu sein, etwas Nahtloses, das irgendwie das komplizierte Netzwerk unserer Erfahrungen hervorbringt, eine Wirklichkeit, von der wir uns kein echtes Bild machen können.

Die Mathematik jedoch kann dahin vordringen, wo der gesunde Menschenverstand nicht hingelangt. So wie Prigogine Mathematik als eine phantastische, sich selbst organisierende, transzendente Kraft der Natur definierte, so droht nun ein anderer mathematischer Beweis die Stützen der Nach-Einsteinschen Physik ins Wanken zu bringen, die sich für die meisten von uns bereits jenseits des Vorstellbaren bewegte.

Dieser Beweis – Bells Theorem – wurde 1964 von einem in der Schweiz tätigen Physiker namens J. S. Bell erbracht und 1972 erstmalig experimentell bestätigt. Der Physiker Henry Stapp nannte es in einem offiziellen Bundesbericht des Jahres 1975 «die grundlegendste Entdeckung der Wissenschaft».

Bells Theorem kündigte sich bereits 1935 an, als Einstein und zwei Mitarbeiter ein Experiment vorschlugen, von dem sie annahmen, es würde den Trugschluss in der Quantenmechanik aufzeigen, die Einstein als zu ungewiss betrachtete. Wenn die Theorie der Quantenmechanik korrekt war, so postulierten sie, müsse eine Veränderung in der Drehung eines Teilchens in einem aus zwei Teilchen bestehenden System gleichzeitig das Gegenstück beeinflussen, auch wenn beide in der Zwischenzeit weit voneinander getrennt wurden.

Bei oberflächlicher Betrachtung schien diese Auffassung absurd zu sein. Wie konnten zwei voneinander getrennte Teilchen auf diese Weise verbunden sein? Diese Herausforderung, später als Einstein-Podolsky-Rosen-Effekt bekannt, widerlegte – wie beabsichtigt – die Quanten-Theorie nicht. Stattdessen machte sie auf die bizarre Natur der subatomaren Welt aufmerksam.

Damit gelangen wir zu Bells verblüffendem Theorem. Experimente zeigen, dass, wenn paarweise angeordnete Teilchen (die bezüglich ihrer Polarität identische Zwillinge sind) sich voneinander wegbewegen und die Polarität des einen Teilchens durch einen Experimentator verändert wird, sich das andere Teilchen *augenblicklich* ebenfalls verändert. Sie bleiben auf geheimnisvolle Weise miteinander verbunden.

Bernard d'Espagnet, ein Physiker an der Universität von Paris, schrieb 1979: «Der Bruch mit Einsteins Annahmen scheint zu implizieren, dass all diese Objekte in gewissem Sinne ein unteilbares Ganzes bilden.» Dieser Effekt wird wahrscheinlich nicht durch eine Übermittlung von Informationen verursacht, meint der Physiker Nick Herbert, zumindest nicht im üblichen Sinne. Vielmehr ist es «eine einfache Konsequenz der Einheit aller scheinbar voneinander getrennten Objekte ... ein quantenmechanisches Schlupfloch, durch das die Physik nicht nur die Möglichkeit, sondern die *Notwendigkeit* jener unitären Sicht der Mystiker anerkennt: «Wir sind alle eins.»

Umsichtige Physiker sind von den wunderlichen Parallelen zwischen ihren Ergebnissen und ältesten mystischen Beschreibungen der Wirklichkeit verblüfft. Diese Ähnlichkeiten wurden in den Büchern *Der Kosmische Reigen* von Fritjof Capra und *Die tanzenden Wu Li-Meister* von Gary Zukav herausgestellt. Capra verglich die organische, einheitliche und spirituelle Sicht der Wirklichkeit in östlichen Philosophien mit dem entstehenden Paradigma der Physik. Zukav entlehnt seinen Titel dem chinesischen Begriff für Physik, *wu li*, den er mit «die Muster organischer Energie» übersetzte.

«Bells Theorem deutet nicht nur an, dass die Welt recht unterschiedlich ist zu dem, wie sie erscheint», so Zukav, «sie *fordert* es. Darüber besteht nicht der geringste Zweifel. Es geschieht etwas sehr Erregendes. Die Physiker haben von der Vernunft ausgehend ‹bewiesen›, dass unsere rationale Schau der Welt, in der wir leben, weitgehend unzulänglich ist.»

Er macht auf die Betrachtungsweise von Geoffrey Chew, Präsident der Fakultät für Physik an der Universität von Kalifornien in Berkeley, aufmerksam: «Unsere gegenwärtigen Schwierigkeiten (mit der modernen Physik) könnte man von daher lediglich als einen Vorgeschmack auf eine vollkommen neue Form menschlicher, intellektueller Bestrebungen betrachten; Bestrebungen, die nicht nur ausserhalb der Physik liegen, sondern nicht einmal als wissenschaftlich beschrieben werden.»

Einerseits, so Zukav, erreichen wir vielleicht «das Ende der Wissenschaft». Selbst wenn wir darin fortfahren, Verständnis zu suchen, lernen wir, die Grenzen unserer reduktionistischen Methoden zu akzeptieren. Allein direkte Erfahrung kann einen Eindruck von diesem nicht lokalisierten Universum, dieses Reichs der Verbundenheit vermitteln. Erweiterte Bewusstheit – wie in der Meditation – mag uns an den Grenzen unserer Logik vorbei zu vollständigem Wissen führen. Das Ende der konventionellen Wissenschaft könnte «das Überwechseln westlicher Zivilisation – in der ihr gemässen Zeit und auf die ihr gemässe Art und Weise – in höhere Dimensionen menschlicher Erfahrungen bedeuten».

Zahlreiche namhafte Physiker haben sich über viele Jahre hinweg eingehendst damit befasst, welche Rolle der menschliche Geist bei der Konstruktion der Wirklichkeit spielt. Schrödinger zum Beispiel sagte, dass die Erforschung der Beziehung zwischen Gehirn und Geist die *einzig* wichtige Aufgabe der Wissenschaft sei. Einmal zitierte er den persischen Mystiker Aziz Nasafi:

> Die geistige Welt ist ein einziger Geist, der wie ein Licht hinter der körperlichen Welt steht, und der, sobald irgendeine einzelne Kreatur das Licht der Welt erblickt, durch diese wie durch ein Fenster hindurchscheint. Gemäss der Art und der Grösse des Fensters tritt mehr oder weniger Licht in die Welt.

Westliches Denken versucht noch immer, alles zu objektivieren, meint Schrödinger. «Es benötigt Bluttransfusionen vom östlichen Denken.» Ein hinduistisches Sutra verkündet: «In der Welt der Erscheinungen gibt es nichts anderes als den Geist selbst.» Eine Sichtweise, die sich in folgender Bemerkung des Physikers John Wheeler widerspiegelt: «Ist es möglich, dass das Universum auf unbekannte Weise durch den entscheidenden Akt des Teilhabens ins Leben gerufen wird?»

Zur Versinnbildlichung seiner Theorie, der Komplementarität, entwarf Niels Bohr ein Wappen, welches das Symbol von Yin und Yang hervorhebt. Das taoistische Sprichwort «Die Wirklichkeit ist leer und die Leere ist wirklich» ähnelt der Aussage des Physikers Paul Dirac: «Jegliche Materie wird aus einem nicht wahrnehmbaren Substrat geschaffen ... aus Nichts, aus unvorstellbarem, nicht nachweisbarem Nichts. Aber es ist eine ganz besondere Form des Nichts, aus dem alle Materie erschaffen wird.»

Das letzte Psi in der Physik bleibt jenseits menschlicher Erkenntnis. Rückblickend auf die Urknall-Theorie den Ursprung des Universums betreffend, wies Robert Jastrow, Astrophysiker und Vorsitzender des von der NASA kontrollierten Goddard Institute for Space Studies, darauf hin, dass diese keine genaue Erklärung der Ursache bietet.

«Wenn ein Wissenschaftler die Implikationen tatsächlich untersuchte, so würde er einen Schock fürs Leben erleiden. Wenn der Verstand sich einem Trauma gegenübersieht, so wird er gewöhnlich damit reagieren, dass er die Implikationen ignoriert – was man in der Wissenschaft das ‹Sichweigern zu spekulieren› nennt –, oder damit, dass er den Ursprung der Welt trivialisiert, indem er ihn als Urknall bezeichnet, so als ob das Universum einfach ein Knallfrosch wäre».

Betrachten wir einmal die Unermesslichkeit des Problems: Die Wissenschaft hat nachgewiesen, dass das Universum zu einem bestimmten Zeitpunkt förmlich zum Leben explodierte. Nun fragt sie sich: Welche Ursache erzielt diese Wirkung? Wer oder was brachte Materie und Energie ins Universum? Wurde das Universum aus dem Nichts erschaffen oder wurde es aus vorher bereits vorhandenen Materialien zusammengetragen? Und die Wissenschaft kann diese Frage nicht beantworten.
... Dies ist keine Frage eines weiteren Jahres, eines weiteren Jahrzehnts der Forschung, weiterer Messungen oder einer weiteren Theorie. In diesem Augenblick sieht es so aus, als ob die Wissenschaft niemals in der Lage sein wird, den Vorhang um das Geheimnis der Schöpfung zu lüften.

Prigogine wies darauf hin, dass die Natur kein einfaches Niveau hat. Je mehr wir versuchen, uns ihr zu nähern, desto grösserer Komplexität sehen wir uns gegenüber. Innerhalb dieses reichhaltigen, kreativen Universums sind die vermuteten Gesetze strenger Kausalität beinahe Karikaturen der wahren Natur der Veränderung. Es gibt «eine subtilere Form der Wirklichkeit, eine Form die beides, Gesetze und Spiele, Zeit und Ewigkeit umfasst ... Anstelle der klassischen Beschreibung der Welt als eines Automaten kehren wir zu dem alten griechischen Paradigma der Welt als einem Kunstwerk zurück».
Prigogine und seine Mitarbeiter in Brüssel arbeiten gegenwärtig an einem Konzept, von dem er glaubt, dass es bedeutender als die Theorie der dissipativen Strukturen sei – eine neue Theorie der Ungewissheit –, die sich auf die Wirklichkeit des alltäglichen Lebens bezieht und nicht nur auf die Bereiche des ganz Kleinen und des ganz Grossen. Voraussagbare Prozesse erfahren Veränderungen durch das Nicht-Voraussagbare. Wie in der modernen Wissenschaft ganz allgemein, so werden auch hier die entscheidenden Entdeckungen unerwartet und überraschend gemacht. «Das Unmögliche wird möglich.»
Unsere Welt aus nachweislich Konkretem hervorzubringen ist ein

Bereich eines ungebrochenen Ganzen; aus dieser Dimension, wo es nichts als Potential gibt, ziehen wir Bedeutung – wir spüren, wir nehmen wahr und messen.

«Jedes Phänomen ist unerwartet», äusserte Eugene Wigner, «und höchst unwahrscheinlich, bis es entdeckt worden ist. Und einige Phänomene bleiben widersinnig, lange Zeit nachdem sie entdeckt worden sind.»

Psychische Phänomene – Psi – sind wahrscheinlich nicht weniger natürlich als die Phänomene der subatomaren Physik, aber sie sagen bekanntermassen weniger aus. Zudem stellen sie für viele Menschen eine grössere Bedrohung dar. Schliesslich können wir, wenn wir wollen, die unheimliche Welt der Physik links liegen lassen. Es ist *eine* Sache, wenn ein Astrophysiker wie Stephen Hawking von der Cambridge University von Schwarzen Löchern spricht, «in denen das Phänomen der Raum-Zeit so verzwickt wird, dass sie einfach aufhört, zu existieren, und alle bekannten Gesetze der Physik zusammenbrechen». Wir warten nicht darauf, einem Schwarzen Loch zu begegnen.

Es ist jedoch eine ganz *andere* Sache, sich zur unbekannten Dimension im täglichen Leben zu bekennen: Die Tatsache des indirekten Sehens (das Sehen über eine grosse Entfernung hinweg, von altersher bekannt als Hellsehen), der Telepathie (Übermittlung von Gedanken), der Präkognition (Kenntnis von in der Zukunft liegenden Ereignissen), der Psychokinese (Interaktion von Geist und Materie) und der Synchronizität (bedeutungsvolle Übereinstimmungen, eine Mischung der anderen Phänomene).

Mit Ausnahme der Synchronizität können diese Phänomene Experimenten unterzogen werden. Ungeachtet naturferner Versuchsbedingungen in einem Laboratorium, der Bedeutung der geistigen Verfassung und der schwierigen Bestimmbarkeit von Psi-Phänomenen, gibt es zunehmend Beweise, dass diese Phänomene unwiderlegbar auftreten und dass sie mit Hilfe von Psychotechnologien leichter gehandhabt werden können.

Es konnte nachgewiesen werden, dass der menschliche Wille über gewisse Entfernungen auf Materie einwirkt, auf die Teilchen in einer Nebelkammer, auf Teilchen eines Kristalls und auf radioaktive Zerfallsraten. Das «Heilen» via Willenskraft veränderte nachweislich Enzyme, Hämoglobinwerte sowie die atomare Bindung von Wasserstoff und Sauerstoff im Wasser. So, wie es ein fehlendes Verbindungsstück zwischen Wille und Biofeedback, zwischen Suggestion und der Chemie des Gehirns beim Placebo-Effekt gibt, so ist auch hier die Art und Weise der Übermittlung unbekannt. Jede menschliche Willensanstrengung, die in physische Handlung umgesetzt wird, bedeutet in Wirklichkeit, dass Geist über Materie steht. Wie Bewusstsein und physische Welt aufeinander einwirken, bleibt ein Geheimnis.

In jüngster Vergangenheit übte der einst vornehmlich Psychologen und Psychiatern vorbehaltene Bereich der Parapsychologie auf zahlreiche Physiker eine starke Anziehung aus*. Allerdings sind die Theorien über die Mechanismen der Psi-Phänomene nur unvollkommen, und die meisten Theorien versuchen stattdessen zu verstehen, was die Phänomene begünstigt oder behindert.

Eine kürzlich erstellte Prüfung von mehr als siebenhundert parapsychologischen Erfahrungsberichten förderte eine schwindelerregende Vielfalt von Ansätzen zutage. Folgende Faktoren wurden berücksichtigt: Auswirkungen von Zeit und räumlicher Distanz, aufgezwungener Wille, Impulsivität, Motivation, zwischenmenschliche Faktoren, der Einfluss des Experimentators, Veränderungen im Bewusstsein (Träume, Hypnose, Biofeedback, Drogen), Wechselbeziehungen innerhalb des Gehirns (Dichte der Alpha-Wellen, hemisphärische Spezialisierung, Gehirnverletzungen), Persönlichkeitsprofile bei unterschiedlichen Leistungsgraden (Hang zu Neurosen, Extravertiertsein, Kreativität, Psychosen), Geschlechts- und Altersunterschiede, Geburtenfolge, Glaube, Bildung, Verfallserscheinungen, Kurzschliessen des Egos, Körpersprache, Reaktionen des autonomen Nervensystems (z. B. Veränderungen des Blutvolumens in den Kapillaren) sowie der Effekt von Stroboskoplampen.

Der Geist ist ein unsichtbarer Schaltkreis, der uns untereinander verbindet. «Also denke, jeder einzelne deiner Gedanken würde für

---

* Historisch betrachtet, fühlten sich viele berühmte Wissenschaftler von Psi-Phänomenen angezogen. Unter den ersten Mitgliedern der britischen Society for Psychical Research befanden sich drei Nobelpreisträger: der Entdecker des Elektrons, J. J. Thompson; der Entdecker des Elements Argon, Lord Rayleigh (J. W. Strutt); und Charles Richet. William James, der gewöhnlich als der Vater der amerikanischen Psychologie angesehen wird, war Mitbegründer der American Society for Psychical Research. Unter den Nobelpreisträgern, die sich speziell für Psi-Phänomene interessieren, findet man Alexis Carrel, Max Planck, das Ehepaar Curie, Schrödinger, Charles Sherrington und Einstein (er schrieb das Vorwort zu Upton Sinclairs Buch über Telepathie, *Mental Radio*). C. G. Jung und der Physiker und Nobelpreisträger Wolfgang Pauli verfassten gemeinsam eine Theorie über Synchronizität. Pierre Janet, ein berühmter französischer Wissenschaftler des 19. Jahrhunderts, untersuchte Psi-Phänomene. Luther Burbank und Thomas Edison zeigten starkes Interesse für dieses Gebiet.
Die befragten Verschwörer im Zeichen des Wassermanns glaubten in hohem Masse an Psi-Phänomene. Im grossen und ganzen folgte ihr Interesse einem gewissen chronologischen Ablauf: Zuerst Faszination, Furcht oder beides zusammen; dann Meiden der Phänomene als Ablenkung vom transformativen Prozess an sich; und schliesslich naturgegebenes, plausibles Akzeptieren derselben als eine Erweiterung der kreativen Fähigkeiten des Menschen und als Beweis für die grundlegende Einheit allen Lebens.

alle und jeden sichtbar mit Feuer in den Himmel geätzt», sagt das *Book of Mirdad,* «denn wahrhaftig, so verhält es sich.» Psi ist kein Gesellschaftsspiel. Die Phänomene erinnern uns daran, dass wir Zugang zu transzendentem Wissen haben, einer Sphäre, weder von Zeit noch Raum begrenzt.

VON QUANTITÄT ZU QUALITÄT: DIE FEHLENDEN VERBINDUNGSSTÜCKE

Bei all diesen wissenschaftlichen Durchbrüchen entdecken wir qualitative Verschiebungen: eher Transformationen als schrittweise Veränderungen. Es gibt Sprünge – «fehlende Verbindungsstücke». Zum Beispiel:
Die plötzlichen Veränderungen der Gehirnaktivität, die man bei wechselnden Bewusstseinszuständen beobachtet.
Die Kluft zwischen Intention und physiologischer Veränderung beim Biofeedback ... und zwischen Suggestion und Unempfindlichkeit gegen Schmerz beim Placebo-Effekt.
Das jähe Einsetzen von Intuition – der Sprung zu einer Lösung ohne klar erkennbare logische Schritte. Wahrnehmungen von klaren Formen und plötzlich auftretenden Ganzheiten in der rechten Gehirnhemisphäre.
Jene von Molekularbiologen beobachteten «springenden Gene» sind Mutationen-Transformationen innerhalb des genetischen Codes. Das plötzliche Auftreten neuer Lebensformen im Verlauf der Evolution.
– Quantensprünge in der Physik.
– Die Übermittlung von Information bei psychischen Phänomenen.
– Der Wechsel einer dissipativen Struktur zu einer höheren Ordnung.

In unserem Leben und in unseren kulturellen Institutionen haben wir mit Instrumenten an Qualitäten gestochert, erstere dazu entworfen, Quantitäten aufzuspüren. Mit welchem Metermass misst man einen Schatten, eine Kerzenflamme? Was misst ein Intelligenztest? Wo, im ganzen medizinischen Instrumentarium, bleibt der Wille zum Leben? Wie gross ist eine Absicht? Wie schwer ist Kummer, wie tief ist Liebe?
Wir können Beziehungen, Verbundenheit und Transformation nicht quantifizieren. Keine wissenschaftliche Methode kann sich mit der Fülle und der Komplexität qualitativer Veränderungen messen. In

205

einem transformativen Universum ist Geschichte lehrreich, aber sagt nicht unbedingt etwas voraus. Es wäre töricht, wenn wir als Individuen unserem eigenen Potential oder dem Potential anderer Grenzen setzen würden, die auf vergangenem und gegenwärtigem Wissen basieren, die alten Wissenschaften miteingeschlossen.

Jenen, die bereit sind zuzuhören, ist die Wissenschaft als solche eine Erzählerin endloser Geschichten, voller Spannung und Geheimnisse, über eine herrliche Welt, weit jenseits unseres Vorstellungsvermögens. So, wie jemand, indem er im Wald eine Lichtung schlägt, die Peripherie des Kontaktes mit dem Unbekannten erweitert, so wird auch unser Wissen um den Umfang des Territoriums, welches wir noch entdecken wollen, zunehmen.

EINE HOLOGRAPHISCHE WELT

Der Molekulargenetiker Gunther Stent bemerkte 1972, dass gewisse wissenschaftliche Entdeckungen verfrüht gemacht werden. Diese intuitiven oder zufälligen Entdeckungen werden so lange unterdrückt oder ignoriert, bis sie mit bereits bestehenden Ergebnissen in Verbindung gebracht werden können. Sie warten sozusagen auf den richtigen Kontext, in dem sie einen Sinn ergeben.

Gregor Mendels Entdeckung der Gene, Michael Polanyis Absorptionstheorie in der Physik sowie Oswald Averys Identifikation der DNA als grundlegende Erbmasse wurden jahrelang, sogar jahrzehntelang ignoriert. Stent gab zu bedenken, dass die Existenz psychischer Phänomene eine ähnlich verfrühte Entdeckung wäre, die unabhängig von den Daten, von der Wissenschaft so lange nicht anerkannt würde, bis ein begreifliches Gesamtgefüge erstellt worden wäre.

Kürzlich stellte ein Neurowissenschaftler, Karl Pribram vom Stanford Research Institute, ein allumfassendes Paradigma auf, welches die Gehirnforschung eng an die theoretische Physik bindet; es erklärt die normale Wahrnehmung und nimmt gleichzeitig das «Paranormale» sowie transzendentale Erfahrungen aus dem Bereich des Übernatürlichen heraus, indem es aufzeigt, dass beides Teile der Natur sind.

Im Sinne der radikalen Neuorientierung dieser «holographischen Theorie» ergeben die paradoxen Aussagen der Mystiker plötzlich einen Sinn. Nicht dass Pribram ein Interesse daran gehabt hätte, visionären Einsichten Glauben zu schenken. Er versuchte lediglich, die in seinem Laboratorium am Stanford Institute ermittelten Daten einzuordnen, welche sich aus Untersuchungen von Gehirnfunktionen bei den höheren Säugetieren, insbesondere bei Primaten, ergeben hatten. Zu Beginn seiner Karriere als Gehirnchirurg arbeitete Pribram unter der Leitung des bekannten Karl Lashley, der dreissig Jahre lang nach dem schwer fassbaren «Engramm» forschte – dem Sitz und der Substanz der Erinnerung. Lashley trainierte Versuchstiere, zerstörte dann selektiv Teile ihres Gehirns, wobei er annahm, dass er irgendwann jene Stelle erwischen würde, wo die Tiere das Gelernte gespeichert hatten. Die Beseitigung einiger Teile des Gehirns verschlechterte zwar in gewisser Weise ihre Leistungen, aber mit Ausnahme tödlich ausgehender Eingriffe war es unmöglich, das zu löschen, was man sie gelehrt hatte.

Einmal meinte Lashley scherzhaft, seine Forschung erbringe den Beweis, dass Lernen nicht möglich sei. Pribram war an der Abfassung Lashleys monumentaler Forschungsberichte beteiligt und tauchte tief in das Geheimnis des fehlenden Engramms ein. Wie war es möglich, dass das Erinnerungsvermögen nicht an einer einzelnen Stelle, sondern über das ganze Gehirn verteilt gespeichert wird?

Als Pribram sich später dem Studienzentrum für Verhaltenswissenschaft in Stanford* anschloss, war er noch immer bemüht, jenes Geheimnis zu lüften, welches ihn zur Gehirnforschung gebracht hatte: Wie erinnern wir uns? Mitte der sechziger Jahre las er einen Artikel im *Scientific American,* der die erste Konstruktion eines Hologramms zum Thema hatte, eine Art dreidimensionales «Bild», das durch Photographie ohne Linse erzeugt wird. Dennis Gabor hatte die Holographie im Prinzip bereits 1947 konzipiert – eine Entdeckung, die ihm später einen Nobelpreis einbrachte; die Erzeugung eines Hologramms musste allerdings die Erfindung des Laserstrahls abwarten.

Das Hologramm ist eine der bemerkenswertesten Erfindungen der modernen Physik – wirklich furchteinflössend, wenn man es zum ersten Mal sieht. Das geisterhaft projizierte Bild kann aus verschiedenen Blickwinkeln betrachtet werden, und es scheint im Raum zu schweben. Das Prinzip der Holographie wird von dem Biologen Lyall Watson eindrücklich beschrieben:

> Wenn man einen Kieselstein in einen See wirft, so wird er eine Serie gleichmässiger Wellen hervorrufen, die sich in konzentrischen Kreisen nach aussen bewegen. Wirft man zwei identische Kieselsteine an

---

* Er arbeitete an seinem bahnbrechenden Buch *Languages of the Brain;* Tür an Tür mit Thomas Kuhn, der damals gerade sein Buch: *Die Struktur wissenschaftlicher Revolutionen* verfasste.

verschiedenen Stellen hinein, so wird man zwei Serien ähnlicher Wellen erhalten, die sich aufeinander zubewegen. Wo die Wellen sich treffen, werden sie sich gegenseitig stören. Wenn ein Wellenkamm den Kamm einer anderen Welle trifft, so werden sie zusammenarbeiten und eine verstärkte, doppelt so hohe Welle erzeugen. Wenn ein Wellenkamm mit dem Tal einer anderen Welle zusammentrifft, so werden sie sich gegenseitig aufheben und ein isoliertes Stück ruhigen Wassers erzeugen. Tatsächlich kommen alle möglichen Kombinationen beider Arten vor, und das Resultat ist eine als Interferenzmuster bekannte komplexe Kräuselung der Wasseroberfläche.

Lichtwellen verhalten sich in genau derselben Weise. Die reinste Form von Licht, die uns zur Verfügung steht, ist die von einem Laser geschaffene, welcher einen Strahl aussendet, in dem alle Wellen die gleiche Frequenz haben; wie Wellen, die von einem idealen Kieselstein in einem perfekten Teich erzeugt werden. Wenn sich zwei Laserstrahlen berühren, erzeugen sie ein Interferenzmuster von hellen und dunklen Wellen, welches auf einer photographischen Platte aufgezeichnet werden kann. Und wenn einer der Strahlen, anstatt direkt aus dem Laser zu kommen, zuerst von einem Objekt, etwa einem menschlichen Gesicht, reflektiert wird, so wird das resultierende Muster in der Tat sehr komplex sein, kann aber immer noch aufgezeichnet werden. Die Aufzeichnung wird das Hologramm eines Gesichts sein.

Licht fällt aus zwei Quellen auf die photographische Platte: vom Objekt selbst und von einem Referenzstrahl, dem mittels eines Spiegels vom Objekt auf die photographische Platte abgelenkten Licht. Die zunächst bedeutungslos erscheinenden Wirbel auf der Platte gleichen dem ursprünglichen Objekt nicht, das Bild kann jedoch durch eine kohärente Lichtquelle, wie einem Laserstrahl, rekonstruiert werden. Das Resultat ist ein, in bestimmtem Abstand von der Platte, in den Raum projiziertes 3D-Bild. *Zerbricht man ein Hologramm, so wird jedes beliebige Stück das ganze Bild rekonstruieren.*

Pribram sah das Hologramm als ein aufregendes Modell dafür, wie das Gehirn möglicherweise Erinnerungen speichert*. Wenn das Erin-

---

* Unter den Forschern, die als erste eine Verbindung zwischen Phänomenen des Bewusstseins und dem Prinzip der Holographie nahelegten, befanden sich Dennis Gabor, der Entdecker der Holographie; Ula Belas von den Bell Telephone Laboratories; Dennis und Terence McKenna; die Physiker William Tiller und Evan Harris; der Biologe Lyall Watson und die Erfinder Itzhak Bentov und Eugene Dolgoff.

nerungsvermögen eher verteilt und nicht an einen Ort gebunden ist, hat es unter Umständen holographische Eigenschaften. Vielleicht arbeitet das Gehirn mit Wechselwirkungen; vielleicht interpretiert es durch und durch bioelektrische Frequenzen.

1966 veröffentlichte er eine erste Abhandlung, die eine solche Verbindung postulierte. Im Verlauf der folgenden Jahre enthüllten er und andere Wissenschaftler die Kalkulationsstrategien, die das Gehirn zur Wissensgewinnung und Sinneswahrnehmung offenbar anwendet. Zum Sehen, Hören, Riechen, Fühlen und so weiter scheint das Gehirn komplexe Kalkulationen auf den Frequenzen anzustellen, auf denen die Daten, die es aufnimmt, eingehen. Die Eigenschaften hart oder rot, oder der Geruch von Ammoniak, sind nur Frequenzen, wenn das Gehirn ihnen begegnet. *Diese mathematischen Prozesse haben zu der realen Welt, wie wir sie wahrnehmen, eine kaum verständliche Beziehung.*

Der Neurologe Paul Pietsch äusserte: «Vielleicht erklären die abstrakten Prinzipien des Hologramms die am schwierigsten zu erfassenden Eigenschaften des Gehirns.» Das diffuse Hologramm ist mit dem gesunden Menschenverstand ebensowenig zu begreifen wie das Gehirn. In jedem Teil des Mediums Gehirn ist der gesamte Code enthalten. «Gespeicherter Geist ist nicht eine *Sache*. Er besteht aus abstrakten Beziehungen ... Im Sinne von Proportionen, Winkeln und Quadratwurzeln ist der Geist Mathematik. Kein Wunder, dass er sich nur schwer ergründen lässt.»

Pribram schlug die Möglichkeit vor, dass die verworrene Mathematik vielleicht mittels langsamer Wellen ausgeführt werde, von denen man weiss, dass sie sich entlang einem Netzwerk feinster Fasern auf den Nervenzellen fortbewegt. Vielleicht dechiffriert das Gehirn gespeicherte Erinnerungsspuren, so, wie ein projiziertes Hologramm das ursprüngliche Bild dechiffriert oder wieder scharf einstellt. Die ausserordentliche Leistungsfähigkeit des holographischen Prinzips macht dieses zudem attraktiv. Weil das Muster auf einer holographischen Platte keine Raum-Zeit-Dimension hat, können auf kleinstem Raum Milliarden von Informationseinheiten (Bits) gespeichert werden – genauso, wie auch im Gehirn offensichtlich Milliarden von Bits gespeichert sind.

1970 oder 1971 tauchte jedoch eine beunruhigende und auf das Letzte abzielende Frage auf, die Pribram zu schaffen machte. Wenn das Gehirn tatsächlich *weiss,* indem es Hologramme zusammenfügt – indem es Frequenzen von «dort draussen» mathematisch umwandelt –, *wer* im Gehirn interpretiert dann diese Hologramme?

Dies ist eine alte und bohrende Frage. Von der Antike an haben

Philosophen über den «Geist in der Maschine» Spekulationen angestellt, über «den kleinen Mann im kleinen Mann», und so weiter. Wo ist das *Ich* – die Wesenheit, welche das Gehirn benutzt? Wer vollzieht das eigentliche Wissen? Oder, um mit dem heiligen Franz von Assisi zu sprechen: *«Was wir suchen, ist das, was sucht.»*

Während eines Vortrags anlässlich eines Symposiums in Minnesota, sann Pribram eines Abends darüber nach, dass die Antwort vielleicht im Bereich der Gestaltpsychologie zu finden sei, eine Theorie, die in sich schliesst, dass das, was wir «dort draussen» wahrnehmen, dasselbe ist wie im Gehirn ablaufende Prozesse – dass es mit diesen Prozessen *isomorph* ist.

Plötzlich platzte es aus ihm heraus: «Vielleicht ist die *Welt* ein Hologramm!»

Er hielt im Sprechen inne, ein wenig verblüfft über die Implikationen dessen, was er gerade gesagt hatte. Waren die Zuhörer Hologramme – Darstellungen und Frequenzen, die von seinem Gehirn und von den Gehirnen anderer gegenseitig interpretiert werden? Wenn die Natur der Wirklichkeit *selbst* holographisch ist und das Gehirn wie ein Hologramm funktioniert, dann ist die Welt wirklich, wie östliche Religionen es formulierten, *maya:* eine magische Show, eine Illusion.

Kurz darauf verbrachte er eine Woche mit seinem Sohn, einem Physiker, erörterte mit diesem seine Ideen und suchte nach möglichen Antworten in der Physik. Sein Sohn erwähnte, dass David Bohm, ein Protégé Einsteins, ähnlichen Gedankengängen gefolgt war. Wenige Tage später studierte Pribram Bohms massgebende Abhandlungen, in denen er eine neue Ordnung in der Physik forderte. Pribram war wie elektrisiert. *Bohm beschrieb ein holographisches Universum.*

Was als stabile, fühlbare, sichtbare, hörbare Welt erscheint, so Bohm, ist eine Illusion. Sie ist dynamisch und bunt durcheinandergewürfelt – nicht wirklich «da». Was wir normalerweise sehen, ist die *explizite* oder entfaltete Ordnung der Dinge, so, als sähen wir einen Film. Es gibt jedoch eine darunterliegende Ordnung, die diese Wirklichkeit der zweiten Generation hervorbringt. Er nannte diese andere Ordnung *implizit* oder *ein*gefaltet. Die eingefaltete Ordnung beherbergt unsere Wirklichkeit, genauso wie die DNA im Zellkern potentielles Leben beherbergt und die Art seiner Entfaltung bestimmt.

Bohm beschreibt einen nicht löslichen Tropfen Tinte in Glyzerin. Wenn die Flüssigkeit durch eine mechanische Vorrichtung langsam umgerührt wird, so dass keine Diffusion stattfindet, wird der Tropfen allmählich zu einem feinen Faden gezogen, der durch das gesamte System hindurch verteilt wird, und zwar so, dass er für das blosse Auge nicht mehr sichtbar ist. Wird die Rührbewegung dann umgekehrt, so wird der Faden allmählich wieder aufgerollt, bis er sich plötzlich erneut zu einem sichtbaren Tröpfchen vereinigt.

Bevor diese Vereinigung stattfindet, kann man sagen, dass das Tröpfchen in die viskose Flüssigkeit «eingefaltet» wurde, während es nachher wieder entfaltet wird.

Als nächstes stelle man sich mehrere Tröpfchen vor, die nacheinander und an verschiedenen Stellen in die Flüssigkeit eingerührt worden sind. Wenn die Tintentropfen fortwährend und schnell genug umgerührt werden, wird es dem Betrachter so vorkommen, als bewege sich ein einzelner, stets gleichbleibender Tintentropfen kontinuierlich durch die Flüssigkeit. Solch ein Objekt gibt es nicht. Andere Beispiele: Eine Kette abwechselnd aufleuchtender Glühbirnen einer Lichtreklame, die den Eindruck eines dahinschiessenden Pfeils vermitteln; oder ein Zeichentrickfilm, der die Illusion kontinuierlicher Bewegung vermittelt.

Genauso ist jegliche sichtbare Substanz, jegliche Bewegung eine Illusion. Sie entsteht aus einer anderen, grundlegenderen Ordnung des Universums. Bohm nennt dieses Phänomen *Holobewegung*.

Seit den Tagen Galileis, so Bohm, haben wir die Natur durch Linsen betrachtet; unser Vorgehen des Objektivierens, wie z. B. mit dem Elektronenmikroskop, verändert das, was wir zu sehen hoffen. Wir wollen die Umrisse eines Objekts finden, wollen, dass es einen Augenblick lang stillhält, wenn doch seine wahre Natur in einer anderen Wirklichkeit ist, einer anderen Dimension, wo es keine *Dinge* gibt. Es ist, als stellten wir das «Beobachtete» scharf ein, so als brächte man ein Bild zur Auflösung; allerdings stellt das *verschwommene* Bild die akkuratere Wiedergabe dar. Das verschwommene Bild selbst ist die grundlegende Wirklichkeit.

Pribram kam der Gedanke, das Gehirn könne sich, anhand seiner mathematischen Strategien, die Wirklichkeit wie durch eine Linse scharf einstellen. Diese mathematischen Umformungen machen aus Frequenzen Objekte. Sie verwandeln verschwommenes Potential in Klang und Farbe, in Gefühl, Geruch und Geschmack.

«Vielleicht ist die Wirklichkeit nicht das, was wir mit unseren Augen sehen», meint Pribram. «Angenommen, wir hätten diese Linse – die von unserem Gehirn praktizierte Mathematik – nicht, vielleicht erlebten wir dann eine im Bereich von Frequenzen organisierte Welt; ohne Raum, ohne Zeit – einfach nur Ereignisse. Kann die Wirklichkeit in diesem Bereich abgelesen werden?»

Er vermutete, dass tanszendentale Erfahrungen – mystische Zustände – uns gelegentlich direkten Zugang zu diesem Bereich eröffnen. Gewiss, subjektive Berichte über solche Zustände klingen oft wie Beschreibungen einer quantenmechanischen Wirklichkeit, eine Überschneidung, die verschiedene Physiker veranlasst hat, ähnliche Überlegungen anzustellen.

Indem wir unseren normalen, einengenden Wahrnehmungsmodus umgehen – Aldous Huxley nannte dies das Reduzierventil –, werden wir möglicherweise auf die Quelle oder die Matrix der Wirklichkeit eingestimmt.

Und die neuralen Interferenzmuster des Gehirns, dessen mathematische Abläufe, sind unter Umständen mit dem Urzustand des Universums identisch. Das heisst, unsere geistigen Prozesse sind tatsächlich aus demselben Material gemacht wie das organisierende Prinzip. Physiker und Astronomen äusserten gelegentlich, dass die wahre Natur des Universums immateriell, aber geordnet sei. Angesichts dieser Harmonie bekannte sich Einstein zu mystischer Ehrfurcht. Der Astronom James Jeans vertrat die Ansicht, das Universum sei mehr ein einziger grosser Gedanke als eine grosse Maschine. Und der Astronom Arthur Eddington fügte hinzu: «Der Stoff, aus dem das Universum besteht, ist Geistesstoff.» Vor kurzem beschrieb der Kybernetiker David Foster «ein intelligentes Universum», dessen sichtbare Körperlichkeit tatsächlich durch kosmische Daten einer unbekannten organisierten Quelle verursacht werden.

Die weiterentwickelte holographische Theorie besagt in wenigen Worten, dass *unsere Gehirne harte Realität mathematisch konstruieren, indem sie Frequenzen aus einer Dimension interpretieren, die Zeit und Raum transzendiert. Das Gehirn ist ein Hologramm, das ein holographisches Universum interpretiert.*

Wir sind wahrhaftig Teilhabende an der Wirklichkeit; Beobachter, die beeinflussen, was sie beobachten.

In diesem Schema sind psychische Phänomene lediglich Nebenprodukte der im wahrsten Sinne allgegenwärtigen Matrix. Jedes einzelne Gehirn ist ein Stück des grossen Hologramms. Unter gewissen Umständen haben sie Zugang zu allen Informationen des gesamten kybernetischen Systems. Auch Synchronizität – das Gewebe aus Zufälligkeiten, das einem höheren Zweck oder einer tieferen Verbundenheit zu dienen scheint – lässt sich ebenfalls ohne weiteres in das holographische Modell einbauen. Solch bedeutungsvolle Überschneidungen von Ereignissen rühren von der zweckgerichteten, in Muster zerlegten, organisierenden Natur der Matrix her. Psychokinese, jenes Phänomen, bei dem Geist auf Materie einwirkt, ist vielleicht ein natürliches

Resultat von Interaktion auf der ursprünglichen Ebene. Das holographische Modell löst ein langbestehendes Geheimnis von Psi: das Unvermögen, den nachweislichen Energietransfer bei Telepathie, Heilungen und Hellsehen instrumentell zu messen. Wenn sich diese Ereignisse in Dimensionen abspielen, die Zeit und Raum transzendieren, besteht für die Energie gar keine Notwendigkeit, von hier nach dort zu reisen. Ein Forscher drückte es so aus: «Dort gibt es kein *dort*.»

Jahrelang haben jene an den Phänomenen des menschlichen Geistes Interessierten vorausgesagt, dass eine bahnbrechende neue Theorie zum Vorschein kommen werde, die sich auf die Mathematik berufen werde, um das Übernatürliche als Teil des Naturbildes zu etablieren.

Das holographische Modell ist eine solche Integraltheorie, das ganze Spektrum aus Wissenschaft und Spirituellem einzufangen. Wer weiss, vielleicht ist es auch das paradoxe, grenzenlose Paradigma, nach dem unsere Wissenschaft so lange gerufen hat.

Die einem solchen Paradigma innewohnenden erklärenden Kräfte erweitern und bereichern die alten Phänomene und werfen gleichzeitig dringliche neue Fragen auf. Die Theorie schliesst die Vermutung ein, dass harmonische kohärente Bewusstseinszustände wesentlich näher an den Urzustand der Wirklichkeit reichen, an eine Dimension von Ordnung und Harmonie. Ein solcher Gleichklang wird durch Ärger und Furcht behindert, durch Liebe und Einfühlungsvermögen aber erleichtert. Es bestehen Möglichkeiten der Implikation für Lernfähigkeit, für Environments, Familien, für die Kunst, Religion und Philosophie, für Heilen und Selbstheilung. Was splittert uns in Fragmente auf? Was lässt uns eine Ganzheit werden?

Deuten Erfahrungsberichte über ein Gefühl des Fliessens, des Kooperierens mit dem Universum – bei schöpferischen Vorgängen, bei ausserordentlichen athletischen Leistungen, manchmal sogar im täglichen Leben – auf die Einheit mit der Quelle hin?

Solche Erfahrungen, die auf dem Fragebogen der Verschwörung im Zeichen des Wassermanns so häufig berichtet wurden, die Stunden, ja Monate «der Gnade», wenn es schien, als kooperiere man mit der Lebensquelle selbst – waren dies Augenblicke des Einklangs mit dem Urzustand der Wirklichkeit? Millionen Menschen experimentieren mit den vorhandenen Psychotechnologien. Sind sie in der Lage, eine kohärentere resonante Gesellschaft zu schaffen: Eine Gesellschaft, die in das grosse gesellschaftliche Hologramm Ordnung eingibt wie die ersten Kristalle in einer übersättigten Lösung? Es mag sein, dass dies der geheimnisvolle Prozess der kollektiven Evolution ist.

Das holographische Modell hilft überdies die eigentümliche *Macht des geistigen Bildes zu deuten* – warum Ereignisse durch das, was wir uns vorstellen, uns bildlich vergegenwärtigen, beeinflusst werden. Visuelle Eindrücke während transzendentaler Zustände könnten unter Umständen in unsere Wirklichkeit übertragen werden.

Der Psychologe Keith Floyd vom Virginia Intermont College, erläuterte die Möglichkeiten der Holographie so: «Es könnte im Gegensatz zu dem, was jeder als gegeben ansieht, so sein, dass nicht das Gehirn Bewusstsein hervorbringt ... sondern dass das Bewusstsein das Auftreten des Gehirns sowie Materie, Raum, Zeit und alles andere erschafft, was wir so gern als das physische Universum interpretieren.»

Der Zugang zu einem Bereich, der Zeit und Raum transzendiert, mag ebenfalls Aufschluss über altehrwürdige Intuitionen zur Natur der Wirklichkeit geben. Pribram macht darauf aufmerksam, dass der Philosoph und Mathematiker Leibniz im 17. Jahrhundert ein Universum von *Monaden* postulierte – Einheiten, welche die Information des Ganzen verkörpern. Interessanterweise entwickelte Leibniz die Integralrechnung, welche ihrerseits die Erfindung der Holographie ermöglichte. Er vertrat die Ansicht, dass das vollkommen geordnete Verhalten des Lichts – *ebenfalls* entscheidend für die Holographie – eine der Wirklichkeit zugrunde liegende fundamentale, in Muster unterteilte Ordnung anzeigte.

Historische Mystiker beschrieben die Funktion der Zirbeldrüse (des dritten Auges) auffallend genau, Jahrhunderte bevor dies wissenschaftlich bestätigt werden konnte. «Wie konnten solche Auffassungen entstehen, Jahrhunderte bevor wir die Mittel zu deren Verständnis hatten?» fragte Pribram. «Im holographischen Zustand, dem Bereich von Frequenzen, heisst ‹vor viertausend Jahren› vielleicht dasselbe wie ‹morgen›!»

Ähnlich geäussert hatte sich Bergson im Jahre 1907, als er die Meinung vertrat, dass die letzte Wirklichkeit ein zugrunde liegendes Gespinst aus Verbindungen sei, und dass das Gehirn den grösseren Wirklichkeitszusammenhang herausfilterte. 1929 beschrieb Whitehead die Natur als eine umfassende, sich erweiternde Verknüpfung von Ereignissen jenseits der Sinneswahrnehmungen. Wir stellen uns lediglich vor, dass Materie und Geist voneinander verschieden erscheinen, wenn sie in Wirklichkeit tatsächlich ineinander verzahnt sind.

Bergson war der Auffassung, dass Künstler, ebenso wie Mystiker, Zugang zum *élan vital* haben, dem zugrunde liegenden kreativen Impuls. Die Gedichte T. S. Eliots sind voller holographischer Bilder: «Am ruhenden Punkt der kreisenden Welt weder Fleisch noch Geist; weder fort von ihm noch zu ihm hin; am steten Punkt ist der Tanz, doch weder im Einhalten noch in der Bewegung. Und nenn es nicht Stillstand, wo Vergangenes und Zukunft vereint sind. Weder Fortgehn noch Hingehn, weder Steigen noch Fallen. Wäre der Punkt nicht, der ruhende, so wäre der Tanz nicht – und es gibt nichts als den Tanz.»

Der deutsche Mystiker Meister Eckhart hatte gesagt, dass «Gott entsteht und vergeht». Der sufistische Mystiker Rumi schrieb: «Der Geist der Menschen nimmt Ursachen zweiter Ordnung wahr, doch nur Propheten nehmen das Wirken von Ursachen erster Ordnung wahr.»

Emerson war der Meinung, dass wir «mittelbar, nicht unmittelbar» sehen, dass wir getönte und verzerrte Linsen sind. Vielleicht besitzen unsere «subjektiven Linsen» kreative Kräfte, meinte er, und es gibt ausserhalb unserer selbst im Universum keine wirklichen Objekte: das Spiel und der Spielplatz der Geschichte sind vielleicht nur Ausstrahlungen unserer selbst. Eine von der Theosophischen Gesellschaft in den dreissiger Jahren veröffentlichte Broschüre beschrieb die Wirklichkeit als eine lebendige Matrix, «bei der jeder mathematisch erfasste Punkt das Potential des Ganzen enthält ...»

Teilhard de Chardin war der Ansicht, dass das menschliche Bewusstsein zu dem Punkt zurückkehren kann, «wo die Wurzeln der Materie sich dem Blick entziehen». Er äusserte, die Wirklichkeit habe sowohl ein «Innen» wie ein «Aussen». In seinen Büchern beschrieb Carlos Castaneda zwei Dimensionen, die sich wie die primäre und sekundäre Dimension der Holographie anhören: das machtvolle *nagual*, eine unbeschreibliche Leere, die alles enthält, und das *tonal*, eine mit Ordnung erfüllte Reflektion dieses unbeschreiblichen Unbekannten.

In ihrem Buch *The Man who gave Thunder to the Earth* gibt Nancy Wood Geschichten über das Tao wieder:

> Die Zweite Welt ist das wahre Zentrum des Lebens, sagte der alte Mann. Dort kann alles geschehen, weil dort alle Dinge möglich sind. Es ist eine Welt von *vielleicht* und *warum nicht* ... *Ein Weg* ist immer da und *eine Hand* ist immer da.
>
> ... Die Zweite Welt ist eine Welt, in der der Knoten gelöst wird ... die Welt, in der es keine Namen, keine Anschriften gibt ... Es ist dort, wo es keine Antworten gibt, obwohl neue Fragen immer gestellt werden.

Arthur Koestler beschrieb «eine Wirklichkeit der dritten Ordnung», die alle Phänomene enthält, die weder auf einer sinnlichen noch auf einer begrifflichen Ebene verstanden oder erklärt werden können, «und dennoch dringen sie gelegentlich in diese Ebene ein, wie spirituelle Meteoriten den gewölbten Himmel der Urvölker durchdringen».

In einem uralten Sutra von Patanjali heisst es vom Wissen «über das Subtile, Verborgene und das Ferne», dass es aufträte, wenn man es mit dem *pravritti* betrachte – einem Begriff aus dem Sanskrit mit der Bedeutung «vor der Welle». Diese Beschreibung entspricht der Auffassung einer sichtbaren konkreten Welt, die durch Interferenzmuster, durch Wellen geschaffen wird.

Und diese aussergewöhnliche alte Beschreibung einer holographischen Wirklichkeit findet sich in einem hinduistischen Sutra:

> Man erzählt, im Himmel Indras gibt es ein Perlennetz, welches so angeordnet ist, dass, wenn man eine Perle anschaut, man alle anderen darin reflektiert sieht. Und ebenso ist jedes Objekt in der Welt nicht nur es selbst, sondern schliesst alle anderen ein und *ist* tatsächlich in jedem anderen Objekt.

Das Gehirn, mit dem man ihn grossgezogen habe, sagte Pribram 1976 in San Diego, war ein Computer, aber «das Gehirn, wie wir es heute kennen, berücksichtigt Erfahrungen im Bereich spiritueller Disziplinen».

Wie die Funktionsweisen des Gehirns verändert werden können, um die direkte Erfahrung im Bereiche der Frequenzen zu erlauben, ist noch immer nur eine Vermutung. Es mag ein uns bekanntes Phänomen der Wahrnehmung einbeziehen – die «Projektion», die uns den vollen, dreidimensionalen stereophonen Klang zu erfahren ermöglicht, so als strahle der Klang von einem Punkt zwischen zwei Lautsprechern aus anstatt aus zwei unterschiedlichen Tonquellen. Entsprechende Forschung hat gezeigt, dass kinästhetische Sinne in Aktion treten können, wenn man mit einer bestimmten Frequenz auf beide Hände klopft; bei der Versuchsperson stellt sich das Gefühl ein, als befinde sich zwischen den beiden Händen eine dritte Hand. Pribram schlug vor, dass eine tiefliegende Gehirnregion beteiligt sein könnte, die der Sitz pathologischer Unregelmässigkeiten – von *déjà vu* – gewesen ist und mit dem «Bewusstsein ohne Inhalt» mystischer Erfahrung in Verbindung zu stehen scheint. Gewisse Frequenzveränderungen und die Beziehungen der Phasen untereinander innerhalb dieser Gehirnstrukturen könnten das Sesam-öffne-dich transzendentaler Bewusstseinszustände sein.

Mystische Erfahrungen, so Pribram, sind nicht ungewöhnlicher als viele andere Phänomene in der Natur auch, wie etwa die selektive Depression der DNA, die zunächst ein Organ, dann das nächste ausbildet. «Wenn wir Aussersinnliche Wahrnehmungen (ASW) erfahren oder paranormale Phänomene erleben – oder Nuklearphänomene in der Physik –, so bedeutet dies nichts anderes, als dass wir in diesen Momenten aus einer anderen Dimension lesen. Im Alltäglichen können wir dies nicht verstehen.»

Pribram anerkennt, dass dieses Modell nicht leicht zu verarbeiten ist; es stürzt auf zu radikale Weise unsere früheren Überzeugungen, unsere normalen Auffassungen von Welt, Zeit und Raum. Eine neue Generation wird heranwachsen, die mit dem holographischen Denken vertraut sein wird; und um ihr den Weg zu erleichtern, schlägt Pribram vor, dass Kinder von der Grundschule an mit dem Paradoxen vertraut gemacht werden sollten, da neue wissenschaftliche Ergebnisse immer voller Widersprüche sind.

Produktive Wissenschaftler müssen bereit sein, sowohl Geistiges als auch wissenschaftliche Daten zu rechtfertigen. «Dies ist Wissenschaft, wie sie ursprünglich konzipiert wurde: das Streben nach einem Verständnis», so Pribram. «Die Tage der hartherzigen, nüchternen Technokraten scheinen gezählt zu sein.»

Pribram gesteht zuweilen in gewinnender Weise ein: «Ich hoffe, Sie merken, dass ich nichts von alledem *verstehe.*» Dieses Eingeständnis löst bei den meisten wissenschaftlich interessierten Zuhörern im allgemeinen erleichtertes Aufatmen aus.

Die umfassende Bedeutung von Pribrams Synthese seiner Ideen mit jenen David Bohms sowie mit Prigogines Modell hat unter Sozialwissenschaftlern, Philosophen und Künstlern reges Interesse hervorgerufen*.

Überall im ganzen Land wie auch für Regierungsvertreter in Washington wurden Symposien für interdisziplinäre Gruppen organisiert.

Es gibt gewiss eine Botschaft in diesen rasch konvergierenden wissenschaftlichen Revolutionen: in der Physik, bei Psi-Phänomenen, bei der Interaktion von Geist und Körper, im Impuls der Evolution selbst, in den beiden Wissensarten des Gehirns und in seinem Potential transzendenter Bewusstheit.

---

* Wie passen die holographische Theorie und die Theorie dissipativer Strukturen zusammen? Pribram meint, dissipative Strukturen repräsentierten vielleicht eine Möglichkeit des Herauslösens aus der implizierten Ordnung, wie sie sich in Zeit und Raum manifestiert.
In der Zwischenzeit brachte Apolinario Nazarea von der University of Texas in Austin seinen «vorsichtigen Optimismus» zum Ausdruck, dass die theoretische Arbeit an dissipativen Strukturen «in ihren Grundzügen die sogenannte holographische Theorie rechtfertigen könne ... obschon aus einer anderen Richtung».

Je mehr wir über die Natur der Wirklichkeit lernen, desto deutlicher sehen wir die unnatürlichen Aspekte unserer Umgebung – und unseres Lebens. Aus Ignoranz, aus Arroganz haben wir wider die Natur gehandelt. Weil wir die Fähigkeit des Gehirns zur Transformation von Schmerz und Unausgeglichenheit nicht verstehen konnten, haben wir es mit Tranquilizern gedämpft oder mit allem, was gerade verfügbar war, abgelenkt. Weil wir nicht verstehen konnten, dass ein Ganzes mehr ist als die Summe seiner Teile, haben wir unsere Informationen auf Inseln versammelt, in einem Archipel unzusammenhängender Daten. Unsere grossen Institutionen haben sich tatsächlich in gegenseitiger Isolation voneinander entwickelt.

Ohne die Erkenntnis, dass sich die Menschheit durch gegenseitige Kooperation entwickelt hat, haben wir uns für den Wettbewerb bei der Arbeit, in der Schule und innerhalb persönlicher Beziehungen entschieden. Ohne die Fähigkeit des Körpers zur Reorganisation seiner inneren Prozesse zu verstehen, haben wir uns betäubt und in bizarre Nebeneffekte hineinmanövriert. Ohne unsere Gesellschaften als grosse Organismen zu verstehen, haben wir sie mit «Kuren» behandelt, die schlimmer waren als die Leiden an sich.

Damit die menschliche Gesellschaft sich entwickelt – wenn sie überhaupt überleben will –, müssen wir unser Leben auf unser neues Wissen einstellen. Viel zu lange schon haben die beiden Kulturen – die ästhetischen, gefühlsbetonten Geisteswissenschaften und die kühle, analytische Naturwissenschaft – unabhängig voneinander funktioniert wie die rechte und linke Gehirnhemisphäre eines «Split-brain»-Patienten. Wir sind die Opfer unseres kollektiven gespaltenen Bewusstseins gewesen.

Lawrence Durrell schrieb in seinem Buch *Justine:* «Im Herzen jeder Erfahrung ruht eine Ordnung, ein innerer Zusammenhang. Wir könnten sie erkennen, wären wir nur wachsam genug, liebend genug, geduldig genug. Wird dafür noch Zeit sein?» Vielleicht kann die Wissenschaft eines Tages ja zur Kunst sagen.

7
RICHTIG ANGEWANDTE MACHT

> Es gibt keine Passagiere auf dem Raumschiff Erde. Jeder gehört zur Besatzung.
> *Marshall McLuhan*

> Ich werde so handeln, als machte es einen Unterschied.
> *William James*

In C. P. Cavafys Gedicht «Expecting the Barbarians» sind die Bevölkerung und der Kaiser auf einem öffentlichen Platz zusammengekommen und erwarten die Invasion der Barbaren. Die Gesetzgeber haben den Senat verlassen, weil die Barbaren die Gesetze machen werden, sobald sie da sind. Die Redner haben keine Ansprachen vorbereitet, weil die Barbaren Zungenfertigkeit und elegante Formulierungen nicht zu schätzen wissen.

Aber plötzlich wird die Menge ernst und verzagt; die Strassen leeren sich rasch. Von der Grenze ist die Nachricht gekommen: *Die Barbaren kommen nicht; es gibt keine Barbaren mehr.*

«Und jetzt, ohne die Barbaren, was soll da aus uns werden?» fragt der Dichter. «Schliesslich wären sie eine Art Lösung gewesen.»

Ein überwältigendes, geheimnisvolles «sie» diente als immer wieder gebrauchte Entschuldigung für die Apathie. Unser Schicksal wird von den Barbaren bestimmt, vom Establishment, von Tod und Steuern, von wohlbegründeten Interessen, von Bürokratismus und Maschinen. Aber jetzt geschieht etwas mit den Menschen – ein Sinneswandel findet statt –, und wie wir sehen werden, werden dadurch die alten eingebürgerten Vorstellungen über Regierung und Politik auf vielerlei Weise, sowohl auf subtile als auch auf dramatische Art und Weise zerstört. Dieser Sinneswandel hat den Fluss der persönlichen Macht verändert: zwischen Mann und Frau, Eltern und Kindern, Ärzten und Patienten, Lehrern und Schülern, Arbeitgebern und Angestellten, «Experten» und Laien.

«Eine neue Politikwissenschaft ist unentbehrlich für eine neue Welt», meinte Tocqueville. Die Verschwörung im Zeichen des Wassermanns geht davon aus, dass dies umgekehrt ebenfalls zutrifft. Eine neue Welt – eine neue Betrachtungsweise der Wirklichkeit – ist unentbehrlich für eine neue Politik. «Ein Umwenden des Geistes» nannte es Huxley. Die Wahrnehmung der Wirklichkeit an sich muss transformiert werden, meinte Theodore Roszak. Dies wurde verschiedentlich als eine neue Metaphysik bezeichnet, als «die Politik des Bewusstseins», als «Politik des Neuen Zeitalters» und als «die Politik der Transformation».

In diesem Kapitel geht es um Politik im weitesten Sinne. Es handelt vom Entstehen einer neuen Art von Führungsperson, von einer neuen Definition der Macht, von der dynamischen Kraft, die den Netzwerken innewohnt, und der rasch wachsenden Wählerschaft, die den ganzen Unterschied ausmachen kann.

In unserem Kulturkreis gab es immer ein zwiespältiges Verhältnis zur Macht. Wir benutzen Ausdrücke wie machtbesessen, Machtwahn, machthungrig, Makler der Macht. Diejenigen, die Macht besitzen, werden für rücksichtslos, zielstrebig und einsam gehalten.

Macht *(potestas)* – was sich vom lateinischen Wortstamm *pot* (aus *posse),* «können», ableitet – bedeutet jedoch eindeutig Energie. Ohne Macht gibt es keine Bewegung. Ebenso wie die persönliche Transformation dem einzelnen durch das Aufzeigen einer inneren Autorität Macht verleiht, folgt gesellschaftliche Transformation auf eine Kettenreaktion persönlicher Veränderung.

Im Geiste von Buddhas achtfachem Pfad mit seinen Vorschriften über rechtes Leben, rechtes Reden usw.* könnten wir ebenso von einer rechten Macht sprechen – Macht, die nicht als Rammbock oder zur Verherrlichung des Ego benutzt wird, sondern sich in den Dienst des Lebens stellt. *Angemessene* Macht.

Macht ist ein zentraler Punkt bei der gesellschaftlichen und der persönlichen Transformation. Unsere Quellen der Macht und der Gebrauch, den wir von ihr machen, bestimmen unsere Grenzen, formen unsere Beziehungen und bestimmen sogar, inwieweit wir uns selbst befreien lassen und bestimmte Aspekte unseres Selbst ausdrücken.

---

* Die acht Pfade sind: rechter Glaube, rechtes Denken, rechtes Reden, rechtes Handeln, rechtes Leben, rechtes Streben, rechte Gesinnung und rechtes Sichversenken.

Mehr als die Zugehörigkeit zu einer Partei, mehr als unsere angebliche Philosophie oder Ideologie bestimmt die persönliche Macht unsere Politik. «Der neue Mensch schafft die neue Gemeinschaft, und die neue Gemeinschaft schafft – ja *ist* – die neue Politik», meinte der Politikwissenschaftler Melvin Gurtov. Das sich wandelnde Paradigma der Politik räumt ein, dass man weder das Individuum von der Gesellschaft noch «die Politik» von den Leuten, die darin aktiv sind, trennen kann.

Der einzelne und die Gesellschaft sind wie Geist und Körper miteinander verbunden. Zu erörtern, wer wichtiger ist, kommt einer Diskussion gleich, ob Sauerstoff oder Wasserstoff der grundlegendere Bestandteil von Wasser sei. Dennoch gibt es darüber seit Jahrhunderten die hitzigsten Debatten. Nachdem Martin Buber die philosophische Geschichte des Problems, ob das Selbst oder die Gesellschaft wichtiger sei, von Plato bis zu Kant, Hegel und Marx nachgezeichnet hatte, wies er darauf hin, dass es eigentlich keine Wahl gibt. Das Selbst und die Gesellschaft sind untrennbar. *Irgendwann muss jeder, der sich mit der Transformation des Individuums beschäftigt, zum gesellschaftlichen Handeln übergehen.*

Gurtov meinte: «Wenn wir versuchen, allein zu wachsen, stellen wir damit sicher, dass wir irgendwann vom Druck des Systems umzingelt werden. Wenn wir gemeinsam wachsen, ist es das System, das sich ändern muss.»

POLITISCHE KRISE UND TRANSFORMATION

Das neue Paradigma der Politik entwickelt sich in einer wachsenden Übereinstimmung, die vom kanadischen Gesellschaftsanalytiker Ruben Nelson als «Literatur der Krise und der Transformation» beschrieben worden ist. Obwohl in dieser Literatur die Lage der Dinge mit den verschiedensten Metaphern und in verschiedenen Graden der Verzweiflung zum Ausdruck gelangt, wird ihr Wesen wie folgt dargestellt:

Die Krise: Unsere Institutionen – insbesondere unsere Verwaltungsstrukturen – sind mechanistisch, starr und zersplittert. Die Welt funktioniert nicht.

Das Rezept: Wir müssen unserem Schmerz und unseren Konflikten ins Auge sehen. Solange wir nicht aufhören, unsere Misserfolge zu leugnen und unsere Unruhe zu verdrängen, solange wir unsere Verwirrung und Entfremdung nicht eingestehen, können wir die nächsten, notwendigen Schritte nicht unternehmen.

Das politische System muss *transformiert,* nicht *reformiert* werden. Wir brauchen etwas anderes, und nicht bloss irgend etwas Zusätzliches. Der Ökonom Robert Theobald meinte: «Wenn die Theoretiker der Transformation recht haben, sind wir an einem Prozess beteiligt, der keine Parallele in der menschlichen Geschichte hat – an *einem Versuch, durch einen bewussten Prozess die Kultur in ihrer Ganzheit zu ändern.*» In einem Bericht, der vom Office of Technology Assessment, einem beratenden Ausschuss des Kongresses, in Auftrag gegeben wurde, schrieb Theobald: «Es ist unmöglich, ein Element in einer Kultur zu ändern, ohne alle Elemente zu ändern.»

Schneller als uns lieb ist, sind wir genötigt, neue Alternativen zu ersinnen, zu entdecken und zu verfeinern. Es ist doch soviel einfacher, die falschen Wege, die wir eingeschlagen haben, darzulegen, als bessere ausfindig zu machen!

Unsere Erkenntnisse über die menschlichen Bedürfnisse und Fähigkeiten haben sich – insbesondere aufgrund der Wissenschaft – schneller verändert als unsere sozialen Strukturen. Würden wir plötzlich ausserirdischen Lebewesen gegenüberstehen, wären wir zweifelsohne mit Ehrfurcht erfüllt und würden uns fragen, wie wir mit ihnen kommunizieren können und was sie von uns wollen. In diesem Fall ist es die Vorstellung von einem neuen menschlichen Wesen, die fremd ist. Wir sind unruhig, weil wir Muster und Möglichkeiten wahrnehmen, die wir vorher nicht gesehen haben.

AUTARKIE – DAS REGIERENDE SELBST

Wenn wir eine Gesellschaft mit den alten Methoden (Organisation, Propaganda, politischer Druck, Umerziehung) neu strukturieren müssten, wäre das wohl eine hoffnungslos grosse Aufgabe, etwa als wollten wir die Erdumdrehung umkehren. Aber persönliche Revolutionen können Institutionen verändern. Schliesslich *sind* Einzelpersonen die Bestandteile dieser Institutionen. Regierung, Politik, Medizin und Erziehung sind in Wirklichkeit keine Dinge, sondern die kontinuierlichen Handlungen von Menschen – das Erlassen von Gesetzen, die Bewerbung um ein Amt, das Wählen, das Geltendmachen von Einfluss, das sich Unterziehen oder Erteilen einer medizinischen Behandlung, das Erstellen von Lehrplänen, usw.

Autarkie heisst Regierung durch das Selbst. Die Vorstellung, dass gesellschaftliche Harmonie letztendlich aus dem Charakter des einzelnen entsteht, taucht in der Geschichte immer wieder auf. Laut konfuzianischen Schriften wandten sich weise Menschen, die eine gute Regierung wollten, zuerst nach innen und suchten genaue Worte, um ihre bisher unausgesprochenen Sehnsüchte, die «Stimme des Herzens», auszudrücken. Wenn sie erst einmal in der Lage waren, die Botschaft des Herzens in Worte zu fassen, unterwarfen sie sich ihr. Die Ordnung im Selbst führte zuerst zur Harmonie in ihrem eigenen Haushalt, dann im Staat, und endlich im ganzen Reich.

Die Entdeckungen der Transformation verändern zwangsläufig unsere Auffassungen von Macht. Die Entdeckung der Freiheit beispielsweise, bedeutet wenig, wenn wir nicht befugt sind, zu handeln, frei zu sein *für* und nicht nur *von* etwas. Wenn Angst überwunden ist, fürchten wir uns weniger vor dem Siamesischen Zwilling der Macht, der Verantwortung. Wir sind uns nicht mehr so sicher, was für die anderen richtig ist. Durch das Bewusstwerden einer vielschichtigen Wirklichkeit verlieren wir unsere dogmatische Bindung an einen einzigen Standpunkt. Ein neues Gefühl der Verbundenheit mit anderen fördert ein gesellschaftliches Engagement. Eine positive Weltsicht lässt die anderen Menschen als weniger bedrohlich erscheinen; Feinde gibt es keine mehr. Man fühlt sich mehr einem Prozess als einem Programm verpflichtet. Es ist sehr wichtig, wie wir unsere Ziele erreichen. Wir können jetzt ohne Intrigen oder Manipulation eine Absicht in Handlung und eine Vorstellung in die Wirklichkeit übertragen.

Die Macht fliesst aus einem Zentrum im Inneren, einem geheimnisvollen Allerheiligsten, das mehr wert ist als Geld, Name oder Geleistetes. Durch die Entdeckung unserer Autonomie werden wir eine Zeitlang sehr geschäftig, ähnlich einem wieder zu Geld gekommenen Musiker, der seine Instrumente in über die ganze Stadt verstreute Pfandhäuser gebracht hatte und sich jetzt nicht einmal mehr an deren Adressen erinnern kann. Wir sind erstaunt, wenn wir herausfinden, wie zwanglos, regelrecht geistesabwesend, wir so viele wichtige Dinge abgetreten hatten, und – umgekehrt – wie oft wir die Selbständigkeit anderer verletzt haben. Man betrachtet die Macht über das eigene Leben als Geburtsrecht und nicht als Luxus. Und wir fragen uns, wie wir jemals anders denken konnten.

DIE POLITIK DER ANGST UND DES LEUGNENS

«Er hatte den Sieg über sich selbst errungen», lautet die letzte Zeile von George Orwells grimmigem Roman *1984*. «Er liebte den Grossen Bruder.» Ebenso wie Geiseln manchmal beginnen, ihre Entführer zu mögen, finden wir Gefallen an den Faktoren, die uns gefangenhalten: unseren Gewohnheiten, Sitten, den Erwartungen anderer, an Vorschriften, Terminen, am Staat. Warum geben wir unsere Macht her oder beanspruchen sie nicht einmal? Vielleicht um Entscheidungen und Verantwortung umgehen zu können. Wir werden vom Prinzip der Schmerzvermeidung, der Konfliktvermeidung verleitet.

In Colin Wilsons Science Fiction-Roman *The Mind Parasites* entdecken die Hauptperson und ihre Gefährten, dass das menschliche Bewusstsein seit Jahrhunderten von einem seltsamen Parasiten, der sich von ihm ernährt und seine Kraft schwächt, gequält, heruntergezogen und eingeschüchtert wurde. Diejenigen, die der Existenz dieser Geistesparasiten gewahr werden, können sie loswerden – ein gefährliches und schmerzhaftes, aber mögliches Unterfangen. Nachdem sie sich von den Geistesparasiten befreit haben, sind sie die ersten wirklich freien Menschen, wohlgemut und ungeheuer mächtig.

Genauso wurde unsere natürliche Kraft von den Parasiten der Jahrhunderte geschwächt: von Angst, Aberglauben, von einer Sicht der Wirklichkeit, welche die Wunder des Lebens auf einen knarrenden Mechanismus reduzierte. Wenn wir diesen parasitären Überzeugungen keine neue Nahrung geben, werden sie ausgerottet werden. Aber wir versuchen, unsere Müdigkeit, unsere Trägheit verstandesmässig zu entschlüsseln; wir leugnen, dass wir von ihnen heimgesucht werden.

Gelegentlich ist das Gefühl der Machtlosigkeit des einzelnen gerechtfertigt; es gibt sicherlich Teufelskreise aus Entbehrung und mangelnder Gelegenheit, welche die Befreiung für einige erschweren. Aber die meisten von uns verhalten sich passiv, weil unsere Bewusstheit eingeschränkt ist. Die Energie unseres «Passagierbewusstseins» wird ständig abgeleitet, um uns von all den Dingen abzulenken, vor denen wir zu grosse Angst haben, als dass wir sie bewusst bewältigten. So nehmen wir es stillschweigend hin, leugnen es, passen uns schliesslich an.

In Ruben Nelsons *Illusions of Urban Man,* das von der kanadischen Regierung veröffentlicht wurde, schrieb er: «Wir haben die Wahl zwischen dem schmerzvollen, aber Vertrauen einflössenden Prozess, zu erfahren, wer wir sind und wo wir uns befinden ... und der äusserst verlockenden, letzlich aber leeren Alternative, uns weiterhin treiben zu lassen, so zu handeln, als ob wir wüssten, was wir tun, während sowohl die wachsende Zahl von Beweisen als auch unsere aufrichtigsten Ängste zeigen, dass dies nicht der Fall ist ... Was die Regierung anbelangt, ebenso andere Beziehungen, besitzen wir die Fähigkeit, uns selbst zu täuschen, die Wirklichkeit, nach der wir leben, so zu formen, dass unser Hauptaugenmerk mehr auf unsere Bequemlichkeit als auf die Wahrheit gerichtet ist ...»

Die Regierung an sich stellt eine furchteinflössende Strategie zur Vermeidung von Schmerz und Konflikt dar. Für einen beträchtlichen Preis nimmt sie uns Verpflichtungen ab, übernimmt Tätigkeiten, die den meisten ebenso widerwärtig wären, wie das Fleisch für den Mittagstisch selbst zu schlachten. In unserem Auftrag kann die Regierung Bomben abwerfen und Steuern erheben. In unserem Auftrag kann sie jene Verpflichtungen übernehmen, die einst in einem persönlichen Rahmen von der Gemeinschaft erfüllt wurden: die Fürsorge für die Jungen, die Kriegsversehrten, die Alten und die Behinderten. Die Regierung lässt unsere unpersönliche Wohltätigkeit den Bedürftigen in der Welt zukommen und erleichtert so unser kollektives Gewissen, ohne dass wir uns unbequemerweise selbst darum kümmern müssten. Sie nimmt uns unsere Macht, unsere Verantwortung, *unser Bewusstsein*.

Der ehemalige Präsident der University of Cincinnati, Warren Bennis, berichtete, wie sein Büro eines Tages, als er zur Arbeit kam, voller aufgebrachter Studenten war. Zwei wunderschöne Bäume waren gefällt worden, um eine Strasse auf dem Campus zu erweitern. Er versuchte, den Schuldigen herauszufinden: Der Mann, der die Bäume gefällt hatte, arbeitete für einen ortsansässigen Bauunternehmer, der von dem Landschaftsarchitekten zur Ausführung des von ihm erstellten Plans verpflichtet worden war; der Architekt arbeitete für den Planungsdirektor, dessen Chef die Verantwortung für die Gartenanlagen trug, der wiederum dem Vizepräsidenten für Verwaltung und Finanzen unterstand, der dem Bankkomitee der Universität gegenüber verantwortlich war, welches dem geschäftsführenden Vizepräsidenten Rechenschaft schuldete. «Als ich sie alle zusammenrief, waren es zwanzig Leute, und alle waren unschuldig. Alle. Die Bürokratie stellt einen ausgezeichneten Mechanismus zur Abwälzung von Verantwortlichkeit und Schuld dar.»

Bennis bezeichnete diesen Prozess als «die Pornographie des Alltagslebens». Ebenso wie die Pornographie einen mechanischen, abweisenden Ersatz für mit Liebe erfüllten Sex bietet, ist auch das zersplitterte Fällen von Entscheidungen eines Bürokraten weit von der Wirklichkeit entfernt. Unsere Führer «hören sich so an, als ob sie durch ein Fenster aus Spiegelglas mit uns sprächen».

Das Versagen anderer gesellschaftlicher Institutionen hat uns dazu gebracht, der Regierung noch mehr Verantwortung aufzubürden; ausgerechnet der schwerfälligsten Institution, die es überhaupt gibt. Wir haben unsere Selbständigkeit immer mehr an den Staat abgetreten und so die Regierung dazu gezwungen, Funktionen zu übernehmen, die vorher von Gemeinschaften, Familien, Kirchen – *Menschen* – ausgeübt wurden. Viele gesellschaftliche Aufgaben sind der Regierung durch Pflichtversäumnis wieder zugefallen, und das Endergebnis war eine schleichende Lähmung – Unwirklichkeit.

Tocqueville betrachtete den Verzicht auf Verantwortung in einer Demokratie als Gefahr. «Eine extreme Zentralisierung der Regierung schwächt letztendlich die Gesellschaft», meinte er vor eineinhalb Jahrhunderten. Gerade die Vorzüge einer Demokratie, ihre Freiheiten, können zu einer Art Privatisierung der Interessen führen. Die in einer Demokratie lebenden Menschen führen solch ein geschäftiges, aufregendes Leben, «dermassen erfüllt von Wünschen und Arbeit, dass dem einzelnen kaum irgendwelche Energie für das öffentliche Leben übrigbleibt».

Diese gefährliche Tendenz führt nicht nur zur Vermeidung der Teilnahme an der Regierung, sondern auch zur Furcht vor jeglicher Störung des Friedens. «Die Liebe zur öffentlichen Ruhe ist häufig die einzige Leidenschaft, die diese Nationen noch besitzen ...» Eine demokratische Regierung wird ihre Macht einfach durch die Tatsache ihrer Fortdauer ständig vergrössern, sagte Tocqueville voraus. «Die Zeit arbeitet für sie. Jeder Zwischenfall kommt ihr zugute ... Je älter ein demokratisches Gemeinwesen ist, desto zentralistischer wird seine Regierung werden.»

Er warnte davor, dass diese Bürokratien ihre eigene sanfte Tyrannei schaffen würden, wie sie nie zuvor in der Welt vorhanden gewesen ist. «Die Sache an sich ist neu. Da ich sie nicht benennen kann, muss ich sie zu definieren versuchen.» Wenn die breite Masse hauptsächlich auf Vergnügen aus ist, handelt sie so, als würden ihre eigenen Kinder und guten Freunde die ganze Menschheit ausmachen. Sie werden Fremde für ihre Mitbürger. Ganz egal, wie nahe sie sich physisch auch sein mögen, weder sehen sie diejenigen, die sich ausserhalb ihres kleinen Kreises befinden, noch kommen sie mit ihnen in Kontakt. Jeder Bürger existiert dann nur noch in und für sich selbst und seine nahe Verwandtschaft: *er hat sein Vaterland verloren.*

Über den Bürgern befindet sich eine gewaltige, milde, väterliche Macht, die sie in ewiger Kindheit gefangenhält. Hundert Jahre vor Orwell sah Tocqueville den Grossen Bruder voraus:

> Er ist der einzige Vermittler von Glück; er sorgt für ihre Sicherheit, sieht ihre Bedürfnisse voraus und erfüllt sie, erleichtert ihre Vergnügungen, erledigt ihre wichtigsten Angelegenheiten, lenkt ihre Indu-

strie, regelt die Vererbung von Eigentum und teilt ihre Erbschaften auf – was kann man noch tun, ausser ihnen allen die Mühe des Denkens und den Ärger des Lebens zu ersparen?

So macht jeder Tag das Ausüben einer freien Tätigkeit weniger sinnvoll ... der Wille wird auf einen engeren Bereich begrenzt.

Er bedeckt die Gesellschaft an der Oberfläche mit einem Netzwerk kleiner, komplizierter Regeln, die detailliert und einheitlich sind und welche die originellsten Geister und die energischsten Persönlichkeiten nicht durchdringen können ... Der Wille des Menschen wird nicht zerschmettert, sondern aufgeweicht, gebeugt und gelenkt.

Eine solche Macht übt keine offene Tyrannei aus, das Volk wird von ihr zusammengepresst, geschwächt, erstickt und verdummt. Die Nation ist nur noch eine Herde furchtsamer und geschäftiger Tiere, deren Hirte die Regierung ist.

Tocqueville hat die väterliche Rolle der Regierung und unserer anderen grossen hierarchisch aufgebauten Institutionen (Aktiengesellschaften, Kirchen, Krankenhäuser, Schulen, Gewerkschaften) vorausgeahnt. Gerade durch ihre Struktur erzeugen diese Institutionen Zersplitterung, Anpassung und Amoralität. Sie dehnen ihre Macht aus und verlieren dabei ihre ursprüngliche Aufgabe aus den Augen. Wie eine grosse, lineare Gehirnhälfte, die vom Gefühl abgeschnitten ist, sind sie unfähig, die Dinge in ihrer Ganzheit zu sehen. Wie Blutegel saugen sie das Leben und den tieferen Sinn aus dem Staatsgefüge.

Egal, ob das Grundprinzip Kapitalismus, Sozialismus oder Marxismus heisst, die Konzentration einer grossen zentralen Macht in einer Gesellschaft ist unnatürlich und weder flexibel noch dynamisch genug, um auf die wechselnden Bedürfnisse der Menschen, insbesondere auf das Bedürfnis nach einer schöpferischen Teilnahme, einzugehen.

Manchmal fallen wir auch einer Art nostalgischem Wunschdenken anheim, meinte George Cabot Lodge. Wir geben vor, gemäss unseren verlorenen Mythen wie dem freien Wettbewerb, der Vorsehung, dem ausgeprägten Sinn für Individualität und dem Bruttosozialprodukt zu leben. Aber auf einer anderen Ebene erfahren wir einen Missklang in der Wahrnehmung. Wir wissen äusserst genau, dass sich alle Nationen in einer gegenseitigen Abhängigkeit befinden, und dass die Autarkie eine leere Drohung ist. Wir wissen auch, dass die Wirtschaftsunternehmen sich zu mächtigen, kleinen Staaten entwickelt haben, die fast keine Ähnlichkeit mehr mit dem «freien Unternehmertum» haben, das wir angeblich so schätzen. Die Politik, die Arbeiter und das Management kämpfen einerseits mit den ökonomischen Realitäten und leugnen sie andererseits unverhüllt, ähnlich wie die Patienten mit dem gespaltenen Gehirn im Laboratorium zwischen zwei Welten gefangen sind.

PARADIGMENWECHSEL IN DER POLITIK

Die bevorstehende Transformation von einem gesellschaftspolitischen Paradigma aus dem 17. Jahrhundert zu einem neuen System bedeutet ein Erdbeben für unsere Institutionen, weil ihre Legitimität mit der zugrunde gehenden Ideologie erlischt, behauptete Lodge.

Wenn man die Krise unserer Institutionen als einen nahe bevorstehenden gesellschaftspolitischen Paradigmenwechsel betrachtet, kann dies beruhigend und sogar aufschlussreich sein, weil es unseren augenblicklichen Stress und Ärger unter der Perspektive einer historischen Transformation einstuft.

Eine Gemeinschaft von Menschen – eine *Gesellschaft* – wickelt ihre Angelegenheiten innerhalb einer gemeinsam vereinbarten Form ab, einer *Regierung*. Ebenso wie das etablierte Paradigma der Wissenschaft für die «normale Wissenschaft» gültig ist, gelten die Regierung und die vorherrschenden gesellschaftlichen Bräuche für die normalen Abläufe in einer Gesellschaft. *Politik* bedeutet das Ausüben von Macht innerhalb dieses Konsensus.

Ebenso, wie die Wissenschaftler unvermeidlich auf Fakten stossen, die dem existierenden Paradigma widersprechen, beginnen auch die Individuen innerhalb einer Gesellschaft Anomalien und Konflikte zu erfahren: eine ungleiche Verteilung der Macht, eine Einschränkung der Freiheiten, ungerechte Gesetze oder Praktiken. Wie eine Gemeinschaft von etablierten Wissenschaftlern ignoriert oder leugnet die Gesellschaft anfangs diese ihr innewohnenden Widersprüche. Wenn Spannungen entstehen, versucht sie, diese innerhalb des Systems durch komplizierte Gedankengebäude beizulegen.

Wenn dieser Konflikt zu tief oder zu ausgeprägt ist, um unterdrückt zu werden, ereignet sich schliesslich eine Revolution in Form einer *gesellschaftlichen Bewegung*. Die alte Übereinstimmung ist zerbrochen und die Freiheiten werden ausgeweitet. In der amerikanischen Geschichte kann man dies am besten bei der Ausweitung des Wahlrechts beobachten. Zuerst wurde die Verleihung des Wahlrechts auf männliche Weisse mit Besitz ausgedehnt, dann auf alle weissen männlichen Bürger, dann auf die männlichen Bürger aller Rassen, schliesslich auf die Bürger beiden Geschlechts über einundzwanzig und dann auf alle Bürger über achtzehn.

Man kann sagen, dass ein Paradigmenwechsel in der Politik stattfindet, wenn die neuen Werte von der herrschenden Gesellschaft assimiliert werden. Diese Werte werden dann zu einem gesellschaftlichen Dogma einer neuen Generation, die sich wundert, dass irgend jemand jemals etwas anderes geglaubt haben könnte. Mitten unter ihr werden jedoch neue Konflikte und Ideen entstehen, und diese werden geleugnet, ignoriert oder sogar unterdrückt usw.

Das irrationale menschliche Verhaltensmuster wiederholt sich sowohl auf individueller als auch auf kollektiver Ebene immer und immer wieder. Sogar wenn unsere alten Formen kläglich scheitern und mit den anfallenden Problemen nicht fertigwerden können, werden sie hartnäckig verteidigt; diejenigen, die sie in Frage stellen, werden verlacht.

Generation um Generation kämpft die Menschheit um die Beibehaltung des *Status quo* mit der Behauptung: «Lieber das Übel, das man kennt, als das Übel, das man nicht kennt», ein Stück Volkszynismus, das davon ausgeht, dass das Unbekannte gefährlich ist. Wir wenden «Fertigkeiten des Feindes» gegen die Veränderung an – um Virginia Satirs Ausdruck zu gebrauchen –, und wir erkennen nicht, dass alles Wachstum von der Fähigkeit zur Transformation abhängt. Inmitten des Flusses der natürlichen Welt klammern wir uns an das Bekannte und sträuben uns gegen die Transformation. John Kenneth Galbraith meinte: «Wenn wir vor der Wahl stehen, unsere Standpunkte verändern zu müssen oder zu beweisen, dass dies unnötig ist, machen sich die meisten von uns eifrig daran, den Beweis anzutreten.»

Wenn wir aus diesem Muster ausbrechen wollen, wenn wir von unserer persönlichen und kollektiven Geschichte befreit werden wollen, müssen wir lernen, dies zu erkennen – die Art und Weise wahrnehmen, auf die Entdeckungen und Erneuerungen vor sich gehen; unser Unbehagen über und den Widerstand gegen das Neue zu überwinden und die Vorteile einer Zusammenarbeit mit der Veränderung zu erkennen.

Thomas Kuhn war keineswegs der erste, der auf dieses Muster hinwies. Es wurde ein Jahrhundert zuvor von dem englischen politischen Philosophen John Stuart Mill sehr ausführlich erörtert. Dieser schrieb, dass in jedem Zeitalter Meinungen vorherrschten, die von den folgenden Generationen nicht nur für falsch, sondern geradezu für absurd gehalten wurden. Er warnte seine Zeitgenossen im 19. Jahrhundert davor, dass viele damals herrschende Ideen in zukünftigen Zeitaltern abgelehnt werden würden. Deshalb sollten sie das Infragestellen aller Ideen willkommenheissen, auch derjenigen, die, so wie Newtons Philosophie, am augenscheinlichsten der Wahrheit zu entsprechen schienen! Die beste Sicherung von Ideen besteht in «einer ständigen Einladung an die ganze Welt, zu beweisen, dass diese unbegründet sind».

Wenn die ganze Menschheit bis auf eine einzige Person eine bestimmte Meinung vertritt und dieser eine Mensch etwas anderes glaubt, so hätte die Mehrheit ebensowenig Recht, ihn zum Schweigen zu bringen, wie ihm umgekehrt kein Recht zustünde, die Mehrheit zum Schweigen zu bringen, meinte Mill. Er betonte, dass sein Standpunkt nicht von der Moral, sondern von der Praxis bestimmt war. Wenn eine Gesellschaft neue Ideen unterdrückt, beraubt sie sich selbst. «Wir dürfen nichts ausser acht lassen, was der Wahrheit eine Möglichkeit bieten könnte, zu uns durchzudringen.»

Er kritisierte diejenigen, die behaupteten, dass es nichts schaden würde, Ideen zu unterdrücken, da – wenn sie wahr wären – nichts ihre Berechtigung verschleiern könnte. Mill wies darauf hin, dass viele wichtige Ideen mehrere Male aufgetaucht und ihre Verfechter verfolgt worden waren, bevor sie in einem toleranteren Zeitalter wiederentdeckt wurden. Obwohl Europa historisch gesehen nur Fortschritte machte, wenn es das Joch alter Ideen abschüttelte, handelten die meisten Menschen weiterhin so, als ob «neue Wahrheiten früher vielleicht einmal wünschenswert waren, aber wir jetzt wirklich genug davon haben». Diese neuen Wahrheiten – «Ketzereien» – schwelten nur im verborgenen, anstatt auf die ganze Kultur überzugreifen. Die Angst vor «Ketzereien» ist gefährlicher als die Ketzerei selbst, weil es ein Volk «der freien und kühnen Spekulation, die den Geist stärken und erweitern würde», beraubt.

Viele politische Philosophen sannen über dieses Problem des Widerstandes der Bevölkerung gegen neue und fremde Ideen nach. Sie nannten dies «die Tyrannei der Mehrheit», diese Tendenz selbst der liberalsten Gesellschaften, das freie Denken zu unterdrücken. Das ist das Paradox der Freiheit: Jeder, der Autonomie schätzen lernt, muss sie auch anderen gewähren, und die einzige Methode einer gemeinsamen Selbstbestimmung ist das Regieren durch Mehrheitsbeschluss, was seinerseits wiederum die Freiheit gefährden kann.

Revolutionäre Denker halten nichts von einzelnen Revolutionen. Sie betrachten Veränderung als eine Lebensweise. Jefferson, Mill, Tocqueville und viele andere beschäftigten sich mit der Schaffung einer für Veränderung aufgeschlossenen Umwelt innerhalb eines relativ stabilen politischen Systems. Sie wollten Regierungsformen, innerhalb derer eine gesunde Unruhe für eine fortwährende Erneuerung sorgte und die Freiheiten immer weiter vergrössert und ausgebreitet würden. Thoreau beispielsweise suchte nach einer Regierungsform, die über die Demokratie hinausgeht, in der das individuelle Gewissen vom Staat als «eine höhere und besondere Macht», der Kontext aller Autorität, respektiert würde.

Die Gesellschaft steckt ihre Freigeister ins Gefängnis, anstatt sie als «ihre weise Minderheit zu verehren». Aber es gibt einen Ausweg: Jeder, der eine Wahrheit entdeckt, wird zu einer aus einer einzigen Person bestehenden Mehrheit, einer sich qualitativ von der nicht engagierten Mehrheit unterscheidenden Kraft. Für Thoreau waren die Bewohner seiner Stadt wegen ihrer nicht vorhandenen Bereitschaft, gemäss jenen Tugenden zu leben, die sie predigten, «Angehörige einer anderen Rasse als ich». Als er wegen seiner Weigerung, Steuern zu zahlen, weil er gegen den Krieg mit Mexiko war, im Gefängnis sass, bemerkte Thoreau, dass er sogar hinter Mauern aus Stein und Mörtel freier war als diejenigen, die ihn eingesperrt hatten. «Ich lasse mich zu nichts zwingen. Ich werde nach meiner eigenen Fasson glücklich werden. Nur diejenigen, die einem höherstehenden Gesetz als ich gehorchen, können mich zu etwas zwingen.»

Wenn alle, die gegen die Sklaverei oder den Krieg sind, sich weigern würden, Steuern zu zahlen, müsste der Staat – angesichts voller Gefängnisse und leerer Kassen – nachgeben, schrieb er in seinem berühmten Essay über den zivilen Ungehorsam. Ein solches Verhalten würde eine friedliche Revolution hervorbringen.

«Gib deine ganze Stimme ab, nicht nur einen Zettel Papier, sondern deinen ganzen Einfluss. Eine Minderheit ist machtlos, solange sie sich der Mehrheit fügt ... aber sie ist unüberwindbar, wenn sie ihr ganzes Gewicht einsetzt ... Dein Leben soll der Sand im Getriebe sein, der die Maschine zum Stehen bringt.»

Gandhi brachte das Konzept der mächtigen, auf ein bestimmtes Ziel ausgerichteten Minderheit ins 20. Jahrhundert ein. Zuerst erkämpfte er die Anerkennung der Rechte der Inder, die in Südafrika lebten, und dann erreichte er Indiens Unabhängigkeit von der britischen Oberherrschaft. Er sagte: «Es ist abergläubisch und gotteslästerlich, zu glauben, dass eine Handlung der Mehrheit für die Minderheit verpflichtend ist. Nicht die Quantität zählt, sondern die Qualität ... Wenn man für eine gerechte Sache eintritt, halte ich die Zahl der Anhänger nicht für entscheidend.»

Das von Gandhi eingeführte revolutionäre Prinzip löst das Paradox der Freiheit auf. Er nannte es *satyagraha*, «die Macht der Seele» oder «die Macht der Wahrheit». Satyagraha wurde im Westen im wesentlichen missverstanden und als «passiver Widerstand» beschrieben, eine Bezeichnung, die Gandhi für nicht zulässig hielt, weil sie auf Schwäche oder «Gewaltlosigkeit» – die nur ein Bestandteil von satyagraha war – schliessen lässt. Wenn man satyagraha als passiven Widerstand bezeichnet, ist dies ähnlich, wie wenn man das Licht als Nichtdunkelheit bezeichnen würde, wie der Pädagoge Timothy Flinders meinte; diese Formulierung bringt die positive Energie dieses Prinzips nicht zum Ausdruck.

Satyagraha schöpft seine Kraft aus zwei scheinbar gegensätzlichen Eigenschaften: Glühender Selbständigkeit und umfassendem Mitgefühl. Es vertritt im wesentlichen folgenden Standpunkt: «Ich werde dich zu nichts zwingen. Ebenso werde ich von dir zu nichts gezwungen werden. Ich werde dir nicht mit Gewalt, sondern mit der Kraft der Wahrheit – der Integrität meiner Überzeugungen – gegenübertreten. Meine Integrität zeigt sich in meiner Bereitschaft, zu leiden, mich in Gefahr zu begeben, ins Gefängnis zu gehen und, wenn nötig, sogar zu sterben. Aber ich werde nicht die Ungerechtigkeit unterstützen.

Wenn du meine Absichten erkennst und mein Mitgefühl und meine Aufgeschlossenheit gegenüber deinen Bedürfnissen fühlst, wirst du so reagieren, wie ich das durch Drohen, Verhandeln, Bitten oder Anwendung körperlicher Gewalt niemals erreichen könnte. Gemeinsam können wir das Problem lösen. *Dies* ist es, wogegen wir ankämpfen müssen, und nicht gegeneinander.»

Satyagraha stellt die Strategie jener dar, die Lösungen, welche die Freiheit oder die Integrität eines der Beteiligten einem Kompromiss unterwerfen, ablehnen. Gandhi behauptete immer, dass es die Waffe der Starken ist, weil es eine heldenhafte Zurückhaltung und den Mut, zu vergeben, verlangt. Als er das Bergversteck einer militanten indischen Gruppe besuchte und ihre Gewehre sah, meinte er: «Ihr müsst sehr viel Angst haben.»

Satyagraha, wie immer man es auch nennen mag, ist ein Verhalten, das die Politik aus dem alten Bereich, in dem man sich feindselig gegenüberstand, faule Kompromisse einging, den anderen zu etwas überredete und seine Spielchen spielte, hin zur Aufrichtigkeit, zu gemeinsamer Menschlichkeit und der Suche nach Verstehen überführt. Es transformiert den Konflikt an seinem Ursprung, in den Herzen der Beteiligten. Es bedeutet eine Umwelt, in der man sich gegenseitig akzeptiert und die Menschen sich, ohne das Gefühl, eine Niederlage erlitten zu haben, ändern können. Jene, die es anwenden, müssen umsichtig und flexibel sein und sogar den Standpunkt des Gegners auf seinen Wahrheitsgehalt hin überprüfen*. Erik Erikson sagte über Gandhi, dass dieser «anderen helfen könne, kostspielige Verteidigungsanlagen und Verweigerungsverfahren auszurangieren ... Einsicht und Disziplin können entwaffnen oder eine Macht geben, die stärker als alle Waffen ist».

Satyagraha arbeitet im stillen und scheinbar langsam, meinte Gandhi, aber in Wirklichkeit gibt es keine Kraft in der Welt, die so direkt und schnell arbeitet. Er behauptete, dass es sich dabei um eine alte Idee handle, so alt wie die Berge, und er und seine Freunde hätten lediglich damit experimentiert. «Wer an die einfachen Wahrheiten glaubt, wie ich sie dargelegt habe, kann sie nur weiterverbreiten, indem er sie lebt.» Beginnt dort, wo ihr steht, forderte er seine Anhänger auf. Thoreau sagte dasselbe: «Es spielt keine Rolle, wie klein der Anfang scheinen mag.»

---

* Die Bündnisse der Gruppen, die gegen die Atomkraft protestieren, haben Gandhis Ideen für ihre Sache übernommen. Jene, die an ihren Demonstrationen teilnehmen wollen, machen ein Wochenendseminar über gewaltloses politisches Handeln mit und werden dann kleinen «Affinitätsgruppen» zugeteilt. Diesen Gruppen, die sich meist aus fünf Männern und fünf Frauen zusammensetzen, ist es freigestellt, ihre eigene Form des Protests innerhalb der grossen Demonstration zu schaffen.
Satyagraha erfordert ein Offensein für die Wahrheit, in welcher Form sie auch immer erscheinen mag. Eine Broschüre der Alliance of Survival erwähnt, dass «die Wahrheit und das Gerechtigkeitsgefühl in jedem Menschen steckt. Wir sind nicht die Inkarnation des Guten, während die Vertreter der Pacific Gas and Electric Company die Inkarnation des Bösen darstellen. Keiner von beiden hat die Gerechtigkeit für sich selbst gepachtet». Keine Handlung dürfe den Versuch, zu demütigen, zu verletzen oder zu unterwerfen, miteinbeziehen, warnt das Merkblatt. «Solche Handlungen bestärken und rechtfertigen nur die Position, die unsere Opponenten gegen uns einnehmen. Dies ist der Grund, warum die gewaltlos Handelnden Leiden und Mühsal auf sich nehmen. Indem wir so handeln, rühren wir das Herz unserer Gegner und rütteln das Gewissen der Gleichgültigen auf.» Das Ziel muss höher gesteckt sein, als nur den Kampf gegen die Atomkraft zu gewinnen. «Unser Ziel muss eine tiefgreifende kulturelle Revolution sein. Daher müssen wir aufpassen, das, woran wir glauben, nicht zu opfern, um die Atomkraft zu stoppen.»
Der Geist der Gewaltlosigkeit muss sich in Flugblättern, Interviews, dem Ton und der Wortwahl der Schriften, den Beziehungen mit den Vertretern der öffentlichen Betriebe, dem Ablauf der Veranstaltungen und in den Beziehungen unter den Menschen widerspiegeln. «Alle Zeichen von Hohn und Verachtung schaden unserer Sache. Der Gruss mit der geschlossenen Faust, obszöne oder beinahe obszöne Gesänge und Hetztiraden gegen die Regierung: ist das alles tatsächlich mehr als bloss ein Zeichen unserer eigenen Frustration und Ohnmacht? Jene, die starken Herzens sind, brauchen nichts als Liebe.»

FÜHRERSCHAFT UND TRANSFORMATION

Der Politikwissenschaftler und mit dem Pulitzerpreis ausgezeichnete Historiker James MacGregor Burns bezeichnete Gandhi als Beispiel einer «transformativen Führerschaft», Führerschaft als ein Prozess dauernder Veränderung und dauernden Wachstums. Der wahre Führer ist nach Burns' Definition nicht bloss jemand, der Macht ausübt, um persönliche Ziele zu erreichen. *Der wahre Führer spürt und transformiert die Bedürfnisse seiner Gefolgschaft.*

> Man darf nicht vergessen, dass ich ein anderes Bild von Gefolgsleuten habe als die meisten Leute. Ich betrachte sie nicht einfach als Personen, die einige feststehende Ansichten vertreten ... Ich gehe davon aus, dass sie unterschiedliche Bedürfnisse haben. Der erfolgreiche Führer weckt neue, «höhere» Bedürfnisse in seiner Gefolgschaft.
>
> Die *wahrhaft* grossen oder schöpferischen Führer tun noch etwas mehr – sie lösen bei ihrer Gefolgschaft neue Tendenzen aus, die mehr in Richtung einer eigenen Aktivität führen. Sie wecken in ihnen Hoffnungen, Sehnsüchte und Erwartungen ... Schliesslich wecken sie *Forderungen,* die schnell einen politischen Anstrich bekommen werden und sich sogar gegen die Führer, die sie geweckt haben, wenden können.

Durch dieses Engagement für ihre Gefolgschaft werden auch die Führer transformiert. Es kann sogar vorkommen, dass sie mit einigen Anhängern die Rollen tauschen, genauso wie Lehrer von ihren Schülern lernen.

Nach Burns' Definition können Diktatoren keine wahren Führer sein, weil sie die Dynamik der Beziehung durch die Unterdrückung des Feedbacks ihrer Gefolgschaft zerstören. Da sie durch die sich ändernden Bedürfnisse des Volkes nicht länger transformiert werden, können Diktatoren ein weiteres Wachstum nicht mehr fördern. Die Beziehungen zwischen Eltern und Kind, Betreuer und Sportler, Lehrer und Schüler usw. entsprechen den Beziehungen zwischen dem Führer und seiner Gefolgschaft. Viele Eltern, Betreuer und Lehrer sind aber keine wahren Führer, sondern beschränken sich darauf, Macht auszuüben. Eine zur Transformation führende Führerschaft kann aber keine einseitige Angelegenheit sein.

Geschichtlich gesehen, haben einige Führer ihre Gefolgschaft gelegentlich zu Reaktionen inspiriert, die auf erstaunlich hohem geistigen

Niveau standen. Als Beispiel führte Burns die Staatskonvente an, die in den achtziger Jahren des 18. Jahrhunderts stattfanden und die Verfassung der Vereinigten Staaten ratifizierten. Obwohl die Bevölkerung kaum gebildet war und es nur ungenügende Kommunikationsmittel gab, beschäftigten sich die Konvente mit solchen Themen wie der Notwendigkeit der Bill of Rights (Zusatzartikel zur Verfassung), Fragen der Machtverteilung und der politischen Repräsentation. «Dies ist ein hervorragendes Beispiel für die Fähigkeit von Führern *und* Gefolgschaft, sich über die niederen Bedürfnisse hinweg zu der Ebene des Verstandes oder vielleicht sogar der Seele zu erheben», meinte Burns.

Viele Revolutionen waren trotz einer anfänglich nur begrenzten Unterstützung der Bevölkerung erfolgreich, führte er aus, «weil die Führer ihre Gefolgschaft so intensiv in Anspruch nahmen, dass die Verhaltensweisen transformiert wurden und sich ein bestimmtes Bewusstsein entwickelte». Eine wahre Führung hilft nicht nur bei der Befriedigung unserer gegenwärtigen Bedürfnisse... Sie weckt in uns eine tieferliegende Unzufriedenheit, ein tieferes Verlangen. Der Definition nach kann höheres Bewusstsein nur durch etwas erlangt werden, das wahr ist. Andererseits kann Propaganda eine Lüge sein. Der Unterschied zwischen einem echten Führer, der uns unsere unausgesprochenen Bedürfnisse und Konflikte bewusst macht, und jemandem, der nur Macht ausübt, ist wie der Unterschied zwischen einem Reiseführer und einer Fremdenverkehrsbroschüre.

Der wahre Führer fördert einen Paradigmawechsel bei denen, die dafür bereit sind. Die Führer, die sich mit der Transformation beschäftigen, wissen, dass man anderen eine höhere Bewusstheit nicht auf dieselbe Weise «beibringen» oder ihnen dazu «verhelfen» kann, wie man ihnen das Ausfüllen einer Steuererklärung beibringen könnte. Man kann Menschen zu direkten Erfahrungen anregen oder Freiheit und Lebendigkeit beispielhaft verkörpern, aber man kann niemanden *überzeugen,* sich zu verändern.

Und die erfolgreichsten Führer nehmen auch nicht das Verdienst für die Veränderungen in Anspruch, die sie hervorzurufen helfen. Wie Lao-tse es ausdrückte: Die beste Führung ist die, unter der die Leute sagen: «Wir haben es selbst geschafft.»

Sobald Macht lokalisiert wird, sobald sich die Aufmerksamkeit auf einen einzelnen Menschen konzentriert, verringern sich Kohärenz und Energie einer Bewegung. Es ist nicht einfach, herauszuspüren, wann man eine führende Rolle übernehmen und wann man sich zurückhalten sollte. Wie beim Erlernen des Radfahrens muss man erst einige Male hinfallen und immer wieder neu das Gleichgewicht finden. Aber die

Leute *können* sich zu Selbsthilfegruppen mit enormer Wirkungskraft zusammenfinden. Und sie ersinnen Möglichkeiten, sich selbst zu regieren, ohne einen Boss zu bestimmen oder eine detaillierte Tagesordnung festzulegen. Solche Selbsthilfegruppen bilden das Gefüge der Verschwörung im Zeichen des Wassermanns. Auch Personen, die normalerweise grosse Institutionen leiten, können sich leicht dort einfügen.

Als Beispiel soll ein Treffen in einem abgeschieden gelegenen Haus auf dem Lande in den Südstaaten, anfangs Dezember 1978, dienen: Unter den vierzehn Männern und sechs Frauen, die daran teilnahmen, waren ein Kongressabgeordneter; die Leiter von Stiftungen aus Washington, New York und Kalifornien; ein Mann, der früher Reden für den Präsidenten schrieb; der Dekan eines Ivy League Colleges; der pensionierte Dekan einer medizinischen Fakultät; ein kanadischer Politiker; der Sponsor eines Erstliga-Baseball-Teams; der Direktor einer berühmten «Denkfabrik» nebst Assistent; ein Künstler; ein Verleger und drei Bundespolitiker. Die meisten kannten sich vorher nicht. Sie wurden mit einem Brief eingeladen, der darlegte, dass sie trotz ihres unterschiedlichen Hintergrundes etwas gemeinsam hatten:

> Wir neigen zu der gemeinsamen Überzeugung, dass dieses Land und die industrialisierte Gesellschaft an sich eine tiefgehende Transformation erfahren. Wir vertreten die Überzeugung, dass das nächste Jahrzehnt voller Gefahren sein könnte, wenn es uns nicht gelingt, das Wesen und das transzendente Potential der Transformation zu verstehen.
>
> Wir stimmen darin überein, dass der Kern dieser Transformation eine Veränderung des grundlegenden gesellschaftlichen Paradigmas, einschliesslich der wesentlichen Überzeugungen und Werte darstellt, auf denen die gegenwärtige Form der Industriewirtschaft beruht. In unseren eigenen Positionen in der Regierung, im Handel, im Erziehungswesen oder im Berufsleben spüren wir, dass es für die Gesellschaft dringend nötig ist, ihre spirituelle Heimat, ihr Schicksal und das Gefühl für die geeignete Richtung zu finden.
>
> Wir suchen die Unterstützung und Freundschaft von Gleichgesinnten und vertrauen darauf, dass die Wirkung verstärkt wird, wenn wir uns zu einer gemeinsamen Suche und einem gemeinsamen Zweck zusammentun. Wir sind der Meinung, dass unser Land in den ersten Jahrzehnten seiner Existenz durch solch einen Zusammenschluss der einzelnen in einer gemeinsamen Sache geführt worden ist.

In Übereinstimmung mit diesen gemeinsamen Überzeugungen ist das Treffen völlig offen strukturiert. Es gibt keinen Vorsitzenden, keine Tagesordnung und es werden keine Reden gehalten. Kommen Sie einfach mit der Bereitschaft, ihre innersten Hoffnungen und Anliegen mit den anderen zu teilen. Wir haben keinerlei festgelegte Erwartungen, was das Ergebnis dieses Treffens anbelangt.

Nach dem ersten gemeinsamen Abendessen wurden die Teilnehmer gebeten, sich einer nach dem anderen vorzustellen. Was eigentlich nur als einfache Formalität begann, wurde zum Traktandum für die Nacht und einen Teil des folgenden Morgens; die Verfahrensweise wurde zum Programm. Sie erzählten ihre Geschichten von Macht und Transformation, zutiefst persönliche und bewegende Erzählungen, fast wie um ein Feuer gruppierte Geschichtenerzähler eines primitiven Stammes. Sie sprachen ganz offen und sachlich über ihre Ängste und Erfolge, ihre Verzweiflung und Ernüchterung und wie sich Schicksalsschläge oft als Segnungen erwiesen, die auf einen lohnenderen Weg führten. Sie kannten sich zwar vorher nicht, aber vertrauten einander und erzählten, wie die in dieser Gesellschaft am begehrtesten Auszeichnungen ausgeblieben waren. An einem Punkt im Leben, meist in einer Zeit persönlicher Erschütterungen, erfuhren sie eine tiefgehende Verschiebung ihrer Wahrnehmung. In jedem erwachten tiefere, intensivere Bedürfnisse. Das Leben wurde eine spirituelle Suche, ein freudiges, geheimnisvolles Forschen nach einem Sinn, das in den meisten Fällen zunehmend von Zufällen, Ereignissen, deren Zeitpunkt bedeutsam schien – von Synchronizitäten – gekennzeichnet war.

Nach einiger Zeit fühlte sich jeder auf seltsame Weise wie ein Instrument der Evolution und folgte einem Weg, der nur Schritt für Schritt deutlich wurde; sie tasteten nach ihrem Weg hinein in diese neue Wirklichkeit, sie probierten ihren inneren Kompass aus. Diese Odysseen folgten eindeutig demselben Schema, hin und wieder tauchten dieselben Wendepunkte auf. Und die Teilnehmer waren unabhängig voneinander zu dem Schluss gekommen, dass sie sich mit anderen zusammentun müssen, um eine Welt zu schaffen, in der eine derartige Reise nicht mehr so einsam wäre. Sie müssen sich verschwören.

Während der nächsten drei Tage sprachen sie darüber, zum Erreichen eines bestimmten Zieles oder Zweckes zusammenzuarbeiten, aber sie rückten immer wieder von allem ab, was Ähnlichkeit mit einem «Generalstabsplan» hatte. Sie wussten, dass sie Änderungen in der Gesellschaft hervorrufen könnten – das Handeln war ihre Stärke –, aber sie wollten niemandem eine bestimmte Sicht der Dinge aufdrängen; sie befürchteten, dass sie, obwohl sie nur das Beste wollten, in Versuchung kommen könnten, «Gott zu spielen». Es gab offene Konflikte, man stellte die eigenen Motive in Frage und man fasste Beschlüsse. Zu zweit oder dritt unterhielt man sich ausführlich und machte lange Spaziergänge. Man verbrachte viele Stunden mit der Erkundung der entfernteren Bereiche dieser kompliziertesten aller Machtfragen, den engen menschlichen Beziehungen.

Ab und zu reichten sie sich zehn oder fünfzehn Minuten lang die Hände und beschränkten sich darauf, still zu «lauschen». Wenn eine solche stille Pause einer heftigen Debatte oder Konfrontation folgte, füllten sich die Augen mancher Teilnehmer mit Tränen, da sie von einer Verspannung befreit worden waren und oft eine überwältigende Erkenntnis über sich selbst oder über den Standpunkt eines anderen erlangt hatten.

Ohne dass es gross geplant war, tat man sich hier und da zu einem gemeinsamen Zweck zusammen. Verbindungen wurden eingegangen: Freundschaften, Pläne für Veranstaltungen, gemeinsame Projekte und das Bekanntmachen mit gemeinsamen Freunden. Vier der Teilnehmer trafen sich danach an der Ost- sowie an der Westküste, um eine neue internationale Stiftung für den Frieden zu gründen. Bald führten sie kleine Seminare über das neue Bewusstsein vor Generälen am U.S. Army War College und in den Büroräumen der International Communications Agency durch. Im selben Monat setzten sich einige der Mitglieder der Gruppe erfolgreich für die akademische Freiheit jenes Dekans ein, dessen Forschungsprojekte vom Präsidenten seiner Universität als zu umstritten betrachtet wurden. Jene, die nahe beieinander wohnten (Washington, New York City, in der Bay Area von San Francisco), taten sich zusammen und vergrösserten ihre Netzwerke. Der Kongressabgeordnete versicherte sich der Hilfe einiger Teilnehmer bei seinen Bemühungen, Unterlagen und öffentliche Gelder für die Forschung über veränderte Bewusstseinszustände zu erhalten.

Robert Theobald bemerkte einmal: «Die Menschen sind das organisierende Prinzip.»

EXPERIMENTE ZUR TRANSFORMATION DER GESELLSCHAFT

Auf den ersten Blick scheint der Versuch der Transformation der Gesellschaft für jede Gruppe ein verwegenes, ja sogar gefährliches Unterfangen zu sein. Es gibt eine notwendige und kritische Reihenfolge der Ereignisse. An erster Stelle steht die tiefgreifende Veränderung der Individuen, die ein starkes Interesse an einer gesellschaftlichen Veränderung haben, die einander finden und sich mit der Psychologie der Veränderung vertraut machen, mit der Erkenntnis unserer umfassenden Angst vor dem Unbekannten. Dann müssen sie Methoden ersinnen, mit denen sie Paradigmenwechsel bei anderen fördern, sie müssen verwirren, aufrütteln und Mitglieder anwerben. Diese auf ein gemeinsames Ziel ausgerichtete Minderheit muss Mittel und Wege finden, Beziehungen zu anderen auf der menschlichsten und direktesten Ebene aufzubauen, da sie weiss, dass Veränderungen des Innersten und nicht vernünftige Argumente allein die Menschen mitreissen.

Wenn sie nicht in die alten Fallen (Machtkämpfe, verzweifelte Kompromisse, Selbstverherrlichung) geraten wollen, müssen sie nach ihren Prinzipien leben. Sie verzichten bei politischen Auseinandersetzungen auf die konventionellen politischen Waffen, da sie wissen, dass die Mittel ebenso rechtschaffen wie die damit verfolgten Ziele sein müssen. Sie müssen neue Strategien und neue Machtquellen entdecken. Und diese Minderheit, die auf ein gemeinsames Ziel ausgerichtet, anspruchsvoll, entschlossen und kreativ ist und hohe Prinzipien besitzt, muss ausserdem so stark sein, dass sie nicht unterdrückt werden kann. Sie muss Wellen schlagen, die gross genug sind, um eine Neuordnung des Systems in Gang zu setzen – Fluktuationen, wie es in der Sprache der Theorie der dissipativen Strukturen heisst. Schwierig? Unmöglich? Wenn man es anders betrachtet, kann der Prozess nicht scheitern, *weil er gleichzeitig das Ziel ist.*

Deshalb *ist* die neue Gemeinschaft die neue Politik. Sobald wir damit beginnen, auf eine andere Welt hinzuarbeiten, verändert sich die Welt für uns. Die Netzwerke der Verschwörung im Zeichen des Wassermanns – sich selbst organisierende Gebilde, die sowohl Autonomie als auch eine menschliche Verbundenheit gestatten – sind gleichzeitig die Werkzeuge für eine gesellschaftliche Veränderung und die Modelle einer neuen Gesellschaft. Jede gemeinsam unternommene Anstrengung in Richtung auf eine gesellschaftliche Veränderung wird zu einem Experiment zur Transformation der Gesellschaft.

Das Ziel tritt in den Hintergrund; ob sich nun die ganze Gesellschaft ändert, und wie lange dieser Prozess auch dauern mag, die einzelnen finden Einheit und ziehen Freude und Nutzen aus ihren gemeinsamen Bemühungen. Sie beschäftigen sich mit einer sinnvollen und deshalb auch abenteuerlichen Aufgabe. Sie wissen, dass die Zyniker ihre grimmige Welt ebenfalls benötigen. Die Minderheit braucht nicht darauf zu warten, die Mehrheit zu überzeugen, wie Thoreau sagte. Und die Vision propagiert sich selbst, wie wir sehen werden.

Die transformative Wirkung der gesellschaftlichen Bewegungen, sowohl auf die Teilnehmer als auch auf die Gesellschaft, kann an den Wirkungen des Protestes und der Gegenkultur der sechziger Jahre abgelesen werden. Eine Gegenkultur stellt eine in die Wirklichkeit umgesetzte Theorie dar; eine Spekulation über die nächste Phase der Gesellschaft. Im schlimmsten Fall kann sie als gesetzlos und fremd erscheinen, ein Experiment, bei dem es nicht gelingt, eine Brücke zwischen dem Alten und dem Neuen zu schlagen. Im günstigsten Fall stellt es eine transformierende Führung dar, die die Bewusstheit der herrschenden Kultur vertieft. Die ersten Kolonisten, die sich der britischen Regierung widersetzten, bildeten ebenso eine Gegenkultur wie die Transzendentalisten.

Die Transformation der Gegenkultur und der Protestbewegungen ist lehrreich; aus einer Pendelveränderung wurde eine Paradigmaveränderung. Anfangs versuchten die Mitglieder der Gegenkultur die politischen Institutionen zu verändern, wie es Generationen von Aktivisten und Reformern vor ihnen schon versucht hatten. Erst als untereinander Richtungskämpfe ausbrachen und die Konfrontation mit dem Establishment immer frustierender wurde, entdeckten sie die wahre Vorhut der Revolution: die «Front» im Innern.

Jerry Rubin, einer der Acht von Chicago, der als radikaler Aktivist in den sechziger Jahren für Schlagzeilen sorgte, meinte später: «Nur die spirituelle Bewegung ist wirklich revolutionär. Ohne Selbsterkenntnis verewigt der politische Aktivismus nur den Kreislauf der Wut ... Ich konnte niemanden verändern, bevor ich mich nicht selbst änderte.» Laurel Robertson erinnerte sich an ihre Jahre als Studentin in Berkeley:

> Ich wollte den Menschen wirklich helfen und die Dinge zum Besseren wandeln. Einen Sommer lang arbeitete ich bei einem sehr konstruktiven gewaltlosen Erziehungsprogramm über den Vietnamkrieg mit. Alle Mitarbeiter hatten selbstlose Motive, aber am Ende des Sommers brach das Projekt zusammen, weil wir nicht miteinander auskamen. Ich musste der Tatsache ins Auge sehen, dass man

die Welt nicht mit Gewaltlosigkeit und Liebe erfüllen kann, wenn man diese Eigenschaften nicht bei sich selbst verwirklicht hat.

Im nachhinein erscheint die Wendung nach innen, die diese Revolution erfuhr, beinahe unvermeidlich. Ein ehemaliges Mitglied der Protestbewegung, das jetzt dem Lehrkörper einer medizinischen Fakultät angehört, meinte: «Trotz der Gewalt spiegelte der Protest der sechziger Jahre im Grunde *menschliche* Interessen – Frieden, Rechte für die Minderheiten, die Wichtigkeit der Erziehung – anstelle der traditionellen politischen Streitpunkte wider.»

Gemäss ihrer Philosophie konzentrierten sich die Bewegungen der sechziger Jahre auf eine neue Art Macht, die eher persönlich als kollektiv war, wenn dies auch nicht immer in der Praxis verwirklicht wurde. Dorothy Healy, damals Vorsitzende der Kommunistischen Partei von Südkalifornien, meinte Jahre später: «Eine neue Generation marschierte, rührte sich – und die Partei mochte es nicht, verstand es nicht. Die Ereignisse liefen nicht in Übereinstimmung mit dem klassischen Marxismus ab, wie wir ihn verstanden. Die Arbeiterklasse stand nicht an der Spitze, und die grundlegenden Streitfragen waren nicht ökonomischer Natur.»

Mit Fehlschlägen und Teilerfolgen im Rücken, wandten sich viele der führenden Aktivisten einer Richtung zu, die ihre Anhänger in der konventionellen Linken in grosse Sorge versetzte. Sie beschäftigten sich mit dem Prozess ihrer eigenen Transformation. Diese Wende der Dinge verführte die Medien und viele Sozialwissenschaftler zu dem Irrglauben, dass die Revolution sich aufgelöst habe. Lou Krupnik sah das so:

> Wir blieben trotz Tränengas und Schlagstöcken auf der Strasse und wendeten uns erst nach innen, als heilige Männer Sanskrit-Mantras in unsere begierigen Ohren flüsterten. Wir gingen mehrere Jahre lang in uns und versuchten, Alternativen zu dem herrschenden Wahnsinn zu schaffen ...
>
> Wir treten in eine neue Periode ein. Jetzt bilden wir allmählich eine Synthese aus den kreativen und organisierenden Kräften, die Teil unseres Erbes sind.

Michael Rossman schrieb in *Notes on the Tao of the Body Politic:* «Wenn ich die Dinge jetzt durch die politische Brille betrachte, erkenne ich, dass, politisch gesprochen, alle meine Handlungen eine wichtige Prüfung der Heiligkeit darstellen.» Ein Radikaler meinte, dass die

Demokratie nicht ein politischer Zustand, sondern eine spirituelle Bedingung sei: «Wir sind Teile eines Ganzen.»

Der Versuch, Ganzheit zu finden und zu fördern, Heiler der Gesellschaft zu sein, hat den alten Interessen zu neuem Leben verholfen. Ehemalige Militante haben sich im ganzen Land erfolgreich um öffentliche Ämter beworben und wurden ebenso mit der Durchführung wichtiger politischer Aufgaben betraut. Sam Brown beispielsweise, der Organisator des War Moratorium Protest gegen den Vietnamkrieg, hat als Finanzminister von Colorado erfolgreich die Geschäftspraktiken der Banken reformiert und wurde später von Präsident Carter zum Leiter der Behörde ernannt, der VISTA und das Friedenskorps unterstehen. Brown meinte: «Die gesellschaftliche Veränderung wird nicht so schnell kommen, wie wir alle uns das wünschen. Eine Gemeinschaft aufzubauen ist ein subtilerer, heiklerer und langfristiger Prozess ...»

In den sechziger Jahren missbilligten die meisten der gesellschaftlichen Aktivisten die leichtlebige Gegenkultur und ihr Interesse an psychedelischen Drogen, Verbrüderung und spontanem Lebensstil. 1976 schrieb Harold Baron in *Focus/Midwest,* einer radikalen Zeitschrift:

> Mit einer anderen Geisteshaltung wurde es uns möglich, anders als früher zu reagieren. Wir konnten Freundschaft verspüren, neue Möglichkeiten erahnen ... Vielleicht wird die Hoffnung einer menschlicheren Zukunft der Städte nicht von den Technokraten, sondern von den Schöpfern der alternativen Gemeinschaften verkörpert. Wenn das stimmt, müssen wir uns ein letztes Mal vor der Gegenkultur verbeugen; sie stellte wenigstens die richtigen Fragen. Wir alle werden sie erneut stellen.

Ursprünglich wandten die Aktivisten der sechziger Jahre, wie Generationen von politischen Reformern vor ihnen, Gewalt und Überzeugungskraft an; sie schrieben Artikel, demonstrierten, predigten, teilten Schelte aus, bildeten Lobbies, bekehrten andere und diskutierten. Aber allmählich erkannten sie den Wahrheitsgehalt von Thoreaus Forderung: *Lebt* eure Überzeugungen, und ihr könnt die ganze Welt aus den Angeln heben.

Die Betonung auf dem Errichten von Gemeinschaften und dem Handeln in kleinen Gruppen stellt den wichtigsten Wechsel beim radikalen politischen Denken dar. Ein anderer früherer Aktivist, Noel McInnis, äusserte kürzlich: «Ich bin davon überzeugt, dass die Gesellschaft nur durch Ereignisse und nicht von den Institutionen verändert werden wird. Eine sinnvolle Veränderung kann nur auf der Ebene der einzelnen Person, der Nachbarschaft und der kleinen Gruppen durchgeführt werden. Bei einer kürzlichen Zusammenkunft der Students for a Democratic Society waren die meisten Anwesenden zu demselben Schluss gekommen und änderten ihren Aktivismus dementsprechend.»

James MacGregor Burns äusserte die Überzeugung, dass die grossen Führer am wahrscheinlichsten aus «schöpferischen lokalen Ereignissen» hervorgehen werden. Ebenso wie das amerikanische Volk, das in den siebziger und achtziger Jahren des 18. Jahrhunderts mit so viel Schwierigkeiten zu kämpfen hatte, von seinen Führern herausgefordert wurde, bei den Staatskonventen, in denen die Verfassung ausgearbeitet wurde, Grösse zu zeigen, so können vielleicht auch wir unsere gegenwärtige Krise überwinden. Er sagte voraus, dass die Führer der Zukunft sich aus denen rekrutieren würden, die in die Konflikte in den sechziger Jahren verwickelt waren – «eine Führungsmannschaft im Exil, Leute zwischen dreissig und vierzig, die auf die nationale Szene losbrechen könnten».

Weil die führenden Persönlichkeiten der Zukunft aus Organisationen kommen, die eng mit den Menschen zusammenarbeiten, werden die Gesellschaftskritiker, die sich nur auf die zentralen Medien verlassen, diese momentan stattfindende Revolution nicht bemerken. Dieser Gärungsprozess findet seinen Ausdruck eher in den unzähligen kleinen Publikationen und in den Erklärungen der einzelnen Gruppen.

Tom Hayden, ebenso wie Rubin Angeklagter in jenem Prozess von Chicago und später Kandidat der kalifornischen Demokratischen Partei für den amerikanischen Senat, sagte über sich und seine Mitaktivisten: «Unsere Zeit kommt, aber nicht so schnell und nicht unbedingt genau so, wie wir uns das damals wünschten.» Sie hatten nicht die Barrikaden an sich aufgegeben, sondern ihre Anstrengungen jetzt in den Dienst bestimmter Probleme politischer, ökologischer und spiritueller Natur gestellt. Hayden schrieb 1979:

> Da die wachsenden Energiekosten die wirtschaftlichen Aussichten verschlechtern, werden in diesem «Land der unbegrenzten Möglichkeiten» immer mehr Amerikaner in den Wettbewerb um immer weniger treten. Hoffnung – die Kraft, welche die Menschen dazu motiviert, sich im Leben zu engagieren – wird besonders für die Jungen immer geringer werden oder sogar ganz verschwinden.
>
> Ich kann mir nur eine einzige langfristige Alternative vorstellen, und ich sehe sie immer noch kommen. Was in den sechziger Jahren seinen Anfang nahm – ein wachsendes Verlangen nach einem

Mitspracherecht bei den Entscheidungen, die über unser Leben bestimmen –, wird sich auf alle Bereiche ausweiten ...

Die politischen Aktivisten der sechziger Jahre, die inzwischen den Kinderschuhen entwachsen sind, werden immer wieder mit derselben Philosophie auftauchen, die sich aber auf andere Weise ausdrücken wird. Wenn die sechziger Jahre die Epoche unserer Geburt und Entwicklung waren, werden die achtziger und neunziger Jahre unsere Zeit der Reife und des grössten Einflusses sein.
Ich will einfach darauf hinaus, dass die sechziger Jahre das erschafften, was man als Führerschaft der Zukunft bezeichnen kann ... eine neue Generation von engagierten und politisch wachen Menschen. In der Zeit unserer Väter wurde die Demokratie von aussen bedroht, unsere eigenen Institutionen waren im grossen und ganzen gesund, der Wohlstand schien für die meisten garantiert zu sein, Amerika war die Nummer Eins.
In unserer Zeit stellte sich die Welt anders dar. Die Demokratie wurde von «Klempnern» bedroht, die vom Weissen Haus aus arbeiteten, unsere Institutionen stecken in einer Krise, der Wohlstand ist kaum gewährleistet, und die Tatsache, dass wir Nummer Eins in bezug auf Bomben sind, hat uns nicht zur Nummer Eins in Sachen Lebensqualität gemacht.
Wenn die Aktivisten der sechziger Jahre in einigen Jahren wieder auftauchen werden ... wird dies von vielen missverstanden werden. Einige werden uns nicht wiedererkennen, und andere werden glauben, dass wir zu sehr «abgeschlafft» sind. Wir werden nicht eine protestierende Randgruppe sein, weil die Randgruppen von gestern die Hauptströmung von morgen bilden. Wir werden nicht protestieren, sondern Lösungen vorschlagen: Ein Energieprogramm, dessen Betonung bei den sanften Energiequellen liegen wird ... eine demokratische Umstrukturierung der grossen Wirtschaftsunternehmen ... eine Technologie zur Dezentralisierung der Entscheidungen und der Information ...
Jene, die in den sechziger Jahren die Strassen bevölkerten, bevölkern vielleicht in den achtziger Jahren die Regierungsgebäude, und wenn dies geschehen wird, glaube ich nicht, dass wir unsere Wurzeln vergessen werden. Als ich von Richter Julius Hoffman am Ende des Chicagoer Prozesses verurteilt wurde, sah er mich nachdenklich an und sagte: «Ein cleverer Kerl wie Sie könnte es in unserem System weit bringen.»
Wer weiss, Euer Ehren, vielleicht werde ich das auch ...

DAS ENTSTEHENDE PARADIGMA DER MACHT UND DER POLITIK

Selbstverständlich umfasst das entstehende Paradigma viele ketzerische Positionen. Es verneint, dass unsere Führer besser sind als wir, dass Geld viele Probleme lösen kann, dass Loyalität wichtiger ist als die innere Stimme. Das neue Paradigma vermeidet eine frontale Konfrontation, eine politische Polarisierung. Es versöhnt, erneuert, dezentralisiert und behauptet nicht, die Lösungen für alle Probleme zu besitzen. Wenn wir die Paradigmen zusammenfassen sollten, würden wir die folgenden Gegensätze finden:

LEITSÄTZE DES ALTEN PARADIGMAS DER MACHT UND POLITIK	LEITSÄTZE DES NEUEN PARADIGMAS DER MACHT UND POLITIK
Betonung auf Programmen, Sachverhalten, Plattformen, Manifestationen, Zielen.	Betonung auf eine neue Perspektive. Widerstand gegen starre Programme und Pläne.
Veränderung wird von Autorität verordnet.	Veränderung wächst aus Übereinstimmung und/oder wird von der Führung inspiriert.
Hilfe und Dienstleistungen institutionalisiert.	Fördert individuelle Hilfe, freiwillige Dienste als Ergänzung zur Rolle der Regierung. Verstärkt Selbsthilfe, sich gegenseitig helfende Netzwerke.
Drang zu einer starken, zentralen Regierung.	Bevorzugt den entgegengesetzten Trend, Dezentralisierung der Regierung wo immer möglich; horizontale Verteilung der Macht. Eine kleine, konzentrierte Zentralregierung würde als Verrechnungsstelle dienen.
Macht *für* andere (Aufseherfunktionen) oder gegen sie. Gewinn/Verlust-Orientierung.	Macht *mit* anderen. Gewinn/Gewinn-Orientierung.
Regierung als Institution aus einem Guss.	Regierung als Übereinstimmung von Individuen; sie unterliegt der Veränderung.
Wohlbegründete Interessen, Manipulation, rücksichtslose Machtausübung.	Respekt für die Selbständigkeit anderer.

LEITSÄTZE DES ALTEN PARADIGMAS DER MACHT UND POLITIK	LEITSÄTZE DES NEUEN PARADIGMAS DER MACHT UND POLITIK
Ausschliesslich «männliche», rationale Ausrichtung, lineares Modell.	Sowohl rationale als auch intuitive Prinzipien. Würdigung einer nicht-linearen Interaktion, Modell von dynamischen Systemen.
Aggressive Führer, passive Gefolgschaft.	Führer und Gefolgschaft in dynamischer Beziehung, beeinflussen einander.
Partei- oder Problemorientiert.	Paradigma-orientiert. Politik wird vom Weltbild der Perspektive der Wirklichkeit bestimmt.
Entweder pragmatisch oder visionär.	Pragmatisch *und* visionär.
Betonung auf Freiheit vor bestimmten Arten der Einmischung.	Betonung auf Freiheit für positives, schöpferisches Handeln, Selbstausdruck, Selbsterkenntnis.
Regierung soll für Ordnung sorgen (disziplinäre Rolle) oder wie wohlwollende Eltern sein.	Regierung soll Wachstum, Kreativität, Zusammenarbeit, Transformation, Synergie fördern.
Links gegen Rechts.	«Radikales Zentrum» – eine Synthese konservativer und liberaler Traditionen. Überwinden der alten Polaritäten und Streitigkeiten.
Mensch als Eroberer der Natur; Rohstoffquellen sollen ausgebeutet werden.	Mensch als Partner der Natur. Betonung auf Bewahrung und ökologische Gesundheit.
Betonung auf von aussen verordneter Reform.	Betonung auf der Transformation des einzelnen als Voraussetzung einer erfolgreichen Reform.
Programme, die nur oberflächlich Kosmetik betreiben oder die späteren Generationen bezahlen lassen.	Betonung auf Weitsicht, langfristigen Rückwirkungen, Moral, Flexibilität.
Festgefahrene Behörden, Programme, Abteilungen.	Experimente werden gefördert, ebenso häufige Beurteilung, Flexibilität, ad-hoc-Komitees, sich selbst zu Ende führende Programme.

LEITSÄTZE DES ALTEN PARADIGMAS DER MACHT UND POLITIK	LEITSÄTZE DES NEUEN PARADIGMAS DER MACHT UND POLITIK
Wahl zwischen Wohl des einzelnen oder der Gemeinschaft.	Weigerung, diese Wahl zu treffen. Eigeninteresse und Interesse der Gemeinschaft ergänzen sich.
Lobt Konformität, Anpassung.	Pluralistisch, erneuernd.
Ordnet die Aspekte der menschlichen Erfahrung in Schubladen ein.	Versucht, sich interdisziplinär, holistisch zu verhalten. Sucht nach gegenseitigen Beziehungen zwischen den Zweigen der Regierung, nach Verbindung, gegenseitiger Befruchtung.
Nach Newtons Weltbild gestaltet. Mechanistisch, atomistisch.	Im Fluss befindlich, das Gegenstück moderner Physik in der Politik.

NETZWERKE – EIN WERKZEUG DER TRANSFORMATION

Eine Revolution bedeutet selbstverständlich, dass die Macht in andere Hände übergeht, aber das bedeutet nicht unbedingt einen offenen Kampf, einen Staatsstreich, Sieger und Besiegte. Die Macht kann sich auf das ganze gesellschaftliche Gefüge verteilen.

Während die meisten unserer Institutionen nur noch auf wackligen Beinen stehen, ist eine dem 20. Jahrhundert angepasste Version des Stammes oder der Sippe der Frühzeit aufgetaucht: Das Netzwerk, ein Werkzeug für den nächsten Schritt der menschlichen Entwicklung.

Verstärkt durch die elektronischen Kommunikationsmittel, befreit von den alten Beschränkungen von Familie und Kultur, stellt das Netzwerk das Gegenmittel für die Entfremdung dar. Es entwickelt genug Kraft, um die Gesellschaft zu erneuern. Es bietet dem einzelnen emotionelle, intellektuelle, spirituelle und wirtschaftliche Unterstützung. Es ist ein unsichtbares Heim, ein mächtiges Mittel, um den Kurs der Institutionen, besonders der Regierung, zu ändern.

Jeder, der die schnelle Ausbreitung der Netzwerke entdeckt und ihre Stärke begreift, kann den Impetus zu einer weltweiten Transformation erkennen. Das Netzwerk ist die unserer Zeit gemässe Institution: Ein offenes System, eine dissipative Struktur, die so kohärent ist, dass sie sich in einem dauernden Fliessen befindet, bereit zur Neuordnung und zu einer endlosen Transformation fähig.

Diese organische Form der gesellschaftlichen Organisation ist biologisch gesehen anpassungsfähiger, wirkungsvoller und «bewusster» als die hierarchischen Strukturen der modernen Zivilisation. Das Netzwerk ist formbar und flexibel. Eigentlich ist jedes Mitglied das Zentrum des Netzwerkes.

Netzwerke verhalten sich kooperativ und treten nicht in Wettbewerb zueinander. Sie befinden sich wirklich an der Basis: selbsterzeugend, selbstorganisierend, manchmal sogar selbstzerstörerisch. Sie stellen einen Prozess, eine Reise dar und nicht eine erstarrte Struktur.

Wie schon Theodore Roszak äusserte, boten die alten revolutionären Massenbewegungen dem einzelnen genausowenig Zuflucht wie die kapitalistischen Gesellschaften. «Wir brauchen eine Klasse, die kleiner als das Proletariat ist ... Die neue Politik wird für Millionen sprechen – für einen nach dem andern.»

H. G. Wells hat in seinem 1928 veröffentlichten Entwurf einer neuen Gesellschaft interessanterweise vorausgesagt, dass die offene Verschwörung keine «gewöhnliche» Gefolgschaft haben würde – keine hin- und herschiebbaren Schachfiguren, kein Kanonenfutter. Die Verschwörung würde nicht die Form einer zentralisierten Organisation annehmen, sondern eher aus kleinen Gruppen von Freunden und aus Bündnissen solcher Gruppen bestehen. Dies ist eine radikale Idee. Trotz all der erhobenen Ansprüche in bezug auf Unterstützung der Basis war die traditionelle Politik stets von oben gemacht; einflussreiche Politikwissenschafter, Wirtschaftsfachleute und verschiedene Makler der Macht entschieden über die einzelnen Probleme und liessen diese Entscheidungen von einzelnen Wahlblöcken ausführen.

Indem die Vorteile einer Verbindung und Kooperation deutlicher werden, haben sich Netzwerke für fast jeden nur vorstellbaren Zweck gebildet. Einige konzentrieren sich auf die persönliche Entwicklung und die spirituelle Suche oder die Rehabilitierung einiger Mitglieder; andere beschäftigen sich in erster Linie mit gesellschaftlichen Problemen. (Einige sind starke Gruppen mit einem speziellen Interesse, die politischen Druck auf ziemlich konventionelle Weise ausüben; diese Gruppen sind für eine Umwandlung in konventionelle hierarchische Organisationen am verwundbarsten.)

Was auch immer ihr erklärter Zweck sein mag, die meisten dieser Netzwerke dienen der gegenseitigen Unterstützung und Bereicherung, der Stärkung des einzelnen und der Zusammenarbeit mit dem Ziel der Veränderung. Die meisten erstreben eine menschlichere, gastfreundlichere Welt.

Aufgrund seiner schier unerschöpflichen Möglichkeiten zu gegenseitiger Hilfe und Unterstützung erinnert das Netzwerk an seinen Vorgänger, die Sippe. Aber in diesem Fall hat sich die «Familie» auf der Basis tiefverwurzelter Wertvorstellungen und gemeinsamer Überzeugungen gebildet; Bande, die stärker als Blut sind.

Das Netzwerk bildet eine Matrix für die Erforschung der eigenen Person und das Handeln der Gruppe, für Unabhängigkeit und die Beziehung zu anderen. *Paradoxerweise gründet sich ein Netzwerk einerseits auf enge persönliche Beziehungen, besitzt andererseits aber auch die Tendenz zur Expansion.* Anders als vertikal aufgebaute Organisationen kann es seine persönliche oder lokale Qualität beibehalten, während es ständig wächst. Man braucht nicht zwischen einem weltumspannenden Engagement und jenem in einer Gemeinde wählen, man kann beides haben.

Netzwerke bilden die Strategie, mit der kleine Gruppen eine ganze Gesellschaft transformieren können. Gandhi ging Koalitionen ein, um Indien zur Unabhängigkeit zu führen. Er nannte dies «einzelne Gruppen zu einer Einheit verschmelzen» und behauptete, dass dies für einen Erfolg wesentlich sei. «Der Kreis dieser richtig angeordneten einheitlichen Gruppen wird an Umfang immer mehr zunehmen, bis er die ganze Welt umfasst.» Edward Carpenters um die Jahrhundertwende ausgesprochene Prophezeiung verhiess eine Verbindung und eine Überschneidung der Netzwerke zur Schaffung der «vollendeten, freien Gesellschaft».

Die Netzwerke verbinden die Menschen mit sich ergänzenden Fähigkeiten, Interessen und Zielen – sowohl lose als auch durch Computer und Adressbücher. Sie propagieren die Verbindung ihrer Mitglieder mit anderen Menschen, anderen Netzwerken.

Der Kunsthistoriker José Argüelles verglich solche Netzwerke mit der biologischen Kraft der Syntropie – der Tendenz der Lebensenergie zu immer grösserer Vereinigung, Kommunikation, Zusammenarbeit und Bewusstheit. Er behauptete, dass ein Netzwerk so etwas wie einen kollektiven Körper-Geist darstellt, ähnlich der linken und rechten Hemisphäre des Gehirns, dem Intellekt und der Intuition. «Das Netzwerk ist ungeheuer befreiend. Das Individuum steht im Mittelpunkt ...»

Der Vergleich eines Netzwerkes mit dem menschlichen Nervensystem bedeutet mehr als bloss eine nützliche Metapher. Das Gehirn und ein Netzwerk arbeiten tatsächlich ähnlich. Das Gehirn ist so strukturiert, dass die einzelnen Teile zusammenarbeiten und eine hierarchische Ordnung vorherrscht. Bedeutung wird im Gehirn durch dynamische Muster, durch das Zusammenspiel von Neuronengruppen und der

Interaktion zwischen Gruppen geschaffen. Im Gehirn ist die Macht dezentralisiert.

Wie wir gesehen haben, ist Energie in den ausgedehntesten und kohärentesten Bewusstseinszuständen am umfassendsten verfügbar und geordnet. Das Gehirn ist *vollkommen wach*. Genauso ist auch ein Netzwerk eine wache und aufgeschlossene Form der gesellschaftlichen Organisation. Informationen werden nicht-linear, gleichzeitig und sinnvoll vermittelt.

Genauso, wie ein schöpferischer Mensch neue Verbindungen herstellt und kaum zusammenpassende Elemente nebeneinanderstellt, um etwas Neues zu erfinden, verbindet auch ein Netzwerk die Menschen und Interessen auf erstaunliche Weise. Diese Kombinationen fördern den Erfindungsgeist und die Kreativität. Ein Netzwerk, das gebildet wurde, um eine psychologisch gesündere Umwelt für Kleinkinder zu schaffen, arbeitet gemeinsam mit einer humanistisch orientierten Organisation für alte Menschen. Die alten Menschen, die sich sonst nutzlos und einsam fühlen würden, geben Säuglingen und Kleinkindern in einer Tagespflegestätte ihre Liebe und helfen bei der Pflege mit.

Synergie, der Überschuss an Energie, der aus der Zusammenarbeit in natürlichen Systemen entspringt, ist auch für uns verfügbar. Da wir sie allmählich durch die Beziehungen zu den anderen Mitgliedern unserer kleinen Gruppen entdecken, wird ihr möglicher Nutzen für die Gesellschaft deutlich. Der Physiker John Platt drückte dies so aus:

> Sobald auch nur zwei Menschen anfangen, sich gegenseitig etwas zu geben und füreinander zu arbeiten, zeigen sich diese Eigenschaften und Vorteile sofort – ein grösserer gegenseitiger Nutzen, eine vermehrte Gelöstheit und gleichzeitig eine grössere individuelle Entwicklung. Sie zeigen sich, sobald ein Ehepaar oder eine Familie, Nachbarn oder eine Nation mit der Zusammenarbeit beginnt. In den grossen schöpferischen Gruppen amerikanischer Wissenschaftler und in der EG sind sie ebenfalls zu finden.
>
> Dadurch, dass wir mit den Menschen unserer Umgebung ein Verhältnis des gegenseitigen Gebens eingehen, schaffen wir allmählich eine Art lokales Utopia, wo die Vorteile ganz deutlich werden.

Sobald man einmal die Macht, die der gemeinsamen Ausrichtung der Menschen innewohnt, erkannt hat, kann man nicht mehr in den alten Begriffen an die Zukunft denken. Die Explosion der Netzwerke in den letzten fünf Jahren ähnelte einer Feuersbrunst in einer Feuerwerksfabrik. Diese spiralförmige Verbindungskette – der einzelnen Menschen untereinander, der Gruppen mit anderen Gruppen – ähnelt einer grossen Widerstandsbewegung, einem Untergrund in einem besetzten Land am Vorabend der Befreiung.

Die Macht geht von sterbenden Hierarchien in die Hände der lebendigen Netzwerke über.

Alfred Katz von der Fakultät für öffentliches Gesundheitswesen an der University of California, Los Angeles, der eine internationale Konferenz in Dubrovnik, Jugoslawien, organisiert hatte, auf der die sich gegenseitig unterstützenden Netzwerke diskutiert werden sollten, nannte dies «eine dynamische gesellschaftliche Kraft in der zweiten Hälfte des 20. Jahrhunderts». Katz meinte, dass sie eine gesunde Antwort auf die modernen Institutionen darstellen, die sich so weit von uns entfernt haben. Die Netzwerke haben «eine starke und erfrischende Wirkung auf die Sozialpolitik ... Sie stehen für einen spontanen gesellschaftlichen Widerstand gegen übermässig bürokratische Tendenzen.»

Er wies darauf hin, dass ein Grund für die geringe Beachtung der Netzwerke darin liegt, dass niemand herausgefunden hat, wie man viel Geld für etwas ausgeben kann, das so einfach und mächtig ist.

«Die sich gegenseitig unterstützenden Netzwerke spiegeln einen Wechsel sowohl in der Handlungsweise als auch im Bewusstsein einer grossen Anzahl Menschen wider. Man sollte die Konsequenzen nicht unterschätzen.»

Jerry Brown, Gouverneur von Kalifornien, bezeichnete das Selbstvertrauen und die gegenseitige Unterstützung auf dem privaten Sektor als die erste neue Idee, die seit zwanzig Jahren in der Politik auftauchte. Die Vorstellung, dass Nachbarn zusammenarbeiten, um eine offene Gesellschaft mit gleichen Rechten für alle aufzubauen, ist «sowohl menschlich als auch visionär».

Luther Gerlach und Virginia Hine, zwei Anthropologen, welche die aus gesellschaftlichem Protest entstandenen Netzwerke seit den sechziger Jahren untersuchen, haben den heute existierenden Netzwerken den Namen SPIN (Segmented Polycentric Integrated Networks) gegeben. Ein SPIN gewinnt seine Energie aus Bündnissen, aus der immer neuen Kombination von Talenten, Werkzeugen, Strategien, Zahlen und Kontakten. Es entspricht Gandhis «einzelnen, zu einer Einheit verschmolzenen Gruppen». Wie das Gehirn ist das SPIN in der Lage, gleichzeitig an vielen Punkten Verbindungen herzustellen. Seine Segmente sind die kleinen Gruppen, die auf der Grundlage von gemeinsamen Werten lose miteinander verbunden sind. Durch eine Art gutartiger Teilung bekommt das SPIN gelegentlich einen Ableger. Die Vielzahl der Gruppen stärkt die Bewegung.

Im Gegensatz zu der graphischen Darstellung einer konventionellen Organisation, die sauber verbundene Kästchen zeigen würde, sähe die graphische Darstellung der Organisationsform eines SPIN wie «ein lose geknüpftes Fischernetz aus, mit einer Vielzahl von Knoten unterschiedlicher Grösse, von denen jeder mit allen anderen direkt oder indirekt verbunden ist». Bei den Protestbewegungen entsprechen diese Zellen oder Knoten lokalen Gruppen mit stark unterschiedlichen Mitgliederzahlen. Viele bilden sich nur für eine bestimmte Aufgabe und sind im Nu wieder verschwunden.

Jeder Teil eines SPIN ist autark. Man kann das Netzwerk nicht zerstören, indem man eine einzelne Führungspersönlichkeit oder irgendein wichtiges Teilstück vernichtet. Das Zentrum – das Herz – des Netzwerkes ist überall. Eine bürokratische Organisation ist so schwach wie ihr schwächstes Glied. In einem Netzwerk können viele Menschen die Funktionen anderer übernehmen. Diese Eigenschaft entspricht ebenfalls der Flexibilität des Gehirns, bei dem sich einzelne Funktionen überschneiden, so dass andere Regionen die Aufgaben von beschädigten Zellen übernehmen können.

Während eine bürokratische Organisation weniger darstellt als die Summe ihrer Teile, ist ein Netzwerk um vieles grösser als die Summe seiner Teile. Dies ist eine Quelle der Macht, die in der Geschichte noch nie angezapft worden ist: vielfältige autarke gesellschaftliche Bewegungen, die sich für die verschiedensten Ziele zusammentun, deren Erfüllung alle Aspekte des heutigen Lebens transformieren würde*.

Gerlach hat darauf hingewiesen, dass diese Netzwerke wertvolle lokale Mutationen hervorbringen. Nachrichten über erfolgreiche Experimente finden durch die einzelnen Glieder der Bewegung schnell Verbreitung und werden häufig übernommen.

Als die beiden Anthropologen die Netzwerke erstmals zu beobachten begannen, glaubten sie, dass es innerhalb derselben keine Führer

---

* Der Völkerbund und die Vereinten Nationen «versagten, weil sie auf jener gesellschaftlichen Organisationsform aufgebaut waren, die sie hätten ablösen sollen – den Nationalstaat», meinte Virginia Hine. Ihre Erbauer waren unfähig, die in ihrer Kultur vertretene Vorstellung zu überwinden, wonach alle Organisationen bürokratisch aufgebaut sein müssen. Die Anthropologen entdeckten eine Parallele zwischen den Netzwerken, die sich für eine gesellschaftliche Veränderung einsetzen, und dem im Entstehen begriffenen, die Nationen übergreifenden Netz der Multis. Alvin Wolf, ein weiterer Anthropologe, wies darauf hin, dass dieses wirtschaftliche Netzwerk über die Nationalstaaten hinausführt. Ironischerweise könnte es mehr zur Abschaffung des Krieges beitragen als alle direkten Bemühungen um Frieden in der Geschichte.

gäbe. In Wirklichkeit «mangelt es nicht an Führungskräften, man hat eher zuviel davon», meinte Gerlach. Die Führung geht entsprechend der augenblicklichen Notwendigkeit vom einen auf den anderen über.

Weil die SPINs sich qualitativ – hinsichtlich ihres Aufbaus und ihrer Wirkung – dermassen von bürokratischen Organisationen unterscheiden, werden sie von den meisten Menschen gar nicht wahrgenommen – *oder für Verschwörungen gehalten.* Oft handeln die Netzwerke ähnlich, ohne sich vorher gegenseitig abzustimmen, ganz einfach, weil sie so viele Überzeugungen teilen. Man könnte auch sagen, dass die gemeinsamen Überzeugungen das geheime Einverständnis *bilden.*

Die Verschwörung im Zeichen des Wassermanns ist eigentlich ein SPIN aus SPINs, ein Netzwerk aus vielen Netzwerken, das auf eine gesellschaftliche Transformation abzielt. Sie ist in der Tat nur locker strukturiert, unterteilt, evolutionär und überreich an Information bepackt. Ihr Zentrum befindet sich überall. Obwohl viele gesellschaftliche Bewegungen und sich gegenseitig unterstützende Gruppen an ihren Bündnissen teilhaben, hängt ihre Existenz von keiner einzelnen Gruppierung ab.

Sie kann nicht abgeschaltet werden, weil sie eine Manifestation der Veränderung in den Menschen darstellt.

Was wollen die Netzwerke? Natürlich die verschiedensten Dinge. Es ist nicht nur so, dass sich keine zwei Netzwerke gleichen; ein einzelnes Netzwerk verändert sich auch im Lauf der Zeit, weil es die wechselnden Bedürfnisse und Interessen seiner Mitglieder widerspiegelt. Aber die wichtigste Absicht ist die Neuverteilung der Macht.

Die Umweltschutzgruppen wollen beispielsweise, dass die Menschheit «sanft mit der Erde umgeht», nicht als Ausbeuter oder Beherrscher, sondern als Verwalter der Natur. Die Netzwerke, die spirituell oder psychologisch orientiert sind, suchen die Macht, die aus der inneren Integration entsteht; sie fordern, dass man wieder auf die zum Schweigen gebrachten Teile des Selbst hört. Netzwerke, die sich mit Erziehung beschäftigen, wollen den Lernenden durch das Aufspüren neuer Talente stärken. Netzwerke im Gesundheitswesen wollen das alte Gleichgewicht der Macht zwischen der institutionalisierten Medizin und der persönlichen Verantwortung verschieben. Andere Gruppen leiten durch Boykotte, Tauschhandel, Grosseinkauf und Geschäftspraktiken die ökonomische Macht in andere Kanäle.

Von den einfachsten Netzwerken in der Nachbarschaft oder im Büro (Nahrungsmittelkooperativen, gemeinsame Autobenützung, gemeinsame Kinderpflege) gehen die Menschen meist dazu über, vergnüglichere oder abstraktere Dinge wie Fachwissen und Informationen miteinander zu teilen. Netzwerke zur gegenseitigen Hilfe – oder zur Selbsthilfe – sind persönlicher und besitzen daher eine stärkere transformative Kraft. Laut dem National Self-Help Clearinghouse, das der City University von New York angegliedert ist, gehören inzwischen ungefähr fünfzehn Millionen Amerikaner Netzwerken an, in denen sich die Menschen gegenseitig helfen, so verschiedenartige Probleme wie Pensionierung, Witwenschaft, Übergewicht, Scheidung, Kindesmisshandlung, Drogenmissbrauch, Spielleidenschaft, emotionelle Störungen, Behinderungen, politische Massnahmen, Umweltschutz oder den Tod eines Kindes zu bewältigen. Gruppen dieser Art hüten sich sorgsam, allzu «professionell» zu werden, weil sie befürchten, dass sich eine Hierarchie der Autorität entwickeln könnte und somit ihr ganzer Zweck verfehlt wäre. Denn die Gegenseitigkeit ist unabdingbar. Indem man andern hilft, wird einem auch selbst geholfen.

Die BBC schuf eine Fernsehserie mit dem Titel «Grapevine: The Self-Help Show», um den einzelnen zu helfen, ein ihren Bedürfnissen entsprechendes Netzwerk zu finden. Es gibt Informationsdienste für Selbsthilfe-Netzwerke auf Bundesebene und in einzelnen Staaten sowie Zusammenschlüsse von Selbsthilfegruppen, und kürzlich fand in Boston eine Selbsthilfe-Messe statt. Unter all den Gruppen, die in einer einzigen Ausgabe des *Self-Help Reporter* Erwähnung fanden, waren Netzwerke für Arbeitslose über vierzig, Eltern frühreifer Kinder, Frauen, die sich von einer Brustamputation erholten, Familien und Freunde von Vermissten und die Hinterbliebenen von Selbstmördern.

Leonard Borman, Anthropologe und Direktor des Self-Help Institute in Evanston, Illinois, meinte, dass die Bildung dieser Gruppen «teilweise auf den Wunsch von Menschen mit ähnlichen Problemen zurückzuführen ist, Verantwortung für ihren eigenen Körper, Geist und ihr Verhalten zu übernehmen – und anderen dabei zu helfen, dasselbe zu tun».

Eine Untersuchung wies darauf hin, dass sich die Netzwerke zur Selbsthilfe im allgemeinen selbst finanzieren und nicht durch Appelle an die Öffentlichkeit; sie besitzen keine professionelle Führung; sie sind für alle offen (ohne strenge Richtlinien zur Erlangung der Mitgliedschaft), örtlich begrenzt, erneuernd und ohne Ideologie; und sie betonen eine grössere Selbstbewusstheit und ein erfüllteres, freieres Gefühlsleben. Solche Organisationen zeigen, welche Fähigkeiten auch in den verletzlichsten Mitgliedern der Gesellschaft stecken, wenn man zum Beispiel den bemerkenswerten Erfolg der Ex-Junkies in der Delancy Street in San Francisco sieht, die anderen Heroinabhängigen helfen, sich selbst wieder in den Griff zu kriegen.

Ein Netzwerk namens *Linkage,* das von Robert Theobald ins Leben gerufen wurde, arbeitet international, ist mit Computern ausgerüstet und funktioniert hauptsächlich via Korrespondenz. Seine Mitglieder stellen sich durch Angaben über ihre Arbeit und ihre Interessen vor. Diese Erklärungen werden durch Theobalds Verteilerdienst Participation Publishers vervielfältigt und für eine kleine jährliche Gebühr von Wickenburg, Arizona, aus verschickt. Theobald erklärte: «Wir gehen von der Voraussetzung aus, dass wir uns mitten in einer Stress-Periode befinden, die durch den immer schneller ablaufenden Zusammenbruch des industriellen Zeitalters verursacht wird. Wir suchen nach Wegen, auf denen wir bei der notwendigen Transformation helfen können. Viele Menschen würden diese Transformation gerne durchführen ... Wir versuchen, Mittel und Wege zu finden, den Menschen bei diesem erforderlichen Wechsel zu helfen.»

Aus Angaben zur Person, die in einer einzigen Sendung verschickt wurden, geht hervor, aus welchen unterschiedlichen Bereichen die Mitglieder stammen. Unter den Teilnehmern fanden sich ein militärischer Kommunikationsanalytiker, zwei Politikwissenschaftler, eine Krankenschwester, zwei Ärzte, ein Geschichtswissenschaftler, ein presbyterianischer Geistlicher, ein Lehrer, ein Atomphysiker und ein Ingenieur. Ihre Interessen umfassten Paradigmenwechsel, eine radikale Transformation der Gesellschaft, eigene mystische Erfahrungen, sanfte Technologien, Dezentralisierung, das Schlagen einer Brücke zwischen Ost und West, Gemeinschaften, die sich für eine bestimmte Sache stark machen, freiwillige Einfachheit, Organisationsmodelle, die sich auf Vertrauen und Kommunikation aufbauen, «schöpferische Wege, auf denen wir einander helfen können», «bewusst angewandte Technik», Macht und Freiheit in zwischenmenschlichen Beziehungen, «es anders zu machen». Ein Teilnehmer berichtete über die Verbündeten, die er in seiner eigenen Gemeinde fand: «Da wir erkannten, dass wir allein auf verlorenem Posten standen, bilden wir jetzt ein Netzwerk mit neuen Vorstellungen für diese Stadt.» Einer beschrieb die Verbindung als «Treib-Anker, der die Wirkungen anderer Kräfte abschwächt».

Ein Priester schickte eine Liste von in England vorhandenen Publikationen und Organisationen, für den Fall, dass irgend jemand aus dem Netzwerk dorthin fahren sollte und den Wunsch verspürte, «gleichgesinnte Menschen» zu finden. Zwei Teilnehmer beschrieben ihre eigenen ausgedehnten Netzwerke. Ein Erziehungsberater schrieb: «Ich möchte in unserer verrückt gewordenen Welt zusammen mit meiner Familie und anderen Suchern lernen, erneut die leisen Töne zu vernehmen.» Aus Nebraska kam folgender Brief:

Wir bewegen uns in ein neues Zeitalter, das eine völlig neue Betrachtungsweise verlangt ... Das moderne Zeitalter ist vorbei. Aber die Zivilisation braucht neue Demarkationslinien. Können wir die neuen Formen auch schnell genug ausprägen?
Linkage bietet einen Ausgangspunkt. Wird es zum ersten Mal in der Geschichte möglich sein, dass Menschen, die sich nie getroffen haben, zu einem «Wir» werden, einfach weil sie es wollen?

Ein Professor für Management schrieb: «Mich beschäftigt die umfassendere Frage, wie man den Reichtum und die Mittel der Geschäftswelt einsetzen kann, um die Transformation zu unterstützen, anstatt gegen sie zu arbeiten.»
Im Sommer 1979 nahm die Post für *Linkage* dramatisch zu. Einzelne Mitglieder sprachen von einem wachsenden Bedürfnis, ihre transformative Vision über das Netzwerk hinaus zu verbreiten. Theobald schrieb den Mitgliedern, er hätte das Gefühl, dass «wir einen Punkt erreicht haben, an dem weitere Aktivitäten vorangetrieben werden könnten». Es ist bezeichnend, dass viele Mitglieder nach «Sub-Linkages» verlangten, Namen von anderen in ihrer Gegend, mit denen sie an bestimmten Projekten arbeiten könnten. Dieses Bedürfnis nach einem Handeln in kleinen Gruppen ist charakteristisch für die Verschwörung im Zeichen des Wassermanns.
Theobald ist jemand, den die in Denver herausgegebenen *Open Network News* als «Weber» bezeichnete, ein Mensch, der offene Netzwerke entwirft, der Muster und Verbindungen sieht und einem Netzwerk zu grösserer Wirkung verhilft. Nicht nur Einzelpersonen sind solche Weber, sondern auch einige Zeitschriften und sogar Firmenzweige.
Ein anderes Netzwerk, das – ähnlich wie *Linkage* – hauptsächlich per Post tätig ist, ist das Forum for Correspondence and Contact, das 1968 von Persönlichkeiten wie Viktor Frankl, Arthur Koestler, Roberto Assagioli, Ludwig von Bertalanffy, Abraham Maslow, Gunnar Myrdal, E. F. Schumacher und Paolo Soleri gegründet wurde. Der Zweck des Forums wurde in einer kürzlich veröffentlichten Aufforderung, Mitglied zu werden, wie folgt dargestellt:

> Wir haben Menschen gefunden, die in Zusammenhang mit einigen dieser lebendigen neuen Aktivitäten stehen, bei denen der Mensch der Mittelpunkt ist; Leute, die zukunftsorientiert sind und verschiedene Untersuchungen anzuregen versuchen ... Diese sind alle sehr bedeutungsvoll für das, was verschiedentlich als neue Wege für die

Menschheit, die Transformation von Mensch und Gesellschaft, ganzheitliches Wachstum, usw. umschrieben wird.

Die Association for Humanistic Psychology bietet einen Netzwerkservice an. Jedes Mitglied kann ein Projekt vorschlagen, das man mit einem Netzwerk durchführen könnte, eine Liste derer zusammenstellen, die sich für ein bestimmtes Thema interessieren, einen Rundbrief für die Gruppe mit dem betreffenden Interesse herausgeben und einen Workshop bilden.

Einige Netzwerke wie das Renascene Project in Kansas City und Briarpatch in Nordkalifornien verbinden einzelne Unternehmer. Von ihnen wird noch in Kapitel 10 die Rede sein. Ein Netzwerk in San José in Kalifornien, das Mid-Peninsula Conversion Project, wurde gegründet, um alternative Produkte für die Verteidigungsindustrie zu finden, ein praktischer Schritt in Richtung Abrüstung. People Index in Fairfield, Kalifornien, bezeichnet sich selbst als «menschliche Schaltzentrale, die den Menschen hilft, andere mit gleichen Zielen zu finden ... Wir wollen, dass die Menschen in eine engere Verbindung zueinander treten. Haben Sie ein Projekt, das Sie alleine nicht durchführen können? Sind Sie eine Quelle der Hilfe für andere? Von welcher Zukunft wollen Sie ein Teil sein? Was für eine Zukunft wollen Sie erschaffen helfen? Schliessen Sie sich dem Netzwerk jener Menschen an, die für eine neue Welt eintreten».

Und es gibt zahlreiche lose Bündnisse, die jede Institution und Organisation durchziehen, beispielsweise Gruppen von sympathisierenden Krankenschwestern und Ärzten eines Krankenhauses, Professoren und Studenten einer Universität. Komplette Netzwerke entstehen aus bereits vorhandenen Organisationen, gelegentlich als «Gruppen mit einem speziellen Interesse», die als Unterabteilungen in den Standesorganisationen anerkannt werden, häufiger aber nur als loses Bündnis derjenigen, deren Denken von dem neuen Paradigma bestimmt wird. Humanistisch orientierte Psychologen in der American Psychological Association, Mitglieder der World Future Society, die mehr am Bewusstsein als an reiner Technik interessiert sind, und die Befürworter einer gesellschaftlichen Transformation in der Association for Humanistic Psychology haben lose interne Netzwerke mit grosser Wirkung gegründet. Häufig gelingt es ihnen, die Schwerpunkte der offiziellen Verlautbarungen der grösseren Organisationen zu verschieben; sie laden zu Tagungen Redner ein, die einer Erneuerung offener gegenüberstehen, sie bewerben sich um Ämter und brechen mit anderen Methoden jene Vormachtstellung der Denkweise, die von der alten

Garde vertreten wird. Das geheime Einverständnis ist so unausgesprochen, dass es niemand bemerkt, und im allgemeinen gibt es unter den Mitgliedern der Netzwerke keine Auseinandersetzungen um Posten und Ehrungen.

ANDERE NEUE MACHTQUELLEN

Es gibt Politikwissenschaftler, die Spekulationen über eine Partei des «Zentrums» angestellt haben, in der sich sowohl humanistische Prinzipien als auch wirtschaftliche Freiheit widerspiegeln sollen. Da aber politische Parteien eben zu den gesellschaftlichen Strukturen gehören, die nicht gut funktionieren, erscheint es als unwahrscheinlich, dass aus der Verschwörung im Zeichen des Wassermanns oder aus irgendeiner anderen der augenblicklich tätigen gesellschaftlichen Bewegungen eine solche Partei hervorgehen wird. Die Energie, die man aufwenden müsste, um eine neue Partei zu gründen und Kandidaten in den einzelnen Wahlbezirken gegen die etablierten Parteien aufzustellen, würde Energie von nützlicheren Unternehmungen abziehen. Für die Macht, die man für die gesellschaftliche Transformation benötigt, gibt es neue Quellen, die phantasievoller und lohnender sind. Von der *Macht des einzelnen,* die dem transformativen Prozess innewohnt, der Entdeckung, dass jeder «einen Unterschied bewirkt», haben wir bereits gesprochen. Ebenso von der *Macht der Netzwerke,* durch welche die Menschen auf der ganzen Welt angeregt und mobilisiert werden.

Die *Macht der Aufmerksamkeit* – zu entdecken, was sich machen lässt, sich einem Konflikt zu stellen und ihn zu transformieren – gibt einem den Vorteil, sogar in der Gesellschaft jener, die von den Betäubungsmitteln der Gesellschaft abhängen – Verdrängung, Leugnen und Zynismus –, hellwach zu sein. Die bewusste Transformation von Stress stellt ein neues Element in der Geschichte dar.

Dies gilt auch für die *Macht der Selbsterkenntnis.* Nur wenige hatten Zeit oder Gelegenheit, nach innen zu schauen und den Geist zu erforschen, bis wir dank der Technik nicht mehr um das blosse Überleben kämpfen mussten. Die Selbsterkenntnis führt dazu, dass der einzelne die Macht ganz anders definiert. So, wie das Ego kleiner wird, wird auch das Bedürfnis, zu dominieren, zu gewinnen, immer kleiner. Dass man sich *nicht* an Machtkämpfen beteiligt, führt zu einer Art natürlicher Macht. Die Energie, die vorher für einen erbitterten Wettbewerb mit anderen benutzt wurde, wird freigesetzt: *Die Macht, loszulassen.*

Die Macht der Flexibilität ermöglicht es dem potentiellen Gegner, ein Teil der Problemlösung zu werden, ähnlich wie jemand, der Aikido betreibt und sich dabei der Energie des Gegners bedient. Teilweise dadurch, dass die Bedürfnisse der potentiellen Gegner erkannt werden, leitet dieses politische Aikido Energie in eine beabsichtigte Richtung. Es hilft diesen Gegnern, den Übergang zu vollziehen, während sich beim frontalen Angriff ihre Position verhärtet.

In seinem 1967 erschienenen Buch *Step to Man* schlug John Platt die Anwendung natürlicher Strategien zur Durchsetzung einer gesellschaftlichen Transformation vor. Gehe den Weg des geringsten Widerstandes, meinte er. Finde den Mittelpunkt der Macht. Suche den Weg der geringsten Erschütterung. Sei ein Katalysator. Zu oft verschwenden lautstarke Minderheiten ihre Energie an feste Freunde oder entschlossene Gegner anstatt auf jene, die bereit für ein Umdenken sind. «Die Hauptaufgabe einer aufgeklärten Minderheit besteht nicht darin, die Mehrheit zu bekämpfen, sondern ihr zu zeigen, was sie tun muss.»

Jede Minderheit, welche die Kraft des «ersten Kristalls in einer übersättigten Lösung», der Verbreitung einer Idee begreift, kann sehr schnell einen Einfluss ausüben, der grösser ist als die Zahl ihrer Mitglieder. Arbeitet *mit* der Technik und den natürlichen Gesellschaftsformen und nicht gegen sie, drängte Platt. Seid flexibel. In einem brüchigen System entwickeln sich Spannungen so lange, bis irgendein Teil der Struktur unvermittelt oder auf gefährliche Weise zusammenbricht.

Matt Taylor, der Begründer des Renascene Project, verglich eine gesellschaftliche Neuorganisierung mit dem Kurswechsel eines Schiffes. In der Vergangenheit haben die Menschen versucht, das Ruder des Schiffes an seiner Vorderseite anzubringen, wenn sie gesellschaftliche Probleme anpackten; sie versuchten an den falschen Stellen, die Richtung zu bestimmen und Druck auszuüben. «Man kann eine grosse Organisation mit begrenztem Energieaufwand steuern.»

Die Macht der Kommunikation, die dauernd wächst, ermöglicht die schnelle Übermittlung neuer Ideen, eine Ausdehnung mit Visionen, guten Fragen, Experimenten und Vorstellungen. Der Ökonom Kenneth Boulding äusserte einmal, dass eine Veränderung, deren Durchführung in einer Gesellschaft von Analphabeten möglicherweise eine Generation in Anspruch nimmt, in einer Kultur mit Massenkommunikationsmitteln innerhalb einiger Tage stattfinden kann.

Die Macht der Dezentralisation leitet sich davon her, dass neue Vorstellungen, Ideen und Energien in alle Teile des Staates fliessen.

Machtkonzentrationen sind ebenso unnatürlich und tödlich wie ein Blutgerinnsel oder ein nicht geerdetes Stromkabel.

Aldous Huxley betrachtete die Dezentralisation als Alternative zu den linken und den rechten Parteien. Gegen Ende des Zweiten Weltkrieges schrieb er in einem Brief an einen Freund:

> Wie H. G. Wells einmal feststellte, ist der Geist des Universums fähig, weiter als bis zwei zu zählen. Das Dilemma des Künstlers und Intellektuellen sowie des politischen Theoretikers hat mehr als zwei Aspekte. Zwischen dem Elfenbeinturm auf der einen und dem direkten politischen Handeln auf der anderen Seite liegt die Alternative der Spiritualität. Und zwischen dem totalitären Faschismus und dem totalitären Sozialismus befindet sich die Alternative der Dezentralisation und des kooperativen Unternehmertums – jenes ökonomische und politische System, das der Spiritualität am natürlichsten entspricht. Die Mehrheit der Intellektuellen erkennt in ihrer Situation momentan nur zwei Alternativen und entscheidet sich für die eine oder andere ...

Mit dem ihm eigenen Scharfblick hatte Huxley in einem Brief an seinen Bruder Julian vorher schon erkannt, dass eine gesellschaftliche Transformation – ein Richtunggeben der Macht im Staat, Selbstverwaltung, Dezentralisation – am besten durch einen gleichzeitig stattfindenden Angriff an allen Fronten – der wirtschaftlichen, politischen, erzieherischen und psychologischen – durchgeführt werden könnte. H. G. Wells bestand ebenfalls darauf, dass eine Veränderung gleichzeitig in allen Teilen der Gesellschaft und nicht von einer Institution zur anderen stattfinden muss.

Dieser Gesichtspunkt entspricht der Transformation in natürlichen Systemen, der plötzlichen Veränderung der dissipativen Struktur. Der Sprung in eine neue Ordnung geschieht plötzlich, nach der Maxime «Alles oder nichts». Auch auf der simpelsten Ebene können wir erkennen, dass sich jeder Aspekt der gesellschaftlichen Transformation wellenförmig ausbreitet. Die Person, die gelernt hat, Verantwortung für die eigene Gesundheit zu übernehmen, wird sich wahrscheinlich auch mehr für die politischen Aspekte der Medizin, die Umwelt, die Rolle des Lernens in bezug auf Gesundheit und Krankheit, die positiven oder negativen Aspekte menschlicher Beziehungen und der Arbeit, und so weiter, interessieren. Dies stellt *die Macht eines neuen Paradigmas* dar, eine Perspektive, die sogar jene politisiert, die kein Interesse für die konventionelle Politik besassen.

«Ein radikales Bewusstsein, das auf gemeinsamen Gefühlen und Bedürfnissen gründet, wird weitaus eher Bestand haben als eine radikale Ideologie», behauptete Gurtov. Man kann sich von einer Erkenntnis nicht lossagen; man kann das, was man gesehen hat, nicht ungesehen machen.

Die Macht des Prozesses erkennt, dass bereits das Zurückfordern unserer Selbständigkeit an sich transformativ ist. Jeder Schritt, den wir auf der Strasse der Freiheit und Verantwortung zurücklegen, macht den nächsten Schritt leichter. Ziele, Programme und Zeitpläne sind weniger wichtig als das Engagement selbst. Gandhi drückte dies so aus: «Das Ziel weicht immer wieder vor uns zurück ... Die Erlösung liegt im Bemühen, nicht im Gelingen. Das vollständige Bemühen bedeutet den vollständigen Sieg.»

Die Macht der Unsicherheit macht es leichter, Neuerungen vorzunehmen, zu experimentieren und etwas zu riskieren. «Es gibt keinen risikolosen Weg in die Zukunft; wir müssen wählen, welchen Risiken wir uns aussetzen wollen», meinte Theobald. In einem Artikel für die Zeitschrift eines Netzwerks prägt der Philosoph Jay Ogilvy den Begriff «parapolitisch», um zu beschreiben, wie man dadurch, dass man für eine neue Vision eintritt, unvermeidlich auch in die Politik verwickelt wird:

> Wenn wir aus dem eisernen Käfig einer total verwalteten Gesellschaft ausbrechen wollen, dann müssen wir es unserer Phantasie gestatten, Fehler zu machen. Wenn wir spielen wollen, werden wir einige Spiele verlieren. Aber es geht um nicht weniger als das pulsierende Leben des menschlichen Geistes; daher riskieren es einige von uns lieber, zu verlieren, als überhaupt nicht zu spielen.

Es überrascht uns weniger, wenn sich überraschende Dinge ereignen. In einem schöpferischen Universum kann sich schliesslich sogar ein offensichtliches Desaster als Segnung erweisen. Dieser Standpunkt verträgt sich mit der Zweideutigkeit. Er geht davon aus, dass die meisten Probleme ihre Tücken haben, und gibt nicht vor, das, was sich in ständigem Fluss befindet, ein für allemal aufzulösen. Der Politiker oder Bürger, der bereit ist, Ungewissheit zu akzeptieren, ist frei, zu lernen, zu irren, sich anzupassen, zu erfinden und alles immer wieder von neuem zu überarbeiten.

Die Macht der Ganzheit vereint in sich die ganze Macht, die durch Zersplitterung und Unwissenheit verlorenging. Sie vermehrt unsere kollektiven Wahlmöglichkeiten, indem sie auf die Talente und Ideen derer zurückgreift, von denen man in der Vergangenheit vielleicht keine Notiz nahm oder die unerkannt blieben. Eine Gesellschaft, welche die Verschiedenheit und die Begabungen all ihrer Bürger belohnt, wird eine reichere Ernte einfahren als eine konformistische Gesellschaft.

Die Macht der Alternative liegt darin, zu erkennen, dass wir mehr Wahlmöglichkeiten haben, als wir einst glaubten. Indem wir uns neue Möglichkeiten vorstellen, können wir zu den erstickenden, nicht akzeptablen Alternativen, denen wir uns in der Vergangenheit gegenübersahen, nein sagen. Und ebenso, wie sich eine persönliche Veränderung aus der Bewusstwerdung unseres eigenen Gedankenprozesses entwickelt, der Erkenntnis, dass wir unser Verhalten in einer bestimmten Situation selbst bestimmen können, und der Bewusstwerdung der Einflüsse unserer Konditionierung, kann keine Gesellschaft insgesamt erkennen, dass «es so nicht sein muss». Eine Kultur kann sich ihrer selbst und ihrer eigenen Konditionierung bewusst werden.

Zu oft kamen wir nicht einmal auf die Idee, dass wir eine Wahlmöglichkeit besassen. Bei der Erörterung dessen, was er als «Alternativismus» bezeichnet, erklärte Erich Fromm, dass die meisten Menschen versagen, weil «sie nicht aufwachen und bemerken, wann sie sich an einer Weggabelung befinden und eine Entscheidung treffen müssen».

Indem immer mehr Menschen ein Gefühl der Selbständigkeit verspüren, respektieren sie die Entscheidungen anderer. Viele Debatten verstummten bei der Versammlung zum Jahr der Frau, 1977, als das Publikum anfing zu singen: «Freie Wahl, freie Wahl, freie Wahl ...» Sie erklärten, dass man anderen ihre eigene Entscheidung überlassen kann, auch wenn man einen bestimmten Lebensstil oder eine bestimmte Philosophie für sich selbst ablehnt.

Wir sind alle von irgendwelchen Begrenzungen umgeben, meinte Tocqueville, «aber innerhalb dieses Kreises sind wir mächtig und frei».

Die Macht der Intuition kann vom einzelnen auf eine Gruppe ausgedehnt werden. Die Broschüre einer Konferenz lud ein: «Kommt, lasst uns vom Brunnen der kollektiven Intuition trinken.» Die Gruppen, die der Verschwörung im Zeichen des Wassermanns angehören, hören oft auf die innere Stimme, ähnlich den Quäkern, die bei ihren Treffen das innere Licht suchen. Anstatt ihre Aktivitäten ausschliesslich von der Logik bestimmen zu lassen, suchen sie nach einer Art übereinstimmender Intuition. Sie berichten, dass sie das Gefühl haben, die Richtung ihrer Gruppe eher zu finden denn bewusst zu bestimmen. So, als ob Archäologen nicht nach der Vergangenheit, sondern nach der Zukunft graben würden.

Die Macht der inneren Berufung stellt so etwas wie ein kollektives Gefühl des Schicksals dar – kein detaillierter Mythos, sondern eine Suche nach Sinn, ein stillschweigendes Einverständnis, dass die Menschen und ihre Führer an etwas glauben, das über materiellen Erfolg, Nationalismus und schnelle Belohnung hinausgeht.

Da spirituelle und humanistische Werte immer mehr in den Vordergrund treten, bemühen sich einige wenige Politiker, diesen Wechsel zu artikulieren.

Die Macht der Zurücknahme, sowohl psychologisch als auch wirtschaftlich, entsteht aus der Erkenntnis, dass wir die Macht, die wir an andere abgetreten haben, zurückholen können. Teilhard de Chardin meinte: «Uns ist bewusst geworden, dass wir in dem grossen Spiel, das jetzt stattfindet, sowohl die Spieler als auch die Karten und der Einsatz sind. Wenn wir den Tisch verlassen, kann es nicht weitergehen. Aber es kann uns auch keine Kraft zwingen, dortzubleiben.»

Raffinierte wirtschaftliche Boykottmassnahmen werden entworfen. Grosse nationale Organisationen versuchen die Politik zu beeinflussen (so bei der Ratifizierung des Equal Rights Amendment), indem sie damit drohen, ihre jährlichen Treffen nicht an bestimmten Orten abzuhalten. Ernährungs-orientierte Gruppen boykottieren die Produkte jener Hersteller, die in Entwicklungsländern, wo die Kindersterblichkeit durch Ersatznahrung vergrössert wird, aggressive Werbefeldzüge für derartige Produkte unternehmen. Gruppen in bestimmten Gemeinden protestieren gegen eine Politik der Kreditinstitute, in gewissen Gegenden keine Hypotheken zu gewähren, indem sie ihre Konten bei den Banken und Sparkassen der Umgebung auflösen, bis sich diese bereiterklären, eine bestimmte Summe Geldes in die Gemeinde zu investieren.

Alle unsere Hohepriester – Ärzte, Wissenschaftler, Bürokraten, Politiker, Geistliche, Lehrer – werden gleichzeitig exkommuniziert. Indem wir dort hineinstürmen, wo sich sogar die Engel fürchten, einen Fuss hinzusetzen, stellen wir die alten Gesetze in Frage und schlagen neue vor, bilden Interessengruppen und führen Boykotte durch; wir haben jetzt die versteckten Kräfte der Demokratie erkannt. «Wir zweifeln die Berechtigung ganzer Systeme an», meinte Willis Harman. «Der Bürger ist es, der einer Institution ihre Berechtigung gibt – oder auch nicht.»

DIE MACHT DER FRAUEN

Ein chinesisches Sprichwort lautet: «Die Frauen tragen den halben Himmel.» Die Frauen stellen die grösste Einzelkraft für eine politische Erneuerung in einer völlig aus dem Gleichgewicht geratenen Zivilisation dar. Ebenso, wie die Individuen dadurch reicher werden, dass sie sowohl die männlichen als auch die weiblichen Seiten des Selbst (Unabhängigkeit und Fürsorge, Intellekt und Intuition) entwickeln, profitiert auch die Gesellschaft von einer Veränderung des Gleichgewichts der Machtverhältnisse zwischen den Geschlechtern.

Die Macht der Frauen ist das Pulverfass unserer Zeit. Indem die Frauen ihren Einfluss auf Politik und Regierung vergrössern, wird ihre *yin*-Perspektive die Begrenzungen des alten *yang*-Paradigmas hinwegfegen. Frauen sind neurologisch gesehen flexibler als Männer, und die Kultur gestattete es ihnen, mehr Intuition, Sensibilität und Gefühl zu entwickeln. Ihr natürliches Milieu wurde von Komplexität, Veränderung, Fürsorge, Zuneigung und einem beweglicheren Zeitsinn bestimmt.

Das Verlassen der Position eines militanten Feminismus wird deutlich in den Aussagen der letzten Zeit, wie jener von Patricia Mische in der Monographie *Women and Power*. Anstatt ein Stück von dem Kuchen, den die Männer die ganze Zeit für sich besassen, zu verlangen, «sollten wir versuchen, einen ganz anderen Kuchen zu backen», schrieb sie. Der Sache der Menschheit ist mit der Einverleibung von immer mehr Frauen in eine im wahrsten Sinne des Wortes von den Männern erschaffene Welt nicht gedient. Es ist eher so, dass Frauen und Männer zusammen eine neue Zukunft schaffen können. Die Frauen wurden zwischen ihrer Angst vor Machtlosigkeit und einer Angst vor der Fähigkeit zur Zerstörung hin und hergerissen: «Wir neigen dazu, beide Ängste zu unterdrücken – die eine, weil es zu schmerzhaft ist, sich der Machtlosigkeit zu stellen, die andere, weil wir Macht mit Bösem assoziieren.»

Die Frauen lernen jetzt, ihre Macht offen zu gebrauchen, meinte sie, sie üben das aus, was Rollo May als «integrierende Macht» bezeichnete, und wenden nicht mehr die schüchternen oder manipulierenden Methoden der Vergangenheit an.

> Die integrierende Macht berücksichtigt, dass die Männer ebenso wie die Frauen die Opfer der Geschichte und eng definierter Rollen gewesen sind ... Es ist eine mitfühlende Form der Macht – Macht, die mit Liebe einhergeht.

Eine Arbeit für soziale Gerechtigkeit, für Frieden, für das Überwinden von Armut und Entfremdung, für das Errichten einer die menschlichen Werte wirklich fördernden Zukunft ... ist ohne eine Kombination von Liebe und Macht völlig unmöglich. Die Liebe selbst ist ohne Macht oder Selbstbehauptung nicht möglich. Und Macht ohne Liebe wird leicht auf Manipulation und Ausbeutung reduziert.

Wir können nicht den Beitrag von irgend jemand anderem zur augenblicklich stattfindenden Formgebung der Geschichte leisten. Dies gilt auch umgekehrt. Jeder von uns befindet sich hier zu einem bestimmten Zweck, jedes Leben hat Bedeutung und Sinn. Dieser Sinn – was immer er auch sein mag – kann nicht verwirklicht werden, wenn wir auf unsere Macht verzichten ...

Die Werte, die als weiblich bezeichnet wurden – Mitgefühl, Kooperation, Geduld –, werden dringend bei der Geburt und der Pflege einer neuen Ära in der menschlichen Geschichte benötigt.

Lou Harris meinte, dass Frauen den Männern beim Durchsetzen der grundlegenden menschlichen Qualitäten weit voraus sind; sie setzen sich nachdrücklicher für den Frieden und gegen den Krieg ein, sie sind besorgter über Kindesmisshandlungen und tief bewegt von dem, was er als «Mantel der Gewalt» bezeichnete. «Die Frauen spielen mit zurückbehaltenem Gewinn und stellen einen gewaltigen neuen Teil der politischen Szene dar.»

Wenn wir die Führerschaft neu definieren, können wir anders über Frauen in Führungspositionen denken. James MacGregor Burns nannte es ein «männliches Vorurteil, dass Führerschaft rein im Sinne von Befehlsgewalt oder Kontrolle betrachtet wird, während ihre eigentliche Aufgabe das Aufspüren und Mobilisieren der menschlichen Sehnsüchte darstellt. Wenn wir uns der wahren Natur der Führerschaft deutlich bewusst werden, wird die Bereitschaft, Frauen als Führungspersönlichkeiten anzuerkennen, grösser werden, und die Männer werden ihren eigenen Führungsstil ändern».

Das Denken an sich wird transformiert werden, betonte die Dichterin Adrienne Rich. Frauen können in der Gesellschaft gerade jene Qualitäten einbringen, die zur Veränderung des Lebens und zu einer nutzbringenderen Beziehung mit dem Universum notwendig sind. «Sexualität, Politik, Intelligenz, Macht, Mutterschaft, Arbeit, Gemeinwesen und Innigkeit werden eine neue Bedeutung bekommen.»

Die Vorstellung, dass Frauen eine im Scheitern begriffene Gesellschaft retten könnten, ist nicht neu. Bereits 1890 betrachtete Havelock

Ellis eine bevorstehende «Invasion» der Frauen in Führungspositionen als eine Quelle der Erneuerung, vergleichbar mit dem neuen Leben, das eine Welle von Barbaren einer verbrauchten und degenerierten Zivilisation bringt. Die männlichen Methoden der gesellschaftlichen Organisation sind in einer Sackgasse gelandet, führte er aus. Mit ihrer grösseren Sensibilität für Beziehungen und gesellschaftliche Formen könnten die Frauen Wege ersinnen, Konflikt und Konfrontation zu transzendieren.

«Es steht fest, dass die Frauen unaufhaltsam ihren gerechten Anteil an der Macht erhalten werden», glaubte Ellis. «Für mich ist dies ein unversieglicher Quell der Hoffnung.»

1916 beschrieb der Psychologe George Stratton von der University of Southern California die den Gehirnen von Frauen innewohnende Überlegenheit, wenn es darum geht, ein Ganzes zu sehen. In einem Artikel über «Feminismus und Psychologie» im *Century Magazine* gab er der Hoffnung Ausdruck, dass Frauen die falschen Vorstellungen der Männer eliminieren würden, falls sie den ihnen in der Gesellschaft zustehenden Platz einnähmen. Er behauptete, dass Männer dazu neigen, sich eher auf Maschinen als auf lebendige Wesen zu verlassen. Am Anfang steht das edle Staunen vor der Natur, aber am Ende erliegen sie der Faszination des Werkzeuges – des wissenschaftlichen Instruments. Sie bilden Regierungen, um dem Leben eine Ordnung zu geben, und begehren am Ende die Funktionen der Regierung *mehr* als das Leben. «Die männliche Organisationsgabe braucht das Gefühl der Frauen für das Herz der Dinge und nicht für das Drum und Dran», meinte Stratton.

Unlängst deutete eine Psychologin an, dass es für das Überleben der Menschheit erforderlich sein könnte, dass die von Frauen verkörperten Tugenden Allgemeingut werden. «Vielleicht ist die Frauenbewegung Teil eines evolutionären Prozesses, der uns davor bewahren wird, das Schicksal der Dinosaurier und der Dronten zu teilen.»

Überall, wo die Verschwörung im Zeichen des Wassermanns tätig ist und ganzheitliche Gesundheit, kreative Wissenschaft oder transpersonale Psychologie verbreitet, sind die Frauen weitaus stärker vertreten als im Establishment. Beispielsweise waren ein Drittel der Gründungsmitglieder einer neuen Organisation für ganzheitliche Gesundheit Frauen, wohingegen in den Vereinigten Staaten nur 8,3 Prozent aller Ärzte Frauen sind. Den Männern in solchen Organisationen ist es nicht nur recht, dass Frauen Führungsrollen übernehmen, sondern sie übernehmen freudig *yin*-Qualitäten wie Integration, Einfühlungsvermögen und Versöhnung. Sie sehen bei den Frauen eine grössere

Sensibilität für Zeit und Jahreszeiten, Intuition über die einzuschlagende Richtung und eine Fähigkeit zu Geduld. Gandhi sagte einmal: «Wenn satyagraha die Verhaltensweise der Zukunft darstellt, dann gehört die Zukunft den Frauen.»

DIE MACHT DES RADIKALEN ZENTRUMS

Die politische Perspektive der Verschwörung im Zeichen des Wassermanns kann man am ehesten als eine Art radikales Zentrum beschreiben. Es ist nicht neutral, nicht gemässigt, sondern umfasst den ganzen Weg. Von diesem Standpunkt aus können wir erkennen, dass die verschiedenen geistigen Strömungen zu jedem Thema – politisch oder sonstwie – neben Irrtümern und Übertreibungen wertvolle Beiträge liefern. In einem Leitartikel der britischen Zeitschrift *The New Humanity* wurde dies so ausgedrückt:

> Wir stehen weder links noch rechts, sondern bewegen uns vorwärts. *The New Humanity* vertritt eine neue Art der Politik ... Die Herrschaft muss einen lockeren Rahmen und keine starre Struktur entwickeln, und wir müssen in unserer ungeheuren und wunderbaren Vielfalt Einheit finden.
>
> An diesem Punkt der menschlichen Evolution kann es keinen Ausweg aus der weltumspannenden politischen Sackgasse geben, bevor nicht zuerst – und zwar möglichst schnell – eine neue Menschheit mit einer veränderten Psychologie auftaucht. Diese neue Psychologie ist in der Entwicklung, eine neue Menschheit ist im Entstehen begriffen.

Für die meisten historischen Bewegungen war das Gründungsmanifest gleichbedeutend mit Letztem Willen und Testament. Sie waren sich mehr darüber im klaren, wogegen sie kämpften, als was sie eigentlich selbst darstellten. Indem sie eine starre Position einnehmen, lösen sie eine unvermeidliche Gegenbewegung aus, die ihre zerbrechliche Identität praktisch gleich wieder desorientieren wird. Dann folgt eine rasche Metamorphose und Selbstbetrug: Pazifisten, die gewalttätig werden; Fürsprecher von Gesetz und Ordnung, die Gesetz und Ordnung mit den Füssen treten; Patrioten, die Freiheiten ausser Kraft setzen; «Revolutionen des Volkes», die neuen Eliten zur Macht verhelfen; neue Strömungen in der Kunst, die genauso erstarren wie die vorangegangenen; romantische Ideale, die zu Völkermord führen.

Der Anthropologe Edward Hall beklagte unsere kulturelle Unfähigkeit, innerhalb eines Bezugsrahmens unterschiedliche Gesichtspunkte in Übereinstimmung zu bringen oder einzuschliessen. Wir sind von unserer gewohnheitsmässigen Betrachtungsweise der Dinge in Kategorien von richtig/falsch, gewinnen/verlieren, alles/nichts, dermassen geprägt, dass wir weiterhin all unsere Halbwahrheiten in zwei Rubriken einteilen: Wahrheit gegen Lüge, Marxismus gegen Kapitalismus, Wissenschaft gegen Religion, Romantik gegen Realismus – man kann die Liste beliebig weiterführen. Hall stellte fest, dass wir so handeln, als ob entweder Freud oder B. F. Skinner in bezug auf das menschliche Verhalten recht haben müsse, während eigentlich «beide funktionieren und recht haben, wenn man sie in die richtige Perspektive stellt».

Einseitige Standpunkte zwingen zu einer künstlichen Wahl, und unser Leben ist im Kreuzfeuer gefangen. Schnell, triff die Wahl! Soll dein Politiker mitleidsvoll oder dem Fiskus verantwortlich sein? Sollen Ärzte menschlich sein oder ihr Handwerk beherrschen? Sollen Kinder in der Schule verhätschelt oder versohlt werden?

Die wenigen erfolgreichen Reformen in der Geschichte – die dauerhafte Verfassung beispielsweise – gehen eine Synthese ein. Sie mischen alte und neue Werte. Eine dynamische Spannung wurde in das Paradigma der Demokratie in Form eines Systems aus Überwachung und Ausgleich eingebaut. Wenn es auch Schwächen hat, so hat sich der Rahmen doch als erstaunlich dauerhaft erwiesen.

Als beinahe zweihundert der tüchtigsten Verschwörer im Zeichen des Wassermanns darum gebeten wurden, in einem Fragebogen ihre politische Position zu bezeichnen, war dies vielen kaum möglich. Einige kreuzten jedes Kästchen an – radikal, liberal, Zentrum, konservativ – und entschuldigten sich dafür. Manche zogen Pfeile über das ganze Spektrum. Andere machten Randbemerkungen: «Liberal, aber ...»; «radikal in einigen Punkten, konservativ in anderen»; «diese Kategorien treffen nicht zu»; «radikal, aber nicht im üblichen Sinn»; «die Wahlmöglichkeiten sind zu linear»; «die alten Kategorien sind sinnlos».

Einer der Verschwörer, ein in England gebürtiger Ökonom, zeichnete ein kreisförmiges Spektrum mit der Bemerkung, die Vereinigten Staaten besässen in ihrem politischen System ein Reservoir an Flexibilität. «Es hat noch keine Polarisierung in eine sterile Links/Rechts-Achse stattgefunden, wie sie bei den Problemen Grossbritanniens zu finden ist. Die Kräfte in den Vereinigten Staaten sind kreisförmig: Wirtschaftsunternehmen, Handelsgesellschaften, kleinere Betriebe, Kultgemeinschaften, Umweltschützer, usw.»

Die Politiker des Radikalen Zentrums werden leicht falsch verstanden und sind ungewöhnlich anfällig auf Angriffe, egal, was sie auch erreicht haben, weil sie keine starren Positionen einnehmen. Wegen ihrer hohen Toleranz für andere Standpunkte und ihrer Bereitschaft, ihre Meinung zu ändern, werden sie leicht beschuldigt, launenhaft, unbeständig, unsicher oder sogar unredlich zu sein.

Unserer Tradition gemäss wollten wir immer genau wissen, wer unsere Freunde und Feinde sind. Interessengruppen, die politischen Realitäten und die Medien, welche die beiden Seiten gegeneinander ausspielen, zwingen im allgemeinen die Politiker dazu, Positionen einzunehmen, die dem Schwarz/Weiss-Schema entsprechen. Aber eher, als wir das vielleicht für möglich halten, wird das Radikale Zentrum einen lebensfähigen Standpunkt darstellen.

Die wachsende Zahl neuer Bewegungen, die alle demonstrieren und Druck ausüben, könnte am Ende gemeinsam mit den speziellen Interessengruppen die Politiker vielleicht zwingen, einen Mittelweg durch das Minenfeld zu suchen. Letztendlich bleibt den Politikern vielleicht nichts anderes übrig, als das «Entweder/Oder-Dilemma» zu transzendieren.

Der Historiker Henry Steele Commager drängte auf eine Wiederherstellung der traditionellen Bedeutungen der Begriffe «konservativ» und «liberal». Wir können alle daran arbeiten, das zu bewahren, was von Wert ist, und wir können uns alle frei fühlen, zu erneuern und zu verändern. «Welch ein Glück bedeutet es, wenn wir einmal mehr akzeptieren könnten, dass wir alle Republikaner, dass wir alle Demokraten ... dass wir alle Konservative, dass wir alle Liberale sind.» Willis Harman betonte die zentrale Position des Konzeptes eines transzendenten, in letzter Instanz verantwortlichen Selbst in der ganzen Theorie einer demokratischen Regierung. Diesen Werten entsprechend kann die Nation wieder versöhnt werden. «Die Konservativen werden darauf bestehen, dass wir unsere nationalen Gebote beibehalten und respektieren. Die Radikalen werden darauf bestehen, dass wir ihnen gemäss leben.»

Es ist schwer und oft unmöglich, eine neue politische Perspektive in einem alten System durchzusetzen, welches durch und durch von alten Bündnissen, Schulden und Animositäten durchzogen ist und in dem es von Interessengruppen, die verzweifelt den *Status quo* bewahren, nur so wimmelt. Die ersten Politiker, die nach dem Radikalen Zentrum tasten, ähnlich den Wissenschaftlern, die Entdeckungen machen, für die «die Zeit noch nicht reif ist», mögen vielleicht scheitern oder nur eine geringe Wirkung haben. Aber sie stellen einen Anfang dar.

Die Wählerschaft des Radikalen Zentrums ist es, die langfristig gesehen immer mehr Kandidaten hervorbringen und einige von ihnen in öffentliche Ämter wählen wird. Diese neue Wählerschaft wird jene unterstützen, bei denen es wahrscheinlich ist, dass sie bewahrend und schöpferisch tätig sein werden. Sie wird sie aufgrund ihrer Weigerung, eine zu simplizistische Wahl zu treffen, bewundern. Sie wird sie ermutigen, die Art von Wachstum zu fördern, die Tabellen und Zahlen nicht messen können. Wie in Burns' Modell werden die Anhänger helfen, die Führer zu transformieren – zumindest jene Führer, die den Wechsel zu höheren Bedürfnissen erahnen.

Während der Präsidentschaftsvorwahlen von 1976 beobachteten die politischen Kommentatoren, dass sowohl Jimmy Carter als auch Jerry Brown von einer Wählerschaft «des Protests des Zentrums» profitierten und einen unausgesprochenen Trend zu spüren schienen. Brown äusserte einmal: «Wir werden gleichzeitig nach rechts und nach links gehen», und die *Los Angeles Times* nannte ihn «unseren liberalen-gemässigten-konservativen Gouverneur», sowohl Pragmatiker als auch Visionär. Unglücklicherweise wurde das augenscheinlich paradoxe Verhalten sowohl Browns als auch Carters häufiger angegriffen als unterstützt, und beide begannen mehr und mehr auf die üblichen politischen Mittel zurückzugreifen.

In seiner Studie über kulturelles Erwachen schrieb William McLoughlin, dass Carter von zu vielen Seiten unter Druck gesetzt wurde, als dass er eine wirkungsvolle Neustrukturierung hätte durchführen können; die Übereinstimmung muss zuerst an der Basis erreicht werden. «Einige Elemente seiner Weltsicht könnten tatsächlich Teil dieser neuen Übereinstimmung sein – sein ungezwungener Stil, seine Erkenntnis, dass Amerika mit seiner Macht haushalten muss, sein Gefühl einer allgemeinen Menschlichkeit, sein Interesse an der Ökologie, seine Erkenntnis, dass der ‹American Way of Life› kulturell begrenzt ist und nach transzendenten Wertvorstellungen beurteilt werden muss.» Aber nach McLoughlins Urteil waren die politischen Führer der USA nie die Propheten des neuen Lichts. «Sie mögen es entfachen, aber sie erzeugen es nicht.»

Er sieht voraus, dass zu einem späteren Zeitpunkt, allerdings nicht vor den neunziger Jahren dieses Jahrhunderts, eine Übereinstimmung entstehen wird, die einen Präsidenten mit einer Wahlplattform, die eine grundlegende Neustrukturierung vorsieht, an die Spitze der Politik führen wird. Sie wird das neue Glaubenssystem mit seinem grösseren Respekt vor der Natur, vor dem Mitmenschen, vor handwerklichem Geschick und vor Erfolg, der im Sinne von Freundschaft und

Einfühlungsvermögen und nicht im Sinne von Geld oder Status gemessen wird, widerspiegeln.

Dass es eine Generation oder länger dauert, bis ein Erwachen sich manifestiert, liegt daran, dass letzteres mit der Jugend wachsen muss; es muss dafür sorgen, dass es nicht weiterhin nach alter Sitte der Kultur einverleibt wird. Es ist nicht der Mühe wert, zu fragen, wer der Prophet dieses Erwachens ist, oder in der Arbeit der Gelehrten nach neuen ideologischen Entwürfen zu suchen. Unsere Kinder, die sowohl unschuldiger als auch wissender als ihre Eltern und Grosseltern sind, verkörpern die wachsende Neubelebung. Es ist ihre Welt, die noch neugeboren werden muss.

Dem Radikalen Zentrum muss man sich mit vollem Einsatz verpflichten.

SELBSTBESTIMMUNG

Es war vorauszusehen, dass sich in Kalifornien mehr Bürger als anderswo mit «der Politik der Transformation» auseinandersetzen würden, und mehrere Angehörige der Legislative haben an bewusstseinsorientierten Konferenzen und Netzwerken teilgenommen. Im Jahre 1976 bildete eine Koalition aus Angehörigen der Legislative, Kongressabgeordneten und Bürgern eine den ganzen Staat umfassende Organisation namens Self-Determination (Selbstbestimmung). In ihrer Einladung, sich der Organisation anzuschliessen, schrieben die Gründer dieses «persönlich/politischen» Netzwerks:

> Self-Determination bietet eine praktische und mächtige Alternative zum Zynismus an: Die Veränderung unserer selbst und der Gesellschaft durch die Transformation des grundlegendsten Mythos, nach dem wir leben: Unsere Vorstellungen über unsere Natur und unser Potential...
>
> *Eine solche Transformation findet in Amerika bereits statt.* Viele leben schon jetzt gemäss einer positiven Vision von Selbst und Gesellschaft. Wir wollen dies nun der Öffentlichkeit deutlich sichtbar machen. Wir sind dabei, Prinzipien gesellschaftlichen Handelns und institutioneller Veränderungen zu entwickeln, die auf einer getreuen Vision dessen basieren, was wir sind und was wir werden können.
>
> Viele Teile des Lebens stellen eine sich selbst erfüllende Prophezeiung dar. Bürger und Bürgerinnen, welche die Verantwortung für

ihre eigene Selbstbewusstheit und Selbstbestimmung übernehmen, werden wie Visionäre handeln, voller Energie und Ausdauer ...

Das Netzwerk bildet keine Lobbies und konzentriert sich nicht auf bestimmte Probleme, sondern fördert eine Interaktion zwischen Menschen und Institutionen, «um Macht zu verleihen». Der Psychologe Carl Rogers wies darauf hin, dass Self-Determination bedeutsam ist, «ob es nun Erfolg hat oder scheitert ... Ein völlig neuer Typus politischer Kraft wird geboren. Bereits während dieses Prozesses steht der Mensch im Mittelpunkt. Keine bestimmte Person leitet sie, kein grosser Name ... Sie ist nicht vom Machttrieb bestimmt».

Die neue Macht manifestiert sich durch das Entstehen einer neuen Art von Mensch, «ein Muster, das bisher noch nicht aufgetreten ist, ausser vielleicht bei einigen aussergewöhnlichen Persönlichkeiten». Dies stellt ein neues Phänomen dar, meinte Rogers. «Wir hatten einige Thoreaus, aber niemals zuvor Hunderttausende von jungen und alten Menschen, die entschlossen waren, auf der Grundlage ihres eigenen moralischen Urteils einige Gesetze zu befolgen und andere zu missachten.» Diese neuen Menschen weigern sich, die Ordnung um der Ordnung willen hinzunehmen. Sie gehen im stillen vor, ohne Fanfaren, «offen, aber ohne Herausforderung». Sie handeln in kleinen, nicht hierarchisch aufgebauten Gruppen, um die Institutionen von innen heraus zu vermenschlichen. Sie ignorieren sinnlose Vorschriften und legen dasjenige an den Tag, was Rogers als «eine Abenteuerlust, wie es sie ähnlich im elisabethanischen Zeitalter gab», bezeichnete. «Alles ist möglich ... Diese Menschen, die jetzt im Entstehen begriffen sind, sind weder machthungrig noch auf bestimmte Errungenschaften aus. Wenn sie die Macht suchen, geschieht dies mit anderen als rein egoistischen Absichten.»

Dies sind keine erschreckenden, sondern aufregende Tendenzen, meinte er. «Trotz der Dunkelheit der Gegenwart steht die Kultur möglicherweise am Rande eines grossen evolutionären-revolutionären Sprunges.»

John Vasconcellos, ein Abgeordneter des kalifornischen Staates aus San José, war massgeblich an der Gründung von Self-Determination beteiligt. Nicht nur in Kalifornien, sondern auch anderswo gilt Vasconcellos inzwischen als Prototyp des neuen Politikers. Aber er wäre der erste, der die Warnung aussprechen würde, dass es einen solchen gar nicht gibt. «Die Politik, die wir machen, ist das, was wir sind», hat er häufig gesagt. Dein Leben stellt deine politische Aussage dar, und jedes Leben ist anders.

Er war für eine beeindruckende Anzahl von Gesetzen in Kalifornien verantwortlich, die darauf abzielten, die Erziehung und die Medizin zu vermenschlichen, aber er weist ebenso schnell sowohl auf die Fehlschläge und Enttäuschungen jeder Legislaturperiode als auch auf deren Erfolge hin. Bei ihm findet man keine Selbstbeweihräucherung, wie man das von Politikern gewöhnt ist. Das im Entstehen begriffene Paradigma der Macht und der Politik wird in Vasconcellos öffentlichen Äusserungen deutlich:

> Man könnte schon morgen alle politischen Führer, Vorschriften und Institutionen verändern, aber wenn wir uns nicht selbst ändern, wenn wir weiterhin all unsere Ängste, Selbstverleugnungen und Selbstverdrängungen in unserem Geist und Körper mit uns schleppen, werden wir nicht anders leben.
> Die Regierung sind *wir,* und sie ist so, wie wir sie haben wollen. Wir wählen Führer, die ähnliche Vorstellungen wie wir vertreten. Wir müssen dafür sorgen, dass unsere Institutionen, einschliesslich der Regierung, von jenen Menschen übernommen werden, die gemeinsam mit uns kämpfen und unsere Vision dieser menschlichen Transformation teilen.

Vor zweihundert Jahren bildete in Amerika die Befreiung von der politischen Sklaverei – davon, dass man als Nation einer anderen Nation angehörte – das wichtigste Thema der Politik. Ein Jahrhundert später fand der Bürgerkrieg statt, in dem es um die Befreiung von einer physischen Sklaverei ging. «In den letzten fünfzehn Jahren waren wir Zeugen einer dritten Art von Revolution, der Befreiung des eigenen Körpers, des Geistes und der Gefühle. Es gibt buchstäblich Millionen von Menschen, die sagen: ‹Ich will der sein, der ich bin, und ich will meine Ganzheit erfahren›.»

Vasconcellos glaubt, dass die ehemals schweigende Mehrheit ihre Lektionen in bezug auf Macht bei den Studentenunruhen in den sechziger Jahren gelernt hat.

> Ein wirklich revolutionärer politischer Akt besteht darin, jemanden zu befähigen, etwas wahrzunehmen, was er vorher nicht wahrzunehmen vermochte.
> Es findet eine grosse Bewegung statt. Ich glaube, sie ist unaufhaltsam. Wenn man all jene Menschen in diesem Land zusammenrechnet, die versuchen, des Ganzen mehr und mehr gewahr zu werden, erkennt man, dass es *Millionen* sind, die an dieser neuen Revolution teilhaben.

Jedoch haben wir noch keine Äusserung oder Theorie entdeckt, die deutlich genug war, um uns zu helfen, die Bedeutsamkeit dieses Ereignisses zu verstehen – ihm weiterzuhelfen.

Anlässlich einer Konferenz über ganzheitliche Gesundheit drängte Vasconcellos die Teilnehmer, massenweise über die Regierungsstadt Sacramento herzufallen. «Wir verschenken unsere Macht nicht mehr», äusserte er. «Wir entfernen uns vom sogenannten Mystischen und von der Fachkenntnis.» Als er Belege für ein neues «Bewusstsein im Capitol» anführte, zitierte er neue staatliche Richtlinien für das Erziehungswesen, welche die Einzigartigkeit und das Potential jedes Kindes sowie die Wichtigkeit von Selbstachtung und Selbstbewusstheit betonten. Der Staat hat Forschungsprojekte über die Arten der Wahrnehmung der rechten und der linken Gehirnhälfte und deren Bedeutung für die Erziehung sowie Pilotprojekte zur Humanisierung des Arbeitsplatzes und die Verwirklichung von Hospizen (menschlichen Zentren zur Pflege von unheilbar Kranken) finanziell unterstützt. Vasconcellos lud Frederic Leboyer, den Autor von *Die sanfte Geburt,* nach Sacramento ein, um einige Angehörige der Legislative zu treffen und die Untersuchung angemessener Geburtspraktiken im Staat voranzutreiben. Er forderte Gouverneur Brown und David Saxon, den Präsidenten der University of California, auf, in den neun Abteilungen der Universität eine Serie von Konferenzen durchzuführen, die sich der Transformation des Denkens in bezug auf Gesundheitsfürsorge, Altern, Erziehung, Tod und Sterben, Geburt und weitere Themen widmen sollten.

Als sich Brown interessiert zeigte, mehr über ganzheitliche Medizin zu erfahren, berief Vasconcellos eine Gruppe ein, die sich mit ihm zur Diskussion über das neue Paradigma der Medizin traf; ein Dutzend Leute diskutierten bis in die frühen Morgenstunden in Browns Apartment über die Möglichkeiten. Später verschickte Brown offizielle Einladungen zu einer staatlichen Konferenz über die neuen Konzepte in der Medizin, bei deren Organisation Vasconcellos behilflich war.

Das Einladungsschreiben für die Konferenz mit dem Titel: «Health Care: Whose Responsibility?» (Gesundheitsfürsorge: wessen Verantwortung?) widerspiegelte das Bedürfnis, die Macht von den väterlichen Behörden auf die Gemeinschaft zu verteilen:

> Neue und bessere Gremien werden benötigt, um an diesen lebenswichtigen Fragen zu arbeiten – interdisziplinäre Gremien, wo Vertreter der Regierung, Direktoren von Stiftungen, Repräsentanten des Gesundheitswesens, aktiv an der Forschung beteiligte Universi-

tätsprofessoren, Philosophen, Erzieher, Leute, die Gelder bereitstellen, Beamte und Humanisten vernünftig miteinander reden können und sich durch Übereinstimmungen und Meinungsverschiedenheiten hindurcharbeiten in Richtung einer neuen Gesundheitspolitik, die in direkter Beziehung zu den sich verändernden gesellschaftlichen Werten und Bedürfnissen steht.

Vasconcellos war der federführende Autor einer Gesetzesverordnung von 1979, die zur Bildung der California Commission on Crime Control and Violence Prevention führte, deren Aufgabe darin besteht, die Forschung über die Ursprünge der geistigen Gesundheit zu untersuchen und zu analysieren.

DIE VERSCHWÖRUNG IN DER REGIERUNG

In den Behörden, in jeder Ecke der Regierung, verschwören sich Menschen mit dem Ziel der Veränderung. Ein Mitglied der Verschwörung im Zeichen des Wassermanns, das auf Kabinettsebene in der Regierung der Vereinigten Staaten tätig ist, half bei der Förderung der Veränderung in den einzelnen Ministerien, indem er für das Personal Workshops über menschliche Entwicklung organisierte. Seine Begründung lautete: «Wenn man die Behörden verändern will, muss man erst die Beamten verändern.»

Im April 1979 trafen sich Repräsentanten der US-Ministerien für Handel, Energie und Inneres mit Führern der Association for Humanistic Psychology zur Diskussion über die Konsequenzen der sich verändernden Werte und die Aussichten einer gesellschaftlichen Veränderung; ein Treffen, das von der *Washington Post* als eine Anstrengung von Beamten gepriesen wurde, ihr Gesichtsfeld zu erweitern.

Eine Regierung ist schliesslich nicht ein «sie». In den Behörden gibt es viele Individuen mit kreativen Programmen und neuen Paradigmen im Gepäck, die nur auf eine aufgeschlossene Verwaltung oder den richtigen Augenblick warten.

Ein langjähriger Beamter des National Institute of Mental Health meinte: «Wir stecken überall.» Er bezog sich auf ein loses Bündnis von Verschwörern in den Ämtern und unter den Kongressbeamten. Erneuerer im Ministerium für Gesundheit, Erziehung und Wohlfahrt haben zwanglose Gruppen gebildet, um Strategien miteinander auszutauschen, neue Ideen in ein sich sträubendes System einzuschleusen und sich gegenseitig zu unterstützen.

Durch ein einziges staatlich finanziertes Programm kann man Konzepten, die ansonsten als verschroben erscheinen würden, einen offiziellen Anstrich geben. Der Zuschüsse verteilende Regierungsapparat bestimmt die Richtung in einigen Forschungsbereichen. Diese Aura der Legitimität wird hier und da von Beamten gefördert, die der Verschwörung angehören.

Die Regierung stellt eine unkalkulierbar grosse Energiequelle dar: Menschen, Geld, Autorität. Politisches Aikido, die Macht, die daraus entsteht, dass man die Energie des Gegners zu seinem eigenen Vorteil ausnutzt, kann das Verwenden von Regierungsgeldern – sogar aus dem Bereich der Verteidigung – für humanistisch orientierte Forschung und Pilotprojekte umfassen. Es gibt verschiedene Strategien zur Erlangung solcher Gelder. Manchmal schlägt man eine attraktive Alternative vor, etwa eine wirkungsvollere oder kostengünstigere medizinische Behandlungsmethode. Oft ist das Projekt dem Namen nach orthodox, aber eine gewagte Frage wurde unauffällig in den Entwurf des Forschungsprogramms eingegliedert. Gelegentlich wird das Projekt in Zusammenarbeit mit einem sympathisierenden Beamten und Verschwörer entworfen, der Ratschläge zur Formulierung eines Antrags erteilt und durchblicken lässt, was Chancen hat, von Regierungsseite angenommen zu werden. Die der Verschwörung angehörenden Politiker üben gelegentlich sanften Druck auf die Stelle aus, welche die Gelder für derartige Programme vergibt.

Forschungsprojekte über Meditation, Biofeedback, psychische Phänomene und alternative medizinische Ansätze wurden vom Verteidigungsministerium finanziert. Ein Beispiel für die geschickte Anwendung der Energie und Autorität der Regierung bildet ein Projekt, das von Jay Matteson, einem Zivilberater der US-Marine, gestartet worden ist.

Seiner Unternehmung ging ein früheres Projekt voraus, das offensichtlich gescheitert war. Vor einigen Jahren schlug Admiral Elmo Zumwalt, der damalige Einsatzleiter der US-Marine, ein Programm mit «menschlichen Zielen» vor, das auf beträchtlichen Widerstand von seiten der altgedienten Angehörigen der Streitkräfte stiess. Im Jahre 1975 wurde ein ähnliches Programm, das in Leadership and Management Training umbenannt wurde, eingeführt. Admirale und der Leiter der Erziehungs- und Trainingsabteilung der Marine waren unter den Teilnehmern, und sie unterstützten die Idee, dass sich alle Kompaniechefs einer Schulung auf jenen Gebieten unterziehen sollten, die das menschliche Verhalten betreffen. Damals stand ein scharfes Durchgreifen gegen eine vertuschte Misshandlung von Rekruten kurz bevor.

Im Rahmen eines Marine-Vertrages zur Förderung der menschlichen Talente half Jay Matteson bei der Organisation eines entsprechenden Kurses. Matteson wusste, dass man ihm im Rahmen der Marine niemals erlauben würde, Unterricht in Meditation zu erteilen. Er wusste auch, dass er kaum die Genehmigung erhalten würde, die Entspannungs-Reaktionstechnik zu lehren, die Herbert Benson aus Harvard von der Transzendentalen Meditation übernommen hatte. Wer möchte schliesslich einen entspannten Soldaten? Aber er war überzeugt, dass diese Technik am ehesten sowohl die Sensibilität für das menschliche Verhalten bewirken würde, welche die Marine für ihre Offiziere wünschte, als auch dazu führt, dass sich die Rekruten ihrer Rechte bewusst würden.

Das Training war perfekt. Ein anderer Berater führte gemeinsam mit ihm den Kurs durch, und sie verpflichteten auch einen Schwimmlehrer aus Florida, der diese Technik beim Training eines Universitätsteams angewandt hatte. Die Meditationstechnik war ohne ihren ideologischen Überbau ein voller Erfolg. Die Reaktion der Kompaniechefs war so positiv, dass man das Material in die Ausbildungsvorschriften, die von Matteson und seinen Kollegen geschrieben wurden, übernommen hat.

Diese Vorschriften, respektive Anleitungen, finden inzwischen in der ganzen Armee Verwendung. Aufgrund des Erfolges, die meditative Techniken einigen Berichten zufolge bei der Vorbeugung und Behandlung von Drogenmissbrauch zeigen, müssen jetzt in allen grundlegenden Ausbildungsprogrammen Entspannungs- und Meditationstechniken enthalten sein. Ein Videoband, das die Entspannungstechnik demonstriert, ist allen Ausbildern zugänglich.

Matteson meinte später, dass Meditation leichter akzeptiert wurde, weil ein wachsender Teil der Rekruten mit dieser Technik bereits vertraut war.

Das voll durchgeführte Programm zeitigt Veränderungen. Die Ausbildung jedes Rekruten umfasst jetzt 22 Stunden in der Handhabung menschlicher Resourcen, einschliesslich der Stunden, in denen gelehrt wird, bestimmte Situationen zu bewältigen ... Bei der Gruppendynamik können sie ihre Gefühle frei ausdrücken. Die Rekruten können sagen, was ihnen an der Marine nicht passt.

Sie absolvieren einen Kurs über «Rechte und Pflichten», wo man ihnen Problemlösung, Logik und andere Fähigkeiten beibringt. Die Marine vertritt die Meinung, dass man sich lieber mehr Zeit nimmt und sie lehrt, ihre Fähigkeiten zu entwickeln, damit sie zu kritischen

Denkern anstatt zu Robotern werden. Als das Programm zur Entwicklung der eigenen Fähigkeiten weiterging, stiegen allmählich die Leute aus höheren Positionen in das Programm ein:

Den Rekruten wird erklärt, dass es den Special Request Chit, ein Beschwerdeformular gibt, und dass ihre Vorgesetzten derartige Beschwerden nach oben weiterleiten müssen. Der Rekrut kann erkennen, dass er Macht besitzt.

In diesem Fall wurde Macht angewandt, um anderen zu Macht zu verhelfen.

In einem in *The Futurist* veröffentlichten Artikel erläuterte der Ökonom Stahrl Edmunds verschiedene Szenarios für die zukünftige wirtschaftliche Entwicklung der Vereinigten Staaten und schloss auf das mögliche Ergebnis: Wenn wir den Mustern verschiedener Regierungsformen folgen – den Römern, den Griechen, den Gesellschaftsformen des Mittelalters, den demokratischen Industriegesellschaften, der Sowjetisierung des Kapitalismus (Versuch der Regierung, die Wirtschaft durch Ausgaben und Besteuerung zu kontrollieren) –, so entwickelt sich schliesslich «ein original amerikanisches Szenario», eine hoffnungsvollere Alternative, die aus den Fehlern der Vergangenheit gelernt hat.

In einem solchen Szenario spricht sich der amerikanische Präsident (der ein Mitglied der Jugendbewegung der sechziger Jahre war) in den neunziger Jahren dieses Jahrhunderts für die Ratifizierung neuer Zusatzartikel zur Verfassung aus:

Die beiden wesentlichsten Punkte dieser Zusatzartikel sprechen für sich selbst – die Möglichkeit zur Veränderung und weiteren Auflokkerung der Macht. Als Präsident, der eine gewaltige Macht ausübt, kann ich euch sagen, dass die Versuchung, Macht für sich zu behalten, gross ist. Aber die Gelegenheit, die Herrschaft über euer eigenes Leben wiederzuerlangen, bietet sich in der Geschichte nur selten. Nehmt sie wahr, meine Freunde, nehmt sie so, wie sie ist, was immer auch eure Bedenken sein mögen, ehe ihr die Gelegenheit für immer verpasst habt.

Im Jahre 1930 forderte die Kongresspartei Indiens das britische Protektorat durch das Hissen einer Flagge der Unabhängigkeit heraus. Als die Spannung im ganzen Lande wuchs, waren, in Erwartung einer neuen Kampagne, aller Augen auf Gandhi gerichtet. Eknath Easwaran berichtet darüber in seiner aufrüttelnden Denkschrift *Gandhi the Man* wie folgt:

Nach Wochen der Überlegung kam Gandhi die Antwort in einem Traum. Sie war atemberaubend einfach. Die Regierung hatte ein Gesetz erlassen, das den Indern die Herstellung von Salz strikt untersagte und sie damit für etwas vom britischen Monopol abhängig machte, das in einem tropischen Land lebensnotwendig ist. Für Gandhi stellte dies das vollkommene Symbol für kolonialistische Ausbeutung dar. Er schlug vor, zusammen mit achtundsiebzig seiner engsten Vertrauten nach Dandi, einer kleinen Küstenstadt, zu marschieren, die etwa zweihundertvierzig Meilen entfernt war, und wo Meersalz am Sandstrand angespült lag; man brauchte es nur aufzuheben. Auf sein Signal hin sollte jeder Inder so handeln, als seien die Salzgesetze niemals in Kraft getreten.

... Es war ein epischer Marsch, dessen einzelne Phasen von einem aufmerksamen Nachrichten-Publikum verfolgt wurden ... Als er vierundzwanzig Tage später Dandi erreichte, war seine gewaltlose Armee auf mehrere Tausend angewachsen.

Während der ganzen Nacht ihrer Ankunft beteten Gandhi und seine Anhänger um die Kraft, von Gewalt Abstand zu nehmen, die eine derartig grosse Menschenmasse allzu leicht erfassen kann. Bei Sonnenaufgang gingen sie schweigend an den Strand, und Gandhi, dessen Bewegungen von Tausenden von Blicken verfolgt wurden, bückte sich und hob ein Quentchen Salz vom Boden auf.

Die Reaktion erfolgte sofort. Entlang der ganzen indischen Küste stürmten gewaltige, aus Männern, Frauen und Kindern bestehende Menschenmassen ans Meer, um in direkter Missachtung der britischen Gesetze Salz zu sammeln. Ihr gesetzwidrig erlangtes Salz wurde mit Gewinn an die Bewohner der Städte versteigert, die das Gesetz nur brechen konnten, indem sie dieses Salz kauften. Das ganze Land wusste, dass es seine Ketten abgeworfen hatte, und trotz der Brutalität der polizeilichen Vergeltungsmassnahmen lag eine Atmosphäre des Jubels über der ganzen Nation.

Niemand kann jemand anderem Freiheit gewähren. Gandhis Tat, so symbolisch und inspirierend sie auch war, befreite nur jene, die den Mut hatten, selbst aktiv zu werden.

Wie das Salz an den Küsten Indiens brauchen wir uns unsere Macht nur zu nehmen. Sie ist umsonst, ein Teil der Natur. Mit einer ganz einfachen Geste können wir sie zurückfordern. In dem Masse, in dem die Bestimmungen und Präzedenzfälle unsere Fähigkeit, all das zu werden, was wir sein können, ersticken, muss jeder seine eigene Form des zivilen Ungehorsams ausüben.

Plato äusserte einmal, dass die menschliche Rasse so lange keine Ruhe vor ihren Übeln haben würde, bis die Philosophen Könige oder Könige Philosophen werden. Vielleicht gibt es noch eine andere Wahlmöglichkeit, da immer mehr Menschen ihr Leben selbst in die Hand nehmen. Sie werden ihre eigene zentrale Macht. Wie das skandinavische Sprichwort sagt: «In jedem von uns steckt ein König. Sprich zu ihm, und er wird hervorkommen.»

Es ist die neue Sicht der Welt, welche die neue Politik gebiert; neue Machtbeziehungen zwischen Einzelpersonen, zwischen Bürgern und Individuen. Wir verändern uns, indem wir entdecken, was wirklich ist, was gerecht ist, was möglich ist.

«Beginne hier, jetzt, bei dir selbst», schrieb John Platt in *Step to Man*. «Beginne hier, an diesem Platz, im Netzwerk der Menschen. Du musst nicht vermögend oder einflussreich oder hochbegabt sein; auch Fischer können die Welt aus den Angeln heben. Wenn sie es können, kannst du es auch ... All die entstehenden Entwicklungsmöglichkeiten für die Zukunft sind in der Welt in diesem Augenblick enthalten.»

Einzelpersonen und Gruppen setzen innere Entdeckungen in Aktion um. Im Jahre 1977 wurde der Friedensnobelpreis «gewöhnlichen Männern und Frauen» verliehen – den Peace People aus Nordirland und Amnesty International. «Unsere Welt rast auf eine Katastrophe zu», sagte Mairead Corrigan von den Peace People, «aber es ist noch nicht zu spät, die Macht der Liebe zu beweisen ...» Aus Kalifornien treffen Verlautbarungen neuer, politisch orientierter Gruppen ein: Groundswell, «eine Vereinigung von Leuten, die hauptsächlich aus der Bewusstseins-/Wachstums-Bewegung kommen, die fühlen, dass es an der Zeit ist, sich zusammenzuschliessen ... um gesellschaftliches Handeln anzuregen»; Mitglieder einer Gruppe aus Sacramento beschreiben sich selbst als «Beamte und Akademiker, die Kaliforniens transpersonelles politisches Netzwerk verschmelzen wollen», um eine neue Verfassung für den Staat zu schaffen; und der sogenannte New Age-Parteiausschuss drängt im Hinblick auf die Wahlen auf eine «dezentralisierte, aufgeschlossene Regierung».

Einzelgängerische, sich für Konsumenten engagierende Aktivisten und unabhängige Reformer im ganzen Land, die ihre Macht entdeckt haben, Nachforschungen anzustellen, Schriften zu publizieren, Petitionen einzureichen und Prozesse zu führen, finden sich in den Abendnachrichten und in den Spalten der Sonntagszeitungen wieder. Gerichtshöfe und gesetzgebende Körperschaften schaffen im ganzen Land «paternalistische» Bestimmungen ab: Die Sterbenden dürfen sterben, sie bekommen Laetrile, die Diabetiker und auf Diät gesetzte Menschen dürfen künstliche Süssstoffe benutzen, und man muss keinen Sicherheitsgurt anlegen, wenn man es nicht will. Es ist nicht mehr so leicht wie früher, jemanden zu zwingen, im Sinne seines eigenen Wohls zu handeln.

«Wenn es eine neue Politik gibt», äusserte ein Mitglied der Verschwörung im Zeichen des Wassermanns, Mitbegründer eines Netzwerkes zu vorsorgender Gesundheitspflege und eines Behandlungszentrums für verhaltensgestörte Jugendliche, «dann transzendiert sie gründlich all die alten Etiketten. Sie ist eine spirituell-bio-psycho-soziale Perspektive mit gewaltigen Folgen.»

Politik der Seele, des Körpers, des Geistes, der Gesellschaft ... Die neue politische Bewusstheit hat wenig mit Parteien oder Ideologien gemein. Ihre Wählerschaft besteht nicht aus Blöcken. Macht, die das Individuum nie abtritt, kann nicht missbraucht werden.

Nicht durch Revolution oder Proteste, sondern durch die Selbständigkeit wird der alte Slogan zur überraschenden Tatsache: *Alle Macht dem Volke.* Einem nach dem anderen.

8
SELBSTHEILUNG

> Perfekte Gesundheit und das Erwachen sind in der Tat dasselbe.
> *Tarthang Tulku*

> Etwas, das wir zurückhielten, machte uns schwach, bis wir herausfanden, dass wir selbst dieses Etwas waren.
> *Robert Frost*

Die Hoffnung auf eine tatsächliche gesellschaftliche Transformation braucht sich nicht auf einen Indizienbeweis zu stützen. Ein wesentlicher Bereich der Gesellschaft, das Gesundheitswesen, hat bereits begonnen, eine bedeutende Veränderung durchzumachen. Die bevorstehende Transformation der Medizin gibt einen Ausblick auf die Transformation all unserer Institutionen.

Hier können wir sehen, was geschieht, wenn die Verbraucher einer autoritären Institution die Legitimität zu entziehen beginnen. Wir beobachten eine anwachsende Zahl jener, die Gesundheit auf autonomen Wegen suchen; die Transformation eines Berufsstandes lässt sich an dessen führenden Vertretern erkennen, an der starken Wirkung der neuen Modelle im Rahmen der Wissenschaft, und an der Art und Weise, in der dezentralisierte Netzwerke eine umfangreiche geographische Veränderung bewirken.

Wir können die Macht einer zielgerichteten Minderheit in bezug auf die Beschleunigung eines Paradigmenwechsels beobachten; die Macht der Medien und der unkonventionellen Kommunikationsmittel, im Hinblick auf die Änderung unserer Vorstellung von Gesundheit und unserer Erwartungen; den Wert einer «Aikido-Politik» anstelle von Konfrontation oder schöner Reden; die Ausnutzung existierender Kraftquellen; das Potential der Psychotechnologien – und eine neuerliche Wertschätzung der Intuition, der menschlichen Bindungen und des Hörens auf die innere Stimme. Die Autonomie, die in der gesellschaftlichen Bewegung so offensichtlich ist, trifft die alten Postulate der Medizin schwer. Die Suche nach dem Selbst wird zu einer Suche nach Gesundheit, nach Ganzheit – nach dem geheimen Aufenthaltsort des gesunden Verstandes und der Weisheit, eine Suche, die einst jenseits unserer bewussten Reichweite zu liegen schien. Wenn wir auf die Botschaft von Schmerz oder Krankheit – der Forderung nach Anpassung – reagieren, kann uns der Durchbruch zu einer neuen Ebene des Wohlbefindens gelingen.

In Anbetracht des ihr nachgesagten Konservatismus erfährt die Medizin eine erstaunliche Neubelebung. Sowohl Patienten als auch Ärzte beginnen, über die Symptome hinaus den Kontext der Krankheit zu beachten: Stress, Gesellschaft, Familie, Ernährungsweise, Jahreszeit und Gefühle. Gleich wie die Bereitschaft einer neuen Wählerschaft eine neue Politik entstehen lässt, so können auch die Bedürfnisse der Patienten die Methoden der Medizin verändern. Die Krankenhäuser, die lange Zeit Bollwerke einer unzureichenden Leistungsfähigkeit waren, beeilen sich, eine humanere Umgebung für Geburt und Tod zu schaffen, flexiblere Verfahrensweisen einzuführen. Die medizinischen Ausbildungsstätten, die lange darauf ausgerichtet waren, eine gefühlskalte akademische Elite zu bevorzugen, versuchen, kreative, mehr am Menschen orientierte Studenten zu gewinnen. Unterstützt von einer Forschungslawine auf dem Gebiet der Krankheitspsychologie, versuchen diejenigen Ärzte, die einst Geist und Körper gespalten haben, die beiden wieder zusammenzufügen. Niemand hatte erkannt, wie verletzlich das alte Modell der Medizin war. Innerhalb weniger Jahre ist das Konzept der ganzheitlichen Gesundheit ohne grossen Widerstand durch Programme des Bundes und der Staaten offiziell anerkannt, von Politikern unterstützt, von Versicherungsgesellschaften nachdrücklich gefordert und gebilligt, in die Terminologie (wenn auch nicht immer in die Praxis) vieler Ärzte und Medizinstudenten übernommen worden. Die Verbraucher verlangen «ganzheitliche Gesundheit»: Ein neu entstandenes Heer von Unternehmern verspricht sie, und Gruppen von Medizinern suchen nach Rednern, die erklären, was diese alles umfasst. Indem sie ihren eigenen Puls fühlt, hat die amerikanische Medizin sich für die Notwendigkeit einer Reform ausgesprochen – für eine Ausbildung, in der die kulturellen und sittlichen Werte, die Ethik und die menschlichen Beziehungen miteinbezogen werden. Die meisten Ärzte sind beispielsweise kaum oder gar nicht geschult, mit dem Tod umzugehen – nicht nur bei der entsprechenden Beratung von Patienten und Angehörigen, sondern auch in bezug auf ihre eigenen Gefühle der Niederlage und der Angst.

Artikel über die menschlichen Zusammenhänge in der Medizin erscheinen immer häufiger in der Fachpresse. Ein ehemaliger Chefredaktor des *Journal of the American Medical Association* beschrieb das von ihm praktizierte Berühren des Patienten: ein Klopfen auf die Schulter, ein herzliches Händeschütteln. Er sagte, dass die modernen Ärzte vielleicht besser auf die Organe hören als die guten Kliniker vergangener Tage, aber die alten Hasen hörten *den Menschen* besser zu. «Ich vermute, dass eine Art Atrophie unserer diagnostischen Fähigkeiten stattfand, als die subjektive Beobachtung durch objektive Labordaten ersetzt wurde.» Eine andere medizinische Zeitschrift brachte das redaktionelle Interesse für «die schwer erfassbaren Fertigkeiten» zum Ausdruck – die Notwendigkeit, dass die neuen Ärzte die psychologischen, sozialen und seelischen Aspekte der Krankheit erkennen.

DIE ICH-DU-MEDIZIN

Es scheint, dass wir eine Periode einer unvollständigen medizinischen «Wissenschaft» durchgemacht haben und jetzt wieder zur Seele finden. Die Ärzte selbst schreiben und sprechen von der verlorengegangenen Dimension der Heilung. Ein Leitartikel in den *American Medical News* beklagte die Krise in bezug auf die menschlichen Beziehungen:

> Mitleid und Intuition werden angesprochen ... Die Ärzte müssen erkennen, dass die Medizin nicht ihr privates Reservat darstellt, sondern ein Beruf ist, an dem alle Menschen ein lebhaftes Interesse haben ... Es wird grosse medizinische Zivilcourage brauchen, um ein Hauptversagen wiedergutzumachen – das vom Patienten empfundene Gefühl unerwiderter Liebe.

Ein Artikel in einer Zahnarztzeitschrift zitierte eine Aussage Teilhard de Chardins: «Liebe ist der innere, gefühlsmässig begreifende Aspekt der Affinität, welche die Elemente der Welt verbindet und zusammenfügt. Es ist die Liebe, die zu einer universalen Synthese führt.»

In *Modern Medicine* schrieb ein Arzt erbittert über «das Wegnehmen der Hände». Ein Kneipenwirt bringt die Leute dazu, sich besser zu fühlen, wir Ärzte erreichen meistens, dass sie sich schlechter fühlen. Wärme und Linderung wurden anderen Praktikern überlassen, von denen sich viele ausserhalb der gängigen Medizin befinden. «Den Ärzten blieben nur Einweisungsscheine und Rezeptblöcke, mit denen sie ihre zunehmend automatisierte, glatte, wissenschaftliche, unpersönliche ‹Kunst› ausüben.»

Ein bissiger Bericht eines Chirurgen und Essayisten beschrieb, wie der Arzt des Dalai Lama eine Visite in einem amerikanischen Krankenhaus machte. Der tibetische Arzt machte bei einem Patienten eine Pulsdiagnose:

> Die nächste halbe Stunde lang verharrte er so, über die Patientin gebeugt, wie ein exotischer goldener Vogel mit gefalteten Flügeln. Er hält den Puls der Frau zwischen den Fingern, ihre Hand in die seine gebettet. Die ganze Kraft dieses Mannes scheint sich auf diesen einen Zweck zu konzentrieren ... Und ich weiss, dass ich, der ich hunderttausend Pulse abgetastet, nicht einen einzigen wirklich gefühlt habe.

Er berichtete, dass der Tibeter nur auf der Grundlage des Pulsschlags den bestimmten Typ eines angeborenen Herzfehlers exakt diagnostizierte.

William Steiger, Vorsitzender der medizinischen Abteilung eines Krankenhauses in Virginia, erklärte einer Gruppe von Ärzten, dass ihr Einfühlungsvermögen das ist, was Martin Buber als *Ich-Du* bezeichnete und die notwendige objektive Untersuchung und das Testen des *Ich-Es* darstellt. Er zitierte Bubers Aussage, dass «Wissen eine Autopsie am Leichnam des wahren Lebens ist». Wenn man etwas zählt, verflüchtigt es sich, sagte Steiger. «Das *Ich-Es* ist ein Monolog, das *Ich-Du* ein Dialog. Beide ergänzen einander.» Wenn ein medizinisches Problem nicht gelöst werden kann, wendet der Arzt meistens mehr *Ich-Es* an, mehr Labortests, obwohl an diesem Punkt ein tieferes menschliches Verständnis vonnöten wäre, mehr *Ich-Du*.

«Die therapeutische Einstellung, sollte lauten: ‹Was kann ich tun, um zu helfen?› Wir sollten Wärme und Beistand bieten, *bevor* wir die ersten Tests anordnen.»

DIE KRISE IM GESUNDHEITSWESEN

Weder Taktik noch Verschwörung hätten eine derart rasche Veränderung bewirken können, wenn die Medizin, was Wirtschaftlichkeit, Leistung und Glaubwürdigkeit anbelangt, nicht in einer Krise gesteckt hätte. Der Verpackung eines sich als Enttäuschung erweisenden Geschenks vergleichbar, ist die glitzernde Technologie mit bestimmten akuten Problemen famos fertiggeworden, beispielsweise bei Impfungen und kompliziertesten chirurgischen Eingriffen; ihr Scheitern bei chemisch induzierten und Zivilisationskrankheiten jedoch – einschliesslich Krebs und Herzleiden – hat Ärzte und Öffentlichkeit dazu bewogen, nach neuen Richtungen Ausschau zu halten.

Wir wurden durch die Kosten, welche die Mittel aller – ausser den Gutversicherten oder den Wohlhabenden – zu übersteigen begannen, von der gängigen Medizin entfremdet. Ebenso durch die Spezialisierung und die kalte, quantifizierende Einstellung, die menschliche Bedenken beiseite schiebt, sowie durch die wachsende Verzweiflung, die dadurch entsteht, dass man viel Geld ausgibt, ohne die Gesundheit wiederzuerlangen.

Das Gesundheitswesen (einschliesslich Krankenversicherung) ist jetzt die drittgrösste Industrie in den Vereinigten Staaten. Die Gesundheitskosten machen etwa 9 Prozent des Bruttosozialproduktes aus. Die Gesundheitskosten des Bundes betragen über 50 Milliarden Dollar. Benachbarte Krankenhäuser schaffen sich dieselbe teure Ausrüstung an, Ärzte ordnen unnötige Labortests an, um sich vor Klagen wegen Kunstfehlern zu schützen («defensive Medizin»). Schon ein einfacher Sprechstundenbesuch stellt für den Durchschnittsbürger jetzt eine grössere Ausgabe dar. Die galoppierenden Kosten, insbesondere die Krankenhaustarife, haben einen – wie auch immer gearteten – nationalen Gesundheitsplan praktisch verunmöglicht.

Sogar jene, für welche die Kosten kein Problem darstellen, erhalten für ihr Geld möglicherweise nur technologische Misserfolge. Eine britische Studie über dreihundertfünfzig im Blindverfahren ausgewählte Patienten mit Erkrankungen der Herzkranzgefässe zeigte beispielsweise, dass die Sterblichkeitsziffer der Patienten auf Intensivstationen höher war als jener, die zu Hause gepflegt wurden. Ein Sprecher der Bundesregierung bezeichnete kürzlich den sogenannten Krieg gegen den Krebs als «ein Vietnam der Medizin». Die Milliarden, die ausgegeben wurden, und der Ansturm der Technologie haben wenig gebracht. Die Sterblichkeitsziffer für die Mehrzahl der wichtigen Krebserkrankungen hat sich in fünfundzwanzig Jahren nicht signifikant verändert. Trotz verstärkter öffentlicher Belehrung, trotz neuer Medikamente und raffinierter Strahlungs- und Operationstechniken. Man schätzt, dass etwa insgesamt eine Million Krankenhauseinweisungen im Jahr mit irgendeiner Form von schädlicher Medikamenteneinwirkung in Zusammenhang stehen, und dass Krankheiten, die durch Nebenwirkungen einer Behandlung hervorgerufen werden, etwa acht Milliarden Dollar im Jahr zu den Gesamtkosten der Medizin hinzufügen.

Brillante neue Operationsmethoden werden wie intellektuelle Modeerscheinungen übernommen. Tausende unterzogen sich einer Bypass-Operation an den Herzkranzgefässen, ehe die verspäteten wissenschaftlichen Untersuchungen zeigten, dass den meisten Patienten Medikamente ebensoviel halfen wie der gefährliche und teure Eingriff. Das Pathos des technologischen Traums wird besonders offenkundig bei unserer jahrhundertelangen furchtlosen Suche nach einem starken, nicht abhängig machenden Schmerzmittel. Eines der verbreitetsten medizinischen Probleme unserer Zeit ist die *iatrogene* Krankheit. Letzteres bedeutet wörtlich: «vom Arzt verursacht». Iatrogene Krankheiten entstehen aus Komplikationen bei Operationen, falscher Verordnung von Medikamenten, den Nebenwirkungen von Medikamenten oder anderen Behandlungen und den schwächenden Einflüssen eines Krankenhausaufenthaltes.

Noch vor kurzem, als Ärzte das höchste gesellschaftliche Ansehen aller Berufsgruppen genossen und ihr Beruf als der wichtigste Dienst am Mitmenschen galt, sprachen stolze Mütter von «meinem Sohn, dem Arzt». Jetzt kann man den Doktor nur noch bemitleiden: Die Abhängigkeit von Medikamenten ist bei ihm dreissig- bis hundertmal wahrscheinlicher als bei der allgemeinen Bevölkerung.

Es ist wahrscheinlich, dass er an einer Erkrankung der Herzgefässe leidet. Es ist wahrscheinlich, dass er ein schwerer Trinker ist, wobei in von der Standesorganisation durchgeführten Untersuchungen behauptet wird, dass schätzungsweise 5 bis 6 Prozent aller Ärzte wegen emotionaler Instabilität einschliesslich Alkoholismus arbeitsunfähig sind. Sie werden öfter gerichtlich belangt und sind anfälliger für Selbstmorde.

Eine kürzlich durchgeführte Umfrage ergab, dass 24 Prozent der Öffentlichkeit *nicht* glaubt, dass Ärzte «sehr ethisch und ehrlich» sind – ein Tiefschlag für eine Personengruppe, die lange verehrt worden ist. «Die Ärzte müssen schwer einstecken», lautete die Schlagzeile einer medizinischen Zeitung. Die Ärzte bemerkten in ihren Standespublikationen, dass Klagen wegen Kunstfehlern Enttäuschung oder Feindseligkeit von seiten der Patienten zu widerspiegeln scheinen, und dass es unwahrscheinlich sei, dass Ärzte, die ein gutes Verhältnis zu Patienten haben, verklagt würden, was immer auch passiere.

Ein Unterausschuss für Gesundheitswesen des Senats berichtete von einer wachsenden Ernüchterung der Verbraucher;

Das Problem der Entmenschlichung im Gesundheitswesen ist von wachsender Bedeutung für die im Gesundheitswesen Tätigen. Die Medizin ist ein Bindeglied zwischen Menschlichkeit und Technik, aber gerade die Menschlichkeit ist in den letzten Jahrzehnten so vernachlässigt worden, dass die Medizin Gefahr läuft, einen grossen Teil ihrer Bedeutung zu verlieren. Das Komitee erachtet es als vorrangige Notwendigkeit, dass das Gesundheitspersonal auf jeder Ebene die Fürsorge auf eine menschliche Art und Weise vornimmt.

Besonders im Licht neuer wissenschaftlicher Erkenntnisse sehen wir rückblickend einige der tragischen Irrwege der Medizin des 20. Jahrhunderts – es überrascht keineswegs, dass es dieselben Fehler sind, die uns in unseren anderen sozialen Einrichtungen plagen. Wir haben den Nutzen von Technologie und äusserlichen Manipulationen überschätzt und die Wichtigkeit menschlicher Beziehungen und die Komplexität der Natur unterschätzt.

DAS ENTSTEHENDE PARADIGMA DER GESUNDHEIT

Das neue Paradigma der Gesundheit und der Medizin erweitert den Rahmen der alten Gegebenheiten; es schliesst die brillanten technologischen Fortschritte mit ein, während es gleichzeitig den Eingebungen in bezug auf zwischenmenschlichen Geist und Beziehungen die gebührende Bedeutung beimisst. Es erklärt viele bisher verwirrende Phänomene. Sein Zusammenhalt und seine Kräfte der Voraussage sind denen des alten Modells überlegen. Es fügt der Prosa der Alltagswissenschaft das Feuer und die Poesie der inspirierten Wissenschaft hinzu.

Wenn man das Adjektiv «ganzheitlich» in Zusammenhang mit dem Gesundheitswesen richtig benutzt, so bezieht es sich auf eine qualitätsmässig unterschiedliche Betrachtungsweise, welche die Interaktion von Geist, Körper und Umwelt beachtet. Dies führt über die allopathische Auffassung der Behandlung von Krankheit und ihrer Symptome hinaus, indem versucht wird, die zugrunde liegende, das Problem verursachende Disharmonie zu beseitigen. Ein ganzheitliches Vorgehen mag verschiedene diagnostische Instrumente und Behandlungsweisen miteinbeziehen, von denen einige orthodox sind, andere dagegen nicht. Im folgenden ein stark vereinfachter Vergleich der beiden Standpunkte.

LEITSÄTZE DES ALTEN PARADIGMAS IN DER MEDIZIN	LEITSÄTZE DES NEUEN PARADIGMAS IM GESUNDHEITSWESEN
Behandlung von Symptomen.	Suche nach Mustern und Ursachen plus Behandlung von Symptomen.
Spezialisiert.	Integriert: setzt sich mit dem ganzen Patienten auseinander.
Betonung auf Leistungsfähigkeit.	Betonung auf menschliche Werte.
Der Arzt soll gefühlsmässig neutral sein.	Die Fürsorge des Arztes ist ein Bestandteil des Heilungsprozesses.
Schmerz und Krankheit sind ausschliesslich negativ.	Schmerz und Krankheit stellen Informationen über Konflikte und Disharmonie dar.
Hauptsächliches Eingreifen mit Medikamenten, Chirurgie.	Minimales Eingreifen mit «angepasster Technologie», ergänzt durch das ganze Arsenal gemässigter Techniken (Psychotherapie, Diät, Leibesübungen).
Der Körper wird als Maschine betrachtet, die sich entweder in gutem oder schlechtem Zustand befindet.	Der Körper wird als dynamisches System betrachtet, als Kontext, als Energiefeld innerhalb anderer Felder.
Krankheit oder Körperbehinderung wird als Ding, als Wesen betrachtet.	Krankheit oder Körperbehinderung wird als Prozess betrachtet.
Betonung auf die Beseitigung von Symptomen, von Krankheit.	Betonung auf dem Erreichen grösstmöglichen Wohlbefindens, «Metagesundheit».
Der Patient ist abhängig.	Der Patient ist unabhängig (oder sollte es zumindest sein).
Der Arzt als «Halbgott in Weiss».	Der Arzt als therapeutischer Partner.
Körper und Geist sind voneinander getrennt.	Körper und Geist als Einheit betrachtet; psychosomatische Krankheit gehört zum Gebiet aller im Gesundheitswesen Tätigen.
Der Geist ist ein zweitrangiger Faktor bei einer organischen Krankheit.	Der Geist ist wichtigster oder zumindest gleichrangiger Faktor bei *allen* Krankheiten.

LEITSÄTZE DES ALTEN PARADIGMAS IN DER MEDIZIN	LEITSÄTZE DES NEUEN PARADIGMAS IM GESUNDHEITSWESEN
Der Placeboeffekt zeigt die Kraft der Einbildung.	Der Placeboeffekt zeigt die Rolle des Geistes bei Krankheit und Heilung.
Man stützt sich hauptsächlich auf quantitative Informationen (Tabellen, Tests, Daten).	Man stützt sich hauptsächlich auf qualitative Informationen, einschliesslich der subjektiven Berichte des Patienten und der Intuition des Arztes: Quantitative Daten sind nur Ergänzung.
«Vorbeugung» vor allem umweltbezogen: Vitamine, Ruhe, Leibesübungen, Immunisierung, kein Rauchen.	«Vorbeugung» gleichbedeutend mit Ganzheit, Arbeit, Beziehungen, Ziele, Körper-Geist-Seele.

Man beachte die Parallelen zwischen den Leitsätzen des neuen Paradigmas und den wissenschaftlichen Entdeckungen, die in Kapitel 6 diskutiert wurden: Die dynamischen Systeme, die Transformation von Stress, das Körper/Geist-Kontinuum, eine neue Würdigung von Qualitäten, nicht nur von Quantitäten.

DIE MATRIX DER GESUNDHEIT

Edward Carpenter verurteilte die medizinischen Denker seiner Zeit wegen ihrer einseitigen Beschäftigung mit der Krankheit. Er meinte, dass sie eher versuchen sollten, die Gesundheit zu verstehen. Gesundheit ist eine lenkende Harmonie, so, wie der Mond die Gezeiten lenkt. Wir können den Körper ebensowenig durch Massnahmen von aussen in die Gesundheit hineinmanipulieren, wie wir Ebbe und Flut durch ein «organisiertes System» beeinflussen können. Die grössten Anstrengungen von aussen können nicht das bewirken, «was die zentrale Macht leicht und mit unfehlbarer Anmut und Vorsehung erreicht».

Wohlbefinden kann nicht intravenös gespritzt oder durch Rezepte erreicht werden. Es entsteht aus einer Matrix: dem Körper/Geist. Es widerspiegelt psychologische und somatische Harmonie. Ein Anatom drückt dies folgendermassen aus: «Der Heiler in unserem Inneren ist das weiseste, komplexeste und integrierteste Wesen im Universum.» Wir wissen jetzt sozusagen, dass stets ein Arzt im Haus ist.

«Ganzheitliche Gesundheit kann man nicht verschreiben», stellte ein Arzt fest. Sie entsteht aus einer bestimmten Einstellung heraus: aus dem Akzeptieren der Ungewissheit des Lebens, der Bereitschaft, Verantwortung für Gewohnheiten zu übernehmen, aus einer bestimmten Art Und Weise, Stress wahrzunehmen und mit ihm fertigzuwerden, aus befriedigenderen menschlichen Beziehungen, aus einem Sinn im Leben. Je mehr wir unser Unbehagen über die unsichtbare Matrix der Gesundheit verlieren, desto mehr lernen wir sie schätzen. Nun, da die Wissenschaft in ihrem Denken und ihrer Synthese immer unfassender wird, werden die alten Rätsel langsam gelöst. Obwohl wir nicht wissen, *wie* Glaube und Erwartungen beeinflussen, wissen wir mit Sicherheit, dass sie es tun. Vor zweihundert Jahren schloss die Académie Française Mesmer aus und erklärte, dass Hypnose Betrug wäre, «nichts als Einbildung». «Wem dem so ist», meinte ein anderes Mitglied, «wie wunderbar muss demnach die Einbildung sein!»

Nachdem man jahrzehntelang versucht hat, ein Geheimnis durch Berufung auf ein anderes zu «erklären», anerkennt die medizinische Wissenschaft nun den unvermeidlichen und wichtigen Einfluss, den die Erwartungen des Patienten ausüben. «Placeboeffekt» bezieht sich jetzt auf mehr als bloss auf die unwirksame Substanz (Zuckerpille, Salzwasserinjektion), die man schwierigen Patienten verabreicht. Der Ruf des Doktors, die Stimmung des Krankenhauspersonals, das Geheimnisvolle einer bestimmten Behandlungsmethode – jeder dieser Umstände kann zur Heilung beitragen, indem er die Erwartungen des Patienten beeinflusst. Es gibt auch einen «Noceboeffekt», das Gegenteil von Placebo. Als man Versuchspersonen ein unwirksames Mittel gab und ihnen sagte, dass sie davon Kopfschmerzen bekommen würden, traten diese bei zwei Drittel der Versuchspersonen tatsächlich ein.

Das Placebo aktiviert eine Fähigkeit, welche die ganze Zeit bereits im Geist vorhanden war. Wie bereits angedeutet, hat die Forschung gezeigt, dass das Nachlassen des Schmerzes bei Anwendung eines Placebos anscheinend auf ein natürliches, vom Gehirn ausgeschüttetes schmerzlinderndes Mittel zurückzuführen ist. Trotzdem betrachten die meisten Ärzte und Krankenschwestern das Placebo als einen Trick, der bei Leuten wirkt, deren Leiden nicht «echt» ist; ein Missverständnis, das auf einer naiven Vorstellung von der Wirklichkeit und auf Unwissenheit über die Bedeutung des Geistes bei der Schaffung von Erfahrungen beruht.

Der Glauben des Heilers kann ebenso die Wirksamkeit der Behandlung beeinflussen. Bei einer Reihe von Experimenten, die von Jerome Frank, einer Autorität auf dem Gebiet des Placeboeffektes, beschrieben wurden, sind den Patienten entweder ein leichtes schmerzstillendes Mittel, ein Placebo oder Morphium verabreicht worden. Als die

Ärzte glaubten, dass sie wirksames Morphium anwenden würden, zeigte sich das Placebo als doppelt so wirksam als wenn sie der Meinung waren, dass sie ein leichtes Schmerzmittel verabreichen würden! Bei einer ähnlichen Untersuchung ist psychotischen Patienten entweder ein leichter oder ein starker Tranquilizer oder ein Placebo gegeben worden. Die Wirkung des Placebos war weitaus grösser, wenn die Ärzte glaubten, dass sie das starke Mittel verabreicht hätten.

Rick Ingrasci, Arzt und Mitbegründer eines in der Gegend von Boston tätigen Netzwerkes namens Interface, äusserte, dass der Placeboeffekt einen dramatischen Beweis dafür liefere, dass *jede* Heilung im Grunde genommen eine Selbstheilung darstelle:

> Die Veränderung unserer Erwartungen oder grundsätzlichen Überzeugungen kann unsere Erfahrung von Gesundheit und Wohlbefinden tiefgreifend beeinflussen, wie uns der Placeboeffekt so deutlich zeigt. Wenn wir uns selbst als ein Ganzes betrachten, stellt sich die Gesundheit als ein direktes Resultat ein ... wenn wir unser Gefühl einer ausgeglichenen Beziehung mit dem Universum durch eine *Veränderung des Geistes* – einer Transformation der Verhaltensweisen, Werte und Überzeugungen – wiederherstellen.

Ingrasci berichtet, dass seine Erfahrungen mit Patienten ihn davon überzeugt haben, dass die Heilung automatisch stattfindet, sobald die negativen Geisteshaltungen überwunden sind. «Es ist so, als ob es eine Lebenskraft oder ein Ordnungsprinzip gäbe, das bereitsteht, unseren natürlichen Zustand der Ganzheit und Gesundheit wiederherzustellen, sobald es uns gelingt, die Barrieren der negativen Erwartungen niederzureissen.» Wenn wir uns auch nur einen Moment lang entspannen, können diese positiven Erwartungen positive Resultate hervorbringen. «Am Anfang müssen wir lernen, die psychologischen Schranken zu überwinden – Zynismus, Misstrauen, Angst – die uns daran hindern, es auch nur zu versuchen ... Die langfristigen Wirkungen könnten sich als wahrhaft transformativ für uns selbst und die Gesellschaft erweisen.»

AUFMERKSAMKEIT:
DAS VERÄNDERN DER MATRIX DER KRANKHEIT

Die Befürworter einer ganzheitlichen Gesundheit weisen gern darauf hin, dass Krankheit einen Mangel an Harmonie und Wohlbefinden darstellt. Es ist in der Tat wichtiger, die Menschen zu lehren, wie sie die Matrix ihrer Krankheit verändern können – den Stress, den Konflikt oder den Kummer, die an deren Entstehen beteiligt waren –, als sie mit Placebos zu überlisten.

Die Rolle der veränderten Bewusstheit beim Heilungsprozess ist vielleicht die allerwichtigste Entdeckung der modernen Medizin. Man betrachte beispielsweise die aussergewöhnliche Vielfältigkeit jener Krankheiten, die mit Biofeedback behandelt werden: hoher Blutdruck, Anfälle, Magengeschwüre, Impotenz, Harnfluss, Ohrensausen, Lähmung nach einem Schlaganfall, nervöse Kopfschmerzen, Arthritis, Herzrhythmusstörungen, Hämorrhoiden, Diabetes, Gehirnlähmung und Zähneknirschen.

Die Aufmerksamkeit selbst ist der Schlüssel. Vor einigen Jahren berichteten Forscher von der Menninger Foundation, dass Patienten durch die Erhöhung der Temperatur ihrer Hände ihre Kopfschmerzen verschwinden lassen könnten. Sie vermuteten, dass das Abzweigen des Blutes vom Kopf zur Erhöhung der Handtemperatur überlastete Blutgefässe entlastet, welche die Kopfschmerzen verursachen. Das Temperaturbiofeedback wurde zu einer weitverbreiteten und erfolgreichen Methode, Migräne zu behandeln. Aber dann entdeckten Ärzte, welche Biofeedback anwandten, dass manche Patienten ihre Migräne durch *Senkung* der Handtemperatur stoppen konnten oder dadurch, dass sie letztere abwechselnd erhöhten oder senkten.

Der Schlüssel zur Gesundheit ist nicht eine einfache physische Veränderung, sondern eher der Geisteszustand. Dieser Zustand wurde als «ruhevolle Wahrheit», «passives Wollen» oder «bewusstes Loslassen» bezeichnet. Wie das Eis, das im Frühjahr schmilzt, so scheint der angesammelte Stress unter dieser paradoxen Aufmerksamkeit zu schmelzen und den natürlichen Fluss des Körper/Geist-Strudels wiederherzustellen.

Dem Stress kann man nicht ausweichen. Neue Informationen, Lärm, Spannungen, Anhäufung von Problemen, persönliche Konflikte und Wettbewerb führen zu den stressbezogenen Krankheiten, die das 20. Jahrhundert plagen.

Ist Stress wirklich der Schuldige? Vielleicht entstehen Krankheiten in Wirklichkeit aus der Angst vor Veränderung. Unsere Anfälligkeit für Stress scheint eher unserer Interpretation der Ereignisse als ihrer tatsächlichen Bedeutung zuzuschreiben zu sein. Roosevelts berühmter Ausspruch: «Das einzige, was wir wirklich fürchten müssen, ist die Furcht selbst», bezieht sich auch auf den Körper/Geist.

Kenneth Pelletier, ein Psychologe an der medizinischen Fakultät der University of California in San Francisco, der den grössten Teil des letzten Jahrzehnts damit beschäftigt war, Menschen zu lehren, wie man mit Stress fertigwerden kann, weist darauf hin, dass der Körper alles wörtlich nimmt. Er kann keine Unterscheidung zwischen einer «echten» und einer eingebildeten Bedrohung machen. Unsere Sorgen und negative Erwartungen werden in eine körperliche Krankheit umgesetzt, weil der Körper das Gefühl hat, dass wir bedroht werden, auch wenn die Bedrohung nur in der Einbildung besteht.

Mit kurzfristigem Stress können wir aufgrund der Ruhe- und Erneuerungsreaktion des Körpers und seiner parasympathischen Reaktion auf natürliche Weise fertigwerden. Aber der langfristige Stress – dieses Phänomen einer «Kette von dummen Geschichten», das für die moderne Lebensweise so typisch ist – fordert seinen Tribut, weil es zwischen den einzelnen Formen von Stress keine Gelegenheit zur Erholung gibt. Bei der Untersuchung von Meditierenden entdeckte Pelletier nicht nur sehr integrierte Reaktionen, sondern auch die Fähigkeit, den Körper in eine parasympathische Phase überwechseln zu lassen. «Die Yogis haben gelernt, diese Ebene der neurophysiologischen Aktivität, auf denen das Selbst einem übermässigen Stress ausgesetzt ist, zu verlassen und sich ohne weiteres selbst in einen Zustand der Ruhe zu versetzen.»

Das, woran die meisten von uns leiden, nannte er einen «anwachsenden zerstörerischen Zyklus. Das Geheimnis liegt darin, aufmerksam zu sein, darin, dein Leben mit Aufmerksamkeit zu durchdringen». Wenn man in einem entspannten Zustand die Aufmerksamkeit auf den Stress lenkt, wird dieser transformiert. Meditation, Biofeedback, Entspannungstechniken, Autogenes Training, Jogging, Musikhören – jede dieser Tätigkeiten kann die Erholungsphase des Körpers einleiten helfen.

Wenn wir uns weigern, Stress anzuerkennen, bedeutet dies, dass wir doppelt dafür bezahlen müssen, da die Unruhe nicht nur bestehen bleibt, sondern auch in den Körper übergeht. Dies wurde bei einem kürzlich durchgeführten Experiment deutlich. Das Drohen mit einem kurz bevorstehenden, schmerzhaften elektrischen Schock führte im Körper der meisten Versuchspersonen zu erstaunlich unterschiedlichen Veränderungen, *je nachdem, ob sie sich dazu entschlossen haben, dem Schock entgegenzusehen oder den Gedanken daran zu vermeiden.* Erstere versuchten, die Situation zu verstehen. Sie lenkten ihre Aufmerksamkeit bewusst auf den kommenden Schock und wollten ihn hinter sich bringen. Sie beschäftigten sich mit den Ereignissen in ihrer Umgebung im Labor oder lenkten ihre Aufmerksamkeit auf den eigenen Körper.

Die andere Gruppe jedoch wandte die verschiedensten Methoden an, um sich abzulenken. Sie versuchte, über vom Stress unabhängige Themen nachzudenken, über Dinge ausserhalb des Labors; oder sie gaben sich ihrer Phantasie hin. Während die erste Gruppe das Gefühl hatte, dass sie etwas gegen die Situation unternehmen konnte, wenn vielleicht auch nur dadurch, dass als sie sich darauf vorbereitete, tendierte die zweite Gruppe zu einem Gefühl der Hilflosigkeit und versuchte durch Leugnen der Situation zu entfliehen.

Die Muskelaktivität nahm bei den Probanden der ersten Gruppe zu – eine angemessene physiologische Reaktion. Die Probanden der zweiten Gruppe zeigten einen deutlich erhöhten Herzschlag, was vermuten lässt, dass ihr Stress auf eine andere, eher pathologische Ebene zurückverlagert wurde.

Das Leugnen kann uns bis zum Grabe folgen. Der Geist besitzt nicht nur Strategien, psychologische Konflikte abzublocken; er kann ebenso die Krankheiten leugnen, die durch das erste Leugnen entstanden sind. Die pathologische Wirkung dieser Weigerung, den Tatsachen ins Auge zu blicken, wurde bei einer an der University of Texas durchgeführten Studie über Krebs deutlich. Bei den Patienten, die auf Fragen nach ihrer Krankheit am häufigsten ihren wahren Zustand leugneten, war es am wahrscheinlichsten, dass sie bei einer nach zwei Monaten durchgeführten Untersuchung einen ungünstigeren Krankheitsverlauf zeigten.

Ein Konflikt, mit dem man sich nicht bewusst auseinandersetzt, kann auf beinahe ebensoviel verschiedene Arten, wie es Menschen gibt, körperlichen Schaden anrichten. Eine der Verschwörerinnen im Zeichen des Wassermanns, die in einer medizinischen Einrichtung gearbeitet hatte, gab ihrer Überzeugung Ausdruck, dass man kranken Menschen nicht sagen sollte: «Sie werden wieder ganz der alte sein.»

Sehr oft wollen sie eben nicht so werden, wie sie früher waren, und in den alten Trott zurückfallen. Meine Schwiegertochter, die vor kurzem einen Schlaganfall erlitten hatte, gestand ein, dass sie nicht der Tatsache ins Auge geblickt hatte, dass sie ihr Leben verändern wollte. Also veränderte der Schlaganfall ihr Leben.

Ein anderer Bekannter war Autohändler mit einem wenig arbeitsamen Bruder als Geschäftspartner. Er nahm die ganze Arbeit allein auf sich, ohne etwas zu sagen. Als er einen Schlaganfall erlitten hatte, musste sein Bruder die Arbeit übernehmen. Er sagte später, dass er *froh* sei, den Schlaganfall erlitten zu haben.

Wenn wir es lernen, unsere Aufmerksamkeit solchen inneren Konflikten zu schenken, können wir diese lösen lernen, ohne dass unsere Gesundheit so drastisch in Mitleidenschaft gezogen wird.

DER GEIST DES KÖRPERS

Je mehr Resultate die Gehirnforschung zeitigt, desto besser kann man die Verbindung zwischen Geist und Krankheit verstehen. Das Gehirn lenkt sämtliche Körperfunktionen oder übt einen indirekten Einfluss auf sie aus: Blutdruck, Herzschlag, Immunreaktion, Hormone, alles. Seine Mechanismen sind durch ein Alarmnetzwerk miteinander verbunden, und es besitzt eine Art dunklen Genius, der die krankhaften Störungen gemäss unseren neurotischen Vorstellungen gestaltet.

Die bekannte Redensart «Wo drückt der Schuh?» kann man auch bei der Semantik und den Symbolen der Krankheit anwenden. Wenn wir das Gefühl haben, dass man «auf uns herumhackt» oder dass uns «jemand im Nacken sitzt», kann dies dazu führen, dass unsere Metaphern wörtlich genommen werden und wir Akne oder Nackenschmerzen bekommen. Die Menschen haben seit langer Zeit von einem «gebrochenen Herzen» als Ergebnis einer in die Brüche gegangenen Beziehung gesprochen; inzwischen hat die Forschung einen Zusammenhang zwischen Einsamkeit und Herzerkrankungen aufgezeigt. Durch längere Stimulation einer Gehirnregion, die mit starken Emotionen in Verbindung gebracht wird, sind im Tierversuch Herzerkrankungen verursacht worden. Dieselbe Region ist mit dem Immunsystem verbunden. So kann sich aus dem «gebrochenen Herzen» eine Herzgefässerkrankung entwickeln; das Bedürfnis, zu wachsen, kann zu einem Tumor, die Zwiespältigkeit zu einem rasenden Kopfschmerz und die rigide Persönlichkeit zu Arthritis führen. Jede Metapher trägt ihre wörtliche Verwirklichung in sich.

Jede Krankheit – ob Krebs, Schizophrenie oder eine Erkältung – entsteht im Körper/Geist. Auf dem Sterbebett gab Louis Pasteur zu, dass einer seiner Kontrahenten recht hatte, als er darauf bestand, dass Krankheit weniger durch den Bazillus als durch den Widerstand des infizierten Patienten verursacht wird. «Es ist das Terrain», gab er zu*. Unser Körper reagiert oft geradezu hysterisch auf harmlose Bakterien, als ob der Eindringling alte Erinnerungen hervorrufen würde und wir

---

* Dies soll keine Missachtung in bezug auf die Rolle der genetischen Anfälligkeit oder die Einflüsse der Umwelt, wie zum Beispiel das Rauchen, bedeuten. Krankheit oder Gesundheit entsteht in einem bestimmten Milieu. Die Umwandlung eines ungelösten Konflikts oder einer Veränderung in eine bestimmte Krankheit wird teilweise von der genetischen Anfälligkeit beeinflusst, die für bestimmte Erkrankungen prädisponiert. Jemand, in dessen Familie vermehrt Allergien, Diabetes, Schizophrenie oder Herzerkrankungen vorkommen, wird unter Stress eher an einem dieser Leiden erkranken als beispielsweise an Krebs.

auf eine Art Propaganda reagierten, wie Lewis Thomas in *Das Leben überlebt – Geheimnis der Zellen* hervorhebt. «In der Tat sind wir die meiste Zeit unserem eigenen inneren Pentagon auf Gnade und Ungnade ausgeliefert.»

Die Fähigkeit des Körpers, eine neue Information zu verstehen, sie zu transformieren, das ist Gesundheit. Wenn wir flexibel sind und in der Lage, uns einer sich verändernden Umgebung anzupassen – auch einem Virus, feuchter Luft, Müdigkeit oder dem Blütenstaub im Frühling –, dann können wir ein hohes Mass an Stress ertragen.

Eine kürzlich entwickelte radikale Auffassung über das Immunsystem kann uns verstehen helfen, wie der «innere Arzt» die Gesundheit aufrechterhält – und wann er versagen kann. Durch das Immunsystem scheint der Körper eine eigene Art des «Wissens» zu besitzen, parallel zu der Art und Weise, wie das Gehirn «weiss». Dieses Immunsystem ist mit dem Gehirn verbunden. Der «Geist» des Immunsystems besitzt ein dynamisches Bild des Selbst und einen Drang, dem «Lärm» der Umgebung, einschliesslich der Viren und der Allergene, einen Sinn zu geben. Er weist bestimmte Substanzen nicht zurück oder reagiert heftig auf sie, weil sie fremd sind, wie wir im alten Paradigma glaubten, sondern weil sie *unsinnig* sind. Sie passen nicht in das geordnete System.

Dieses Immunsystem ist durch seine Fähigkeit, seine Umgebung zu verstehen, mächtig und flexibel, aber da es im Gehirn verankert ist, ist es für psychologischen Stress anfällig. Die Forschung hat gezeigt, dass Geisteszustände, die mit viel Stress verbunden sind, wie z. B. Kummer und Angst, die Fähigkeiten des Immunsystems verändernd beeinflussen. Dass wir manchmal einen Virus «einfangen» oder «allergisch reagieren», liegt daran, dass unser Immunsystem nicht auf der Höhe ist.

Dieses Immunsystem besitzt ein Gedächtnis, dessen Scharfsinn etwa bei Tierversuchen zutage tritt. Wenn ein unwirksames Medikament mit einem Immunosuppressor – einem Medikament, welches das Immunsystem ausschaltet – vermischt wird, lernt der Körper, das Immunsystem auch dann auszuschalten, wenn ihm *nur das unwirksame Medikament zugeführt wird,* selbst wenn inzwischen einige Monate vergangen sind. Auf eben diese Weise kann eine stressreiche Periode unseres Lebens mit harmlosen Signalen in der Umgebung oder mit Ereignissen in Verbindung gebracht werden, die uns an andere Ereignisse erinnern und so eine chronische Krankheit verursachen, noch lange nachdem die eigentliche Quelle von Stress beseitigt worden ist. Der Körper «erinnert» sich daran, krank zu sein.

Wie wir alle wissen, ist Krebs ein Zeichen für das Versagen des Immunsystems. Zu verschiedenen Zeiten im Leben treten bei den meisten Menschen bösartige Zellen im Körper auf, die aber nicht zu einer Krebserkrankung führen, da das Immunsystem sie wirksam beseitigt. Unter den verschiedenen psychologischen Faktoren, die mit Krebs in Verbindung gebracht werden, gelten aufgestaute Gefühle als besonders gefährlich.

Krebspatienten haben grössere Schwierigkeiten, sich an ihre Träume zu erinnern, als Patienten, die keinen Krebs haben; man findet bei ihnen weniger Änderungen des Familienstandes (Trennungen, Scheidungen), und weniger Krankheitssymptome, von denen man weiss, dass sie Zeichen psychologischer Konflikte darstellen (Magengeschwüre, Migräne, Asthma)*. Verschiedene Studien haben gezeigt, dass Krebspatienten dazu tendieren, ihre Gefühle für sich zu behalten, und meistens keine enge Beziehung zu den Eltern besassen. Es fällt ihnen schwer, Zorn auszudrücken. Eine Studie zeigte, dass diese Patienten sich stark anpassen und sehr beherrscht sind, sie sind weniger unabhängig und spontan als jene, deren Tests später negativ verliefen. Eine Krebstherapeutin äusserte über ihre Patienten: «Es ist typisch für sie, dass sie einen Einschnitt in ihrem Leben erfahren haben, eine Enttäuschung, Erwartungen, die sich nicht erfüllten. Es sieht so aus, als ob das Bedürfnis nach Wachstum zu einer körperlichen Metapher wird.»

Unausgesprochener Kummer kann eine krankhafte Reaktion auslösen, indem er das Immunsystem ausschaltet. Eine Untersuchung zeigte, dass der Tod eines Ehepartners in den darauffolgenden Wochen ein Absinken der Immunfunktion verursachte. Ein Projekt in Boston ermittelte eine Fehlgeburtenrate von 60 Prozent bei Frauen, die kurz nach dem Verlust eines Babys wieder schwanger geworden waren. Der Report drängt darauf, dass die durch einen solchen Schicksalsschlag getroffenen Frauen «so lange warten sollten, bis der Körper keine Auswirkungen des Kummers mehr verspürt».

---

* Bei den meisten dieser Studien werden die Persönlichkeitstests *vor* der Diagnose durchgeführt. Diejenigen Personen, bei denen man Krebs entdeckt, werden mit jenen verglichen, bei denen der Test ein negatives Ergebnis zeigte. Bei einigen Studien wurden grosse Personengruppen über Jahrzehnte beobachtet, um festzustellen, ob diejenigen, die tatsächlich an Krebs erkrankten, Persönlichkeitszüge aufwiesen, die sie von den anderen unterschieden, oder ob sie ähnlichem Stress im Leben ausgesetzt waren.

DER KÖRPER ALS MUSTER UND PROZESS

Im Laufe der Zeit wird unser Körper zu einer Art wandelbarer Autobiographie, welche sowohl Freunde als auch Fremde die kleinen und grossen Stresse unseres Lebens erkennen lässt. Funktionsstörungen wie beispielsweise der begrenzte Bewegungsbereich eines verletzten Arms werden zu einem bleibenden Teil des uns eigenen Bewegungsmusters. Unsere Muskulatur spiegelt nicht nur alle Verletzungen, sondern auch alle Ängste wider. Bestimmte Haltungen wie Ängstlichkeit, Depression, Draufgängertum oder Gleichmut, die früh im Leben angenommen wurden, sind als Muster in unserem sensomotorischen System enthalten.

Im Teufelskreis der Körper/Geist-Pathologie wirken diese starren Muster des Körpers an unseren ineinandergreifenden geistigen Prozessen mit. Wir können das Geistige vom Physischen ebensowenig trennen wie die Tatsache von der Einbildung und die Vergangenheit von der Gegenwart. Ebenso, wie der Körper den Kummer des Geistes spürt, wird auch der Geist durch die hartnäckigen Erinnerungen des Körpers an das, was der Geist *damals fühlte,* usw. begrenzt.

Dieser Kreislauf kann durch «Arbeit am Körper» unterbrochen werden – durch Therapien, die das neuromuskuläre System des Körpers, seine Orientierung zur Schwerkraft und seine Symmetrie tiefgreifend (und oft schmerzvoll) massieren, manipulieren, lockern oder anderweitig verändern. Wenn man den Körper auf diese Weise verändert, kann dies bedeutsame Auswirkungen auf den gesamten Körper/Geist-Kreislauf haben. Ida Rolf, deren Verfahren zur strukturellen Integration (Rolfing) eine der bekanntesten Methoden ist, zitierte kurz vor ihrem Tod Norbert Weiner, den Begründer der Kybernetik: «Wir bestehen nicht aus einer beständigen Materie, sondern aus Mustern, die sich selbst laufend verändern.»

Ebenso, wie einige Psychotechnologien den Energiefluss durch das Gehirn steigern und so neue Muster oder Paradigmenwechsel ermöglichen, verändert das Arbeiten am Körper den Energiefluss durch den Körper, es befreit ihn von seinen alten «Vorstellungen» oder Mustern und erhöht seine Bewegungsfähigkeit. Strukturelle Integration, die Alexandermethode, Feldenkrais, angewandte Kinesiologie, Neurokinästhetik, Bioenergetik, die Reichsche Therapie und Hunderte anderer Systeme leiten die Transformation des Körpers ein.

John Donnes berühmter Ausspruch: «Kein Mensch ist eine Insel», gilt sowohl für unseren Körper als auch für unsere gegenseitige soziale Abhängigkeit. Ein halbes Jahrhundert nachdem wir den Hinweis aus der Physik hätten aufnehmen können, beginnt die westliche Medizin mit grosser Verspätung zu erkennen, dass der Körper ein Prozess ist, ein bioelektrischer Strudel, der für positive Ionen, kosmische Strahlen, Spurenelemente in unserer Ernährung und ungebundene Elektrizität von Stromgeneratoren empfänglich ist.

Wenn wir uns den Körper auf seiner dynamischen Ebene vorstellen, hilft uns dies, ansonsten verwirrende Kontroversen zu verstehen. Die orthomolekulare Psychiatrie, die geistige Störungen mit hohen Dosen von Vitaminen und Spurenelementen behandelt, gründet beispielsweise ihr Vorgehen auf die Wirkung dieser Nahrungsmittel auf die bioelektrische Aktivität des Gehirns. Elektrische Reizung beschleunigt den Heilungsprozess bei langsam heilenden Knochen, möglicherweise dadurch, dass ein Fliessen von Energie geschaffen wird, das stark genug ist, um die Besserung zu erzielen. An den Akupunkturstellen wurde das Fliessen von Gleichstrom gemessen. Akupunktur und Akupressur, die bestimmte Punkte auf genau festgelegten Meridianen reizen, zeigen, wie sogar weit voneinander entfernte Punkte des Körpers miteinander verbunden sind. Je mehr wir die Wirkung der Akupunktur kennenlernen, desto besser verstehen wir, warum das alleinige Behandeln von Symptomen selten die Krankheit lindert.

Wir sind vibrierende Felder innerhalb grösserer Felder. Unser Gehirn reagiert auf den Rhythmus von Geräuschen, das Pulsieren von Licht, bestimmte Farben und geringfügige Temperaturschwankungen. Wir werden sogar biologisch mit jenen verbunden, die uns nahe sind: Ehepaare besitzen beispielsweise einen gemeinsamen monatlichen Temperaturzyklus. Wenn wir uns unterhalten, sogar wenn wir nur zuhören, beginnen wir einen subtilen «Tanz» mit der anderen Person, synchrone Bewegungen, die so geringfügig sind, dass man sie nur entdecken kann, wenn man einen Film Bild für Bild untersucht.

Stimulation aus der Umwelt beeinflusst das Wachstum und die Verbindungen des formbaren menschlichen Gehirns von klein auf bis zu den letzten Tagen – sein Gewicht, seine Baustoffe und die Zahl der Zellen. Auch bei älteren Menschen verliert das Gehirn keine messbare Anzahl von Zellen, wenn die Umgebung stimulierend ist.

Ebenso, wie der Körper ein Prozess ist, ist es auch die Krankheit ... Und dies trifft auch auf den Heilungsprozess zu, das Wiederherstellen der Ganzheit, bei den sieben Millionen roten Blutkörperchen, die pro Sekunde zu existieren aufhören und durch neue sieben Millionen ersetzt werden. Sogar unsere Knochen erneuern sich innerhalb von sieben Jahren. Wie beim Tanz des Gottes Shiva sind wir in einem unaufhörlichen Prozess des Schaffens und Zerstörens begriffen.

Wallace Ellerbroek, ein ehemaliger Chirurg, der nun als Psychiater tätig ist, meinte:

> Wir Ärtze scheinen bei der Benennung von Krankheiten eine Vorliebe für Substantive zu haben (Epilepsie, Masern, Gehirntumor), und weil diese Dinge Substantive als Namen «verdienen», sind sie offentlich auch Dinge – für uns. Wenn man es eines dieser Substantive nimmt – Masern zum Beispiel – und daraus ein Verb bildet, dann heisst es: «Mrs. Jones, Ihr kleiner Junge scheint zu masern», was den Beteiligten mit einem Mal klarmacht, das Krankheit ein Prozess ist.

Ellerbroek hatte verschiedene Krankheiten erfolgreich behandelt, indem er den Patienten beibrachte, sich mit dem Prozess *auseinanderzusetzen* und ihn zu *akzeptieren* – ihm seine Aufmerksamkeit zu schenken. Bei einem bekannten Experiment wies er Patienten, die an chronischer Akne litten, an, auf jeden neuen Ausbruch der Pickel mit nicht bewertender Aufmerksamkeit zu reagieren. So könnten sie beispielsweise in den Spiegel blicken und dabei sagen: «Nun, Pickel, da seid ihr ja mal wieder, genau am rechten Ort, zur rechten Zeit.» Man riet ihnen, die Akne zu akzeptieren, anstatt mit negativen Gefühlen gegen sie anzukämpfen.

Alle Teilnehmer litten seit fünfzehn oder mehr Jahren an Akne, ohne jegliche Besserung. Die Ergebnisse des Experimentes waren verblüffend. Bei einigen Patienten war die Akne innerhalb weniger Wochen verschwunden. Ein aktiver Prozess – Angst, Widerstand, Leugnen – hatte die Akne aufrechterhalten.

Gesundheit und Krankheit entstehen nicht einfach zufällig. Sie stellen aktive Prozesse dar, die aus einer inneren Harmonie oder Disharmonie herrühren und tiefgreifend von unserem Bewusstseinszustand, unserer Fähigkeit oder Unfähigkeit, mit dem Strom der Erfahrung zu fliessen, beeinflusst werden. Diese Erkenntnis bedeutet eine unausgesprochene Verantwortung und zugleich eine Chance. Wenn wir bisher, vielleicht auch nur unbewusst, am Prozess der Krankheit teilhatten, können wir stattdessen jetzt die Gesundheit wählen.

GESUNDHEIT UND TRANSFORMATION

Wie Pelletier und viele andere festgestellt haben, ist Krankheit potentiell transformativ, weil sie eine plötzliche Veränderung der Werte, ein Erwachen verursachen kann. Wenn wir bisher vor uns selbst Geheimnisse hatten – nicht untersuchte Konflikte, unterdrückte Sehnsüchte –, so kann die Krankheit sie uns gewaltsam bewusst machen.

Die Beschäftigung im Gesundheitswesen war für viele Mitglieder der Verschwörung im Zeichen des Wassermanns ein wichtiger Ansporn zur Transformation. Ebenso, wie aus der Suche nach dem Selbst eine Suche nach Gesundheit wird, kann das Streben nach Gesundheit dazu führen, dass man sich seiner selbst mehr bewusst wird. Die sich stark vermehrenden Zentren und Netzwerke für ganzheitliche Gesundheit haben viele Menschen der Bewegung zur Erforschung des Bewusstseins geführt. Eine Krankenschwester bemerkte: «Wenn die Heilung zur Wirklichkeit wird, entwickelt sich ein Lebensstil daraus. Er wird von veränderten Zuständen des Bewusstseins von erhöhter Telephatie begleitet. Er ist ein Abenteuer.»

Eine Frau unterzog sich einer Biofeedbackbehandlung, um zu sehen, ob es ihr gelingen würde, ihren Innenaugendruck zu senken und ihr Glaukom zu heilen. Sie hatte Erfolg, aber was noch wichtiger war, sie erkannte, dass ihr Bewusstseinszustand einen Einfluss auf ihr gesamtes Leben ausübte und nicht nur auf ihre Sehfähigkeit. Ein Arzt, der sich wegen der übermässigen Dosen Valium, die er gegen Kopfschmerzen nahm, Sorgen machte, versuchte es mit Biofeedback ... dies hatte eine innere Aufmerksamkeit zur Folge ... die wiederum zur Meditation und einer bedeutsamen Veränderung – einschliesslich einer Neuorientierung im Beruf – führte.

Ein Mitglied der Verschwörung im Zeichen des Wassermanns, ein Beamter, berichtete, dass er die Gesundheit als Nebenprodukt der Meditation erlangt hatte. Nach einigen Jahren der Transzendentalen Meditation fiel es ihm leicht, zwanghaftes Trinken und kurz darauf zwanghafte Essgewohnheiten aufzugeben. «In einem Alter, in dem es eigentlich bereits abwärts geht, bin ich gesünder als vor fünf Jahren und werde immer gesünder.»

Ein Psychologe, der jetzt eine der führenden Persönlichkeiten der ganzheitlichen Medizin in den USA ist, wurde durch einen T'ai Chi-Lehrer, der sein Interesse an der Akupunktur weckte, auf diesen Bereich aufmerksam. Inzwischen hat er erfolgreich alternative medizinische Methoden in den Lehrplan einer bedeutenden medizinischen Fakultät integriert und für einige andere Hochschulen Vorlesungsreihen zu diesem Thema eingerichtet. Er äusserte: «Wenn man versucht, eine Zusammenarbeit zu erreichen, ist es äusserst wichtig, die richtige Ausdrucksweise zu wählen. Würde ich Neurochirurgen etwas über Yin und Yang erzählen, so würden sie nicht zuhören. Ich spreche vom sympathischen und vom parasympathischen Nervensystem. Wenn wir Menschen bei ihrer Veränderung helfen wollen, ist es wichtig, dass wir sie nicht hin- und herstossen, sondern einfach gemeinsam gehen.»

Ein ehemaliger politischer Aktivist, der jetzt Mitglied einer medizinischen Fakultät ist und Kurse über den biologischen Aufbau des Körper/Geistes durchführt, meinte: «Diese Revolution bringt zum Ausdruck, dass wir im Grunde alle ganz in Ordnung sind und dass die Rückkehr zur Gesundheit natürlich ist. Sie richtet sich gegen ein Elitedenken. Die Professionalität, das Diplom an der Wand verlieren als Autoritätssymbol immer mehr an Bedeutung. Die Liebe ist die unwiderstehlichste Kraft im Universum. Sich um einen anderen kümmern, nur darum geht es bei der Heilung.»

Ein Geistlicher, der den Fragebogen der Verschwörung im Zeichen des Wassermanns beantwortete, eröffnete ein Zentrum für ganzheitliche Gesundheit und Meditation, nachdem er durch Meditation von chronischen Schmerzen erlöst worden war. Eine Ärztin aus New Mexico äusserte, sie finge jetzt an, ein spirituelles Netzwerk als zusätzlichen Ratgeber für Patienten einzusetzen, die nur langsam wieder gesund würden. Einige der Leute, die auf den Fragebogen antworteten, berichteten, sie seien durch ihre Neugier auf bestimmte Heilungsphänomene, die sie bei ihrer medizinischen Tätigkeit erlebt hatten, auf die Psychotechnologien gestossen.

DIE VERSCHWÖRUNG IN DER MEDIZIN

Diese neue Denkweise in bezug auf Gesundheit und Krankheit, sowie ihre Botschaft der Hoffnung und ihre Anforderungen an die individuelle Verantwortung, wird von der Verschwörung im Zeichen des Wassermanns weit verbreitet, so 1978 auf einer von verschiedenen Regierungsbehörden und privaten Organisationen veranstalteten Konferenz in Washington mit dem Thema «Ganzheitliche Gesundheit: Eine öffentliche Notwendigkeit». Die Ministerien für Gesundheits- und Erziehungswesen waren ebenso vertreten wie der Stab des Weissen Hauses. Versicherungsgesellschaften und öffentliche Stiftungen sandten Vertreter – in vielen Fällen leitende Beamte. Politiker, Ärzte, Psychologen, traditionelle Heiler, spirituelle Lehrer, Forscher, Zukunftsfor scher, Soziologen und Planer der Gesundheitspolitik teilten sich in die Vorträge. Der stellvertretende Generalstabsarzt eröffnete die Konferenz; unter den wichtigsten Rednern waren Jerome Frank, der über den Placeboeffekt sprach, John Vasconcellos, Mitglied der kalifornischen Legislative, der Meditationslehrer Jack Schwarz und Buckminster Fuller, dessen Thema die menschliche Ökologie betraf.

Einige der Gesprächsthemen betrafen die öffentliche Gesundheitspolitik, die Einrichtung von Zentren für ganzheitliche Gesundheit, Heilpraktiken verschiedener Kulturen, die Systemtheorie, die holographische Theorie des Geistes und der Wirklichkeit, Yoga, Musik und Bewusstsein, Akupunktur und Akupressur, buddhistische Meditationstechniken, Elektromedizin, alternative Geburtstechniken, Körperarbeit, Biofeedback, geführtes Bilderleben, Homöopathie, Ernährung – und «das sich wandelnde Bild des Menschen».

Das umfassende Programm ist typisch für das neue Paradigma, das in vielen funktionellen Heilungsverfahren eine Ergänzung zur westlichen Medizin sieht. Ob wir deren Wirkungsweise verstehen oder nicht, sie können uns in jedem Fall von Nutzen sein – genau so, wie die konventionelle Medizin Aspirin, Digitalis und Elektroschocks anwendet, ohne zu wissen, warum sie Wirkung zeigen.

Im Jahre 1970 trat die erste Gruppe von Wissenschaftlern und Ärzten – die übrigens alle miteinander befreundet waren – an die Öffentlichkeit, um ihr Interesse für spirituelle Ebenen der Realität und alternative Vorstellungen über Gesundheit zu bekunden. Die überfüllte Veranstaltung, die am De Anza College in Cupertino, Kalifornien, stattfand, wurde von der Lockheed Aircraft Corporation gesponsert. In ähnlicher Besetzung fanden sechs Monate später gleichzeitig zwei Wochenendprogramme an der UCLA (Universität von Kalifornien in Los Angeles) und in Stanford statt, bei denen die Bedeutung des Geistes bei einer Erkrankung hervorgehoben und über die «neuen» Therapien berichtet worden ist: Meditation, Visualisierung, Biofeedback, Akupunktur, Hypnose, geistiges Heilen und Volksheilkunde. Innerhalb weniger Jahre fanden Variationen dieses wissenschaftlichen-spirituellen Paarungstanzes an den meisten grossen Universitäten des Landes statt, einschliesslich Yale, Harvard, New York University, New York Institute of Technology sowie an allen Zweigen der University of California und den Universitäten von Massachusetts, Miami, Michigan und Illinois. Die Rockefeller-, Ford- und Kellogg-Stiftung finanzierten Forschungsprogramme, welche die Verbindung von Geist und Gesundheit untersuchten.

Doch schon damals, anlässlich der Tucson-Konferenz, begannen sich die Fronten zu entspannen. Nehmen wir das Beispiel von Malcolm Todd. Todd, der damals Präsident der konservativen AMA (American Medical Association) war, zählte etwas zurückhaltend die technologischen Wunder der modernen Medizin auf. Seine Rede kam beim Publikum nicht besonders an, aber alle stimmten darin überein, dass seine Bereitschaft, vor einem unortdodoxen Publikum zu sprechen, etwas Bemerkenswertes war.

Als Todd weniger als ein Jahr später an einer ähnlichen, grösseren Veranstaltung teilnahm, unterstützte er das Konzept einer «humanistischen Medizin», die sich mit dem «Körper/Geist» befasste. Neun Monate später forderte er in Houston ein Publikum, in dem viele Mediziner vertreten waren, auf, eine aktive Rolle bei der Integration dieser ganzheitlichen Ansätze in das alte System zu übernehmen. Wenn man sie sinnvoll einsetzt, versprechen sie eine bedeutsame Verjüngung der westlichen Medizin, meinte Todd. «Das Spektrum der einzelnen Methoden könnte über Biofeedback und die Psychologie des Bewusstseins bis zu paranormalen Phänomenen und geistigem Heilen reichen.»

Die Verschwörung im Zeichen des Wassermanns hat begriffen, dass man potentiellen Gegnern zuhören muss und sie nicht niederbrüllen sollte. Und man sollte ihnen eine Erfahrung des grösseren Zusammenhangs aus erster Hand ermöglichen. Rick Carlson, ein Rechtsanwalt, der sich auf Gesundheitspolitik spezialisiert hat, sowie andere Personen organisierten in den Jahren 1975 und 1976 in Airliehouse, Virginia, in der Nähe von Washington, kleine Konferenzen, um Regierungsbeamte und Mitarbeiter der Legislative mit der Wirksamkeit der ganzheitlichen Auffassungen und der alternativen Medizin vertraut zu machen*.

Die Teilnehmer hatten die Gelegenheit, Biofeedback, Meditation, Bilderleben, Entspannung und andere Psychotechnologien auszuprobieren. Diese Treffen wurden im stillen von der Blue Cross-Blue Shield finanziert.

1976 fand unter der Schirmherrschaft der Blue Cross-Blue Shield, der Rockefeller-Stiftung und der University of California, Abteilung San Francisco, eine Tagung im Waldorf-Astoria Hotel in New York statt, bei der zweihundert Versicherungsfachleuten die alternativen

---

* Eigentlich ging dem Treffen in Airliehouse ein zehntägiger «Workshop über das menschliche Potential» in London im Mai 1975 voraus, bei dem verschiedene Redner – Moshe Feldenkrais, Rick Carlson, Fritjof Capra, Werner Erhard und andere – unter dem Thema «Die Grenzen von Medizin und Wissenschaft» über eine mögliche gesellschaftliche Veränderung diskutierten.

Auffassungen zur Gesundheit vorgestellt wurden, wobei besonders die Bedeutung des «inneren Arztes» betont wurde.

Die Verschwörer waren überall im ganzen Land aktiv, sie predigten eine Perspektive, kein Dogma; hier starteten sie ein Erziehungsprogramm, dort ein Pilotprojekt, sie förderten und veröffentlichten die Arbeit anderer Mitglieder des Netzwerkes und knüpften neue Verbindungen. Einige beschäftigten sich mit der Veränderung ihrer örtlichen oder staatlichen Standesorganisationen. Andere machten Stiftungen und die Presse auf die Möglichkeiten eines umfassenderen Paradigmas aufmerksam.

Die erfolgreichsten Strategien waren sanftes Überzeugen und die Erfahrung aus erster Hand. Der Versuch, einflussreiche Versicherungsfachleute zu gewinnen, war eine wirksame Methode, den *Status quo* ins Wanken zu bringen. So erfüllten manche Konferenzen einen doppelten Zweck; zum einen regten sie die zahlenden Teilnehmer an, zum anderen brachten sie teilweise überzeugte Redner dazu, sich dem Bündnis vollständig anzuschliessen.

Diese Versammlungen sind wie ein Versprechen, eine Litanei, ein Manifest der Ganzheit in einer zerbrochenen Gesellschaft. Und sie finden überall statt; schneller, als man sie zählen kann: Symposien und Konferenzen, Workshops und Seminare, Klausuren, Messen und Festivals, riesige Ausstellungen.

Die Verschwörung stimmt damit überein, dass es gut ist, möglichst viele Mitglieder und einen ausgeprägten Sinn für Kooperation zu haben, aber sie ist gegen eine Zentralisierung. Der 1977 unternommene Versuch, eine einzige Organisation für alle Mediziner auf die Beine zu stellen, wurde nachdrücklich abgelehnt. Die Bewegung ist trotz ihrer starken landesweiten Bündnisse und Koalitionen entschlossen, bei ihren Wurzeln und dezentralisiert zu bleiben*.

---

* Ein nach allen Seiten offenes, verschwommenes Gebiet wie «Ganzheitliche Gesundheit» bietet eine Fülle von Gelegenheiten für Betrug und grosse Versprechungen. Zu den Grundregeln gehört es deshalb, dafür zu sorgen, dass die unorthodoxen Behandlungsmethoden nur als Ergänzung bereits bewährter Methoden Anwendung finden und dass die zu behandelnde Person keinem unnötigen Risiko ausgesetzt wird. Die Verbraucher seien vor Ärzten gewarnt, die ungerechtfertigte Versprechungen machen oder astronomische Honorare verlangen. Von einigen Seiten ist gefordert worden, ganzheitliche Gesundheit als Warenzeichen zu schützen, aber die entsprechenden Diskussionen zeigen zumeist, dass sie eine mögliche Perspektive und kein Spezialgebiet oder eine eigene Disziplin darstellt. Ein Konzept kann man nicht schützen lassen. Man kann noch nicht einmal mit Sicherheit sagen, was wirklich funktioniert. Wie es Marshall McLuhan einmal ausdrückte: «Der Mystizismus ist ganz einfach die Wissenschaft von morgen, die schon heute geträumt wird.» Es ist nicht immer leicht, die Grenze zwischen Quacksalberei und dem sprichwörtlich phantastischen Paradigma zu ziehen.

Die Netzwerke sind SPINs, klassische Beispiele für die selbstgenügsamen Gruppen mit vielen Zentren, die in Kapitel 7 beschrieben wurden. In vielen der bereits bestehenden Berufsorganisationen sind Ausschüsse gegründet worden, und bei jeder nationalen Zusammenkunft finden Sitzungen und Workshops statt, die Themen mit Bezug zur alternativen Medizin gewidmet sind: Veränderte Bewusstseinszustände, Akupunktur, Hypnose, Meditation und Biofeedback. Körper-Seele-Geist, der Wahlspruch dieser Sitzungen, wird eines Tages vielleicht als revolutionärer Leitgedanke einen Platz neben «Freiheit, Gleichheit, Brüderlichkeit» einnehmen. Einige der Zentren, Konferenzen und Netzwerke für ganzheitliche Gesundheit wurden von den Kirchen oder von mit einer Kirche verbundenen Stiftung gegründet.

In einem Rundschreiben war zu lesen: «Momentan wird die ganzheitliche Medizin mehr von einzelnen Menschen als von Institutionen getragen, und sie ist von einem Kommunikationsmuster abhängig, das ein weltumspannendes, lose geknüpftes Netzwerk verbindet ... Wie das bei vielen neu entstehenden Disziplinen der Fall ist, *stellt* dieses lose verbundene Netzwerk den Bereich der ganzheitlichen Gesundheit *dar.*» Ebenso, wie man von der neuen Gemeinschaft sagte, dass sie die neue Politik *sei,* sind die Netzwerke der Gesundheit das neue Paradigma des Wohlbefindens – lebendige Beispiele für einen besseren Weg.

Die Verschwörung anerkennt auch die Wichtigkeit der Ausdrucksweise, wenn es darum geht, zwischen Altem und Neuem eine Brücke zu schlagen. So sind beispielsweise die Protokolle einer der wichtigsten Untersuchungen über unkonventionelle Heilmethoden von den Krankenhäusern, die daran teilnahmen, mit dem Titel «Das therapeutische Berühren» genehmigt worden, da dies keinen so esoterischen Eindruck vermittelte wie «Handauflegen». Ein Forscher beantragte einen Zuschuss für die Untersuchung der «Psychobiologie der Gesundheit». Sein Gesuch wurde abgelehnt. Da er wusste, dass die zuständigen Stellen sich mehr an der Krankheit als an der Gesundheit orientierten, gab er seinem Antrag einen neuen Titel: «Die Psychobiologie der Krankheit». Der Antrag wurde prompt bewilligt.

«Der Krieg ist vorbei» sagte Norman Cousins 1978 – er ist der Herausgeber des *Saturday Review.* «Wir haben Verbündete dort draussen, viele Ärzte, die unsere Überzeugung teilen, jedoch Ermutigung brauchen.» Cousins hatte allen Grund, von den «Verbündeten dort draussen» zu wissen. Im *New England Journal of Medicine* berichtete er über seine dramatische Genesung von einer gefährlichen Krankheit durch Anwendung einer unorthodoxen Methode. Er verschrieb sich seine eigene Therapie – ein Marathon aus Marx Brothers-Filmen und alten «Vorsicht Kamera»-Sendungen, ergänzt durch die Injektion von massiven Dosen Vitamin C. Die Krankheit, die erst eine tödliche Zellenerkrankung zu sein schien, verschwand.

Die Reaktion auf seinen Artikel war phänomenal. Siebzehn medizinische Zeitschriften baten um dessen Nachdruckerlaubnis. Vierunddreissig medizinische Fakultäten inkorporierten ihn ihrem Lehrmaterial, und Cousins wurde von medizinischen Fakultäten für Vorträge im ganzen Land eingeladen. Mehr als dreitausend Ärzte aus vielen Ländern schrieben ihm anerkennende und begeisterte Briefe. Kurze Zeit danach wurde Cousins Mitglied des Lehrkörpers der medizinischen Fakultät der UCLA.

DIE TRANSFORMATION EINES BERUFS

Cousins hielt 1977 auch eine Ansprache bei der Versammlung der American Medical Students Association (AMSA) in Atlanta. Das Thema der Versammlung: «Alternative Rollen in der Gesundheit – eine Definition der Medizin», machte es noch deutlicher, dass an den medizinischen Fakultäten ein Paradigmawechsel stattfindet. Überall haben Studenten und mit ihnen symphatisierende Professoren lose Diskussionsgruppen gebildet.

Das offizielle Organ der AMSA, der *New Physician,* widmete 1977 eine ganze Ausgabe den alternativen Methoden und führte eine regelmässige Rubrik für humanistische Medizin ein. Laurel Cappa, der 1976 Präsident der AMSA war, berichtete vor einem Ärztekonvent vom Interesse der Studenten an einer Familienpraxis und an nicht traditionellen Methoden wie Meditation und Gestalttherapie. Medizinstudenten äusserten, dass sie Partner und keine Autoritätsfiguren sein wollten.

Im Jahre 1978 wurde der ehemalige AMSA-Präsident, Doug Outcalt, nach Denver eingeladen, um eine Ansprache vor der Gründungsversammlung einer neuen Standesorganisation der Ärzte, der American Holistic Medical Association, zu halten. Er forderte die Mitglieder auf, jenen Studenten als Beispiel zu dienen, die nach einer offeneren humanistischen Einstellung zur Medizin suchen.

Outcalt äusserte, dass man die Medizinstudenten ungefähr in drei Gruppen einteilen könne: Die Traditionalisten, die damit zufrieden sind, die Medizin so wie ihre Väter zu praktizieren, die Fatalisten, die mit dem System nicht einverstanden sind, aber sich nicht vorstellen können, dass es sich ändert, und die Sucher, jene, die aktiv an

Alternativen interessiert sind. «Sie können uns helfen», meinte Outcalt. «Infiltrieren Sie die Zulassungskomitees. Infiltrieren Sie die Lehrplankomitees. Werden Sie Mitglieder der klinischen Fakultät.»

Das für medizinische Angelegenheiten zuständige Komitee der kalifornischen Legislative in Sacramento stellte Überlegungen darüber an, ob Änderungen in den Lehrplänen der medizinischen Fakultäten vonnöten wären. Ein Mitverschwörer, selbst Psychologe und ein Freund des Vorsitzenden des Komitees, stellte sich vor mit der Bemerkung: «Ich repräsentiere die Nicht-Ärzte des Staates von Kalifornien» und gab im weiteren Empfehlungen zur Humanisierung der Ausbildung zukünftiger Ärzte.

Als die Dekane der medizinischen Fakultät protestierten, weil die vorgeschlagenen Änderungen zu schwierig und zu kompliziert seien, erwiderte er mit sanfter Stimme: «Ich gebe Ihnen recht. Eine Erneuerung *ist* vielleicht wirklich zu schwierig für unsere medizinischen Fakultäten.» Die Dekane machten sofort einen Rückzieher. Nun, vielleicht war es doch nicht *so* schwierig.

Von der bewussten Mithilfe der Verschwörung im Zeichen des Wassermanns abgesehen, stellen die Explosionen des Wissens und das Versagen der «rationalen Medizin» Kräfte dar, die unerbittlich auf eine Veränderung hinzielen.

Die meisten Ärzte, die den Paradigmawechsel miterleben, haben es nicht leicht. Sie stehen zwischen den Generationen; sie sind nicht mehr jung genug, um sich reibungslos den neuen Auffassungen anzuschliessen, und noch nicht alt genug, um den technologischen Traum und die mystische Aura des Arztes mit ins Grab zu nehmen.

Das ganzheitliche Ideal ist nichts Neues. In der angesehenen Zeitschrift *Science* machte George Engel in einem Aufsatz mit dem Titel «Die Notwendigkeit eines neuen medizinischen Modells» darauf aufmerksam, dass diese Methode bereits vor 1920 an der medizinischen Fakultät von Johns Hopkins erprobt worden ist. Der Arzt Arnold Hutschnecker trat in *The Will to Live* (1950) nachdrücklich für die Körper/Geist-Medizin ein. Die hauptsächliche Beschäftigung der Ärzte mit der Krankheit und jene der Psychologen mit dem Geist würden in eine Synthese übergeführt, weil die Wahrheit kein Monopol des jeweiligen Zweiges der Medizin darstellt. «Sie werden sich treffen und verschmelzen, und diese Verschmelzung wird sich am deutlichsten beim praktischen Arzt zeigen.»

Die Spezialisierung war das verständliche, vielleicht sogar unvermeidliche Ergebnis dessen, dass die medizinischen Hochschulen sich immer mehr auf den Medical Admissions-Test (MCAT) verliessen.

Nach Harrison Gough, einem Psychologen an der University of California, der seit 1951 Untersuchungen an Medizinstudenten durchführt, formte der Test eine ganze Generation amerikanischer Ärzte, da er nur Studenten mit einem bestimmten Temperament zuliess. Als für die Zulassung immer bessere Testergebnisse nötig wurden, sind zahlreiche «Tatmenschen und gute Arbeiter» zugunsten stark akademisch orientierter Aspiranten abgelehnt worden. Diese mehr wissenschaftlich orientierten Personen wandten sich eher der Forschung oder Spezialgebieten wie Radiologie (Röntgenkunde) oder Anästhesie zu. «Dies Vertrauen auf den Test führte zu einer Generation von Ärzten, die mit einem Patienten nicht über seine Magenschmerzen reden wollten.»

Gough fand im Laufe der Jahre heraus, dass die kreativsten Medizinstudenten am ehesten ihre Ausbildung abbrechen. «Das heisst nicht, dass sie für den Arztberuf nicht geeignet gewesen wären. Sie konnten nur den ganzen Zwang nicht aushalten, dieses äusserst durchorganisierte, Schritt für Schritt festgelegte Studienprogramm der Hochschulen.»

Besonders in den letzten Jahren schafften es viele der potentiell besten Ärzte nicht einmal mehr bis zum Dropout-Stadium. Ein immer stärker werdender Andrang führte dazu, dass eine Zulassung zum Studium von spektakulär zu nennenden Schulabschlussnoten abhängig gemacht wurde. Wärme, Intuition und Phantasie sind genau die Eigenschaften, die durch das strenge Aussieben per Abschlusszeugnis und Testergebnisse höchstwahrscheinlich ausgeschaltet werden. Der rechten Gehirnhälfte wurde sozusagen der Zugang zum Medizinstudium verwehrt. Für die Kreativität gab es keine eigene Zulassungsquote.

Im April 1977 unterzogen sich fast dreissigtausend Bewerber einem stark veränderten MCAT für die Zulassung zum Hochschulstudium 1978–79. Durch seine Ausrichtung nahm der Test die starke Wettbewerbsorientiertheit zurück, die vorher diejenigen bevorteilte, die in der Schule hauptsächlich wissenschaftliche Fächer belegten. Ausserdem wurde nach Eigenschaften gesucht, die vorher noch nie getestet worden waren: Die Fähigkeit zur Synthese, die Fähigkeit, *Muster* zu sehen, zu extrapolieren und unwesentliche Informationen zu ignorieren. Es gab wenig schablonenhafte Antworten.

Medizinstudenten beginnen, Kurse über Ernährung, psychosomatische Medizin, Biofeedback, Akupunktur und andere nicht traditionelle Alternativen zu fordern (und sogar zu organisieren).

Ein Assistenzarzt namens Scott May forderte den Respekt vor weiblichen Prinzipien und deren Pflege. Er führte einige Beispiele für die übertriebene, männliche Orientierung an: den auf die Studenten ausgeübten Druck, die Erschöpfung des eigenen Körpers zu ignorieren; die Betrachtung des Patienten als Objekt – was den Arzt daran hindert, seine eigenen Gefühle zu verstehen –, der Mangel an Mitgefühl, die Selbstmorde, Nervenzusammenbrüche und den Drogenmissbrauch unter Ärzten. «Seien Sie dankbar für jene Studenten, die nicht eine so dicke Haut haben und von den eigenen Gefühlen und denen der Patienten nicht so weit entfernt sind; kanzeln Sie diese nicht ab. Das Zulassungskomitee sollte sich nach eben solchen Menschen umsehen.» Er drängte seine Studienkameraden: «Vergesst eure Herzen nicht ...»

Ein Medizinstudent aus Yale, Tom Ferguson, startete eine erfolgreiche Zeitschrift, *Medical Self Care,* die Artikel über Ernährung, Psychologie, Körperübungen, Psychotechniken, Kräuter, Medikamente und ähnliche Alternativen enthält. Ferguson führte auch ein Fortbildungsprogramm für Erwachsene ein. Um menschlichen Kontakt zu bekommen, haben frustrierte Studenten der University of Louisville ihre eigene freie Klinik eröffnet.

Die jüngeren Ärzte betrachten sich als Partner der Nichtmediziner. Ein typisches Beispiel für ihren Standpunkt war ein Leserbrief an die *American Medical News,* in dem gegen einen Artikel protestiert wurde, der die Chiropraktiker als «Anhänger eines Kults» bezeichnete. Der Student schrieb: «Lasst uns mit den Chiropraktikern *zusammenarbeiten.*» Die alten Machtkämpfe (wer das Fachwissen besitzt, wer mehr Autorität beanspruchen kann) treten in den Hintergrund. Die Psychologen besitzen bei einer Reihe neuer medizinischer Programme ebensoviel Einfluss wie die Ärzte. In Kalifornien wird versuchsweise ein Promotionsstudiengang für geistige Gesundheit angeboten – eine Mischung aus psychiatrischen, psychologischen und Sozialarbeitslehrgängen. Die alten hierarchischen Unterscheidungen verschwinden: Psychiater suchen Rat bei Psychologen, Orthopäden bei Chiropraktikern, Augenärzte bei Optometrikern. Krankenschwestern, Hebammen, Familienberater, Laienberater, Geistliche, Volksheilkundige, Körpertherapeuten, Physiker und medizinische Techniker – alle können ihren Beitrag zur ganzheitlichen Medizin leisten. Ein Anatom einer kalifornischen medizinischen Fakultät drückt dies so aus: «Jeder besitzt einen Teil der Wahrheit. Niemand hat sie ganz gepachtet.»*

---

* Ende 1979 veröffentlichte die AMA aufgrund gerichtlicher Klagen und des Drucks von seiten der Regierung einen neuen Ehrenkodex, der es Ärzten erlaubt, mit Nichtmedizinern zusammenzuarbeiten.

Alles, was von Bedeutung ist, ist bereits bekannt, sprach ein Weiser – man muss es nur wiederentdecken. Vieles bei der augenblicklichen Begeisterung stellt eine Art kollektive Erinnerung dar, eine Heimkehr zu den weisen Alten. Hippokrates, der die Wichtigkeit von Geist und Milieu betonte, hätte uns vor den Konsequenzen des Schubladendenkens in der Medizin warnen können.

Wissenschaftliche Entdeckungen in bezug auf die Reichhaltigkeit und Komplexität der Natur enthüllen die Armseligkeit unserer üblichen Auffassung von Gesundheit, insbesondere unserer Bemühungen, Systeme äusserlich und gewaltsam zu behandeln, deren empfindliches Gleichgewicht nur dann wiederhergestellt werden kann, wenn der *innere* Arzt zu Rate gezogen wird. Ebenso, wie äussere Reformen nur eine begrenzte Wirkung auf den Staat ausüben, reichen äusserliche Behandlungsmethoden nicht aus, um den Körper zu heilen, falls seelische Konflikte vorhanden sind.

In vielen Fällen werden die traditionellen Methoden wiedereingeführt, und zwar nicht aus Nostalgie, sondern weil wir erkennen, dass unsere «modernen» Ansätze ein Fehltritt waren; der Versuch, einer Natur, die viel geordneter ist, als wir uns vorstellen können, eine Art plumpe Ordnung aufzuerlegen.

So brachte uns das 20. Jahrhundert beispielsweise das Füttern von vier Stunden alten Säuglingen, künstlich herbeigeführte Wehen, den Kaiserschnitt zur Bequemlichkeit der Krankenhäuser und der Ärzte sowie die Absonderung von Geburt und Tod in eine sterile Umgebung ohne menschlichen Trost.

Bei einer typischen modernen Geburt werden betäubte Mütter von betäubten Babies entbunden, die dem Schock von grellen Lampen und lauten Geräuschen ausgesetzt, abgenabelt und in Plastikkästen gelegt werden. Die Väter sehen das Neugeborene nur durch Glasscheiben, und ihre Geschwister bekommen sie überhaupt nicht zu Gesicht. Jedoch wissen wir inzwischen, dass Mutter und Kind körperlich und gefühlsmässig «verbunden» werden, wenn man ihnen direkt nach der Geburt genügend Zeit lässt: Der Augenkontakt, die Berührung, das Lächeln und das Stillen scheinen eine Langzeitwirkung auf die spätere Entwicklung des Kindes zu haben. Praktiken aus anderen Kulturkreisen und wiederbelebte Bräuche unserer eigenen Kultur zeigen uns die erstaunlichen Vorteile eines *natürlichen* Verhaltens gegenüber dem Neugeborenen. Die Liebkosungen der Mutter, das Spiel mit dem Vater, die Muttermilch, welche wichtigste Substanzen zur Entwicklung des Kindes liefert, die menschliche Stimme, die beim Säugling winzigste Bewegungen auslöst.

Die Bedeutsamkeit dieser ersten Bindungen wurde durch – in verschiedenen Kulturen durchgeführte – Untersuchungen aufgezeigt, die eine starke Korrelation zwischen der Bindung und der späteren Sensibilität der Mutter, den langfristigen IQ des Kindes und einer weniger häufigen Misshandlung oder Vernachlässigung des Kindes erkennen liessen. Eine väterliche Bindung scheint es ebenso zu geben. Schwedische Väter, denen es erlaubt wurde, ihre Babies im Krankenhaus zu versorgen, beschäftigten sich mit ihnen bis drei Monate später viel intensiver als üblich. Langfristig durchgeführte Studien haben ein besseres soziales Verhalten bei Kindern ergeben, deren Väter an der Kinderpflege beteiligt waren.

Die modernen Krankenhäuser waren allerdings nicht für Familiengeburten geplant; ein Faktor, der in den letzten Jahren zu einem enormen Ansteigen der Hausgeburten geführt hatte. Anfangs wurde dieser Trend von der Ärzteschaft mit Bestürzung zur Kenntnis genommen, doch die erste grosse Untersuchung über die Sicherheit erwies sich als Sensation. Bei einer Rate von beinahe zwölfhundert Heimgeburten stellte das Gesundheitsministerium von Kalifornien fest, dass sie *in jedem* Punkt sicherer waren als der Staatsdurchschnitt. (Die Mütter, die wegen eines grossen Risikos ausgewählt wurden, waren nicht ganz repräsentativ für die Durchschnittsbevölkerung.) Mehr als doppelt so viele Babies starben bei den Entbindungen im Krankenhaus. Die Hebammen bei Hausgeburten wussten zudem mit Komplikationen besser umzugehen als Ärzte. (So gab es beispielsweise bei von Hebammen vorgenommenen Entbindungen nur etwa 5 Prozent Dammrisse, verglichen mit 40 Prozent bei den Entbindungen durch Ärzte.)

Angesichts des Aufbegehrens der Patienten haben eine wachsende Zahl von Krankenhäusern mitzuhalten versucht. Die Entbindungsstation ist «ein zweites Zuhause», eine humane Umgebung, bei der im Notfall die betreffenden Einrichtungen vorhanden sind.

Viele Krankenhäuser haben die Entbindungsmethode des französischen Gynäkologen Frédéric Leboyer übernommen. Das Baby wird in dämmriger, stiller Umgebung geboren und dann sanft willkommengeheissen, massiert und in ein warmes Bad gelegt. Ein Arzt am Rush-Presbyterian St. Lukes Medical Center in Chicago erwähnte das «man möchte sagen, universale Lächeln» des Babys, wenn es sich das erste Mal streckt.

Leboyer hat sein schrittweises Entdecken in bezug auf die Bewusstheit und die Intelligenz des Neugeborenen beschrieben, ein Phänomen, die seiner medizinischen Ausbildung entgegengerichtet war. «Ein

Mensch ist da, der voll bewusst ist und Respekt verdient.» Bei einem französischen Experiment sind einhundertzwanzig Babies untersucht worden, die nach der Leboyer-Methode entbunden worden waren und alle von Müttern aus der Arbeitsklasse stammten, die, als sie ins Krankenhaus zur Entbindung kamen, nichts von dieser Methode gewusst hatten.

Diese Babies erzielten bei psychomotorischen Tests bessere Ergebnisse als der Durchschnitt, zeigten eine bessere Verdauung, lernten eher laufen und neigten erstaunlicherweise mit grösserer Wahrscheinlichkeit zu Beidhändigkeit als andere Neugeborene.

Feste Überzeugungen in bezug auf die spirituellen und psychologischen Aspekte der Geburt, der Kinderpflege und der ersten Bindungen führten zur Gründung eines Netzwerkes namens NAPSAC (National Association of Parents and Professionals for Safe Alternatives in Childbirth). Ein weitverbreitetes Interesse im ganzen Land hat zu Konferenzen, Seminaren, Büchern und sich gegenseitig unterstützenden Netzwerken angeregt.

Eine Frau, die den Fragebogen der Verschwörung im Zeichen des Wassermanns ausfüllte, beschrieb die zu Hause erfolgte Geburt ihres Kindes als «ein psychedelisches High ohne Drogen, eine Gipfelerfahrung».

Ihr Mann, der das Baby entband, betrachtete die Geburt ebenfalls als einen Höhepunkt in seinem Leben, nämlich als «ein Elternteil geboren zu werden». Die Mutter drückte ihre Dankbarkeit gegenüber all den Frauen aus, die vor ihr «Kinder auf ihre eigene Weise ausgetragen haben und die Geburt wieder den Eltern und Kindern zurückgaben, denen sie gehört».

Und ebenso, wie immer mehr zukünftige Eltern Hausgeburten oder eine Geburt in einem entsprechenden Krankenhaus verlangen, so wollen auch viele Todgeweihte zu Hause sterben oder in einem der wenigen humanen Zentren für unheilbar Kranke nach dem Vorbild des Londoner St. Christopher-Spitals. Befürworter dieser Hospizbewegung haben sie «eher als Konzept denn als Ort» beschrieben.

«Schliesslich ist es das Konzept des *Lebens* und nicht jenes des Todes, das die Frage nach dem Recht des Sterbens entscheidet», meinte Hans Jonas, Professor für Philosophie an der New School for Social Research. «Der Medizin ist die Ganzheit des Lebens anvertraut. Es ist ihre Pflicht, die Flamme des Lebens am Brennen zu erhalten und nicht die Asche glimmen zu lassen. Am allerwenigsten besteht ihre Pflicht darin, den Menschen Leid und Demütigung zu auferlegen.» Die Technologie des langsamen Todes – ein Gewirr von Schlauchleitungen und Sauerstoffapparaten – kann jetzt in vielen Staaten im Namen des «Rechts, zu sterben» abgelehnt werden*.

Das Shanti-Projekt in Berkeley beschäftigt Laien und professionelle Berater für die liebevolle Führung der Sterbenden und ihrer Familie. Am Center for Attitudinal Healing in Tiburon, Kalifornien, beaufsichtigt der Psychiater Gerald Jampolsky eine Gruppe von Kindern mit lebensgefährlichen Krankheiten, beispielsweise Leukämie. Sie treffen sich einmal pro Woche abwechselnd in ihren Wohnungen, um über ihre Ängste zu sprechen, zusammen zu meditieren und jenen unter ihnen, die in einer Krise stecken, heilende Gedanken zu übermitteln. Eine Spende von Pacific Bell hat es dem Zentrum ermöglicht, ein Netzwerk zur gegenseitigen Unterstützung per Telefon zu finanzieren, so dass Kinder im ganzen Land miteinander über ihre gemeinsamen Erfahrungen in Zusammenhang mit der gefährlichen Krankheit sprechen können.

Von all den sich selbst erfüllenden Prophezeiungen in unserem Kulturkreis ist die Auffassung, dass Altern Niedergang und schlechte Gesundheit bedeutet, vielleicht die tödlichste. Obwohl die Forschung gezeigt hat, dass man auf viele verschiedene Arten alt werden kann, richten wir uns selbst auf Senilität und Tod ein. Wir ziehen die Alternden von sinnvoller Arbeit ab: Die reichen Alten werden in sonnige, kinderlose Ghettos gelockt, und die mittellosen Alten bleiben in Umgebungen zurück, die schon lange von Familien verlassen sind. Sogar die Bettlägerigen werden oft in Pflegeheime abgeschoben.

Aber es findet eine Revolution statt. Nicht nur, dass eine vernehmbare Minderheit laut ausruft: «Verdammt, nein, wir wollen noch im Leben sein», sondern eine mit ihr sympathisierende jüngere Generation ist eher noch militanter. Maggie Kuhn von den Grey Panthers ist ein typisches Beispiel für das Radikale Zentrum einer neuen Betrachtungsweise des Alterns:

Wir sollten den Jungen nicht feindlich gegenüberstehen. Wir wollen keine Gegner sein. Und ihr jungen Leute – zusammen werden wir uns verschwören. Wir brauchen eine radikale gesellschaftliche Veränderung, ein neues Programm. Ein solches Programm würde das gemeinsame Zusammenwohnen verschiedener Altersgruppen und das Ende der zwangsweisen Pensionierung einschliessen.

---

* Ein Anzeichen des Kurswechsels in der Medizin: Vor zwanzig Jahren meinten nur 10 Prozent der befragten Ärzte, dass man einem Patienten sagen sollte, dass er Krebs habe, während eine kürzlich durchgeführte Umfrage zu dem Ergebnis kam, dass 97 Prozent eine Information der Patienten für richtig halten.

Gemeinsam können wir Zentren für ganzheitliche Gesundheit entwerfen – um herauszufordern und zu verändern; um den Weg zu einer umfassenden Veränderung der Institutionen aufzuzeigen.
Wir erfahren eine neue Art der Menschlichkeit und unsere gemeisame Kraft, die Gesellschaft zu verändern.
Es tut mir leid, wenn meine Altersgenossen all ihre Bemühungen darauf verwenden, Hilfsdienste in Anspruch zu nehmen. Hilfsdienste sind wie Novocain. Sie betäuben den Schmerz, aber sie lösen nicht das Problem.
Wir können eine Koalition aufbauen. Und wir können experimentieren. Die Alten unter uns können es sich leisten, gefährlich zu leben. Wir haben weniger zu verlieren.

Kuhn forderte ihre Altersgenossen auf, Collegekurse zu belegen, sich an Aktivitäten zur Selbstverwirklichung zu beteiligen und einfallsreiche Initiativen zu starten. In einer Stadt kaufte eine Gruppe von Grey Panthers gemeinsam mehrere alte Häuser, um sie zu renovieren, zu bewohnen und zu vermieten.

Das nationale SAGE-Programm – Senior Actualizations and Growth Explorations – verbindet spirituelle und körperliche Therapien: Akupunktur, Meditation, T'ai Chi, Musik. Eine kürzlich gegründete nationale Vereinigung für humanistische Gerontologie setzt sich aus Fachleuten zusammen, die ein Interesse daran haben, alternative Einstellungen zum Altern zu fördern.

Wie man sich denken kann, gibt es ebenfalls neue Methoden zur Behandlung von geistigen Störungen. Die Medizin ist inzwischen von der Wirksamkeit ihrer konventionellen Methoden – einschliesslich der wichtigsten Tranquilizer – weniger überzeugt. Die Medikamente erhöhten zwar die Zahl der nur mehr stationär behandelten Patienten merklich, taten aber wenig gegen die inneren Unstimmigkeiten, die am Auslösen der Psychosen beteiligt waren.

Die westliche Psychiatrie beginnt die Erkenntnis jener Gesellschaften zu respektieren, die im Wahnsinn einen Versuch zum Durchbruch zu einer neuen Betrachtungsweise sehen. Eine akute Psychose könnte eine fieberähnliche Strategie sein, um einen Konflikt zu transzendieren; kein Symptom, das man schnell beseitigen sollte, sondern eher ein gelegentlich nützlicher, natürlicher Prozess.

Eine Zufluchtsstätte und Verständnis sind oft wirkungsvoller als die mächtige, aber nur vorübergehend wirksame Behandlung, der man psychotische Prozesse unterzieht. Eine Studie in Kalifornien zeigte, dass junge männliche Schizophrene, die keine Medikamente erhalten hatten, zwar zwei Wochen länger an ihren akuten Psychosen litten als jene, denen man Thorazin gab, aber sie sind im Laufe des nächsten Jahres auch weniger häufig wiedereingewiesen worden!

Psychiatrie heisst wörtlich «Behandlung der Seele». Es ist unwahrscheinlich, dass hohe Dosen Tranquilizer eine zerbrochene Seele heilen können, sie unterbrechen eher das Muster von Qual und Konflikt, indem sie den gestörten Chemiehaushalt des Gehirns verändern. Wenn wir uns daran erinnern, dass das Gehirn einen Konflikt entweder leugnen oder transformieren kann, können wir Karl Menningers Beobachtung verstehen, wonach es vielen Personen, die vom Wahnsinn genesen, «besser als gut» geht. Sie haben eine neue Ebene der Integration erreicht; ein anderes Beispiel für Stress, der die individuelle Evolution vorantreibt.

Es gibt Gemeinden, die Zufluchtsstätten eingerichtet haben, wo besonders gestresste Personen Ruhe und Unterstützung finden können, bevor ihre Konflikte so gross werden, dass sie damit nicht mehr fertigwerden können. Einige dieser Zufluchtsstätten behandeln auch Patienten mit psychotischen Störungen. Diabasis House in San Francisco und Crossing Place in Washington sind Aufenthaltsorte, an denen auch akut psychotischen Patienten geholfen werden konnte. Einrichtungen dieser Art sind zudem viel billiger als psychiatrische Kliniken.

Während der gesamten Menschheitsgeschichte hat die Angst vor schöpferischem Verhalten und mystischen Zuständen – Angst vor der intuitiven Seite der menschlichen Erfahrung – zu unzähligen Hexenjagden geführt. Der Psychiater R. D. Laing macht dafür die zwiespältige Haltung der Gesellschaft gegenüber inneren Bedürfnissen verantwortlich; jene allgemeine Verleugnung spiritueller Bedürfnisse, an der Künstler und Mystiker immer wieder gescheitert sind. Inzwischen haben sich immer mehr ehemalige Geisteskranke zusammengetan, um dem, was sie als gefühllose Behandlung von Geisteskrankheiten betrachten, entgegenzutreten. Sie fordern grösseres Vertrauen in «innere» Therapien wie Biofeedback, Meditation, Ernährung, sie verlangen eine Förderung von Zufluchtsstätten anstatt von Medikamenten und Elektroschockbehandlungen. Ein solches Netzwerk stellt die Bay Area Association for Alternatives in Psychiatry dar. Viele Psychiater beschäftigen sich mit alternativen Therapien.

Es besteht auch ein wachsendes Interesse an traditionellen und volkstümlichen Heilmethoden. Ärzte, Krankenschwestern, Psychologen und Anthropologen beschäftigen sich mit den schamanistischen Praktiken (den Heilmethoden der Eingeborenen) vieler Kulturen: der Chinesen, Indianer, Tibetaner, Afrikaner und Japaner. Versicherungs-

Gesellschaften übernehmen die Kosten für die Krankenbesuche der Eskimos in Alaska bei ihren Schamanen und der Navajos in Arizona bei ihren Medizinmännern. Die schamanistischen Heiler helfen den Kranken, einen Sinn in der Krankheit zu suchen und diese in Zusammenhang mit ihrer Familie oder Sippe zu sehen. Traditionelle Heilmethoden betrachten Krankheit als eine Störung der Harmonie des einzelnen mit anderen und mit der Natur.

Die volkstümliche brasilianische Medizin, die häufig *cura* («Kur») genannt wird, könnte einen Ausblick auf die Synthese, die in einigen Teilen der Welt stattfindet, darstellen. *Cura* vermischt westliche Medizin, spirituelles Heilen, Kräuterkunde, Homöopathie und traditionelle Heilmethoden der Indianer und Afrikaner. Man schätzt, dass sich etwa sechzig Millionen Brasilianer durch *cura* behandeln lassen, wobei die Anhängerschaft dieser Heilmethode bei den Gebildeten und Angehörigen der Mittelklasse rasch zunimmt. *Cura* verknüpft Körper, Gefühle und Seele. Sowohl die «moralische Überlegenheit» des Heilers als auch die Expertise des konventionell ausgebildeten Arztes wird hochgeachtet. *Cura* betont alles, was wirkt, und bildet eine Gruppe zur Unterstützung des Patienten.

DIE HEILENDE WIRKUNG

«Ich bin davon überzeugt, dass es so etwas wie Heilkraft gibt», meinte Jerome Frank anlässlich einer Konferenz in New York zum Thema «alternative Methoden in der Medizin». Aber er bezweifelt, dass man diese in naher Zukunft deutlich genug auszuwerten weiss, als dass sie von den westlichen Wissenschaftlern voll und ganz akzeptiert würden.

Es gibt allerdings bereits ein wissenschaftliches Koordinatensystem, anhand dessen wir eine heilende Resonanz zwischen den Menschen erklären können. Bells Theorem, die holographischen Theorien von Bohm und Pribram sowie andere radikale Vorschläge bieten ein Modell zum Verständnis der Verbundenheit zwischen den Menschen. Die Vorstellung vom Körper als einem reagierenden Energiefeld, wie sie in den östlichen Philosophien vorherrscht, stimmt mit der Tatsache überein, dass es in der Tat Akupunkturmeridiane gibt, und dass die Chakras der buddhistischen Lehre sicherlich nicht aus der Luft gegriffen sind. Dolores Krieger, Professorin für Krankenpflege an der New York University, wies Veränderungen der Hämoglobin-Werte bei Patienten nach, die mit der «Scanning»-Methode («Abtasten») behandelt worden waren. Der behandelnde Arzt berührt dabei den Körper des Patienten nicht, sondern versucht, Feldveränderungen zu spüren – Hitze, Kälte, ein pickelndes Gefühl – wenn er seine Hände über bestimmte Körperregionen gleiten lässt.

Es lassen sich noch andere Beweise für einen Heilungseffekt anführen: Ungewöhnliche Gehirnwellenmuster bei Leuten, die zu heilen versuchen; Enzymveränderungen; EEG-Wechsel beim Heilenden; unerklärliche Tumorrückbildungen und andere schnell verlaufende Heilungen. Kriegers Methode ist Tausenden von Menschen im ganzen Land – hauptsächlich Krankenschwestern – in eintägigen Workshops gelehrt worden, und Krieger selbst wurde von verschiedenen New Yorker Krankenhäusern eingeladen, um ihre Methode dem gesamten Krankenpflegepersonal beizubringen. Viele Ärzte wenden inzwischen ähnliche Methoden an.

Unorthodoxe Heiler wie Rolling Thunder, Olga Worrall, Paul Solomon und Jack Schwarz haben an medizinischen Fakultäten Vorlesungen gehalten und Workshops für Ärzte und Medizinstudenten durchgeführt.

Obwohl das geistige Heilen sich in der Zukunft vielleicht als nützliche Ergänzung der Medizin erweisen könnte, ist es unwahrscheinlich, dass es zu einer grundlegenden Behandlungsmethode wird – aus einem einfachen Grund. Ein «Heiler» ist auf ähnliche Weise behilflich wie ein Arzt; *er macht etwas mit dem Patienten.* Schamanistische Heiler – die *Curanderos* in Südamerika beispielsweise – erklären ihren Patienten, dass sie zwar die Symptome beeinflussen, aber nicht den inneren Prozess, der die Krankheit hervorbringt, verändern können. Das Symptom kann für einige Zeit verschwinden, aber allzu oft ist die tiefliegende Matrix der Krankheit nicht verändert worden. Der Mensch allein kann eine Heilung von innen heraus bewirken.

Die Gehirnwellenfrequenz beim «Schalten» auf Heilung von innen heraus birgt spezifische Vorteile für den Heiler sowie für die Beziehung zwischen Therapeuten und Leidendem. Ein britischer Wissenschaftler hat eine bestimmte Anordnung der Gehirnrhythmen bei den meisten von ihm untersuchten geistigen Heilern festgestellt. (In England gibt es Tausende von lizenzierten Heilern, die auch in Krankenhäusern arbeiten dürfen.) Ein beunruhigter Arzt, der an einem Gerät zur Messung von Gehirnwellen angeschlossen wurde, zeigte dieses Muster der Gehirnrhythmen nicht. Schliesslich meinte der mitfühlende Forscher: «Stellen Sie sich vor, Sie müssten einen Patienten behandeln. Es stehen Ihnen keine Medikamente, keinerlei Ausrüstung zur Verfügung. *Sie haben nichts zu geben als ihr Mitgefühl.*» Plötzlich wechselte die Gehirnaktivität des Arztes in das für den «Heilzustand» charakteristische Muster.

Robert Swearingen, ein Orthopäde aus Colorado, berichtet von einer Situation, in der er sich mit einem Notfallpatienten, der wegen einer ausgerenkten Schulter starke Schmerzen litt, auseinandersetzen musste. Das übrige Klinikpersonal war mit einem noch dringenderen Notfall beschäftigt, weshalb er keine Schwester rufen konnte, die dem Patienten Tranquilizer oder Betäubungsmittel hätte verabreichen können.

In diesem Augenblick wurde ich von einem Gefühl der Ohnmacht, der Abhängigkeit von der Technologie überwältigt. Um sowohl den Patienten als auch mich selbst zu beruhigen, begann ich auf ihn einzuwirken, er möge sich entspannen. Plötzlich fühlte ich, wie die Schulter nachgab – und ich wusste, dass ich sie im Zusammenwirken mit dem Patienten schmerzlos und ohne Schmerzmittel wieder einrenken konnte.

Diese Erfahrung veränderte seine gesamte Laufbahn, nicht nur weil er später in der Lage war, dieses schmerzlose Verfahren vielen anderen nahezubringen, sondern weil er die entscheidende Bedeutung des menschlichen Elements in der Medizin entdeckt hatte. Er fand auch heraus, dass er mit Patienten eine Beziehung ohne Worte eingehen konnte, eine Art «Lauschen», das zu einer intuitiven Diagnose führte, die alles übertraf, was die Technologie ihm zu geben vermochte.

Ein berühmter Psychologe äusserte einmal in privatem Kreis, dass Biofeedback das perfekte Placebo darstellte; ein Mittelweg für jene Ärzte und Patienten, die von «hardware»-Wissenschaft überzeugt sind und noch nicht bemerkt haben, dass der ganze Vorgang im «software»-Bereich des Gehirns stattfindet und sich bei näherer Betrachtung in wirbelnde Partikel auflöst. «Alles findet in der Vorstellung statt», sagte er. Wir können es so haben, wie wir es uns vorstellen und wie wir es wollen.

Im 16. Jahrhundert bemerkte Paracelsus, dass die Ärzte seiner Zeit «nur wenig von der Kraft des Willens wissen». Auf einer anderen Ebene wussten wir allerdings schon immer, dass man an gebrochenem Herzen sterben kann, dass langwährender Kummer einer Schwangeren das ungeborene Baby negativ beeinflussen kann, und dass alte Menschen nicht senil werden, wenn sie ein Interesse am Leben aufrechterhalten.

Zukünftige Historiker werden eines Tages gewiss die Köpfe schütteln über die Irrlehre, der wir in den letzten Jahrzehnten anheim gefallen sind, als wir bei unserem Bemühen, den Körper zu heilen, die Seele ausser acht liessen.

Indem wir jetzt Gesundheit finden, finden wir uns selbst.

9
FLIEGEN UND ERKENNEN: NEUE WEGE DES LERNENS

> Ich würde gerne fliegen können, wenn alle anderen es auch könnten, sonst wäre es zu auffällig.
> Aussage eines zwölfjährigen Mädchens,
> zitiert in *Die Einsame Masse* von David Riesman

> Ihr seid es, es sind eure abgewandten Gesichter,
> welche die Pracht und Herrlichkeit nicht sehen.
> *Francis Thompson*

Wir stehen gerade am Anfang, unsere Stellung im Universum, unsere spektakulären, verborgenen Möglichkeiten, die uns gegebene Fähigkeit zu Flexibilität und Transzendenz zu verstehen. Die neuesten wissenschaftlichen Entdeckungen stellen eine herausfordernde Frage: wenn unser Gedächtnis so viele Informationen aufnehmen kann, unsere Bewusstheit so erweitert werden kann und unser Gehirn und unser Körper so feinfühlig sein können, wie es die Forschung gezeigt hat; wenn wir in unserer Physiologie auf der Ebene einer einzelnen Zelle willentlich Veränderungen herbeiführen können; wenn wir die Erben solch evolutionärer Kunstfertigkeiten sind – wie können wir dann auf solch mittelmässiger Ebene handeln und lernen? Wenn wir so reich sind, warum sind wir dann nicht gescheit?

Dieses Kapitel beschäftigt sich mit dem Lernen im weitesten Sinne. Es befasst sich mit unseren überraschenden Fähigkeiten, mit neuen Quellen des Wissens, mit Vollkommenheit und Kreativität. Es befasst sich mit dem Lernenden in uns, der nur darauf wartet, befreit zu werden.

Und es beschäftigt sich damit, wie dieser Lernende unfrei wurde... mit der in unserer Kultur weitverbreiteten Unfähigkeit zu lernen, mit einem Erziehungswesen, das auf Kosten der Offenheit die Betonung aufs «Rechthaben» legt. Wir beginnen, das Unbehagen und das Leid unseres Erwachsenseins als vollendete Muster zu erkennen, die sich aus einem System entwickelt haben, das uns in jungen Jahren beibrachte, wie man sich ruhig zu verhalten hat, wie man sich an Vergangenheit und Autorität zu orientieren und wie man sich Gewissheiten zu errichten hat. Die Furcht vor dem Lernen – und vor der Transformation – ist das unvermeidliche Produkt eines solchen Systems.

Hierin zeigt sich das bittere menschliche Paradox: ein wandelbares, zu endloser Selbsttranszendenz fähiges Gehirn ist gleichermassen zu selbstbeschränkendem Verhalten fähig. Dies zeigt sich bereits bei Neugeborenen – mit Hilfe moderner Forschung konnte nachgewiesen werden, dass Neugeborene beim Erkennen von Mustern unglaublich sensibel sind, ebenso beim Reagieren auf feinste emotionale Unterschiede in der menschlichen Stimme, beim faszinierten Beobachten eines Gesichts sowie beim Unterscheiden von Farben. Zum anderen hat die Wissenschaft aber auch gezeigt, wie leicht Neugeborene programmiert werden können. Ähnlich den speichelabsondernden Hunden in Pawlows berühmtem Experiment können sie konditioniert werden, auf Licht oder eine Glocke zu reagieren. Sowohl Teilhard de Chardin als auch Skinner hatten recht: wir sind zu evolutionären Sprüngen befähigt *und* auch dazu, uns auf sehr begrenztem Raum konditionieren zu lassen.

Alle vorausschauenden Menschen haben betont, dass man nur dann eine neue Gesellschaft verwirklichen kann, falls man die Erziehung der jüngeren Generation verändert. Doch die neue Gesellschaft selbst *ist* die notwendige verändernde Kraft der Erziehung. Es ist wie mit dem altbekannten Dilemma: Ohne Erfahrung kann man keinen Job bekommen, aber man kann keine Erfahrungen sammeln, weil einem keiner einen Job gibt.

Die Institution Schule ist eine festgefahrene Bürokratie, deren Praktiker nicht miteinander konkurrieren müssen und es nicht nötig haben, wiedergewählt zu werden oder auf Patienten-, Kunden- oder Klientenfang zu gehen. Jene Erzieher, die gerne Neuerungen durchboxen möchten, verfügen über relativ wenig Autorität, um ihren Stil zu ändern. Die Konsumenten können diese Institution nicht einfach boykottieren. Privatschulen sind für die meisten Familien unerschwinglich, auch sind sie gegenüber staatlichen Schulen nicht unbedingt besser. Dennoch gibt es Eltern, die der Meinung sind, dass das wohlüberlegte Fernhalten ihrer Kinder von der gesetzlichen Schulpflicht – in den meisten Staaten eine illegale Handlung – letztlich nichts anderes darstellt als die Verweigerung des Kriegsdienstes in einem unmoralischen Krieg.

Mehr als in jedem anderen Bereich waren die meisten der befragten Verschwörer im Zeichen des Wassermanns beruflich im Erziehungswesen tätig. Es befanden sich darunter Lehrer, Schulräte, Kulturpolitiker und Erziehungspsychologen. Ihre übereinstimmende Meinung: das Erziehungswesen ist eine der *am wenigsten* dynamischen Institutionen; es bleibt weit hinter dem Gesundheitswesen, der Psychologie, der Politik, den Medien und anderen Elementen unserer Gesellschaft zurück.

Ein Erzieher äusserte, dass man sich innerhalb des Systems in einem «friedlichen Kampf» befinde. So, wie es immer Helden gegeben hat, gibt es im Erziehungswesen Helden, welche die Begrenzungen der alten Strukturen zu transzendieren versuchen; ihre Bestrebungen sind jedoch zu oft durch Mitarbeiter, Schulräte oder Eltern vereitelt worden. Mario Fantini, ehemaliger Erziehungsberater bei der Firma Ford und jetzt an der State University von New York tätig, sagte unverblümt: «Die Psychologie des Werdens muss in die Schulen hineingeschmuggelt werden.»

Trotzdem gibt es Anlass zu Optimismus. Unser Irrtum beruhte auf der Annahme, dass wir mit dem Schulwesen beginnen müssen. Das Schulwesen ist eine Auswirkung unserer Denkweise – und unsere Denkweise können wir verändern.

John Williamson, ehemaliger Direktor der Abteilung für Planung und politische Entwicklung am National Institute of Education, vertrat die Ansicht: «Der Irrtum einer Bewegung zurück zu den Grundlagen – wie auch der meisten Reformbestrebungen im Erziehungswesen dieses Landes – ist auf das Versagen unseres Standpunktes zurückzuführen, dem es an gesundem Menschenverstand mangelt.» Wir haben, so meint er, die entscheidenden Variablen übersehen: einengende persönliche Überzeugungen unserer Schüler, das Bewusstsein unserer Erzieher sowie die Absicht unserer Gemeinden.

Überzeugungen, Bewusstsein, Absicht. Da die Probleme mit unseren alten Ansichten über die menschliche Natur verstrickt sind und in komplexer Weise miteinander in Beziehung stehen, können wir erkennen, weshalb eine Reform, die nur Stück für Stück vorgeht, hoffnungslos ist. Die Unfähigkeit des konventionellen Erziehungswesens, grundlegende Fertigkeiten zu lehren, und das Versagen, die Achtung vor dem eigenen Selbst zu fördern, sind Teile derselben grundlegend schlechten, falschen Wahrnehmung und Verwaltung.

Vielleicht könnte die Bewegung zurück zu den Grundlagen in tieferliegende Bereiche gelenkt werden – zu Fundamentalem, zu den zugrunde liegenden Prinzipien und Beziehungen, zu einer wirklich «universellen» Erziehung. Dann können wir unser Gefühl für unsere Stellung wiedergewinnen.

Allein eine neue Perspektive kann einen neuen Lehrplan und neue Ordnungsebenen schaffen. So, wie politische Parteien bei Veränderungen der Machtverteilung nur am Rande teilhaben, so sind Schulen nicht der erste Schauplatz für Veränderungen beim Lernen.

Subtile Kräfte sind am Werk, Faktoren, die man gewiss nicht in den Schlagzeilen findet. Unter den Millionen von Menschen, die eine *persönliche Transformation* durchmachen, finden sich beispielsweise Zehntausende von Lehrern, Erziehungsberatern und Psychologen, Ratgebern, Schulräten, Forschern und Mitgliedern erziehungswissenschaftlicher Fakultäten. Erst kürzlich haben sie damit begonnen, sich regional und national zusammenzuschliessen, sich über Strategien zu verständigen, sich zu einer Lehrmethode zu verschwören, die dasjenige miteinbezieht, was sie als höchstes Gut erachten: Freiheit, hohe Erwartungen, Bewusstheit, Muster, Verbundenheit und Kreativität. Sie sind darauf bedacht, ihre Entdeckungen mit jenen Kollegen zu teilen, die bereit sind, zuzuhören. Und viele *sind* tatsächlich bereit; beispielsweise die Veteranen früherer, teilweise erfolgreicher Bewegungen zur Humanisierung des Schulwesens. Sie haben eine Menge gelernt. Vergleichbar den Trends für gesellschaftliche Veränderung in den letzten Jahren, die sich von Konfrontation zu Kooperation verlagerte, von äusseren zu inneren Heilverfahren, so zeigt sich eine Verlagerung der Schwerpunkte bei den Reformern im Erziehungswesen. Und es steckt eine enorme Kraft in dem neuen, gemeinsamen Vorgehen von Eltern und Erziehern. Lehrer, Schulräte und sympathisierende Elternbeiräte arbeiten heute eher zusammen, als sich gegenseitig die Stirn zu bieten.

Diese Netzwerke finden in der *wissenschaftlichen Forschung* einen Verbündeten. Mit erschreckender Klarheit beginnen wir zu erkennen, wie unnatürlich zahlreiche unserer bisherigen Erziehungsmethoden gewesen sind und warum sie, wenn überhaupt, nur mangelhaft funktionierten. Die Erforschung von Gehirn und Bewusstsein zeigt auf, dass hergebrachte Lehrmethoden verändert werden müssen, falls wir unser Potential erschliessen wollen.

Eine weitere starke Kraft der Veränderung ist die *Krise*. Jeder Fehlschlag im Erziehungswesen signalisiert wie Fieber ein grundlegendes Bemühen um Gesundheit. Womit die Verschwörung im Zeichen des Wassermanns sich in erster Linie befassen muss, ist eine besonnene Diagnose dieser Krankheit – deutlich aufzuzeigen, dass eine Synthese von grösster Wichtigkeit ist –, ein Paradigmawechsel und keine Änderung der Pendelbewegung.

Wenn das Flussbett der Erziehung erweitert wird, so heisst eine vorzügliche Kraft zur Veränderung seiner Konturen *Wettbewerb*. Wo man das findet? Im Lernprozess: auf der «Sesam-Strasse» – in einem inneren Tennismatch, im Zen oder der Kunst des Alltags, in Lehr- und Lernkooperativen, im Computereinsatz, auf der Mittelwelle, mit Do-it-yourself-Büchern, Zeitschriften, Kassetten und Fernsehdokumentationen.

Die machtvollste Kraft zur Veränderung ist jedoch die wachsende Erkenntnis von Millionen Erwachsenen, dass ihre eigenen armseligen Erwartungen und Frustrationen in hohem Masse auf ihre eigene Schulbildung zurückzuführen sind.

DIE PÄDOGENE KRANKHEIT

Wenn wir nicht lernen und lehren, sind wir nicht wach und lebendig. Lernen ist nicht bloss wie Gesundheit, es *ist* Gesundheit.

Während der lebensprägenden Jahre üben die Schulen den grössten sozialen Einfluss aus, und sie sind das Instrument der stärksten Verleugnungen unseres Unterbewusstseins, unseres Konformgehens und abgebrochener Beziehungen. Wie die allopathische Medizin Symptome behandelt, ohne sich um das ganze System zu kümmern, genauso zerbricht die Schule Wissen und Erfahrung in «Themen», zerlegt auf unbarmherzige Weise Ganzes in Teile, Blumen in Blütenblätter, die Geschichte in Ereignisse – ohne jemals eine Kontinuität wiederherzustellen. Neil Postman und Charles Weingartner drückten das in ihrem Buch *Teaching as a Subversive Activity* wie folgt aus:

> Englisch ist nicht Geschichte, und Geschichte ist nicht Wissenschaft, und Wissenschaft ist nicht Kunst, und Kunst ist nicht Musik, und Kunst und Musik sind Nebenfächer, und Englisch, Geschichte und die Wissenschaften Hauptfächer; und ein Fach ist etwas, was man «hat», und wenn man es «gehabt» hat, so hat man es ein für allemal «gehabt», dann ist man immun und braucht es nicht nochmals zu haben. (Die Schutzimpfungstheorie von der Erziehung?)

Was noch schlimmer ist – nicht nur der Wille wird gebrochen, viel zu oft auch der Geist. Allopathische Lehrmethoden schaffen das Äquivalent zu *iatrogenen* – «vom Arzt verursachten» – Gebrechen; vom Lehrer verursachte Lernstörungen. Man mag dies *pädogene* Krankheiten nennen. Ein Kind, das mit seinem Überschwang an Mut etwas zu riskieren und zu entdecken in die Schule eingetreten ist, mag sich bald derartigen Belastungen gegenübergestellt sehen, dass es diesem Abenteuer fortan aus dem Wege geht.

Nicht einmal die Ärzte haben in ihrer Blütezeit als «Halbgott in Weiss» jene Autorität eines einzelnen Klassenlehrers geltend gemacht, der einer grossen Anzahl relativ machtloser und verwundbarer junger Menschen Lob, Tadel, Liebe, Demütigung und Information austeilen kann.

Das Gefühl des Unwohlseins, mit sich selber unzufrieden zu sein, nimmt für die meisten von uns wahrscheinlich im Klassenzimmer seinen Anfang. Ein klinischer Biofeedback-Forscher wies darauf hin, dass die Korrelation zwischen stressreichen Erinnerungen und Erregung im Körper aufgezeigt werden kann. Wenn ein Biofeedback-Proband gebeten wird, sich an seine Schulzeit zu erinnern, schlägt das Anzeigegerät sofort stark aus. Als man die Teilnehmer eines Workshops für Eltern und Lehrer aufforderte, Ereignisse aus der Schulzeit aufzuschreiben, beschrieb jeder Erwachsene ein negatives oder traumatisches Erlebnis. Viele Erwachsene berichten von Alpträumen, in denen sie wieder in die Schule müssen, in denen sie zu spät kommen, oder in denen sie ihre Schulaufgaben nicht gemacht haben.

Die meisten von uns scheinen ein in hohem Masse unbewältigtes Verhältnis zur Schule zu haben. Dieser Rückstand von Angst mag uns auch heute noch auf irgendeiner Bewusstseinsebene einschüchtern; möglicherweise wird es uns ein Leben lang von Herausforderungen und dem Dazulernen abhalten.

Im Kapitel 8 nahmen wir jene eindrucksvollen Forschungsergebnisse zur Kenntnis, die Verbindungen zwischen charakteristischen Persönlichkeitsmerkmalen und bestimmten Krankheiten sichtbar machten – Krebspatienten hatten beispielsweise Schwierigkeiten, Kummer und Ärger auszudrücken, oder Herzpatienten einen an Besessenheit grenzenden Wahn, Termine einzuhalten oder Leistungen nachzuweisen. Ist es möglich, dass unsere autoritären, auf Erfolgszwang getrimmten, angsterzeugenden und Pünktlichkeit erzwingenden Schulen mitgeholfen haben, die Krankheit unserer Wahl entstehen zu lassen? Wurden wir entmutigt, Ärger, Sorgen und Frustrationen offen auszudrücken? Sind wir zum Wettbewerb, zum Streben, zur Angst vor Verspätung und Abgabeterminen gezwungen worden?

Noel McInnis, ein Erzieher, der sich auf physische Lern-Environments spezialisiert hat, beschrieb die Entwicklung folgendermassen: Zwölf Jahre lang sperren wir den Körper des Kindes in ein begrenztes Territorium, beschränken wir seine Energie auf begrenzte Aktivität, setzen wir seine Sinne begrenzten Stimuli aus, begrenzen seine Fähigkeit, Kontakte zu schliessen, auf eine Anzahl Gleichaltriger und lassen seinem Bewusstsein begrenzte Erfahrungsmöglichkeiten in der ihn umgebenden Welt. «Was wird solch ein Kind lernen?» fragte McInnis. «Seine Sache *nicht zu tun!*»*

Da, wo die jüngsten Mitglieder der Gesellschaft ein gewisses Einführungsritual in eine unsichere Welt benötigen, werfen wir ihnen die Knochen von den Friedhöfen unserer Kultur vor. Dort, wo sie die Wirklichkeit lebendig erschliessen wollen, vermitteln wir ihnen abstrakte Beschäftigungen, leere Spalten, in denen sie die «richtigen» Antworten anzukreuzen haben; wir lassen ihnen dabei sogar mehrere Möglichkeiten um zu testen, ob sie die «richtigen» Antworten wissen. Wo sie einen Sinn finden sollten, verlangt die Schule Auswendiglernen. Die Disziplin wird von der Intuition, das Wahrnehmen von Mustern von den Teilen geschieden.

Wenn Ganzheit Gesundheit bedeutet, so ist die Gewalt, die seitens der meisten erzieherischen Institutionen sowohl der Sinnhaftigkeit als auch dem Selbstbild angetan wird, die Hauptursache von Krankheiten in unserer Kultur – eine Kraft, die das Kind sogar von einem sicheren und liebenden Elternhaus trennt. Das Trauma von Humpty Dumpty (siehe Kapitel 1) entsteht mit dem ersten Verleugnen von Gefühlen, den ersten unterdrückten Fragen, dem schweigenden Schmerz der Langeweile. Kein Elternhaus kann jene Wirkungen ungesehen machen, die Jonathan Kozol in seinem Erfahrungsbericht über seine Zeit als Lehrer von Ghettokindern den *Tod in zartem Alter* nannte.

* Das verschwendete Potential ist durch das sogenannte Milwaukee-Projekt in anschaulicher Weise illustriert worden, jenem Experiment in den sechziger Jahren, das zuweilen als «Operation Kindesraub» bekannt wurde. Psychologen der Universität von Wisconsin starteten ein Experiment, bei dem Säuglingen, deren Mütter mehr oder weniger als geistesschwach bezeichnet werden konnten (IQs von 70 oder weniger) besondere Aufmerksamkeit gewidmet wurde. Normalerweise zeigen solche Kinder im Alter von sechzehn Jahren eine ebenso niedrige Intelligenz wie ihre Mütter. Wahrscheinlich kann eine stumpfsinnige Mutter die geistigen Fähigkeiten eines Säuglings nicht besonders stimulieren.
Vierzig Säuglinge wurden zu Hause abgeholt und in ein Institut der Universität gebracht, wo man mit ihnen spielte, ihnen Lieder sang und sie auf vielerlei andere Weise stimulierte. Später lernten sie dann in wenige Kinder umfassenden Gruppen. Im Alter von vier Jahren schnitten diese Kinder bei einem Test mit einem IQ von 128 ab, bei einem weiteren mit 132 – in einem Messbereich, den der Psychologe als «intellektuell begabt» bezeichnet. Diese Kinder waren aufgeweckter als das typische Kind aus einem Elternhaus der gehobenen Mittelschicht. Vierzig Kinder mit vergleichbaren Ausgangspositionen und vergleichbarer Umwelt, denen die besondere Aufmerksamkeit *nicht* zuteil wurde, verzeichneten im Alter von vier Jahren einen IQ von 86 (unterdurchschnittlich normal). Das Wunder menschlicher Interaktion allein hatte diesen Unterschied bewirkt.

Buckminster Fuller bemerkte einmal, dass weder er noch sonst jemand aus seinem Bekanntenkreis ein Genie sei: «Einige von uns sind einfach weniger geschädigt als andere.» Wie bei Margaret Mead, so stammt das meiste von dem, was Fuller weiss, im wesentlichen aus dem Elternhaus. Studien haben gezeigt, dass eine beeindruckende Zahl bedeutender und erfolgreicher Persönlichkeiten zu Hause ausgebildet, von frühester Kindheit an durch Eltern oder andere Verwandte stimuliert und im Sinne hoher Erwartungen erzogen worden ist.

FÜR EINE NEUE WELT LERNEN

Warum bestrafen und erniedrigen unsere Schulen die jungen Menschen routinemässig? Vielleicht deshalb, weil Schulen, so wie wir sie kennen, lange vor jeglichem Verständnis für das menschliche Gehirn entworfen worden sind, und zudem für eine Gesellschaftsform, die längst durch andere ersetzt worden ist. Darüber hinaus waren sie zur Vermittlung eines ziemlich eng umgrenzten Wissens vorgesehen, aus einer Periode, in der Wissen fest umrissen schien.

Es genügte, den Inhalt bestimmter Bücher und Fächer zu beherrschen, ein paar wenige praktische Dinge zu lernen, und schon hatte man es hinter sich. Der Schüler lernte, was er für sein «Gebiet» brauchte. Der Geselle kannte halt sein Handwerk. Wissen wurde gegeneinander abgegrenzt, so wie auch die Menschen – jeder in seinem Bereich – lebten. In der kaum mehr als hundert Jahre alten Geschichte der allgemeinen Schulpflicht wandelte sich das Programm von anfänglicher Erziehung zu Frömmigkeit und vom fundamentalsten Schreib- und Leseunterricht, von der Rechtschreibfähigkeit bis hin zu eventueller Unterweisung in Natur- und Sozialwissenschaften. Die Erziehung wurde ständig angehoben, wurde «anspruchsvoller», was Verfeinerung und Differenzierung anbelangte.

Von der Schule wurde jedoch stets erwartet, dass sie den Auftrag der Gesellschaft ausführte oder sich diesbezüglich zumindest die grösste Mühe gab. Man lehrte Gehorsam, Produktivität oder was immer den Erfordernissen der Zeit entsprach. Herrschte Lehrermangel, so wurden Lehrer produziert; oder Wissenschaftler, als wir nach dem erfolgreichen Abschuss des Sputnik befürchteten, gegenüber der Sowjetunion in der wissenschaftlichen Entwicklung ins Hintertreffen zu geraten.

Angesichts der Tatsache, dass die Ergebnisse von Meinungsumfragen und die Aussagen von Pädagogen die Ansicht widerspiegeln, wonach die Gesellschaft *Selbstverwirklichung* höher als alles andere einschätzt, erhebt sich die Frage: Wie unterrichtet man das?

Millionen von Eltern hat das konventionelle Erziehungssystem ernüchtert; manche deshalb, weil ihren Kindern nicht einmal richtig Lesen und Schreiben beigebracht wird; andere, weil die Schulen zunehmend menschenfeindlicher arbeiten. Kürzlich ergab eine Umfrage im Staate Oregon, dass die Allgemeinheit der Förderung von Selbstvertrauen und dem Unterrichten von Grundkenntnissen die gleiche Bedeutung beimisst.

Eine Revision der Erziehungspolitik in Kalifornien, die alle Schulämter ermächtigte, Geldmittel für alternative Schulen bereitzustellen, betonte die Bedeutung, bei den Schülern «Selbstsicherheit, Initiative, Gefälligkeit, Spontaneität, Einfallsreichtum, Courage, Kreativität, Verantwortlichkeit und Freude» zu fördern – eine anspruchsvolle Liste. Eine von der National Education Association in Auftrag gegebene Studie, die «Lehrplanänderung im Hinblick auf das einundzwanzigste Jahrhundert», verzeichnete unter anderem, dass wir in eine Periode ausgeprägter Diskontinuität, Veränderung und gegenseitiger Abhängigkeit von Menschen und Ereignissen eintreten.

Da ihre Struktur an sich dazu neigt, sich ironischerweise selbst zu paralysieren, haben die Schulsysteme nur äusserst langsam – wenn überhaupt – auf die neuen wissenschaftlichen Ergebnisse bezüglich des Bewusstseins und auf die sich ändernden Werte in der Gesellschaft reagiert. Im allgemeinen findet Wissen nur langsam Eingang in die Schulen; Bücher und Lehrpläne hinken in jedem Bereich bezeichnenderweise Jahre, sogar Jahrzehnte hinter den neuen Erkenntnissen hinterher. Die Abschlussklassen der Gymnasien ausgenommen, ist das Erziehungswesen nicht gerade ein Tummelplatz für den Austausch brandneuer Informationen, Spekulationen oder bahnbrechender Ergebnisse aus Wissenschaft und Forschung.

Eine Gesellschaft, die durch eine Implosion von Wissen, eine Revolution in Kultur und Kommunikation aufgerüttelt wird, kann nicht darauf warten, dass eine knarrende Erziehungs- und Bildungsbürokratie ihre Suche nach Sinn und Bedeutung sanktioniert. Was wir heute über die Natur wissen, hat künstliche disziplinäre Mauern durchbrochen; die technologische Entwicklung hat sich derart beschleunigt, dass die traditionelle Karriere dahinschwindet und sich unvermittelt neue Möglichkeiten eröffnen. Neue Informationen strömen zusammen, die sich jenseits einzelner Disziplinen fest ineinander verzahnen.

Das etablierte Erziehungswesen hat auf unsere sich ändernden Bedürfnisse alptraumhaft langsam reagiert, langsamer als jede andere

Institution. Trotz steigender hoher Ausgaben (fast 8 Prozent des Bruttosozialproduktes, verglichen mit 3,4 Prozent im Jahre 1951) funktionieren die alten Strukturen nicht. Schulneubauten und aufpolierte Lehrpläne allein reichen nicht aus*.

LERNEN: DAS ENTSTEHENDE PARADIGMA

Innovationen im Erziehungswesen haben den Himmel wie Leuchtkugeln durchkreuzt; die meisten sind schnell verglüht und hinterliessen nichts als den unangenehmen Geruch der Ernüchterung. Oft genug wandten sie sich nur Teilaspekten der menschlichen Natur zu und brachten somit nur ein Wortgeplänkel in Gang: Kognitives Lernen gegen affektives (emotionales) Lernen, ein freier Rahmen gegen einen streng strukturierten Rahmen. Max Lerner beobachtete, dass die Theoretiker an beiden Enden des Spektrums die amerikanischen Schulen mit geradezu theologischem Eifer betrachteten. Die andere Seite wird jeweils beschuldigt, das Paradies vernichtet zu haben.

Wer hat unseren Garten Eden auf dem Gewissen? Der Humanist beschuldigt den Technologen, der Behaviorist beschuldigt den Humanisten, der Kirchengegner die Kirche, die Kirche macht den Mangel an religiöser Erziehung verantwortlich, der Fundamentalist beschuldigt den Fortschrittlichen, und so weiter und so fort.

In Wirklichkeit haben wir ein Paradies auf Erden gehabt. Unsere staatlichen Schulen wurden, in aller Fairness gesagt, geschaffen, um eine einigermassen gebildete Öffentlichkeit zu gewährleisten, nicht, um eine qualitativ gute Erziehung zu liefern oder herausragende Geister hervorzubringen.

Das Radikale Zentrum der Erziehungsphilosophie – jener für die Verschwörung im Zeichen des Wassermanns charakteristischen Perspektive – wird von einer Konstellation von Techniken und Konzepten gebildet, die man zweitweise auch *transpersonale Erziehung* nennt. Der Name leitet sich von jenem Zweig der Psychologie ab, der sich den transzendenten Fähigkeiten der Menschen widmet. Bei der transperso-

---

* Ein Beispiel für den Missbrauch öffentlicher Gelder im Erziehungswesen: Im Jahre 1972 enthüllte ein Mitglied des amerikanischen Kongresses, Edith Green, dass 60 Prozent des Jahresbudgets zur Förderung des Right-to-Read-Programms für nicht autorisierte architektonische Veränderungen sowie für Büroverschönerungen, für Öffentlichkeitsarbeit und Gehälter verschwendet wurden.

nalen Erziehung wird der Lernende dazu ermutigt, wachsam und autonom zu sein, Fragen zu stellen, alle Ecken und Enden der bewussten Erfahrung zu erforschen, nach einem Sinn zu suchen, äussere Begrenzungen auf die Probe zu stellen und die Grenzen und die Tiefen des Selbst zu überprüfen.

In der Vergangenheit boten die meisten erzieherischen Alternativen nur eine Veränderung der Pendelbewegung an, indem sie entweder Disziplin (in den Grundschulen) oder affektive emotionale Werte (in den meisten freien Schulen) propagierten.

Im Gegensatz zur konventionellen Erziehung, deren Ziel die Anpassung des Individuums an die bestehende Gesellschaft ist, vertraten die «humanistischen» Pädagogen der sechziger Jahre die Ansicht, die Gesellschaft müsse ihre Mitglieder als einzigartig und autonom anerkennen. Die transpersonale Erfahrung zielt auf einen neuen Lernenden und auf eine neue Gesellschaft ab. Jenseits der Anerkennung des eigenen Selbst, fördert sie Selbst-Transzendenz.

Das blosse Humanisieren der erzieherischen Lernumwelt war immer noch so etwas wie ein Zugeständnis an den *Status quo.* Die Reformer wagten es in allzu vielen Fällen nicht, den Lernenden herauszufordern, aus Angst, sie könnten zu heftig vorgehen. Sie gaben sich mit den alten Grenzen zufrieden. Wir werden im nächsten Kapitel sehen, dass erste Bemühungen zur «Humanisierung des Arbeitsplatzes» einem ähnlichen, für Teillösungen charakteristischen Problem beggnen: Die Bemühungen werden vielleicht deshalb vor der Verwirklichung ihrer vollen Werte abgelehnt, weil sie mehr versprechen als sie halten können.

Die transpersonale Erziehung ist humaner als die traditionelle Erziehung und geht intellektuell rigoroser vor als viele Alternativen der Vergangenheit. Sie hat zum Ziel, Transzendenz zu fördern und keine bloss miteinander wetteifernden Fähigkeiten zu bieten. Ganzheitliche Erziehung ist das Gegenstück zur ganzheitlichen Medizin.

Einer der Verschwörer im Zeichen des Wassermanns äusserte: «Transpersonale Erziehung beinhaltet den Prozess, Menschen dem Geheimnisvollen ihres eigenen Inneren auszusetzen – und dann zur Seite zu springen, um nicht übermannt zu werden.» Aber er warnte davor, die Erwartungen der Pädagogen, die verständlicherweise skeptisch sind, nicht überzustrapazieren. «Die Schulen haben innerhalb der letzten Jahre so viele Revolutionen erlebt. Der Kampfplatz ist völlig zernarbt. Man sollte keine Wunder versprechen. Selbst wenn man daran glaubt.»

Phi Delta Kappa, jene einflussreiche pädagogische Fachzeitschrift, beobachtete, dass transpersonale Erziehung das Potential sowohl zur Lösung schwerwiegender gesellschaftlicher Krisen – wie Jugendkriminalität – als auch zur Steigerung der Lernfähigkeit in sich birgt. «So unzulänglich es definiert sein mag», fuhr die Zeitschrift fort, «diese Bewegung ist gegenwärtig vielleicht der beherrschende Trend der pädagogischen Szene und kündigt eine bedeutsame Revolution an.»

Wie die ganzheitliche Gesundheit kann die transpersonale Erziehung überall Eingang finden. Dafür braucht es keine Schulen, ihre Anhänger meinen aber, dass die Schulen die transpersonale Erziehung braucht. Aufgrund ihrer Stärke, soziale Probleme zu lösen und die Menschen wachzurütteln, verschwören sich ihre Anhänger, um ihre Philosophie in die Klassenzimmer – und zwar in alle Klassenstufen – zu tragen, in Seminare und Universitäten, in Berufsausbildung und Erwachsenenbildung.

Die transpersonale Erziehung ist im Gegensatz zu den meisten pädagogischen Reformen der Vergangenheit in *fundierte wissenschaftliche Kenntnisse eingebettet:* in System-Theorie, im Verständnis für die Integration von Geist und Körper, im Wissen um die beiden hauptsächlichen Formen von Bewusstsein und deren Interaktion, im Wissen um das Potential für veränderte und erweiterte Bewusstseinszustände. Sie betont eher das Kontinuum des Wissens als die einzelnen «Fächer» sowie die gemeinsame Grundlage menschlicher Erfahrung, ethnische oder nationale Unterschiede transzendierend. Sie unterstützt die Suche des Lernenden nach Bedeutungen, fördert die Notwendigkeit, Formen und Muster zu erkennen, das Verlangen nach Harmonie zu befriedigen. Sie vertieft das Verständnis dafür, wie ein Paradigma sich verlagert, wie den Einsichten Frustration und Mühe vorausgehen.

Die transpersonale Erziehung begünstigt freundliche Environments für schwierige Aufgaben. Sie feiert sowohl den einzelnen als auch die Gesellschaft, Freiheit wie Verantwortlichkeit, Einzigartigkeit und gegenseitige Abhängigkeit, Geheimnis und Offensichtliches, Tradition wie Innovation. Sie ist komplementär, voller Paradoxien und dynamisch. Sie ist der goldene Mittelweg der Erziehung. Das erweiterte Paradigma betrachtet eher die Natur des Lernens denn die Methode der Unterweisung. Lernen wird letzlich nicht durch Schulen, Lehrer, Buchwissen, Mathematik, Abschlüsse oder Erfolge repräsentiert. Es ist die Entwicklung, der Prozess, durch den wir jeden Schritt unseres Weges unternehmen, vom ersten Atemzug an; es ist die Transformation, die sich bei jeder Integration von neuen Informationen durch das Gehirn, bei jeder Beherrschung neuer Fähigkeiten einstellt. Lernprozesse werden im Verstand des einzelnen entfacht. Alles andere ist blosse Schulung.

Das neue Paradigma reflektiert beides, sowohl die Entdeckungen moderner Wissenschaft als auch die Entdeckungen der persönlichen Transformation.

LEITSÄTZE DES ALTEN PARADIGMAS IN DER ERZIEHUNG	LEITSÄTZE DES NEUEN PARADIGMAS IN DER ERZIEHUNG
Betonung liegt auf dem Inhalt, auf der Aneignung von «richtigen» Informationen – ein für allemal.	Betonung liegt auf jenem Lernen, wie man lernt, wie man gute Fragen stellt, wie man die Aufmerksamkeit auf die richtigen Dinge lenkt, wie man sich neuen Konzepten gegenüber öffnet und sie wertschätzt, wie man Zugang zu Informationen bekommt. Was heute «erkannt» wird, verändert sich vielleicht. *Der Zusammenhang* ist von Bedeutung.
Lernen als ein *Produkt,* eine Bestimmung.	Lernen als eine *Entwicklung,* eine Reise.
Hierarchische und autoritäre Struktur. Konformität wird belohnt, Andersdenkende werden entmutigt.	Gleichheit. Unparteiische und Andersdenkende werden zugelassen. Schüler und Lehrer sehen sich gegenseitig als Menschen und nicht als Rollen an. Autonomie wird gefördert.
Relativ rigide Struktur, vorgeschriebener Lehrplan.	Relativ flexible Struktur. Es herrscht die Ansicht, dass es viele Wege und Mittel gibt, ein gegebenes Thema zu lehren.
Vorgeschriebener Fortschritt, die Betonung liegt auf dem «angemessenen» Alter für bestimmte Aktivitäten; Trennung der Altersstufen.	Flexibilität und Integration der einzelnen Altersstufen. Der einzelne ist durch sein Alter nicht automatisch auf bestimmte Themen begrenzt.
Priorität liegt auf der Leistung.	Priorität liegt auf dem Selbstbild, jener Instanz, die Leistung hervorbringt.
Betonung liegt auf der äusseren Welt. Die innere Erfahrung wird in der Schule oft als ungeeignet angesehen.	Innere Erfahrung wird als Zusammenhalt für das Lernen angesehen. Der Gebrauch der Vorstellungskraft, des Geschichtenerzählens, von Traumtagebüchern, von Übungen, «die Mitte zu finden» und die Erforschung von Gefühlen wird gefördert.

LEITSÄTZE DES ALTEN PARADIGMAS IN DER ERZIEHUNG	LEITSÄTZE DES NEUEN PARADIGMAS IN DER ERZIEHUNG
Ahnungen und Gedanken, die von der allgemeinen Überzeugung abweichen, werden missbilligt.	Ahnungen und Gedanken, die von der allgemeinen Überzeugung abweichen, werden als ein Teil des kreativen Prozesses gefördert.
Betonung liegt auf dem analytischen, linearen Denken der linken Gehirnhemisphäre.	Es finden Bemühungen um eine Erziehung statt, die das gesamte Gehirn miteinbezieht. Die Rationalität der linken Gehirnhemisphäre wird durch ganzheitliche, nichtlineare und intuitive Strategien ergänzt. Der Zusammenfluss und die Verschmelzung beider Vorgänge wird betont.
Eine Etikettierung (wie z.B. «noch zu heilen», begabt, mit einer minimalen zerebralen Dysfunktion usw.) trägt zur sich selbst erfüllenden Prophezeiung bei.	Eine Etikettierung wird nur in einer untergeordneten, allein der Beschreibung dienenden Rolle verwendet – und nicht als fixierte Bewertung, die der individuellen erzieherischen Laufbahn anhaftet.
Man befasst sich mit Normen.	Man befasst sich mit der individuellen Leistung in Begriffen des eigenen Potentials. Es herrscht ein Interesse vor, die äusseren Begrenzungen auf die Probe zu stellen und wahrgenommene Begrenzungen zu überschreiten.
Es wird primär dem theoretischen, abstrakten «Buch-Wissen» vertraut.	Theoretisches und abstraktes Wissen wird in starkem Masse durch Experimente und Erfahrung ergänzt. Sowohl innerhalb als auch ausserhalb des Klassenzimmers. Es gibt Erkundungen, Zeiten der (handwerklichen) Lehre, Vorführungen und Experten, die einen Besuch abstatten.
Klassenzimmer werden im Sinne ihrer Effektivität und Zweckmässigkeit entworfen.	Man befasst sich mit dem Lernenvironment: mit Licht, Farben, Luft, physischen Annehmlichkeiten, mit dem Bedürfnis nach Zurückgezogenheit (eines privaten Bereiches) und Interaktion; ebenso nach sowohl ruhigen als auch überschwenglichen Aktivitäten.

LEITSÄTZE DES ALTEN PARADIGMAS IN DER ERZIEHUNG	LEITSÄTZE DES NEUEN PARADIGMAS IN DER ERZIEHUNG
Bürokratisch bestimmt, gegenüber Vorschlägen der Gemeinschaft resistent.	Die Vorschläge der Gemeinschaft werden unterstützt, es besteht sogar eine Kontrolle von seiten der Gemeinschaft.
Erziehung wird als eine soziale Notwendigkeit für eine gewisse Zeitspanne angesehen, um ein Minimum an Fähigkeiten einzuschärfen und um eine bestimmte Rolle einzuüben.	Erziehung wird als eine lebenslange Entwicklung angesehen, die nur berührenderweise mit der Schule verbunden ist.
Zunehmendes Zutrauen in die Technologie (audio-visuelle Ausrüstung, Computer, Bänder, Textverarbeitung), Entmenschlichung.	Man benutzt eine geeignete Technologie. Die menschlichen Beziehungen zwischen Lehrer und Lernenden sind von primärer Bedeutung.
Allein der Lehrer gibt Wissen aus; Einbahnstrasse.	Der Lehrer ist ebenso ein Lernender – er lernt von den Schülern.

Die alten Leitsätze werfen Fragen auf, wie man Normen und Gehorsam erfüllt und richtige Antworten erlangt. Die neuen Leitsätze führen zu Fragen, wie man lebenslanges Lernen motivieren, wie man Selbstdisziplin stärken kann, wie man Neugier weckt und wie man Menschen aller Altersstufen zu einem kreativen Risiko ermutigt.

LERNEN HEISST TRANSFORMIEREN

Man betrachte den Lernenden einmal als ein offenes System – eine dissipative Struktur, wie in Kapitel 6 beschrieben, die mit der Umgebung in Wechselwirkung steht, Informationen aufnimmt, sie integriert und anwendet. Der Lernende transformiert Inputs, indem er ordnet und wieder neuordnet und somit Kohärenz erzeugt. Seine Weltsicht wird fortwährend zur Aufnahme von Neuem erweitert. Von Zeit zu Zeit zerbricht die neue Weltsicht und wird, ähnlich wie bei der Aneignung neuer wichtiger Fähigkeiten und Konzepte, wieder neu geordnet: etwa wenn man lernt zu gehen, sprechen, lesen, schwimmen oder schreiben; wenn man eine zweite Sprache oder Geometrie erlernt. Jede Form des Lernens ist eine Art Paradigmawechsel.

Einem Wechsel beim Lernen geht eine Belastung voraus, deren

Intensität ein ganzes Kontinuum umfasst: Unbehagen, Erregung, kreative Spannung bis hin zu Verwirrung, Angst, Schmerz und Furcht. Überraschung und Furcht beim Lernen werden von Carlos Castaneda in seinem Buch *Die Lehren des Don Juan* so beschrieben:

> Er beginnt langsam zu lernen – zuerst Schritt für Schritt, dann in grossen Sprüngen. Und bald sind seine Gedanken durcheinander. Was er lernt, ist nicht, was er sich ausgemalt hat, und so beginnt er sich zu ängstigen. Lernen ist niemals, was man erwartet. Jeder Schritt des Lernens ist eine neue Aufgabe, und das Erleben der Furcht nimmt erbarmungslos und unnachgiebig zu. Sein Vorsatz wird ein Schlachtfeld ...
> Er darf nicht fortlaufen. Er muss seine Furcht besiegen, er muss ihr trotzen und den nächsten Schritt des Lernens gehen und den nächsten und den nächsten. Er muss nur aus Furcht bestehen, und doch darf er nicht aufhören. Das ist die Regel! Und ein Moment wird kommen, wo sein erster Feind zurückweicht. Der Mann beginnt, sich seiner selbst sicher zu werden. Sein Vorsatz wird stärker, Lernen ist nicht länger eine erschreckende Aufgabe.

Der transformierende Lehrer bemerkt die Bereitschaft zur Veränderung, hilft dem «Jünger» oder Schüler, komplexeren Bedürfnissen angemessen zu begegnen, indem er die überkommenen Ebenen immer wieder transzendiert. Der wahre Lehrer lernt ebenfalls und wird durch die Beziehung zum Schüler transformiert. Burns stellte sehr richtig fest, dass ein Diktator deshalb kein wirklicher Führer ist, weil er den Vorschlägen seines Volkes gegenüber nicht offen ist; ebenso ist ein verschlossener Lehrer – jener blosse «Machthaber» – kein wirklicher Lehrer.

Der verschlossene Lehrer mag die Schüler mit Informationen vollstopfen. Der Lernende verwehrt jedoch seine Anteilnahme. Ähnlich den Bürgern in einer Diktatur sind Schüler unfähig, ihre Bedürfnisse und Fertigkeiten via Feedback an den zurückfliessen zu lassen, der ihr geistiges und persönliches Wachstum fördern soll. Das lässt sich etwa am Unterschied zwischen einem Lautsprecher und einer Gegensprechanlage aufzeigen.

Wie ein guter Therapeut stellt der geistig offene Lehrer eine durch Harmonie, Einklang, Zuneigung und Rückkoppelung gekennzeichnete Beziehung her; er spürt unausgesprochene Bedürfnisse auf, Konflikte, Hoffnungen und Ängste. Mit vollstem Respekt gegenüber der Autonomie des Lernenden verbringt der Lehrer mehr Zeit damit, bei der

Artikulation von dringlichen *Fragen* behilflich zu sein, als damit, die richtigen Antworten zu fordern.

Wir werden feststellen, dass Timing und nichtverbale Kommunikation dabei entscheidend sind. Der Lernende spürt die Wahrnehmung seiner eigenen Fertigkeiten seitens des Lehrers ebenso wie dessen Zutrauen oder Skepsis. Er kann die Erwartungshaltung des Lehrers «ablesen». Ein guter Lehrer erkennt die Bereitschaft des Schülers intuitiv, dann sondiert er, stellt Fragen und führt den Schüler auf das zu behandelnde Gebiet. Der Lehrer räumt eine Zeit zum Assimilieren ein, ja sogar für einen Rückzug, falls die Wellen einmal zu hoch schlagen.

Genauso wenig wie man ganzheitliche Gesundheit nicht «liefern» kann, da der Patient den ersten Schritt machen muss, weiss ein guter Lehrer, dass man das Lernen niemandem aufzwingen kann. Wie Galilei sagte, kann man dem einzelnen helfen, es in sich selbst zu entdecken. Der offene Lehrer hilft dem Lernenden beim Entdecken von Mustern und Verbindungen, fördert die Offenheit ungeahnten neuen Möglichkeiten gegenüber und ist, was neue Ideen anbelangt, so etwas wie eine Hebamme. Der Lehrer ist ein Steuermann, ein Katalysator, ein Förderer – ein Urheber des Lernens, aber nicht dessen auslösendes Moment.

Das Vertrauen vertieft sich mit der Zeit. Der Lehrer kann sich besser auf den Lernenden einstimmen, und somit wird beschleunigtes und intensiveres Lernen einsetzen.

Ein Lehrer, der auf eine solche Einstimmung vorbereitet ist, muss offensichtlich über ein gesundes Mass an Selbstachtung verfügen, wenig abweisend sein und praktisch keine egoistischen Bedürfnisse kennen. Der gute Lehrer muss bereit sein, die Zügel mal los zu lassen, selbst Fehler zu machen, dem Lernenden eine andere Wirklichkeit gestalten. Der Schüler, der ermutigt wird, auf die Stimme seiner eigenen Autorität zu hören, ist stillschweigend eingeladen zu widersprechen. Unterwerfung gegenüber äusseren Autoritäten ist stets nur provisorisch und vorübergehend. Östliche Weisheit drückt dies so aus: «Wenn du Buddha auf der Strasse triffst, töte ihn.»

Ähnlich dem spirituellen Lehrer, der das Selbstbild des Schülers erweitert oder heilt und ihm damit den Blick auf das eigene Potential lenkt, befreit der Lehrer das Selbst, öffnet Augen und macht den Schüler auf Wahlmöglichkeiten aufmerksam. Wir lernen nur das, was wir schon immer gewusst haben.

Wir lernen, jene Ängste zu durchschreiten, die uns zurückhielten. In der transformativen Beziehung zu einem Lehrer bewegen wir uns auf den äussersten Rand zu, unser Seelenfriede wird gestört, und wir werden durch etwas herausgefordert, was der Psychologe Frederick Perls als einen «gefahrlosen Notfall» bezeichnete.

Das optimale Lernenvironment bietet genug Sicherheit, um Entdeckungen zu machen, Anstrengungen zu unternehmen, wie auch genügend Erregung, um uns vorwärtszubringen. Obwohl ein humanes Environment keine ausreichende Bedingung für Transformation/Erziehung darstellt, erzeugt sie doch das nötige Vertrauen. Wir vertrauen jenen Lehrern, die uns Belastungen aussetzen, Schmerz zufügen oder uns schinden, falls wir dies nötig haben. Und wir verachten solche, die uns wegen ihres eigenen Egos antreiben, die uns mit Widersprüchlichem stressen oder uns in tiefes Wasser führen, wenn wir uns immer noch vor seichtem Wasser fürchten.

Eine angemessene Portion Stress ist jedoch wichtig. Lehrer können bei dem Versuch der Transformation scheitern, wenn sie sich davor fürchten, den Lernenden aus der Fassung zu bringen. «Wirkliches Erbarmen», sagt ein spiritueller Lehrer, «ist unbarmherzig.» Der Dichter Guillaume Apollinaire drückte es wie folgt aus:

Kommt an den Rand, spach er.
Sie entgegneten: Wir haben Angst.
Kommt an den Rand, sprach er.
Sie kamen.
Er versetzte ihnen einen Stoss ... und sie konnten fliegen.

Die, die uns lieben, versetzen uns dann einen Stoss, wenn wir fliegen können.

Zu sanftmütige Lehrer bestärken den natürlichen Wunsch des Schülers, sich zurückzuziehen, an einem sicheren Ort zu verweilen und sich niemals für neues Wissen herauszuwagen, niemals etwas zu riskieren. Der Lehrer muss wissen, wann er den Lernenden sich abmühen lässt; er muss erkennen, dass «Hilfe» oder Erleichterung, sogar wenn sie erbeten werden, eine Transformation unterbrechen können. Es geht dabei um dieselben Sinne, die dem Schwimmschüler sagen, wann er sich frei machen muss, oder jemandem, der Fahrradfahren lernt, dass er ein neues inneres Gleichgewicht finden muss. Selbst im Namen der Liebe oder der Sympathie dürfen uns die ersten kritischen Schritte beim Lernen nicht abgenommen werden.

Risiken bringen ihre eigenen Belohnungen mit sich: die Heiterkeit bei jedem Durchbruch, beim Erreichen des anderen Ufers; die Erleichterung eines überwundenen Konflikts, die Klarheit, wenn ein Widerspruch sich auflöst. Wer immer uns dieses lehrt, ist ein Agent innerer Befreiung. Schliesslich erfahren wir tief in unserem Inneren, dass auf der anderen Seite jeglicher Angst Freiheit wartet. Am Ende müssen wir die Verantwortung für unsere Reise selbst übernehmen, indem wir unsere inneren Widerstände und Befürchtungen, unsere Verwirrung gegenüber neuen Freiheiten hinter uns lassen.

Wie vielen Rückschlägen oder Umwegen wir auch immer begegnen: wenn diese Reise einmal beginnt, geraten wir auf einen völlig neuen Weg. Irgendwo gibt es jene klare Erinnerung an den Vorgang der Transformation: vom Dunkel zum Licht, vom Verlorenen zum Gefundenen, vom Zerbrochenen zum Ganzen, vom Chaos zur Klarheit, von Angst zur Transzendenz.

Um zu verstehen, wie wir Angst und Vollkommenheit, Risikobereitschaft und Vertrauen erlernen, müssen wir an den Schulen vorbei zu unseren ersten Lehrern zurückblicken. Die Eltern sind unser Modell, unsere Anhaltspunkte zur Orientierung. Von ihnen lernten wir, uns zurückzuziehen oder vorwärtszugehen. Wir wurden von ihren Erwartungen erfüllt. Viel zu häufig erbten wir Ängste zweiter Generation, Ängste, die wir in ihnen ahnten. Wenn wir uns dieses Kreislaufs nicht bewusst sind, ist es nur allzu wahrscheinlich, dass wir ihre Ängste – wie auch unsere eigenen – an unsere Kinder weitergeben. Das ist das Erbe des Unbehagens, der Unsicherheit, das von Generation zu Generation hinterlassen wird: Angst vor Verlust, vor dem Fallen; vor dem «Geschlagen»- und «Zurückgelassen»-Werden; vor dem Alleinsein; oder die Angst, nicht gut genug zu sein.

Kürzlich unternommene Studien über das ziemlich weitverbreitete Syndrom der «Angst vor Erfolg» enthüllten, dass die wahrscheinlichste Ursache dafür die Vermittlung jener Angst der Eltern ist, das Kind könne nicht in der Lage sein, eine ihm gestellte Aufgabe zu meistern. Das Kind lernt gleichzeitig, dass die Aufgabe von den Eltern als wichtig erachtet wird, während sie daran zweifeln, ob es diese Aufgabe ohne fremde Hilfe lösen kann. Solch ein Mensch wird sein Leben lang Mechanismen entwickeln, die seine Erfolge immer dann sabotieren, wenn er die Schwelle wirklicher Meisterschaft erreicht.

Es scheint, als kümmerten sich die meisten Eltern nicht darum, wenn ihre Kinder in gewissen Dingen besser abschneiden als sie selbst: bei Schulaufgaben, beim Sport oder was die Popularität anbelangt. Es liegt eine stellvertretende Befriedigung darin, wenn ein Kind die eigenen Ambitionen weiterführend erfüllt. Die meisten Eltern wollen jedoch nicht, dass ihre Kinder *anders* sind. Wir wollen fähig sein, sie zu verstehen, und wir wollen, dass sie unsere Wertvorstellungen teilen.

Diese Furcht vor einer uns fremden Nachkommenschaft taucht in Mythen und Science Fiction-Erzählungen über Kinder auf, die mit einem Schlag zu neuen Seinsformen wechseln und den Schwächeren und der Sterblichkeit ihrer Eltern nicht länger ausgesetzt sind; so z. B. in Arthus Clarkes Roman *Die letzte Generation*.

Wenn wir uns als Eltern vor Risiken und Fremdartigem fürchten, warnen wir unsere Kinder davor, das bestehende System zu attackieren. Wir erkennen ihr Recht auf eine andere Welt nicht an. Im Namen der Anpassung versuchen wir möglicherweise, ihnen die selbstgewählte, feinfühlige Rebellion zu ersparen. Im Namen des Gleichgewichts versuchen wir, sie vor extremer Intensität, vor «fixen Ideen» und Exzessen zu bewahren – kurz gesagt: vor jenem Ungleichgewicht, welches das Auftreten von Transformation zulässt.

Eltern, die den Lernfähigkeiten des Kindes Vertrauen schenken, die Unabhängigkeit fördern und Ängsten mit Humor und Aufrichtigkeit begegnen, können die uralten Fesseln unnötiger Sorgen sprengen. Eine wachsende Zahl Erwachsener hat in den letzten Jahren eine transformative Entwicklung am eigenen Leibe erfahren; somit sind sie sich dieses tragischen Vermächtnisses bewusst geworden, und sie stellen eine durchschlagende Kraft der Veränderung dar – ein neuer Faktor in der Geschichte.

GANZHEITLICHES WISSEN

Es gibt eine weitere, beispiellose Entwicklung. Teilhard de Chardin meinte, dass die gesamte Menschheit in eine neue Phase eintrat, als der Geist sich einmal der Evolution bewusst wurde. Es wäre nur eine Frage der Zeit, bis wir den Beweis für eine weltweite Erweiterung des Bewusstseins erkennen würden.

Der erst kürzlich in die Erziehung aufgenommene bewusste Gebrauch von Techniken zur Bewusstseinserweiterung ist im bisherigen Schulwesen völlig neu. Niemals zuvor hat eine Kultur die Anstrengung unternommen, quer durch die Bevölkerung ganzheitliches Wissen zu fördern. Jener transzendente Zustand, in dem Intellekt und Gefühl miteinander verschmolzen sind, in welchem höhere kortikale Entscheidungen mit den Intuitionen des limbischen Gehirns Frieden schliessen, war bisher das Hoheitsgebiet einer Minderheit: der Philosophen des alten Athen, der Zen-Meister, der Genies der Renaissance und kreativer Physiker. Solch heldenhafte Dinge waren nicht für «normale» Menschen bestimmt. Und sicherlich auch nicht für Schulen!

Aber heutzutage besteht kein Grund mehr, ganzheitliches Wissen auf eine Elite zu beschränken. Sowohl die Wissenschaft als auch die Erfahrungen persönlicher Transformation beweisen, dass es eine angeborene menschliche Fähigkeit darstellt – nicht allein die Begabung von Künstlern, Yogis und wissenschaftlichen Wunderkindern. Das Gehirn eines jedes Menschen ist des unaufhörlichen Neuordnens von Informationen fähig. Konflikt und Paradox sind das Mahlgut für die transformative Mühle des Gehirns.

Wir brauchen nur aufmerksam zu sein. Indem die Psychotechnologien das erzeugen, was der Psychologe Lester Fehmi «offenen Fokus» nannte, erweitern sie die Bewusstheit. Sie verbessern das Erinnerungsvermögen, beschleunigen die Lernfähigkeit, helfen, die Funktionen der beiden kortikalen Hemisphären zu integrieren, und begünstigen die Kohärenz zwischen den alten und neuen Gehirnregionen. Sie erlauben auch einen besseren Zugang zu jenen unbewussten Ängsten, die uns möglicherweise den Weg versperren.

Sie helfen jedem Lernenden, sei er alt oder jung, «die Mitte zu finden» – schöpferisch zu sein, Verbindungen herzustellen, zu vereinheitlichen, zu transzendieren.

Und bald schon wird es offensichtlich, dass unsere Unterschätzung der Fähigkeiten des Gehirns und unsere Unwissenheit über seine Funktionsweise dazu geführt haben, dass wir unser Erziehungssystem nach auf den Kopf gestellten, rückständigen Kriterien entwarfen. Leslie Hart, eine Erziehungsberaterin, beschrieb Schulen als «dem Gehirn entgegenwirkend»:

> Wir sind von der «Logik» besessen, von der gewöhnlichen ... eng umgrenzten Bedeutung, einer schrittweisen Entwicklung, geordnet und sequentiell (linear) ... Das menschliche Gehirn hat jedoch für eine solche Logik wenig Verwendung. Es ist ein Computer von unglaublicher Kraft und Scharfsinnigkeit, funktioniert jedoch weitaus eher analog als digital. Es arbeitet nicht mittels Genauigkeit, sondern mit Wahrscheinlichkeiten, mittels einer grossen Anzahl meist grober oder sogar vager Annäherungswerte.

Die Berechnungen des Gehirns erfolgen ohne unsere bewusste Anstrengung; alles, was es braucht, ist Aufmerksamkeit und unsere Offenheit gegenüber neuen Informationen. Obwohl das Gehirn unendlich viele Informationen aufnimmt, wird nur ein Bruchteil davon ins «normale» Bewusstsein übernommen, zumeist aufgrund unserer Gewohnheiten und falschen Vermutungen über das Wie des Wissens.

Unglücklicherweise haben sich die Entdeckungen über die Natur des Geistes ähnlich langsam wie die Nachricht eines Waffenstillstandes verbreitet. Viele sterben unnötigerweise auch dann noch auf dem Schlachtfeld, wenn der Krieg längst beendet ist. Gezwungen durch ein System, welches ein Leben lang die Wachstumsfähigkeit des Geistes behindert, werden jeden Tag junge Menschen in einer so grossen Zahl niedergedrückt und herabgewürdigt, dass der Gedanke daran schier unerträglich ist. Jemand äusserte einmal treffend, dass Menschen im Gegensatz zu Insekten als Schmetterlinge geboren werden und in einem Kokon enden.

Die Neurologie war verständlicherweise deshalb nicht im Fächerkanon der meisten pädagogischen Fakultäten zu finden, weil sie dazu neigt, sich in eine technische Sprache zu hüllen. Trotz aller Vereinfachungen haben die Entdeckungen über die spezifischen Fähigkeiten der rechten und linken Gehirnhemisphären der Erziehung eine provokative neue Metapher für das Lernen geboten.

Die wissenschaftlichen Erklärungen für «Intuition», unser Begriff für Wissen, welches nicht verfolgt werden kann, haben die Wissenschaft erschüttert und fangen nun gerade an, Auswirkungen auf die Erziehung zu zeitigen.

Auf der Ebene des gesunden Menschenverstandes versuchen wir, Ideen von einem Punkt zum anderen zu verfolgen, wie beim Verlegen einer elektrischen Leitung oder bei einem «Gedankenstrom». A führt zu B, B führt zu C. Nicht-lineare Vorgänge in der Natur, wie etwa Kristallisation und gewisse im Gehirn stattfindende Ereignisse, laufen jedoch alle auf einmal von A bis Z ab. Das Gehirn ist nicht auf unseren gesunden Menschenverstand limitiert, sonst würde es überhaupt nicht funktionieren.

Das Lexikon definiert Intuition als «schnelle Wahrnehmung der Wahrheit ohne bewusste Aufmerksamkeit oder Vernunft», als «Wissen aus dem Inneren», als «instinktives Wissen oder Gefühl, verbunden mit einer klaren und konzentrierten Sichtweise». Das Wort leitet sich aber vom lateinischen *intuere* ab, «etwas betrachten».

Wenn dieses unmittelbare Erspüren vom linear arbeitenden Verstand nicht beachtet wird, sollte uns das nicht überraschen. Schliesslich finden die entscheidenden Prozesse jenseits des linear verlaufenden Spürsinns statt und bleiben deshalb suspekt. Zudem werden sie durch jene Hälfte des Kortex vermittelt, der nicht spricht – durch unsere im wesentlichen schweigende, stille Hemisphäre. Die rechte Gehirnhemisphäre kann ihre Erkenntnisse nicht verbalisieren; ihre Symbole, Bilder oder Metaphern müssen von der linken Hemisphäre aufgenommen und neu formuliert werden, bevor eine Information vollständig erfasst wird.

Bis wir die experimentellen Nachweise für die Gültigkeit solchen Wissens und Andeutungen über die nicht-linearen Prozesse in Händen halten konnten, fiel es unserem einspurigen Selbst schwer, dieses Wissen zu akzeptieren, noch schwerer, unser Misstrauen aufzugeben. Heute wissen wir, dass dies von einem System herrührt, dessen Fassungsvermögen, Verbundenheit und Geschwindigkeit die hervorragendsten Forscher demütigen.

Es gibt eine Auffassung, die dahin tendiert, dass Intuition vom Intellekt getrennt ist. Richtiger müsste man sagen, dass Intuition den Intellekt einschliesst. Alles, was wir jemals «ausgedacht» haben, wird ebenso gespeichert und ist verfügbar. Der erweiterte Bereich kennt alles, was wir innerhalb unseres normalen Bewusstseins wissen – und vieles mehr. Der Psychologe Eugene Gendlin hat recht, wenn er sagt, dass jene Dimension, die wir gewöhnlich das Unbewusste nennen, nicht kindisch, regressiv oder verträumt ist, sondern sehr viel «gescheiter» als «wir» es sind. Wenn dessen Botschaften manchmal verstümmelt sind, so ist dies der Fehler des Empfängers und nicht des Senders.

«Stillschweigendes Wissen» hat stets seine Befürworter gehabt, viele unserer bedeutendsten und kreativsten Wissenschaftler und Künstler eingeschlossen. Es ist der wichtigste stille Partner all unseres Fortschritts gewesen. Die linke Gehirnhemisphäre kann neue Informationen in das bereits bestehende Schema der Dinge einordnen, *sie kann jedoch keine neuen Ideen liefern. Die rechte Gehirnhemisphäre erkennt den Zusammenhang – und deshalb auch den Sinn.* Ohne Intuition würden wir immer noch in Höhlen leben. Jede bahnbrechende Erkenntnis, jeder Sprung nach vorn ist von den Einsichten der rechten Hemisphäre, von der Fähigkeit des ganzheitlich funktionierenden Gehirns abhängig gewesen, Anomalien und neuartige Entwicklungen aufzudecken wie auch Bezugspunkte wahrzunehmen.

Es ist kein Wunder, dass unser pädagogischer Ansatz mit der Betonung linearer, linkshemisphärischer Vorgänge im Gehirn nicht mit der Zeit mithalten konnte.

Jedenfalls ist es nur allzu verständlich, dass sich das im Entwicklungszustand befindliche menschliche Bewusstsein mit der Zeit übermässig auf jene Hemisphäre verliess, in der primär die Sprachzentren ruhen. Einige Theoretiker berufen sich auf Forschungsergebnisse, wenn sie behaupten, die linke Gehirnhemisphäre verhielte sich beinahe wie ein getrenntes, wetteiferndes Individuum, wie ein unabhängiger Geist, der seinen Partner behindert.

Unsere missliche Lage könnte man mit der langen, sehr langen Reise zweier Zwillingsbrüder vergleichen, die beide Seeleute auf demselben Schiff sind. Der eine ist ein gesprächiger, analytischer Kamerad, der andere ist still und verträumt. Mit Hilfe seiner Karten und Instrumente stellt der verbal orientierte Partner eifrig Berechnungen an. Sein Bruder besitzt jedoch die unheimlich anmutende Gabe, Stürme, wechselnde Strömungen und andere navigatorische Bedingungen vorherzusehen, welche er seinem Bruder mittels Handzeichen, Symbolen und Zeichnungen verständlich macht. Der analytisch denkende Seemann hat Angst, den Ratschlägen seines Bruders zu vertrauen, weil er nicht weiss, woher er sie hat. In Wirklichkeit hat der stille Seemann einen drahtlosen, unmittelbaren Zugang zu einer reichbestückten Datenbank, die ihm die Perspektive eines Wettersatelliten ermöglicht. Er kann dieses komplexe System mit seiner begrenzten Fähigkeit zur Übermittlung von Einzelheiten nicht erklären. Zudem beachtet ihn sein redseliger «vernünftiger» Bruder gewöhnlich ohnehin nicht. Frustriert steht er oft hilflos da, während ihr Schiff kopfüber in die Katastrophe segelt.

Wann immer ihre Überzeugungen in Konflikt geraten, folgt der analytisch denkende Seemann stur seinen eigenen Berechnungen, bis zu dem Tag, an dem er über die schematische Struktur der Datenbank seines Bruders stolpert. Er ist überwältigt, er erkennt, dass er durch das Ignorieren der Vorschläge seines Zwillingsbruders nur halb informiert durchs Leben gefahren ist.

Jerome Bruner, einer der führenden Wissenschaftler im Bereich des Lehrens und Lernens, äusserte einmal, dass jenes heranwachsende Kind, welches sich einem neuen Thema oder einem neuen Problem gegenübersieht – ähnlich einem Wissenschaftler der im Grenzbereich seines Faches arbeitet – ohne Intuition gelähmt sei. Wir «denken uns nicht aus», wie körperliches Gleichgewicht zu halten ist. Viel öfter als wir realisieren, «fühlen» wir unseren Weg. Der A–Z-Computer stellt seine Ahnungen so scharf als möglich ein, und wir folgen ihm.

Bruner meint weiter, dass wir zum voll- und selbständigen Einsatz unserer Fähigkeiten die Kraft der Intuition anerkennen müssen. Unsere eigene Technologie hat so viele mögliche Entscheidungsmöglichkeiten erzeugt, dass nur die Intuition bei der richtigen Wahl helfen kann. Und weil unsere Technologie zudem die Routine, das Analytische gut handhaben kann, haben wir die Freiheit, jene Aufmerksamkeit zu verfeinern, die uns den Zugang zu einem ganzheitlichen Wissen vermittelt.

Wir erkennen nun, dass die rechte Gehirnhemisphäre Beziehungen wahrnimmt, Gesichter erkennt, neue Informationen übermittelt, Töne hört, Harmonien und Symmetrien bewertet. *Die ausgeprägteste Lernstörung ist vielleicht die Blindheit gegenüber Mustern* – die Unfähigkeit, Beziehungen wahrzunehmen oder Bedeutungen ausfindig zu machen. Noch verfügt kein Schulbezirk über heilende Programme zur Überwindung dieses grundlegendsten Handicaps. Wie bereits festgestellt, verschlimmert unser Erziehungswesen diesen Zustand und ist vielleicht sogar dessen Ursache.

Die Forschung bestätigt, was aufmerksame Eltern und Lehrer schon immer gewusst haben: Jeder lernt auf unterschiedliche Weise. Bei einigen dominiert die linke Gehirnhemisphäre, bei anderen die rechte, bei wieder anderen keine von beiden. Einige lernen besser, indem sie zuhören, andere durch Sehen oder Fühlen. Den einen fällt es leichter, Visuelles wahrzunehmen, andere wiederum sind dazu überhaupt nicht fähig. Wieder andere können sich den Stand ihres Kilometerzählers oder Telefonnummern merken; dann gibt es wiederum Menschen, die sich eher an Farben und Gefühle erinnern. Einige lernen am besten in Gruppen, andere in Isolation. Einige am besten am Morgen, andere am Nachmittag.

Keine einzige Erziehungsmethode kann das Beste aus unterschiedlichen Gehirnen herausholen. Ergebnisse über die speziellen Fähigkeiten der beiden Hemisphären und über die Neigungen einzelner Menschen, einen Funktionsstil dem anderen vorzuziehen, erleichtern uns das Verständnis dafür, dass wir in unserer Wahrnehmung und unserer Denkweise so unterschiedlich sind.

Die Gehirnforschung revolutioniert gleichermassen unser Verständnis in bezug auf die unterschiedlichen Arten der Wahrnehmungen bei Männern und Frauen. Die Geschlechter weichen in einigen Aspekten der Spezialisierung des Gehirns auffallend voneinander ab. Die linke und die rechte Gehirnhemisphäre eines Mannes spezialisieren sich zu einem weit früheren Zeitpunkt als das Gehirn einer Frau, was zu gewissen Vor- und Nachteilen führt. Das Männergehirn funktioniert bei gewisser räumlicher Wahrnehmung besser, ist jedoch weniger flexibel und nach Verletzungen anfälliger für Ausfälle als das Gehirn von Frauen. Eine kürzlich durchgeführte Untersuchung zeigte, dass Frauen, deren linke Gehirnhemisphäre beschädigt worden war, fast keinen Verlust der Sprachfähigkeit erlitten hatten, während sich bei Männern mit derselben Art von Verletzung eine unterdurchschnittliche Sprachfähigkeit zeigte. Weitaus mehr Männer als Frauen leiden an Dyslexie.

Dyslexie, von der mindestens 10 Prozent der Bevölkerung betroffen ist, scheint, was den Lesevorgang betrifft, mit einer Dominanz der rechten Gehirnhemisphäre einherzugehen. Menschen mit einer ausgeprägten ganzheitlichen Wahrnehmung werden durch unser Erziehungssystem mit seiner Betonung auf symbolischer Sprache und symbolischer Mathematik häufig beeinträchtigt. Anfangs haben sie Schwierigkeiten, diese Symbole zu verstehen. Andererseits ist diese neurologische Minderheit möglicherweise aber auch ungewöhnlich begabt. Typischerweise zeichnen gerade sie sich in den Künsten und beim innovativen Denken aus. Es ist jedoch ein Zeichen für Ironie, dass ihr potentieller Beitrag zur Gesellschaft häufig genug herabgewürdigt wird, weil das System im Laufe der ersten Schuljahre ihre Selbstachtung untergräbt.

Die Schulen haben ein ganzes Kaleidoskop individueller Gehirne mit einem einzigen Programm, nach einem einzigen Satz von Bewertungskriterien unterrichtet und «entlassen». Sie haben einige Fähigkeiten unter Ausschluss von anderen überbewertet und konditioniert; sie haben jene Menschen «scheitern lassen», deren Begabungen auf der Wunschliste der Kultur nicht obenan stehen, und sie somit für ihr Leben lang davon überzeugt, dass sie nichts taugen.

Individuell wie auch gesellschaftlich haben wir dringende Bedürfnisse, die nur befriedigt werden können, wenn wir uns, was das Lernen anbelangt, eine andere Denkweise zu eigen machen.

DAS BEDÜRFNIS NACH INNOVATION

Die Fähigkeit zu Synthese und dem Erkennen von Mustern stellen Überlebenstechniken für das 21. Jahrhundert dar. Indem die Kultur fortschreitend komplexer wird*, die Wissenschaft immer allumfassender, die Wahlmöglichkeiten stets vielfältiger, benötigen wir ein ganzheitliches Verständnis, wie es vorher nicht nötig war: Die rechte Gehirnhemisphäre dient der Innovation, dem Erfühlen, dem Aufrütteln und der Vorausschau; die linke dient dem Testen, Analysieren, Überprüfen, dem Konstruieren und der Ausarbeitung einer neuen Ordnung. Zusammengenommen ersinnen sie die Zukunft.

Der Romancier Henry James nahm mit seiner Beobachtung zweier grundlegend unterschiedlicher Menschentypen die Neurologie vorweg

---

* Soziologen haben kürzlich errechnet, dass ein Mensch der heutigen westlichen Gesellschaft täglich fünfundsechzigtausend Eindrücke mehr empfängt als unsere Vorfahren vor hundert Jahren.

– er unterteilt in Menschen, die das Gefühl der *Erkenntnis* vorziehen, und in solche, welche der *Überraschung* Vorzug geben. Die linke Gehirnhemisphäre scheint sich auf die Wahrnehmung höchst strukturierter Stimuli zu spezialisieren, während die rechte neuartige, diffuse Informationen, wie das Aufleuchten eines Lichtes, integriert. Die linke Gehirnhemisphäre erkennt die Beziehung des Stimulus zu dem bisher Bekannten. Die rechte geht mit Materialien um, die vorher noch nicht erfahren wurden.

Die Hemisphären sind konservativ und radikal, traditionell und innovativ. Experimente geben zu der Vermutung Anlass, dass die rechte Gehirnhemisphäre, zusätzlich zum Verstehen der Beziehungsfülle und ihrer hervorragenden Fähigkeit zu einer tiefgründigen Wahrnehmung, in schwermütigen, düsteren Stimmungslagen besser wahrnehmen kann. Dies scheint, poetisch gesehen, gut mit der Auffassung zusammenzupassen, dass sie das Unbekannte in Augenschein nimmt und dass sie eine Vorliebe für das Mystische hat.

Frei fliessendes, mit der rechten Gehirnhemisphäre wahrgenommenes Wissen ist wie ein entliehenes Buch, wie das Aufschnappen einer im Vorübergehen gehörten Melodie, eine vage Erinnerung. Wenn der gerade erfühlten Idee – dem Fremden – kein Name, keine Definition, keine Konturen verliehen werden, geht sie dem vollen Bewusstsein verloren. Sie zieht wie ein Irrlicht, ein Nebelfetzen vorüber – wie ein halb in Erinnerung gebliebener Traum. Sie wird nicht verwirklicht; ohne die Fähigkeit der linken Gehirnhemisphäre, erkennen, benennen und integrieren zu können, bleibt all unsere Vorstellungskraft, die unser Leben wiederbeleben könnte, im Niemandsland der Zeit. Die Psychotechnologien erleichtern es dem Fremden, ins Licht zu treten.

In einem Zustand diffuser Aufmerksamkeit zeigen sich komplexe Gefühle und Eindrücke, die von der analytischen linken Gehirnhemisphäre erkannt werden. Das wahre Geheimnis liegt in dieser plötzlichen Integration, wenn das soeben Begonnene und das Bekannte ineinandergreifen. Dann «weiss» das ganze Gehirn. Man kann es mit der leuchtenden Glühbirne über dem Kopf einer Comic-Figur vergleichen, die soeben einen «glänzenden Einfall» hatte. Wir leben in einer Zeit der raschen Reorganisation des Alltagslebens und der radikalen Revision im Bereich der Wissenschaft. Vielfältige Realitätsebenen, neue Auffassungen der physischen Welt, erweiterte Bewusstseinszustände, die ins Wanken geratende technologische Entwicklung – bei all dem handelt es sich weder um Science Fiction noch um einen seltsamen Traum. Es wird sich nicht einfach verflüchtigen.

Die meisten Schulen standen – jedenfalls in der Vergangenheit –

kreativen und innovativen Menschen besonders ablehnend gegenüber. Erneuerer rütteln auf, sie stören den schläfrigen *Status quo*. Sie stimmen der bequemen und allgemeinen Auffassung über die Realität nicht zu; man denke an Hans Christian Andersens Märchen von des Kaisers neuen Kleidern.
Hermann Hesse schrieb über «den Kampf zwischen Gesetz und Geist», der sich Jahr für Jahr, von Schule zu Schule wiederholt:

... und immer wieder sehen wir Staat und Schulen atemlos bemüht, die alljährlich auftauchenden paar tieferen und wertvolleren Geister an der Wurzel zu knicken. Und immer wieder sind es vor allem die von den Schulmeistern Gehassten, die Oftbestraften, Entlaufenen, Davongejagten, die nachher den Schatz des Volkes bereichern. Manche aber – und wer weiss wie viele? – verzehren sich in stillem Trotz und gehen unter.

Durch den in unseren Schulen herrschenden Hang zum Vorurteil mögen wir, wenn auch unbeabsichtigt, viele Menschen ins Extrem ihrer angeborenen Neigungen treiben. Der rebellierende Erneuerer weicht von der gültigen Norm mehr und mehr ab, um möglicherweise asozial oder neurotisch zu werden. Das schüchterne Kind, das zu gefallen wünscht, wird durch die autoritäre Struktur in eine bloss noch konformistische Position gedrängt. In ihrer vergleichenden Studie über höhere Schulen und Gefängnisse erläuterten Craig Haney und Philip Zimbardo, dass die wirklich tragischen Fälle nicht die Unruhestifter oder gar die Drop-outs sind, sondern «die endlose Prozession gesichtsloser Studenten, die das Schulsystem stumm und bedingungslos, unaufdringlich und unbemerkt durchlaufen».
Angst kann uns von Erneuerung, von Risiko und Kreativität abhalten. Damit geben wir uns jedoch nur mit einer Illusion von Sicherheit zufrieden. Wir verlängern unser Unbehagen und finden keinen Schlaf. Auf einer Ebene wissen wir, dass wir in Gefahr sind, weichen wir der Veränderung in einer sich verändernden Welt aus. Die einzigen Strategien, die phantasiereich genug sind, uns zu retten, werden uns erreichen, wenn wir auf unser «anderes» Bewusstsein hören. Wir müssen die wesentlichen Punkte stets aufs neue betrachten, wir müssen die Strukturen stets aufs neue zerlegen und erneuern.
Alvin Toffler vertrat in seinem 1970 erschienenen Buch *Der Zukunfts-Schock* die Ansicht, dass wir «eine Vielfalt von Visionen, Träumen und Prophezeiungen (Vorstellungen) einer möglichen Zukunft ...» brauchen. Mutmassungen und Visionen werden zu etwas

genauso nüchtern Praktischem wie der «Realismus» – mit beiden Beinen auf der Erde – es in früheren Zeiten gewesen ist. «Wir müssen heilige Stätten für soziale Vorstellungskraft schaffen.»

Es ist anzunehmen, dass die Zukunft sensationelle, furchteinflössende, ja sogar verheerende Überraschungen mit sich bringen wird. Ein Erziehungssystem, das auf die «richtigen Antworten» drängt, ist aus wissenschaftlicher wie psychologischer Sicht ungesund. Und indem es in Glaube oder Verhalten Konformität fordert, verhindert es Innovationen und erntet in einem zunehmend autonomen Zeitalter nichts als Spott.

«Das gegenwärtige Paradigma der Erziehung setzt voraus, dass die einzigen Fragen, die es wert sind, gestellt zu werden, jene sind, deren Antworten wir bereits kennen», meinte Ray Gottlieb, ein auf Erziehungsfragen spezialisierter Optometriker. «Wo kann man dann mit den Ungewissheiten der realen Welt leben lernen?»

Ganz allmählich erkennen wir, dass eine Erziehung nötig ist, die der Ungewissheit grenzenloser Freiheit Rechnung trägt. Die Fähigkeit zu einem Wechsel der Perspektiven ist eine eindeutige Hilfe zur Problemlösung. Im Laufe eines Experimentes trainierten Psychologen eine Gruppe Studenten, Probleme neu anzugehen oder sie intensiver zu visualisieren. Die Studenten, die Neuformulierungen lernten, mussten ihre Definition des Problems ausweiten und ihre Annahmen dahingehend überprüfen, ob diese berechtigt und notwendig waren. Die Studenten, die das Problem neu angingen, übertrafen jene, die es lediglich neu visualisierten! Die Experimentatoren äusserten die Ansicht, dass einem die falschen Dinge möglicherweise völlig klar sind, d. h., dass man «kristallene Klarheit erlangen kann, wo es keine gibt.»*

Ideensprünge, Neugier, Synthese, Spontaneität, Gedankenblitze – all dies sollte nicht das Vorrecht einer bevorzugten Minderheit sein. Der sich speziell mit Kreativität befassende Pädagoge John Gowan meinte:

> Ehemals haushalteten wir mit Kreativität auf gezügelte Weise. Als kreativ erachteten wir nur jene Menschen, die trotz aller Anstrengungen seitens der Familie, der Religion, der Erziehung und Politik, ihnen dies auszutreiben, hartnäckig dabeiblieben ...
> Wenn wir lernen, Kreativität zu zähmen – das heisst, sie in

---

* Die Versuchspersonen wurden beispielsweise gebeten, eine Uhr zu entwerfen, deren Zifferblatt keine Bewegung aufzeigt; auch die übrigen Teile sollten sich, bei normalem Betrieb, nicht sichtbar ändern. Die Antwort: eine *hörbare* Uhr. Wenn man zu hartnäckig versucht, eine Uhr *zu sehen,* beharren die meisten Menschen auf der Idee, eine Uhr müsse ablesbar sein.

unserer Kultur zu vergrössern und nicht zu verleugnen, dann können wir die Anzahl kreativer Menschen bis zu einem kritischen Punkt steigern. Wenn dieser Punkt in einer beliebigen Kultur erreicht ist – wie etwa im Athen des Perikles, in der Renaissance, im elisabethanischen England oder in unserer eigenen Epoche des Föderalismus –, vollzieht die Zivilisation einen grossen Sprung vorwärts. Wir können ein solch Goldenes Zeitalter erreichen, wie es die Welt nie zuvor gesehen hat ... Ein Genie ist gleich einem Pionier; und die besten Köpfe dieser Zeit erspähen die Morgendämmerung jenes Goldenen Zeitalters.

Da es keine andere Alternative gibt, kamen wir mit Kreativität ausgestattet zur Welt. Alles, was wir als erstes hörten und sahen, war neu und unverbraucht. Wir erforschten unser begrenztes Universum, gaben den Dingen einen Namen und erlebten sie in einer Ich-Du-Beziehung. Mit einem Mal unterbrach dann die formale Erziehung unsere Kontemplation und zwang uns zu einer anderen, eher bangen Aufmerksamkeit; sie zerschlug einen Bewusstseinszustand, der die Voraussetzung für ein unbeschwertes Lernen bildet.

Wenn man Glück hat, unterstützen die für unsere Erziehung Verantwortlichen jenes reiche, mehr im Fluss befindliche Bewusstsein noch eine Weile. Nach und nach sollte unser Schulsystem aufhören, Segelboote zu rudern.

DAS BEDÜRFNIS NACH VERBUNDENHEIT

Bedeutungen erwachsen aus einem Zusammenhang und einer Folgerichtigkeit. Ohne Zusammenhang ergibt nichts einen Sinn. Man versuche, sich Schach ohne Schachbrett, Sprache ohne Grammatik, Spiele ohne Regeln vorzustellen. Mit ihrer Begabung, Muster und Ganzheiten wahrzunehmen, ist die rechte Gehirnhemisphäre für das Verständnis eines Zusammenhangs, für das Erfassen eines Sinns von wesentlicher Bedeutung. «Lernen, wie man lernt» steht für jenes Lernen, die Beziehungen zwischen einzelnen Elementen zu erkennen. «Unglücklicherweise», so der Anthropologe Edward Hall, «sind Schulen dabei nicht behilflich, weil sie uns fortwährend beibringen, *keine* Verbindungen herzustellen ... Es sollte zumindest einige Menschen geben, deren Aufgabe es ist, eine Synthese zu schaffen – das Zusammenfügen einzelner Elemente. Und dies ist ohne ein tiefes Verständnis für den Zusammenhang unmöglich.»

Zusammenhang ... bedeutet wörtlich: «das, was zusammengeflochten ist». Heutzutage betrachten wir alles in Begriffen der Ökologie; wir erkennen, dass einzelne Elemente nur in Beziehung zueinander Bedeutung erlangen. So, wie die Medizin anfing, auf die zusammenhängenden Ursachen von Krankheiten, auf das Milieu zu achten und nicht nur auf die Symptome, so beginnt auch die Erziehung anzuerkennen, dass die Wechselbeziehung dessen, was wir wissen, das Netzwerk der einzelnen Bedeutung, wichtiger ist als der blosse Inhalt. Werden dem Inhalt erst einmal Bezugspunkte gesetzt, so kann man ihn relativ einfach beherrschen.

In einem Vorschulexperiment lernten die Kinder ganze Wörter müheloser lesen als einzelne Buchstaben; offensichtlich deshalb, weil sie mit Wörtern eine Bedeutung assoziieren. Das Wort *schwer,* welches den Buchstaben e enthält, war einfacher zu lernen als der Buchstabe *e* allein. Wurde dem Buchstaben aber eine Bedeutung, und nicht nur einfach eine Benennung oder ein Klang zugeordnet – wurde den Kindern z.B. gesagt, der Buchstabe *e* bedeute «Taxi» –, so konnte er ebenso leicht wie das Wort erlernt werden. Die Forscher beobachteten, was für machtvolle Faktoren der Bedeutung zukommt und welch relativ geringen Einfluss visuelle Komplexität hat, wenn Bedeutung Teil der Gleichung ist. Im Rahmen des «Title I (Ich)»-Programms, einem Hilfsprogramm zur Unterstützung kulturell geschädigter Kinder, lehrten Erziehungsberater von Synectics, einer in Cambridge, Massachusetts, ansässigen Firma, Tausende von Grundschülern, wie man Verbindungen herstellt – wie man in Metaphern denkt*.

Anfänglich sind die meisten Kinder nicht in der Lage, anhand einer Frage wie «was haben das Wachstum eines Samens und das Wachstum eines Eies gemeinsam?» sinnvolle Verbindungen herzustellen. Typische Antworten von Schülern der dritten Klasse lauteten: «Die Blume ist das Beste»; «Das Huhn kann gehen»; «Das Huhn ist kleiner»; «Die Blume hat keine Federn».

Nachdem man mehrere Stunden lang das Herstellen von Verbindungen geübt hat, wird die Frage nach dem Samen und dem Ei wiederholt. Alle Kinder sind nun in der Lage, einige Ähnlichkeiten wie Wachstum, sich verändernde Formen und so weiter zu verallgemeinern. Ihre Metaphern sind oft bemerkenswert. Ein Kind äusserte: «Allein das Ei und das Samenkorn wissen, was sie dereinst sein werden, wenn sie grösser werden ... Irgend etwas in ihrem Innern

---

* Synectics-Übungsprogramme werden ebenso bei Erwachsenen, speziell bei Kreativitätsförderung eingesetzt.

erzählt es ihnen.» Ein anderes meinte, dass sowohl das Samenkorn als auch das Ei klein beginnen und sich erstaunlich vergrössern, so wie der Ärger des Vaters. «Wenn er wütend ist, so beginnt es mit ein bisschen Wut – und dann wird er immer wütender und wütender.» Ein Kind verglich das Zerplatzen eines Samens und eines Eies mit dem durch die Ausdehnung von Eis verursachten Zerbersten einer Wasserleitung.

Als diese Kinder nach einjährigem Training in metaphorischem Denken getestet wurden, wiesen Kinder der ersten Klasse beim Erfassen von Buchstaben und Klängen eine Verbesserung von *363 Prozent*, in der Hörfähigkeit eine Verbesserung von *286 Prozent* und beim Lesen eine solche von *1038 Prozent* auf. Vorschulkinder wiesen bei einem Bilder-Vokabel-Test einen Jahreszuwachs von *76 Prozent* auf. Leseleistungen verbesserten sich bei Kindern der dritten Klasse um fast *40 Prozent*.

William J.J. Gordon, der Begründer von Synectics, ist der Ansicht, dass das Lernen auf der Fähigkeit beruht, Verbindungen herzustellen, wodurch das Neue mit dem Vertrauten in Beziehung gesetzt wird; eine Fähigkeit, zu der viele Menschen nicht ermutigt wurden.

Andere Fragen aus dem Synectics-Programm lauten beispielsweise: «Was braucht mehr Schutz, eine Schildkröte oder ein Fels?»; «Was wiegt mehr, ein Felsbrocken oder ein schweres Herz?»; «Was wächst mehr, ein Baum oder Selbstvertrauen?» Metaphern errichten eine Brücke zwischen den Hemisphären, sie tragen das Wissen – symbolisch gesehen – von der schweigenden rechten Gehirnhemisphäre in die linke, so dass diese es als etwas *Ähnliches,* als etwas bereits Bekanntes erkennt. Synectics fragt auch nach Beispielen abstossender Attraktion, feinfühliger Panzerung, erstarrter Eile, disziplinierter Freiheit – Übungen mit dem Ziel, Paradoxien zu transzendieren.

Inmitten eines ungeheuren Informationsreichtums bewegen wir uns vielleicht auf eine Ökonomie des Lernens zu – hin zu ein paar wenigen wirksamen Prinzipien und Theorien, die über viele verschiedene Disziplinen hinweg Bedeutung haben.

Unsere besten Denker versuchen immer wieder, uns zu verstehen zu geben, dass die einzelnen Elemente der Welt nur als zusammenhängendes Ganzes verstanden werden können. Albert Szent-Györgyi meinte: «Die Natur ist eine wunderbare Einheit. Sie ist nicht in Physik, Chemie und Quantenmechanik aufgeteilt ...» Der Wirtschaftswissenschaftler und Präsident der Amerikanischen Vereinigung zur Förderung der Wissenschaft, Kenneth Boulding, sprach von der in unserer Zeit stattfindenden «grundlegenden Neuordnung und Neustrukturie rung des Wissens» und äusserte: «Die alten Grenzwälle zerbröckeln auf allen Seiten.» Man beachte, dass er von einer *Neustrukturierung* und nicht von einem Hinzufügen sprach. Es sind die Gestalt und die Form unseres Wissens, die sich wandeln.

Die Menschen müssen lernen, «das ganzheitlich funktionierende Gehirn mit einer ganzheitlichen Welt» in Übereinstimmung zu bringen, so Joseph Meeker, als er von einer, von ihm so benannten, «doppelzüngigen Erziehung» sprach:

> Linear oder mit der linken Gehirnhemisphäre denkende Menschen sehen sich schweren Zeiten gegenüber. Jene, die auf ihrer Ansicht beharren, sie lebten in einem Garten, werden feststellen, dass ihre Möhren ihr Verhalten ändern und sich mit dem Lattich zusammentun oder sich gar mit ihm kreuzen, während Unkraut und Tiere aus dem Wald unbemerkt durch den zusammenbrechenden Drahtzaun eindringen. Nichts kann mehr isoliert behandelt werden... Das Leben in einer solchen Wildnis wird das gesamte Gehirn erfordern und nicht nur den Teil, der ausschliesslich analytische Unterteilungen macht.

Im Jahresbericht der Carnegie Foundation for the Advancement of Teaching hiess es 1977: «Wir haben eine Zeit fragmentierten Wissens durchgemacht, in der Träume von Kohärenz jedoch überlebten... Die Menschen strebten nach einer langen Zeit der Aufspaltung von einem Bereich zum anderen, um eine intellektuelle Ganzheit neu entstehen zu lassen. Wir scheinen in eine Ära neuer Versuche der Synthese einzutreten.» Von der Aufspaltung zur Verschmelzung... Der Bericht bemerkte weiterhin, dieses Zusammenkommen des Wissens sei auf Hochschulebene deutlicher erkennbar, weil «die sich ausweitenden Grenzbereiche jeder Disziplin, dort, wo neue Forschungen betrieben werden, dichter beieinander stehen als der zentrale Kern».

Ein Zusammenkommen des Wissens aus den Grenzbereichen der verschiedensten Disziplinen visuell wahrzunehmen, gestaltet sich äusserst schwierig. Es mag uns unter Umständen leichter fallen, in die Tiefe zu gehen: Das Durchdringen menschlicher Nachforschungen – aus welcher Richtung auch immer – scheint uns zu gewissen grundlegenden Wahrheiten oder Prinzipien zu führen.

DAS BEDÜRFNIS, DIE KULTUR ZU TRANSZENDIEREN

Wir lernen nicht nur, Informationen miteinander zu verbinden, sondern wir verbinden uns auch als Menschen untereinander. In zunehmendem Masse wird uns bewusst, dass keine einzelne Kultur, keine isolierte Geschichtsperiode alle Antworten kannte. Wir sammeln unser kollektives Wissen aus der Vergangenheit, aus allen Ecken und Enden des Planeten zusammen.

Der Psychologe Stanley Krippner meinte: «Wir sind die Wohltäter unseres kulturellen Erbes und die Opfer unserer kulturellen Engstirnigkeit gewesen.» Unsere Konzepte des Möglichen stecken im Sumpf des schwerfälligen Materialismus unserer kulturellen Perspektive, jenem unzeitgemässen Dualismus von Geist und Körper.

So, wie medizinische Erneuerer Einsichten über Gesundheit aus anderen Kulturen entliehen haben – aus dem Wirken der Curanderos, aus Schamanismus und Akupunktur –, entdecken und adaptieren wir nun auch in der Erziehung traditionelle Lehrmethoden, Mittel und Perspektiven.

Eines dieser Werkzeuge ist das Indianische Medizinrad oder das sogenannte Cheyenne-Rad des Wissens. Im Gegensatz zu dem uns geläufigen Aufgliedern von Information versuchen die Cheyenne-Indianer und andere amerikanische Indianerstämme mit Hilfe einer auf einem Rad angeordneten Darstellung ihres Wissens die kreisförmige, mit Querstreben verbundene Natur der Wirklichkeit aufzuzeigen. Das Rad kann beispielsweise im Sinne der vier Jahreszeiten unterteilt sein, in die «vier Ecken der Erde» oder in die Abschnitte des Lebens. Es kann aber auch verschiedene Beziehungen zwischen gesellschaftlichen Gruppen, Ernteperioden oder das Schema eines Arbeitsablaufs aufzeigen. Pädagogen der Harvard School of Education haben das Rad zur Illustration der Beziehungen zwischen den einzelnen Disziplinen verwendet.

Und ähnlich, wie die Befürworter ganzheitlicher Medizin relevante Aussagen von Platon und anderen griechischen Philosophen wiederaufleben lassen, untersuchen Pädagogen ein ganzheitliches griechisches Konzept, die *Paideia*. Die Paideia bezog sich auf die aus der Gesamtheit der athenischen Kultur sich zusammensetzende erzieherische Matrix, in der die Gemeinde mit allen ihren Disziplinen dem einzelnen Quellen des Lernens schuf. Und das höchste Ziel des einzelnen war es, das göttliche Zentrum in sich selbst zu erlangen. Euphenik, ein kürzlich aufgetauchter Begriff in der Genetik, legt die Vermutung nahe, dass es für einen pädagogischen Ansatz wie Paideia eine wissenschaftliche Grundlage gibt. Während die Eugenik die Züchtung gewisser Merkmale und das Selektieren gegenüber anderen Merkmalen befürwortet, vertritt die Euphenik die Ansicht, dass die Umwelt so optimiert werden kann, dass dies potentielle Merkmale hervortreten lässt. Auf den Menschen bezogen, können wir sagen, dass jeder einzelne begabt ist in dem Sinne, dass in seinem genetischen Repertoire potentielle Möglichkeiten vorhanden sind, wobei die meisten dieser Begabungen jedoch von der Umwelt nicht stimuliert werden. Wenn das Lern-Environment stimulierend und tolerant ist, kann eine breite Palette von Fähigkeiten, Talenten und Begabungen entwickelt werden.

Ein anderes Eingeborenen-System bietet neue Wege, Relevantes aufzuzeigen. Schüler haben sich oft darüber beschwert, dass den in der Schule angebotenen Informationen praktisch kein Sinn innewohnt. Eine Reihe amerikanischer Erzieher haben die Idee des «Ausziehens» übernommen, einer langen und gefährlichen Reise, die den männlichen australischen Ureinwohnern im Alter von etwa vierzehn Jahren auferlegt wird. Ihr Wissen um die Vorbereitung auf eine Initiation auf Leben oder Tod verleiht der Stammeserziehung der Ureinwohner eine aussergewöhnliche Unmittelbarkeit. In einigen Schulen stellen nun Stadtkinder eigene Programme zusammen, um sich auf eine selbstgewählte, schwierige Aufgabe, ihre Version des «Ausziehens» vorzubereiten.

Das Interesse der Pädagogen an alten Mythen und Symbolen, an mündlichen Überlieferungen, Jahreszeitfesten und primitiven Riten, die aus weniger linearen Kulturen als der unsrigen stammen, nimmt ständig zu.

Ändern sich unsere Ansichten, so ändert sich die Welt; sie wird kleiner, kostbarer und menschlicher, wie Marshall McLuhans *Global Village,* der «juwelengleiche Planet», der den *Whole Earth Catalog* schmückt, oder Buckminster Fullers *Raumschiff Erde.* Was bedeutet es, auf einer Schnee- oder Sandfläche subtile Muster wahrzunehmen, von Insel zu Insel zu navigieren, auf glühenden Kohlen zu tanzen oder Krankheiten zu exorzieren? Was vermögen Menschen zu erreichen? Was bedeuten all die Dinge, die wir kollektiv wissen? Auf einem Poster in einer alternativen Schule kann man lesen: «Keiner von uns ist so gescheit wie wir *alle zusammen!*»

Wir entdecken, dass auch wir Mythen ins Leben rufen können – jene uralten Strategien an Transformation interessierter Kulturen.

In den Berichten über lebensverändernde, aufrüttelnde Erfahrungen im Fragebogen zur Verschwörung im Zeichen des Wassermanns sprachen etliche Menschen vom Begriff des Kulturschocks – vom

Reisen in ein Land am anderen Ende der Welt. Fremde Kulturen können uns beeindruckende Lektionen erteilen. Initiationsriten beispielsweise lehren den Neuling Schmerz, Identität und Konfrontation. Ein nervöses Eskimokind wird angeleitet, einen Vogel oder einen Fisch zu betrachten, weil es dadurch vorübergehend abgelenkt wird. Dem Kind wird auch beigebracht, nach einer solchen Ruhepause zu seinem Problem zurückzukehren, so, wie der Vogel und der Fisch an ihren Ausgangspunkt zurückkehren. Die Prärieindianer Nordamerikas machen ihren Kindern «das Zwillingshafte» im Menschen deutlich, die Existenz des zwiefachen, miteinander im Widerstreit liegenden Selbst, das eine Ganzheit werden kann. Hyemeyohsts Storm zitierte in seinem Buch *Sieben Pfeile* (Seven Arrows) einen alten Häuptling, der dieses Zwillingshafte mit den gegabelten Ästen eines Baumes verglich: «Wenn sich die eine Hälfte von der anderen zu trennen sucht, wird der Baum verkrüppeln oder sterben ... Wir sollten diesen unfruchtbaren Weg nicht einschlagen, wir müssen vielmehr die Paradoxien unseres zwillingshaften Wesens mit den Elementen des Einen Universums verknüpfen.»

Unsere Kultur benötigte ihr eigenes «Rad des Wissens» – eine Kosmologie, in die sie Informationen und Erfahrungen einordnen kann: unsere Stellung auf diesem Planeten; unser Auftritt in dem gewaltigen Schauspiel von Evolution und Geschichte; unsere Beziehung zu den unendlich kleinen Elektronen und den unermesslichen Galaxien; unsere Environments für Geburt, Tod, Arbeit und Familie. All dies bildet für sich einen Kontext. Wir können weder uns selbst, andere, noch die Natur verstehen, ohne ganze Systeme wahrzunehmen: das feine Gewebe von Ereignissen, das Netz aus Sachverhalten, die vielfältigen Perspektiven.

DAS BEDÜRFNIS NACH HOHEN ERWARTUNGEN

Der Pädagoge Tom Roberts aus Illinois äusserte einmal im Kreise einer an transpersonaler Erziehung interessierten Gruppe von Lehrern: «Was wir für den Horizont unseres Potentials gehalten haben, erweist sich lediglich als dessen Vordergrund.» Ein für staatliche Schulen vorgeschlagenes Projekt «Die Grenzen menschlicher Erziehung» empfahl den Forschern, einige der *äusseren* Grenzen zu identifizieren: «Die eigentliche Aufgabe, diese Grenzen zu identifizieren, dient dem Zweck, Energien auf sie auszurichten oder sie zu überschreiten. Die Ausrichtung auf die äusseren Grenzbereiche menschlicher Erziehung ermöglicht eine neue Perspektive ...»

Die transpersonale Sehweise ermutigt den Lernenden, sich mit jenen Menschen zu identifizieren, welche die «normalen» Grenzen transzendierten. Was wir für intellektuelle Begabung halten, ist das Potential jedes normal funktionierenden Gehirns – so die Forschung; tragischerweise sind jedoch die meisten von uns hinter das angeborene Recht zurückgefallen.

Experimentell konnte ebenso nachgewiesen werden, welch kraftvolle Eigenschaft dem innewohnt, was man von sich selbst erwartet: etwa den hohen oder niedrigen Erwartungen der Eltern, der Lehrer sowie dem, was man von sich selbst verlangt. Eine kürzlich unternommene Studie über Männer aus derselben sozio-ökonomischen Schicht hatte zum Ergebnis, dass jene, die flexibel waren und deren Blick nach vorn gerichtet war, einen entscheidenden Faktor in ihrem Leben aufwiesen, der den anderen fehlte: Eltern, die von ihnen Erfolg erwarteten.

Lehrer werden auf geringe Erwartungen hin ausgebildet. In einem berühmten Experiment in den sechziger Jahren bewiesen die Pädagogen Robert Rosenthal von der Harvard-Universität und Lenore Jacobson aus San Francisco den sogenannten Pygmalion-Effekt – die Tatsache, dass Lehrer, ohne es zu beabsichtigen, ihre Erwartungen in bezug auf die Leistungen eines Schülers auf diesen übertragen und somit eine selbsterfüllende Prophezeiung auslösen. Junge Menschen, von denen gute Ergebnisse erwartet werden, sind gewöhnlich erfolgreich, *sogar dann, wenn die Erwartungen des Lehrers auf falschen Informationen beruhen.* Andererseits zeigte eine weitere Studie, dass Lehrer jenen Schülern gegenüber, in die sie geringe Erwartungen gesetzt hatten, ein leicht *negatives* Feedback ausstrahlen und dem Schüler somit das Korrigieren seiner Fehler erschweren. Der Pygmalion-Effekt trat nicht nur in Hunderten von Experimenten wiederholt auf, es stellte sich sogar heraus, dass Lehrer ihren Schülern gegenüber messbare Vorurteile zeigten, die abhängig von Geschlecht, Rasse und äusserer Erscheinung der Schüler waren. Als Abraham Maslow Studenten fragte, ob jemand von sich erwarte, eine bedeutende, erfolgreiche Persönlichkeit zu werden, meldete sich niemand. «Wer dann sonst?» fragte er sarkastisch. Eine Dozentin in Grossbritannien stellt allen angehenden Lehrern die Frage: «Wenn Sie vor der Klasse stehen, erkennen Sie dann all die Einsteins, die Picassos und Beethovens der Zukunft?»

Wir müssen aufhören, unsere Vorstellung von besonderen Leistungen zu fragmentieren, indem wir Intelligenz, Kreativität, Begabung, Führungskraft und Moral in gesonderte Schubladen packen. Die Pädagogin Barbara Clark drückte dies in ihrem Buch *Growing Up Gifted* mit folgenden Worten aus:

Erst dann, wenn wir unsere Fähigkeit zur Aufmerksamkeit integriert haben, unsere Ansichten über die Wirklichkeit untereinander ausgetauscht und erweitert, jene uns alle verbindende Beziehungsfülle gefestigt haben, werden wir über eine neue Bedeutung des Begriffs «Begabung» verfügen. Die Begabten, die Talentierten, die «Eingestimmten» und die Erleuchteten werden dann eins werden ...

Es gibt eine Triebkraft im Erziehungswesen, eine «Klarstellung der Werte» zu entwickeln, ein Lehrplan zur Förderung natürlichen moralischen Empfindens. Lawrence Kohlberg und andere berichteten, dass Kinder bei geeigneter Anleitung und Heranführung an die Moral überaus aufgeschlossen sind. Tatsächlich kann der Charakter eines Lehrers ebensogut zu Kooperationsbereitschaft, Altruismus und Demut inspirieren, wie zu Heuchelei, Miesmacherei und Konkurrenzgehabe. Irgend jemand sagte einmal, dass alle Lehrer, bewusst oder unbewusst, Wertvorstellungen vermitteln.

Die Möglichkeiten sind überwältigend – und gespenstisch, wenn wir uns die menschliche Verschwendung, das verlorene Potential vor Augen führen. Die Tatsache aber, dass wir dieses Potential heutzutage entdecken und unsere Sorgen mit anderen teilen, gibt bereits Anlass zu Hoffnung. Wir leben im Zeitalter des *Guinness Buch der Rekorde*. Wir können olympische Wettspieler ihre eigenen Grenzen durchbrechen sehen, populären Helden zuschauen, wie sie jemandem das Leben retten, und uns im Fernsehen Geschichten ansehen, die menschliches Mitgefühl ausdrücken, so beispielsweise jene Episode eines behinderten Vaters, der im Rollstuhl acht Meilen bis zum nächsten Krankenhaus zurücklegte, um sein fieberkrankes Baby behandeln zu lassen.

Das ist lebensnahe, *lebendige* Erziehung zu Moral, Erziehung in Richtung Transzendenz. Aufgrund erweiterter Kommunikationsmöglichkeiten kann jene Interaktion, die in früheren Zeiten gewissen Künstler-«Schulen» und Gruppen bedeutender Physiker und Schriftsteller vorbehalten war, heute auf weltweiter Ebene in überraschendem Masse verwirklicht werden.

DIE TRANSFORMATION DER LEHRER

Die meisten Reformen – manche zweifellos vielversprechend – scheiterten, weil zu vielen Lehrern die entscheidenden Konzepte nicht gefielen oder zu viele sie einfach missverstanden. Charlie Brown aus den *Peanuts* sagte einmal: «Wie kannst du mit einem Alte-Mathematik-Verstand neue Mathematik betreiben?»

Man kann das Erziehungswesen nicht länger durch Verordnungen reformieren, wie man auch – wie Edward Carpenter es nannte – nicht «von aussen ministrierend» heilen kann. Die Lehrer müssen neue Ideen von innen her verstehen, wenn sie von ihnen profitieren wollen. Ein Pädagoge meinte dazu: «Lehrer, die ihren Beruf mit veralteten Mitteln schlecht ausüben, werden ihren Beruf mit neuen, eigenartigen Mitteln wahrscheinlich noch schlechter ausüben.»

Einige Lehrer sind das, was Bruner «Träumekiller» und Aldous Huxley «schlechte Künstler» nannte, deren eigene Unzulänglichkeiten die Schicksale, ja das ganze Leben eines Menschen beeinflussen können. Genauso, wie medizinische Fakultäten dazu neigten, eine Auslese von akademisch scharfsinnigen Gedächtniskünstlern zu treffen und nicht so sehr die für die Pflege von Menschen am besten Geeigneten zu berücksichtigen, haben auch die Institutionen zur Ausbildung von Lehrkräften einen Hindernisparcours eingerichtet, bestehend aus Fachsprache und einem Kurssystem, das stumpfsinnig genug ist, um alle zu entmutigen – alle, ausser den hartnäckigsten der kreativen Bewerber.

Wenn ein aufgeweckter, phantasievoller Student diesen Ausbildungsmarathonlauf übersteht, findet er am Ende ein System vor, das Veränderungen gegenüber starr und schwerfällig ist. Der kreative Lehrer, der sich ganz in den Dienst eines experimentellen Programms stellt, wird häufig genug ein Gefühl des Leerbrennens erleben – Erschöpfung und Depression im endlosen Kampf, Innovation aufrechtzuerhalten; umgeben von Vorschriften, Zwängen, Attacken seitens Andersgesinnter.

Wir haben für Talent und Sensibilität in dem Berufszweig, der für die geistige Gesundheit der Gesellschaft am entscheidensten ist, den niedrigsten Preis ausgesetzt.

Lange nach dem ursprünglichen Pygmalion-Experiment entwickelten Rosenthal und seine Kollegen von der Harvard-Universität einen neuen, zweihundert Punkte umfassenden audiovisuellen Test, «Profile Of Non-verbal Sensitivity» (PONS), um die individuelle Wahrnehmungsfähigkeit von Emotionen und Intentionen ohne Hilfe verbaler Hinweise festzustellen.

Im allgemeinen schnitten Lehrer relativ schlecht ab. Studenten verfügten hingegen über eine recht gute Auffassungsgabe. Jene, die glauben, dass andere manipuliert werden können – die auf der «machiavellischen Messskala» einen hohen Wert aufweisen –, sind für nicht-verbale Kommunikation relativ unempfänglich.

Die Forscher stuften diejenigen mit guter Wahrnehmungsfähigkeit als Zuhörer und jene mit schlechter Wahrnehmungsfähigkeit als Sprecher ein. Im allgemeinen sind Lehrer daran gewöhnt, zu sprechen, nicht aber zuzuhören. Währenddessen lernen die Schüler, die für Nicht-Verbales empfänglich sind – die Blicke des Lehrers, Gesten des Missfallens oder der Ablehnung – das, was sie lernen müssen, um das System überleben zu können.

Bis vor kurzem ist das Erziehungswesen rückständig gewesen, es befasste sich nur wenig mit dem Lehrer, der – was den Vorgang des Lernens betrifft – eine Art Zusammenhalt darstellt. Dafür befasst man sich ungeheuer viel mit dem Inhalt des Lehrstoffes. Ein begabter Lehrer kann jedoch ganze Generationen mit regem Interesse an neuen Ideen infizieren, er kann Karrieren einleiten – ja sogar Revolutionen. Der Nobelpreisträger und Forscher an der Washington University in St. Louis, Professor Carl Cori, beaufsichtigte beispielsweise die Arbeiten von *sechs* Wissenschaftlern, die später Nobelpreisträger wurden.

Über den lebenslangen Einfluss einer einzelnen Lehrerin an einer Grundschule wurde in der Zeitschrift *Harvard Educational Review* berichtet. Zwei Drittel der ehemaligen Schüler von «Fräulein A.», alle aus der sozialen Unterschicht von Montreal, hatten die höchste Ebene des sozialen Status eines Erwachsenen erreicht, andere wurden in die «mittlere» Ebene eingestuft, keiner in der «untersten»*.

Fräulein A. war davon überzeugt, dass alle Kinder, unabhängig von ihrem sozialen oder intellektuellen Hintergrund, mit Beendigung der ersten Klasse lesen würden. Sie legte ihren Schülern die Bedeutung von Erziehung nahe, gab zusätzliche Stunden für die nur langsam Lernenden, blieb nach der vorgeschriebenen Schulzeit, um ihnen zu helfen, teilte, was sie bei sich hatte, mit Schülern, die ihr Mittagessen vergassen, und erinnerte sich noch zwanzig Jahre später an den Namen jedes einzelnen Schülers. Sie hatte sich neue Methoden der Mathematik zu eigen gemacht wie auch eine innovative Didaktik zum Lesenlernen; ihr wahres Geheimnis jedoch, so ehemalige Schüler und Kollegen, bestand darin, dass sie «mit viel Liebe unterrichtete».

Die Pädagogin Esther Rothman, Autorin des Buches *Troubled Teachers,* schreibt dürftiges Unterrichten nicht allein der Ungeschicklichkeit, sondern auch den unbewussten Konflikten, Bedürfnissen und

---

* Dieses Ergebnis bezog sich rein auf die Gruppe, nicht auf die Gesellschaft in ihrer Gesamtheit. Man erinnere sich daran, dass diese Menschen in einer unteren sozioökomischen Umgebung lebten und dass die «höchste Gruppe» Dozenten und erfolgreiche Geschäftsleute usw. einschloss.

Motiven eines Lehrers zu. Sie meint, dass Gewalt, Sarkasmus, Machtspiele, Freizügigkeit, niedrige Erwartungshaltungen, die besonders bei benachteiligten Kindern ohnehin schon zu geringen Erfolgen führen – dass all dies in hohem Masse zu den Fehlern im Erziehungswesen beiträgt. Geldmittel, Environments in der Schule und Didaktiken sind nur von sekundärer Bedeutung.

Wenn Lehrer ihren tiefsten Empfindungen und Motivationen freien Lauf lassen, wenn sie sich nach innen wenden, um Selbsterkenntnis zu erlangen und sich selbst emotional zu befreien, beginnen sie, sich nach aussen zu kehren, gesellschaftliche Strukturen zu verändern. *Erst dann,* so Rothman, setzt der Lehrer als Idealist, als «geheimer Reformer» Zeichen.

> Schon heute sind viele Lehrer im besten Sinne des Wortes kreuzzugführende Rebellen; einige befinden sich im Zustand, es zu werden ... Nur dann, wenn Aggression, Liebe und Macht im Klassenzimmer konstruktiv angewandt werden, kann der Erziehung wirklicher Erfolg beschieden sein ... Wie die Neuronen im Gehirn wird die Erziehung dann ein ausgesprochen kampflustiger Prozess sein: dynamisch und explosiv.

Verschiedene Stimmen im Erziehungswesen haben diese Notwendigkeit unterstrichen. So zum Beispiel Diane Watson, Mitglied des Schulrates von Los Angeles, als sie sagte: «Die Erziehung kann die Kultur transformieren, aber nur soweit wie die Lehrer transformiert werden.»

Innerhalb der für die Erziehung verantwortlichen Regierungskreise hat kürzlich eine Bewegung zur Untersuchung «förderlichen Verhaltens» ein besonderes Augenmerk auf den Lehrer gelegt, als jenen Menschen, der Lernen abtöten oder fördern kann. Ein politischer Berater meinte: «Viele Schulverwaltungen haben innerhalb der vergangenen fünf Jahre die Schlussfolgerung gezogen, dass sie die Erziehung nicht verbessern können, falls sie nicht die Lehrer ändern.»

Die Absichten dieser Bewegung klingen einfach: sie zielen darauf ab, den Lehrern ihr Verhalten im Klassenzimmer und ihre Einstellungen gegenüber sich selbst und anderen zu vergegenwärtigen. Durch die Einschätzungen seitens anderer Lehrer im Klassenzimmer oder durch Selbstbewertungen via Videobänder richtet dieser Ansatz des «förderlichen Verhaltens» seine Aufmerksamkeit auf positive und negative Handlungen.

Die Forschung hat gezeigt, dass Kinder am besten von Erwachsenen lernen, die spontan, kreativ, unterstützungswillig und physisch fit sind ... die mehr nach einem Sinn denn nach Tatsachen Ausschau halten ... die über hohe Selbstachtung verfügen ... die ihre Aufgabe mehr in einer Befreiung denn in einer Kontrolle schwerfälliger Schüler sehen. Gute Lehrer sind mehr an dem Vorgang des Lernens an sich als am Erreichen besonders hochgesteckter Lernziele interessiert. Sie geben eigene Fehler zu, lassen sich auf extreme Ideen der Schüler ein, diskutieren Gefühle, unterstützen jegliche Zusammenarbeit, ermutigen die Schüler, beim Planen des Unterrichts behilflich zu sein, geben über das verlangte Mass hinaus zusätzliche Quellenhinweise. Demütigung, Anpassung, Bestrafung und überflüssiges Reglementieren sind dem Lernen hinderlich.

Das *Project Change* von Los Angeles ist nur ein Beispiel für Ausbildungsprogramme im ganzen Land, die zur Erlangung einer gesteigerten Sensibilität der Lehrer entworfen wurden. Ein Ausbilder meinte: «Ohne Ausnahme berichten uns alle Lehrer, dass sie den grössten Gewinn in ihrem persönlichen Leben in einer vollkommenen Änderung der Perspektive beobachten. Sie sagen aus, dass sie sich nun Talenten bewusst werden, von deren Existenz sie vorher nichts wussten, und viele erfahren im Klassenzimmer eine wahre Explosion an Kreativität. Sie sind anderen gegenüber offener – weniger kritisch, mehr bereit, das wahrzunehmen, was anderen Menschen innewohnt. Es besteht eine Übereinstimmung zwischen diesem inneren Wachstum und der Produktivität des Lehrers. Er bereitet seine Stunden gründlicher vor; es gibt Berichte, in denen Lehrer über vermehrte Energie und höhere Einschätzung durch die Schüler berichten.»

An transpersonalen und humanistischen Methoden interessierte Lehrer haben damit begonnen, sich nationalen Netzwerken und Zentren anzuschliessen; es gibt auch lokale Netzwerke, wie das von der Association for Humanistic Psychology geförderte *Lifeline* in Los Angeles, dessen Absicht die Schaffung eines neuen Paradigmas in der Erziehung ist, das «mit den anderen, mehr traditionell ausgerichteten Paradigmen koexistiert».

Beverly Galyean, Erziehungsberaterin in Los Angeles, sagte über die Absichten jener sich untereinander «verschwörenden», dem Radical Center nahestehenden Netzwerke folgendes aus:

Wir treffen uns hier als professionell humanistische Erzieher, als Experten traditioneller Methoden, um zu erkennen, was funktioniert und was beibehalten werden muss. Aber auch bescheiden genug, um nach neuen Lösungen zu suchen.

Im Einzugsbereich von Los Angeles praktizieren Hunderte von

Lehrern diese Art der Erziehung, doch hat sich aufgrund des wiederholten Rufes nach «Grundlagen», nach Disziplin und Kontrolle, Angst breitgemacht ... Der einzelne humanistisch orientierte Lehrer, Erziehungsberater, Schulrat, Elternteil oder Schüler muss sich fragen, wie eine Philosophie der Liebe, der Offenheit, des Vertrauens, des Glaubens an einen von innen her motivierten Lernprozess sowie eine Philosophie der kreativen Ausdrucksfähigkeit, der persönlichen Verantwortlichkeit und eines Gruppenkonsens mit einer Tradition verschmelzen kann, die genau das Gegenteil zu verkörpern scheint.

Unsere Antwort lautet: *Greift ein Bedürfnis dort auf, wo es sich zeigt.* Sorgt für kreative Alternativen dort, wo diese Programme nicht länger funktionieren. Wenn euer Bezirk «eine Grundlagenerziehung» wünscht, verbesserte Leistungen im Lesen und verstärkte Beteiligung am Unterricht, so zeigt ihnen, wie euer humanistisch orientiertes Programm oder das Programm eurer Kollegen diese Ziele erreicht. Man kann traditionelle Themenangebote verwenden, um die Schüler mit den Vorgängen der Selbst-Reflektion vertraut zu machen ...

Oder, wenn euer Schulbezirk Disziplin wünscht, macht sie mit Programmen vertraut, die eine Kontrolle von innen heraus fördern ... Vielleicht ist an euren Schulen die Hyperaktivität der Schüler ein Problem. Dann benutzt natürliche Methoden zur Dämpfung überschüssiger Energien: z. B. Yoga, Meditation, Massage, körperliche Bewegung, geeignete Ernährungsmethoden.

Kein Mensch kann in einem unruhigen, aufgesplitterten Environment lernen. Ihr solltet lernen, mit Techniken umzugehen, welche die Aufmerksamkeit erhöhen, wie Gruppenmeditation und Entspannungsübungen ...

Jene Krisen, denen sich die meisten Schulbezirke zur Zeit gegenübersehen, können das Sprungbrett für eure eigenen humanistisch orientierten Experimente sein. Wenn Menschen Schmerzen leiden, suchen sie Hilfe. Das Erziehungswesen leidet Schmerzen und sucht Hilfe. Wir sollten keine Scheu haben, darauf einzugehen.

Schon eine kleine Minderheit engagierter Lehrer, Erziehungsberater und Schulräte kann mit funktionsfähigen Programmen Erdstösse auslösen.

DER NEUE LEHRPLAN

Da das entstehende neue Erziehungs-Paradigma weitaus mehr miteinbezieht als das alte, bleiben die neuen experimentellen Programme oft hinter ihren eigenen Zielen zurück. Schliesslich sind dies von der Definition her alles Innovationen und Experimente, also noch nicht verfeinert oder der Wirklichkeit angepasst. Es ist kein geringes Unterfangen, die Schulen menschlicher zu gestalten und gleichzeitig die Schüler herauszufordern.

Die neu entstehende Schulgemeinschaft ist sich nah, mehr Familie als Schule – auch was gelegentliche Familienkämpfe anbelangt. Lehrer, Eltern und Schüler treffen wichtige Entscheidungen in bezug auf Didaktik, Lehrplan und das Anstellen neuen Lehrpersonals gemeinsam. Schüler sprechen ihre Lehrer mit dem Vornamen an und betrachten sie mehr als Freunde denn als Autoritätspersonen.

Altersgruppierungen sind gewöhnlich flexibel, nicht so streng gegliedert wie im traditionellen Erziehungswesen. Die meisten innovativen Erziehungsprogramme lernen es schliesslich, dem Schüler genügend Struktur anzubieten, um ihn an seine Verantwortlichkeit zu erinnern und ihn beim Verlassen der Schule auf Erwartungshaltungen vorzubereiten, die noch am alten Paradigma orientiert sind. Wer es zur Weiterbildung benötigt, erhält ein schriftliches Zeugnis.

Der neue Lehrplan ähnelt einem kostbaren, fein gewebten Teppich, eingeengt lediglich durch Schulbürokratie, Budget und die naturgegebene begrenzte Energie der Lehrer. Im Grunde genommen ist kein Thema zu schwierig, zu kontrovers oder zu ausgefallen, als dass es sich nicht in Erwägung ziehen liesse.

In einigen Bundesstaaten werden bestimmte Bestandteile des Lehrplans gesetzlich vorgeschrieben. Dessenungeachtet integrieren Erzieher viele akademische Themen mit Aktivitäten, welche «die rechte Gehirnhemisphäre» stimulieren (Musik, Gymnastik, Kunst, Sinnesstimulierung), oder präsentieren die Themen als Schauspiel, indem etwa ein Gerichtsprozess von den Schülern neu inszeniert wird – eine lebendige Anregung, vorgegebene Themen neu zu überdenken, ihnen neue Bedeutung zukommen zu lassen. Weitere Möglichkeiten, historischen Perioden oder anderen Kulturen neu zu begegnen, bieten sich durch das Abhalten von Jahrmärkten und Festen oder indem Kunstfertigkeiten und Musik anderer Epochen neu belebt werden.

Mathematische Kenntnisse werden durch Konstruktion geodätischer Dome in die Praxis umgesetzt. Die ganze Gemeinde wird als Universität angesehen. Eltern und «Experten» stellen sich freiwillig als

Lehrer für besondere Themen zur Verfügung und die Schüler unterrichten sich gegenseitig. Typisch für neue Lehrpläne ist eine wohlabgewogene Dosis Kunst und Geisteswissenschaften; wer will, kann Kalligraphie und Batik lernen, kann ein Theaterstück inszenieren, eigene Fernsehspiele schreiben und realisieren. Durch Teilnahme an Schul- und Stadtratversammlungen werden die Schüler mit den Quellen und dem Gebrauch politischer Macht vertraut gemacht. Biologie wird mittels Tierpflege gelernt, Botanik mittels Anlegen und Pflegen von Gärten.

Man erlernt die Mechanismen der Konditionierung. Man lernt, die eigenen Verhaltensmuster zu erkennen, sich mit Angst und Konflikten zu identifizieren, verantwortlich zu handeln, das auszudrücken, was man empfindet und was man loswerden will.

Veränderte Bewusstseinszustände werden ernst genommen: «Zentrierungs»-Übungen, Meditation, Entspannungstechniken und Phantasie werden angewandt, um Wege der Intuition und des ganzheitlichen Lernens offenzuhalten. Schüler werden ermutigt, «sich einzustimmen», ihrer Phantasie freien Lauf zu lassen sowie jene besondere Empfindung von Gipfelerfahrungen zu identifizieren. Techniken zur Entwicklung des Körperbewusstseins werden angeboten: Atem- und Entspannungsübungen, Yoga, körperliche Lockerungen und Biofeedback.

Die Schüler werden ermutigt, über Semantik nachzudenken – darüber, wie Etikettierungen unser Denken beeinflussen. Sie studieren Themen, die für die meisten Klassenzimmer als zu widersprüchlich angesehen werden – Geburt und Tod zum Beispiel. Fremdsprachen werden etwa durch Anwendung des «stillen Wegs» gelehrt, einer Methode, bei der der Lehrer so wenig wie möglich redet und der Schüler ermutigt wird, sich von Anfang an in der neuen Sprache auszudrücken; oder durch Suggestologie, jener aus Bulgarien stammenden Methode zur Beschleunigung des Lernens von Fremdsprachen, die Musik und rhythmisches Atmen einsetzt, um die rechte Gehirnhemisphäre zu stimulieren. Es werden Kurse über Ökologie angeboten, um einerseits zwischen wertloser Nahrung und vollwertigen Nährstoffen unterscheiden zu lernen und andererseits, um zu bewusstem Konsum zu erziehen.

Die Schüler werden dazu angehalten, über Paradoxien, widersprüchliche Philosophien, über die Implikationen ihrer eigenen Ansichten und Handlungsweisen nachzudenken. Sie werden daran erinnert, dass es immer Alternativen gibt. Sie schaffen Neuerungen, erfinden, stellen Fragen, wägen ab, argumentieren, träumen, kämpfen, planen, versagen, sind erfolgreich, überdenken alles neu und lassen ihrer Phantasie freien Lauf. Sie lernen zu lernen, und sie begreifen, dass Erziehung eine lebenslange Reise ist.

Schüler aller Altersgruppen spielen Spiele: pädagogische Spiele, mathematische Spiele, Spiele für die Phantasie, für den Geschichtssinn, für die Entdeckung des Raumes und für soziale Themen. Sie werden weniger hitzige, physische Spiele spielen, werden weniger wettstreiten, sondern «neue Spiele», eine sich ständig erweiternde Sammlung von Aktivitäten, von denen einige uralte Sportarten sind – Spiele, die sich unter dem Slogan der New Games Foundation zusammenfassen lassen: «Spiele beherzt, spiele fair, verletze niemanden.»

Konkurrenzdenken, Statusdenken und Popularitätswettbewerbe spielen in der Dynamik solcher Schulen eine relativ kleine Rolle. Die meisten Schüler kommen freiwillig, da sie und ihre Familien diesen pädagogischen Ansatz gutheissen. Solche Familien neigen dazu, gesellschaftliche Kämpfe und Wettbewerbsdenken in den Hintergrund zu stellen und vorzügliche Leistungen um ihrer selbst willen anzuerkennen. Lehrplan und Lehrerschaft stärken in den Schülern Autonomie, Einfühlungsvermögen und gegenseitige Hilfestellung. Zänkereien haben eher die Natur vorübergehender Streitigkeiten zwischen Geschwistern als tieferliegende Muster von «In»- und «Out»-Gruppen in konventionellen Schulen.

Eines der Hauptanliegen des Lehrplans ist die Erlangung von Autonomie. Dies beruht auf der Ansicht, dass unsere Kinder, um freier zu werden, erst einmal von uns befreit werden müssen – von unseren einschränkenden Ansichten, von unseren Vorlieben und Gewohnheiten. Zeitweise bedeutet dies, angemessene Formen von Rebellion zu lehren, und nicht, die Schüler zu Konformität anzuleiten. Reife bringt eine Moral mit sich, die sich aus dem innersten Selbst entwickelt und nichts mit Gehorsam gegenüber kulturellen Gesetzmässigkeiten zu tun hat.

Wie die moderne Geschichte auf tragische Weise bewiesen hat, kennt auf Angst basierender Gehorsam keine moralischen Schranken. Der Psychologe Stanley Milgram leitete in einer Reihe von inzwischen klassisch gewordenen Experimenten Versuchspersonen dazu an, einer anderen Person – wie man sie glauben machte – schmerzhafte Elektroschocks zuzufügen. (In Wahrheit täuschte das Opfer, ein Gehilfe des Experimentators, Schmerzen nur vor.) Obwohl die meisten Versuchspersonen auf das von ihnen Verlangte ängstlich reagierten, waren sie nicht fähig, sich den Anweisungen einer «Autorität» – in diesem Fall eines Psychologen in weissem Kittel – zu widersetzen. *65 Prozent* dieser ganz «normalen» Bürger waren dazu bereit, einem anderen Menschen ernsthafte Schmerzen, wenn nicht gar bleibenden Schaden zuzufügen, indem sie einen (unechten) Hebel bis zum Anschlag umlegten. Selbst dann noch, wenn sie aus dem Nebenraum schreckliche Schmerzensschreie hörten, waren sie nicht imstande, das Experiment abzubrechen. Dieses von Milgram «Gehorsam gegenüber Autorität» genannte Phänomen findet sich in allen Kulturen und Altersgruppen, wobei Kinder nur um ein geringes empfindlicher sind als Erwachsene.

Die meisten Menschen passen sich als Gegenleistung für die Anerkennung ihrer Mitmenschen an. Wenn wir uns auf der Welt schon zu Hause fühlen, tief mit ihr verbunden sind, und keine Angst haben, brauchen wir uns auf solch einen Handel gar nicht erst einzulassen. Der autonome Schüler steuert mit Hilfe eines inneren Gyroskops, gehorcht einer inneren Autorität. Sarah McCarthy, eine Lehrerin aus Pittsburgh, wies nachdrücklich darauf hin, dass Pädagogen heilende Programme für «übermässig gehorsame» Kinder einführen sollten, indem sie diesen so etwas wie kreativen und gesunden Ungehorsam als Gegenmittel zum Milgram-Effekt lehrten.

ÜBER DIE SCHULEN HINAUS

Obwohl die Palette pädagogischer Alternativen sich relativ stark erweitert hat, ist den meisten Familien der Zugang zu innovativen Schulen, zu offenen Klassenzimmern, verwehrt, einschliesslich derjenigen Lehrer, die dies alles ermöglichen – die mit ganzem Herzen dabei sind und Initiativen wecken.

Hilfe ist vorhanden – nicht in Form einer uniformierten Kavallerie, sondern in Form von Freiwilligen, Abtrünnigen und Kundschaftern auf vorgeschobenem Posten. Es gibt neue Orte und neue Wege für das Lernen, neue Menschen für das Unterrichten, neue Fähigkeiten zu meistern und neu zu knüpfende Verbindungen. Wir bewegen uns auf eine Periode des Lernens ohne Begrenzungen zu, ohne Altersgrenzen, Vorbedingungen und «Durchrasseln-Lassen». Die erweiterte erzieherische Matrix zieht mit gewaltiger Kraft Gemeinschaft und Unternehmungslustige an, die das Verlangen nach Lernen, transformativen Technologien, nützlichen Fertigkeiten und Wissen entdeckt haben.

Es ist kein geringes Ziel, Paideia, das Radikale Zentrum, das Paradies zu erreichen, «beide Teile des Gehirns zu unterrichten». *Keine Schule ist dazu in der Lage. Keine Schule hat es jemals vermocht.* Eine Gemeinschaft allein kann ganzheitliche Erziehung bieten, und nur ein ganzheitlich entwickelter Mensch kann sie verkraften. Gleichzeitige persönliche und gesellschaftliche Transformation können uns zu dem führen, was Konfuzius «das grosse Lernen» nannte, verglichen mit dem von Schulen vermittelten «kleinen Lernen». «Universitäten werden mit Gewissheit nicht auf die Grösse von Städten anwachsen», äusserte William Irvin Thompson in seinem Buch *Am Tor der Zukunft. Raumzeitpassagen.* «Sie werden mit der Erkenntnis kleiner werden, dass die Stadt selbst die wahre Universität ist.»

Die bedeutendste Re-Form der Erziehung mag in einer *Dezentralisierung* liegen, im Niederreissen der fensterlosen Mauern, welche die Schulen von der Gemeinschaft, von der Umgebung des wahren Lebens bislang abgeschlossen haben. Ronald Gross, ein Erzieher, meinte dazu:

> Meine Hoffnung besteht darin, dass wir durch allmähliches Aufweichen schulischer Zwänge starre Gefüge lockern werden und so andere Quellen zum Lernen erschliessen, damit eine Trennung zwischen Lernen und Leben, zwischen Schülern, Lehrern und gemeinsam lernenden Freunden nicht länger möglich ist. Für dieses Ziel brauchen wir wirklich Alternativen in Hülle und Fülle ...

Ein hoher Beamter des Erziehungsministeriums stellte die Vermutung an, dass wir anstelle verbindlicher Lehrpläne eines Tages ein Äquivalent des bei der amerikanischen Armee gültigen GI Education Bill haben werden – danach wird ein festgelegter Teil des Soldes einbehalten, und der Soldat erhält Gutscheine, die für spezielle oder allgemeine Weiterbildungskurse eingelöst werden können. Mit diesem System «wird der Lernende, nicht aber die Institution subventioniert». Diese Idee stösst in allen politischen Lagern auf Interesse.

Entmystifizierung, Dezentralisierung und das Ende der Spezialisierung stehen auf der Tagesordnung. Die meisten der erregenden Veränderungen und Erfolge einer neuen Verkörperung der Erziehung reflektieren ihre Rückkehr zu den besten Hütern – der Gemeinschaft und dem Lernenden. Genauso, wie die Trendwende in der Medizin nicht allein von reformwilligen Ärzten entfacht wurde, sondern auch von Biofeedback-Forschern, Ernährungswissenschaftlern, Psychologen, Journalisten, Neurologen und vielen anderen aus Dutzenden von Disziplinen, bedeuten auch neue Partnerschaften in der Erziehung neues Leben.

Der Lernvorgang hat Tausende von Initiativen entfacht: Universitäten ohne Mauern, «Freie Universitäten», mobile Schulen, Work-Study-Projekte auch für die Jüngsten, Tutorenprogramme mittelalterlichen Stils, kleine, von den Gemeinden selbstverwaltete Schulen, ältere, erfahrene Menschen, die ihr Wissen den Schulen zur Verfügung stellen, und junge Menschen, denen man Einblick in den Arbeitsalltag gewährt. Darüber hinaus: Erwachsenenbildung, eine wahre Explosion autodidaktisch zu erarbeitender, handwerklicher Fertigkeiten sowie der entsprechenden Literatur; Lebenserfahrung wird höher bewertet als ein Examen; Privatunterricht; Gleichaltrige unterrichten sich gegenseitig ... die Liste liesse sich endlos fortsetzen.

Unterricht und Lernen werden mehr und mehr zu einer Art Heimindustrie. Es gibt viele Initiativen, die vollkommen unabhängig vom Erziehungssystem realisiert werden: die Unterrichtung behinderter Kinder in häuslicher Atmosphäre; öffentliche Schulen mit Selbstverwaltung; Elterninitiativen für Unterricht zu Hause und Spielgruppen für Vorschulkinder sowie für nachmittags nach der Schule; Netzwerke des Lernens; die Erfolge des sogenannten PUSH-Programms von Jesse Jackson, welches Ghetto-Kindern sowohl Selbstbewusstsein als auch Lesen und Schreiben beibringt.

Ein Teil der transformativen Entwicklung besteht darin, wieder Schüler zu werden, egal, wie alt man ist. Als wir Kinder waren, blieb uns kaum eine Wahl, was und wie wir lernen wollten. In diesem Sinne bleiben die meisten von uns für den Rest ihres Lebens passive Kinder, die nicht wissen, dass sie wählen können, dass Lernen – Transformation – stattfindet. Wir werden nur erwachsen, wenn wir – ganz gleich, welchen Alters wir sind – die Initiative ergreifen und anfangen, bewusst zu lernen und dies nicht mehr dem Zufall überlassen.

«Jeder von uns», so Jerry Fletcher vom amerikanischen Erziehungsministerium, «sogar jene, die auf den ersten Blick perfekt zu funktionieren scheinen, kennt Bereiche in seinem Leben, wo er blockiert ist, in denen er sich nicht zu entwickeln vermag.» Wahre Erziehung, so meinte Fletcher, stärkt die Fähigkeit, seinem sich fortwährend weiterentwickelnden Leben einen dauerhaften Sinn zu geben.

Eine Veränderung der kulturellen Erwartungshaltungen wird eine Menge bewirken. Eines der Dinge, die das kulturelle Klima sehr rasch ändern werden, ist eine sorgfältig ausgearbeitete Beschreibung der Ebenen, die möglicherweise oberhalb dessen liegen, was die meisten Erwachsenen heutzutage erreichen. Wenn diese Beschreibung von der herrschenden Kultur als einwandfrei akzeptiert wird, sind wir auf dem richtigen Weg.

Ein Beispiel für Offenheit lebenslangem Lernen gegenüber ist das sogenannte Elderhostel-Programm, ein Netzwerk von Studienprogrammen für Erwachsene, durchgeführt an rund zweihundert Universitäten. Ähnliche Programme gibt es auch in Frankreich, der Schweiz, Belgien, Polen und Kanada. Die Teilnehmer, primär ältere Menschen, müssen keine formale Erziehung nachweisen. Durch Vorlesungen auf Universitätsniveau, körperliche Aktivitäten, Vorträge und Gesprächsrunden werden sowohl geistige als auch körperliche Stimulierung angeboten.

Die «freien Universitäten» tauchten zuerst als Teil der Studentenrevolten in der Mitte der sechziger Jahre auf. Allein in den Vereinigten Staaten gibt es heute beinahe zweihundert unabhängige, freie Universitäten, die auf nichtkommerzieller Basis eine bunte Zusammenstellung von Kursen zu jedem nur denkbaren Thema anbieten. Die Freie Universität von Denver vermeldete allein während des Sommersemesters 1979 siebzehntausend Einschreibungen.

José Argüelles meinte zu diesen Initiativen und Netzwerken:

Was dieses Modell von Netzwerken nahelegt, ist ein gemeinsames Paradigma, welches Physisches mit Psychologischem, Intellektuelles mit Intuitivem, die linke Gehirnhemisphäre mit der rechten verbindet ...

Ähnlich wie Menschen sich von der Kindheit über die Pubertät bis hin zu geschlechtlicher Bewusstheit entwickeln, so muss die Idee der erzieherischen Netzwerke ... ihren angemessenen Platz in jenem bedeutenden und fruchtbaren Kontext von Ideen und gesellschaftlichen Werten einnehmen, der den evolutionären Vorstoss der Menschheit einschliesst.

Wir machen uns gegenseitig Mut, die Reise ins Unbekannte zu wagen, mit gegenseitiger Unterstützung und mit besten Wünschen füreinander, Risiken einzugehen. Wir sind dauernd mit einer «gegenseitigen Erziehung» beschäftigt. Einer, der sich mit seiner eigenen Erziehung befasst, braucht auf dieser Reise wiederum die Unterstützung anderer. Wenn wir davon sprechen, dass wir über jemanden «hinausgewachsen» sind oder ein anderer über uns hinausgewachsen ist, so meinen wir damit nichts anderes, als dass der eine am Lernen interessiert ist und der andere nicht.

Bezeichnenderweise beschreiben die Verschwörer im Zeichen des Wassermanns nicht nur Erzieher an offiziellen Schulen als ihre Lehrer, sondern auch Freunde, Kinder, Ehepartner, frühere Partner, Eltern,

Kollegen – und Lebensereignisse. Wenn man bei der Definition von Meister und Schüler weder wetteifernd noch hierarchisch vorgeht, dann ist jeder ein Lehrer, jede Erfahrung eine Lektion, jede Beziehung ein ganzes Studium. Der Sufi-Lehrer Idries Shah meinte: «Sogar der Stein ist ein Lehrer.»

Der intensive intellektuelle und spirituelle Austausch der Verschwörer im Zeichen des Wassermannes, die gemeinsam unternommenen Expeditionen in unbekanntes Territorium sowie das Zusammenlegen materieller wie geistiger Reichtümer schaffen jene Art der gegenseitigen Inspiration, von der John Gowan sprach. Die beinahe sexuelle Wechselwirkung von Ideen, von Yin und Yang, Altem und Neuem, Ost und West resultiert in einer Art kollektiver Synthese: einer kreativen Gemeinschaft, aufgeschlossen für Risiko und Phantasie.

DIE KINDER DES NEUEN PARADIGMAS

Lange vor Thomas Kuhns Beobachtung, dass neue Ideen manchmal warten müssen, bis sie von einer späteren Generation akzeptiert werden, machte der Volksmund diese bittersüsse Feststellung – ein hebräisches Sprichwort warnt: «Enge deine Kinder nicht mit deinem eigenen Wissen ein, denn sie wurden zu einer anderen Zeit geboren.»

Karl Pribram äusserte einmal, dass eine neue Generation bereits während der ersten Schuljahre etwas über das Paradoxe lernen und im Heranwachsen Realitätskonzepte von über- und untergeordneter Bedeutung begreifen wird. Nicht lange danach versuchte sich – war es ein Zufall? – der Schüler John Shimotsu aus Los Angeles an einer Interpretation des holographischen Modells der Wirklichkeit, wie es von Pribram und dem Physiker David Bohm entworfen worden war. Er kam zu folgendem Schluss:

> Warum kann man keine Dinge ausführen, die wir für paranormal halten? Ich glaube deshalb, weil man denkt, man könne es nicht. Man sagt vielleicht, dass man es möchte, man mag es sogar ernsthaft wollen, aber das ändert nichts an dem, was man unbewusst denkt. Unsere Kultur sagt, dass solche Dinge nicht möglich seien, und das ist dann genau das, was man für die Wirklichkeit hält. *Um die eigene Wirklichkeit zu ändern, müsste man seine innersten Gedanken ändern.* Die Idee des Hologramms ist faszinierend. Was heute noch Theorie ist, kann morgen schon Realität sein.

Auf der ganzen Welt werden Kinder und junge Menschen durch die revolutionäre Entwicklung von Kommunikationstechnologien mit solchen Ideen vertraut gemacht. Sie werden nicht mehr durch den beschränkten Vorstellungshorizont einer einzelnen Kultur eingeengt.

Paul Nash verglich diesen Wechsel in der Wahrnehmung von Wirklichkeiten mit der Kluft zwischen einem Einwanderer-Ehepaar und dessen Kindern. «Die Kinder übernehmen für gewöhnlich Sprache und Sitten des neuen Landes müheloser als ältere Menschen, die dann von ihren Kindern als Fremdenführer in der neuen Welt abhängig werden.»

Variationen über dieses Thema – Macht des Kindes und der Urvölker – erschienen in kürzlich veröffentlichten Schriften von Joseph Chilton Pearce, *Die Magische Welt des Kindes,* und Lyall Watson, *Geheimes Wissen. Das Natürliche des Unnatürlichen.* Eine von Tolkiens Phantasie und Castanedas Zauberern begeisterte Generation ist bereit, sich dem Wunder ihres eigenen inneren Selbst und dem ihrer Kinder zu öffnen.

Der Einstieg in diese neue Welt wird durch verschiedene Themen von Konferenzen angezeigt, die sich mit transpersonalem Lernen und ebensolcher Kindererziehung befassen: *Children of the New Age, Celebration of the Child, Nurturing the Child of the Future, The Metaphoric Mind, The Conscious Child, Transpersonal Frontiers, Infinite Frontiers.*

Wenn das Erziehungswesen nicht geflickt werden kann, kann es vielleicht eine Metamorphose durchmachen. Jemand äusserte einmal treffend, dass wir mit dem Versuch, den Unterschied zwischen einer Reform und einer Transformation zu erklären, versucht hätten, einer Raupe Flügel anzubinden. Unsere bisherigen Eingriffe in den Lernprozess sind ähnlich ungehobelt gewesen. Es ist wirklich an der Zeit, dass wir uns von der Bindung an alte Formen lösen und einem entfesselten Menschengeist das Fliegen erleichtern.

10

DIE TRANSFORMATION DER WERTE UND DER INNEREN BERUFUNG

> Wenn die Natur der Arbeit richtig eingeschätzt und angewandt wird, ist sie für die höheren Fähigkeiten von derselben Bedeutung wie die Nahrung für den Körper.
>
> *J.C. Kumarappa,* Philosoph und Ökonom

Wenn der transformativen Erfahrung Kraft innewohnt, muss sie unvermeidlich unsere Werte und daher auch die gesamte Wirtschaft – den Markt, die Fabriken, die Wirtschaftsunternehmen, die Berufe, den Kleinhandel und die Sozialfürsorge – in ihren Grundfesten erschüttern. Und sie muss neu definieren, was wir mit Begriffen wie «reich» oder «arm» meinen; sie muss uns überdenken lassen, was wir einander schuldig sind, was möglich und was angemessen ist. Früher oder später verändert das neue Paradigma die Beziehungen des einzelnen zur Arbeit; eine teilweise Transformation ist von Natur aus unmöglich. Für den, der Ganzheit sucht, ist es von grundlegender Bedeutung, sein ganzes Leben zu gestalten, nicht nur seinen Lebensunterhalt zu verdienen. Unser Verlangen richtet sich nicht auf mehr, sondern auf etwas anderes. Kaufen, verkaufen, besitzen, sparen, teilen, behalten, investieren, geben – all dies ist äusserer Ausdruck innerer Bedürfnisse. Wenn diese Bedürfnisse sich verändern, wie dies bei der persönlichen Transformation geschieht, verändern sich auch die ökonomischen Muster. Beispielsweise stellt das Geldausgeben für viele Menschen ein Betäubungsmittel dar, Balsam für Enttäuschungen, Frustrationen und innere Leere. Wenn der einzelne diese innere Qual transformiert, besteht ein geringeres Bedürfnis nach Drogen und Ablenkung. Das Hören auf die innere Stimme macht uns deutlich, was wir wirklich wollen, im Unterschied zu dem, wozu wir überredet worden sind, und möglicherweise kostet es nicht einmal etwas. Vielleicht entdecken wir auch, dass «Besitz» in gewisser Hinsicht eine Illusion darstellt, dass er uns, wenn wir uns an ihn klammern, hindern kann, die Dinge freudig zu geniessen. Eine grössere Bewusstheit lässt uns vielleicht die einfachen Dinge neu würdigen. Und die Qualität wird wichtig, die «Lebensqualität», von der man so viel spricht. Wenn die Arbeit lohnend wird und nicht bloss obligatorisch ist, führt auch dies zu einer Neuordnung der Werte und Prioritäten.

Wir wollen die Belege für ein neues, auf *Werten* beruhendes Paradigma betrachten, welches das alte Paradigma der Wirtschaft mit seiner Betonung auf Wachstum, Kontrolle und Manipulation transzendiert. Der Wechsel zu dem Paradigma der Werte zeigt sich in den sich verändernden Mustern von Arbeit, Berufswahl und Verbrauch ... sich herausbildende Lebensweisen, Synergie, Teilen, Tauschhandel, Zusammenarbeit und Kreativität ausnutzen ... die Transformation des Arbeitsplatzes, der Industrie, in den Berufszweigen und den Künsten ... Erneuerung im Management und Mitbestimmung der Arbeiter, einschliesslich die Dezentralisierung von Macht ... das Entstehen einer neuen Art von Unternehmern ... die Suche nach einer «angemessenen Technologie» ... der Ruf nach einem Wirtschaftssystem, das in Übereinstimmung mit der Natur steht, anstelle der mechanistischen Ansichten, die uns in die gegenwärtige Krise getrieben haben.

KRISE UND VERWEIGERUNG

Wir haben bewiesen, dass man sich nicht schlank essen kann. Bei dem Versuch, durch Konsum Wohlstand zu erlangen, haben wir unsere Bodenschätze erschöpft. Hohe Produktionskosten, Teuerung, Inflation und hohe Arbeitslosigkeit stehen jetzt auf unserer Speisekarte.

Weil die Wirtschaft eine so politische Frage darstellt, wird sie propagandistisch ausgeschlachtet, beschönigt und mit Lügen garniert. Weil unsere die Wirtschaft betreffenden Überzeugungen dieselbe beeinflussen – siehe den «Vertrauensindex» –, versuchen Industrie und Regierung die Reaktionen von Investierenden und Konsumenten auf alarmierende Nachrichten aus der Wirtschaft abzuschwächen.

Und weil abweichende Ansichten lauthals diskutiert werden, kann man sich aussuchen, wem man Glauben schenken will:
– Atomenergie ist unentbehrlich / tödlich.
– Sonnenenergie wird billig / unpraktisch sein.

- Fossile Brennstoffe sind reichlich vorhanden / erschöpft.
- Wir sollten konsumieren / bewahren.
- Vollbeschäftigung ist möglich / unmöglich.
- Automation / Umweltschutz unterminieren / unterminieren Arbeitsplätze und Wachstum nicht.

Es gibt auf Rettung durch Technologie, durch Neuverteilung von Geldern und Rohstoffen gerichtete Wunschträume. Aber unsere provisorische Linderung dieser chronischen Krankheit – Teuerung, zerrüttete Märkte, Arbeitslosigkeit, Veraltern – ist ebenso gefährlich wie die medizinische Behandlung von Symptomen, wenn die Ursache der Krankheit unbekannt ist. Unsere Eingriffe in das Gefüge der Wirtschaft rufen – vergleichbar mit medikamentösen oder chirurgischen Eingriffen – ernste Nebeneffekte hervor, die weitere und tiefergehende Eingriffe nötig machen.

Die Krise wird an der chronischen Arbeitslosigkeit und Unterbeschäftigung deutlich: an veralteten technischen Anlagen, von denen Millionen von Facharbeitern betroffen sind; an der zunehmenden Zahl von Menschen mit höherer Schulbildung, die um zu wenige Bürojobs wetteifern; an der ständig steigenden Zahl von Jugendlichen und Frauen, die sich eine Stellung auf dem Arbeitsmarkt zu ergattern suchen.

Eine Studie des US-Arbeitsministeriums zeigte, dass die «wahre Arbeitslosigkeit» – diejenigen eingeschlossen, deren Verdienst unterhalb des Existenzminimums liegt – mehr als *40 Prozent* beträgt. Weniger offene Stellen, mehr Bewerber. Proportional weniger interessante Jobs. Technologische Neuerungen, welche die Produktivität des Arbeiters A verdoppeln, so dass Arbeiter B entlassen werden kann, worauf A dann darüber murrt, dass er mit seinen Steuern für den Lebensunterhalt des demoralisierten B aufkommen muss. Aktionsprogramme, die Ungerechtigkeit und Bitterkeit oft nur auf eine andere Gruppe abwälzen.

Arbeiterschaft und Management fallen regelmässig übereinander her, ähnlich wie verrückt gewordene Siamesische Zwillinge, die nicht wissen, dass sie an ein und denselben Blutkreislauf angeschlossen sind.

Die Vergleichszahlen unserer Wirtschaft sind oft irreführend. Das Bruttosozialprodukt beispielsweise enthält die Ausgaben für Krankenbehandlungen, für Instandsetzungskosten von Fahrzeugparks und Gegenmassnahmen bei der Umweltverschmutzung durch die Industrie; das heisst, wir messen Aktivität und nicht die tatsächliche Produktion. Es zeigt sich immer deutlicher, dass unsere Bemühungen, die Wirtschaft zu kontrollieren, zu erklären und zu verstehen, völlig unzulänglich sind.

Die Wirtschaft ist lebendig und integriert, eher ein Organismus denn eine Maschine. Sie besitzt Qualitäten ebenso wie Quantitäten. Wie das Wetter kann sie nicht repariert werden. Sie hält nicht lange genug still, und ihre Entwicklung ist nur teilweise voraussagbar. Selbst ihre «Gesetze» sind nur Beschreibungen der Vergangenheit. David Sternlight, Chefökonom der Atlantic Richfield Company, erklärte: «In Wahrheit kann man die Zukunft nicht voraussagen.»

Es ist eine Modeerscheinung, davon auszugehen, dass irgendeine wirtschaftliche Voraussage besser sei als gar keine, behauptete E.F. Schumacher im Jahre 1961. «Man mache eine vage Vermutung, bezeichne sie als Annahme und leite davon durch geschickte Berechnung eine Schätzung ab. Diese Schätzung wird dann als Ergebnis einer wissenschaftlichen Beweisführung dargestellt, etwas, das blossen Vermutungen weit überlegen ist.» Gewaltige Planungsfehler sind das Ergebnis, weil diese Methode «eine Scheinantwort liefert, wo eine unternehmerische Beurteilung vonnöten ist».

Der ungeprüfte Leitsatz des alten Paradigmas, der seit den Tagen John Lockes vorherrscht, lautet, dass die Menschen am stärksten von wirtschaftlichen Interessen motiviert werden. Dieweil gewisse Grundbedürfnisse jedoch befriedigt sind, werden andere starke Bedürfnisse eindeutig wichtiger: Der Wunsch, gesund zu bleiben, geliebt zu werden, sich für etwas zuständig zu fühlen, voll und ganz am gesellschaftlichen Leben teilzunehmen und einer sinnvollen Arbeit nachzugehen. Und selbst wenn Locke in bezug auf unsere ökonomischen Motive recht hätte, müssten wir uns dennoch ändern. Unsere Zivilisation kann nicht fortfahren, die Herstellung und den Verbrauch nicht ermessbarer Rohstoffe weiter zu steigern.

Bei der Einschätzung der New Yorker Finanzkrise Mitte der siebziger Jahre behauptete Julius Stulman vom World Institute, unser grösster Fehler bestehe darin, dass wir weiterhin alles auf die Vergangenheit beziehen, «die Stufen, die wir seit sechstausend Jahren mühsam erklommen haben – Stufe für Stufe, in rascher Folge, auf aussergewöhnliche, lineare Weise. Wie notwendig diese Schritte für unsere Evolution auch gewesen sein mögen, dieses Stadium ist abgeschlossen. *Wir können die Dinge nicht bewältigen, solange wir nicht anders denken*».

Unsere grösste Hoffnung besteht heute darin, aufmerksam zu sein und zu erkennen, auf welche Weise unser Leben und unser Lebensunterhalt von überkommenen Strukturen beeinflusst, ja beherrscht worden ist. Unsere Vorstellungen über Arbeit, Geld und Management entstanden aus einer alten stabilen Gesellschaftsordnung, der jetzt, da alles im Fliessen ist, keine Bedeutung mehr innewohnt, und gründeten sich auf eine Betrachtungsweise der Menschheit und der Natur, die in der Wissenschaft schon längst transzendiert wurde. Die wirkliche Welt funktioniert nach anderen Prinzipien als jenen, die unsere einseitigen Wirtschaftsphilosophen ihr auferlegt haben.

DAS IM ENTSTEHEN BEGRIFFENE PARADIGMA: WERTE, NICHT VOLKSWIRTSCHAFT

Die wirtschaftlichen Systeme der modernen Welt ergreifen Partei in der alten Auseinandersetzung zwischen Individuum und Gesellschaft. Sobald wir in zwei Lager aufgeteilt sind, diskutieren wir den verkehrten Sachverhalt. Anstatt darüber zu debattieren, ob der Kapitalismus mit seiner Betonung auf die Möglichkeiten des einzelnen recht hat oder der Sozialismus mit seinem Interesse am Kollektiv, sollten wir die Frage anders stellen: Entspricht eine materialistische Gesellschaft den Bedürfnissen der Menschen? Sowohl Kapitalismus als auch Sozialismus, so wie wir sie kennen, beruhen auf materiellen Werten. Für eine transformierte Gesellschaft stellen sie unzulängliche Philosophien dar.

Die Fehlschläge unserer Wirtschaftsphilosophien wie auch das Scheitern unserer politischen Reformen können der darin vorherrschenden Betonung des Äusserlichen zugeschrieben werden. Innere Werte, wie etwa eine innere Reform, gehen einer nach aussen gerichteten Veränderung voraus. In der Synthese könnte vielleicht unsere Rettung liegen – der Weg zwischen Links und Rechts, den Aldous Huxley als «Dezentralisierung und kooperatives Unternehmertum, ein wirtschaftliches und politisches System, das der Spiritualität am natürlichsten entspricht» bezeichnete.

Ebenso, wie die Gesundheit weit mehr umfasst als nur die Medizin, und so, wie das Lernen über die Erziehung hinausgeht, so funktioniert jede Wirtschaft entsprechend einem System von Werten. Was auch immer unsere Prioritäten sein mögen – Selbsterhöhung, Leistungsfähigkeit, Status, Gesundheit, Sicherheit, Entspannung, zwischenmenschliche Beziehungen, Wettbewerb, Zusammenarbeit, handwerkliches Können, materielle Güter –, sie spiegeln sich in der Arbeitsweise der Wirtschaft wider.

Am wichtigsten ist aber, dass ein Mensch, indem er unabhängig wird, sich *inneren* Werten zuwenden wird. Das, was er kauft, und die

Wahl seiner Arbeit spiegeln allmählich seine wahren Bedürfnisse und Wünsche wider, statt der Werte, die ihm von Werbung, Familie, Arbeitskollegen und den Medien aufgedrängt werden.

Louis Mobley, ehemaliger Direktor der Abteilung zur Ausbildung von Führungskräften bei IBM, wies darauf hin, dass die Wendung nach innen einen kulturellen Umschwung kennzeichnet. Nachdem wir ein Zeitalter, in dessen Verlauf wir nur nach aussen sahen und unsere inneren Wirklichkeiten leugneten, hinter uns gebracht haben, fällen wir jetzt Werturteile. «Und deshalb finden die Ökonomen keine Antworten.» Der Nobelpreisträger für Ökonomie im Jahre 1978, Herbert Simon, kritisiert die klassischen «rationalen» Leitsätze der Ökonomen und ihr daraus resultierendes Versagen, mit sich ändernden Werten und Erwartungen fertigzuwerden.

Gesellschaften sind die seltsamsten und instabilsten aller dissipativen Strukturen, wie Ilya Prigogine betonte. Die Komplexität unserer modernen pluralistischen Gesellschaft und die immer unabhängigeren Werte ihrer Menschen haben eine gewaltige wirtschaftliche Unsicherheit erzeugt. Nun benötigen wir eine Auffassung von Wirtschaft, die mit der weisen Unsicherheit des Physikers vergleichbar ist*.

Die beiden Paradigmen könnte man wie folgt zusammenfassen:

LEITSÄTZE DES ALTEN WIRTSCHAFTS-PARADIGMAS	LEITSÄTZE DES NEUEN WIRTSCHAFTS-PARADIGMAS
Konsum um jeden Preis via geplantem Veraltern, Werbedruck, Schaffung von künstlichen «Bedürfnissen».	Verhältnismässiger Konsum. Konservieren, Erhalten, Wiederverwerten, Qualität, Können, Erneuerung, Erfindungen, die wirklichen Bedürfnissen entsprechen.
Zur Arbeit passende Leute. Unbeweglichkeit. Konformität.	Zu den Leuten passende Arbeit. Flexibilität. Kreativität. Form und Fluss.
Aufgezwungene Ziele, Entscheidungen von oben nach unten. Hierarchie. Bürokratie.	Förderung der Autonomie. Selbstverwirklichung. Teilnahme der Arbeitnehmer, Demokratisierung. Gemeinsame Ziele, Konsensus.

---

* Max Planck äusserte einmal, dass er zuerst Wirtschaftswissenschaften studiert habe; als er dies als zu schwierig empfand, begann er Physik zu studieren.

LEITSÄTZE DES ALTEN WIRTSCHAFTS-PARADIGMAS	LEITSÄTZE DES NEUEN WIRTSCHAFTS-PARADIGMAS
Zersplitterung, Unterteilung in Arbeit und Rollen. Nachdruck auf spezialisierte Aufgaben. Scharf abgegrenzte Arbeitsbeschreibungen.	Kreuzweise Befruchtung durch Spezialisten, welche eine weitere Bedeutung ihres Expertengebietes sehen. Förderung von Wahl und Wechsel in Arbeitsrollen.
Identifizierung mit Arbeit, Organisation, Beruf.	Identität wächst über Arbeitsbeschreibung hinaus.
Uhrzeit-Modell der Wirtschaft, basierend auf Newtonscher Physik.	Anerkennung von Unsicherheit in der Wirtschaft.
Aggression, Konkurrenz. «Geschäft ist Geschäft.»	Zusammenarbeit. Menschliche Werte werden wichtiger als «Gewinnen».
Arbeit und Spiel getrennt. Arbeit als Mittel zum Zweck.	Vermischung von Arbeit und Spiel. Arbeit, die sich selbst belohnt.
Manipulation und Dominanz der Natur.	Zusammenarbeit mit der Natur; taoistische, organische Sicht von Welt und Reichtum.
Streben nach Stabilität, Stellung, Sicherheit.	Gefühl des Wechsels, Werdens. Risikofreudigkeit. Unternehmerische Haltung.
Quantitativ: Quoten, Statussymbole, Einkommensgruppe, Profite, «Lohnerhöhungen», Bruttosozialprodukt, Sachwerte.	Sowohl qualitativ als auch quantitativ. Gefühl des Erschaffens, gegenseitige Leistung zur gegenseitigen Bereicherung. Nichtmaterielle Werte (Kreativität, Erfüllung) wie auch Sachwerte.
Strikt wirtschaftliche Motive, materielle Werte. Fortschritt nach Produkt, Erhalt bewertet.	Geistige Werte transzendieren materiellen Gewinn und Wohlstand. Prozess ebenso wichtig wie Inhalt. Arbeitskontext gleich wichtig wie Inhalt – nicht nur was man arbeitet, sondern *wie* man arbeitet.
Polarisiert: Arbeit gegenüber Management, Konsument gegenüber Hersteller, usw.	Transzendiert Polaritäten. Gemeinsame Ziele, Werte.
Kurzsichtig, Ausbeutung beschränkter Quellen.	Letztlichen ökologischen Kosten Rechnung tragend. Haushältertum.

LEITSÄTZE DES ALTEN WIRTSCHAFTS-PARADIGMAS	LEITSÄTZE DES NEUEN WIRTSCHAFTS-PARADIGMAS
«Rationell», nur Fakten trauend.	Rationell und intuitiv. Daten, Logik bereichert durch Eingebungen, Gefühle, Einsichten, nicht-linearen (ganzheitlichen) Sinn für ein Muster.
Nachdruck auf kurzfristige Lösungen.	Einsicht, dass langzeitige Wirksamkeit harmonischen Arbeitsplatz, Gesundheit des Arbeitnehmers, Kundenbeziehungen Rechnung tragen muss.
Zentralisierte Operationen.	Dezentralisierte Operation wenn immer möglich. Menschliche Dimension. (Menschlicher Massstab)
Flüchtige, uneingeschränkte Technologie. Unterwürfigkeit der Technologie gegenüber.	Angemessene Technologie. Technologie als Werkzeug, nicht als Tyrann.
Gegensätzliche Behandlung von wirtschaftlichen «Symptomen».	Versuche, das Ganze zu verstehen, tiefgehende Ursachen des mangelnden Ausgleichs, der Unausgewogenheit zu lokalisieren. Präventive «Medizin», Voraussicht von Verlagerungen, Knappheiten.

DIE «VERGEISTIGUNG» AMERIKAS: NEUE WERTE

Im 19. Jahrhundert sah John Stuart Mill über die frühen materialistischen Versprechungen des Industriezeitalters hinaus: «Das Schicksal der Menschen wird keine nennenswerte Verbesserung erfahren, es sei denn, sie unterziehen ihre Art des Denkens einer grossen Veränderung.» In den dreissiger Jahren dieses Jahrhunderts sprach der Historiker Arnold Toynbee von «Vergeistigung» – der Entwicklung höherer, immaterieller Güter als höchste Entwicklungsstufe einer Zivilisation.

Die Umkehrung des materialistischen Trends scheint sich einer wachsenden Sympathie zu erfreuen – wenn nicht sogar ein allgemeines Verlangen danach besteht. Vielleicht findet die Vergeistigung bereits statt. Eine im Jahre 1977 durchgeführte Umfrage zeigte ein erstaunliches Überwiegen – 79 Prozent – von Menschen, die einen besseren Einsatz der grundliegenden Dinge mehr befürworten als das Erreichen eines höheren Lebensstandards. Ein ähnlich hoher Prozentsatz zog die Ausweitung mitmenschlicher Beziehungen einer verbesserten Kommunikationstechnologie vor und hoffte, die Gesellschaft lerne, die menschlichen Werte höher einzuschätzen als die materiellen Werte. Die Vorstellung, umfassendere und wirkungsvollere Methoden von Arbeitsbewältigung zu entwickeln, war für sie weniger verlockend als «die grossen Dinge aufzulösen und zu einem humaneren Leben zurückzufinden».

Eine Mehrheit erklärte, dass sie lieber eine innere Befriedigung durch ihre Arbeit erlangen als die Produktivität erhöhen wolle; sie legte mehr Wert darauf, die Erziehung ihrer Kinder verstärkt auf innere Befriedigung ausgerichtet zu sehen als auf einen höheren materiellen Lebensstandard.

Unsere prähistorischen Vorfahren halfen gewissermassen dabei, das Fundament für dieses Vorgefühl zu legen, als aus Jägern und Sammlern Bauern wurden, die ihre Arbeit im Einklang mit den Zyklen der Natur verrichteten. Vielleicht stammt aus dieser Quelle unsere «Agribusiness»-Geisteshaltung, aus der heraus wir pflügen und planen und uns um die kommende Ernte sorgen. Vielleicht könnten wir wieder so etwas wie Jäger und Sammler werden, die sowohl für die Reichtümer des Tages als auch für eine längere Wachstumsperiode leben.

Möglicherweise leben wir jetzt in einer «post-extravaganten Gesellschaft», wie ein Bericht es ausdrückte. Wir scheinen einem Sinn, einer transzendenten Vision, wie sie unsere Gründerväter besassen, nachzujagen.

Die Vergeistigung ist von einem Mitglied der Verschwörung im Zeichen des Wassermanns, einem Lehrer, wie folgt ausgedrückt worden:

> Mich hat es schon beeinflusst, Menschen kennenzulernen und an ihrem Leben teilzuhaben, denen es an nichts mangelt, sowie anderen, die in selbstgewählter Armut leben (religiöses Gelübde). Meine eigenen Wertmassstäbe konnte ich im wesentlichen nach diesen Erfahrungen ausrichten: authentisch-unauthentisch; was man haben muss – was man gern hätte; Dauerhaftes – Unmittelbares, Glück – Vergnügen.

Selbständige Menschen können schöpferisch und erfinderisch sein. Und sie können ihre Geisteshaltung ändern, Werte verwerfen, die sie einst vertreten haben. Wirtschaftsanalytiker betrachten die schleichende Wirkung der vor Jahren von der Gegenkultur vertretenen Werte neuerdings mit Sachlichkeit. Sie werden Zeuge des Erwachsenwerdens einer Generation, die von den alten Spielzeugen und Symbolen weniger beeindruckt ist.

Ein Ökonom der Bank of America erklärte im Jahre 1977, dass der Bedarf nach dauerhaften Gütern wahrscheinlich ständig ansteigen wird, da immer mehr Amerikaner das Ausmass des nationalen und persönlichen Konsums als verschwenderisch betrachten. Die Güter würden immer mehr gekauft anstatt als Symbole eines repräsentativen Konsums oder aus Gründen einer Stil- oder Modeveränderung. Er sagte voraus, dass das Pendel zu den Tugenden von Gedeihen, Integrität und hohen moralischen Werten zurückschwingen werde. Die Bevölkerungsgruppe im Alter zwischen fünfundzwanzig und vierunddreissig, die im Laufe des nächsten Jahrzehnts am stärksten zunehmen wird, wird grossen Wert auf die Qualität und die gesellschaftlichen Auswirkungen der Dinge, die sie kaufen, legen. Ein junger Lastwagenfahrer, der ein Kunststudium abgeschlossen hat, antwortete auf die häufig gestellte Frage, was er mit seiner Ausbildung anfangen wolle:

> Ich werde das Leben leben. Ich werde meinen Intellekt weiterentwickeln, was nebenbei vielleicht zur Anhebung des ästhetischen und kulturellen Niveaus der Gesellschaft beitragen mag. Ich werde versuchen, die edlen und schöpferischen Elemente in mir zu entwickeln. Ich werde sehr wenig zum Bruttosozialprodukt beitragen.

Seiner Ansicht nach haben fünf Jahre Quälerei um den Lebensunterhalt dazu geführt, dass er seine Ausbildung viel mehr zu schätzen und zu respektieren weiss. Die Umgebung, in der er arbeitete, war der Phantasie gegenüber so feindselig eingestellt, dass seine Bücher und sein Interesse an Kunst für ihn besonders erregend und lebensnotwendig waren. «Ich arbeite mit Leuten, die versuchen, ihrem Leben einen Sinn zu geben, indem sie nach dem billigen Tand streben, den die amerikanische Industrie anzubieten hat ...»

DER WERT DER SYNERGIE: NEUER REICHTUM

Egal, wie viele Kriege und Waffen wir auch ersonnen haben, die Menschen sind biologisch gesehen eine soziale, kooperative Spezies. Wir haben überlebt, indem wir einander halfen. Sogar unsere prähistorischen Vorfahren zeigten Zärtlichkeit; sie schlugen das Schuhwerk ihrer Kinder mit Pelz aus und sorgten für ihre Krüppel; die neuesten archäologischen Funde lassen vermuten, dass sie ihre Toten mit Blumen beerdigten.

Das Ganze ist reichhaltiger als seine Teile. Diese Synergie hat den Weg für neue Güter und Dienstleistungen geebnet: Kooperativen, Tauschhandel, Netzwerke zur gegenseitigen Hilfe. Gemeinsame Mittel machen jeden reicher, gemeinsame Informationen machen jeden klüger, und nichts geht bei der Verbreitung verloren.

Althergebrachte Verfahren, welche die Wirtschaft vereinfachen – wie Kooperativen, Kreditgemeinschaften und Tauschhandel –, die älter als das Geld sind, verkleinern das schwerfällige Verteilersystem, weil sie nur das enthalten, was die Menschen wollen und anzubieten haben, im Gegensatz zu der stetig wachsenden Produktion von Gütern, die zu kaufen oder in die «zu investieren» man die Leute erst einmal überreden muss.

Es gibt moderne städtische Gegenstücke zu Nähkränzchen, zum gemeinsamen Aufrichten einer Scheune und zu Farmerkooperativen. Die gemeinsame Kinderpflege, Netzwerke zum Lernen und Nahrungsmittelkooperativen schaffen sowohl ein Gefühl der Gemeinschaft als auch eine Förderung der Wirtschaft*.

Vielgelesene Frauenzeitschriften haben mit der Veröffentlichung von Beiträgen begonnen, die erklären, wie man ein Netzwerk oder eine Kooperative aufbaut. Leute mit niedrigem Einkommen bildeten die «Oregon Urban-Rural-Kreditgemeinschaft» (OUR) in der Tradition der durch Dürreperioden verarmten Bauern Süddeutschlands, die in der Mitte des 19. Jahrhunderts die erste Kredit-Union gegründet hatten. Im ganzen Land haben sich solche Gruppen gebildet, die Arbeiten oder Dienstleistungen austauschen oder vermitteln. Free for All in Los Angeles wurde zum Austausch von Dienstleistungen organisiert. Kommerzielle Tauschhandelsgesellschaften wie Trade-Americard, Executive Trade Club, Charge-A-Trade and Business Exchange

---

* Nach Aussagen verschiedener Soziologen bildeten die kalifornischen Einwanderer ähnliche Netzwerke. James Q. Wilson etwa beschrieb den gegenseitigen Austausch von Hilfeleistungen in den Städten, die den heute weitverbreiteten Tauschhandel vorwegnahm: «Entsprechend dem Onkel im Osten, der einem Sachen zu Grosshandelspreisen besorgen konnte, war es in Los Angeles der Schwager, der dir beim Errichten eines neuen Daches oder dem Anstreichen der Garage half oder dir seine elektrische Säge lieh (und dir zeigte, wie man sie benutzt). Ein grosser, lose organisierter Arbeitsaustausch fand in der ganzen Region statt, wobei manchmal ziemlich komplizierte Aktionen abliefen, die mehrere Mittelsmänner erforderten – der Freund, der seinen Bruder, den Klempner, bat, dir zu helfen, wenn du deinen Onkel mit dem Zementmixer fragtest, ob er die Einfahrt zum Haus der Schwester eines anderen Freundes zementieren würde. Am Samstag waren die Leute im ganzen Land unterwegs, um diese Abmachungen einzuhalten.»

tauschen mit Hilfe einer hochentwickelten Buchführung Güter und Dienstleistungen unter ihren Mitgliedern aus oder schreiben sie ihnen gut. Ungefähr fünfundsiebzig Tauschhandelsgruppen in den Vereinigten Staaten sind im International Trade Exchange zusammengeschlossen*. Sie verwenden Computer, um die Transaktionen zwischen den ihnen angehörenden Geschäftszweigen, den Geschäftsleuten und den Fachleuten zu erleichtern. Tauschhandel hilft, erfolgreich gegen Inflation anzukämpfen, äusserten die Inhaber einer Tauschhandelsgesellschaft. Es ist wahrscheinlich, dass Tauschhandel in einer Zeit der Rezession blüht. *New Age* bemerkte:

> In einer Zeit, in der die kleinen Metallstücke und Papierfetzen, die wir Reichtum nennen, immer mehr von dem Gewerbe oder der Mühsal – für die sie eigentlich stehen sollen – isoliert werden, scheint der Tauschhandel allerdings ein gesunder Trend zu sein. «Bezahlung in Naturalien», der ursprüngliche Weg ökonomischer Transaktion, gründet sich mehr auf Zusammenarbeit denn auf Wettbewerb; anstatt der Ansammlung von Geld als Selbstzweck betont sie die Qualität der menschlichen Arbeit.

Die Gründer von Provender, einer Kooperative für biologische Lebensmittel im Nordwesten der Vereinigten Staaten, berichteten von dem Selbstvertrauen und der regionalen Einheit, die sie verspürten, als sie sich zusammentaten: «Liebe Kollegen in den Kooperativen, wir können die Geburt eines neuen Netzwerkes feiern...»

Die Belohnung einer solchen Anstrengung geht über die rein wirtschaftlichen Aspekte hinaus, wie man in einigen Selbstdarstellungen solcher Netzwerke erkennen kann:

> ... Die Community Soap Factory und die Kooperativen wurden nicht gestartet, weil sie einen kommerziellen Erfolg versprachen – an solchen Massstäben gemessen, sind sie riskant –, sondern im Glauben an ein Ideal, an eine Vision, wie die Gesellschaft sein könnte ... Wenn wir ein schlüssiges, auf einer Gemeinschaft aufbauendes Glaubenssystem formulieren können, werden viel mehr Leute dazu veranlasst werden, alternative Strukturen zu schaffen und zu unterstützen.

---

* Tauschhandel wird heutzutage auch in grossem Umfang von Handelsgesellschaften in der Sowjetunion und den Multis betrieben, die Rohstoffe gegen fertige Produkte tauschen.

Wir konzentrieren uns auf die richtige Einstellung und richtiges Timing. Dieses Öffnen und die Transformation des Kräftespiels der Macht sind genau das, was uns in ein neues Zeitalter des Mitgefühls und der Selbstbestärkung führen wird.

Die Arbeit unserer Gemeinschaften besteht darin, das Fundament, die Grundlage zu legen ... die Modelle, Formen und Archetypen einer neuen Zivilisation zu entwickeln.

Das Community Memory Project wird den Menschen helfen, Verbindung mit Vertretern ähnlicher Interessen aufzunehmen und zum Austausch von Gütern, Mitteln und Ideen beitragen.
Dieses Netzwerk ist nicht hierarchisch und auf Wechselwirkung aufgebaut – das bedeutet, dass die Informationen im System von jenen Menschen geschaffen und miteinander geteilt werden, die es benutzen; sie werden nicht von einer zentralen Autorität «ausgestrahlt».

Zu den kooperativen Unternehmungen gehören bewusst geförderte Gemeinschaften und gemeinsames Wohnen. In einigen Fällen haben mehrere Familien gemeinsam Apartmenthäuser und Wohnstätten entwickelt. In manchen Fällen haben verschiedene Familien eine ganze Gruppe von Privathäusern erworben und spezifische kommunale Aktivitäten wie gemeinsam genützte Gärten und ein wöchentliches gemeinsames Essen eingeführt. Kommunen, deren Mitglieder der berufstätigen Mittelklasse angehören, werden immer alltäglicher. Die Volkszählung von 1980 berücksichtigte sogar eine spezielle Kategorie für Wohngemeinschaften.
Ein Beispiel für eine selbständige grosse Wohngemeinschaft ist Ramagiri, ein Zentrum, dessen Mitglieder sich im Jahre 1971 nach dem Experimentieren mit kleineren Gruppen zusammenfanden. Sie hat jetzt vierzig Mitglieder (darunter zehn Ehepaare und vier Geschwisterpaare), die auf einer zweihundertfünfzig Morgen grossen Farm in Kalifornien leben, die aus einem kleinen katholischen Seminar hervorgegangen ist. Ramagiri hat eigene, selbsttragende Geschäfte, aber die meisten Bewohner arbeiten ausserhalb, als Lehrer, im Gesundheitswesen (Krankenschwestern, Physiotherapeuten, Ernährungswissenschaftler) und als Büroangestellte. Zwei dort wohnende junge Mediziner planen die Eröffnung einer gemeinsamen Praxis. Gärten, ein Büro und die Küche werden gemeinschaftlich betrieben. Die Kommune hat verschiedene erfolgreiche Bücher von Eknath Easwaran veröffentlicht,

dem indischen Lehrer, um den herum sich ihre Mitglieder ursprünglich scharten, sowie einen Bestseller, *Laurel's Cookbook.*

Einige Mitglieder des Movement for a New Society, einer Gruppe aus Philadelphia, wohnt in vierzehn gemeinschaftlich verwalteten Häusern. Sie halten Seminare ab, betreiben eine Medizingruppe, eine Organisation für ältere Frauen und einen «Kollektivtransit», gemeinsam benutzte Transportmittel. Sie publizieren *Resource Manual for a Living Revolution* und andere Literatur über gewaltlose kulturelle Veränderung.

Eine im Entstehen begriffene Gruppe, Cooperative College Community, hat die Bemühungen von Lehrern und Künstlern verschiedener Hochschulen an der Ostküste koordiniert, die auf einem grossen, bereits erworbenen Stück Land zusammen leben und ein kleines College für die philosophischen Wissenschaften betreiben wollen. Ihre Organisatoren erklärten:

> Wir betrachten dieses Unternehmen als ein Experiment mit menschlichen Werten. Es stellt einen Versuch dar, zu zeigen, dass man ein reiches und würdiges Leben in einer wirtschaftlich begrenzten Gemeinschaft führen kann, indem man Arbeit und politische Verantwortung teilt, sich dafür entscheidet, die Ansammlung und den Konsum von materiellem Reichtum einzuschränken und die natürlichen Grundstoffe wirkungsvoll anwendet... Wir behaupten weder ein gesellschaftliches Allheilmittel noch ein einfach nachvollziehbares Paradigma für jede existierende gesellschaftliche Institution darzustellen. Aber wir glauben, eine mögliche Alternative zu verwirklichen und damit die vorherrschenden Vorstellungen über gesellschaftliche und wirtschaftliche Organisation in konkreter Weise herauszufordern.

Ein Teilnehmer eines kommunalen Projektes meinte: «Wir sind keine Landentwickler, wir entdecken Gemeinschaften. Wir bieten kein Traumparadies an, sondern die Gelegenheit, ein neues Leben zu verwirklichen, das befriedigender ist als jenes, welches wir hinter uns lassen.»

Aus einem Rundschreiben:

Eines unserer Ziele besteht darin, zu zeigen, dass es einer Gruppe ganz gewöhnlicher Menschen möglich ist, zusammenzufinden und eine Gemeinschaft des «neuen Zeitalters» zu errichten. Die Gemeinschaften des neuen Zeitalters werden nicht von mächtigen Regierungen oder grossen Industrieunternehmen aufgebaut werden, was wohl sowieso keine besonders originelle Idee wäre. Wir meinen, dass es für die Menschen wünschenswert ist, ihr Leben selbst in die Hand zu nehmen, selbstsicher zu werden (als Gruppen) ... Wir wollen zeigen, dass das Leben einfacher gelebt werden kann, in Harmonie mit der Natur, innerhalb der Beschränkungen der Natur, kooperativ, schöpferisch, menschlich ... Wir hoffen, dass ein Netzwerk aus Gemeinschaften des neuen Zeitalters entsteht, die untereinander teilen, miteinander arbeiten und einander helfen.

Einige der grösseren Gemeinschaften haben tatsächlich miteinander Verbindung aufgenommen; sie stehen nicht miteinander in Wettbewerb, und so verschieden sie es auch ausdrücken, ihre Visionen haben vieles gemein. Eine Zeitschrift, die für kooperative Gemeinschaften herausgegeben wird, pries das zwischen den grösseren Gemeinschaften – wie Arcosanti (Arizona), Another Place (New England), Auroville (Indien) und Findhorn (Schottland) – bestehende Netzwerk: «Ein wichtiger Bestandteil dieses Gefühls einer Weltgemeinschaft besteht darin, über unsere persönlichen Eigenarten hinauszugreifen, zum Kern dessen zu gelangen, was wir zu erreichen versuchen. Unsere Arbeit muss übertragbar sein, um nutzbringend zu wirken.»

Ein stets sich verändernder Teil der Bevölkerung lebt einen gemeinsamen Traum inmitten der Trümmer des alten Traums. Ein Beobachter meinte: «Kommunen sind nicht weniger erfolgreich gewesen als der gewöhnliche Amerikanische Traum. Wir beurteilen sie strenger, weil sie mehr zu sein versuchten.» Wir beurteilen sie auch zu oft gemäss den Werten des alten Paradigmas: Wirtschaftlichen Erfolg und Stabilität.

Another Place, ein weiteres ländliches Kollektiv und Netzwerk in New Hampshire, heisst Menschen willkommen, die sich mit Politik, alternativen Schulen, Meditation, ganzheitlicher Gesundheit – «schöpferischen Alternativen zur herrschenden Gesellschaft» – beschäftigen. Ihr Name stammt aus einem Gedicht von Wendell Berry, dessen Buch *The Unsettling of America* viele Gemeinschaftsgründer beeinflusst hat:

... der Geist wendet sich, sucht eine neue
Geburt – einen anderen Ort,
einfacher, weniger belastet
von dem, was gewesen ist.

Ein anderer Ort,
das ist genug, mich zu bekümmern –
dieser alte Traum vom Weggehen,
davon, ein besserer Mensch zu werden
einfach dadurch, dass ich mich erhebe und
an einen besseren Ort gehe.

Das Geheimnis. Das alte
unerklärliche Entfalten.
Die Eukalyptusbäume im Park
erinnern sich plötzlich an Wälder.
Es wird möglich, ans Weggehen zu denken.

Das neue Leben beginnt nicht mit dem Handeln, sondern mit einer neuen Bewusstheit, *wenn es das erste Mal möglich wird, ans Weggehen zu denken.*
   In der Gemeinschaft, im Austausch untereinander, gibt es eine qualitativ andere Art von Reichtum.

DER WERT, ZU WISSEN, WAS MAN WILL

Unsere Werte entstehen bewusst aus dem, wie wir die Welt verstehen – oder unbewusst aus unserer Konditionierung. Wenn wir uns unserer ehedem unbewussten Motive bewusst werden, können wir für *das* erwachen, was wir wirklich wollen und was unsere Wahlmöglichkeiten sind.
   So, wie die Öffentlichkeit anderen Institutionen in grossem Masse die Berechtigung entzogen hat, so wurde ihr die Konsum-Ethik immer verdächtiger – das Mystische der Dinge. Die Verbraucherbewegung löste unter anderem eine zunehmende Bewusstheit für betrügerische Geschäftspraktiken und mangelhafte Waren aus. Die Umweltschutzbewegung warf Fragen über die Qualität der Umwelt und die Ausbeutung der Bodenschätze auf. Wachsende Abgeklärtheit hat uns weniger anfällig für die schillernden Versprechungen der Werbung gemacht.
   Unsere Probleme stellen oft die natürlichen Nebenwirkungen unserer Erfolge dar. Die wachsende Produktionsleistung bedeutete beispielsweise, dass weniger Menschen zur Herstellung der lebensnotwendigen Dinge benötigt wurden, also sind wir im Lauf der Jahrzehnte dahingehend erzogen worden, mehr (oder Besseres oder etwas an-

deres) zu «brauchen». Die Menschen waren da, um der Wirtschaft zu dienen, sie wurden von der Regierung und der Industrie angespornt, mit unnützen Dingen bestürmt, von Abnutzung und Veralten ausgetrickst.

Wir kennen alle das Gefühl, wenn man uns etwas zu essen anbietet und wir nicht hungrig sind. Heute, als Verbraucher, stellen wir möglicherweise fest, dass wir auf andere Dinge Appetit bekommen. Weil wir wissen, was wir wollen, geben wir vielleicht weniger aus, oder auch mehr, oder für andere Dinge. Im Jahre 1936 prägte der politische Philosoph Richard Gregg den Begriff *selbstauferlegte Einfachheit* zur Beschreibung einer Lebensweise, die unnötiges Anhäufen meidet und bei der man seine Energien auf das konzentriert, was wirklich von Bedeutung ist. «Wie weit man dabei gehen will, muss jedem selbst überlassen bleiben», meinte Gregg. Ein Mensch, der gemäss der selbstauferlegten Einfachheit lebt, entscheidet sich beispielsweise für eine kostspielige, hochentwickelte Quadrophonie-Hifi-Anlage, begnügt sich dafür aber mit einem alten Auto.

Selbstauferlegte Einfachheit ist eine Verhaltensweise und wird nicht davon bestimmt, wieviel Geld man zur Verfügung hat: Ein wohlüberlegtes Konsumverhalten, Widerstand gegen künstlich geschaffene «Bedürfnisse», Sensibilität für die Grenzen der Bodenschätze, ein menschlicher Massstab für Leben und Arbeit. Nach einem Bericht des Stanford Research Institute (SRI) wollen die Anhänger der selbstauferlegten Einfachheit «ein höheres menschliches Potential, sowohl psychologisch als auch spirituell, in einer Gemeinschaft mit anderen» verwirklichen.

Die Anfragen um eine Nachdruckgenehmigung dieses Berichts von seiten der Geschäftswelt waren zahlreicher als für jede andere Veröffentlichung in der Geschichte der Denkfabrik; nie wurde die Geschäftswelt vor dem möglichen Entstehen einer anderen gesellschaftlichen Ordnung gewarnt, die mehr auf eine materielle Genügsamkeit als auf materiellen Überfluss abzielt. Ihre Werte würden eher aufgeklärten Eigennutz als Wettbewerb fördern, eher Zusammenarbeit als rücksichtslosen Individualismus und sowohl rational als intuitiv bestimmte Urteile unterstützen. Einem immer grösser werdenden Teil der Bevölkerung sind Status oder Mode ziemlich egal; man ist bereit zum Recycling von dauerhaften Gütern und geneigt, sein Geld für Produkte auszugeben, die gesund sind, die Umwelt nicht verschmutzen, authentisch und ästhetisch schön sind. Viele dieser Produkte und Dienstleistungen, die wahrscheinlich grossen Anklang finden werden, können ebensoleicht von kleineren Unternehmen und lokalen Geschäftszweigen geliefert werden, wie von den Wirtschaftsgiganten. Die wirtschaftlichen Voraussagen dieses Berichts gaben General Motors und General Electric sicherlich keinen Grund zum Jubel*.

Für die meisten, die sich ihr verpflichtet haben, ist selbstauferlegte Einfachheit weder uneigennützig, noch stellt sie ein Opfer dar. Sie kann sogar hedonistisch sein. Eine einfache Lebensweise kann aus sich heraus zum Vergnügen werden.

Ein Befürworter nannte es «die einzige Weise, reich zu sein». Im allgemeinen sind damit grössere Veränderungen verbunden: eine vertiefte Würdigung einfacher Vergnügungen, ein verstärktes Gefühl für das Leben im Augenblick, die Gemeinsamkeit mit liebevollen, gleichgesinnten Freunden. Eine der grössten Belohnungen des transformativen Prozesses ist die Entdeckung, wie viel wir wirklich besitzen. Eine erhöhte Aufmerksamkeit enthüllt all die Kostbarkeiten, die wir verlegt, vergessen oder – geblendet von der Gewohnheit – nicht mehr wahrgenommen haben: Bücher, Schallplatten, Menschen, Haustiere, Perspektiven, in Vergessenheit geratene Fertigkeiten, vernachlässigte Hobbies und aufgegebene Träume. «Ich verachte den Komfort überhaupt nicht», äusserte der Ökonom E.F. Schumacher einmal, «aber er hat seinen Platz und steht nicht an erster Stelle.» Je weniger man braucht, desto freier wird man, bemerkte er. In Thoreaus Worten: «Du musst in dir selbst leben und dich auf dich selbst verlassen, immer die Ärmel hochgekrempelt und bereit zum Aufbruch.»

«Ein Reich inniger persönlicher Kraft entwickelt sich», steht im erklärenden Vorwort zum *Whole Earth Catalog*, «die Kraft des einzelnen, seine eigene Erziehung in die Hand zu nehmen, seine eigene Inspiration zu finden, seine eigene Umwelt zu formen ...» Bausätze, Anleitungen, Werkzeuge, Bücher und andere im Katalog verzeichnete Hilfsmittel waren auf eine andere, an Wahlmöglichkeiten reiche Vision des Lebens zugeschnitten.

Die Väter von New Earth Expo, einer Umweltschutzmesse, verkündeten ihre Absicht, all jene zu erreichen, die an keine Hoffnung mehr glauben: «Es gibt viele Dinge, die Menschen tun können, um die Kontrolle über ihr Leben wiederzuerlangen.» Erhöhte Selbstgenügsamkeit ist eines davon.

---

* Eine vom SRI (Stanford Research Institute) im Jahre 1979 veröffentlichte Studie über sich ändernde Werte der Konsumenten, die drei Jahre in Anspruch nahm und eine Million Dollar kostete, sagte einen stetigen Wechsel voraus, der weg von den konventionellen materialistischen Werten führt und von Menschen aus allen Einkommensschichten vollzogen wird.

Viele Geschäftszweige versuchen bereits, auf die bevorstehende Welle «bewussten Konsums» zu reagieren. In einem SRI-Report schrieb Willis Harman: «Humanistische und transzendente Werte stellen keinen den wirtschaftlichen Werten aufgezwängten Luxus dar. Sie sind das Mass für die *Angemessenheit* der wirtschaftlichen Werte ... Wir können wählen, entweder zu begreifen und mit dem Strom der Geschichte zu schwimmen – wie immer er geartet sein mag – oder versuchen, uns ihm zu widersetzen*.

Auf dieser Wahl mag in grossem Masse ab 1990 das Wohlergehen der Geschäftswelt basieren.»

DIE TRANSFORMATION DER GESCHÄFTSWELT

Immer mehr führende Persönlichkeiten der Geschäftswelt versuchen, neue Perspektiven zu artikulieren. Ein Verschwörer im Zeichen des Wassermanns, der im ganzen Land mit Spitzenleuten aus dem Management zusammenarbeitet, weist auf die neuen «Business-Philosophen» hin, die sich bis drei Uhr morgens über ihre eigenen sich verändernden Werte und ihre Entdeckung menschlichen Potentials unterhalten. Die leitenden Köpfe in der Geschäftswelt bilden möglicherweise die geistig aufgeschlossenste Gruppe in der Gesellschaft, weitaus aufgeschlossener als Gelehrte oder Fachleute, weil ihr Erfolg von der Fähigkeit abhängt, Trends und neue Perspektiven frühzeitig zu erkennen.

Robert Fegley von General Electric beschrieb «eine neue Generation von Führungskräften», welche die Leitung der amerikanischen Industrieunternehmen übernehmen; umfassender und tiefgehender als die meisten ihrer Vorgänger, mehr auf dem laufenden, belesener, sich klarer ausdrückend, offener. Er wies darauf hin, dass sich zwischen 1976 und 1978 der Zeitaufwand, den die Manager der tausend führenden Wirtschaftsunternehmen für die Beschäftigung mit öffentlichen Problemen aufbringen, von 20 auf 40 Prozent verdoppelt hat. «Es besteht ein starkes Interesse am Verhalten der Öffentlichkeit und der

---

* Ein Beispiel der Zusammenarbeit von Grossindustrie und gesellschaftlichen Trends: das pharmazeutische Unternehmen Hoffmann-La Roche begann in den frühen siebziger Jahren Ärzten Ergänzungsmaterial über ganzheitliche Medizin anzubieten und unterstützte in jüngerer Zeit Symposien über Themen wie «Alternativen zur medikamentösen Behandlung». Als sich immer mehr Menschen für Vitamine und sinnvolle Ernährung anstelle von Medikamenten interessierten, verkündete Hoffmann-La Roche im Jahre 1979, dass sie den Bau einer gigantischen Vitamin C-Fabrik plane.

Wunsch, etwas zu tun – nicht nur ‹unsere Seite der Geschichte› zu vermitteln, sondern auch die Unternehmenspolitik zu überprüfen und, wo nötig, zu ändern ...»

Der Präsident der Trans World Airlines, C.E. Meyer jr., brachte im Juli 1978 in einem Leitartikel der firmeneigenen Zeitschrift dieses Gefühl für die transformierten Werte zum Ausdruck. Die wichtigste Veränderung des letzten Jahrzehnts bestehe nicht im technischen Fortschritt, äusserte er, sondern in der «regelrechten Revolution, die in unserem kollektiven gesellschaftlichen Bewusstsein stattgefunden hat».

Nach der Unruhe, der Gewalt und den Auseinandersetzungen der späten sechziger Jahre kam eine Periode, in der man nach innen sah, «als finge unser ganzes Volk an, erschüttert und zutiefst ernüchtert von diesen Jahren des Aufruhrs ... im stillen daran zu arbeiten, die positiven Ergebnisse des Geschehenen auszusondern». Wir haben versucht, Unstimmigkeiten zu beseitigen, sowohl mit Verständnis als auch mit Anstrengungen, was zu einer qualitativen Veränderung unseres nationalen Verhaltens führte – unser Interesse für die Umwelt, die Sicherung der Arbeitsplätze der Werktätigen, würdiges Behandeln der Behinderten, mehr Sinn im Leben der Alten und mehr Achtung vor dem Konsumenten. Diese Angelegenheiten werden nicht länger als kontrovers betrachtet, sondern als «die nicht zu Ende geführte Aufgabe der Gesellschaft», äusserte er.

Aus der Notwendigkeit heraus, die potentielle Stosskraft des neuen Paradigmas zu verstehen, wird die Industrie der Netzwerke der Verschwörung im Zeichen des Wassermanns als Hilfsmittel gewahr. Dies war das Thema eines «vorläufigen Dokuments über im Entstehen begriffene Trends», das im Jahre 1978 als Teil des Diebold Corporate Issues Program veröffentlicht wurde: *Das Entstehen von Netzwerken persönlicher Kommunikationen unter Menschen, welche die neuen Werte und die mögliche Anwendung zur Sensibilisierung des betrieblichen Managements prüfen.* Die Autoren drängten darauf, das Management solle versuchen, sich an solche Netzwerke «anzuschliessen», wo neue Konzepte entwickelt und experimentell untersucht werden, ehe sie auf den Markt gelangen.

Solche Netzwerke sind verborgen, kaum wahrnehmbar, «doch ein Grossteil unserer Zukunft nimmt hier ihren Anfang». Der Report verglich die Netzwerke mit dem Komitee von Korrespondenten, das bei der Planung der Amerikanischen Revolution behilflich gewesen war und dem «unsichtbaren Kollegium», jenem geheimen Netzwerk von Wissenschaftlern Unterstützung gewährt hatte, bevor die wissenschaftliche Forschung im Jahre 1663 von König James II. gesetzlich gebilligt worden war.

In einem Abschnitt mit dem Titel «Warum wir sie nicht wahrnehmen» wies der Report darauf hin, dass Gruppen, die im Untergrund entstehen, immer Angst vor Angriffen haben. Da sie im wesentlichen schöpferisch tätig sind, meiden sie eine formale Organisation zugunsten von Flexibilität und neuen Formen.

Bevor wir diese Netzwerke diskutieren können, müssen wir ein kulturelles Problem überwinden ... Es mag bedeutende Organisationsformen geben, die keine jener Züge aufweisen, die wir in Zusammenhang mit Organisationen üblicherweise als charakteristisch assoziieren. Aber ihre Stosskraft beim Hervorbringen der Ideen, die unsere Zeit formen, ist unumstritten; in zunehmendem Masse sind sie derart allgegenwärtig, dass wir regelrecht von ihnen umgeben sind. Es scheint mir da einen roten Faden zu geben ... Es gibt dort gewissermassen eine idealistischere, humanere Zielsetzung – ein Gefühl, dass Ziele dieser Art, weil sie eine so starke moralische Gültigkeit besitzen, eine unbestreitbare Art von Autorität mit sich bringen.

Das ist die eine Seite; andererseits stellt dies einen äusserst pragmatischen und realistischen Standpunkt solchen Dingen gegenüber dar – zu erkennen, dass eine derartige Veränderung, die in sich unwiderlegbar stimmt, somit auch unvermeidlich ist, und dass jene, die sich ihr in den Weg zu stellen suchen, nur ihre Energie und Substanz in einem vergeblichen Versuch verschwenden, die Flut aufzuhalten.

Als ein Beispiel beschreibt der Report ein im Untergrund arbeitendes Netzwerk, das sich hauptsächlich auf radikale Wissenschaft und transpersonale Psychologie konzentriert. Ihm wurde zur Vervielfältigung seiner Rundschreiben vom stellvertretenden Vorsitzenden der American Telephone and Telegraph ein Photokopiergerät kostenlos zur Verfügung gestellt.

Changing Image of Man, der mittlerweile klassische Report, der 1972 vom SRI veröffentlicht wurde, beschrieb eine neue transzendentale Gesellschafts- und Geschäftsmoral, die durch Selbstbestimmung, Interesse an Lebensqualität, sanfte Technologie, Unternehmergeist, Dezentralisation, ökologische Moral und Spiritualität gekennzeichnet ist. Der Report drängte die Wirtschaftsunternehmen zu einem schnellen Begreifen dieser sich bildenden Ordnung, «der vielleicht wichtigsten Beobachtung unserer Zeit».

Der Report sagte aus, dass die neue Ordnung eine ebenso erregende Herausforderung wie die grossen geographischen Expeditionen und die technologischen Durchbrüche in der Geschichte darstellt.

DER WERT DER INNEREN BERUFUNG

Das Ringen des heutigen Menschen um diesen höheren Zweck – etwa Sinn in der Arbeit zu finden –, wurde ausführlich in *The Gamesman* erörtert, Michael Maccobys vielfältigem Porträt des neuen Wirtschaftsrebellen. Der Spieler handelt spielerischer und erfindungsreicher als sein Vorgänger, der «Organisationsmensch», beurteilt Gewinn und Verlust aber immer noch nach manipulativen, der linken Gehirnhälfte zugeordneten Regeln. In einem Abschnitt mit dem Titel «Der Kopf und das Herz» untersuchte Maccoby die Unruhe und Frustration, die viele der «Spielmenschen» verspürten, die eingestanden, dass sie bei ihrer Arbeit wenig Gelegenheit hatten, Mitgefühl, Offenheit und Menschlichkeit zu entwickeln:

> Die Leute glauben, dass die Qualitäten des Herzens jenen des Kopfes entgegengesetzt sind. Sie assoziieren bei «Herz» Sanftheit, Gefühl und Grosszügigkeit und bei «Kopf» Härte, realistische Denkweise. Aber schon dieser Kontrast ist in sich symptomatisch für eine schizoide Kultur, in der das Herz vom übrigen Körper losgelöst ist. Im traditionellen Denken vor Descartes wurde das Herz als der wahre Sitz der Intelligenz betrachtet ... Der Kopf kann klug sein, aber nicht weise.

Nach dem neuen Paradigma ist Arbeit ein Vehikel für Transformation. Erst die Arbeit macht ein vollkommenes Leben aus. Arbeit kann das sein, was Milton Mayerhoff als das «angemessene andere» bezeichnete, das, was uns benötigt, was uns dazu bringt, uns um etwas zu kümmern. Indem wir auf die innere Berufung – den Ruf, die Aufforderung dessen, was getan werden muss – reagieren, schaffen und entdecken wir einen Sinn, der für jeden von uns einzigartig ist und sich stets verändert.

Jener berühmte Übergang, die Midlife Crisis, mag teilweise der kumulativen Wirkung jahrzehntelangen Leugnens zuzuschreiben sein, dem plötzlich bewusst gemachten, heftigen Schmerz, der nicht länger betäubt werden kann. Ein einfühlsamer Beobachter des Phänomens meinte, dass es sich «entweder als ein Schrei oder als ein Ruf kundtut», ein Schrei der Enttäuschung, oder der aufwühlende Ruf auf ein neues Ziel – zur inneren Berufung – von denjenigen erfahren, die sich seit geraumer Zeit mit introspektiven, transformativen Prozessen beschäftigt haben.

Wie direkt der Mensch mit einer inneren Berufung auch immer sein Ziel verfolgen mag, man sollte ihn nicht mit einem «Arbeitssüchtigen» verwechseln. Der Arbeitssüchtige geht – ähnlich dem Alkoholiker – in seinem zwanghaften Eifer wahllos vor. Er versucht, einen Sinn durch Arbeit zu finden. Der Mensch mit einer inneren Berufung andererseits findet eine sinnvolle Arbeit. Eine Berufung stellt keinen Job dar. Sie ist eine stattfindende transformative Beziehung.

Jene Personen, die den Fragebogen zur Verschwörung im Zeichen des Wassermanns ausfüllten, repräsentierten nahezu alle Berufszweige: Pädagogik, Psychologie, Medizin, Handel, Verlagswesen, Fernsehen, Forschung, Regierung, Justiz, Zahnheilkunde, Klerus, Anthropologie, Soziologie, Krankenpflege, Ökonomie. Es gab einige, die man bei einer Volkszählung als arbeitslos eingestuft hätte – Rentenempfänger, Hausfrauen, unabhängige Vermögende –, die alle ein geschäftiges Leben führen und einer inneren Berufung folgen, die man nicht so ohne weiteres beschreiben kann.

Die einzelnen Personen charakterisierten sich häufig auf unkonventionelle Art, das heisst, eher aufgrund ihrer Funktionsweise als nach der Kategorie, in der sie ausgebildet worden waren. Eine Ärztin bezeichnete sich als Lehrerin, ein Lehrer als Zukunftsforscher.

Einer der schärfsten inneren Konflikte, welche in der Umfrage sichtbar wurden, war das Ringen, die alte Arbeit mit der neuen Perspektive in Einklang zu bringen. Während jener Periode, die wir als die Anfangsstufe des transformativen Prozesses bezeichnet haben, scheinen die neuen Ideen Arbeit und Beziehungen nicht zu bedrohen. Während der zweiten Stufe, der Erforschung, hat man die bange Hoffnung, dieses neue Interesse sei nicht mehr als eine intensive Nebenbeschäftigung. Die dritte Stufe, die Integration, macht deutlich, dass man den transformativen Prozess nicht auf einzelne Bereiche beschränken kann. Ein Geschäftsmann beschrieb das wie folgt:

> Es wird auf deine Arbeit einwirken, oder deine Prioritäten verändern sich. Das neue Bewusstsein bestimmt die Art und Weise, wie man seinen Job ausfüllt. Es bemächtigt sich jeder wachen Minute. Man betrachtet die Welt durch ein anderes Raster, mit anderen Augen.
>
> Es kann leicht geschehen, dass die Arbeit weniger wichtig wird. Hat man die Sonne erst einmal gesehen, fällt es einem schwer, sich

mit überflüssigen Verrichtungen abzugeben. Wenn dein Job und deine Vision sich gleichzeitig erweitern lassen, hast du Glück gehabt.

In diesem kritischen Augenblick sind die Entdeckungen, welche die Transformation begleiten, wie ein Kompass. Das Gefühl einer inneren *Berufung*, eine sinnvolle Richtung entdeckt zu haben, stärkt die Entschlossenheit, die Arbeit mit der Überzeugung in Einklang zu bringen, den Kopf mit dem Herzen. Die neue Achtung vor *Intuition*, das stillschweigende Wissen, ermutigt einen, Risiken einzugehen. Sicherheit im konventionellen Sinn ist Illusion. Erfolg selbst wird neu definiert. Ein Geschäftsmann und Verschwörer meinte:

> Ich kannte es nicht anders, mich selbst anhand spezieller Fertigkeiten zu definieren. Erfolg war vielleicht eine Eins in der Schule – später waren es Geschäftsabschlüsse. Jetzt hängt Erfolg damit zusammen, mein Leben in Übereinstimmung mit dem Universum zu leben. Es ist eine Frage von Zusammenhang und Inhalt. Man kann einzelne Ereignisse als «Erfolge» und «Misserfolge», als Inhalt betrachten. Aber im Zusammenhang des Lebens gibt es kein Gewinnen und Verlieren – sondern nur den Ablauf.
> Wenn man das Leben umfassender, reicher und komplexer erfährt, manifestieren sich Ereignisse anders.

Konventionell angestrebter Erfolg ähnelt dem Bauplan eines Architekten, der das Terrain, wo gebaut werden soll, noch nicht kennt, der eine Struktur entworfen hat, die zu starr für die Natur ist. Die innere Berufung hat eher die Qualität eines inneren Rufs, in eine bestimmte Richtung zu gehen, oder einer Vision, eines flüchtigen Blicks in die Zukunft, der mehr eine Vorausschau als einen Plan darstellt. Eine Vision kann man auf vielerlei Arten verwirklichen ... ein Ziel nur auf eine einzige. Der transformative Prozess befähigt uns, Künstler und Wissenschaftler unseres Lebens zu sein, auf unserem Weg schöpferisch tätig zu sein und Entdeckungen zu machen. Man empfindet Ehrfurcht, spürt die Erregungen, mit dem Lebensprozess zu kooperieren, auf dessen Fingerzeige, Nuancen und Versprechungen empfindlicher zu reagieren ...

Das deutlichere Gefühl für das *Selbst* transzendiert Berufskategorien und -rollen. Man ist nicht in erster Linie seine Arbeit – Zimmermann, Programmierer, Krankenschwester, Rechtsanwalt. Auf die Frage, ob sie regelmässig Bücher ausserhalb ihres Spezialgebiets lesen würden, antwortete eine Vielzahl der Befragten, dass sie alles als zu ihrem Spezialgebiet gehörig betrachteten.

Die *Ganzheit,* die man durch den transformativen Prozess erfährt, lässt einen erkennen, dass es keinen Bruch zwischen Arbeit und Vergnügen, zwischen Überzeugungen und Karriere, zwischen persönlichen Moralvorstellungen und «Geschäft ist Geschäft» geben muss. Für den Menschen, der sich auf eine grössere Bewusstheit zubewegt, wird Zersplitterung immer unerträglicher. Wenn die Betäubung nachlässt, spürt man das Reissen zwischen Körper und Seele. Und es wird schwierig, den *Zusammenhang* seiner Arbeit zu ignorieren. Produkte und Dienstleistungen existieren schliesslich nicht in einem Vakuum. Ihr Widerhall erfüllt ein ganzes System.

Die Erfahrung einer grösseren *Verbundenheit,* der Einheit mit anderen, erzeugt eine neue Denkweise zu den bestehenden Problemen: Arbeitslosigkeit, frühzeitige Pensionierung, Armut, starre Löhne, Betrug bei der Wohlfahrt, Ausbeutung. Ein politischer Analytiker betonte: «Könnten wir uns vorstellen, eine grosse Familie und nicht eine grosse Fabrik zu sein, würden wir diese Probleme ganz anders angehen.»

Das wachsende Netzwerk der Unterstützung – die Verschwörung im Zeichen des Wassermanns selbst – ermutigt den einzelnen bei seinem einsamen Unterfangen, eine Stelle zu wechseln, ein Geschäft zu eröffnen, die Ausübung seines Berufs anders zu gestalten, Institutionen neu zu beleben. Dies ist eine «Do-it-yourself»-, aber keine «Mach-es-für-dich»-Revolution. Freunde in Washington, D.C., starteten beispielsweise eine «Ermutigungsgruppe», um sich gegenseitig in ihren Berufszielen zu bestärken. Sie berieten und inspirierten einander, spornten sich gegenseitig an und wiesen rücksichtslos auf Rationalisierungsversuche und Verzögerungstaktiken hin, die ein jeder einsetzte, um das Risiko eines neuen Schrittes aufzuschieben. Innerhalb eines Jahres hatten einige von ihnen mit der Verwirklichung ihrer Träume begonnen. Eine Bibliothekarin hatte ihre eigene Schauspieltruppe ins Leben gerufen, ein Rechtsanwalt hatte ein Zentrum zum Studium der Psychologie im Rechtswesen eröffnet, ein anderes Mitglied machte aus ihrer Farm eine Künstlerkolonie, und ein Beamter kündigte, um mit Freunden ein Geschäft zu eröffnen.

Neue Verhaltensweisen ändern die gesamte Erfahrung der täglichen Arbeit. Indem unser Wahrnehmungsvermögen sich ändert, wird Arbeit zum Ritual, zum Spiel, zu einer Disziplin, einem Abenteuer, einem Lernprozess, ja sogar zu einer Kunst. Der Stress der Langeweile, der Stress des Unbekannten, beides Ursachen des auf die Arbeit bezogenen Leidens, werden transformiert. Eine fliessende Aufmerksamkeit befähigt uns, Aufgaben zu bewältigen, die uns vorher als eintönig oder unangenehm erschienen. Wir fällen weniger Urteile über das, was wir tun («Ich hasse dies», «Ich mag das»). Die Langeweile nimmt ab, wie Schmerzen nachlassen, wenn wir von dem vergeblichen Versuch ablassen, uns gegen sie aufzulehnen.

Sobald das Ego nicht länger bestimmend ist, fällen wir weniger Werturteile über den Status unserer Arbeit. Wir stellen fest, dass in jeder menschlichen Tätigkeit ein Sinn gefunden und ausgedrückt werden kann – beim Saubermachen, beim Unterrichten, beim Erledigen von Gartenarbeit, beim Zimmerhandwerk, Verkaufen, Kinderbeaufsichtigen, beim Taxifahren.

Der Stress des Unbekannten wird durch eine vertrauensvolle, geduldige Einstellung transformiert; wenn wir gelernt haben, dass das Auseinanderbrechen und Neuordnen in der Natur der Dinge liegt, sind wir weniger beunruhigt von der Notwendigkeit, unsere Arbeitsweise zu ändern, ein neues Produkt zu entwickeln, eine neue Fertigkeit zu erlernen, eine Aufgabe oder sogar ein Unternehmen neu zu strukturieren. Die Notwendigkeit zur Erneuerung wird zu einer Herausforderung, nicht zu einer Bedrohung.

Als Carla Needleman über ihre Erfahrungen als Kunsthandwerkerin schrieb, fasste sie dieses Paradox, das Ziel, das dem Prozess zuwiderläuft, in folgende Worte:

> Die Einstellung, um jeden Preis etwas zu erreichen, ist so verankert in uns, dass wir uns eine andere Lebensweise kaum vorstellen können ... Der bestimmende Faktor in unserem Leben ist Ungewissheit, also sehnen wir uns nach Gewissheit. Der bestimmende Faktor in unserem Leben ist Veränderung, Bewegung: wir sehnen uns danach, «anzukommen».
>
> ... Mir war klar geworden, dass meine tiefverwurzelte Einstellung Ergebnissen – «Erfolg» – gegenüber all meine Bemühungen vergiftete, und ich konnte das nicht ändern. Ich wollte besonders schöne Keramik herstellen, und dieser Wunsch, der so etwas wie Habsucht darstellte, machte mir das unmöglich.
>
> Das Bedürfnis nach Erfolg stellt eine beschränkende Kraft dar, die mich im Augenblick ihres Erscheinens an einer unmittelbaren Teilnahme hindert, die den alles entscheidenden Dialog mit dem Arbeitsmaterial, die Offenheit der Beziehung sowie eine Art schneller Reaktion – schneller als die einschränkenden Warnsignale des Geistes – verhindert. Erfolgszwang verdirbt die Freude am Tun.

Ein neues Verständnis von Erfolg und Misserfolg verschiebt die Betonung vom Produkt – vom «Dort-Ankommen» – auf den Arbeitsprozess an sich. Die Konzentration auf das Ziel stellt eine Art künstliche Gewissheit dar, die uns von den der Arbeit innewohnenden Möglichkeiten ablenkt. Um schöpferisch und sinnvoll zu arbeiten, müssen wir uns auf den Augenblick konzentrieren und bereit sein, unsere Pläne zu ändern, wenn sich neue Möglichkeiten bieten. Wir müssen Risiken – d.h. auf neue Entwicklungen – eingehen und Konflikte beilegen.

DIE TRANSFORMATION DER ARBEIT

Arbeit wird auch zu einem Medium, durch das der einzelne der Vision der Verschwörung im Zeichen des Wassermanns Ausdruck verleihen kann. Ein Professor aus New England meinte: «Eine meiner Freuden im Leben besteht darin, Studenten, die zum ersten Mal davon hören, von der bevorstehenden Transformation zu erzählen.» Paolo Soleri, der mit seiner Arcosanti-Architektur versucht hat, «eine Brücke zwischen Materie und Geist zu schlagen», führt seine Inspiration auf Teilhard de Chardin zurück. «Ich war von einem seiner Bücher besonders fasziniert, auf welches ich in den sechziger Jahren stiess. Ich erkannte, dass ich auf eine reichlich schwerfällige Weise das, was er sagte, in die Umwelt übersetzte. Schliesslich entwickelte ich mein Modell, das dem seinen ziemlich entspricht.»

Es gibt Anwälte, die ihren Beruf nicht so sehr als Widersacher auszuüben suchen, sondern das Gesetz eher in einer neuen, vermittelnden Rolle sehen. Ein Seminar über humanistische Rechtswissenschaft für Dekane juristischer Fakultäten, das im Jahre 1978 an der Columbia University abgehalten worden war, untersuchte die Implikationen des neuen Paradigmas, insbesondere seine Betonung auf Kooperation und Kollaboration.

Calvin Swank, Assistenzprofessor für Strafrecht an der University of Alabama, sagte voraus, dass auch die Polizei davon betroffen sein wird, «da sich mehr und mehr Menschen mit ihrem eigenen Wachstum und Potential beschäftigen». «Selbstverwirklichte Bullen» werden das übliche Konformgehen mit der Autorität in Frage stellen. Sie werden ihrem eigenen Urteil trauen, das sich auf Erfahrung und Intuition gründet, und es wird der Polizei nicht möglich sein, angesichts der sich verändernden gesellschaftlichen Werte an ihren antiquierten Methoden festzuhalten.

Das Militär mit seiner garantierten finanziellen Grundlage hat unvergleichlich mehr Möglichkeiten, Neuerungen zu finanzieren, als jede andere Institution. Jim Channon, ein Oberstleutnant im Amt für Öffentlichkeitsarbeit der Armee in Los Angeles, rief ein hypothetisches «First Earth Battalion» ins Leben, eine futuristische Vision eines transformierten Militärs. Die Soldaten des «First Earth Battalion» suchen nach nichtzerstörerischen Methoden zur Konfliktlösung. Ihre Loyalität gilt an erster Stelle dem Planeten. Nachdem Channon diesen Gedanken in einer Denkfabrik der Armee in Virginia vorstellte, wurde er mit Nachfragen nach weiterführenden Informationen regelrecht überschüttet. Er stellte Informationsmaterial einschliesslich einer Vorlage für einen T-Shirt-Aufdruck zusammen, das er an Armeemitglieder im ganzen Land verschickte. Der Kampfverband Delta ermächtigte ihn zur Vorbereitung einer Multimediaveranstaltung über das «First Earth Battalion», eine Idee, die jene Reaktion hervorzurufen scheint, die William James als «moralisches Äquivalent zum Krieg» bezeichnete; etwas ebenso Dringendes wie die Konfrontation mit Gefahr, aber ohne Gewalt.

Die Task Force Delta selbst, ein Instrument der Armee für Transformation und Übergang, beschäftigt Systemtheoretiker, Semantiker und Spezialisten für Wachstum der Persönlichkeit und Psychologie unter Stress. Die Struktur dieser Organisation ist eher kreisförmig angelegt und entspricht nicht der konventionellen, pyramidenförmigen Hierarchie.

NEUE ARBEITSBEDINGUNGEN

Tocqueville bemerkte Mitte des 19. Jahrhunderts: «Es hat den Anschein, als ob die Regierenden unserer Zeit die Menschen nur benutzten, um in den Dingen Grösse zu erzielen; ich wünschte mir, sie versuchten ein wenig mehr grosse Menschen zu schaffen; dass sie weniger Wert auf die Arbeit und mehr Wert auf den Arbeiter legten; dass sie niemals vergässen, dass ein Land nicht stark sein kann, wenn jeder, der ihm angehört, für sich genommen schwach ist.»

Ebenso, wie ein talentierter Lehrer Fähigkeiten im Schüler freisetzt, hilft ein talentierter Manager den Arbeitern bei der Verwirklichung potentieller Begabungen, unternehmerischer Fähigkeiten und kreativer Anlagen. Der transformative Manager ermutigt andere zum Selbstmanagement.

Wir treten gegenwärtig in eine Periode tatsächlicher Veränderung der Arbeitsverhältnisse ein. Immer mehr Manager ziehen es vor, Katalysatoren zu sein und nicht nur ihre Macht auszuüben; ein im

Entstehen begriffener neuer Typus der selbständig handelnden Arbeitnehmers ist bereit, zu arbeiten, nicht aber, sich zu unterwerfen. Dieser Wechsel verursacht einiges Unbehagen bei denen, die sich nicht ändern. Es gibt Arbeitnehmer, die sich lieber passiv verhalten, als dass sie neue Verantwortungen übernehmen oder ihre Arbeit selbst einteilen, was einen Manager, der nicht länger traditioneller Boss sein will, reichlich frustrieren kann. Eine Führungskraft äusserte, seine eigenen Veränderungen hätten dazu geführt, dass er sich nicht nur neue Freunde, sondern auch neue Mitarbeiter wünschte. Andererseits hat der neue, autonome Arbeitnehmer vielen traditionellen Managern schlaflose Nächte bereitet. Ein Bericht des University of Michigan Institute for Social Research wies warnend darauf hin, dass der traditionelle Management-Stil keine Zukunft mehr hat. Aus der Erkenntnis wachsender Selbständigkeit bei Arbeitnehmern organisierte die American Telephone and Telegraph in den Jahren 1977 und 1978 Wochenendkurse zur Umschulung von siebzehnhundert Managern.

Die Eigenschaften erfolgreicher Manager ähneln verblüffend den Eigenschaften guter Lehrer, die in Kapitel 9 erörtert wurden. Eine Studie über sechzehntausend Manager kam zu dem Ergebnis, dass Erfolg mit einer Einstellung gegenseitigen Vertrauens einhergeht, mit Interesse an der persönlichen Erfüllung der Arbeitnehmer, einem Mangel an Ego und der Bereitschaft, Untergebene anzuhören. Weiterhin gehören dazu das Eingehen von Risiken, der Wille zur Erneuerung, hohe Erwartungen, die Bereitschaft zu Zusammenarbeit und die Fähigkeit, Ideen zu integrieren. In der Hoffnung, die Charaktereigenschaften der leitenden Führungskräfte (der *Chief Executive Officers* oder CEOs) freizulegen, um einen Test zur Entdeckung von Managementtalent auszuarbeiten, fand die IBM kein einheitliches Muster, dafür aber eine bestimmte Konstellation von Einstellungen in bezug auf Veränderung. Die CEOs betrachteten ein System eher als etwas Offenes denn als etwas Geschlossenes und Veränderung eher als etwas Organisches denn als etwas Mechanisches. Sie konzentrierten sich mehr auf Abläufe als auf die Ziele. Und sie waren kreativ.

Ein Bericht der McGill University bezeichnete erfolgreiche Manager als ungewöhnlich offen für das Komplizierte und Geheimnisvolle und als interessiert an «stillen» und spekulativen Informationen (Gesichtsausdruck, Tonfall, Gesten, Vorahnungen, Eingebungen). Eine andere Studie schilderte den erfolgreichen Manager als einen Menschen, der seine «Umgebung abtastet, über ein ausgeprägtes Wahrnehmungsvermögen verfügt, bereit zu Brainstorming ist, intuitiv handelt und Tagträumen nachgeht». Einer EEG-Studie zufolge scheinen Führungskräfte öfter als andere Menschen die Prozesse der rechten Gehirnhemisphäre in Anspruch zu nehmen, wohingegen Wirtschaftsanalytiker auf Strategien der linken Gehirnhemisphäre – beispielsweise berufliche Qualifikation – zurückgreifen.

Rod Medved vom Pacific Institute, einer in Seattle ansässigen Organisation, die für grosse Institutionen Seminare für persönliche Entwicklung durchführt, stellt sich die bevorstehende Veränderung wie folgt vor:

> Die neue amerikanische «Arbeitsmaschine» beruht auf der Philosophie, raffinierter, nicht härter, zu arbeiten – *von Grund auf*. (Die Japaner haben uns gelehrt, dass es so aussieht, als wüssten diejenigen, welche die Arbeit verrichten, besser, wie man es macht, als jeder andere.) Neuerungen und Modernisierung werden stärker betont werden, weil es beim Stand unserer gegenwärtigen nationalen Produktivität keine Sicherheit gibt.
>
> Die neue amerikanische «Arbeitsmaschine» wird sich einer anderen Organisationsstruktur erfreuen. Bürokratische Dinosaurier, bei denen der Entscheidungsprozess viele Ebenen durchlaufen muss, werden den Wettbewerb mit den neuen Managementmethoden sowohl hier als auch im Ausland nicht überleben ...
>
> Die neuen amerikanischen Manager wird man nicht daran erkennen, dass sie auf alles die richtige Antwort haben, sondern daran, dass sie die richtigen Fragen zu stellen wissen ...
>
> Den neuen amerikanischen Arbeitern scheint die grösste Veränderung bevorzustehen ... eine neue Vision ihrer selbst.
>
> Die neue amerikanische «Arbeitsmaschine» sieht anders aus als viele der Welten, in der Sie und ich arbeiten. Indem sie eine bessere Welt verspricht, fordert sie uns zu vielfältigem Wachstum und vielfältiger Veränderung heraus, um dorthin zu gelangen ... Auf eine sehr reale Weise setzt die neue amerikanische «Arbeitsmaschine» auf das schlafende Genie, welches in jedem von uns schlummert.

C. Jackson Grayson vom American Productivity Center in Houston, dessen Forschungsarbeit von zweihundert der führenden Wirtschaftsunternehmen des Landes unterstützt wird, gibt der bürokratischen Schwerfälligkeit der Wirtschaft die Schuld daran, die Wünsche und Fähigkeiten einzelner zu unterdrücken, die das Gefühl haben möchten, persönlich etwas beizutragen. Im Gegensatz zu der stets wiederholten Behauptung «haben die Menschen die Arbeitsmoral nicht verloren», meinte er.

Es gibt in den Unternehmen einen deutlichen Trend zur Dezentralisierung der Macht – die Demontage der Pyramide, wie ein Berater es nannte. Wie Frank Ruck, Vizepräsident der Chicago Title and Trust, es sieht, «kann die Durchführung organisatorischer Veränderungen beim Arbeitsablauf die Menschen glücklicher machen und ausserdem die Produktivität steigern – ein zweifacher Gewinn».

In zunehmendem Masse drängen Management-Theoretiker auf den Einsatz flexibler Strukturen, auf eine Arbeitseinteilung, die sich den menschlichen Bedürfnissen entsprechend selbst herausbildet, die latent vorhandenes Potential erschliesst. Die Notwendigkeit drastischen Handelns wird am gebremsten Wachstum der amerikanischen Produktivität deutlich. Trotz beschleunigter Entwicklung neuer Technologien stieg der Ertrag pro Arbeitsstunde in den Vereinigten Staaten zwischen 1970 und 1977 um nur 21 Prozent, verglichen mit 41 Prozent in der BRD, 42 Prozent in Frankreich, 41 Prozent in Japan und 38 Prozent in Italien.

Die «Bereicherung des Berufs» und die «Humanisierung des Arbeitsplatzes» wurden in den letzten Jahren in vielen Unternehmen in die Management-Philosophie übernommen. Semi-autonome Arbeitsgruppen wurden gebildet. Höherer Lohn wurde auf der Grundlage von Leistungstests gewährt und nicht aufgrund der Position, die jemand innehatte. Stechuhren, jene teuflischen Symbole der Entmenschlichung und mangelnden Vetrauens, wurden durch Arbeitszettel ersetzt. Fliessbänder wurden in kleinere Abschnitte zerlegt. Eine Reihe von Unternehmen übernahmen Management-Ideen aus Japan, Norwegen und Schweden, wonach man kleine Arbeitsgruppen bildete, die aufgrund mündlicher Absprachen produzierten. Im Jahre 1976 experimentierten mehr als tausend Unternehmen und Regierungsstellen in den Vereinigten Staaten mit der gleitenden Arbeitszeit.

Eine Trendanalyse des American Council of Life Insurance berichtete 1979 über «die sich wandelnde Natur der Arbeit»: Eine neue Sorte Arbeitnehmer, auf der Suche nach einer Arbeit, die mit ihren persönlichen Werten in Einklang steht; eine grössere Flexibilität der Arbeitszeit und der Arbeit an sich; mehr Zusammenarbeit zwischen Management und Arbeitnehmern; nichthierarchische Organisationsstrukturen, einen Arbeitsplatz, der die Erfordernisse in bezug auf körperliche und geistige Gesundheit berücksichtigt.

Eine am «Tag der Arbeit» publizierte Anzeige der Communications Workers of America betonte das Interesse an sinnvoller Arbeit:

An diesem «Tag der Arbeit» sucht die Masse der amerikanischen Arbeiter nach der Selbstachtung, die sich aus einem interessanten, fordernden und produktiven Job ergibt. Eines unserer demoskopischen Institute hat über Jahre unsere Jugend befragt und herausgefunden, dass, ungeachtet des Geschlechts, der Rasse oder der Art von Beschäftigung, die Jungen unter dreissig eine Stellung verlangen, die sinnvolle Arbeit garantiert und Möglichkeiten zur Persönlichkeitsentfaltung bietet ... Sie suchen eine Steigerung dessen, was man schlechthin als «Lebensqualität» bezeichnet.

DER WERT DER PERSÖNLICHEN ENTWICKLUNG

Diese äusserlichen Veränderungen haben zwar Früchte getragen, reichen aber bei weitem nicht aus. Wer sich für das Verhältnis Produktivität zu Mensch interessiert, hat den Weg nach innen eingeschlagen und sich Methoden zugewandt, die der Selbsterkenntnis dienen. *Persönliche Entwicklung* lautet heute der Zusatz zu Berufsbereicherung und humanem Arbeitsplatz. Und, wie ein Management-Ausbilder kürzlich bemerkte: «Wir haben uns diesen Techniken aus pragmatischen Gründen zugewandt, und viele von uns haben sich ihnen jetzt mit Haut und Haar verschrieben.»

Werner Erhard verwendete einmal den Begriff «hohe Zielgerichtetheit», um eine Geisteshaltung zu beschreiben, die zu einer deutlichen Überlegenheit gewisser Arbeiter in jeder Organisation beiträgt:

> Leute, die kein klares Ziel vor Augen haben, führen lediglich Bewegungen aus. Sie machen Fehler, sie können mit den Dingen nicht umgehen, nichts um sie herum funktioniert, sie führen nichts zu Ende, sie beklagen sich die ganze Zeit. Echte Zielgerichtetheit verleiht einem Souveränität bei der Durchführung einer Aufgabe. Sie allein vermittelt den nötigen Einklang. Man wird mit allem fertig, übersieht nichts, erledigt alles bis ins einzelne. Ich habe keine Freude an Menschen mit niedriger Zielgerichtetheit. Es macht mir keinen Spass, um kleine Einsätze zu spielen ... Ich verlange, dass Leute, mit denen ich zu tun habe, stets mit vollem Einsatz spielen.

Ein hohes Mass an Zielgerichtetheit kann nicht mit geminderter Selbsteinschätzung einhergehen. Nur diejenigen, die wach, beteiligt, motiviert sind, können zur Synergie einer Organisation beitragen. Jeder andere vermehrt Entropie und Ziellosigkeit. Um wesentliche Veränderungen im Verhalten eines Arbeiters zu erlangen, wendet man sich in den Management-Etagen mehr und mehr Trainingsmethoden zu, die aus der Bewusstseinsforschung stammen.

Ausbilder sprechen heutzutage viel über kulturelle Verwirrung, über die Angst vor Transformation, alternative Wirklichkeiten, Paradigmenwechsel, den Blick nach innen, darüber, wie wichtig es sei, dass die einzelnen lernen, «mit neuen Augen zu sehen». Ein zweiteiliger Artikel in der Fachzeitschrift *Training* betonte: «Als Ausbilder können wir es uns nicht leisten, das zu ignorieren, was in der Bewegung zur Ausschöpfung des vollen menschlichen Potentials vor sich geht.» Der leitende Angestellte einer Bank fasste die Ergebnisse von Seminaren zur Persönlichkeitsentfaltung in einem Satz zusammen: «Diese Seelensucher stellen unsere Zukunft dar, dafür lege ich meine Hand ins Feuer.»

Förderung zur Entfaltung der Persönlichkeit sollte keine erhöhte Produktion um jeden Preis versprechen, auch nicht weniger Missstände, weniger Überstunden oder höheren Umsatz – «aber das tut Ihre Haftpflichtversicherung ja auch nicht». Im wesentlichen werden die Leute mit sich selbst und mit dem, wie sie ihr Leben gestalten, zufriedener sein. «Es gibt in der Buchführung keine Rubrik ‹Anzahl der Leute, die mit sich zufrieden sind›. Aber vielleicht, nur vielleicht, ist dies ein viel zu wichtiges Resultat, um es in einer reinen Gewinn- und Verlust-Rechnung aufzuführen.»

Viele Betriebe haben für ihre Arbeitnehmer Schulungsprogramme zum Abbau von Stress, Training in Biofeedback und Programme zur Förderung der Kreativität durchgeführt. Manche Betriebe haben Räume für Ruhe und Meditation zur Verfügung gestellt. Die gesundheitlichen Aspekte der transformativen Techniken bilden in der Tat einen wichtigen Beweggrund für die Unterstützung seitens der Betriebe. Ein voll funktionsfähiger Arbeitnehmer mit einem gesunden Selbstverständnis ist das Geld wert, das man in ihn investiert – jedenfalls war dies der ursprüngliche Beweggrund. Inzwischen aber scheinen viele Unternehmen die Entwicklung des Potentials ihrer Angestellten als einen Teil ihrer gesellschaftlichen Verantwortung zu betrachten.

General Electric hat Konferenzen zur Erforschung der Kreativitätsbezogenheit der rechten und der linken Gehirnhemisphäre finanziell unterstützt. Die Menninger Foundation führte für viele Unternehmensgruppen Seminare über «das andere Selbst» durch. «Die Wirtschaftsunternehmen befinden sich inmitten einer ‹Revolution der wachsenden Erwartungen› in bezug auf das, was den ganzheitlichen Menschen ausmacht», behauptete Layne Longfellow von der Menninger Foundation. «Irgend jemand hat den Einsatz erhöht. Wir stehen einer Kluft gegenüber zwischen dem, was wir sind, und dem, was wir allmählich als normal betrachten.»

Intuition braucht nicht ausschliesslich den Führungskräften vorbehalten zu bleiben, schrieb Jay Mendell, ein Zukunftsforscher für Wirtschaftsfragen, in *Planning Review*. Millionen von Arbeitern, die anhand von Psychotechniken neue Fähigkeiten entdeckt haben, brennen darauf, ihre Intuition und Kreativität am Arbeitsplatz voll zu entwickeln.

So, wie das neue Paradigma der Erziehung in allen von uns das schöpferische Potential erkennt, welches man früher höchstens einem Genie zuschrieb, so betrachten Management-Ausbilder allmählich alle Arbeitnehmer als potentielle Selbstmanager, die anfangen können, wie Unternehmer zu denken.

DER NEUE UNTERNEHMER

In dem Rundschreiben an die Mitglieder des *Linkage*-Netzwerks vom Sommer 1979 zitierte Robert Theobald die vielen Briefe derer, die sich danach sehnten, entschiedener in Richtung auf eine neue Gesellschaft vorwärtszuschreiten. Er fragte:

> Was hält uns in Linkage und in der übrigen Gesellschaft davon ab? Ich glaube, dass wir Angst haben zu erkennen, wie grundlegend unser Leben geändert werden müsste, wenn wir uns dafür entscheiden sollten, gemäss dieser Vision zu handeln. Wir sind in alten Modellen gefangen, und die meisten von uns schreiben unser Überleben der Tatsache zu, dass wir zwischen der «funktionierenden» gegenwärtigen Welt und dem neuen Universum, das wir eigentlich gerne verwirklichen würden, schwanken.
>
> Das Paradox liegt darin, dass die neue Welt verspricht, sowohl persönlicher als auch für den Beruf lohnender zu sein, wenn wir uns nur aufraffen könnten, sie voller Vertrauen zu umarmen.

Für viele bedeutet das Unternehmertum – selbständig tätig zu sein – eine natürliche Folge des transformativen Prozesses. Ausgerüstet mit einem stärkeren Gefühl für das Selbst und die innere Berufung, einer neuen Bereitschaft, etwas zu riskieren (und eine zeitlang arm zu sein), der gefühlsmässigen Unterstützung des Netzwerks, einem festen Vertrauen in ihre eigene Kreativität und ihren Willen, führen sie ihre eigene Arbeit aus. Diese neuen Unternehmen werden durch das buddhistische Ideal des Rechten Lebens charakterisiert: Arbeit, die der Gesellschaft dient und der Umwelt nicht schadet.

Briarpatch, ein Netzwerk in der Bay Area von San Francisco, das aus etwa dreihundert Firmen, Künstlern und nicht profitorientierten Organisationen besteht, ist ein Medium zur gegenseitigen Hilfe für Unternehmer, die «versuchen, Prinzipien zu offenbaren und zu entdecken, die uns helfen können, mit unserer Gemeinde und unserer Gesellschaft wieder eine Verbindung herzustellen, anstatt sie auszubeuten». Dick Raymond, der Gründer von Briarpatch, beschrieb die ausserordentliche Belastung beim Umsetzen einer neuen Philosophie in die Praxis:

> Das Überqueren dieses Flusses ist schwierig: Es gilt, einige der vertrauten Vorstellungen über Arbeit und Jobs hinter sich zu lassen ... Die meisten von uns (mich eingeschlossen) versuchen, den Schmerz auf leisen Sohlen zu umgehen, aber es ist wichtig, über einige der lähmenden Ängste, mit denen man sich wahrscheinlich konfrontiert sehen wird, zu sprechen. Es geht nicht darum, einfach einen Job gegen einen anderen zu tauschen, oder von einem Unternehmen in ein günstigeres überzuwechseln. Wenn man anfängt, seine alten Glaubensvorstellungen oder Werte aufzugeben, werden einige ganz grundlegende Schaltungen kurzgeschlossen ... Man mag zwei, drei Jahre auf der Schwelle festsitzen. Bevor man weitergeht, muss man all seine liebgewonnenen Überzeugungen aus dem Weg räumen.
>
> Die Leute aus meinem Bekanntenkreis, die diesen Schritt erfolgreich vollzogen haben, sind die glücklichsten, am meisten aus sich herausgehenden und bestbelohnten Menschen, die ich kenne. Da ich jeden Tag mehr treffe, trägt ihre Existenz zu meiner geistigen Gesundheit bei.

Ausbildungsprogramme wurden entwickelt, um jene vorzubereiten, die sich selbständig machen wollen. Teilweise gegründet auf sein eigenes wachsendes Interesse an diesem Phänomen und seiner Wochenendschule für Unternehmer, hat Bob Schwartz, Gründer von Tarrytown (New York) Executive House, diese neue Art Unternehmer als Katalysatoren bezeichnet, die den Markt transformieren könnten:

> Der im Entstehen begriffene Unternehmer ist ein wahrhaft aufmerksamer Mensch, der Produkte und Dienstleistungen verändert, um den Bedürfnissen eines Publikums gerecht zu werden, das acht-

samer und besorgter ist als jedes bisherige ... Die Jugend sagt folgendes: Mache mich nicht zum Anhängsel sondern zu einem Teil des Prozesses.

Die neue Realität bringt mit sich, dass die Produkte keinen Grossteil der amerikanischen Szene mehr darstellen werden. Die Produktion als Faktor der amerikanischen Wirtschaft wird immer unbedeutender und die Dienstleistungen treten an deren Stelle.

Schwartz behauptete, die Unternehmer seien «die Dichter und Verpacker neuer Ideen und sowohl diejenigen, die Vorstellungen entwickeln, als auch jene, die diese dann verwirklichen». Historisch gesehen erscheint in einer Zeit kultureller Veränderung ein neuer Typ des Unternehmers, der die Vision durch Dienstleistungen und Waren verkörpert.

Er wies auf das wachsende Interesse an Kursen zur Entwicklung der Persönlichkeit hin, als Beispiel für Dienstleistungsbedürfnisse, die vor einem Jahrzehnt kaum bekannt waren. Die neuen Unternehmer sind von einer manipulativen Ich-Es zu einer Ich-Du-Philosophie übergegangen und gehen auf direktem persönlichem Weg eine Beziehung sowohl zum Verbraucher als auch zur Ware ein. Sie und ihre Kunden «sind die stärkste revolutionäre Kraft, die Amerika liefert. Der Unternehmer ist der neue gewaltlose Agent der Veränderung».

Das Renascene Project in Kansas City, ein Netzwerk von Unternehmern, hat gezeigt, dass Alternativen sowohl kostengünstig als auch profitabel sein können. Ihre Aktivitäten konzentrieren sich unter anderem auf folgende Projekte: Den Umbau von im Stadtkern von Kansas City gelegenen Häusern in einen Geschäftskomplex für acht Millionen Dollar, die Schaffung von Netzwerken zum Lernen, ein Erziehungsprogramm für den «ganzen Menschen», eine selbsttragende alternative High School, die Restauration eines historischen Ballsaals, die Instandstellung eines grossen Hauses durch eine Interessengemeinschaft der Bewohner, und die Entwicklung eines Flächennutzungsplans für Kansas City, der eine blockweise Renovierung der an einer elf Meilen langen Fussgängerzone liegenden Häuser vorsieht.

In einem Artikel mit dem Titel «The Coming Entrepreneurial Revolution» behauptete Norman McRae, der Herausgeber der britischen Zeitschrift *The Economist,* dass der schleichende Gigantismus in der amerikanischen Industrie dem Entstehen unternehmerischer Muster sogar innerhalb der grossen Industriezweige Tür und Tor geöffnet hat. Kleine Enklaven in grossen Unternehmen werden vielleicht schon bald von diesen «Intrapreneurs» geleitet. Der Artikel sagte ebenfalls voraus, dass die grossen Wirtschaftsunternehmen in ihrer gegenwärtigen Form möglicherweise bis zum Jahr 2010 verschwinden werden.

DIE NEUBEWERTUNG DER TECHNIK

Das Problem mit der Technik liegt darin, dass sie Verstand und Gefühl nicht zusammenführt, bemerkte Robert Pirsig in *Zen oder die Kunst, ein Motorrad zu warten*. Die Technik wurde nicht mit den Angelegenheiten der Seele und des Herzens verknüpft. «Und so produziert sie ziemlich zufällig blinde, hässliche Dinge und wird dafür gehasst.»

In dem im Entstehen begriffenen Paradigma wird Technik nicht als etwas Negatives betrachtet, sondern lediglich als missbraucht, als etwas, das wieder vermenschlicht werden muss. Unsere Technik versprach uns Macht, wurde aber in zu vielen Lebensbereichen zu unserem Herrn. Daher ist es kaum verwunderlich, dass sich viele der «neuen» politischen und wirtschaftlichen Perspektiven mit ihrer Bevorzugung der Dezentralisation, ihrer Sensibilität für natürliche Harmonie, ihrem Interesse, die Erde nicht zu beherrschen, sondern nur zu verwalten, ihrem Wunsch nach «schöpferischer Einfachheit» und spiritueller und kultureller Bereicherung, und ihrem Preisen nichtmaterieller Werte der Vergangenheit zuwenden.

Das Bewusstsein einer Gesellschaft sollte den Kontext für ihre Arbeit und ihr Konsumverhalten darstellen; ihre Technik nur den Inhalt: Werkzeuge, mit deren Hilfe Produkte und Dienstleistungen bereitgestellt werden, welche die Menschen zu schätzen wissen. E. F. Schumachers ursprünglicher Titel für sein Buch, das als *Die Rückkehr zum menschlichen Mass – Alternativen für Wirtschaft und Technik* bekannt wurde, lautete *Economics As If People Mattered*. Er beklagte insbesondere die Auswirkungen der grossen, unbewussten Anwendungen von Technik: Zentralisation, Verstädterung, die Erschöpfung der Bodenschätze und die Enthumanisierung der Arbeiter*. Besonders in Entwicklungsländern können Turbinen, Dämme und Erdreich bewegende Maschinen soziale Muster zerstören sowohl zum Schaden der Umwelt als auch der Menschen. Schumachers – der Position des Radikalen Zentrums entsprechende – Antwort auf die amoklaufende angewandte Wissenschaft, war das, was er als «sanfte Technik» bezeichnete.

---

* Die Vereinigten Staaten verbrauchen mit 6 Prozent der Weltbevölkerung mehr als 30 Prozent der Energiequellen der Welt.

«Zwischen den Extremen liegende» oder sanfte Technik bietet einen dritten Weg an: Werkzeuge, die fortschrittlicher sind als eine primitive Schaufel – jedoch praktischer und mehr den Menschen zum Massstab nehmend als ein Bulldozer. Mit besseren, aber noch handhabbaren Werkzeugen können die Menschen ihr Los verbessern, ohne auf städtische Fabriken zurückgreifen zu müssen.

In einem Leitartikel in *Rain: The Journal of Appropriate Technology* war zu lesen: «Bevor wir unsere Werkzeuge und Techniken wählen, müssen wir unsere Träume und Werte wählen, da einige Techniken ihnen dienen, während andere sie unerreichbar machen.» Schumachers Ideen haben weltweite Wirkung ausgeübt. Ein Artikel über sanfte Technik in *Foreign Affairs,* Ende 1977, löste eine ungeheure Flut von Anfragen um Nachdruckrechte aus.

Viele Länder haben Ämter für sanfte Technik eingerichtet. Die Vereinten Nationen errichten momentan ein weltumspannendes Netzwerk von Einrichtungen zur Unterstützung dieser Idee. Die sanfte Technik wurde von der International Labor Organization, der Weltbank, dem Präsidenten der Philippinen sowie der Ford- und der Rockefeller-Foundation unterstützt. In den letzten beiden Jahren vor seinem Tod war Schumacher Gast und Berater von Präsidenten, Premierministern und Königen.

Schumachers Philosophie spiegelte intensive spirituelle Werte wider, die er ausführlicher in dem posthum veröffentlichten Buch *Rat für die Ratlosen. Vom sinnerfüllten Leben* erörterte. Spirituelle Werte bilden in der Tat die Grundlage eines Grossteils des ökologischen Interesses in unserer Zeit, eines stärker werdenden Gefühls für die Erde als Ganzes, des Respekts für die Matrix unserer Evolution und der Natur, in die wir eingebettet sind. Es scheint angemessen, dass Lao-tse in der Broschüre des Office of Appropriate Technology von Kalifornien zitiert wird: «Dies sind meine Schätze. Behütet sie sorgsam.»

DER WERT DER ERHALTUNG

Umweltinteressen üben eine wachsende Wirkung auf Lebensweise und Konsum aus. Eine 1976 im Staate Washington durchgeführte Studie, die zwei Jahre später veröffentlicht wurde, befragte Haushalte, die aus den Telefonbüchern jeder Gemeinde zufällig ausgewählt wurden. Die Meinungsforscher fanden Belege für ein überraschendes Befolgen eines «neuen Umweltparadigmas».

Die Mehrheit der Befragten äusserte ihre Sorge über eine missbrauchte Umwelt und den unkontrollierten Bevölkerungszuwachs. Sie sahen die Erde als ein Raumschiff mit begrenztem Platz und begrenzten Mitteln. Sie befürworteten eine stabile Wirtschaft mit kontrolliertem industriellem Wachstum. Sie lehnten die Idee einer Beherrschung der Natur durch den Menschen ab. Die breite Öffentlichkeit unterstützte die Ansichten der Umweltschützer in ihrem Staat in allen Punkten.

Verhaltensweisen stimmen nicht unbedingt mit den Überzeugungen der Menschen überein, gaben Meinungsforscher zu bedenken, und räumten ein, dass viele der Befragten persönliche Opfer eher ablehnen würden.

... Wir müssen trotzdem die unserer Meinung nach ziemlich bemerkenswerten Ergebnisse der Untersuchung betonen. Wenn wir in Betracht ziehen, dass noch vor einigen wenigen Jahren Konzepte wie «Grenzen des Wachstums» und «Raumschiff Erde» praktisch unbekannt waren, ist der Grad, in dem diese Konzepte die Billigung der Öffentlichkeit erfuhren, äusserst überraschend. Diese Billigung ist um so überraschender, wenn man sich klarmacht, wie dramatisch das neue Umweltparadigma von der traditionellen Weltsicht unserer Gesellschaft abweicht ... In einer Gesellschaft, die Überfluss, Wachstum, Fortschritt usw. immer für selbstverständlich gehalten hat, bedeutet der Aufstieg des neuen Paradigmas in der Tat ein revolutionäres Ereignis ... Wir können nicht anders als von seinem steilen Aufstieg beeindruckt sein.

Der Wechsel zu einer mit der Umwelt in Übereinstimmung stehenden Betrachtungsweise schliesst weitaus mehr ein als die Sorge um die Redwood-Bestände. Nirgends ist die Verbundenheit allen Lebens deutlicher als in unserem erwachten ökologischen Gewissen. Die Sorge um den Planeten verbindet ökonomische, juristische, politische, spirituelle, ästhetische und medizinische Fragen. Sie beeinflusst sogar unser Kaufverhalten, die Wahl der Familiengrösse und die Erholung. Schon weiss jedes Schulkind um die Kontroversen – Zerstörung der Laubwälder durch Militär, Atomkraft, Karzinogene, Überschallverkehr, Bevölkerungswachstum, Treibgase, welche die Ozonschicht zerstören können. Die Jugend fürchtet den langsamen Tod der Erde so, wie eine frühere Generation die Atombombe fürchtete.

Ökotopia, ein Roman von Ernest Callenbach, löste so etwas wie einen Kult aus, besonders im Westen der Vereinigten Staaten. Das

Buch, das ursprünglich von einem kleinen Verlag veröffentlicht worden war, wurde im Untergrund zum Bestseller und ist im Jahre 1978 als Paperback für den Massenmarkt neu verlegt worden. Ökotopia ist ein fiktives neues Land, das durch die Sezession der US-Bundesstaaten Washington, West-Oregon und Nordkalifornien gebildet wird. Seine Bewohner wenden eine alternative Technik an und sind sich Umweltproblemen überdeutlich bewusst.

Ökotopia-Enthusiasten haben eine Flagge entworfen, ein Magazin gegründet und sogar einen Ökotopia-Tag in Eugene, Oregon, gefeiert. Callenbach wurde nach Sacramento zu einer Beratung mit dem Gouverneur von Kalifornien und dessen Mitarbeitern eingeladen. Wenn die Prämisse eines neuen Landes – eines neuen Anfanges – auch sehr weit hergeholt ist, der gewaltige Anklang, den das Buch gefunden hat, ist nicht ohne Bedeutung.

Sim Van der Ryn, der erste Direktor des Office of Appropriate Technology von Kalifornien und ehemaliger Architekt im Staatsdienst, besteht darauf, dass «ökotopische Gemeinschaften» hier und jetzt möglich sind, zumindest «die Errichtung einiger erster bescheidener Beispiele». Er drängte aufgeschlossene Unternehmer und Politiker, sich einer Idee zu verpflichten, die sowohl der Geschäftswelt als auch der Regierung Glaubwürdigkeit verschaffen könnte. «Die Samen eines ökologischen Plans *beginnen bereits* zu spriessen, und viele der notwendigen Bestandteile zur Schaffung einer ökologisch stabilen urbanen Gemeinschaft sind bereits entwickelt worden und funktionieren. Was wir noch machen müssen, ist, all die Fäden zusammenzubringen und sie zu einem zusammenhängenden Entwurf einer neuen Gemeinschaft zu weben.»

Eine vernünftige Haltung gegenüber der Umwelt wird die Städteplanung neu beleben und die besten Errungenschaften der hochtechnisierten Kultur beibehalten, «während sie das Gefühl des Menschen, irgendwo zugehörig zu sein, erneuert». Sie wird das alte lineare Verständnis in ein Systemdenken überführen, eine Bewusstheit der komplizierten Wechselwirkungen zwischen den Menschen und Elementen der Umwelt.

Ein anderer Städteplaner nannte dies «das Zeitalter der Gesundung» für viele amerikanische Städte; die Zeit eines neuen Verständnisses für die städtischen Annehmlichkeiten, das Gefühl einer historischen Kontinuität, die Notwendigkeit einer wirksamen Ausnutzung der Energie, und neue Einsichten darüber, wie die Menschen leben wollen, einschliesslich einer Architektur, bei der der Mensch in stärkerem Masse den Massstab bildet. «Wir haben endlich angefangen, uns niederzulassen, ein Gefühl für unseren Platz zu suchen.»

Mehrere, im Jahre 1979 befragte, weitbekannte Architekten beschrieben ein neues Paradigma der Städteplanung: Menschlicher, mit einer reichhaltigeren Mischung von Wohnungen und kommunalen Einrichtungen, Plätzen zum Spazierengehen, ein grösseres Interesse an öffentlichen Verkehrsmitteln, die Schaffung festlicher Alleen und öffentlicher Plätze, die Anpflanzung von mehr Bäumen, ein Gefühl für das «Bürgerliche». Neu entstehende Technologien werden immer mehr auf den Wind, die Sonne, die Kräfte der Gezeiten als Energiespender, auf natürliche Licht- und Lüftungsverfahren zurückgreifen.

Wir sind vielleicht auf dem Weg, unsere enge Beziehung zu unserem Platz in der Natur, unsere Bewusstheit wiederzufinden. Dieser neumittelalterliche Trend wird bei einem anderen Phänomen deutlich: an Orten, wo etwas gefeiert wird – bei Ausstellungen und Festivals. Im Europa des Mittelalters fanden die Jahrmärkte an Wegkreuzungen, auf neutralem Gebiet statt, so dass sich bekriegende Völker ihre Feindseligkeiten lange genug einstellen konnten, um Tauschhandel zu treiben, Possenspiele und Gaukeleien vorzuführen, zu essen, zu trinken, Musik zu machen. Sie waren eins beim Feiern – spielerisch, neugierig, einfach und offen. Wir schaffen erneut eine spontane Gemeinschaft durch Zehntausende von Kunst- und Kunsthandwerk-Ausstellungen, Musikfestivals, «Expos» über die Umwelt und das neue Zeitalter sowie zeitgeschichtliches Feiern: Jahrmärkte aus der Renaissance, mittelalterliche Spiele und Dickens'sche Bazare.

Die Menschen improvisieren neue Wege, um alte Feiertage zu begehen; beispielsweise einen «Tag der gegenseitigen Abhängigkeit» am vierten Juli, der im Rahmen des Friends Meetings im kalifornischen Palo Alto gefeiert wird. Nachdem man gemeinsam gegessen, Musik und Spiele gemacht hatte, wurde der Tag mit dem Anzünden von Kerzen und dem Singen von «Es werde Friede auf Erden» abgeschlossen. Ein Teilnehmer meinte: «Solche Feiern kommen aus uns selbst. Sie brauchen sich nicht auf traditionelle Feiertage zu beschränken. Sie können anderen bedeutenden Ereignissen in unserem Leben gelten ... Wie wäre es, wenn wir uns selbst wirklich einmal die Möglichkeit gäben, unsere Phantasien zu erforschen – wenn wir auf die vorgefertigten Formen der Kreativität verzichten würden?»

PHANTASIE ALS EINE QUELLE VON REICHTUM

Hier und da gibt es fröhliche Aufstände von Bürgern eines neuen Gemeinwesens, frühe Entwürfe seiner Verfassung, seiner Unabhängigkeitserklärung. Wenn man weiss, wonach man suchen muss, kann man die Umrisse unsichtbarer Kathedralen, Theater und Leihbüchereien, Universitäten ohne Mauern sowie einer Gesellschaft entdecken, deren Individuen ihre Institutionen darstellen und deren erwachendes Gefühl der Brüderlichkeit höchstes Gesetz ist.

Als Eugen Loebl während seiner fünfzehn Jahre als politischer Gefangener in der Tschechoslowakei über die Ökonomie nachgrübelte, kam er zu dem Schluss, dass die wahren Quellen des Reichtums nicht die Produktivität, das Bruttosozialprodukt und die greifbaren Aktiva sind. Kreative Intelligenz stellt den Reichtum einer modernen Gesellschaft dar. «Wenn wir den Gewinn als eine Funktion der Fähigkeit des Menschen, zu denken, betrachten, und wenn wir die Wichtigkeit des intellektuellen Niveaus, auf den sich die Wirtschaft gründet, anerkennen, dann wird unser Hauptinteresse auf der Entwicklung dieses Niveaus liegen ... Wir können unsere Wirklichkeit in Richtung der Ziele, die wir wünschen, verändern ...»

Während seines historischen Besuchs der Vereinigten Staaten fuhr Tocqueville den Ohio hinab. Auf der einen Seite lag Ohio, ein freier Staat; auf der anderen Seite Kentucky, ein Sklavenstaat. Am zu Ohio gehörenden Flussufer beobachtete er emsige Aktivitäten, reiche Ernten und schöne Häuser. Der Bewohner von Ohio konnte jeden Pfad betreten, den das Glück ihm öffnete. Er konnte Matrose werden, Pionier, Handwerker oder ein einfacher Arbeiter. Am Ufer von Kentucky sah Tocqueville nur Trägheit. Nicht nur waren die Sklaven halbherzig bei der Arbeit, auch die Herren selbst waren versklavt. Sie konnten ihr eigenes Land nicht bearbeiten, weil das ihre gesellschaftliche Stellung untergraben hätte. Einige wenige überquerten den Ohio, um dort zu arbeiten, aber die meisten wandten sich aus Vergnügungssucht «der leidenschaftlichen Liebe zu Aktivitäten im Freien und militärischen Manövern zu ... unternahmen körperlich erschöpfende Anstrengungen, benutzten Waffen ...».

Wir sind inzwischen in andere kulturelle Zeitalter übergewechselt, jedes mit seiner eigenen Form wirtschaftlicher und psychologischer Versklavung. Wie die Sklavenhalter von Kentucky haben wir unsere besten Energien schon viel zu lange auf das Streben nach zweitrangigen Vergnügungen verwandt, in der Hoffnung, in solchen Ablenkungen die Belohnung zu finden, die man nur durch innere Berufung erlangen kann. Aber wir haben eine Wahl; wir können heutzutage in einen freieren Staat emigrieren und dort ein neues Herz, neuen Unternehmungsgeist und Werte finden, die unseren tiefsten Bedürfnissen entsprechen.

11

SPIRITUELLES ABENTEUER: VERBINDUNG MIT DER QUELLE

> Hinter der Nacht ... irgendwo weit entfernt
> Irgendein heller, ungeheurer Tagesanbruch.
>
> *Rupert Brooke*

In ihren frühen Stadien mag die Transformation leicht erscheinen, vielleicht sogar vergnüglich, keinesfalls aber spannungsvoll oder bedrohlich. Es ist möglich, dass wir uns eines verstärkten Gefühls von Verbundenheit, Berufung, Freiheit und Frieden erfreuen. Wir *benutzen* den Vorgang so, wie wir einen Kassettenrecorder benutzen. Wir erfahren veränderte Zustände der Bewusstheit so, als ob wir in einem Fitnessclub in ein japanisches Sprudelbad eintauchen würden. Biofeedback heilt unsere Kopfschmerzen, Meditation lindert Spannungen.

Aber alle transformativen Technologien schulen auch unsere Aufmerksamkeit. Allmählich taucht das Gefühl auf, dass wir eine Art harmonisches inneres Universum durch unsere Einstellungen, unser Verhalten und unsere Ansichten betrogen haben. Ein Reich vortrefflicher Ordnung, Intelligenz und kreativen Potentials beginnt sich zu offenbaren. Meditation gestaltet jetzt *uns*. Die Wirklichkeit bricht durch in grössere, weitere Räume. Es geht jetzt nicht mehr bloss darum, die Dinge verschieden zu sehen, sondern darum, unterschiedliche Dinge wahrzunehmen. Dabei versagen Sprache und Symbole. Dieser Bereich unterscheidet sich zu sehr von allem, was wir bis anhin gekannt haben; er ist zu widersprüchlich; eine Dimension, die wir so hilflos als hoch oder tief bezeichnen können, wie das Quadrat in Flatland, das seinen ungläubigen Landsleuten die dritte Dimension zu erklären versucht. «Man kann es nur dadurch begreifen, indem man es erfährt», sprach der weise Zen-Meister Hakuin, «genauso, wie man beim Wassertrinken für sich selbst kalt und heiss empfindet. Es gilt, sämtlichen Raum in einem einzigen Augenblick zu schmelzen und in einem einzigen Gedanken durch die gesamte Zeit zu schauen – von der Vergangenheit bis in die Zukunft.»

Bewusstsein ist kein Hilfsmittel. Es ist unser Sein, der Inhalt unseres Lebens – des Lebens selbst. Die Erweiterung des Bewusstseins stellt das gewagteste Unternehmen auf Erden dar. Wir gefährden den *Status quo*. Wir gefährden unsere Bequemlichkeit. Und falls wir nicht den Mut haben, die sich ergebenden Konflikte zu lösen, gefährden wir unsere Gesundheit. Möglicherweise haben wir uns im Verlauf des transformativen Prozesses zu früheren Zeitpunkten unbehaglich gefühlt – etwa als wir die Verantwortung für unsere Gesundheit übernahmen –, aber dieser Vorgang ist viel gewaltiger: Die Umwandlung der transformativen Entwicklung selbst.

In Kapitel 6 untersuchten wir wissenschaftliche Entdeckungen zur eigentlichen Einheit der Natur, die Bedeutung des Bewusstseins bei der Erschaffung der Erscheinungswelt, das Gehirn als Deuter von Mustern, die einer primären Wirklichkeit entstammen; die Transzendenz von Zeit und Raum, die drängende Kraft der Evolution, die Neuordnung lebender Systeme auf Ebenen immer grösserer Komplexität und Kohärenz.

Spirituelle oder mystische Erfahrung, das Thema dieses Kapitels, ist das Spiegelbild der Wissenschaft – eine direkte Wahrnehmung der Einheit der Natur, die Innenseite der Wunder, welche die Wissenschaft kühn von aussen zu verstehen sucht. Diese Art des Verstehens ist der Wissenschaft um Tausende von Jahren voraus. Lange bevor die Menschheit Hilfsmittel wie die Quantenlogik zur Verfügung hatte, die von der Vernunft nicht erfassbar waren, begaben sich einzelne Menschen durch eine Veränderung ihres Bewusstseins in das Gebiet der Widersprüche. Und dort erkennen sie, dass das, was nicht sein kann, dennoch *ist*. Millionen von Menschen unserer Tage haben transzendente Aspekte der Wirklichkeit erfahren und diese in ihr Leben integriert.

Eine mystische Erfahrung, wie kurz sie auch immer sein mag, ist eine Bestätigung für jene, die sich zu spiritueller Suche hingezogen fühlen. Der Geist weiss nun, was das Herz nur erhofft hat. Aber dieselbe Erfahrung kann sehr quälend für jemanden sein, der nicht darauf vorbereitet ist, der sodann diese Erfahrung in ein inadäquates Glaubenssystem zu integrieren versuchen muss.

Die direkte Erfahrung einer höheren Wirklichkeit verlangt unerbittlich, dass wir unser Leben verändern. Wir können für eine Weile Kompromisse eingehen, aber schliesslich erkennen wir, dass diese Ambivalenz dasselbe bedeutet, wie wenn man sich entschlossen hätte, das Gesetz der Schwerkraft nur in bestimmten Fällen anerkennen zu wollen. Diese Transformation der Transformation, mit ihrer beschleunigten Entwicklung von Verknüpfungen und Einsichten, kann eine erschreckende Zeit sein. Schliesslich stellt sich – etappenweise – die wirkende Kraft ein. Wir müssen unser Leben mit unserem Bewusstsein in Einklang bringen. «Eine Bedingung von grösster Einfachheit», äusserte T.S. Eliot, «die nichts weniger als alles kostet.»

Indem die mystische Erfahrung unsere Werte und Auffassungen gegenüber der Welt radikal ändert, neigt sie dazu, ihre eigene Kultur zu schaffen; eine Kultur, der sehr viel mehr angehört und deren Grenzen unsichtbar sind. Diese «alternative Kultur» scheint den *Status quo* zu bedrohen. Alexander Solschenizyn meinte dazu, dass die westliche Gesellschaft beleidigt sei, sobald ein Individuum seiner Seele gleichviel Aufmerksamkeit schenkte wie seiner Arbeit. Die Aussagen und das Verhalten jener, welche die entstehende Kultur vertreten, werden von einem Glaubenssystem der eigenen Erfahrungen als nicht relevant beurteilt, ähnlich wie die Warnungen an Kolumbus von seiten jener, die davon überzeugt waren, dass die Erde eine Scheibe sei. Kritiker bezeichnen die Vertreter der neuen Kultur als narzisstisch, ohne die gedankenschwere Natur ihrer inneren Suche zu kennen. Sie nennen sie selbstzerstörerisch, ohne um den allumfassenden Charakter ihres Selbst zu wissen, dem sie sich anschliessen; elitär, ohne zu wissen, wie verzweifelt sie das, was sie gesehen haben, mit anderen teilen wollen; irrational, ohne zu erkennen, wie sehr viel weiter ihre neue Weltsicht beim Lösen von Problemen geht und um wieviel mehr diese mit der alltäglichen Erfahrung in Einklang steht.

DIE SUCHE NACH DEM SINN

Die spirituelle Suche beginnt für die meisten Menschen als eine Suche nach dem Sinn. Anfangs mag dies bloss ein rastloses Verlangen nach «etwas mehr» sein. Der weitschauende Tocqueville wies auf die Koexistenz von stark ausgeprägtem religiösem Geist und materiellem Ehrgeiz in Amerika hin. Aber möglicherweise, so meinte er, handelte es sich hier um ein labiles Gleichgewicht. «Wann immer sich die Fähigkeiten einer grossen Mehrheit der Menschheit ausschliesslich auf materielle Belange richteten, war vorauszusehen, dass in den Seelen einiger

Menschen eine erstaunliche Reaktion stattfinden würde. Ich wäre überrascht, falls der Mystizismus in einem Volk, das sich ausschliesslich mit der Förderung seines irdischen, materiellen Wohlergehens beschäftigt, nicht demnächst in den Vordergrund rücken würde.»

In der Tat hat uns unser starker Hunger nach materiellen Dingen zu einer Übersättigung geführt. Zbigniew Brzezinski, Vorsitzender des Sicherheitsrates der Vereinigten Staaten (unter Präsident Carter), sprach von einem «wachsenden Verlangen nach etwas Spirituellem» innerhalb fortschrittlicher westlicher Gesellschaftsformen, in denen sich der Materialismus als unbefriedigend erwiesen hat. Seiner Meinung nach entdecken die Menschen, dass 5 Prozent jährlicher Güterzuwachs nicht mit Glücklichsein definiert werden kann.

Die *traditionelle* Religion, so räumte er ein, bietet keinen Ersatz:

> Aus diesem Grunde gibt es eine Suche nach persönlicher Religion, nach einer direkten Verbindung mit dem Spirituellen ... Schliesslich möchte jedes menschliche Wesen, sobald es einmal die Stufe des Sich-Selbst-Bewussten erreicht hat, fühlen, dass es eine innere und tiefere Bedeutung seiner Existenz gibt als jene, bloss zu existieren und zu konsumieren; sobald er in dieser Richtung zu fühlen beginnt, möchte er, dass die ihm überstellte Gesellschaftsordnung diesem Gefühl entspricht ... Dieser Vorgang findet zur Zeit weltweit statt.

In einer öffentlichen, von Yankelovich, Skelly und White durchgeführten Umfrage bekannten 80 Prozent der Antwortenden ein starkes Interesse an «einer inneren Suche nach dem Sinn». Im Jahre 1975 berichtete die Nationale Gesellschaft für Meinungsforschung, dass mehr als 40 Prozent der befragten Erwachsenen glauben, schon eine echte mystische Erfahrung gemacht zu haben. Diese Erfahrungen waren gekennzeichnet durch Freude, Frieden, durch ein Bedürfnis, anderen Menschen zu helfen; durch die Überzeugung, dass Liebe allem zugrunde liegt, gefühlsmässige Intensität; durch ein Wissen, das nicht in Worte zu fassen ist; durch das Empfinden einer Einheit mit anderen Menschen und durch das Gefühl, dass eine neue Welt bevorsteht. Eine Umfrage von Roper aus dem Jahre 1974 zeigte auf, dass 53 Prozent der Antwortenden an die Wirklichkeit von Psi glaubten, wobei stärkerer Glaube mit höherem Einkommen und höherem Bildungsstand korrellierten. Eine im Jahre 1976 durchgeführte Umfrage des Gallup-Instituts ergab, dass sich 12 Prozent der Befragten mit einer mystischen Disziplin beschäftigten.

Eine Gallup-Umfrage, die im Februar 1978 veröffentlicht wurde, zeigte, dass sich zehn Millionen Amerikaner mit einem Aspekt östlicher Religion beschäftigten; neun Millionen mit spirituellem Heilen. Jene, die sich mit östlichen Religionen auseinandersetzten, waren im allgemeinen jüngere Erwachsene mit abgeschlossener Mittelschulbildung, prozentual gesehen etwa gleichviel Männer wie Frauen und eine ebenso grosse Anzahl Katholiken wie Protestanten. «Obgleich sie in der Regel keine Kirchgänger sind ... kann man von ihnen dennoch mit grosser Wahrscheinlichkeit sagen, dass ihr religiöser Glaube ‹sehr wichtig› in ihrem Leben ist.»

Spirituelle Erfahrung durchdrang so still die Grenzen des Establishments, dass nur Befragungen diesen Übergang aufgezeichnet haben. Jacob Needleman, der sich damit an zeitgenössische Gelehrte und Historiker auf dem Gebiet der Religion wandte, bemerkte 1977 ironisch, dass diese Ideen und Praktiken jetzt – sozusagen «ohne unsere vorherige Erlaubnis – in das wirkliche Leben wirklicher Menschen Einzug halten, dort Unruhe auslösen und tatsächlich reale Einflüsse auf Heirat, Karriere, Politik, Ziele und Freundschaften haben».

Aber die spirituelle Veränderung ist mittels soziologischer Methoden nicht ohne weiteres aufzudecken. Es handelt sich um ein individuelles Phänomen, meinte William McCready, Mitarbeiter des Nationalen Meinungsforschungs-Instituts. «Falls man es nach der Mitgliedschaft von Gruppen abschätzen wollte, würde es nicht ersichtlich. Da die in diese innere Suche vertieften Menschen nicht dazu neigen, sich jemandem anzuschliessen, sind sie statistisch nur schwer erfassbar.»

Anfangs 1979 beobachtete Ram Dass, dass sich seine Zuhörerschaft beträchtlich gewandelt hatte. «Heute kommen grösstenteils Leute aus der Mittelklasse, und die Altersunterschiede sind unglaublich. Vor fünf oder sechs Jahren arbeitete ich noch mit Menschen aus der alternativen Kultur, deren Altersunterschied sich in einer Spanne von ungefähr zehn Jahren bewegte, während ich heute mit Menschen aus allen Bereichen der Gesellschaft zusammenarbeite, deren Altersunterschied rund fünfzehn Jahre umfasst. Es gibt jetzt Hunderttausende, für die spirituelles Erwachen eine Realität darstellt. Ich kann mich überall hinbegeben, überall sind Tausende bereit, zuzuhören. Sie wachsen spirituell in ihrem täglichen Leben, ohne sich fremdartig zu kleiden und Rosenkränze um den Hals zu hängen. Ihr spirituelles Erwachen wächst von innen heraus.»

Ein Verschwörer im Zeichen des Wassermanns äusserte anlässlich eines Gedankenaustausches: «Es besteht eine ganz neue Toleranz gegenüber der Suche nach Transzendenz. Ich bin umgeben von Kollegen, die sich alle in dieselbe Richtung bewegen, die alle die gleichen Methoden des Erforschens schätzen ... Niemand gilt weiterhin als merkwürdiger Vogel, nur weil man weiss, dass er auf der spirituellen Suche ist. Man wird ihn sogar ein bisschen beneiden, was in der Tat einen erheblichen Wandel im Verlauf der letzten fünfzehn Jahre darstellt.»

Der Fürsprecher einer in Washington ansässigen Organisation für den internationalen Frieden nannte das gegenseitige Erkennen dieser Sucher «den kleinen Mystizismus»:

> Es ist von mir weder gesucht noch herbeigewünscht worden, sondern es behauptete sich selbst in meinem Leben ... etwas wuchs, entstand. Diese kleinen Vorfälle summierten sich; sie begannen sich zusammenzufügen. Ich begann, Gott in anderen zu sehen, dann verspürte ich ein Gefühl von Gott in mir selbst, dann nahm ich ein Stück von mir in anderen mit einem Gefühl von Gott wahr, dann verspürte ich andere und mich in Gott – eine rätselhafte und komplexe Reihe von Transaktionen. Die seltsame Begleiterscheinung war, dass es zwischen den «kleinen Mystikern» ein Wiedererkennen dieser Art von Einheitserfahrungen gibt. Wir spüren einander.
>
> Auch meine politische Arbeit profitierte davon. Kleine Mystiker in der Politik «riechen» meine geheime Einstellung, und es entsteht eine besondere Art von Kameradschaft, die kaum jemals klar ausgesprochen wird, die aber dennoch wirksam ist.
>
> Ich weiss noch nicht, wie allgemein verbreitet diese Art «kleiner Mystizismus» ist, aber es scheint mir, dass es seit etwa fünf Jahren leichter geworden ist, aufgrund von gewissen Bekenntnissen wiedererkannt zu werden ...

Westliche Psychologen wie William James, C. G. Jung, Abraham Maslow und Roberto Assagioli konzentrierten ihre Kräfte auf den Versuch, transzendente Bedürfnisse und den ununterdrückbaren Hunger nach der Bedeutung zu verstehen. Jung verglich die Dringlichkeit des spirituellen Impulses mit jener der Sexualität.

Obgleich es Grund zur Annahme gibt, dass uns allen eine angeborene Fähigkeit zur mystischen Erfahrung – «zur direkten Verbindung» – innewohnt, und obwohl ungefähr die Hälfte von uns allen zumindest eine spontane Erfahrung zu verzeichnen hat, ist diese Fähigkeit nie zuvor an einer grossen Anzahl Menschen untersucht worden. Selbst in jenen Teilen der Welt, in denen die höchstentwickelten Techniken zur

Verfügung standen – Indien, Tibet, China, Japan – hat, historisch gesehen, nur eine kleine Minderheit die systematische Suche nach spirituellem Verständnis unternommen.

Unter den Millionen von Menschen, die sich jetzt an dieser Suche beteiligen, sind viele, wenn nicht gar die meisten, in beinahe unbekannte Gebiete hineingezogen worden – so, wie die gutherzigen Hobbits in J.R.R. Tolkiens *Herr der Ringe* in eine kosmische Suche verwickelt wurden. Völlig unschuldig fanden sie sich jenseits ihrer gewohnten «geistigen Schlupfwinkel». Sy Safransky, der Herausgeber eines in North Carolina erscheinenden Literaturmagazins, beschrieb seine Abkehr von der Realität des gesunden Menschenverstandes wie folgt:

> Ich bin ein Journalist, dessen Fähigkeit, Notizen zu machen und die richtigen Fragen zu stellen, sich vor Jahren an einem sonnigen Strand in Spanien verflüchtigte, als ich plötzlich gewahr wurde, dass die ganze Welt lebt ... Ich sah die Erde atmen, ich fühlte ihre Rhythmen, und ich entdeckte einen fehlenden Teil meiner selbst. Da ich weder in der *New York Times* noch in der *New Republic* eine entsprechende Bestätigung fand, sondern nur in der Literatur, die ich bis anhin als religiöse (damals ein Attribut) oder einfach als verrückte Sache gemieden hatte, begann ich langsam vom radikalen Hauptstrom zu Ufern abzudriften, für die ich bis heute noch keinen Namen gefunden habe.

Der Pianist Arthur Rubinstein kämpfte darum, für «dieses Ding in uns, eine metaphysische Kraft, die von uns ausströmt» einen Namen zu finden. In seinen Konzerten, so erklärt er, hatte er oft diese fühlbare Energie gespürt, die sich ins Auditorium hinein erstreckte. «Es handelt sich um etwas Fliessendes, etwas Unbekanntes, das keinen Ort hat, wohin es entweichen könnte.»

In seiner Rede anlässlich der Entgegennahme des Nobelpreises sagte der Romanschriftsteller Saul Bellow: «Das Gefühl unserer wirklichen Kräfte, Kräfte, die wir aus dem Universum selbst herzuleiten scheinen, kommt und geht ... Es widerstrebt uns, darüber zu sprechen, weil wir nichts beweisen können, weil unsere Sprache unzulänglich ist und weil nur wenige Menschen zu dem Risiko bereit sind, sich darüber zu äussern. Sie müssten sagen: ‹Da ist Geist›, und diese Äusserung ist tabu.»

Die unbenannten Ufer, die Kraft, der Geist – sie bilden die Themen dieses Kapitels. Wir werden die spirituelle Erfahrung im heutigen

Amerika betrachten; eine Erfahrung, die wenig mit Religion zu tun hat – in dem Sinne, wie unsere Kultur Religion bis anhin verstanden hat. Es besteht auch nur ein geringer Zusammenhang mit exotischen Kulturen und Praktiken. Diese Bewegung, die aus dem Menschen selbst hervorgeht, formiert sich in aller Stille, indem sie sich in einer Weise offenbart, die einzigartig für *diese* Zeit und für diesen Teil der Welt ist. Die meisten ihrer Anhänger sind für jene, die nach konventionellen Symbolen von Religiosität Ausschau halten, nicht erkennbar.

VON RELIGION ZU SPIRITUALITÄT

Nach Robert Ellwood, einem Dozenten für orientalische Religionen an der Universität von Südkalifornien, ist die entstehende spirituelle Tradition kein neues Phänomen in der amerikanischen Geschichte. Eher handelt es sich dabei um die Wiederbelebung einer Strömung, «die bis auf den Transzendentalismus zurückgeht». Ihre Anhänger ziehen die direkte Erfahrung jeder Form organisierter Religion vor; Ellwood nennt dies «Exkursion» in eine innere Welt, deren Vision dann in das ganze Leben einfliesst.

Amerika hat mit seinen periodischen Phasen grosser Erweckungen stets Mystiker und Evangelisten angezogen. Lange vor der spirituellen Revolution, die wir jetzt erleben, haben östliche und westliche Mystiker die Hauptströme amerikanischen Denkens beeinflusst. Ihre Ideen waren das tägliche Brot der amerikanischen Transzendentalisten und der «Beat Generation». Auch jetzt noch, so betonte Ellwood, werden all diese Exporte durch die amerikanische Psyche und Erfahrung gefiltert. Zen, die Bewegung um den Philosophen Swedenborg, Theosophie oder Vedanta sind in den Vereinigten Staaten nicht dasselbe, wie sie es in Japan, im England des 18. Jahrhunderts oder im Indien des neunzehnten Jahrhunderts waren. Amerikaner mögen gelegentlich nach östlichen Symbolen greifen, aber ihr wesentliches spirituelles Leben wird besser durch die amerikanische Tradition von Emerson, Thoreau, Whitman, den Shakers und anderer verständlich. «Hausgemachter Zen» lautet der Ausdruck, mit dem Rick Fields das Zen-Zentrum im Herzen des Wilshire-Geschäftsviertels in Los Angeles umschrieb.

Needleman meinte, dass sich der westliche Mensch von der äusseren Form und dem Pomp des Judentums und Christentums entferne: «Nicht etwa weil sie aufgehört hätten, nach transzendentalen Antworten auf die fundamentalen Fragen menschlichen Lebens zu suchen,

sondern weil sich diese Suche jetzt über alle Massen intensiviert hat.»*
Sie betrachteten östliche Traditionen, um herauszufinden, was sie «unserer bedrohten Gesellschaft und unseren geplagten Religionen» zu bieten hätten.

Wir wenden uns nach Osten um unserer Vervollkommnung willen. Hesse sprach von «dem ewigen Streben des menschlichen Geistes gen Osten, gen Heimat». Der Osten repräsentiert weniger eine Kultur oder eine Religion als vielmehr eine Methodik, um eine grössere, befreiende Sichtweise zu erlangen. In diesem Sinne ist der «Osten» in westlichen mystischen Traditionen vorhanden gewesen.

Im Januar 1978 veröffentlichte die Zeitschrift *McCalls* eine Umfrage unter sechzigtausend Lesern, die – selbst bei Kirchgängern – eine überwältigende Skepsis gegenüber organisierter Religion aufzeigte. Eine im Juni 1978 veröffentlichte, von protestantischen und katholischen Gruppen getätigte Umfrage offenbarte, was Gallup zusammenfassend als «eine schwere Anklage gegenüber organisierter Religion» bezeichnete. 86 Prozent jener Befragten, die nie einen Gottesdienst in der Kirche besuchen und 76 Prozent der Kirchgänger waren sich einig, dass Individuen ihre Glaubensrichtungen ausserhalb organisierter Religionen verwirklichen sollten. Ungefähr 60 Prozent der Kirchgänger stimmten der Feststellung zu: «Die meisten Kirchen haben den realen spirituellen Teil der Religion verloren.»

Die formale Religion wurde im Westen bis in ihre Wurzeln hinein durch Austritte, Uneinigkeit, Rebellionen, Verlust an Einfluss, schwindender finanzieller Unterstützung erschüttert.

Der katholische Theologe Anthony Padovano bemerkte 1976 im Rahmen einer Konferenz über Meditation:

> Die religiöse Erneuerung, die sich in der westlichen Welt bemerkbar macht – eine Revolution, die uns sensibler gegenüber den Religionen des Orients gemacht hat –, ist ein Verständnis dafür, dass die Antworten – wie auch immer sie lauten mögen – aus uns

---

* Obwohl die Verschwörer im Zeichen des Wassermanns in keiner Weise repräsentativ sind, da sie sowohl spirituell engagiert als auch vermehrt dem bildhaften Denken verbunden sind als die meisten anderen Menschen, lassen die von ihnen beantworteten Fragebogen ein Muster erkennen, das einen Hinweis auf einen mehr allgemeinen Wandel in der Gesellschaft geben könnte. Bei 95 Prozent der Befragten war in deren Jugend ein religiöser Hintergrund vorhanden (55 Prozent protestantisch, 20 Prozent jüdisch, 18 Prozent katholisch, 2 Prozent andere, 5 Prozent «keine»). Nur 19 Prozent betrachten sich selbst auf irgendeine Weise als aktiv mit ihrer religiösen Tradition verbunden; dieser Prozentsatz umfasst auch einige amtierende und ehemalige Mitglieder des Klerus sowie Theologen.

selbst kommen müssen. Die grosse Unruhe in den Religionen wird vom Geist bewirkt, der Innerlichkeit fordert. Der Glaube stirbt nicht im Westen. Er bewegt sich lediglich nach innen.

Die autoritärste Institution, die katholische Kirche, leidet unter einem Symptom, das der Historiker John Tracy Ellis «ein Zertrümmern ihrer Standfestigkeit» nennt. Ein Trauma, das in der neuen Spielart von Doktrin und Disziplin, wie sie unter amerikanischen Katholiken herrscht, offensichtlich wird. «Keine einzige Gruppe hat die volle Autorität oder die Fähigkeit, sie auf andere Gruppen anzuwenden», stellte Ellis fest. Die amerikanische Kirche ist «erschüttert und unsicher, in einer ängstlichen, unsicheren Zeit». Laienprediger drängen auf Reformen; sie bekehren Menschen zum Christentum und nehmen zugleich an Pfingst-Friedensmärschen und an wohltätigen Bewegungen teil; 1979 waren schätzungsweise eine halbe Million Katholiken zu sogenannten Charismatikern geworden, sprachen in Zungen und übten Heilpraktiken aus. Die Anzahl an Nonnen und Priestern ging während der siebziger Jahre drastisch zurück, Theologen wichen von der päpstlichen Autorität ab, die Mitgliedszahlen an kirchlich geleiteten Schulen schwanden. Ähnliche Rebellionen fanden in nahezu jeder organisierten religiösen Körperschaft statt.

Eine Zusammenkunft geistiger Führer verlas im Oktober 1975 eine Stellungnahme an die Vereinten Nationen:

... Die Krisen unserer Zeit fordern die Weltreligionen heraus, eine neue spirituelle Kraft freizusetzen, die religiöse, kulturelle und nationale Grenzen zu einem neuen Bewusstsein um die Einheit der menschlichen Gesellschaft transzendiert und damit eine spirituelle Dynamik auslöst, um die Probleme der Welt einer Lösung zuzuführen ... Wir bejahen eine neue Spiritualität, die jegliche Isolation aufhebt und auf ein planetarisches Bewusstsein gerichtet ist.

Eine zunehmende Zahl von Kirchen und Synagogen hat ihren Wirkungskreis zu erweitern begonnen; sie beziehen verschiedene Gruppierungen mit ein, die sich für persönliches Wachstum, Zentren für körperliche und seelische Gesundheit, Meditations-Workshops, Bewusstseinserweiterung durch Musik, ja sogar Biofeedback-Training einsetzen.

Jedem kulturellen Erwachen, so stellte der Historiker William McLoughlin fest, geht eine spirituelle Krise voraus, eine Veränderung in der Art und Weise, wie sich die Menschen in ihren gegenseitig

Beziehungen und in ihrer Beziehung zum Göttlichen sehen. Im Verlauf «grossen Erwachens» vollzieht sich ein Wechsel von der autoritär vermittelten Religion, hin zu jener, die von direkter spiritueller Erfahrung geleitet wird. Wie zu erwarten war, empfinden einige religiöse Gruppen die erwachende spirituelle Tradition als eine gefährliche Bedrohung des jüdisch-christlichen Brauchtums. Die Berkeley Christian Coalition widmete 1978 die Augustausgabe ihrer Zeitschrift diesem Problem:

> An diesem Punkt der westlichen Kulturgeschichte hiesse es untertreiben, sagen zu wollen, dass östliche Metaphysik und das neue Bewusstsein eine bedeutende Anhängerschaft in unserer Gesellschaft erlangt hätten. Nur zehn Jahre zuvor beschränkten sich die auf Drogen beruhende Spiritualität der Hippies und der Mystizismus westlicher Yogis auf die Gegenkultur. Heute haben beide Eingang in den Hauptstrom unserer kulturellen Mentalität gefunden. Die Wissenschaft, die Heilberufe und die Künste – ganz zu schweigen von Psychologie und Religion – sind alle mit einem grundlegenden Überdenken ihrer bisherigen Voraussetzungen beschäftigt.

Die Koalition macht die Zaghaftigkeit der christlichen Kirchen Amerikas für den Aufstieg der New Age-Spiritualität verantwortlich:

> Östliche Metaphysik einerseits und das neue Bewusstsein andererseits begründen ihre Popularität teils auf der Tatsache, dass sie die niederdrückenden Postulate technokratischer westlicher Mentalität direkt herausfordern. Sie fürchten sich nicht, unsere rationale, materialistische, merkantile Kultur der Sinnentleerung in bezug auf die Qualität menschlichen Lebens zu beschuldigen ... Die Führer dieser Bewegungen haben das Vakuum gefüllt, das durch das prophetische Schweigen der Kirchen geschaffen worden ist. Sie nennen Plastik und Gift beim Namen, und dies in einer Gesellschaft, deren Wirtschaft darauf beruht, die Menschen davon zu überzeugen, dass beides gut für sie sei. Darüberhinaus sind sie eifrig damit beschäftigt, brauchbare Alternativen zu der todbringenden, von ihnen verurteilten Kultur zu entwickeln.

Die Idee eines inneren Gottes war besonders beunruhigend: Der religiöse Standpunkt, der in der ganzheitlichen Gesundheitsbewegung zum Ausdruck kommt, ist laut der Koalition «ein integraler Teil der mystischen Weltsicht, die einen koordinierten Vorstoss hinein in jeden Aspekt unseres kulturellen Bewusstseins unternimmt ... Er ist keine fixe Idee, er wird nicht verschwinden, und er ist dem Christentum der Bibel im wesentlichen abgeneigt.»

Ironischerweise basiert jede organisierte Religion auf den Aussagen über direkte Erfahrung einer oder mehrerer Personen, deren Offenbarungen dann als Glaubensartikel vererbt werden. Jene, die nach direktem Wissen streben, die Mystiker, sind immer mehr oder weniger als Ketzer behandelt worden, ungeachtet, ob es sich dabei um die christlichen Mystiker des Mittelalters, um die Sufis des Islam oder um die Kabbalisten des Judentums gehandelt hat.

Jetzt gewinnen die Ketzer an Boden, die herrschende Doktrin verliert ihre Autorität, und Wissen ersetzt den Glauben.

DIREKTES WISSEN

«Mystische Zustände», meinte William James, «scheinen für jene, die sie erfahren, Zustände des Wissens zu sein. Sie sind Einblicke in Tiefen der Wahrheit – vom logisch fortschreitenden Intellekt unergründet.»

Die erste Definition des Begriffs «mystisch», die sich im Lexikon findet, lautet: «direkte Verbindung mit der letzten Wirklichkeit». Die zweite Bedeutung: «vage oder unverständlich». Hier liegt ein zentrales Problem: Direkte Verbindung mit der letzten Wirklichkeit ist für jene vage und unverständlich, die sie nicht erfahren haben!

Der Begriff «mystisch» hat seine Wurzel in dem griechischen Wort *mystotes* (Stille bewahren). Mystische Erfahrung bewirkt Phänomene, die gewöhnlich still und unerklärbar sind. Dieses erweiterte, «alles wissende» Bewusstsein überschreitet unsere begrenzten Möglichkeiten der Beschreibung. Gefühl, Wahrnehmung und Intuition scheinen zu verschmelzen, um etwas anderes zu schaffen.

Ein kanadischer Psychologe, Herbert Koplowitz, bezeichnet dieses ganzheitliche Wissen als «einheitliches operationales Denken»; ein Zustand, der zwei Schritte über die fortgeschrittenste Stufe kognitiver Entwicklung in der Theorie Jean Piagets hinausgeht. Piagets Stufen – sensomotorisches, vor-operationales Denken, konkret-operationales Denken, formal-operationales Denken – umspannen das Spektrum der geistigen Entwicklung des Menschen von der diffusen Welt des Kleinkindes hin zum symbolischen, abstrakten Denken eines intellektuell aktiven jungen Erwachsenen.

Jenseits des gewöhnlichen kognitiven Gedankens setzt Koplowitz einen fünften Zustand voraus, das System-Denken, in dem das Individuum begreift, dass oft gleichzeitige Ursachen vorhanden sind, die nicht voneinander getrennt werden können. Die konventionelle Wissenschaft geht von der Voraussetzung aus, dass Ursache und Wirkung klar unterschieden werden können und erreicht nicht die Ebene des System-Denkens.

Auf der sechsten Stufe – dem einheitlichen operationalen Denken – entdecken wir unsere eigene Konditionierung. Wir verstehen, dass die Art, wie wir die äussere Welt wahrnehmen, nur eine von vielen möglichen Konstruktionen darstellt. «Gegensätze, die man für getrennt und unterschiedlich gehalten hat, werden als gegenseitig abhängig wahrgenommen. Kausalität, die man als linear erachtet hat, wird jetzt als etwas gesehen, welches das Universum durchdringt, indem sie alles Geschehen miteinander verbindet.» Es gibt keinen Dualismus, keine Trennung von Körper und Geist, von sich selbst und den anderen.

Indem der «ganzheitlich Denkende» eine kognitive Stufe erreicht hat, die ihn eines zusammenhängenderen Verstehens befähigt, steht er einem formal-operationalen Erwachsenen so gegenüber, wie dieser einem Kind gegenübersteht. «Gerade weil Mystizismus keine Ablehnung der Wissenschaft darstellt, sondern deren Überschreitung», äusserte Koplowitz, «ist die Wissenschaft keine Ablehnung von Mystizismus, sondern ein Vorläufer desselben.»

Einheitliches Denken ist ganzheitlich. Da es über die Reichweite unserer rationalen Werkzeuge hinausgeht, kann es nur durch Paradoxien , Meditation und *Erfahrung* vermittelt werden. «Mystische Traditionen wie der Taoismus können den am weitest entwickelten Tragkörper einheitlichen operationalen Denkens zur Verfügung stellen», meinte Koplowitz.

Um den Bereich universalen Wissens zu erfahren, müssen wir ausserhalb unserer alten, begrenzten Art der Wahrnehmung gelangen. Wie es der Psychologe Ron Browning bezeichnete: «Um das zu erlangen, was sich jenseits des Systems befindet, muss man das System transzendieren. Man muss vom Linearen in die Fläche gelangen, vom Linearen in Ebenen, dann zur dreidimensionalen Raum-Zeit-Dimension übergehen oder sich dorthin ausdehnen, dann zum vierdimensionalen Raum ... Veränderung auf dieser Stufe ist eine Veränderung in der Beschaffenheit der Veränderung selbst.»

Als eine Metapher schlug Browning vor, sich ein System vorzustellen, das wir als «schlafend» bezeichnen. Das Gebiet jenseits dieses Systems wird «erwachen» genannt. «Innerhalb von ‹schlafend› kann sich ein Zeichen finden, das den Begriff ‹erwachen› repräsentiert, wir können dort das Wort ‹erwachen›, Symbole und Bilder haben – alles, nur nicht *wirkliches Erwachen*. Man kann träumen, dass man aufgewacht sei, aber innerhalb dieses Systems ist ein tatsächliches Aufwachen nicht möglich.»

Direktes Wissen hebt uns aus dem System heraus. Es ist das Erwachen. Es enthüllt den Zusammenhang, der unsere niedrigere Realität erzeugt. Die neue Perspektive verändert unsere Erfahrungen, indem sie unsere Sicht verändert.

Für C. G. Jung ermöglichte die transpersonale Perspektive – die er «das Ansteigen der Bewusstseinsebene» nannte – einigen Individuen, aus Problemen herauszuwachsen, die auf andere zerstörend wirkten. «Ein höheres oder weiteres Interesse tauchte am Horizont auf, und durch dieses Weiten der Sicht verlor das unlösbare Problem seine Dringlichkeit. Es war nicht logisch in seinen eigenen Begriffen gelöst worden, sondern schwand im Gegensatz zu einer neuen und stärkeren Lebenstendenz. Es wurde nicht unterdrückt und ins Unterbewusstsein abgeschoben, sondern erschien nur in einem anderen Licht.»

Transpersonale Psychologie, die sich von den spirituellen Disziplinen der Welt ableitet, zielt nicht darauf ab, menschliches Leiden auf «normale» Dimensionen zu reduzieren, sondern darauf, das Leiden zu transzendieren. «Mit seinen Gefühlen in Kontakt zu kommen» ist von geringem Wert, falls diese dunklen Gefühle nicht transformiert werden. Zorn, Angst, Verzweiflung, Ärger, Eifersucht, Gier – alle diese Gefühle können nicht nur erkannt, sondern mit Hilfe der Psychotechnologien des direkten Wissens verändert werden.

Eine Verschiebung vom intellektuellen Konzept zu direktem Wissen ist von einem Verschwörer im Zeichen des Wassermanns auf einem Fragebogen wie folgt beschrieben worden:

Einer meiner persönlichen Wendepunkte kam, als ich eines Morgens aus einem Traum erwachte, den ich auf sehr entmutigende Weise interpretierte, und ernsthaft an Selbstmord dachte ... Je länger ich dies tat, desto tiefer sank ich in mich hinein, bis schliesslich irgend etwas irgendwo irgendwie *klickte*. Ich weiss nicht, wie ich es anders beschreiben soll. Die Gedanken, über die ich vier Jahre zuvor auf einer intellektuellen, begriffsabstrakten, von der linken Gehirnhälfte geprägten Ebene geschrieben hatte, waren jetzt auf einer experimentellen Stufe Wirklichkeit. Ich erkannte, dass meine Wahlmöglichkeiten – wie ich und andere geschrieben hatten – nur von mir und meinen Vorstellungen der Realität begrenzt waren.

Das war hart, aber ein grosser Wendepunkt in Richtung Bewusstsein und Freiheit. Es war beinahe so, als ob ich durch Mitternacht hindurchgegangen wäre, um zur Morgendämmerung zu gelangen.

Der Gehirnforscher Karl Pribram versuchte, eine noch grössere Wahrnehmungsveränderung zu beschreiben:

> Es ist nicht so, dass die Welt der Erscheinungen falsch wäre; es ist nicht so, dass es auf einer Ebene der Realität keine Objekte gäbe.
> Wenn man das Universum durchdringt und es mit einem holographischen System betrachtet, so gelangt man zu einer anderen Realität, welche die Dinge erklären kann, die bis anhin wissenschaftlich nicht erklärbar waren: paranormale Phänomene ... Synchronizität, das offenbar bedeutungsvolle Zusammentreffen von Ereignissen.

Pribram meint, dass die holographische Theorie als Weg zur Betrachtung des Bewusstseins dem mystischen und östlichen Denken näher steht als unserer gewöhnlichen Wahrnehmung. «Es wird eine Weile dauern, bis sich die Menschen mit der Idee vertraut gemacht haben, dass es noch eine andere Ordnung der Realität gibt als die Welt der Erscheinungen.» Aber die Entdeckungen der Wissenschaft haben begonnen, jenen mystischen Erfahrungen Sinn abzugewinnen, die seit Jahrtausenden von Menschen beschrieben worden sind. Sie deuten an, dass wir uns diese Ordnung der Realität *jenseits* der Welt der Erscheinungen nutzbar machen können. Vielleicht sind Mystiker auf einen Mechanismus gestossen, der ihnen Zugang zu jener in sich geschlossenen oder unentfalteten Ordnung gewährt: «Meine stärkste Ahnung sagt mir, dass der Zugang zu jenen anderen Bereichen durch Aufmerksamkeit erlangt wird ... dass das Gehirn irgendwie seine gewöhnlichen Zwänge beseitigen und Zugang zu der in sich geschlossenen Ordnung erlangen kann ...»

Eine derartige Veränderung, so meinte er, könnte durch die Verbindung des Gehirns zwischen dem Vorderlappen und der älteren limbischen Region, der Verbindung zwischen dem Kortex und tiefen Gehirnstrukturen vermittelt werden. Diese Region ist ein Hauptregulator der Aufmerksamkeit. «Vielleicht können wir schliesslich die Regeln für das ‹Einstimmen›, für das Umschalten in das raum- und zeitlose Gebiet entdecken.»

Der Physiker Fritjof Capra erzählt von einer solchen Erfahrung, bei der er nicht bloss an ein dynamisches, auf seinem intellektuellen

Verständnis basierenden Universum glaubte, sondern wo er *wusste*, dass dem so ist. Er erinnert sich, dass er an einem späten Sommernachmittag am Strand sass, die Wellen beobachtete und den Rhythmus seines Atmens fühlte, als er plötzlich die ganze Umgebung als einen kosmischen Tanz erfuhr – nicht bloss als physikalisches Konzept, sondern als eine unmittelbare, lebendige Erfahrung:

> Ich «sah» förmlich, wie sich aus dem Weltraum Kaskaden von Energie ergossen, in denen in einem rhythmischen Impuls Teilchen erzeugt und zerstört wurden. Ich «sah», wie sich die Atome der Elemente und jene meines Körpers an diesem kosmischen Tanz der Energien beteiligten; ich fühlte dessen Rhythmus, und ich «hörte» dessen Klang, und in diesem Augenblick *wusste* ich, dass dies der Tanz Shivas war ...

Spirituelle Disziplinen sind dazu bestimmt, das Gehirn auf diese grösseren Bereiche einzustimmen. Normalerweise ist das Gehirn unzentriert und asynchron. Es filtert auch emsig eine riesige Anzahl von Informationen aus, die für das Überleben nicht gebraucht werden; ansonsten würden wir mit der Wahrnehmung elektrischer Felder, leichter Temperaturunterschiede, kosmischer Ausstrahlung und innerer physiologischer Prozesse geradezu bombardiert. Dennoch können wir Zugang zu einem weiteren Sinnesbereich und der mystischen Dimension finden, indem wir die Biochemie des Gehirns verändern. Meditation, Atemübungen und Fasten gehören zu den allgemeinen Techniken, um die Gehirnfunktionen zu verändern*.

Für viele Menschen in zahlreichen Kulturen haben Drogen eine anfängliche Fährte geboten, wenn auch selten einen völlig transformativen Weg. Aldous Huxley, der sich keine Illusionen über Drogen als bleibenden Weg zur Entdeckung machte, betonte, dass sogar *zeitweilige* Selbst-Transzendenz die gesamte Gesellschaft bis an ihre rationalen Wurzeln erschüttern würde. «Obgleich sich diese neuen Veränderer des Geistes anfangs als eine Art Verwirrung erweisen können, werden sie langfristig zu einer Vertiefung des spirituellen Lebens der Gemeinschaft beitragen ...»

Huxley glaubte, dass die seit langem vorausgesagte religiöse Er-

---

* Jene, die den Fragebogen zur Verschwörung im Zeichen des Wassermanns ausfüllten, zeigten Erfahrungen im Bereich verschiedenartiger spiritueller und meditativer Disziplinen, einschliesslich Zen-Buddhismus (40 Prozent), Yoga (40 Prozent), Christlicher Mystizismus (31 Prozent), Transzendentale Meditation (21 Prozent), Sufismus (19 Prozent), Kabbala (10 Prozent), sowie mehrere Dutzend anderer Systeme.

neuerung in den Vereinigten Staaten mit Drogen und nicht mit Evangelisten beginnen würde. «Die Religion wird von einer Aktivität, die sich hauptsächlich mit Symbolen befasst, zu einer Aktivität transformiert werden, die sich hauptsächlich mit Erfahrung und Intuition beschäftigt – ein alltäglicher Mystizismus.»

Er meinte, dass es ihn geradezu elektrisiert habe, als er unter dem Einfluss von Meskalin zum vollen Verständnis des Satzes *Gott ist Liebe* gelangt sei. Einer der Verschwörer im Zeichen des Wassermanns äusserte: «Nach vielen Jahren einer intellektuellen, von der linken Gehirnhälfte gesteuerten Wahrnehmung der ‹Wirklichkeit› erfuhr ich durch LSD von alternativen Wirklichkeiten – und plötzlich ergaben alle Heiligen Schriften einen Sinn.» Andere erzählten, dass sie die Natur der Dinge zu erfahren schienen, die Einheit aller Dinge, das Leben als ein wunderschönes, von uns gespieltes Spiel, eine Geschichte, die wir erzählen. Einer berichtete von der Erfahrung einer «dynamischen Gegenwart – dass die Welt fliessend und ungewiss sei, nicht statisch wie in den Konzepten unserer Kultur».

Der Psychiater Stanislav Grof, der selbst über dreitausend Experimente mit LSD geleitet hat und Zugang zu tausendachthundert anderen LSD-Erfahrungsberichten von seiten seiner Kollegen hat, betrachtet psychedelische Drogen als Katalysatoren oder *Erweiterer* geistiger Prozesse. Es findet sich im Rahmen der LSD-Erfahrung kein Element, das nicht ein drogenloses Gegenstück hätte. Nach Grofs Worten scheinen psychedelische Drogen den Zugang zum holographischen Bereich, wie er von Pribram und David Bohm beschrieben wird, zu erleichtern*. Das Individuum mag sich selbst eher als ein Spielfeld des Bewusstseins als eine isolierte Ganzheit erfahren. Vergangenheit, Gegenwart und Zukunft sind nebeneinandergestellt. Der Raum selbst erscheint multidimensional, grenzenlos. Materie wird nicht länger als berührbar erfahren, sondern löst sich in Energiemuster auf. Beteiligte an solchen Versuchen berichten von direkter Erfahrung des Mikrokosmos und des Makrokosmos, vibrierenden Molekülen und wirbelnden Galaxien, Archetypen und Gottheiten, von der Wiederbelebung früherer Erfahrungen, sogar von dem, was ihre eigene Geburt oder ihre vorgeburtliche Existenz innerhalb der Gebärmutter zu sein scheint.

---

* Unter den Konsumenten psychedelischer Drogen sind mystische Erfahrungen durchaus nicht allgemein verbreitet. Sie sind von vielerlei Faktoren abhängig: Dosierung, vorherige Erfahrungen, Hang zur Introspektion; Bereitschaft, Bewusstseinszustände zu erforschen, bestehendes Interesse an Spiritualität, Erwartungen, eine geeignete Umgebung. Ein gelegentlicher Konsum zu hedonistischen Zwecken zeitigt oft weniger mehr als Wahrnehmungsveränderungen und ein «high».

«Mit diesen Erfahrungen von Bewusstsein in bezug auf den universellen Geist und die Leere finden die an LSD-Versuchen Beteiligten heraus, dass die zentralen Kategorien von Raum, Zeit, Materie und physischen Gesetzen aller Art willkürlich und letztlich bedeutungslos sind.» Die kartesianisch-newtonsche Weltsicht wird philosophisch unhaltbar. Sie scheint vereinfacht und willkürlich, nützlich für die praktischen Vorhaben des Alltags, jedoch «unpassend für die Ziele philosophischer Betrachtung und Verstehens ... Das Universum wird jetzt als ein göttliches Spiel und als ein unendliches Gewebe von Abenteuern des Bewusstseins erfahren».

Falls gezeigt werden kann, dass Menschen in ungewöhnlichen Bewusstseinszuständen Zugang zu genauer Information über das Universum finden, wenn sie es so erfahren, wie es von den Physikern der Quanten-Relativitätstheorie geschildert worden ist, «müssen wir vielleicht den herabwürdigenden Begriff ‹veränderte Bewusstseinszustände› fallenlassen». Zumindest könnten einige dieser Zustände als gültige Informationsquelle über die Natur des Universums und die Dimension des menschlichen Geistes betrachtet werden.

«Der wesentliche Konflikt», schrieb Grof, «besteht nicht mehr zwischen der Wissenschaft und dem Mystizismus.» Er besteht eher zwischen dem neu entstehenden Paradigma und einem sogenannten «Koalitions»-Paradigma: dem Verbinden des alten mechanischen Wissenschaftsmodells mit dem gewöhnlichen oder «prosaischen» Bewusstsein. Mit anderen Worten: Das Problem liegt weniger in gegensätzlichen Tatsachen als in gegensätzlichen Bewusstseinszuständen – ein Konflikt, den Grof durch die holographische Sicht gelöst sieht.

DAS SPIRITUELLE ABENTEUER

In seinem Bericht über seine Zeit als Sufi-Schüler erzählte Reshad Feild:

> Ich begriff plötzlich, dass es wohl am erforderlichsten ist, zu suchen, die Frage zu stellen; eher als die Antwort beiseite zu schieben, indem man hinter ihr herjagt – man muss gleichzeitig fragen und zuhören ... In diesem Moment wusste ich, dass ich erhört wurde, dass ich mich auflöste und für den grossen im Universum stattfindenden Transformationsprozess von Nutzen bin ... Zur selben Zeit, da ich starb, wurde ich geboren ...

Hamid sagte: «Die Seele ist eine wissende Substanz.»

Im Westen wird traditionsgemäss erwartet, dass religiöse Streitfragen mittels Gläubigkeit gelöst werden, aber ein Lehrer in den Traditionen direkten Wissens ermutigt zu Fragen, ja sogar zu Zweifeln. Diese Spiritualität lädt den Sucher ein, seine Ansichten fallenzulassen, ihnen nichts hinzuzufügen.

Verschiedene Gefahren erwarten den spirituellen Abenteurer. Einige – offensichtliche – Beispiele haben wir in einem früheren Kapitel behandelt: Regressives Verhalten, verunsichernde Erfahrungen, Fanatismus, passive Unterwerfung gegenüber einem unwürdigen Lehrer, pendelartiger Wechsel. Aber die Disziplinen selbst warnen vor anderen, subtileren Gefahren. «Der Weg in dieser Welt ist wie die Klinge eines Schwerts», sagt ein chassidischer Meister, und in der *Katha Upanishad* findet sich die berühmte Warnung: «Der Pfad ist schmal ... eine haarscharfe Kante, äusserst schwierig zu beschreiten.»

Wo der Aussenseiter den vorübergehenden Verlust an innerem Gleichgewicht beim spirituellen Sucher als alarmierend empfinden mag, wird der Lehrer dies möglicherweise als notwendigen Schritt betrachten. Die grössere Gefahr liegt nach Ansicht des Lehrers darin, dass sich der Schüler in bezug auf die Antworten sicher glaubt, bei denselben innehält und niemals das angemessene Gefühl von Unsicherheit erlangt.

Nach Ideen befragt, die sie als Folge des transformativen Prozesses aufgegeben hatten, nannten mehrere Personen, die den Fragebogen zur Verschwörung im Zeichen des Wassermanns beantwortet hatten: «Konventionelles Christentum», «religiöses Dogma» – während ungefähr die gleiche Anzahl «Atheismus» oder «Agnostizismus» nannte.

Das Radikale Zentrum spiritueller Erfahrung scheint ohne Doktrin zu «wissen».

Ein zeitgenössischer Sucher beschrieb seine eigene Erfahrung:

Es gab Zeiten, in deren Verlauf ich den Eindruck hatte, in jeder Beziehung zu verstehen, um was es ging. Einige Jahre später musste ich dann sagen, dass dies dumm gewesen war ... Von einem späteren, günstigeren Gesichtspunkt aus betrachtet, hatte ich offensichtlich überhaupt nichts verstanden. Ich glaube, dass es sich dabei um eine universelle Tatsache handelt.

... Jedesmal, wenn man dieses Wissen erweitert – oder mehr davon erwirbt – sieht man die Dinge in einer neuen Perspektive. Es ist nicht so, dass die Dinge vorher in der Tat falsch waren, aber sie werden jetzt einfach ganz anders gesehen, in einem anderen Licht ... Das ist das Wesen der Transformation, jenen Teil unseres Selbst zu erreichen, der weiss, der sich nicht bedroht fühlt und die Umwandlung nicht bekämpft ...

Lehrer und Techniken müssen im Rahmen spiritueller Disziplinen gemeinsam betrachtet werden, da der Lehrer nicht Wissen, sondern Techniken weitergibt. Das ist die «Übertragung» von Wissen mittels direkter Erfahrung.
Andererseits ist Doktrin ein Wissen aus zweiter Hand, eine Gefahr. «Steh darüber, geh weiter und sei frei», lautet der Rat Rinzais, desselben Weisen, der dem Sucher rät, die Erzväter oder Buddha zu töten, falls er ihnen begegnen sollte. «Verstricke dich nicht in irgendeine Lehre.»
Es wird erwartet, dass die Schüler ihren Meister finden, nicht umgekehrt. Die Autorität des Lehrers beruht auf persönlicher Befreiung. Man folgt Eigenschaften, nicht Menschen.
Der Pfad zum direkten Wissen wird wunderschön in einer Serie von Gemälden aus dem China des 12. Jahrhunderts illustriert, die unter dem Namen «das Hüten der Ochsen» bekannt sind. Der Ochse repräsentiert die «elementare Natur». Zuerst *(Den Ochsen suchend)* hält der Sucher Ausschau nach etwas, das er nur vage erkennt. Danach *(Die Fährte findend)* sieht er in Spuren seines eigenen Bewusstseins den ersten Beweis dafür, dass tatsächlich ein Ochse vorhanden ist. Nach einiger Zeit *(Der erste Schimmer)* macht er seine erste direkte Erfahrung und weiss, dass der Ochse allgegenwärtig ist. Als nächstes *(Den Ochsen fangend)* übt er fortgeschrittene spirituelle Praktiken aus, die ihm mit der wilden Kraft des Ochsen umzugehen helfen. Allmählich *(Den Ochsen zähmend)* erreicht er ein subtileres, intimeres Verhältnis zur elementaren Natur. In dieser Phase *verlernt* der Sucher viele jener Unterscheidungen, die ihm in früheren Stadien nützlich waren. «Der Ochse ist jetzt ein freier Kamerad, kein Werkzeug, um damit das Feld der Erleuchtung umzupflügen», schrieb der Meditationslehrer Lex Hixon in seinem feinfühligen Kommentar zu diesen Bildern.
Im Stadium der Erleuchtung *(Den Ochsen nach Hause reitend)* erkennt der ehemalige Schüler, jetzt ein Weiser geworden, dass Disziplinen nicht notwendig gewesen waren; Erleuchtung stand immer zur Verfügung. Danach *(Den Ochsen vergessend; das Selbst ist alleine mit sich; Ochse und Selbst vergessend)* kommt er dem reinen Bewusstsein noch näher und entdeckt, dass es keine solche Person wie die eines erleuchteten Weisen gibt. Es gibt keine Erleuchtung. Es gibt keine

Heiligkeit, da alles heilig ist. Das Profane ist heilig. Jeder ist ein Weiser, darauf wartend, es zu sein.

In der vorletzten Phase *(Die Rückkehr zur Quelle)* verschmilzt der Sucher/Weise mit dem Bereich, der die Welt der Phänomene hervorbringt. Eine Szenerie bestehend aus Bergen, Kiefern, Wolken und Wellen taucht auf. «Dieses Wachsen und Schwinden von Leben ist kein Trugbild, sondern eine Manifestation der Quelle», lautet der Bildtext. Aber es gibt noch einen Zustand jenseits dieser Quelle.

Das letzte Bild *(Den Marktplatz mit helfenden Händen betretend)* beschwört menschliche Leidenschaft und Handlung. Der Suchende wird jetzt als fröhlicher Bauer gezeigt, der von Dorf zu Dorf wandert. «Das Tor seiner Hütte ist geschlossen, und selbst der Weiseste kann ihn nicht finden.» Er ist so tief in menschliche Erfahrung eingedrungen, dass er nicht verfolgt werden kann. Da er jetzt weiss, dass alle Weisen eins sind, folgt er keinen grossen Lehrern mehr. Indem er die wahre Natur des Buddha in allen Menschen sieht, bringt er sie zum Erblühen.

Diese Gedanken sind Teil aller Traditionen direkten Wissens: Ein Schimmer von der wahren Natur der Wirklichkeit, die Gefahren frühzeitiger Erfahrungen, der Notwendigkeit, Aufmerksamkeit zu üben, die schliessliche Trennung vom Ego oder dem individuellen Selbst, die Erleuchtung, die Entdeckung, dass das Licht schon immer da war, die Verbindung mit der Quelle, welche die Welt der Erscheinungen hervorbringt, und schliesslich die Wiedervereinigung mit allen lebenden Dingen.

Die Methoden, um Befreiung zu erlangen, sind von Buddha mit einem Floss verglichen worden, das dich zum fernen Ufer bringt. Am gegenüberliegenden Ufer angelangt, benötigt man die Methode nicht mehr. In ähnlicher Weise wird der Lehrer mit einem Finger verglichen, der zum Mond zeigt. Wenn man einmal den Mond sieht – wenn man einmal den *Vorgang* versteht –, gibt es keinen Grund mehr, auf den Finger zu schauen. Ebenso wie wir reich werden müssen, ehe wir entdecken können, dass wir keinen Reichtum zu erlangen brauchten, erwerben wir Techniken, die uns zeigen, dass wir keine Techniken benötigten. Das Heilige bringt uns zum Profanen zurück, aber es wird für uns niemals wieder profan sein.

Wir brauchen unsere Leidenschaften nicht zu zügeln, schrieb Blake, sondern nur «unseren Verstand zu kultivieren ... Alles, was lebt, ist heilig».

FLIESSEN UND GANZHEIT

Zwei Schlüsselprinzipien scheinen im Rahmen jeder mystischen Erfahrung aufzutauchen. Wir könnten sie «Fliessen» und «Ganzheit» nennen. Der alte tibetanische Lehrer Tilopa bezog sich auf sie als «das Prinzip des Nichtverharrens» und «das Prinzip der Nichtunterscheidung», und er warnt davor, sie zu verletzen. Unsere Kultur hat in der Tat diese Prinzipien verletzt. Wir versuchen, das Nichtverharrende einzufrieren, wir versuchen das einzusperren, was nur in Bewegung, in Freiheit und in Beziehung zueinander existiert. Und wir verraten die Ganzheit, die Nichtunterscheidung, indem wir alles, was in Sichtweite ist, auseinanderbrechen, so dass wir die zugrunde liegende Verbindung zwischen allem, was im Universum vorhanden ist, übersehen.

Im Bereich der mystischen Erfahrung ist das Gefühl vorhanden, dass «dies die Art ist, wie die Dinge wirklich sind». Nicht wie wir sie analysieren, nicht wie man sie uns beigebracht hat, sondern wir erfahren die *Natur* der Dinge – die Art und Weise, *wie sie wirklich sind*. Fliessen und Ganzheit werden als wahre Prinzipien betrachtet, nicht nur in Beziehung zu Arbeit, Gesundheit oder psychologischem Wachstum, sondern als im gesamten Gefüge des Lebens wirksam. Der Schöpfer einer Art psychologischen *Aikidos* zur Konfliktbewältigung berichtete über die Art und Weise, wie die Technik des Fliessens im Umgang mit einem Gegner einen allmählichen Wandel im Übenden hervorruft. «Die Wirkung mag sich zu Beginn sehr subtil einstellen, aber selbst die geistig anspruchslosesten Menschen beginnen sich von ihren Aggressionen zu lösen; sie verlieren ihren Ärger und verbinden sich wieder mit der Lebenskraft.»

Diese mystischen Erfahrungen widerspiegeln – mehr als die den lebenden Systemen innewohnende fliessende Ganzheit – den von einer anderen Dimension ausgehenden Fluss unserer Welt sowie die Tendenz des Universums zur Erschaffung immer komplexerer Ganzheiten. Auf einer alltäglichen Ebene verschiebt dieses Wissen unser Zeitgefüge vom Zeitlichen zum Ewigen; wir akzeptieren Unbeständigkeit und hören auf, für die Bewahrung all dessen zu kämpfen, was sich verändern muss. Wir erfahren die Härte und die Segnungen des Lebens mit grösserem Gleichmut.

Unser nutzloses Bemühen um Kontrolle verhindert jenes Fliessen, das ansonsten in unserem Leben vorhanden wäre. Wenn wir einmal unseren eigenen Weg verlassen, können wir «wir selbst» werden. «Ich befreie die Flüsse für die ganze Menschheit», sagt die älteste aller mystischen Schriften, die *Rig Veda*.

«Die Welt ist ein wirbelnder Würfel», lautet ein altes chassidisches Wort, «und alle Dinge drehen sich, wirbeln umher und verändern sich, denn an der Wurzel ist alles eins, und die Erlösung liegt im Wandel und in der Rückkehr der Dinge.»

So, wie wir uns beim Schwimmen der Tragkraft des Wassers anvertrauen müssen, so können wir in diesen Fluss eintauchen und uns mit dem wirbelnden Würfel drehen. Novizen in Zen-Klöstern werden als *unsui*, Wolken-Wasser, bezeichnet. Sie sollen sich frei bewegen, spontan formen und verbessern, sich einen Weg inmitten von Hindernissen suchen. In überlieferten Traditionen wird das Bewusstsein als eine vom Quell ausgehende Welle dargestellt, jenem Interferenz-Muster sehr ähnlich, das in Zusammenhang mit der holographischen Theorie in Kapitel 6 beschrieben wird.

Das zweite Prinzip der *Ganzheit* – die Nichtunterscheidung – repräsentiert die Verbundenheit, den Zusammenhang von allem. Genauso, wie die Wissenschaft ein Netz von Beziehungen aufzeigt, ein glitzerndes Netzwerk von Begebenheiten, das allem im Universum zugrunde liegt, so umfasst die mystische Erfahrung der Ganzheit jede Art von Trennung. «Im freien Raum gibt es weder rechts noch links», sagt ein chassidischer Meister. «Alle Seelen sind eins. Jede ist ein Funke der ursprünglichen Seele, und diese Seele ist in allen Seelen enthalten.» Der Buddhismus behauptet, dass alle Menschen Buddhas sind, dass aber nicht alle zu ihrer wahren Natur erwacht seien. *Yoga* bedeutet wörtlich: «Vereinigung». Vollständige Erleuchtung ist ein Gelübde, «alle fühlenden Wesen» zu retten.

Diese Ganzheit umschliesst dich selbst, andere, sowie Gedanken.

Liebe wird eher als ein dynamischer Zustand des Bewusstseins erfahren denn als Emotion. So, wie Angst einengt und von chaotischer Wirkung ist, so schafft Liebe Weite und Klarheit – ein schöpferisches Fliessen, Harmonie; eine in tiefer Selbsterkenntnis ruhende Annahme menschlicher Schwäche. Sie ist offene Kraft, Kommunikation, verschwundene Begrenzung, Nähe.

Du bist mit einem grossen Selbst verbunden: *Tat tvam assi*, «Du bist Das». Und weil dieses Selbst alles miteinbezieht, bist du mit allen anderen verbunden. In den Worten der mystischen Vision von William Blake:

«Erwache! Erwache, o Schlafender aus dem Land der Schatten, erwache! Weite dich aus!
Ich bin in dir und du in mir, gegenseitige Liebe ...
Fasern von Liebe von Mensch zu Mensch ...
Liebe! Wir sind eins.»

Oder, wie es ein zeitgenössischer Mystiker auf dem persönlich gestalteten Nummernschild seines Autos ausdrückt: *IMU URI*.

Diese Ganzheit vereinigt Gegensätze. Dieses Radikale Zentrum, diese Heilung jenes Gefühls von Trennung zwischen den Menschen und gegenüber der Natur wird in allen mystischen Traditionen beschrieben. Nicolaus Cusanus nannte es *Coincidentia oppositorum,* die Vereinigung von Gegensätzen. In den chassidischen Schriften ist dies «die Vereinigung zweier Eigenschaften, die einander entgegengesetzt sind wie zwei Farben ... die aber, mit dem wahren inneren Auge betrachtet, eine einzige klare Einheit bilden». Im Buddhismus ist es *Madhya,* der transzendente Weg der Mitte. Die Kogi-Indianer in Kolumbien sprechen in diesem Zusammenhang vom Weg der Seelen, der zugleich nach oben und nach unten führt, vom Verbinden von Polaritäten, von der schwarzen Sonne.

In diesen spirituellen Traditionen gibt es weder gut noch böse. Es gibt nur Licht und die Abwesenheit von Licht ... Ganzheit und Zerbrochenheit ... Fliessen und Kampf.

Ein junger Therapeut äusserte:

Ein Bild erscheint: die Küste des Ozeans. Vor mir tritt ein Fels zutage, der sich in die See hinausdehnt, mächtig und schmal, der – wenn ich mein Gesichtsfeld genügend beschränke – das Wasser in zwei unterschiedliche und getrennte Teile zu spalten scheint. Die Bewegung der beidseitig an den Fels schlagenden Wellen bewirkt den Eindruck, als ob die beiden Seiten stets aufeinander zu streben würden; mit jeder Woge um das Überwinden dieses Felsen ringend, der sie an einer Verbindung hindert ... Wenn ich nun einfach zurücktrete und mehr sehe, eine allumfassende Perspektive einnehme und das Bewusstsein erweitere, dann erkenne ich, dass die Trennung nur eine Illusion darstellt – dass beide Wellen Teil ein und desselben Ozeans sind und schon immer gewesen waren; getrennt nur durch die selbstgewählte Art meiner Wahrnehmung und durch meine Vorstellung von Streben nach der Einheit ...

Ich sehe, dass ich bereits ganz bin, dass es nichts zu überwinden gibt. In jenen Augenblicken der Leere, des Geschehenlassens, der vollständigen Verbindung mit einem anderen weiss ich, dass ich alles bin, was ich sein kann.»

Er ist ganz, «er ruht in sich selbst», er erwacht zu dem, was Huxley die «Allrightness» der Welt genannt hatte, was Milton Mayerhoff als das Wissen um die Tatsache, dass das «Leben genug ist» beschrieb, die kreative Einsicht, die Rollo May als «dies ist die Art, wie die Dinge sein sollten» bezeichnete. Heimat ist kein Ort, sondern eine Erfahrung. Das offene Geheimnis der spirituellen Disziplinen wird ganzheitlich; es wird eins mit dem eigenen Selbst und wendet sich heimwärts. «Der Weg nach Hause», schrieb Colin Wilson in seiner Studie über Mystiker und Künstler, «ist der Weg vorwärts, der tiefer ins Leben hineinführt.» Die Verschwörung im Zeichen des Wassermanns kann für die Welt als das definiert werden, was für Ramakrishna die «versteckten Yogis» sind.

Seltsamerweise stellen sich jetzt in dieser Ganzheit spontan Tugenden ein, die wir einst vergebens mittels moralischer Konzepte zu erlangen suchten. Es lässt sich leichter geben, wir können leichter mitfühlend sein.

GOTT IN UNS: DIE ÄLTESTE KETZEREI

In der sich nun formierenden spirituellen Tradition ist Gott nicht die Verkörperung unserer Sonntagsschulmentalität, sondern entspricht eher jener Dimension, die William James wie folgt beschrieb:

> Es scheint mir, dass die weiteren Grenzen unseres Seins in eine ganz andere Dimension der Existenz eintauchen als in jene der vernünftigen, bloss «verständlichen» Welt ... Wir gehören dieser Dimension in einem innigeren Sinne an als der sichtbaren Welt, da wir in unserem Innersten dorthin streben, wo unsere Ideale sind ...
> Ich werde diesen höheren Teil des Universums mit dem Namen «Gott» benennen.

Gott wird als ein Fliessen, als Ganzheit, als ein unendliches Kaleidoskop des Lebens und des Todes, als letzte Ursache, als Grund des Seins, erfahren; als das, was Alan Watts «die Stille, aus der jeder Laut kommt» bezeichnete. Gott ist das Bewusstsein, das sich als *Lila*, das Spiel des Universums manifestiert, Gott ist die organisierende Matrix, die wir erfahren, aber nicht beschreiben können; das, was die Materie belebt.

In J. D. Salingers Kurzgeschichte «Teddy» erinnert sich ein spirituell bewusster Jugendlicher seiner Erfahrung eines immanenten Gottes, als er seine kleine Schwester beim Milchtrinken beobachtete. «... Plötzlich sah ich, dass sie Gott war und dass die *Milch* Gott war, Ich will damit sagen: Alles, was sie tat, war Gott in Gott zu schütten ...»

Wenn man die Essenz religiöser Erfahrung einmal erreicht hat, so fragte Meister Eckhart, wozu braucht man dann die Form? «Niemand kann Gott kennen, der sich nicht zuerst selbst kennengelernt hat», sprach er zu seinen Anhängern. «Geh in die Tiefen der Seele, an den verborgenen Ort ... zu den Wurzeln, zu den Höhen; denn alles, was Gott tun kann, ist dort vereinigt ...»

Der britische Theologe John Robinson schreibt von einem «wie Seide schillernden Universum, Geist und Materie, innen und aussen, göttlich und menschlich, schimmernd wie Aspekte einer einzigen Wirklichkeit, die nicht getrennt oder geteilt werden kann». Für Alfred North Whitehead, dessen Einfluss in den letzten Jahren flutartig zugenommen hat, ist Gott «das Spiegelbild, um die materielle Welt zu strukturieren. Die Welt ist unvollständig; in ihrer wahren Natur erfordert sie eine Wesenheit an der Basis aller Dinge, um sich selbst zu vervollständigen. Diese Wesenheit ist Gott, die uranfänglichste Natur».

Es ist nicht nötig, dass wir irgendeinen Zweck für die letzte Ursache aller Dinge fordern, noch müssen wir uns fragen, wer oder was welchen Urknall auch immer verursacht hat, der das sichtbare Universum in Gang setzte. Dafür steht einzig und allein die Erfahrung. Für Kazantzakis war Gott die totale Summe von Bewusstsein im Universum, das sich durch die menschliche Evolution ausdehnt. Während der mystischen Erfahrung spürt man die volle Gegenwart von allumfassender Liebe, Mitgefühl und Kraft. Leute, die nach einem klinischen Tod wiederbelebt werden, beschreiben gelegentlich das Durchschreiten eines dunklen Tunnels, der zu einem unirdischen Licht führt, das Liebe und Verständnis auszustrahlen scheint. Es ist, als ob das Licht selbst eine Manifestation des universalen Geistes wäre.

Mystische Erfahrungen führen beinahe immer zu der Überzeugung, dass ein Aspekt des Bewusstseins unvergänglich ist. In einer buddhistischen Metapher wird das Bewusstsein des Individuums als eine Flamme beschrieben, die durch das Dunkel der Nacht leuchtet. Dabei handelt es sich weder die ganze Zeit um dieselbe Flamme noch um irgendeine andere Flamme.

Eine Anzahl jener, die den Fragebogen zur Verschwörung im Zeichen des Wassermanns ausgefüllt hatten, erläuterten, dass ihre Erfahrungen sie gezwungen hätten, ihre vorherige Annahme aufzugeben, wonach der körperliche Tod dem Bewusstsein ein Ende setzen würde. Trotz der Tatsache, dass ihre Auffassung mit denen der formalen Religionen unvereinbar ist, drückten 53 Prozent starken Glauben an ein solches Überleben des Bewusstseins aus, und weitere 23 Prozent erklärten, dass sie «ziemlich sicher» wären. Nur 5 Prozent waren skeptisch, und 3 Prozent glaubten nicht daran.

Jene, die am stärksten daran glaubten, waren Menschen, die ihren Berichten zufolge bereits einmal an der Schwelle des Todes gestanden hatten. Glauben korrelierte stark mit dem vorgängigen Auftreten sogenannter Gipfelerfahrungen und der Beschäftigung mit spirituellen Disziplinen. Eine berühmte Schauspielerin führte ihr lebenslängliches Interesse an spirituellen Dingen auf ein Ereignis im Alter von drei Jahren zurück, bei dem sie beinahe ertrunken wäre: «Wohlbefinden, Musik und Farbe übertrafen alles, was mir bisher im natürlichen physischen Zustand bekannt gewesen war.»

Obwohl Charles Lindbergh den Vorfall in seinem 1927 erschienenen Bericht über seinen berühmten Flug nicht erwähnt, beschrieb er in *The Spirit of St. Louis* (1933) eine Erfahrung, bei der er das Gefühl hatte, aus dem Körper zu treten; die Überschreitung von Raum und Zeit, den Verlust der Furcht vor dem Tode, ein Gefühl von Allwissenheit, die Erinnerung an andere Leben und einen bleibenden Wandel in bezug auf Werte.

Lindbergh schrieb, dass er sich in der achtzehnten Stunde seiner Reise als «eine Bewusstheit» fühlte, «die sich durch den Raum, über die Erde und in den Himmel hinein verbreitet, ungehindert von Zeit oder Materie ...» Der Rumpf des Flugzeugs füllte sich mit geistigen Wesen, «vage gestaltete, transparente Formen, die sich schwerelos mit mir in der Maschine fortbewegten». Er «sah» sie hinter sich, «als ob mein Schädel ein grosses Auge gewesen wäre». Sie unterhielten sich mit ihm, berieten ihn bei der Navigation, «indem sie mir wichtige Botschaften übermittelten, die im normalen Leben nicht zugänglich sind».

Auf seinem Körper lastete kein Gewicht, der Steuerknüppel war ohne Festigkeit. Er fühlte sich den geistigen Wesen gegenüber verwandter, vertrauter,«an der Grenzlinie des Lebens und eines weitaus grösseren Bereichs jenseits davon; wie gefangen im Gravitationsfeld zwischen zwei Planeten ...» Es war ihm, als ob er sich nach Kräften ausrichten würde, die zu schwach, zu fein waren, um mit normalen Instrumenten gemessen zu werden, «und dennoch verkörperten sie eine Kraft, die unvergleichlich stärker war als alles, was ich je zuvor gekannt hatte».

Diese Wesenheiten schienen weder Eindringlinge noch Fremde zu sein, es war eher wie eine Art Zusammenkunft lange voneinander getrennter Familienangehöriger und Freunde – als ob er sie in einer vergangenen Inkarnation schon gekannt hätte.

«Der Tod schien nicht länger das endgültige Ende zu sein, wie es bis anhin üblich war, sondern eher das Tor zu einem neuen und freien Dasein», schrieb Lindbergh. Die Werte seiner damals fünfundzwanzig Lebensjahre – selbst die Bedeutung seines langerträumten Fluges – veränderten sich grundlegend.

Fünfzig Jahre später, als Lindbergh in seinem Landhaus auf Hawaii im Sterben lag, bat ihn seine Frau, die Erfahrung des bevorstehenden Endes mit ihr zu teilen. Wie war es, dem Tod gegenüberzustehen? «Da gibt es nichts, dem man gegenüberstehen muss», erwiderte er.

DIE VISION: LICHT UND DAS WERDEN VON LICHT

Zeitgenössische mystische Erfahrungen zahlreicher Individuen in vielen Teilen der Welt haben sich in den letzten Jahren zu einer kollektiven und stärker werdenden Vision verdichtet: zu dem Gefühl eines bevorstehenden Überganges in der Geschichte der Menschheit. Eine Evolution des Bewusstseins, die so bedeutsam ist, wie jeder Schritt in der langen Kette unserer biologischen Evolution. Diese übereinstimmend empfundene Vision – wie sie immer im einzelnen variieren mag – sieht in der Transformation des Bewusstseins jenen Punkt, der von alten Prophezeiungen in allen Traditionen des direkten Wissens vorhergesagt worden ist – der Tod der einen Welt und die Geburt einer neuen, eine Apokalypse, die Sphäre vom «Ende der Tage» in der Kabbala, das Erwachen einer zunehmenden Zahl von Menschen zu deren gottgleichem Potential. «Die Saat Gottes ist in uns», wie es Meister Eckhart ausdrückte. «Birnensamen wachsen zu Birnbäumen heran, Nusssamen zu Nussbäumen und Gottessamen zu Gott.»

Stets ist es die Vision einer Evolution zum Licht. Licht ist die älteste und durchdringendste Metapher spiritueller Erfahrung. Wir sprechen von Erleuchtung der Stadt des Lichts, dem Licht der Welt, den Kindern des Lichts, von der «Erfahrung des weissen Lichts».

«Licht, ... Licht», schrieb T. S. Eliot, «sichtbare Erinnerung an unsichtbares Licht.» Honoré de Balzac schien es, dass sich die Menschheit am Vorabend eines grossen Kampfes befände. «Die Kräfte sind da», betonte er, «ich fühle in mir selbst ein Leben, so leuchtend, dass es eine Welt erleuchten könnte, und dennoch bin ich in einer Art Mineral eingeschlossen.» In *The Reflexive Universe* bringt Arthur Young in spekulativen wissenschaftlichen Begriffen eine Idee vor, die so alt ist wie die Mythen und Plato: Wir stellen einen «Fall» vom Licht in die Materie dar, und der lichtwärts gerichtete Aufstieg hat wieder begonnen.

Lawrence Ferlinghetti schrieb ein Gedicht über die Beobachtung eines erfahrenen Astronomen, der feststellte, dass es relativ wenig «nahe» Sterne gäbe; je weiter weg er sein Fernrohr richtete, um so mehr Sterne waren zu sehen.

So dass wir davon ableiten können,
dass es in unendlichen Entfernungen
einen Ort geben *muss,*
wo alles aus Licht besteht,
und dass das Licht von jenem hohen Ort,
wo alles aus Licht besteht,
einfach noch nicht hier angekommen ist ...

«Lass das Licht die Dunkelheit durchdringen, bis die Dunkelheit leuchtet und es keinen Unterschied mehr zwischen den beiden gibt», lautet ein chassidischer Vers. Bevor die Seele die Welt betritt, wird sie durch all die Welten geführt, und es wird ihr das Urlicht gezeigt, auf dass sie sich immer danach sehnte, es zu erreichen. Der *Zaddik* in der chassidischen Tradition hat, ähnlich dem Bodhisattwa des Buddhismus, dem Licht Zutritt gewährt und ihm erlaubt, wieder in die Welt hinauszuscheinen.

Für den Mystiker Plotinus, der im 3. Jahrhundert lebte, war es «das klare Licht, das sich selbst ist». Der Derwisch-Tänzer des Sufismus vollzieht die «Drehung» mit der erhobenen rechten Hand, womit er symbolisch Licht auf die Erde bringt. Der Schamane erreicht einen Zustand absoluten Gleichgewichts, so dass er ein blendendes Licht sehen kann.

Der Traum von Licht und Befreiung wird poetisch in einem apokryphen zeitgenössischen *Wassermann-Evangelium Jesu Christi* zum Ausdruck gebracht. Zu lange schon, so heisst es darin, sind unsere Tempel die Grabmale der verborgenen Dinge der Zeit gewesen. Unsere Tempel, Gruften und Gräber sind dunkel. Wir konnten die darin enthaltene Planung nicht erkennen. «Im Licht gibt es keine geheimen Dinge ... Es gibt keine einsame Pilgerschaft auf dem Weg zum Licht. Menschen erreichen die Höhen nur, indem sie anderen die Höhen erreichen helfen ...»

«Wir wissen, dass das Licht über die Hügel kommt. Gott schenke uns das Licht.»

12

MENSCHLICHE BINDUNGEN: VERÄNDERNDE BEZIEHUNGEN

> Alles wirkliche Leben bedeutet Begegnung.
> *Martin Buber*
>
> Jeder von uns ist jedem anderen gegenüber für alles verantwortlich. *Fedor M. Dostojewskij*

Der persönliche Paradigmenwechsel lässt sich mit einer Seereise in die Neue Welt vergleichen. So sehr es der Auswanderer auch versuchen mag, er kann all seine Freunde und diejenigen, die ihm am Herzen liegen, nicht davon überzeugen, diese Reise ebenfalls mitzumachen. Jene, die zurückbleiben, können nicht verstehen, warum das Vertraute den Auswanderer nicht halten konnte. Warum verliess er sein vertrautes Heimatland? Und – das Betrüblichste von allem – warum vermochte ihre Zuneigung ihn nicht festzuhalten?

Und der Auswanderer lernt, dass man die Alte Welt auf dem neuen Kontinent nicht wirklich rekonstruieren kann. Neu-England ist eben nicht England; ebenso ist Nova Scotia nicht Schottland. Durch die Entfernung verblasst die alte Realität, und die Kommunikation wird schwierig und schmerzlich. Die Briefe an die Alte Welt können nicht all die Täler und Höhen heraufbeschwören, die den Auswanderer unnachgiebig hinüber ins Unbekannte gezogen haben.

Durch fortschreitende persönliche Transformation entfernen wir uns von der Alten Welt – manchmal abrupt, meist jedoch über Jahre hinweg. Wie wir bereits in einem vorherigen Kapitel gesehen haben, wechseln Leute als Folge sich verändernder Wahrnehmungen ihren Job, ja sogar ihren Beruf. Wenn das starke Interesse an dem Prozess der Transformation und die Suche nach Sinn und Bedeutung vom

Ehepartner nicht geteilt werden, wird die Ehe wahrscheinlich darunter leiden. Mit der Zeit mögen Differenzen immer deutlicher werden und bestehende Trennungen sich vertiefen. Viele alte Freundschaften und Bekanntschaften fallen weg; an deren Stelle treten neue Freundschaften, sogar ein vollständig neues unterstützendes Netzwerk. Da diese neuen Beziehungen darauf beruhen, neue Werte und die gemeinsame Reise miteinander zu teilen, sind sie möglicherweise intensiver.

Die Verwandten, Kollegen, Freunde und Ehepartner, die sich durch diese Veränderungen verständlicherweise gefährdet sehen, üben oft dem Individuum gegenüber Druck aus, damit er die mit einer solchen Veränderung einhergehenden Übungen oder Freundschaften aufgibt. Dieser Druck vertieft nur die Kluft. Man hält einen Auswanderer nicht durch den Versuch auf, seine Hoffnungen gegenüber der Alten Welt wieder aufleben zu lassen.

In diesem Kapitel werden wir uns mit verändernden persönlichen Beziehungen beschäftigen, mit der Natur der transformativen Beziehungen und mit der Wirkung, den der Prozess der Transformation auf Übergänge oder «Passagen» innerhalb des Lebens ausübt.

Beziehungen stellen die Feuerprobe des transformativen Vorganges dar. Sie sind zur Änderung bestimmt, wenn man die grössere Risikobereitschaft des Individuums, dessen Vertrauen auf Intuition, seinen Sinn für eine umfassendere Verbundenheit mit anderen Menschen sowie sein Erkennen der kulturellen Konditionierung als gegeben erachtet.

Wir stellen fest, dass die kaum spürbare Macht der *Gewohnheit* unser Leben beherrscht. Kulturelle Normen und Moral sind die grossen ungeprüften Grundvoraussetzungen, die unser Leben bestimmen. Wir werden an Rollen gewöhnt; damit werden diese verbindlich und somit unanfechtbar. Gewohnheit kann mit dem Aufbau von Smog verglichen werden. Wir erkennen Smog nur dann, wenn er an einem klaren, sauberen Tag hinweggewischt worden ist. Möglicherweise sehen wir die Umrisse einer neuen kulturellen Entwicklung erst dann, wenn deren Kraft alles durchdringt.

Eingefahrene Muster in bezug auf Ehe, Familie, Sexualität und soziale Institutionen werden durch radikal neue oder radikal alte Alternativen erschüttert. Dabei stehen keine Formeln zur Verfügung, und es werden viele Fehler begangen, aber eine wachsende Anzahl Individuen versucht, klarer zu sehen, ehrlicher zu lieben und weniger zu schaden. Den Schlüssel dazu bilden Haltung und Einstellung, und nicht die Antworten an sich.

In den vorherigen Kapiteln betrachteten wir die Art und Weise, wie in kollektiven Institutionen – Regierung, Gesundheits- und Erziehungswesen sowie im Wirtschaftsleben – ein neuer Konsens in Erscheinung tritt. «Die Familie», «die Ehe» und soziale Beziehungen im allgemeinen können jedoch nicht durch ein Komitee überdacht oder durch ein Programm erneuert werden. Sie stellen keine wirkliche Institution dar, sondern Abermillionen von Beziehungen – Verbindungen –, die nur auf der Ebene des Individuums verstanden werden können, und auch dann nur als ein dynamischer Vorgang. Soziale Gewohnheit ist vielleicht die tiefliegendste aller kulturellen Verwirrungen.

DAS TRANSZENDIEREN KULTURELLER FUNKTIONEN

Wenn man mit dem transformativen Prozess beginnt, stehen Tod und Geburt unmittelbar bevor: Der Tod der Gewohnheit als beherrschendes Element und die Geburt des Selbst.

In einem gewissen Sinne stellt unser gleichzeitiges Bemühen um Autonomie und Verbundenheit – so entgegengesetzt es auch zu sein scheint – einen Versuch dar, wahrhaftig zu sein. Wir streifen den Schmuck und die Zwänge unserer Kultur von uns ab: falsches Macho-Gehabe, falsche Augenwimpern, Barrieren und Begrenzungen.

Einige Männer, die den Fragebogen zur Verschwörung im Zeichen des Wassermanns ausfüllten, vermerkten, dass die Frauenbewegung bei ihrer eigenen Veränderung von Wichtigkeit gewesen sei – nicht nur, weil sie ihre Aufmerksamkeit auf das mit Füssen getretene Potential der einen Hälfte der Menschheit gelenkt hatte, sondern auch, weil sie die Vorherrschaft jener maskulinen Charakteristika in Frage stellte, denen die Gesellschaft Wert beimisst; Wettbewerb, Manipulation, Aggression, Objektivität. Einer der Männer bemerkte: «Ein grosser Teil der Transformation ist durch Beziehungen in Gang gebracht worden. Dass ich Frauen hatte, die mich wirklich liebten, half mir, meine sexistischen Haltungen abzulegen. Dies trug sehr zu der anwachsenden Natur des ‹Yin› bei, die ich in mir selbst anerkannte; es hat mein Leben und meine Arbeit vereinheitlicht.»

So, wie Frauen bei der Transformation ihren Sinn für ihr Selbst und ihren Beruf entdecken, so entdecken Männer die Wohltaten sensibler Beziehungen. Während dieser ausgleichenden Veränderungen wird die Basis der Mann-Frau-Interaktion neu definiert. Männer werden sensibler und intuitiver; Frauen autonomer und zweckgerichteter.

Gemäss einer sehr alten Weisheit bedeutet Selbsterkenntnis unausweichlich auch das Erwachen jener Charakterzüge, die gewöhnlich mit dem anderen Geschlecht assoziiert werden. Dem bewussten Selbst stehen alle Gaben menschlichen Geistes zur Verfügung: Fürsorge und Unabhängigkeit, Sensibilität und Stärke. Wenn wir solche Qualitäten in uns selbst vervollständigen, sind wir um derentwillen nicht mehr so sehr von anderen abhängig. Vieles von dem, was in unserer Kultur als Liebe ausgegeben wird, ist Verlangen nach unserer fehlenden inneren Hälfte.

Das transformierte Selbst bricht nicht nur aus der durch kulturelle Rollenzuweisung aufgebauten Zelle aus, indem es die lang unterdrückten Aspekte in sich selbst entdeckt, sondern auch, indem es erkennt, wie sich die zugeschriebenen Persönlichkeitsmerkmale verzerren können. Stärke mag als Macho-Gehabe, als Aggression sowie als Verschlossenheit karikiert werden. Die Fürsorge kann bis zur Unterdrückung des andern übertrieben werden. Was immer unsere Spontaneität auch für Kurzschlüsse bewirken mag – sei es Abweisung oder Übertreibung – all dies trägt zur Unbewusstheit und zur Unwirklichkeit bei.

Die konventionellen Begriffe, die auf Beziehungen angewandt werden – Ehemann, Ehefrau, Vater, Sohn, Tochter, Schwester, angeheiratete Verwandte, Geliebte(r), Freund oder Familie –, identifizieren uns alle nicht als Personen und verschleiern in der Tat unser authentisches Selbst, wenn wir weiterhin unser Verhalten und unsere Gefühle an der «Rollenbeschreibung» zu orientieren suchen.

GEFAHR FÜR ALTE BEZIEHUNGEN

Die persönliche Transformation hat auf Beziehungen einen grösseren Einfluss als auf jeden anderen Bereich des Lebens. Gerechterweise muss gesagt werden, dass der *erste* Einfluss, der sich geltend macht, jener ist, der auf Beziehungen einwirkt; letztere verbessern oder verschlechtern sich, selten jedoch bleiben sie dieselben.

Es finden zahllose Veränderungen statt: die Art und Weise, wie wir Macht anwenden, die Offenheit für Erfahrungen, die Befähigung zur Aufnahme inniger Beziehungen, neue Werte, verminderter Wettbewerb und die grössere Autonomie angesichts sozialen Drucks. Einer vormals autoritären Person macht es möglicherweise keinen Spass mehr, Macht über andere auszuüben, und jemand der passiv war, zeigt vielleicht mehr Entschlossenheit. In einigen Fällen sind diese Veränderungen willkommen. Öfters wirken sie jedoch bedrohlich. Das den meisten Beziehungen innewohnende Spiel kann sich dem Weggang eines Spielers nicht widersetzen. Genauso, wie die auf breiter Basis der Kultur herrschende Verwirrung durch die Transformation erschüttert wird, genauso geschieht dies mit den Verstrickungen in unserer privaten Kultur, den zwischenmenschlichen Beziehungen. Wir stellen fest, dass uns deren Gewohnheiten und Grenzen von einem reicheren, kreativeren Leben, von uns selbst, abhielten. Wenn nun ein Partner fühlt, dass die Berufung und das tägliche Sein dringlicher als weitgefasste Ziele sind, wird derjenige Partner, der nach wie vor am alten Plan festhält, möglicherweise verärgert sein und sich im Stich gelassen fühlen.

«Gus ist gegangen, und er wird nicht zurückkehren», äusserte eine Frau über die neue Welt ihres Mannes. Ihre Unfähigkeit, die transformative Reise mit ihm zu teilen, hatte eine immer grösser werdende Kluft geschaffen, und sie fühlte, dass sie keine Brücke mehr finden würde.

Die bedeutendste Kraft innerhalb sich verändernder Beziehungen ist die Transformation der Angst. Unter der Oberfläche drehen sich intimste Beziehungen um Furcht: Angst vor dem Unbekannten, Angst vor Zurückweisung und Verlust. Bei ihren intimsten Verbindungen suchen viele Menschen nicht einfach eine Zuflucht, sondern eine Festung. Wenn sich nun ein Partner durch irgendein Mittel – Meditation, eine soziale Bewegung, Training des Selbstbewusstseins, stille Reflektion –, von Angst und Konditionierung befreit, so betritt die Beziehung unvertrautes Territorium.

Wiederholte Beteuerungen helfen da nur wenig. Es ist möglich, dass der bedrohte Partner seine Missbilligung entweder durch Ärger, Spott oder durch Argumente zum Ausdruck bringt. Die Menschen wünschen, dass wir uns ändern, aber so, dass wir ihren Bedürfnissen entsprechen, und nicht den unsrigen. Und jener Partner, der sich bedroht fühlt, vermag einfach nicht einzusehen, warum der andere nicht wieder so werden kann, wie er früher war. («Wenn Du mich lieben würdest...») Oder er hofft, dass es sich hierbei um eine vorübergehende Phase handelt, so wie die Rebellion der Jugendlichen oder die Midlife-Crisis.

Man kann jedoch eine neue Realität nicht einfach so aufgeben, wie man es mit einem Job macht oder wie man sich von einer politischen Partei oder der Kirche lossagt.

Diese neue Perspektive entschärft unsere Ängste, begeistert unsere Bewusstheit, verbündet uns mit der menschlichen Gemeinschaft, sie aktiviert unser Leben.

Falls sich der verunsicherte Partner darauf nicht richtig einzustellen vermag oder diesen Weg nicht mitgehen kann, wird sich letztlich eine Spaltung einstellen – räumlich oder psychisch. Für diejenigen, die eine

Beziehung aufrechterhalten, die ihrer neuen Weltsicht entgegensteht, gibt es zwei Möglichkeiten: offen gegenüber ihren neu gewonnenen Interessen zu sein – was Missverständnisse noch verstärkt –, oder sich zu verschliessen. In beiden Fällen können sie *innerhalb der Beziehung* die bedeutendsten Entwicklungen ihres Lebens nicht weiter verfolgen.

Eine New Yorker Künstlerin, deren Mann ihre spirituelle Suche nicht ernst nahm, erklärte unverblümt: «Ich führe ein Doppelleben.»

Dieser Schmerz ist der Preis, den wir für die neue Welt bezahlen, während wir allmählich erkennen, dass diese nicht erklärt, sondern nur erfahren werden kann. Man ist zutiefst traurig, nicht so sehr über den Verlust dessen, was die gemeinsame Reise gewesen sein mag, sondern stärker noch über das, was der Lebensgefährte abzulehnen scheint: Freiheit, Erfüllung, Hoffnung. Der Versuch, jemanden von einem Paradigmawechsel zu überzeugen, ihn aufzufordern, den alten Zynismus und die begrenzten Ansichten abzulegen, ist genauso nutzlos, wie wenn man einen an grauem Star Erblindeten auffordern würde, die Augen weiter zu öffnen, um besser sehen zu können. Unsere Angst, unsere Motive und Bedürfnisse sind gesteigert. Wir erlangen ein Verständnis in der uns gemässen Zeit und auf unsere Art und Weise. Wir erinnern uns, dass wir anfangs selbst Ideen ablehnten, die später für unser Leben entscheidend werden sollten – nachdem wir sie einmal als wahr erfuhren.

Was immer auch der Preis sein mag, den wir in persönlichen Beziehungen zu bezahlen haben; wir entdecken, dass unsere höchste Verantwortung letztlich und unvermeidbar in der Verwaltung unseres eigenen Potentials besteht – alles zu sein, was wir sein können. Wir verraten dieses Vertrauen mit dem Risiko unserer geistigen und körperlichen Gesundheit. Theodore Roszak beobachtete, dass die meisten von uns im Grunde genommen «krank sind, im Bewusstsein der Schuld, unter unserer authentischen Ebene gelebt zu haben».

Wenn ein Partner einen ausgeprägten Sinn für seine eigentliche Berufung entwickelt und dieser Sinn dem anderen Partner fehlt, so kann dieses Engagement zu einem Quell von Neid und Antagonismus werden, der schliesslich ein Dreiecksverhältnis schafft.

Beziehungen haben ihre eigene bereichernde oder destruktive Mathematik. Der Sozialkritiker Norbert Prefontaine beschreibt dieses Phänomen folgendermassen:

> Wenn man einen Gegenstand und einen anderen Gegenstand addiert, so erhält man als Resultat zwei Gegenstände, mag es sich dabei um Orangen, Gebäude oder was auch immer handeln. Falls

jedoch eine Person zu einer anderen Person hinzugezählt wird, so besteht das Resultat stets aus mehr als zwei oder aus weniger als zwei – jedoch niemals genau zwei. Das heisst, Personen, die sich aufrichtig begegnen und miteinander umgehen, stärken sich entweder gegenseitig, womit sie zusammen stärker sind als die Summe beider, oder sie schaden sich gegenseitig, so dass sie zusammen schwächer sind als die Summe beider einzelnen für sich genommen*.

Der Psychologe Dennis Jaffe wies darauf hin, dass zwei Menschen füreinander eine Quelle des Wachstums, der Unterstützung und Gesundung sein können; sie können aber auch das sein, was er als «tödliche Zweiheit» bezeichnet.

Wie ein geschlossenes System in der Natur verliert eine geschlossene Beziehung an Energie.

Ein Schullehrer bemerkte dazu: «Die alten konventionellen Beziehungen mit ihrer Ausschliesslichkeit und ihrer Ego-Massage isolierten uns noch mehr, als wenn wir alleine gewesen wären. Der einzige Unterschied bestand darin, dass wir zu zweit waren – eine Insel.»

Während uns der transformative Prozess immer mehr die begrenzenden Aspekte unserer Beziehungen vor Augen führt, macht er uns auch mit neuen Möglichkeiten bekannt.

TRANSFORMATIVE BEZIEHUNGEN

Eine transformative Beziehung stellt ein Ganzes dar, das mehr als die Summe seiner Teile umfasst. Sie ist synergetisch, ganzheitlich, offen für die Welt – ein freudiges Erforschen, keine Zuflucht.

In demselben Masse, wie wir uns mehr mit dem Wesen der Beziehung und weniger mit der Form beschäftigen, verändert sich die Qualität der menschlichen Interaktion. Erfahrungen von Einheit, Fülle, verfeinerte Sinneswahrnehmung, Einfühlungsvermögen und Bereitschaft zu Akzeptieren, das Erfahren eines Fliessens – all dies eröffnet

---

* Ein Managementberater, Ben Young, benutzte eine ähnliche Metapher: «In jeder Beziehung gibt es zwei Arten, etwas zu addieren. Eins plus eins ist zwei – zwei unabhängige Individuen. Aber sie können auch ein Ganzes bilden – ein halb plus ein halb gleich eins. Wir alle geniessen es, uns als Teile eines einzigen Ganzen zu fühlen, aber wir müssen einander auch gestatten, voneinander getrennte Individuen zu sein. Das Problem liegt darin, dass die meisten Leute versuchen, ihre ‹Hälfte› von der ‹Eins› der anderen Person abzuziehen.»

uns mehr Möglichkeiten, mit anderen Menschen in Beziehung zu treten, als vorher.

Es ist dies die Vereinigung, die Martin Buber beschrieb: Bei einem wirklichen Gespräch, einer wirklichen Aufgabe, einer wahrhaften Umarmung ... bei all dem findet zwischen beiden das, was wesentlich ist, in einer Dimension statt, welche allein diesen beiden Menschen zugänglich ist ... Wenn ich und ein anderer «zusammentreffen», dann teilt sich die Summe nicht richtig auf. Es bleibt irgendwo ein Rest bestehen; dort, wo die Seele endet und die Welt noch nicht begonnen hat.

Diese Dimension, «das Da-Zwischen», das Ich-Du, nennt Buber auch «das Geheime ohne Geheimnis». Es ist eine Verschwörung von zwei Individuen, ein augenblickliches polarisiertes Zusammenfliessen des Bewusstseins, eine entflammende Verbundenheit des Geistes. In dieser Dimension wird weder gefragt noch geantwortet; es besteht einfach eine Verbundenheit. Dabei kann es sich, wie Buber meint, schon nur um einem Blick handeln, der in der U-Bahn gewechselt wird. Und als komplexeste und dynamischste Ebene stellt sie den Weltgeist dar, wie er von Teilhard de Chardin, Buber, Maslow und anderen, als sich beschleunigt entwickelnde Bewusstheit von Brüderschaft vorausgesehen worden ist.

Je mehr Individuen sich gegenseitig öffnen, Wärme und Ermutigung zum Ausdruck bringen, um so mehr ist Liebe eine verfügbare Quelle der gegenseitigen Anerkennung und der Energie. Dies kann ein verwirrendes Phänomen darstellen, falls es durch die Optik des alten Paradigmas betrachtet wird.

Jemand, der an uns glaubt, der unsere Transformation unterstützt, dessen Wachstum mit dem unsrigen Schritt hält und es fördert, ist jemand, den Milton Mayerhoff «den geeigneten anderen» nannte. Fürsorgliche Beziehungen dieser Art helfen uns dabei, «unserer Bestimmung zu entsprechen». Teilhard de Chardin sagt: «Wir können unser Wachstum nicht alleine finden.» Er selbst hatte intensive Freundschaften, darunter viele mit Frauen, trotz der scharfen Kritik seitens der Kirche, die sich sogar gegen eine platonische Beziehung zwischen Priestern und Frauen richtete. «Isolation ist eine Sackgasse ... Nichts auf Erden gedeiht ohne Annäherung.»

Ein Politiker schrieb in seinem Fragebogen zur Verschwörung im Zeichen des Wassermanns über die umformende Kraft der befreienden Liebesbeziehungen: «Gelegentlich erfuhr ich mich selber offener, erfüllter, tiefgründiger und unschuldiger, als ich es überhaupt für möglich gehalten hätte.»

Eine Anzahl jener, die den Fragebogen beantworteten, berichteten über den Wert kraftvoller Freundschaften, die ihnen den Weg in neues Territorium wiesen. Eine Therapeutin äusserte sich über die Bedeutsamkeit, «immer dann einer wesentlichen, starken Persönlichkeit im Leben zu begegnen, wenn man sie benötigt. Jede dieser Persönlichkeiten führt mich zu einem bestimmten Punkt, dann folgt eine Periode der Integration – und die nächste Persönlichkeit tritt in Erscheinung. Diese Begegnungen sind stets von einem tiefen Gefühl des Wiedererkennens und intensiven, seelischen Erfahrungen begleitet».

Die liebende, transformative Beziehung stellt eine Sphäre für unser Potential dar. Sie befreit, erfüllt, erweckt und befähigt uns. Man braucht nicht «an ihr zu arbeiten». Mit ihrer ungewöhnlichen Mischung aus Intensität, Wohlbehagen und spiritueller Verbundenheit unterscheidet sich die transformative Beziehung von all den weniger lohnenden Verbindungen unseres Lebens, und sie wird so lebenswichtig wie Sauerstoff. Jede dieser Beziehungen ist ebenso eine Sphäre für eine andere Form der Gesellschaft; ein Modell gegenseitiger Bereicherung, das über die Struktur unseres eigenen Lebens hinaus ausgeweitet werden kann. Dies erfordert jedoch, dass wir zuerst unsere Begriffe neu definieren.

«Wenn man fragt, was Liebe ist», meint Krishnamurti, «fürchtet man sich vielleicht allzusehr vor der Antwort ... Man wäre möglicherweise genötigt, das Haus, das man erbaut hat, wieder einzureissen, man könnte vielleicht niemals mehr in den Tempel zurückkehren.» Liebe heisst nicht Furcht, so sagt er. Sie bedeutet nicht Abhängigkeit, Eifersucht, Besitzgier, Herrschaft, Verantwortung, Pflicht, Selbstmitleid oder irgend etwas anderes, das gewöhnlich für Liebe gehalten wird. «Wenn du all dies auszuschalten vermagst, nicht durch Zwang, sondern dadurch, dass du es so wegwäschst, wie der Regen den Staub vieler Tage von einem Blatt hinwegwischt, dann wirst du vielleicht auf diese fremde Blume stossen, nach der sich der Mensch sehnt.»

Die transformative Beziehung lässt sich einfacher in Begriffen dessen umschreiben, was in der Transformation nicht miteinbezogen ist. Unser kulturelles Konzept in bezug auf die Möglichkeiten der Liebe ist bis anhin so begrenzt gewesen, dass uns für eine ganzheitliche Erfahrung der Liebe – die Fühlen, Wissen (Erkennen) und Mitfühlen umfasst – einfach das angemessene Vokabular fehlt.

Um eine transformative Beziehung zu erleben, muss man offen und verwundbar sein. Bhagwan Sri Rajneesh, der indische Guru, sagte, dass sich die meisten Menschen nur an ihren Grenzen treffen. «Einem Menschen in seinem Zentrum zu begegnen bedeutet, eine Revolution in dir selbst durchzustehen. Wenn du jemandem in seinem Zentrum begegnen möchtest, so wirst du ihm auch erlauben müssen, dein Zentrum zu erreichen.»

Transformative Beziehungen zeichnen sich durch Vertrauen aus. Die Partner sind ohne Schutz; sie wissen, dass keiner sich einen Vorteil verschaffen noch unnötigen Schmerz verursachen wird. Jeder kann riskieren, forschen, straucheln. Es gibt keine Vorstellung, keine Fassade. Alle Aspekte des Partners sind willkommen, und sie bestehen nicht einfach aus Verhaltensformen, auf die man sich geeinigt hat. «Liebe ist wichtiger als die Romanze», versichert der Herausgeber einer Zeitschrift. «Das Akzeptieren ist wichtiger als die Billigung ...»

Die Partner kooperieren über die alte Konditioniertheit des Wettbewerbs hinaus; sie sind mehr als zwei. Sie spornen sich an und fordern sich heraus. Sie finden Vergnügen an der gegenseitigen Fähigkeit, zu überraschen.

Die transformative Beziehung ist eine gemeinsame Reise hin zur Bedeutung, zum Sinn.

Der Prozess selbst ist ausschlaggebend und kann nicht gefährdet werden. Man glaubt an eine Berufung, nicht an eine Person*.

Simone de Beauvoir bemerkte: «Wahre Liebe sollte auf der gegenseitigen Erkenntnis zweier Freiheiten gegründet sein; die Liebenden werden sich dann sowohl als sich selbst als auch als den anderen erfahren; keiner würde die Transzendenz aufgeben, keiner verstümmelt werden. Zusammen würden sie Werte und Ziele in der Welt manifestieren.»

Da in einer transformativen Beziehung eine ununterbrochene Veränderung stattfindet, kann nichts als selbstverständlich erachtet werden. Jeder Partner ist dem anderen gegenüber wach. Die Beziehung ist immer neu, ein Experiment, frei, das zu werden, was sich daraus entwickelt. Sie beruht auf jener Zuversicht, die der Aufgabe absoluter Sicherheit entspringt.

Die transformative Beziehung definiert sich selbst; sie versucht nicht, das zu sein, was die Gesellschaft von ihr erwartet, sondern sie

---

* In ihrem Buch *The Couple's Journey* berichtet Susan Campbell über ihre Studie an 150 Ehepaaren im Alter von zwanzig bis siebzig Jahren, «die im Begriffe waren, eine umfassendere Bewusstheit innerhalb ihrer Beziehungen zu entwickeln». Sie hat einige Stufen des Wachstums identifiziert, die ein Ehepaar auf dem Weg zu einer transformierenden «co-kreativen» Beziehung durchschreitet. Diese vorausgehenden Stufen sind eine trügerische Romanze, ein Machtkampf, Stabilität, gegenseitige Verpflichtung; sie wandeln sich schliesslich zur Obliegenheit, sich gegenseitig zu helfen, eine kreative Berufung in der Welt zu verwirklichen.

dient einzig den Bedürfnissen der Teilnehmer. Es mag Richtlinien, ja sogar flexible Übereinkünfte geben, jedoch keine Regeln.

Liebe bedeutet Zusammenhalt, nicht Verhalten. Sie ist keine Ware, die «gewonnen», «verloren», «verdient», «gestohlen», «verscherzt» wird. Die Beziehung wird nicht dadurch beeinträchtigt, dass sich ein Partner um andere Menschen kümmert. Man kann leicht mehrere transformative Beziehungen zugleich unterhalten.

Beide Partner fühlen sich dem Ganzen, der Gemeinschaft verpflichtet. Es stellen sich neue Fähigkeiten ein: Liebe, Freude und Sympathie gegenüber vielen Menschen und die Fähigkeit, dieselben Gefühle entgegenzunehmen. Diese intensive Gemeinschaft mit der Welt lässt sich nicht in einen engen Kanal pressen. Ein Arzt meinte dazu: «Es ist so, als hätte man der Welt sein Einfühlungsvermögen versagt, und plötzlich verliert man seine Jungfräulichkeit. Man fühlt sich, als wolle man den gesamten Kosmos lieben. Nun, wie erklärt man dies jemand anderem?»

DIE TRANSFORMATION DER ROMANTIK

Zuerst mögen wir versucht sein, diese neue kosmische Fürsorge den konventionellen Strukturen anzupassen, im Stil der romantischen Ausdrucksweise, wie sie von unserer Kultur geprägt worden ist. Wir erkennen jedoch bald, dass die alten Beziehungsformen den Anforderungen der transformativen Reise nicht entsprechen. Eine Frau erklärte zu einer erneuten Heirat, die kurz nach dem Ende einer langen Ehe stattgefunden hatte: «Rückblickend erkenne ich, dass ich der alten Welt einen letzten Hieb zu versetzen suchte. Ich lief vor meinem eigenen spirituellen Antrieb davon.»

Ein Geschäftsmann bemerkte, dass sein Bemühen, bei der Arbeit kreativer zu sein, und die Suche nach sexuellen Beziehungen «nur ein Versuch war, die Leere in meiner Mitte zu füllen – die spirituelle Sehnsucht. Wenn man jedoch einmal erkennt, was man tut, dann hört man auf. Man kann einfach nicht weitermachen».

So, wie sich transformative Beziehungen in unserem Leben entwikkeln, so stossen wir bei ihnen möglicherweise auf Qualitäten, welche die *ursprüngliche* Bedeutung der Romantik zur Geltung bringen, wie sie im 19. Jahrhundert entstanden ist. Das Romantische bezog sich damals auf das Unendliche, auf das Unfassbare, auf die Kräfte der Natur, die immer formgebend sind. Obwohl die romantische Bewegung das Natürliche dem Mechanischen vorzog, war sie in keinerlei

Hinsicht gegen Intellekt und Ratio gerichtet. Ironischerweise schufen die Romantiker mit all ihrem Eifer, die Geheimnisse der Natur gründlich zu erforschen, eben jene wissenschaftliche Neugier, die schliesslich zu der Verherrlichung der Vernunft führen sollte. Das Romantische wurde dann auf eine kosmetische und triviale Rolle reduziert; es repräsentierte all das, was unwirklich ist – die Vergoldung, hinter der man den Makel des Lebens verbirgt.

Auf ihrem Höhepunkt feierte die romantische Bewegung Familie, Freundschaft, Natur, Kunst, Musik, Literatur und Malerei als das, was ein Historiker «das Geheimnis des Geistes, das grössere Selbst, das Gefühl der Sehnsucht» nannte. In einem sehr realen Sinn war die Romantik mit dem identisch, was wir heute als spirituell bezeichnen. Sie vertraute direkter Erfahrung; sie suchte nach einer Bedeutung.

Unsere kulturelle Romantik jedoch ist rein äusserlich das Produkt der Konditionierung durch Film, Fernsehen, Kommerz, Sitten und Gebräuche. Kein Wunder also, dass wir zu Abtrünnigen des konventionell Romantischen werden! Es ist wie «Gott aus zweiter Hand». Und dabei taucht dasselbe Gefühl des Verlustes und der Ernüchterung auf, wie wenn wir gegen die organisierte Religion rebellieren. Wir geben das Abenteuer auf; wir bezeichnen es als Schwindel. Dennoch bleibt die Sehnsucht bestehen, die immer wiederkehrende Ahnung, dass uns etwas Zentrales im Leben fehlt.

Während des transformativen Prozesses wird das Romantische – jene göttliche, spirituelle, *innere* Qualität – in Form eines Abenteuers verkörpert, das seine eigenen Symbole und seine eigene Sprache hervorbringt, die sich wie «die wirkliche Sache» anfühlen: ein Traum, aus dem man nicht erwacht. Simone de Beauvoir räumte ein, dass gewisse Formen sexueller Abenteuer verlorengehen, so wie wir wahrhaftiger werden; «dies bedeutet jedoch nicht, dass Liebe, Glück, Dichtung und Traum vertrieben werden ... Unser Mangel an Vorstellungskraft verödet stets die Zukunft».

Eine taoistische Meditation besagt: «Suche keinen Vertrag, und du wirst die Einheit finden.» Einer der transformativen Veränderungen ist ein Rückgang dessen, was die östlichen Philosophien mit «Verhaftetsein» umschreiben. Nicht-Verhaftetsein bedeutet ein Mitleid, das nicht festhält, Liebe, welche die Wirklichkeit akzeptiert und die nicht bedürftig ist. Nicht-Verhaftetsein ist das Gegenteil des Wunschdenkens.

Es ist unwahrscheinlich, dass sich alte, vertraute Emotionen wie Eifersucht, Furcht, Unsicherheit und Schuld in Luft auflösen. Aber die allgemeinen Muster verändern sich. Für die einen bedeutet dies, inneren Widersprüchen zu begegnen und diese zu transzendieren; dazu gehört beispielsweise der Wunsch nach Freiheit für sich selbst und nach Treue des Partners. Das Lösen tiefgehender Konflikte dieser Art ist schwierig und schmerzlich – für viele aber ebenso lohnenswert.

Eine Frau schrieb auf ihren Fragebogen zur Verschwörung im Zeichen des Wassermannes: «Ich verbrachte zwei Jahre damit, zu lernen, wie man liebt, ohne zu besitzen. Ich entschloss mich damals, falls ich heiraten würde, auf diese Art und Weise zu lieben.» Sie ist nun seit dreizehn Jahren verheiratet. «Ich habe gelernt», schrieb sie, «dass man mehr als einen Menschen lieben kann, dass man eifersüchtig sein kann, aber dass man niemals jemanden besitzen kann; ich sah, dass letzteres nur ein verzweifelter Versuch bleibt. *Wir besitzen nichts, am wenigsten einander.*»

In einer von den Quäkern veröffentlichten Zeitschrift beschrieb eine Frau die Vision einer nahen Zukunft, in der jedermann fähiger zur Aufnahme von Beziehungen sein wird. Auf die alte einengende Art und Weise besitzen weder der Mann seine Frau noch die Eltern ihre Kinder.

Wir werden erkennen, dass jeder Mensch das Bedürfnis hat, zu nähren und von vielen Menschen genährt zu werden, und wir werden sie nicht durch Angst einzuschränken versuchen. Man wird erkennen, dass man nur das halten kann, was man in Freiheit belässt ...

Wir sehen uns selbst als ein Mitglied der Menschenfamilie. Es ist richtig, ja sogar notwendig, uns anderen gegenüber auf neue liebende, erfüllende Art und Weise verfügbar zu machen – uns ohne das Schreckgespenst der alten Schuld zu lieben.

Innerhalb von Beziehungen, die vom neuen Paradigma geprägt sind, liegt die Betonung nicht so sehr auf der Sexualität an sich, als vielmehr auf Innigkeit. Innigkeit wird um ihrer gemeinsamen psychischen Intensität und ihrer transformativen Möglichkeiten willen geschätzt, von denen Sexualität nur einen Teil, oft einen verborgenen Teil darstellt.

Für viele Menschen bedeutet die Aufgabe der Idee monogamer Beziehungen den schwierigsten Paradigmenwechsel im Rahmen ihrer eigenen Transformation. Einige entscheiden sich dafür, ihren sexuellen Ausdruck auf die primäre Beziehung zu beschränken. Andere mögen der primären Beziehung zwar Priorität, jedoch nicht Ausschliesslichkeit zugestehen. Die Erwünschtheit monogamer Beziehungen stellt einen tiefgehenden kulturellen Glauben dar, ungeachtet widersprechender Beweise und gegenteiligen Verhaltens*. Für viele Menschen war das Aufgeben dieses Bedürfnisses nach Ausschliesslichkeit der schwierigste aller Paradigmenwechsel; der Schritt war jedoch nötig, falls sie ihren eigenen moralischen Regeln gegenüber wahrhaftig bleiben wollten.

Zeitgenössische Soziologen, welche die sexuelle Revolution zu analysieren versuchten, haben festgestellt, dass der Unterschied in den jeweiligen Einstellungen und nicht in der Verhaltensweise zu suchen ist. Die traditionellen sexuellen Moralvorstellungen unserer Kultur sind in dieser Gesellschaft seit den zwanziger Jahren, wenn nicht schon vorher, weitgehend verletzt worden. John Cuber, ein Soziologe der Ohio State University, fand heraus, dass junge Menschen im Jahre 1969, verglichen mit ihren Altersgenossen von 1939, die alten sexuellen Regeln nicht mehr akzeptierten. Selbst wenn sie sich nicht mit dem einstmals «verbotenen» Verhalten zu beschäftigen wünschten, so stellten sie dennoch die Gültigkeit des Gesetzes in Frage. Cuber meinte:

Es besteht ein grundlegender Unterschied zwischen jemandem, der die Regeln bricht, und jemandem, der die Regeln nicht akzeptiert. Der eine ist ein Übertreter des Gesetzes, der andere ein Revolutionär. Keine Regierung erzittert vor einem Steuerflüchtling. Keine Regierung konnte sich jedoch den Bostoner Teesturm gefallen lassen; das war Revolution.

... Werden die Revolutionäre jemals zur Gemeinde zurückkehren, sich bessern, ihre Ansichten widerrufen? Ich denke nein. Es ist

---

* Viele Soziologen sagen die «Evolution» der Monogamie voraus. Die Ehe, so meinen sie, muss als Institution umgeformt werden, falls sie überleben soll. In dem Artikel «Ist Monogamie veraltet?» bemerkten Rustom und Della Roy, «dass ungefähr die Hälfte aller jetzt bestehenden Ehen zu Ende gehen werden – und vielleicht auch sollten». Wenn die Monogamie unlösbar mit der Beschränkung des sexuellen Ausdrucks auf den Ehepartner verbunden ist, so wird es letzten Endes die Monogamie selber sein, die darunter leidet. «Stattdessen sollte sie mit grundlegenderen Konzepten (wie Treue, Ehrlichkeit, Offenheit) verbunden sein, die folgerichtig tiefe Beziehungen zu anderen nicht ausschliessen und möglicherweise verschiedene Grade der sexuellen Vertrautheit miteinbeziehen.»
In unserer äusserst erotisierten Umwelt, so sagen die Roys, werden Menschen in allen möglichen Situationen zusammengebracht, die Beziehungen herstellen. Die traditionelle Monogamie widerspricht dem wachsenden Gefühl, «dass das höchste Gut der menschlichen Existenz aus möglichst vielen tiefen zwischenmenschlichen Beziehungen besteht». Sie gestehen zu, dass die meisten gebildeten Amerikaner der Mittelschicht, die über 35 Jahre alt sind, «sowohl in Ausschliesslichkeit als auch in Besitzgier erzogen worden sind, so dass nur wenige irgendeine Art strukturierter Nicht-Ausschliesslichkeit in der Ehe akzeptieren können». Sie bemerken jedoch, dass jüngere Menschen eine Form der Ehe zu finden suchen, die einer neuen Zeit angemessen ist.

ein bequemes Klischee der mittleren Generation, wonach die störrische Jugend dann zu den traditionellen Standpunkten zurückkehrt, wenn sie sich Verantwortlichkeiten gegenübergestellt sieht. Dies trifft auf diese Generation nicht zu ... Solange der Sünder seine Schuld anerkennt, so lange gibt es eine Chance, dass er sich bessern und bereuen mag. Der Schlüssel zu dieser Generation liegt jedoch gerade in ihrer Freiheit von Schuld.

Andere fordern den eigentlichen Kontext der Sexualität innerhalb unserer Kultur heraus. Wir wurden ihrer Ansicht nach so erzogen, dass wir uns allen sexuellen Beziehungen im Sinne einer Eroberung nähern – und gerade dies verhindert tiefes Vertrauen und Innigkeit. Wir sind in einem überraschenden Ausmass auf das «gelenkt» worden, was unsere Kultur dazu bestimmt hat, dass wir es mit Sexualität assoziieren. Dieses Programmieren bewirkt bei uns sowohl Ablehnung als auch Frustration.

Joel Kramer und Diana Alstad veranstalten Workshop-Gespräche zum Thema des Paradigmenwechsels in der Sexualität; das Befreien der Sexualität aus «dem Zusammenhang der Eroberung». Anerzogene Wünsche und Klischees müssen sich verändern, wenn wir dem integrierten Menschen Wertschätzung entgegenbringen sollen – eine starke Frau, ein gefühlsvoller Mann. «Auf eine sehr grundlegende Art sind Männer sexuell nach wie vor von der Schönheit, Frauen immer noch von der Kraft hingerissen. Neu daran ist, dass Menschen mit dieser Form der Beziehung nicht länger zufrieden sind.» Unter dem alten Paradigma befanden sich Liebe und Sexualität automatisch in einem gestörten Verhältnis zueinander. Das Ehepaar Roy bemerkte, dass Menschen, die «gut für dich» sind, oft nicht jene sind, die einen sexuell erregen.

Wir sprechen hier von einer anderen Sichtweise der Beziehungen und der Sexualität, bei der das Hauptinteresse darin besteht, zu erforschen und gemeinsam zu wachsen. Wir alle sehnen uns nach Lösungen, aber wir sollten nicht so sehr einen neuen Weg definieren, sondern wir müssen vielmehr als Pioniere handeln, wenn wir eine neue Art des Zusammenlebens schaffen wollen.

Es kann solange keine wirkliche Lösung entstehen, bis sowohl Männer als auch Frauen die wahre Natur des Problems erkennen, das in jedem von uns selber vorhanden ist ... Das Erkennen der eigenen Muster verändert dich.

Solange sich Männer und Frauen am Romantischen festhalten,

können sie sich niemals vollständig begegnen. Wenn wir uns den Möglichkeiten, Menschen zu begegnen, öffnen wollen, müssen wir all das, was mit Eroberung zu tun hat weglassen. Es bedarf Gleichberechtigter, um die Möglichkeit einer reifen Liebe zu schaffen.

DIE TRANSFORMATIVE FAMILIE

Der Roman *Anna Karenina* beginnt mit folgenden Worten: «Alle glücklichen Familien ähneln einander, jede unglückliche aber ist auf ihre eigene Art unglücklich.»

Plötzlich streben wir nach einer Gesellschaft, in der wir auf verschiedene Weise glücklich sein können. So, wie die alten sozialen Strukturen zusammenbrechen, wurden Millionen Menschen vom konventionellen Wohlfahrtsystem der Vergangenheit abgeschnitten. Der Carnegie-Council schätzte im Jahre 1978, dass vier von zehn in den siebziger Jahren geborenen Jugendlichen einen Teil ihrer Kindheit in einer Familie mit nur einem Elternteil verbringen werden. In einer kürzlichen Umfrage der Roper-Organisation gaben drei von fünf Frauen an, dass sie eine Scheidung dem Verbleib in einer unbefriedigenden Ehe vorziehen würden. Eine Studie zeigte, dass 40 Prozent der erwachsenen Bewohner einer Grossstadt vollkommen ohne Familienbindungen waren. Nur eine von vier Familien passt in unsere stereotype Vorstellung vom Mann als Brotverdiener und der Frau als Hausfrau und Mutter.

«Es ist zehn Uhr», verkündet die Rundfunkansage, *«wissen Sie, wo sich Ihr Kind aufhält?»* Eine bessere Frage mag sein: Es ist spät im zwanzigsten Jahrhundert ... Inmitten von Experimenten, sich verändernden sozialen Strukturen, zerbrochenen Beziehungen, neuen Beziehungen, dem Verlangen nach Freiheit und nach Sicherheit – wissen wir da noch, wo unsere Verbindungen zu suchen sind?

Die Familie kann das Kind derart wirksam mit Wärme und Aufmunterung erziehen, dass wir das Resultat als Begabung bezeichnen. Falls die Familie in der Erziehung jedoch versagt, wenn die emotionalen Bande schwach sind, wird das Kind nicht gedeihen. Studien über Säuglinge, die in öffentlichen Einrichtungen untergebracht sind, haben gezeigt, dass die Entwicklung normaler Intelligenz menschliche Interaktion erfordert. Ohne Liebe, ohne Hingabe und Antwort von der Welt können wir der Welt keinen Sinn abgewinnen. Entwicklungshemmung zeigt sich als Resultat bei Säuglingen, die ernährt und behütet werden, mit denen aber weder gespielt noch gesprochen wird.

Eine Atmosphäre des Vertrauens, der Liebe und des Humors kann ausserordentliche menschliche Fähigkeiten nähren. Ein Schlüssel hierzu ist die Authentizität: Eltern handeln als Menschen, nicht in Rollen. Die Dichterin Adrienne Rich erinnerte sich an einen Sommer in Vermont, wo sie und ihre drei jungen Söhne spontan, ohne festen Plan lebten. Spät nachts, als sie vom Kino nach Hause fuhr, fühlte sie sich sehr wach und in gehobener Stimmung. «Wir hatten zusammen all die Regeln der Bettruhe, der Nachtruhe gebrochen; Regeln, von denen ich glaubte, dass ich sie in der Stadt hätte beachten müssen, ansonsten ich ‹eine schlechte Mutter› geworden wäre. Wir waren Verschwörer, Geächtete der Institution Mutterschaft. Ich hatte das Gefühl, mein Leben voll im Griff zu haben.» Sie wollte nicht, dass ihre Söhne an ihrer Stelle in der Welt tätig sein würden. «Ich wollte für mich handeln, leben und sie um ihres verschiedenen Selbst willen lieben.»

Eltern täuschen häufig vor, Regeln, Institutionen und Verhaltensformen gutzuheissen, da sie in Autoritäten mehr Vertrauen haben als in ihre eigenen Erfahrungen und Intuitionen. Dieses Verhalten verewigt die Heuchelei und die Macht der Institutionen von einer Generation zur andern. Kinder – und insbesondere Teenager – neigen zu der Annahme, dass ihre eigenen Gefühle unakzeptabel seien; auf diese Weise entfernen sie sich von ihren Eltern.

«Viele, vielleicht eine Mehrheit junger Menschen suchen nach tiefgehenden, innigen Beziehungen», berichten Ted Clark und Dennis Jaffe über ihre Erfahrungen auf dem Gebiet der Jugendberatung. «Sie benötigen eine ermutigende, verständnisvolle und tolerante Person als Führer. Nichts muss dafür getan werden. Sie wollen einfach einen Ort, wo jeder er selbst sein kann.»

Wie die transformative Beziehung Erwachsener, so ist auch die transformative Familie ein offenes System, reich an Freunden und Hilfsquellen, offenherzig und gastfreundlich. Sie ist flexibel und den Realitäten der Welt gegenüber anpassungsfähig. Sie vermittelt ihren Mitgliedern sowohl Freiheit und Autonomie als auch ein Gefühl der Gruppeneinheit.

Bevor das Erziehungssystem seinen psychologischen Tribut fordert, hat die Familie längst Rollenverhalten und Erwartungen festgelegt, indem sie dem Individuum eine gütige, kooperative oder eine auf Wettbewerb eingestellte, verrückte Haltung gegenüber der Welt beigebracht hat. Die Familie belohnt oder bestraft Erneuerung. Die Familie bildet den Rahmen für Selbstoffenbarung und Innigkeit oder für das Unterdrücken von Gefühlen und für Heuchelei. Mit der Gesamtsumme ihrer Rigidität und Flexibilität, ihren ausschliessenden und einschliessenden Auffassungen, formt die Familie all unsere späteren Beziehungen.

In einer Atmosphäre bedingungsloser Liebe entwickelt das Kind Selbstachtung – in einer Atmosphäre, in der die entsprechende Herausforderung herrscht, entwickelt es den Drang, «den Sieg davonzutragen».

Unsicherheit hält viele Familien von äusseren Beziehungen, die verändernd wirken könnten, fern. Sie bilden geschlossene Systeme. Familien voller Furcht, stellte der kanadische Psychiater Hossain Danesh fest, «nehmen die Welt in Aufspaltungen wahr: Mann und Frau, alt und jung, Emotionen und Intellekt, Kraft und Schwäche, sich selbst und die anderen». Sie entmutigen ihre Mitglieder bei Freundschaften mit Menschen, die anders als sie selber sind. Das Kind erlangt nur dadurch Billigung, dass es mit den Wünschen der Eltern konform geht.

Die Kraft der Eltern-Kind-Beziehung offenbart sich auf tragische Weise in einem Phänomen, das als emotionale Verkümmerung bezeichnet wird. Ein sechsjähriges Kind, das dieses Syndrom zeigt, erreicht möglicherweise nur die Grösse eines dreijährigen. Bezeichnenderweise beginnt ein solches Kind normal zu wachsen, wenn es zu einer guten Pflegefamilie kommt, und hört damit wieder auf, sobald es in die feindselige eigene Familie zurückkehrt. Emotionale Verkümmerung kommt relativ selten vor; eine allgemeinere Form der Wachstumshinderung tritt immer dann in Familien auf, wenn der Entfaltung der Kinder zu Individuen entgegengearbeitet wird.

Der bekannte Psychologe Frederick Perls äusserte einmal, dass die Dissoziation – die Spaltung zwischen emotionalem und bewusstem Denken – mit einer *bedingten* Liebe der Eltern beginnt. Weil viele Erwachsene als Kinder im Stich gelassen worden waren – man hat sie nicht dafür belohnt, dass sie ihr eigenes Selbst waren, und sie sahen sich stets gezwungen, es «besser zu machen», wie sehr sie sich auch bemühten – empfinden sie es nun als schwierig, darauf zu vertrauen, dass sie geliebt werden. Wenn sie Eltern sind, wird diese Kette weitergeführt, da es ihnen möglicherweise schwerfällt, ihre eigenen Kinder bedingungslos zu akzeptieren. Bevor wir nicht das Ausmass unserer eigenen programmierten Ängste entdeckt haben, können wir die Unzulänglichkeiten und Schwächen anderer nicht verzeihen. In dem Moment, wo wir das gesunde Zentrum in uns selbst berührt haben, wissen wir, dass es – unabhängig von deren äusserem Verhalten – auch in anderen Menschen vorhanden ist. Bewusstsein gibt uns die Fähigkeit, sich ihrer anzunehmen.

Der transformative Prozess stellt für viele Menschen eine zweite

Chance dar, jene Selbstachtung zu erlangen, die ihnen als Kind versagt worden ist. Indem sie das Zentrum in sich selbst, das gesunde Selbst, erreichen, entdecken sie ihre eigene Ganzheit.

DIE PLANETARISCHE FAMILIE

Das erweiterte Paradigma der Beziehungen und der Familie transzendiert alte Definitionen der Gruppe. Die Entdeckung unserer Verbundenheit mit allen Männern, Frauen und Kindern vereinigt uns in einer anderen Familie. Uns selber vermehrt als eine planetarische Familie sehen, die sich um die Lösung ihrer Probleme bemüht, sich nicht so sehr als bunt gemischte Menschen und Nationen empfinden, die Tadel austeilen und Lösungen exportieren; dies könnte in der Tat den endgültigen Umschwung der Perspektive bedeuten.

Wenn wir jedes Kind, das misshandelt wird, als *unser* Kind betrachten, verändert sich das Problem. Wenn wir in unserer Kultur, in unseren sozialen Bedingungen oder in unserer sozialen Stellung mehr ein künstliches Gebilde denn eine universelle Gegebenheit sehen, so erweitert sich unser Verwandtschaftsverhältnis. Wir sind nicht länger auf unsere eigene Kultur zentriert, keine «Ethnozentriker» mehr.

Eine Gesellschaft, die sich in ständigem Wandel befindet, muss ihre Familien auf neue Art und Weise erschaffen. Die neue Familie entsteht aus Netzwerken und Gemeinschaften, experimentellen und zweckbestimmten Gruppen sowie aus Freundschaften. Die amerikanische Home Economics Association definierte im Jahre 1979 die Familie neu als «zwei oder mehrere Personen, die sich über einen Zeitraum hinweg in Ressourcen teilen, sich Verantwortung für Entscheidungen übertragen, Werte und Ziele teilen und gegenseitige Verpflichtungen tragen. Die Familie bedeutet das Klima, zu dem man heimkehrt, und gerade diese Netzwerke des Teilens und der Verpflichtungen beschreibt am treffendsten die Einheit Familie, ungeachtet der Blutsverwandtschaft, gesetzlicher Bindung, Adoption oder Ehe».

Die menschlichen Wesen, so sagte einmal Einstein, unterliegen einer Art optischer Täuschung. Wir sehen uns selbst getrennt und nicht als Teil des Ganzen. Dies kerkert unsere Liebe zu jenen ein, die uns am nächsten stehen.

«Unsere Aufgabe muss darin bestehen, uns durch die Ausweitung unseres Horizontes selbst aus diesem Gefängnis zu befreien, um alle lebenden Geschöpfe zu umarmen ... Niemand erreicht dieses Ziel vollständig, jedoch das Streben selbst ist ein Teil der Befreiung.»

Die «Transzendierenden», Einstein eingeschlossen, deren Lebensläufe Maslow studiert hatte, schienen trauriger als die anderen gesunden, sich selbst verwirklichenden Menschen zu sein; sie erkannten viel klarer die Kluft zwischen dem Potential und der Wirklichkeit menschlicher Beziehungen. Maslow bemerkte dazu, dass jeder von ihnen in fünf Minuten ein taugliches Rezept für soziale Transformation geschrieben haben könnte. «Ich habe die Wahrheit erkannt», sagte Dostojewskij. «Es trifft nicht zu, dass ich sie mit dem Geist erfunden hätte. Ich habe sie erkannt, *sie gesehen,* und ihr lebendiges Bild hat meine Seele für immer erfüllt ... An einem einzigen Tag, in einer Stunde, könnte alles zugleich in Ordnung gebracht werden! *Die Hauptsache ist, zu lieben!»* Er sagte, dass er erkannt habe, dass diese Wahrheit millionenmal erzählt und wiedergegeben worden sei; dass sie das menschliche Leben jedoch nie transformiert habe.

Liebe und Brüderlichkeit, einst Teil eines Ideals, sind für unser Überleben entscheidend geworden. Jesus erlegte seinen Jüngern auf, einander zu lieben; Teilhard de Chardin fügte hinzu: «oder du wirst untergehen». Ohne menschliche Zuneigung werden wir krank, angsterfüllt, feindselig. Lieblosigkeit ist ein unterbrochener Kreis, ein Verlust an Ordnung.

Das weltweite Verlangen nach Gemeinschaftlichkeit, wie es durch die Netzwerke der Verschwörung im Zeichen des Wassermanns repräsentiert wird, stellt einen Versuch dar, diese noch schwache Kraft zu unterstützen. Zusammenzuhalten. Erweitertes Bewusstsein zu entflammen. Wenn der Mensch diese Energiequelle, die Vergeistigung der spirituell-sinnlichen Liebe, wiedergewinnt, dann, so meinte Teilhard de Chardin einmal, «wird er zum zweiten Mal das Feuer entdeckt haben».

Während des zweiten Stromausfalls in New York City, als einige Menschen plünderten, richteten wiederum andere ihre Taschenlampen von den Fenstern der Apartment-Häuser auf die Bürgersteige, sie «geleiteten» somit Fussgänger von einem Gebäude zum andern; sie schufen einen Weg des Lichtes und der Sicherheit. In dieser Zeit der Ungewissheit, in der all unsere alten gesellschaftlichen Formen zerfallen, in der wir unseren Weg nicht so leicht zu finden vermögen, können wir uns gegenseitig Leuchttürme sein.

13

DIE WELTWEITE VERSCHWÖRUNG

> Wenn du spürbar berührt wirst, werden die Schuppen von deinen Augen fallen; und mit den durchdringenden Augen der Liebe wirst du das erkennen, was deine anderen Augen niemals sehen werden.
> *François Fénelon, 1651–1715*

Victor Hugo prophezeite, dass im 20. Jahrhundert der Krieg, die politischen Grenzen und die Dogmen dahinschwinden würden – und dass der Mensch wirklich leben würde. «Er wird etwas Erhabeneres als dies alles besitzen – ein grosses Land, die ganze Erde ... und eine grosse Hoffnung – den ganzen Himmel.» Heute gibt es Millionen Bewohner dieses «grossen Landes, der ganzen Erde». Für sie haben Krieg, Grenzen und Dogmen bereits aufgehört zu existieren. Sie besitzen diese grosse Hoffnung, von der Victor Hugo geschrieben hatte.

Sie kennen einander als Landsleute.

Die ganze Erde ist ein grenzenloses Land, ein Paradigma der Menschheit mit Raum genug für Aussenseiter und Traditionalisten, für alle unsere Methoden des menschlichen Wissens, für alle Kulturen. Eine Familientherapeutin berichtet, dass sie ihre Klienten auffordert, zu entdecken, *was sie als Familie besitzen* und nicht, wer recht oder unrecht hat. Wir beginnen, eine solche Bestandesaufnahme von der gesamten Erde zu machen. Jedesmal, wenn eine Kultur einer anderen gewahr wird und diese Entdeckung zu schätzen weiss, jedesmal, wenn ein Individuum von den Talenten oder einzigartigen Einsichten eines anderen begeistert ist, jedesmal, wenn wir das unerwartete Wissen, das aus dem Inneren des Selbst emporsteigt, willkommen heissen, fügen wir dieser Bestandesaufnahme etwas hinzu.

So reich, wie wir zusammen sind, können wir alles erreichen. Es ist möglich, in unserem zerrissenen Selbst und miteinander Frieden zu schliessen und unser Heimatland, die gesamte Erde, zu heilen.

Wir betrachten all die Gründe, um nein zu sagen: Die gescheiterten Sozialprogramme, die gebrochenen Verträge, die verpassten Chancen. Und trotzdem besteht hier auch das Ja, dasselbe hartnäckige Suchen, das uns innerhalb eines Funkens kosmischer Zeit von der Höhle zum Mond gebracht hat.

Eine neue Generation wächst in ein neues Paradigma hinein: so war es schon immer. In zahlreichen Science Fiction-Geschichten sind die Erwachsenen von der Transformation ausgeschlossen. Ihre Kinder wachsen unwiderruflich über sie hinaus, in eine ausgedehntere Realität hinein.

Diejenigen unter uns, die in das Paradigma der «zerbrochenen Erde» hineingeboren worden sind, haben zwei Möglichkeiten: Wir können unseren alten Standpunkt mit ins Grab nehmen, so wie die Generationen starrköpfiger Wissenschaftler, die darauf bestanden haben, dass es solche Dinge wie Meteoriten, Bakterien, Gehirnwellen oder Vitamine nicht gäbe –, oder wir können unsere alten Überzeugungen ohne jede Sentimentalität der Vergangenheit überlassen und uns der zutreffenderen, stärkeren Perspektive zuwenden.

Wir können unsere eigenen Kinder sein.

NEUER GEIST, NEUE WELT

Nicht einmal die Renaissance hat eine derart radikale Erneuerung versprochen. Wie wir gesehen haben, sind wir durch unsere Reisen und die Technologie miteinander verbunden, wir werden einander immer mehr gewahr, immer offener füreinander. Immer zahlreicher erkennen wir, wie die Menschen einander bereichern und stärken können; wir sind feinfühliger für unseren Platz innerhalb der Natur; wir lernen, wie das Gehirn Schmerz und Konflikte transformiert, und wir haben mehr Achtung für die Ganzheit des Selbst als Nährboden der Gesundheit. Durch die Wissenschaft und aufgrund der spirituellen Erfahrung von Millionen Menschen erkennen wir unsere Fähigkeit für ein endloses Erwachen in einem Universum unaufhörlicher Überraschungen.

Auf den ersten Blick mag die Vorstellung, dass die Welt ihr verzweifeltes Problem lösen kann, hoffnungslos utopisch erscheinen. Jedes Jahr verhungern fünfzehn Millionen Menschen, und eine bedeutend grössere Anzahl führt ein Dasein in unerbittlichem Hunger; alle neunzig Sekunden geben die Nationen der Welt eine Million Dollar für die Rüstung aus – jeder Friede ist ein unruhiger Friede; der Planet wurde vieler seiner unersetzbaren Bodenschätze beraubt. Es sind jedoch ebenso bemerkenswerte Fortschritte zu verzeichnen. In der kurzen Zeit seit dem Ende des Zweiten Weltkrieges haben zweiunddreissig Länder mit vierzig Prozent der Weltbevölkerung ihre Probleme des Nahrungsmangels überwunden; China ist dabei, im wesentlichen unabhängig zu werden, und hat seinen einst überwältigenden Bevölkerungszuwachs unter Kontrolle gebracht; das Analphabetentum geht zurück, und die Zahl der bürgernahen Regierungen steigt; die Sorge um die Menschenrechte wurde zu einem hartnäckig verfolgten internationalen Thema.

Es hat ein tiefgreifender Paradigmenwechsel in unserem Verhältnis zur gesamten Erde stattgefunden. Wir kennen sie jetzt als ein Juwel im Weltraum, als einen zerbrechlichen Wasserplaneten. Und wir haben gesehen, dass sie keine natürlichen Grenzen kennt. Sie ist nicht der Globus unserer Schultage mit seinen verschiedenfarbigen Nationen.

Auch in anderer Hinsicht haben wir unsere gegenseitige Abhängigkeit entdeckt. Ein Aufstand oder eine Missernte in einem entfernten Land kann eine Veränderung in unserem täglichen Leben bedeuten. Die alten Wege sind unhaltbar geworden. Alle Länder sind wirtschaftlich, ökologisch und politisch miteinander verknüpft. Die alten Götter Isolationismus und Nationalismus werden von ihrem Sockel gestossen; Relikte der Vergangenheit wie die Steingötter der Osterinsel.

Wir lernen, Probleme anders anzugehen, da wir wissen, dass die meisten Krisen in dieser Welt aus dem alten Paradigma heraus entstanden sind – aus den Formen, Strukturen und Überzeugungen eines veralteten Verständnisses in bezug auf Wirklichkeit. Jetzt können wir Antworten ausserhalb der alten Gefüge suchen, neue Fragen stellen, neue Zusammenhänge finden und die Phantasie spielen lassen. Die Wissenschaft hat uns Erkenntnisse über Ganzheiten und Systeme, über Stress und Transformation vermittelt. Wir lernen, Tendenzen zu deuten und die frühen Zeichen eines anderen, vielversprechenden Paradigmas zu erkennen.

Wir schaffen alternative Pläne für die Zukunft. Wir verständigen uns über die Versäumnisse der alten Systeme und drängen auf neue Rahmen für die Problemlösung auf allen Gebieten. Für unsere ökologische Krise empfindlich, arbeiten wir zusammen über Ozeane und Grenzen hinweg. Wach und alarmiert, suchen wir beim anderen nach Antworten.

Und das ist möglicherweise der wichtigste aller Paradigmenwechsel.

Individuen lernen, einander zu vertrauen – und sich über die Änderung ihrer Meinung zu verständigen. Unsere bedeutendste Hoffnung auf eine neue Welt liegt in der Frage, ob eine neue Welt möglich sei. Eben diese Frage, unsere Besorgnis zeigt, dass uns etwas an der Erneuerung dieser Welt liegt. Wenn uns daran gelegen ist, können wir daraus folgern, dass es anderen ebenso geht.

Das grösste einzelne Hindernis beim Lösen grosser Probleme war bis jetzt der Gedanke, dass diese nicht gelöst werden könnten; eine Überzeugung, die auf gegenseitigem Misstrauen beruhte. Psychologen und Soziologen haben festgestellt, dass die meisten von uns höher motiviert sind, als wir gegenseitig annehmen. So stimmten beispielsweise die meisten Amerikaner einer Kontrolle des Schusswaffengebrauchs zu, glauben jedoch, dass sie damit in der Minderheit sind. Wir verhalten uns wie David Riesmans Collegestudenten, die alle beteuerten, dass sie der Werbung keinen Glauben schenkten, dabei aber dachten, dass alle andern es tun würden. Die Forschung hat gezeigt, dass die meisten Menschen der Ansicht sind, sie stünden geistig auf einer höheren Stufe als «die meisten Menschen». Von anderen nimmt man an, dass sie weniger offen und interessiert, weniger opferbereit und starrer in ihrem Verhalten seien. Hier liegt die höchste Ironie: Unser gegenseitiges Missdeuten. Der Dichter William Stafford schrieb:

> Wenn du nicht weisst, was für ein Mensch ich bin,
> und ich nicht weiss, was für ein Mensch du bist,
> dann herrscht möglicherweise ein von anderen verfertigtes Muster in der Welt vor,
> und indem wir dem falschen Gott folgen, könnten wir unseren Stern verpassen.

Dem falschen Gott nachfolgend, haben wir alle, die wir nicht verstanden, als fremd, als Feinde betrachtet. Da es uns nicht gelang, die Politik, die Kulturen und Subkulturen des anderen, die oft auf einer unterschiedlichen Weltanschauung beruhen, zu verstehen, stellten wir unsere Motive gegenseitig in Frage ... sprachen wir einander die Menschlichkeit ab. Es gelang uns nicht, das Offensichtliche zu sehen: «Die meisten Menschen», was auch immer ihre Philosophie im Hinblick auf dieses Ziel sein mag – wollen eine Gesellschaft ohne Krieg, in der wir alle genug zu essen haben, eine Gesellschaft, die produktiv und erfüllt ist.

Wenn wir uns gegenseitig als Hindernisse für den Fortschritt betrachten, so bildet diese Annahme das erste und grösste Hindernis.

Misstrauen ist eine Prophezeiung, die sich selbst erfüllt. Unser vom alten Paradigma geprägtes Bewusstsein hat seine eigenen dunklen Erwartungen sichergestellt; es ist unser kollektives negatives Selbstbild.

Nun, da wir miteinander zu kommunizieren lernen, wo eine immer grössere werdende Zahl von Menschen ihre Angst transformiert und ihre Verbundenheit mit der übrigen Menschheit findet und wir unsere gemeinsamen Sehnsüchte spüren, zeigen sich bei vielen der ältesten und tiefgreifendsten Probleme dieses Planeten Ansätze zur Lösung derselben. Die Veränderung, auf die wir gewartet haben, beginnt – eine Revolution des angemessenen gegenseitigen Vertrauens. Anstatt nach Feinden suchen wir überall nach Verbündeten.

Als an der University of Southern California eine internationale Konferenz, «Die Zukunft des Westens», einberufen worden war, stimmten die Fachleute in einem Punkt überein: Die Konferenz hatte einen falschen Namen. Sie meinten, dass der Westen keine vom Osten getrennte Zukunft haben könne. Diese Bewusstheit könnte das signalisieren, was Martin Heidegger als «das noch unausgesprochene Sammeln des ganzen westlichen Schicksals» bezeichnet hatte, «die einzige innere Sammlung, von der aus der Okzident vorwärtsschreiten kann, um seinen kommenden Entscheidungen entgegenzutreten – um, vielleicht und in einer ganz anderen Art und Weise, ein Land der Morgendämmerung, ein Orient zu werden.»

Anthropologen haben die Ansicht geäussert, dass sich unter der glitzernden Oberfläche der Kultur eine ganz andere Welt befinde. Wenn wir diese verstehen, wird sich unsere Betrachtungsweise der menschlichen Natur radikal verändern. Wir stehen jetzt einer grossen Anzahl möglicher Lebensformen gegenüber. Das globale Dorf ist eine Realität. Wir sind verbunden durch Satelliten, Überschallflug, jährlich viertausend internationale Tagungen, zehntausende multinationaler Gesellschaften, internationale Organisationen, Rundschreiben und Zeitschriften, ja sogar durch eine im Entstehen begriffene Gesamtkultur aus Musik, Filmen, Kunst und Humor. Lewis Thomas meinte dazu:

> Mühelos, ohne auch nur einen Augenblick darüber nachzudenken, sind wir rund um die Erde im Ablauf eines Jahres in der Lage, unsere Sprache, Musik, Sitten, moralischen Grundsätze, Unterhaltung und sogar die Kleidung zu ändern. Wir scheinen dies in einer allgemeinen Übereinstimmung durchzuführen, ohne Abstimmung oder Wahl. Wir überlegen uns einfach unseren zukünftigen Weg, geben Informationen weiter, tauschen Codes aus – die als Kunst

verkleidet sind –, ändern unsere Meinung, transformieren uns selbst.

... Vereinigt, scheint sich die grosse Menge menschlichen Geistes auf der gesamten Erde wie ein zusammenhängendes lebendes System zu verhalten.

Die überall auf der ganzen Welt entstehenden, sich stark vermehrenden kleinen Gruppen und Netzwerke funktionieren ähnlich wie die zusammengeschlossenen Netzwerke im menschlichen Gehirn. So, wie bereits einige wenige Zellen im Gehirn einen Resonanzeffekt in Bewegung setzen können und dabei die Aktivität des Ganzen ordnen, können diese zusammenarbeitenden Individuen helfen, jenen Zusammenhang und jene Ordnung zu schaffen, aus der sich eine umfassende Transformation herauskristallisieren kann.

Bewegungen, Netzwerke und Schriften vereinigen Menschen auf der ganzen Welt im Hinblick auf eine gemeinsame Sache, vermitteln transformative Ideen und verbreiten Nachrichten der Hoffnung, ohne Zustimmung irgendeiner Regierung. Die Transformation kennt kein Heimatland.

Diese sich selbst organisierenden Gruppen ähneln kaum den alten politischen Strukturen; sie überlappen einander, bilden Koalitionen und unterstützen sich gegenseitig, ohne eine der üblichen Machtstrukturen zu schaffen. Es gibt Gruppen von Umweltschützern wie *Les Vertes* (Die Grünen) in Frankreich und *Green Alliance* (Grüne Allianz) in England, Frauengruppen, Friedensgruppen, Menschenrechtsgruppen, Gruppen, die den Hunger in der Welt bekämpfen; Tausende von Zentren und Netzwerken, die ein «neues Bewusstsein» unterstützen, wie *Nexus* in Stockholm; Zeitschriften wie *Alterna* in Dänemark, *New Humanities* und *New Life* in Grossbritannien verbinden viele Gruppen. In Finnland, Brasilien, Südafrika, Island, Chile, Mexiko, Rumänien, Italien, Japan und der UdSSR finden Symposien zum Thema Bewusstsein statt.

The Future in Our Hands (Die Zukunft in unseren Händen), eine Bewegung, die 1974 in Norwegen gestartet und von einem gleichnamigen Buch von Erik Damman inspiriert worden war, zählt jetzt zwanzigtausend Menschen von den vier Millionen Einwohnern des Landes als Mitglieder. Die schnell wachsende Bewegung fördert «einen neuen Lebensstil und eine gerechte Verteilung der Reichtümer der Erde». Sie betont, dass es für die industrialisierten Nationen notwendig sei, ihr Konsumverhalten zu zügeln und nach Wegen zu suchen, um den Lebensstandard in der Dritten Welt verbessern zu können. Laut einer nationalen Umfrage unterstützen fünfzig Prozent der norwegischen Bevölkerung die Ziele der Bewegung, fünfundsiebzig Prozent sind der Ansicht, dass der Lebensstandard ihrer Nation zu hoch sei, und achtzig Prozent fürchten, dass ein fortgesetztes wirtschaftliches Wachstum zu einem immer stärker gestressten, materialistischen Lebensstil führen würde.

Die Bewegung spriesst überall aus dem Boden. Kleine lokale Gruppen bestimmen ihren eigenen Kurs, mit dem die gemeinsamen Ziele gefördert werden. Eine verwandte Bewegung bildet sich 1978 in Schweden, eine weitere entsteht zur Zeit in Dänemark.

Diese sozialen Bewegungen überschreiten die traditionellen nationalen Grenzen. Deutsche schliessen sich französischen Demonstranten an, um gegen Atomkraftwerke zu protestieren. Johann Quanier, der britische Herausgeber von *The New Humanity,* schrieb: «Die Fäden des freien Denkens in Europa werden jetzt zusammengezogen; trotz der Konflikte, der Spannungen und der Unterschiede eignet sich dieses Gebiet besonders für die Schaffung eines neuen politisch-spirituellen Bezugsrahmens.»

Für Aurelio Peccei, den Gründer des Club of Rome, repräsentieren solche Gruppen «die Hefe der Veränderung ... zerstreute Myriaden spontaner Menschengruppierungen, die da und dort plötzlich wie die Antikörper eines kranken Organismus entstehen». Der Organisator einer Friedensgruppe berichtete von seiner persönlichen Entdeckung dieser Netzwerke und deren Verständnis für eine «bevorstehende Transformation der Welt». Viele brillante, kreative Denker haben sich international diesem Netzwerk angeschlossen, um die intellektuelle Unterstützung im Hinblick auf eine neuentstehende Sehweise unseres Planeten verbinden zu helfen. Für sie ist dies mehr als ein blosser Plan, mehr als eine von vielen möglichen Arten der Zukunft, eher eine Verantwortung; Alternativen scheinen für sie unvorstellbar zu sein.

The Threshold Foundation, die von der Schweiz aus operiert, beabsichtigt, den Übergang zu einer weltweiten Kultur erleichtern zu helfen, «einen Paradigmenwechsel zu fördern, ein neues Modell des Universums, in dem Kunst, Religion, Philosophie und Wissenschaft zusammenfinden», sowie ein erweitertes Verständnis dafür zu unterstützen, dass wir «in einem Kosmos leben, dessen viele Realitätsebenen ein einziges heiliges Ganzes bilden».

VON DER MACHT ZUM FRIEDEN

Wir ändern uns, weil wir es müssen.

Historisch gesehen, verfolgten die Friedensbemühungen stets die Absicht, Kriege zu beenden oder zu verhindern. Ebenso wie wir Gesundheit negativ als Nichtvorhandensein von Krankheit definiert haben, ist Frieden als Nicht-Konflikt definiert worden. Aber Frieden ist tiefgreifender als das. Frieden ist ein Zustand des Geistes, nicht ein Zustand einer Nation. Ohne persönliche Transformation werden die Menschen auf der Welt für immer in Konflikten gefangen sein. Wenn wir uns auf das zu dem alten Paradigma gehörende Konzept, Krieg abzuwenden, beschränken, versuchen wir, die Dunkelheit zu überwinden, anstatt das Licht zu entzünden. Wenn wir das Problem neu abstecken – wenn wir davon ausgehen, Gemeinschaft, Gesundheit, Erneuerung, Selbstfindung und Zielbewusstheit zu fördern –, sind wir bereits dabei, den Frieden zu erreichen. In einer reichen, kreativen und bedeutungsvollen Umgebung gibt es keinen Raum für Feindseligkeit.

Krieg ist etwas Undenkbares in einer Gesellschaft autonomer Menschen, welche die Verbundenheit der ganzen Menschheit entdeckt haben, die keine Angst vor fremden Ideen und fremden Kulturen haben, die wissen, dass alle Revolutionen im Innern beginnen, und dass man niemandem seinen Weg zur Erleuchtung aufdrängen kann.

Die Proteste gegen den Vietnamkrieg in den Vereinigten Staaten stellten einen kritischen Wendepunkt dar, ein Erwachsenwerden, wie Millionen Menschen sagten, nämlich die Erkenntnis, dass man ein autonomes Volk nicht zu einem Krieg zwingen kann, an den es nicht glaubt. Andere Phänomene in den letzten Jahren waren ebenso bedeutsam: In Köln gingen fünfzehntausend Deutsche auf die Strasse, um gegen ein neues Aufflackern des Nationalsozialismus zu protestieren und ihren persönlichen Schmerz über die «Endlösung» auszudrükken ... Katholiken und Protestanten riskieren ihr Leben an einer Brücke in Nordirland, um sich zu umarmen, und versprechen einander, für den Frieden zu arbeiten ... *Peace Now*, eine Bewegung in Israel, die von Kampfsoldaten gegründet worden war, fordert: «Gebt dem Frieden eine Chance.»

Nach einem kürzlich in Wien durchgeführten Kongress über die Rolle der Frauen im Rahmen des Weltfriedens schrieb Patricia Mische über «die Transformation, die bereits langsam bei Individuen und Gruppen stattfindet, die durch ein tiefes Ausloten ihres eigenen Menschseins jene Bande entdecken, die sie mit allen Menschen gemeinsam haben».

Kann das Wettrüsten aufgehobenwerden? Mische meinte dazu: «Eine vordringliche Frage wäre: *Können die Menschen – und die Nationen ihr Innerstes und ihre Meinungen ändern?*» Die Teilnehmer in Wien schienen lebende Zeugen dafür zu sein, dass die Antwort Ja lautet. Beim Abschluss der Konferenz forderte eine Teilnehmerin unter donnerndem Applaus, dass sich bei zukünftigen Konferenzen die Redner nicht mehr mit ihrer Nationalität ausweisen sollten. Sie sagte: «Ich stehe hier als Weltbürgerin, und diese Probleme sind uns allen gemeinsam.»

In *The Whole Earth Papers,* einer Reihe von Monographien, beschrieb James Baines ein «Machtparadigma» und ein «Friedensparadigma». Er meinte, dass wir seit undenklichen Zeiten unter dem Machtparadigma gelebt haben, einem Glaubenssystem, das auf Unabhängigkeit und Herrschaft fusst. Aber daneben gab es stets die Bestandteile eines Friedensparadigmas; eine auf Kreativität, Freiheit, Demokratie und Spiritualität beruhende Gesellschaft. Ferner äusserte Baines, dass wir jetzt, um einen globalen Wechsel zu fördern, ein «Netz der Verstärkung» schaffen können: Eine Führerschaft, welche die Ungewissheit akzeptiert, ein sensibleres öffentliches Bewusstsein in bezug auf die Widersprüche des Machtparadigmas, faszinierende Modelle neuer alternativer Lebensweise, eine «sanfte Technologie» sowie Techniken für ein erweitertes Bewusstsein und ein spirituelles Erwachen.

Sobald diese Gedanken in einem zusammenhängenden, auf Transformation beruhenden, neuen Paradigma verschmelzen, werden wir feststellen, dass die Menschheit sowohl einen Teil der Schöpfung als auch deren Verwalter darstellt; sie ist «ein Produkt und ein *Instrument* der Evolution».

Wir müssen nicht auf eine Führung warten. Wir können damit beginnen, an irgendeinem beliebigen Punkt innerhalb eines komplexen Systems eine Veränderung herbeizuführen: in einem menschlichen Leben, einer Familie, einer Nation. Eine einzige Person kann durch Vertrauen und Freundschaft eine transformationsfördernde Umgebung schaffen. Eine warmherzige Familie oder Gemeinschaft kann bewirken, dass sich ein Fremder wohlfühlt. Eine Gesellschaft kann bei ihren Mitgliedern Wachstum und Erneuerung anregen.

Wir können irgendwo beginnen – überall. Auf einem weitverbreiteten Aufkleber ist zu lesen: «Es werde Friede, und möge er bei mir beginnen.» Möge es Gesundheit, Lernen, innere Verwandtschaft, rechten Gebrauch der Macht, sinnvolle Arbeit geben ... *Möge eine Transformation stattfinden, und möge sie bei mir beginnen.*

Alle Anfänge vollziehen sich unsichtbar; eine Bewegung nach innen, eine Revolution innerhalb des Bewusstseins. Da die Wahl des Menschen unverletzlich und geheimnisvoll bleibt, kann niemand von uns eine Transformation der Gesellschaft garantieren. Aber man darf dem Prozess Vertrauen entgegenbringen. Transformation ist kraftvoll, belohnend und natürlich. Sie verspricht das, was sich die meisten Menschen wünschen.

Vielleicht ist deshalb die transformierte Gesellschaft bereits als Vorahnung in den Köpfen von Millionen Menschen vorhanden. Sie stellt das «Dereinst» unserer Mythen dar. Das Wort «neu», von dem so freigiebig Gebrauch gemacht wird (neue Medizin, neue Politik, neue Spiritualität), bezieht sich nicht so sehr auf etwas Modernes, sondern mehr auf etwas Bevorstehendes, lang Erwartetes. Die neue Welt ist die alte – nur transformiert.

DAS ENDE DES HUNGERS: DIE SCHÖPFUNG EINES PARADIGMAWECHSELS

Historisch gesehen, haben Bewegungen, die sich für einen gesellschaftlichen Wandel einsetzen, alle auf ziemlich gleiche Art und Weise funktioniert. Eine väterliche Führung überzeugte einige Leute von der Notwendigkeit einer Veränderung, teilte sie dann für spezifische Aufgaben ein und sagte ihnen, was sie wann tun sollten. Die neuen gesellschaftlichen Bewegungen arbeiten mit einem anderen Verständnis für das menschliche Potential: mit dem Glauben, dass Einzelpersonen, sobald sie von der Notwendigkeit einer Änderung zutiefst überzeugt sind, Lösungen hervorbringen können, die sie aus ihrem eigenen Engagement und aus ihrer eigenen Kreativität schöpfen. Die grössere Bewegung inspiriert sie, unterstützt ihre Bemühungen und liefert ihnen Informationen – deren Struktur können die Bestrebungen einzelner jedoch weder bestimmen noch fassen.

Die Macht der einzelnen, breite gesellschaftliche Veränderungen hervorzubringen, ist die Grundlage für das *Hunger Project,* eine internationale Wohlfahrtsorganisation mit Hauptsitz in San Francisco, die 1977 von Werner Erhard gegründet worden ist. Das Ziel von *Hunger Project* besteht darin, die Lösung des Welthungerproblems voranzutreiben, indem es als *Katalysator* wirkt. Es handelt sich dabei um einen intensiven, anspruchsvollen, grossangelegten Versuch, einen Paradigmawechsel zu beschleunigen – um «die Zeit für eine Idee reif zu machen», wie es die Organisatoren des Projekts ausdrücken. Die

Erfolge des Projekts und die Art und Weise, wie es missverstanden worden ist, sind lehrreich.

Hunger Project geht davon aus, dass Lösungen nicht mittels neuer oder zahlreicher Programme zu finden sind. Laut bestinformierten Fachleuten und Agenturen *besteht bereits* ein Gutachten, wonach der Hunger innerhalb von zwei Jahrzehnten beendet werden könnte. Aufgrund der alten Paradigma-Einstellung, laut der eine ganzheitliche Ernährung der Weltbevölkerung nicht möglich sein soll, besteht der Hunger weiter.

In weniger als zwei Jahren haben sich siebenhundertfünfzigtausend Menschen in Dutzenden von Ländern persönlich dazu verpflichtet, den Hunger in der Welt bis zum Jahre 1997 beenden zu helfen. Jeden Monat gewinnt *Hunger Project* über sechzigtausend neue Mitglieder. Drei Millionen Dollar wurden ausschliesslich dafür beschafft, um die Aufmerksamkeit der breiten Öffentlichkeit verstärkt auf die tragischen Ausmasse des Problems und auf die möglichen Lösungen und Methoden zu lenken, mit deren Hilfe Einzelpersonen und Gruppen dem Hunger und dem Hungertod schneller ein Ende setzen können*.

Hunger Project konkurriert nicht mit bereits bestehenden ähnlichen Organisationen, sondern macht deren Aktivitäten einer breiten Öffentlichkeit bekannt und hält die Mitglieder dazu an, dieselben zu unterstützen. Das Projekt schliesst alle sich mit diesem Thema befassenden Parteien in seine Bemühungen mit ein. Kurz vor der Gründung der Stiftung traf sich eine Delegation – darunter Experten für die weltweite Verteilung der Nahrungsmittel – mit Indiens Premierminister. Die Ratgeber des Projektes sind Vertreter vieler Nationen und bereits vorhandener Organisationen zur Hungerbekämpfung; dazu gehört auch Arturo Tanco, der Präsident des Welternährungsrates. Offizielle Daten wie der Bericht der National Academy of Sciences über die Methoden zur Beendigung des Hungers werden der Öffentlichkeit zugänglich gemacht.

Um ein Gefühl der Dringlichkeit zu schaffen, greift das Projekt auf die Kraft der Symbole und Metaphern zurück, indem es den geforderten Tribut des Hungertodes als «ein Hiroshima, das alle drei Tage stattfindet» bezeichnet. Als *Hunger Project* mittels einer Stafette von

---

* Als Antwort auf Kritiken in den Medien, die den Vorwurf erhoben, dass mit dem Geld keine Lebensmittel gekauft worden seien, erklärten die Verwalter des Projekts in einem Finanzbericht: «Wenn mit unserer einen Million Dollar die Effektivität der fünf Milliarden, die jährlich für die Erschliessung neuer Nahrungsmittelquellen ausgegeben werden, nur um ein Prozent ansteigt, hat *unser Geld einen Nutzen von fünftausend Prozent gebracht.*»

mehr als tausend Läufern einen Stab von Maine zum Weissen Haus in Washington brachte, wurde von der Regierung nicht verlangt, dass diese eine Lösung des Problems vorlege. Die Botschaft tat vielmehr von der eigenen Verpflichtung kund, mit dem Ziel einer Beendigung des Hungers und des Hungertodes.

Das Projekt benutzt Modelle aus der Natur sowie wissenschaftliche Entdeckungen als Metaphern; das Hologramm beispielsweise ist «das Ganze im Ganzen». Jeder, der mitmacht, ist «das ganze Projekt». Das Projekt ist eine «Anordnung von Ganzheiten». Jeder, der beitritt, wird aufgefordert, «seine eigene Form der Teilnahme zu schaffen». Einige fasten und steuern dem Projekt bei, was sie sonst für Essen ausgegeben hätten. Viele Geschäfte stifteten die Einnahmen eines Tages. Ein Team von vierzig Läufern brachte durch die Teilnahme am Boston-Marathon von 1979 Spenden im Wert von sechshundertfünfundzwanzigtausend Dollar ein, und zweitausenddreihundert Zuschauer entlang des Weges wurden als Mitglieder gewonnen. Achtundachtzig kalifornische Schüler sammelten im Rahmen eines Rollschuhmarathons rund sechshundert Dollar; als sie die Summe für die «Boat People» bestimmten, brachte sie *Hunger Project* in Kontakt mit *Food for the Hungry,* einer Organisation, welche Flüchtlinge direkt unterstützt.

Jeder, der mitmacht, wird aufgefordert, andere für die Idee zu gewinnen. Mitgliedern wird gesagt, wie man das Interesse von Klubs, Schulkommissionen und Gesetzgebern weckt; wie man Briefe formuliert und wie man öffentliche Präsentationen durchführt. Jedes Mitglied wird gebeten, zugleich als Lehrer zu walten. Im Verlauf von Seminaren wird nachdrücklich auf den Einfluss einer einzigen überzeugten Person hingewiesen – so auf jenen Mann in New Rochelle, New York, der Bürgermeister, Schul- und Stadtverwalter, den Gouverneur und dessen Vertreter für die Idee gewann, sowie auf die Frau in Honolulu, welche die gesamte Delegation des Kongresses, den Gouverneur und den Grossteil der staatlichen Legislative zur Mithilfe verpflichtete. Auf ihr Drängen rief der Gouverneur eine Hungerwoche aus, und staatliche Gesetzgeber verabschiedeten einen Beschluss, in dem die Landwirtschaftsforschung von Hawaii zur Linderung des Hungers in der Welt angeregt wird. Ein Ehepaar in Massachusetts gewann *fünfzigtausend* Menschen für eine Mitarbeit.

Strafgefangene gehörten zu den hingebungsvollsten Unterstützern von *Hunger Project.* Ein Gefangener in der Strafanstalt von San Luis Obispo, Kalifornien, warb tausendfünfhundert von zweitausendvierhundert Insassen. Ein Gefangener in Leavenworth beschäftigte sich nicht nur mit dem Projekt; er und sieben andere Insassen legten ihr

Geld zusammen, um über *Save the Children* zwei vietnamesische Kinder zu unterstützen. Eine zu einer hohen Haftstrafe verurteilte Gefangene in einer Frauenstrafanstalt in Virginia sagte: «Hier drinnen werden die Frauen bitter und kritisch, die Mauern schliessen einen ein. Jeder Tag macht dich kaputt. Am Ende gibt man auf und zieht sich in sich selbst zurück ... Ich erkannte, dass *Hunger Project* ein Weg ist, der aus der Falle hinausführt, indem man die Hand ausstreckt und anderen hilft.»

Solange wir glaubten, dass wir für die Millionen Verhungernden auf dieser Welt nichts tun könnten, versuchten die meisten von uns, nicht an sie zu denken; dieses Verdrängen hatte jedoch seinen Preis. *Hunger Project* hebt nachdrücklich ein Schlüsselprinzip der Transformation hervor – die Notwendigkeit, sich schmerzvollem Wissen zu stellen:

> Wir haben uns betäubt, damit wir den Schmerz nicht spüren. Wir müssen schlafen, um uns vor der schrecklichen Einsicht zu schützen, dass achtundzwanzig Menschen, die meisten davon kleine Kinder, in dieser Minute sterben – achtundzwanzig Menschen, die sich von dir oder mir oder unsern Kindern in nichts unterscheiden, ausser dass wir zu essen haben und sie nicht.
>
> Wir haben unser Gewissen und unsere innere Aufmerksamkeit bis zu einer Ebene ausgeschaltet, wo es uns egal ist. Wenn du dich fragst, ob es uns etwas kostet, wenn wir zulassen, dass Millionen verhungern; dem ist so. *Es kostet uns unsere eigene innere Aufmerksamkeit.*

Innerhalb eines Jahres nach dem Start des Projekts sind neunzig Komitees in dreizehn Ländern organisiert worden. Berühmtheiten sprachen sich für dieses Anliegen aus, manchmal ohne direkte Bezugnahme auf das Projekt, ähnlich wie sich in den vierziger Jahren Filmstars für den Verkauf von Kriegsanleihen einsetzten. Der Sänger John Denver drehte einen Dokumentarfilm über den Hunger in der Welt. Er sagte einem Journalisten: «Wir sind auf diesem Planeten an einem Punkt angelangt, wo wir einen bestimmten Wandel bezüglich unserer Hingabe an das Leben durchmachen müssen. Bis jetzt hiess es: ‹Wenn dies die letzte Schale Körner ist, hängt mein Überleben davon ab, sie für mich zu behalten.› Jetzt sind wir an einem Punkt angelangt, wo es heissen wird: ‹Mein Überleben hängt davon ab, dass ich dies mit dir teile. Wenn dies nicht genug für mich ist, hängt mein Überleben *immer noch* davon ab, mit dir zu teilen.›»

Denver schrieb für *Hunger Project* «I Want to Live», den Titelsong einer preisgekrönten Schallplatte. Thema des Songs: Wir befinden uns auf der Schwelle zum Ende von Krieg und Hungertod. «Es ist nur eine Idee, aber ich weiss, dass die Zeit dafür reif ist.»

Der Komiker Dick Gregory lieferte dem Projekt eines seiner dramatischsten Bilder:

> Wenn die Leute mich fragen: «Nun, was glaubst du, was aus den Hungernden wird?» gebe ich jene Art von Antwort, die ein Chef der Feuerwehr dem Fernsehreporter gibt, wenn ein wütender Waldbrand ausser Kontrolle gerät: «Es liegt nicht mehr in unseren Händen. Falls sich der Wind nicht dreht, können wir nichts retten.»
>
> Eine Zeitlang sah es so aus, als ob wir es nicht schaffen könnten, ausser wenn der Wind sich drehen würde. Aber ich liess diesen rückständigen Gedanken hinter mir – unser Hunger Project *ist* diese Drehung des Windes.

Ein Kernpunkt wird jenen, die mitmachen, deutlich: Eine Welt ohne Hunger wird nicht nur anders oder besser, sondern *transformiert* sein. Jene, die sich daran beteiligen, werden transformiert werden, indem sie Freunden, der Familie und Arbeitskollegen – auch wenn sie sich befangen fühlen – von ihrer Verpflichtung erzählen sowie durch ihre Suche nach Antworten.

DIE NEUE WAHL

Die Verschwörung im Zeichen des Wassermanns arbeitet auch daran, eine andere Form des Hungers zu lindern – Hunger nach Sinn, Verbundenheit und Vollendung. Und jeder von uns ist «das gesamte Projekt», der Kern einer kritischen Masse, ein Verwalter der Transformation dieser Welt.

In diesem Jahrhundert haben wir mitten in das Atom gesehen. Wir transformierten es – und damit die Geschichte – für alle Zeiten. Aber wir haben auch mitten in das Herz gesehen. Wir kennen die notwendigen Bedingungen für die Wandlung des Geistes. Nun, da wir die tiefgehende Erkrankung unserer Vergangenheit erkennen, können wir neue Muster, neue Paradigmen schaffen. «Die Summe all unserer Tage nimmt gerade ihren Anfang ...»

Transformation ist nicht mehr länger nur ein Blitz, sondern Elektrizität selbst. Wir haben eine grössere Kraft als das Atom bezwungen, einen würdigen Bewahrer all unserer anderen Kräfte.

Wir finden unsere individuelle Freiheit, indem wir nicht ein Ziel, sondern eine Richtung wählen. Man entscheidet sich nicht für die transformative Reise, weil man weiss, wohin sie einen führt, sondern weil sie die einzig sinnvolle Reise darstellt.

Dies ist die so lang vorausgesehene Heimkehr. «Verdamme *mich* und nicht den Weg», sagte Tolstoi. «Wenn ich den Weg nach Hause kenne und ich ihn betrunken und stolpernd entlanggehe: Beweist dies, dass die Strasse nicht die richtige ist? Wenn ich stolpere und mich verirre, komm mir zu Hilfe ... Ihr seid auch menschliche Wesen, und ihr geht auch nach Hause.»

Tocqueville äusserte einmal, dass die Nationen der Welt wie Wanderer in einem Wald seien. Obwohl keiner das Ziel des andern kennt, stossen ihre Wege unvermeidlich im Zentrum des Waldes zusammen. In diesem Jahrhundert der Kriege und weltweiten Krisen haben wir uns im Walde unserer dunkelsten Entfremdung verirrt. Eine nach der anderen sind die gewohnten Strategien der Nationalstaaten – Isolation, Verstärkung, Rückzug und Herrschaft – vernichtet worden. Wir werden immer tiefer in den Wald hineingedrängt, in die Richtung eines Auswegs, der radikaler ist als alles, was wir uns bisher vorgestellt haben: Freiheit mit- und nicht voneinander. Nach einem Werdegang der Trennung und des Misstrauens begegnen wir uns auf der Lichtung.

Unsere Metaphern der Transzendenz haben wahrhaftigere Kunde von uns gegeben als unsere Kriege: Die Lichtung, das Ende des Winters, die Bewässerung der Wüste, das Heilen der Wunden, das Licht nach der Dunkelheit – nicht das Ende der Sorgen, aber ein Ende der Niederlage.

Jahrhundertelang wussten diejenigen, die eine transformierte Gesellschaft voraussahen, dass nur relativ wenige ihre Vision teilten. Wie Moses spürten sie den Windhauch eines Vaterlandes, das sie in der Ferne sehen, aber nicht bewohnen konnten. Aber sie spornten andere weiter in Richtung der möglichen Zukunft an. Ihre Träume stellen unsere reiche, nicht erlebte Geschichte dar; das Erbe, das neben unseren Kriegen und unserer Torheit stets vorhanden war.

In einem erweiterten Zustand des Bewusstseins kann man gelegentlich ein vergangenes Trauma lebhaft wiedererfahren und im Nachhinein und mit Phantasie anders darauf reagieren. Indem wir auf diese Weise die Quelle unserer alten Ängste berühren, können wir sie bannen. Wir werden nicht so sehr von Ereignissen verfolgt, als vielmehr von unseren Vorstellungen über diese, von dem verkrüppelnden Selbstbild, das wir mit uns herumtragen. Wir können die Gegenwart und die Zukunft transformieren, indem wir die mächtige Vergangenheit mit ihrer Botschaft des Scheiterns wiederaufleben lassen. Wir können nochmals am Scheideweg stehen – wir können neu wählen.

In diesem Sinne können wir auch anders auf die Tragödien der modernen Geschichte reagieren. Unsere Vergangenheit ist nicht unser Potential. Mit all den unnachgiebigen Lehrern und Heilern der Geschichte, die an unser höchstes Selbst appellieren, können wir jederzeit die Zukunft befreien. Einer nach dem anderen können wir neu wählen – können wir uns für das Erwachen entscheiden, dafür, das Gefängnis unserer Konditionierung zu verlassen, zu lieben, uns heimwärts zu wenden. Uns miteinander und füreinander zu verschwören.

Das Erwachen bringt seine eigenen Bestimmungen mit sich, für jeden von uns einzigartig, von jedem gewählt. Was du auch immer über dich selbst denkst und wie lange auch immer du es schon gedacht haben magst, du bist nicht nur du. Du bist ein Same, ein stilles Versprechen. Du bist die Verschwörung.

ANHANG A

ZUSAMMENFASSUNG:
ANTWORTEN AUF DEN FRAGEBOGEN ZUR
VERSCHWÖRUNG IM ZEICHEN DES WASSERMANNS

Von den 185 Personen, die auf den Fragebogen antworteten, waren 131 Männer und 54 Frauen. Fast 46 Prozent lebten in Kalifornien, 29 Prozent an der Ostküste, 9 Prozent im Mittleren Westen, 6 Prozent im Westen (Kalifornien ausgenommen), 6 Prozent im Süden und 4 Prozent ausserhalb der Vereinigten Staaten.

Zur Zeit der Umfrage waren 101 Personen (54,5 Prozent) verheiratet. Fast die Hälfte waren Einzelkinder oder Erstgeborene. Wie auch im Text aufgeführt, repräsentieren sie verschiedene Berufe.

Viele zogen es vor, ihre politische Einstellung nicht näher zu erläutern, da sie die Meinung vertraten, dass die alten Etikettierungen nicht länger relevant seien. Von denjenigen, die darauf antworteten, bezeichneten sich 40 Prozent als liberal, 12 Prozent als radikal, 20 Prozent als gemässigt, 7 Prozent als konservativ, 21 Prozent als unpolitisch. Parteizugehörigkeit: 34 Prozent Demokraten; 3 Prozent Republikaner; 16 Prozent andere. Was das Lösen von Problemen anbelangt, erachteten die meisten (72 Prozent) die Regierung als *weniger* bedeutend als vor fünf Jahren; für 28 Prozent war sie *bedeutender* geworden. Eine dezentralisierte Regierung wurde von 89 Prozent befürwortet, eine streng zentralistische Regierung von 11 Prozent.

58 Prozent gaben an, dass sie zahlreiche Kontakte zu Menschen haben, die ihre Vorstellungen und ihr Interesse am menschlichen Potential teilen; 42 Prozent verfügten nur über einige Kontakte dieser Art.

Bei der Benennung der Institutionen, die sie in Anbetracht einer beginnenden Transformation für die dynamischste hielten, ergab sich folgendes: 21 Prozent hielten das Gesundheitswesen für die dynamischste Institution; 17 Prozent die Psychologie; 13 Prozent die Religion; 12 Prozent die Familie; 10 Prozent die Geschäftswelt; 9 Prozent die Medien; 8 Prozent die Erziehung; 6 Prozent die Künste; 4 Prozent die Politik.

Die grössten Gefahren für eine gesellschaftliche Transformation: die allgemeine Furcht vor Veränderung, 44 Prozent; konservative Rückschläge, 20 Prozent; Unstimmigkeiten unter den Fürsprechern der Transformation, 18 Prozent; extreme Ziele der Fürsprecher der Transformation, 18 Prozent. Fünfzig Prozent bezeichneten ihre Meinung über die Zukunft der Menschheit als optimistisch, 38 Prozent als vorsichtig optimistisch, 8 Prozent als unsicher, und 4 Prozent als pessimistisch.

Die Befragten wählten je vier Beispiele für eine gesellschaftliche Transformation, die ihnen in Begriffen ihrer eigenen Erfahrung am wichtigsten erschienen: das persönliche Beispiel wurde von 79 Prozent angeführt; unterstützende Netzwerke, 45 Prozent; elektronische Massenmedien, 39 Prozent; Gewinnen einflussreicher Menschen, 38 Prozent; Bücher, 38 Prozent; öffentliche (staatliche) Erziehung, 37 Prozent; Konferenzen und Seminare, 32 Prozent; Zeitschriften und Magazine, 22 Prozent; fachbezogene Erziehung, 20 Prozent; Pilot-Projekte, 15 Prozent; Neuverteilung der Geldmittel, 12 Prozent; Regierungsprogramme, 9 Prozent.

Spirituelle Disziplinen und Techniken zu Entwicklung und Wachstum wurden bezüglich ihrer eigenen Transformation als bedeutend angesehen: Zen, 40 Prozent; Yoga, 40 Prozent; Christliche Mystik, 31 Prozent; Psychosynthesis (nach R. Assagioli), 29 Prozent; Jung-Therapie, 23 Prozent; Tibetanischer Buddhismus, 23 Prozent; Transzendentale Meditation, 21 Prozent; Sufismus, 19 Prozent; Transaktionale Analyse, 11 Prozent; Est, 11 Prozent; Kabbala, 10 Prozent. Der religiöse Hintergrund der Antwortenden: 55 Prozent Protestanten; 20 Prozent Juden; 18 Prozent Katholiken; 2 Prozent andere; 5 Prozent ohne religiösen Hintergrund. Einundachtzig Prozent waren innerhalb ihrer Religion nicht mehr aktiv.

Von den Antwortenden erfahrene Körpertherapien: 32 Prozent T'ai Chi Ch'uan; 31 Prozent Rolfing; 31 Prozent Feldenkrais; 24 Prozent Alexander-Technik; 14 Prozent die Methoden nach Reich.

Viele zogen es vor, die Fragen bezüglich ihres früheren oder gegenwärtigen Gebrauchs psychedelischer Drogen unbeantwortet zu lassen. Neununddreissig Prozent aller Befragten räumten ein, dass psychedelische Erfahrungen bei ihrer eigenen transformativen Entwicklung wichtig gewesen sind; 28 Prozent sagten aus, dass sie gelegentlich noch Psychedelika zu sich nehmen; 16 Prozent, dass für sie psychedelische Erfahrungen weiterhin wichtig sein werden.

Viele der Befragten haben sich mit einzelnen Aspekten der Naturwissenschaften befasst; die Umfrage zeigte auch ein starkes Interesse an den Künsten: 46 Prozent spielten ein Musikinstrument; 43 Prozent beschäftigten sich regelmässig mit Kunst oder Kunsthandwerk und 63 Prozent lasen regelmässig Romane und Gedichte.

Die meisten Befragten akzeptierten psychische Phänomene und die transpersonale Dimension als eine Realität. Bei einer Auswahl aus einem Spektrum zwischen sehr sicherem, ziemlich sicherem, unsicherem Glauben, Skepsis und Zweifel, neigten sie zu sehr sicherem oder ziemlich sicherem Glauben in bezug auf Telepathie (96 Prozent), Geistheilung (94 Prozent), Präkognition (89 Prozent), Hellsehen (88 Prozent), Synchronizität (84 Prozent), Psychokinese (82 Prozent), kosmische Intelligenz (86 Prozent), Bewusstsein, das den körperlichen Tod überlebt (76 Prozent) und Reinkarnation (57 Prozent). Es gab zahlreiche Einwände gegen den Gebrauch des Wortes *Glaube,* da diese Phänomene aufgrund direkter Erfahrung akzeptiert wurden.

Gipfelerfahrungen sind von 48 Prozent als häufig bezeichnet worden; von 45 Prozent als gelegentlich; von 5 Prozent als selten; von 2 Prozent als nicht existent.

Die eigene persönliche Transformation wurde von 35 Prozent als gelegentlich sehr belastend beschrieben, von 22 Prozent als «tatsächlich hart», von 21 Prozent als leicht belastend und von 22 Prozent als relativ sanft.

Auf die Bitte, auf einer beigefügten Liste jene Ideen zu nennen, die in ihrem eigenen Denken wichtig sind, wählten sie wie folgt: Veränderte Bewusstseinszustände, 74 Prozent; Entdeckungen in bezug auf die beiden Gehirnhemisphären, 57 Prozent; Parapsychologische Forschung, 55 Prozent; Jungs Archetypen, 53 Prozent; Paradoxe Phänomene in der Physik, 48 Prozent; das Holographische Modell der Wirklichkeit, 43 Prozent; das Konzept der Struktur wissenschaftlicher Revolutionen nach Thomas Kuhn, 39 Prozent; Teilhard de Chardins Konzept des sich entwickelnden Bewusstseins, 35 Prozent; Paradoxien in der Evolution, 25 Prozent und Paradoxien in der Mathematik, 14 Prozent.

Als die Befragten gebeten wurden, Einzelpersonen zu nennen, deren Ideen sie entweder durch persönlichen Kontakt oder durch ihre Schriften beeinflusst haben, waren die meistgenannten: Pierre Teilhard de Chardin, C.G. Jung, Abraham Maslow, Carl Rogers, Aldous Huxley, Roberto Assagioli und J. Krishnamurti.

Zu den gelegentlich Erwähnten gehörten: Paul Tillich, Hermann Hesse, Alfred North Whitehead, Martin Buber, Ruth Benedict, Margaret Mead, Gregory Bateson, Tarthang Tulku, Alan Watts, Sri Aurobindo, Swami Muktananda, D.T. Suzuki, Thomas Merton, Willis Harman, Kenneth Boulding, Elise Boulding, Erich Fromm, Marshall McLuhan, Buckminster Fuller, Frederic Spiegelberg, Alfred Korzybski, Heinz von Foerster, John Lilly, Werner Erhard, Oscar Ichazo, Maharishi Mahesh Yogi, Joseph Chilton Pearce, Karl Pribram, Gardner Murphy und Albert Einstein.

ANHANG B

QUELLEN ZUR TRANSFORMATION

Die hier aufgeführten Netzwerke, Institutionen und Zeitschriften stellen nur einige wenige von Hunderten von Publikationen und von Tausenden von gesellschaftlichen Gruppierungen, sich gegenseitig unterstützenden Netzwerken und Organisationen dar, deren Orientierung ein «neues Paradigma» ist. Sie besitzen eine relativ breite Skala und sind jedermann zugänglich. Viele der in der Bibliographie aufgeführten Bücher verzeichnen ebenfalls Quellenhinweise und Netzwerke.

Für US$ 2.75 ist eine rund 30seitige Broschüre in englischer Sprache über die in *Die Sanfte Verschwörung* behandelten Themen erhältlich. Information über: Interface Press, Box 42211, Los Angeles, CA 90042, USA.

NETZWERKE UND INSTITUTIONEN

BUNDESREPUBLIK DEUTSCHLAND

Arbeitsgemeinschaft für Friedens- und Konfliktforschung e.V.
Justus-Liebig-Universität
Institut für Soziologie
Karl-Glöckner-Str. 21
D-6300 Giessen
Zusammenschluss von Friedensforschern beinahe aller Disziplinen der Humanwissenschaften und einer Reihe von Naturwissenschaften. Der Arbeitsgemeinschaft gehören über 20 weitere Institute an.

Arbeitsgemeinschaft ökologischer Forschungsinstitute
Geschäftsstelle
Im Sand 5
D-6900 Heidelberg
Ihr gehören über 20 Institute an.

Arbeitsgemeinschaft Sanfte Energie
Bachgasse 46
D-6140 Bensheim-Auerbach

Arbeitsgemeinschaft Angepasste Technologie
Gesamthochschule Kassel
Menzelstr. 13
D-3500 Kassel

Arbeitskreis Naturgemässer Landbau
Im Pohlschen Bock 9
D-3352 Einbeck
Tel. 05561 – 81107

Arbeitskreis Alternatives Adressbuch
– Das Alternative Adressbuch –
Obergasse 30
D-6501 Ober-Olm
Tel. 06136 – 87539
Enthält ein paar hundert Adressen von Einzelpersonen, Projekten und Gruppen der Alternativszene; jährlich neu.

Alternatives Vorlesungsverzeichnis
c/o Verlag Freie Nachbarschaftsgesellschaft
Wilhelm Baur Str. 14
D-6145 Lindenfels
Tel. 06255 – 2657

Enthält Angebote und Gesuche zu allen möglichen Themenbereichen, die kostenlos vermittelt werden.

Bund für Umwelt und Naturschutz Deutschland e.V.
Oskar-Walzel-Str. 17
D-5300 Bonn
Tel. 0228 – 211421

Coloman
Zentrum für Therapie und Selbsterfahrung
Augustenstr. 46/IV. Rgb.
D-8000 München 2
Tel. 089/522181
Bieten diverse Programme zur Selbsterfahrung und eine wissenschaftliche und erlebnisorientierte Fortbildungsreihe an. Programm wird zugeschickt.

Deutsche Gesellschaft für Sonnenenergie e.V.
Goethestr. 28
D-8000 München 2

Deutsche MERU-Gesellschaft
Am Berg 2
D-4516 Bissendorf 2
Tel. 05402/8833
Wissenschaftliche Vereinigung zur Meditations- und Bewusstseins-Forschung
Zeitschrift: *Mitteilungsblätter*, vierteljährlich DM 5.–

Deutscher Verein für Humane Umweltgestaltung
Postfach 109
D-6637 Nalbach

Dezentrale
c/o Freek-Work
Obergasse 30
D-6501 Ober-Olm
Tel. 06136/87539
Adressen und Projekte-Netz der «alternativen Kooperativen» sowie das «Dorf Netz» mit «Verein Lebensdorf».

*Existenziell-Psychologische Bildungs-
und Begegnungsstätte*
Todtmoos-Rütte
Prof. Dr. Graf K. von Dürkheim
D-7867 Todtmoos-Rütte
Tel. 07674/350
Bietet Meditation der Stille, meditative Praktiken und persönliche Beratung.

*Forschungsring für biologisch-dynamische
Wirtschaftsweise e. V.*
Baumschulenweg 19
D-6100 Darmstadt
Tel. 06151 – 2673

Forschungsstelle für Sanfte Technologie
Schalweg 7
D-4358 Haltern-Sythen

*Forum International für Humanistische
Psychologie und Psychotherapie e. V.*
Frank Koechling
Postfach 2841
D-7000 Stuttgart 1
Tel. 0711 – 248028
Veranstaltungen über verschiedene an humanistischer und transpersonaler Psychologie orientierte Themen mit internationalem Charakter.
Zeitschrift: *FORUM NEWS* (engl.), zweimonatlich

Freunde der Erde
Witzlebenstr. 32
D-1000 Berlin 19

Fritz Perls-Institut
Brehmstr. 9
D-4000 Düsseldorf
Tel. 0211 – 622255
Institut zur Gestalt-Therapie

*Gesellschaft für experimentelle und
angewandte Ökologie*
Buchenweg 19
D-8130 Starnberg-Niederpöcking

*Gesellschaft für rationelle Energie-
verwendung e. V.*
Theodor-Heuss-Platz 7
D-1000 Berlin
Tel. 030 – 3015644

*Gesellschaft für Transpersonale
Psychotherapie e. V.*
Dr. Erhard Hanefeld
Postfach 1150
D-7830 Emmendingen
Plant eine Zeitschrift für Transpersonale Psychotherapie

*Institut für Energie- und
Umweltforschung e. V.*
Im Sand 5
D-6900 Heidelberg
Tel. 06221/12956

*Institut für Friedensforschung und
Sicherheitspolitik*
Universität Hamburg
Falkenstein 1
D-2000 Hamburg 55
Tel. 040/8690 54/55
Unter der Leitung von Wolf Graf von Baudissin; spezialisiert auf sicherheitspolitische Fragen der Ost-West-Beziehungen

*Interdisziplinäre Projektgruppe für
angepasste Technologie*
Technische Universität Berlin
Lentzallee 86
D-1000 Berlin 33

*Internationales Institut für Umwelt
und Gesellschaft*
Wissenschaftszentrum
Potsdamer Str. 58
D-1000 Berlin 30
Tel. 030/261071

Katalyse Umweltgruppe Köln e. V.
Palmstr. 17
D-5000 Köln 1
Tel. 0221 – 213685
Gruppe von Naturwissenschaftlern und interessierten Laien, die Informationen über bisher unbearbeitete Umweltprobleme zusammenträgt und veröffentlicht.

Ökotop
Stuttgarter Platz 15
D-1000 Berlin 12

Öko-Institut
Institut für angewandte Ökologie e. V.
Schönauerstr. 3
D-7800 Freiburg
Tel. 0761/42099/42090
Vertreibt Ökomitteilungen

Studiengruppe für Biologie und Umwelt
Dr. Frederic Vester
Nussbaumstr. 14
D-8000 München 2

ZIST
Zentrum für Individual- und Sozialtherapie
Richard-Wagner Str. 9
D-8000 München 2
Tel. 089/525222
Humanistisch-orientiertes Therapiezentrum mit interaktivem Ansatz zur Selbsterfahrung. Workshops und Seminare. Programm auf Wunsch.

Zukunftswerkstatt
De Haen Platz 8
D-3000 Hannover 1
Veranstaltet Workshops und Seminare über «Sanfte Alternativen» und zukünftige angepasste Technologien.

SCHWEIZ

Dezentrale
Uwe Zahn
36, Rue Pierre Péquignat
CH-2900 Porrentruy

Schweizerische Arbeitsgemeinschaft für Alternative Technologie
Postfach 2121
CH-8037 Zürich

Schweizerische Vereinigung für Sonnenenergie
Mutschellenstr. 4
CH-8002 Zürich

Tune-In
Zentrum für Holistische Therapie
Johannesgasse 8
CH-8005 Zürich

Zentrum für angepasste Technologie und Sozialökologie
Schwengistr. 12
CH-4438 Langenbruck

Zentrum für Transpersonale Psychologie
Werner Stephan
Bahnhofstr. 6
CH-8800 Thalwil

ÖSTERREICH

International Organisation for Human Ecology
Karlsplatz
A-1040 Wien

Aktion Umwelt
Parkstr. 1/8
A-5020 Salzburg

INTERNATIONAL

Association for Humanistic Education
P.O. Box 13042
Gainesville, Florida 32604, USA
Veröffentlicht *The Journal of Humanistic Education* und das Informationsblatt *Celebration*, vierteljährlich.

Association for Humanistic Psychology
325 Ninth St.
San Francisco, CA 94103, USA
Internationale Dachorganisation für viele Netzwerke und Aktivitäten, lokale und nationale Konferenzen. Veröffentlicht Newsletter für Mitglieder. Siehe auch *Journal for Humanistic Psychology* unter Zeitschriften.

Association for Transpersonal Psychology
4615 Paradise Dr.
P.O. Box 3049
Stanford, CA 94305, USA
Internationale Organisation. Veröffentlicht Newsletter; Verzeichnis über Hochschulabschlüsse in Transpersonaler Psychologie und Transpersonaler Erziehung. Siehe auch *Journal of Transpersonal Psychology* unter Zeitschriften.

Briarpatch
330 Ellis St.
San Francisco, CA 94102, USA
Netzwerk von alternativen Geschäftsleuten. Bietet Wochenendkurse an der «School for Entrepreneurs» (Tarrytown House, East Sunnyside Lane, Tarrytown, N.Y. 10591, USA). Veröffentlicht *Briarpatch Review.* US$ 5.– pro Jahr.

Committee for the Future
2325 Porter St. NW
Washington, D.C. 20008, USA
Von Barbara Marx Hubbard gegründetes Netzwerk.

Esalen Institute
Big Sur
California 93920, USA
Von Michael Murphy und Richard Price gegründetes, erstes integratives Institut östlicher Weisheit und moderner Wissenschaft. Vielfältiges Angebot.
Katalog US$ 1.–

Findhorn Community
The Park
Forres IV 36–OTZ
Schottland
Gemeinschaft von ca. 300 Einwohnern auf der Basis von neuen Arbeits- und Lebensformen, Erziehung und Kultur. Begründer: Eileen Caddy/David Spangler – Veranstalten Workshops und Konferenzen.

Friends of the Earth Foundation Inc.
124 Spear Street
San Francisco, CA 94105, USA

Humanistic Education Network
West Georgia College
Carrollton, Ga. 30117, USA
Veröffentlicht Newsletter.

Human Systems Management
Columbia University
419 Uris Hall
New York, N.Y. 10027, USA

The Hunger Project
P.O. Box 789
San Francisco, CA 94101, USA
Veröffentlicht Newsletter *A Shift in the Wind;* gewährt verschiedenen Gruppen Hilfe zur Bekämpfung des Welthungerproblems.

Institute for Alternative Futures
Antioch School of Law
1624 Crescent Pl. NW
Washington, D.C. 20009, USA

Institute of Noetic Sciences
530 Oak Grove Ave. 201
Menlo Park, CA 94025, USA
Fördert Forschungen und Symposien in bezug auf erweiterte Bewusstseinszustände. Veröffentlicht Newsletter.

Interface
63 Chapel St.
Newton, Mass. 02158, USA
Fördert viele Aktivitäten im Bereich von Gesundheit, Physik des Bewusstseins, transpersonaler Psychologie und Erziehung, Meditation und Politik.

Linkage
Box 2240
Wickenburg, Ariz. 85358, USA
Internationales Netzwerk von Robert Theobald und Jeanne Scott begonnen. Verbindet alle an persönlicher und gesellschaftlicher Transformation Interessierten. Zur Zeit vor allem Findhorn/Schottland, Auroville/Indien und Arcosanti/USA. Siehe Kapitel 7.
Ständige Computervernetzung geplant.

Movement for a New Society
4722 Baltimore Ave., Box H
Philadelphia, Pa. 19143, USA
Kommunales Zentrum, Transitkollektiv, Medienkollektiv. Veröffentlicht Merkblätter zum Thema der gewaltlosen Veränderung und *Manual for a Living Revolution.* Literaturliste kann bestellt werden.

New Alchemy Institute
Woods Hole, Massachusetts, USA
Veröffentlicht *Journal of the New Alchemists* (P.O. Box 432, Woods Hole, Ma. 82543, USA). Erscheint jährlich.

New Dimensions Foundation
267 State St.
San Francisco, CA 94114, USA
Produziert Radioprogramme, organisiert eigene Konferenzen und Seminare. Veröffentlicht ein «Audio-Journal» von Kassetten aus Radiointerviews mit vielen Autoren, deren Arbeiten in diesem Buch besprochen wurden. Liste erhältlich.

Open Network
Box 18666
Denver, Colorado 80218, USA
Dieses Computernetzwerk vereinigt die Möglichkeiten der schriftlichen Korrespondenz mit den Kapazitäten von Kleincomputern, die über das Telefonnetz zusammengeschaltet werden. Inhaltlich und zahlenmässig sind vorläufig keine Grenzen gesetzt. Zugang zu diesem Netzwerk ist möglich über einen Rundbrief, eine Zeitung, das Telefon und natürlich über einen Kleincomputer.

Phenomenon of Man Project
8932 Reseda Blvd.
Northridge, CA 91324, USA
Fördert und studiert die Ideen von Pierre Teilhard de Chardin.

Planetary Citizens
777 United Nations Plaza
New York, N.Y. 10017, USA
Verbreitung des Bewusstseins vom «Weltbürger»; Workshops. Veröffentlicht Newsletter gleichen Namens.

Quodlibeta
c/o Bob Welke 11 100 80th Ave. SW
Miami, Florida 33156, USA
Ein Netzwerk für wirklich «verrückte Ideen», die anregend und nützlich sind. Als «Brainstorming»-Korrespondenz gedacht, basiert es auf der motivierten Beteiligung der Mitglieder.

SAGE (Senior Actualization and Growth Exploration)
P.O. Box 4244,
San Francisco, CA 94101, USA

Self Determination:
A Personal/Political Network
Box 126
Santa Clara, CA 98052, USA
In Kapitel 7 beschriebenes Netzwerk. Veröffentlicht *Nexus*, eine Zeitschrift mit Quellenhinweisen für persönliche und gesellschaftliche Transformation in Kalifornien.

SIPRI
Stockholm International Peace Research Institute
Sveavägen 166, 11346 Stockholm/Schweden

Teilhard Centre for the Future of Man
81 Cromwell Road
London, SW7, Grossbritannien

Tranet
Box 567
Rangeley, Maine 04970, USA
«Transnationales Netzwerk» von Leuten, die an angepasster und sanfter Technologie interessiert sind. Mitglieder in 124 Ländern. Arbeitet mit einem Info-Brief, der massenweise Adressen, Ideen und Konzepte enthält.

Turning Point
7 St. Ann's Village
London Wll 4RV, Grossbritannien
Ein mehr europäisch ausgerichtetes Netzwerk. Es bemüht sich vorwiegend um sozial-politische Alternativansätze und forscht nach neuen Formen staatlicher Organisation.

Village Design
P.O. Box 996
Berkeley, CA 94701, USA
Ein Projekt über die «Kunst des Netzwerkes». Teilweise sehr akademisch, weil mit mathematischen Strukturen arbeitend, bereitet es jedoch die sehr praktischen Grundlagen zu Nachbarschaftshilfe, neuen Demokratieformen und Arbeitsvermittlung ohne Arbeitsamt.

World Future Society
P.O. Box 30369
Washington, D.C. 20014, USA

ZEITSCHRIFTEN UND PERIODIKA

BUNDESREPUBLIK DEUTSCHLAND

Alternatives Vorlesungsverzeichnis
Freier Nachbarschaftsuniversitäten
Verlag freie Nachbarschaftsgesellschaft
Wilhelm-Baur-Str. 14
D-6145 Lindenfels

Die Grüne Kraft
Werner Pieper
D-6941 Löhrbach
Herausgabe der Zeitschriften «Kompost», «Humus» und der Reihe «Grüner Zweig».

Durchblick
Zur Gegenwart der Zukunft
Seyfferstr. 46
D-7000 Stuttgart 1
Magazin für Bewusstseinswandel und praktisches Tun.

Graswurzelrevolution
Nernstweg 32
D-2000 Hamburg 50

Hologramm
c/o Bruno Martin
Saalburgstr. 4
D-6000 Frankfurt a. M. 4
Zweimonatszeitschrift mit Schwerpunkt Ökologie und Spiritualität, DM 2.50.

Trendwende
Jochen F. Uebel
Hermann-Löns-Weg 10
D-5650 Solingen 11
Monatlicher Informationsdienst: «Bewusstsein und Gesellschaft im Umbruch».
DM 60.– pro Jahr.

Umweltmagazin
Flemingstr. 9
D-1000 Berlin 41

Wechselwirkung
c/o Reinhard Behnisch
Hauptstr. 31
D-1000 Berlin 62
Zeitschrift für Technik, Naturwissenschaft und Gesellschaft.

Zero
Carl-Heinz Urselmann
Vierbaumer Heide 82a
D-4134 Rheinberg 4

Integrative Therapie
Postfach 1840
D-4790 Paderborn
Tel 05251/34488
Zeitschrift für Verfahren humanistischer Psychologie und Pädagogik

Sensus Communikation
Werner Flach
Altkönigstr. 10
D-6000 Frankfurt/M. I
Tel. 0611/724926

SCHWEIZ

Öko-Journal
CH-9056 Gais

Sphinx Magazin
Postfach
CH-4003 Basel
Vierteljährlich, mit Beiträgen von Alten Traditionen über das Hier und Jetzt zu Neuen Dimensionen.

INTERNATIONAL

Brain/Mind Bulletin
Box 42211
Los Angeles, CA 90042, USA
Zeitschrift zur Theologie und Praxis der Bewusstseinsforschung. Erscheint alle drei Wochen. Herausgeberin: Marilyn Ferguson. Für Europa: US$ 22.– pro Jahr. Am Ende jeden Jahres werden alle veröffentlichten Artikel über einen speziellen Bereich

in sogenannte «Theme-Packs» zusammengefasst (Medizin, Lernen, Psychologie, Psychiatrie, Bewusstsein, rechte und linke Gehirnhemisphäre u.a.). Durch Einsendung eines postüblichen, mit einem internationalen Postgebührschein versehenen, adressierten Umschlag erhält man ein Probeexemplar und «Theme-Pack»-Informationen. Siehe auch *Leading Edge.*

Alternative Sources of Energy
Route 2, Box 90-A
Milaca, Minnesota 56353, USA
Zweimonatliche Zeitschrift zur Entwicklung alternativer Technologien für eine dezentralisierte Gesellschaft; Kommunikationsnetzwerke.

Co-Evolution Quarterly
Box 428
Sausalito CA 94965, USA
Vierteljährlich von Steward Brand, vom *Whole Earth Catalog* veröffentlicht.
US.$ 12.– pro Jahr.

Communities
P.O. Box 426
Louisa, Va. 23903, USA
Journal über kooperatives Leben, erscheint alle zwei Monate.

The Creativity Newsletter
827 Westwood Dr.
Info-Brief, 10 Ausgaben,
US$ 21.– pro Jahr.

Dromenon
P.O. Box 2244
New York, N.Y. 10001, USA
Zweimonatlich, gegründet von Jean Houston und Robert Masters, US$ 6.– pro Jahr.

East-West Journal, 233 Harvard St.
Brookline, Mass. 02146, USA
Monatliches Mitteilungsblatt über New Age-Entwicklungen. Jede Ausgabe enthält einen Teil über Maktrobiotik, US$ 10.– pro Jahr.

Journal of Humanistic Psychology
325 Ninth St.
San Francisco, DA 94103, USA
Vierteljährlich, US$ 12.– pro Jahr. Siehe auch unter Netzwerken *Association for Humanistic Psychology.*

Journal of Transpersonal Psychology
P.O. Box 4437
Stanford, CA 94305, USA
Halbjährlich, US$ 10.– pro Jahr. Siehe auch unter Netzwerken *Association for Transpersonal Psychology.*

Leading Edge: A Bulletin of Social Transformation
P.O. Box 42247
Los Angeles, CA 90042, USA
Von Marilyn Ferguson seit September 1980 herausgegebenes Bulletin mit Schwerpunkt auf gesellschaftlichen Aspekten (Politik, Netzwerke, Geschäftswelt und Handel, Justiz, Künste und Religion). Erscheint alle drei Wochen, US$ 22.– pro Jahr. Gegen Einsendung eines mit internationalen Postgebührschein versehenen Umschlages erhält man ein Probeexemplar.

Manas
P.O. Box 32112
El Sereno Street
Los Angeles, CA 90032, USA
Ausser Juli und August wöchentlich, US$ 10.– pro Jahr. Zeitschrift über Philosophie und praktische Psychologie.

Mother Earth News
P.O. Box 70
Hendersonville, N.C. 28739, USA
Zweimonatliche Zeitschrift über Landwirtschaft und ländliches Leben.

National Network Mailing List
P.O. Box 1492
Eugene, Oregon 97401, USA

New Age
244 Brighton Ave.
Allston, Mass. 02134, USA
Monatlich; US$ 12.– pro Jahr.

New Age Book Review
The Rainbow Cultural Foundation, Inc.
P.O. Box 324
Murray Hill Station
New York, N.Y. 10016, USA
Monatlich; US$ 14.– pro Jahr.

New Age Journal
P.O. Box 4921
Manchester, N.H. 03105, USA

Monatliche Zeitschrift über die Auswirkungen des Umweltschutzes und gewaltfreien Bewegung auf das Leben der Nordamerikaner; spezielle Ausgaben über Körperbewusstsein, Liebe, Beziehungen, Tod, Geburt, Sonnenenergie usw.

New Games Resource Catalog
New Games Foundation
P.O. Box 7901
San Francisco, CA 94120, USA

The New Humanity Journal
Johann Quanier
51-A York Mansions
Prince of Wales Dr.
London SW ll, Grossbritannien

New Life Magazine
159 George St.
London Wl, Grossbritannien

New Periodicals Index
Mediaworks
P.O. Box 4494
Boulder, Colorado 80306, USA
Halbjährlicher Index über Beiträge in Alternativ- und New Age-Zeitschriften.

New Realities
680 Beach St.
San Francisco, CA 94109, USA
Zweimonatlich

Rain: A Journal of Appropriate Technology
2270 N.W. Irving
Portland, Oregon 97210, USA
Zehn Nummern, US$ 15.– pro Jahr.

Re-Vision: A Journal of Knowledge and Consciousness
20 Longfellow Rd.
Cambridge, Mass. 02138, USA
Vierteljährlich, US$ 15.- pro Jahr.

Seriatim: The Journal of Ecotopia
122 Carmel
El Cerrito, CA 94530, USA
Vierteljährlich, US$ 9.- pro Jahr.

Trajectories
2050 Center Street, Ste 1362
Berkeley, CA 94704,9 USA
Newsletter des Institute for the Study of the Human Future (gleiche Adresse)

Tranet
P.O. Box 567
Rangeley, Maine 04970, USA
Vierteljährliches Informationsblatt der Alternativtechnikgruppen.

Transformation News
188 Old Street
London ECI, Grossbritannien
Vierteljährlich, £ 2.– pro Jahr, Zeitschrift zur Synthese einer positiven Zukunft.

Whole Earth Papers
552 Park Ave.
East Orange, N.J. 07010, USA
Vierteljährlich, US$ 10.– pro Jahr.

BIBLIOGRAPHIE

Die Absicht dieser Bibliographie besteht darin, Zugang zu weiteren Nachforschungen zu öffnen; es soll damit keineswegs eine gelehrte Dokumentation geschaffen werden. Die meisten Bücher sind deshalb ohne detaillierte Informationen aufgeführt, da sie ohne weiteres über Buchhandlungen und Bibliotheken bezogen werden können. Viele dieser Bücher sind in verschiedenen Ausgaben erhältlich. Dort, wo Hinweise schwieriger zu erhalten sind, finden sich detaillierte Angaben.

Dieses Verzeichnis ist durchaus nicht vollständig, weil es zu den meisten der hier behandelten Themen zahlreiche wertvolle Publikationen gibt. Die verzeichneten Bücher (in deutscher oder in englischer Sprache) vermitteln die behandelte Thematik in klarer Weise und werden die Leser mit weiteren Quellen und Literaturhinweisen bekannt machen. Man beachte, dass Anhang B ergänzende Quellen aufführt: Netzwerke, Institutionen und Zeitschriften, Periodika.

Ergänzend zu den für Kapitel 3, 6, 8 und 9 zitierten technisch-wissenschaftlichen Hinweisen war eine wichtige Quelle die von der Autorin selbst herausgegebene Zeitschrift *Brain/Mind Bulletin* (Interviews, Zusammenfassungen von Schriften, Konferenzen und Publikationen aus wissenschaftlichen Zeitschriften); da dieses Material sechsundneunzig Ausgaben – den Berichten von vier Jahren – entnommen worden ist, würde ein Verzeichnis aller ursprünglichen Zitate eine zu umfangreiche Bibliographie ergeben. Jene, die mit Hilfe der «Theme Packs» von *Brain/Mind Bulletin* einem speziellen Gebiet nachgehen möchten, finden in Anhang B weitere Informationen.

The Aquarian Conspiracy Papers, ein Buch mit ausgewählten Texten und Auszügen aus sowohl veröffentlichten als auch privat verbreiteten, zukunftsweisenden Schriften, befindet sich in Vorbereitung.

1 DIE VERSCHWÖRUNG

Im Kapitel nicht zitierte Quellen umfassen: einen Essay von Beatrice Bruteau in der Zeitschrift *Anima*, Frühling 1977 und die Vorlesungen von Ilya Prigogine an der Universität von Texas im April 1978. Ferner folgende Bücher: Pierre Teilhard de Chardin, *Der Mensch im Kosmos,* München 1959; Alexis de Tocqueville, *Democracy in America;* Marshall McLuhan, *Wohin steuert die Welt? Massenmedien und Gesellschaftsstruktur,* Wien 1978; Lewis Mumford, *Hoffnung oder Barbarei. Die Verwandlung des Menschen,* Frankfurt 1981; P.W. Martin, *An Experiment in Depth* und *The Whole Earth Papers* (siehe Verzeichnis der Zeitschriften in Anhang B).

2 VORAHNUNGEN VON TRANSFORMATION UND VERSCHWÖRUNG

Ergänzend zu den im Text genannten Büchern sind folgende Quellen verwendet worden: Nikos Kazantzakis, *Saviors of God;* Arnold Toynbee, *Menschheit und Mutter Erde. Die Geschichte der grossen Zivilisationen,* Berlin 1982; Barbara Marx Hubbard, *The Hunger of Eve;* George Cabot Lodge, *The New American Ideology;* José Argüelles, *The Transformative Vision;* Jonas Salk, *Survival of the Wisest;* Martin Buber, *Ich und Du,* Freiburg 1979; Theodore Roszak, *Sources*; eine Vorlesung von Roszak am Claremount College im Jahre 1976; der Policy Research Report Nr. 4 des Center for the Study of Public Policy am Stanford Research Institute, Menlo Park, Kalifornien, mit dem Titel *The Changing Image of Man;* Autoren dieser für die Charles F. Kettering Foundation erstellten Studie waren Joseph Campbell, Duane Elgin, Willis Harman, Arthur Hastings, O.W. Markley, Floyd Matson, Brendan O'Regan und Leslie Schneider.

3 TRANSFORMATION: GEHIRN UND GEIST IM WANDEL

Nicht im Text verzeichnete Quellen: Edwin A. Abbott, *Flatland;* Frederic Flach, *Choices;* William James, *Die Vielfalt religiöser Erfahrung,* Freiburg 1979; Hermann Hesse, *Mein Glaube: Eine Dokumentation: Betrachtungen, Briefe, Rezensionen und Gedichte,* Frankfurt 1974; Eugene Gendlin, *Focusing. Technik der Selbsthilfe bei der Lösung persönlicher Probleme,* Salzburg 1981; und verschiedenen Schriften und Vorlesungen von Ernest Hilgard, einschliesslich eines Artikels in der Zeitschrift *Pain* 1, 213-231. Die durch Meditation bewirkte zunehmende Blutzufuhr im Gehirn ist von Ron Jevning und seinen Mitarbeitern von der University of California/Irvine auf dem Jahrestreffen der America Physiological Society im Jahre 1979 vorgestellt worden; über die funktionelle Gehirnspaltung bei psychosomatisch erkrankten Patienten wurde in der Zeitschrift *Psychoanalytic Quarterly* 46, S. 220-244 berichtet; der psychedelische Effekt, ausgelöst durch die Aufmerksamkeit gegenüber seiner eigenen Bewusstheit wurde in *Archives of General Psychiatry* 33, S. 867-876 veröffentlicht; das plötzliche Auftreten von Theta-Wellen im EEG von Langzeit-Meditierenden in *Electroenzephalography and Clinical Neurophysiology* 42, S. 397-405. Ergebnisse über Meditationsphänomene, veränderte Bewusstseinszustände, über Chemie des menschlichen Gehirns und die spezialisierten Funktionen der linken und der rechten Gehirnhemisphären sind verschiedenen Ausgaben des *Brain/Mind Bulletin* entnommen worden.

Bücher zu diesem Thema: Paul Watzlawick, *Lösungen. Zur Theorie und Praxis menschlichen Wandels,* Bern 1974; Milton Ward, *The Brilliant Function of Pain;* Joseph Goldstein, *Vipassana-Meditation: Die natürliche Entwicklung unserer Einsicht,* Berlin 1978; Andrew Weil, *The Natural Mind;* Marilyn Ferguson, *Die Revolution der Gehirnforschung,* Olten, Freiburg 1981; das von Kenneth Pope und Jerome Singer herausgegebene Buch *The Stream of Consciousness* und *Consciousness: Brain States of Awareness and Mysticism,* herausgegeben von Daniel Goleman und Richard Davidson.

4 ZU NEUEN UFERN: MENSCHEN VERÄNDERN SICH

Edward Halls Diskussion der Zeit erschien in *Beyond Culture* und in einem Interview in *Psychology Today,* Juli 1976; die Äusserungen von Jonas Salk stammen von der Konferenz der Association for Humanistic Psychology aus dem Jahre 1975. Das Buch *On Waking Up* von Marian

Coe Brezic wurde von Valkyrie Press, 2135 lst Ave. S., St. Petersburg, Florida 33712, USA, veröffentlicht. Die Stellungnahme von Gabriel Saul Heilig findet sich in seinem Nachwort zu dem Buch *Tenderness in Strength* von Harold Lyens, Jr. Aldous Huxleys Betrachtung psychedelischer Drogen erschien ursprünglich in der *Saturday Evening Post* und ist in seinem Buch *Collected Essays* enthalten.

Bücher zu dem allgemeinen Thema persönlicher Transformation: Viktor E. Frankl, *Der Mensch vor der Frage nach dem Sinn*, München 1980; Roberto Assagioli, *Handbuch der Psychosynthesis. Angewandte Transpersonale Psychologie*, Freiburg 1978; Abraham Maslow, *Psychologie des Seins – Ein Entwurf*, München 1978 und *The Farther Reaches of Human Nature*; C.G. Jung, *Über die Entwicklung der Persönlichkeit*, Olten/Freiburg 1978.

Weitere Ansätze zur Erklärung transformativer Entwicklung finden sich in: Alan Arkin, *Halfway Through the Door*; Denise McCluggage, *The Centered Skier*; George Leonard, *The Ultimate Athlete*; Walt Anderson, *Das Offene Geheimnis. Der Tibetanische Buddhismus als Religion und Psychologie*, München 1981; Kathleen Speeth, *The Gurdjieff Work*; Reshad Feild, *Ich ging den Weg des Derwisch*, Frankfurt 1980; Louis M. Savary/Margaret Ehlen-Miller, *Ich entdecke mich – Wege zur Bewusstseinserweiterung*, München 1979; Ira Progroff, *At a Journal Workshop*; Frances Vaughan, *Awakening Intuition*; Ardis Whitman, *Meditation: Journey to the Self*; Daniel Goleman, *The Varieties of the Meditative Experience*; Ram Dass, *Sei jetzt hier*, Berlin 1976; Patricia Carrington, *Das grosse Buch der Meditation*, München 1980; Peter Russel, *The TM Technique*; George Feiss, *Mind Therapies/Body Therapies*; Terry Dobson und Viktor Miller, *Giving in to Get Your Way*; Robert Pirsig, *Zen und die Kunst ein Motorrad zu warten*, Frankfurt 1978; Jose Silva und Philip Miele, *The Silva Mind Control Method*; Buryl Payne, *Getting There Without Drugs*; Frank Pierce Jones, *Body Awarness in Action: A Study of the Alexander Technique*; Jeffrey Mishlove, *The Roots of Consciousness*; Cris Popenoe (Hrsg.), *Books for Inner Development: The Yes! Guide*; Nathaniel Lande, *Mindstyles, Lifestyles*; Aldous Huxley, *The Art of Seeing* und *Die Pforten der Wahrnehmung – Himmel und Hölle*, München 1980; Michael Murphy, *Jacob Atabet*; Betty Edwards, *Drawing on the Right Side of the Brain*; Adelaide Bry, *Est: 60 Hours That Transform your Life*; Robert Hargrove, *Making Life Work*; James Martin, *Actualizations: Beyond Est*; und verschiedene Bücher von Carlos Castaneda, *Die Lehren des Don Juan*, Frankfurt 1980; *Reise nach Ixtlan*, Frankfurt 1976; *Eine andere Wirklichkeit*, Frankfurt 1975; *Der Ring der Kraft*, Frankfurt 1978.

5 DIE AMERIKANISCHE MATRIX DER TRANSFORMATION

Paul F. Boller, Jr., *American Transcendentalism 1830–1860: An Intellectual Inquiry*; William McLoughlin, *Revivals, Awakenings and Reform*; Michael Davy, *California: The Vanishing Dream;* Remi Nadeau, *California: The New Society;* Carey McWilliams, *The California Revolution*; Lancelot Law Whyte, *The Next Development in Man*. George Leonard beschrieb seine Begegnung mit Michael Murphy in seinem Vorwort zu *Out in Inner Space* von Dr. Stephen A. Applebaum; die Stellungnahme von James Alan McPherson erschien in der Zeitschrift *Atlantic*, Dezember 1978; das klassische Essay über die Zeiten des Erwachens von Anthony F. C. Wallace wurde zuerst in der Zeitschrift *American Anthropology* 58, S. 264-281 veröffentlicht.

6 BEFREIENDES WISSEN: NEUIGKEITEN VON DER VORDERSTEN FRONT DER WISSENSCHAFT

Die von Alfred Korzybski in seinem Buch *Science and Sanity* dargelegten Ideen, sind von zahlreichen Autoren in einfacheren Begriffen erläutert worden. So zum Beispiel von Stuart Chase in seinem Buch *Power of Words*. Barbara Browns Ansichten über die Implikationen von Biofeedback sind in Interviews, Vorträgen und drei Büchern erläutert worden (*New Mind, New Body*; *Stress and the Art of Biofeedback* und *Supermind*). Dazu auch: Elmer und Alyce Green *Biofeedback – Eine neue Möglichkeit zu heilen*, Freiburg 1978.

Die Evolutionstheorie des unterbrochenen Gleichgewichts wurde von Stephen Jay Gould in der Zeitschrift *Natural History*, Mai 1977, dargelegt, ebenso von Niles Eldredge anlässlich eines Meetings mit dem Arbeitstitel «Neue Horizonte der Wissenschaft» im Jahre 1978, das vom Council for the Advancement of Science gefördert worden war. Beweise für mehrere homonide Vorfahren der Menschen wurden von Gould in *Natural History*, April 1976, in einem Artikel über Richard Leakey in *Time*, 7. November 1977 und in Richard Leakeys Buch *Die Menschen vom See. Neueste Entdeckungen zur Vorgeschichte der Menschheit*, München/Gütersloh, 1980, dargelegt. Die Äusserungen von Albert Szent-Györgyi über zufällige Mutation erschienen in *The Journal of Individual Psychology* und in *Synthesis* im Frühjahr 1974. Der Bericht über unterbrochene Sequenzen im genetischen Material erschien in *New Scientist*, 1. Mai 1978.

Die Auffassungen von Ilya Prigogine sind Interviews und Vorlesungen entnommen, sowie einer Sonderausgabe der *Texas Times* vom Dezember 1977 (von der Universität von Texas/Austin veröffentlicht), einem Artikel über gesellschaftliche Dynamik in *Chemical and Engineering News,* 16. April 1979, und einer Schrift von P. Glandsdorff und Ilya Prigogine: *Thermodynamic Theory of Structure, Stability and Fluctuations.* Ebenso aus zwei Büchern von Prigogine: *Vom Sein zum Werden,* München, 1980, und zusammen mit Isabelle Stengers: *Dialog mit der Natur. Neue Wege naturwissenschaftlichen Denkens,* München 1981. Die Theorie dissipativer Strukturen ist der wichtigste Bestandteil von Erich Jantschs Buch: *Die Selbstorganisation des Universums. Vom Urknall zum menschlichen Geist,* München 1979. (Gegen Einsendung eines adressierten, mit einem internationalen Postgebührenschein versehenen, postüblichen Briefumschlags erhält man eine Sonderausgabe von *Brain/Mind Bulletin* über Prigogines Theorie dissipativer Strukturen: P.O. Box 42211, Los Angeles, CA 90042, USA). Die Beziehung zwischen dissipativen Strukturen und Gehirnfunktionen wird von A.K. Katchalsky u.a. in *Neurosciences Research Progress Bulletin,* Volume 12, des Massachussetts Institute of Technology diskutiert.

Ein längerer technischer Beitrag im *Scientific American,* November 1979, untersucht die Beweise für Bells Theorem. Die zitierten Auszüge von Jeremy Bernstein und Robert Jastrow erschienen in Essays der *Los Angeles Times.* Zeitgemässe Übersichten und Bibliographien der Parapsychologie finden sich in zwei Ausgaben von *Advances in Parapsychological Research, Volume 1, Psychokinesis* und *Volume 2, Extrasensory Perception* – herausgegeben von Stanley Krippner – sowie in dem von Betty Shapin und Lisette Coly herausgegebenen Buch *Brain, Mind and Parapsychology.*

Karl Pribrams Synthese seines holographischen Gehirnmodells mit David Bohms Ansichten über das physische Universum erscheint in dem von Gordon Globus u.a. herausgegebenen Buch *Consciousness and the Brain* und in *Perceiving, Acting and Knowing,* herausgegeben von R.E. Shaw und J. Bransford. Die im Text enthaltenen Bemerkungen Pribrams sind Vorträgen, Konferenzprotokollen und Interviews entnommen worden *(Human Behavior,* Mai 1978 und *Psychology Today,* Februar 1979). David Bohms Theorie des implizierten Universums erschien in Ted Bastins (Hrsg.) *Quantum Theory and Beyond;* der Zeitschrift *Foundations of Physics* 1 (4), 3 (2) und 5 (1); in dem von der University Press of America herausgegebenen, unautorisierten Buch *Mind in Nature* und in einem längeren Interview in *Re-Visions* (Sommer/Herbst 1978).

Weitere Bücher zum Thema: Theodor Schwenk, *Das Sensible*

Chaos, Stuttgart 1980; Itzhak Bentov, *Stalking the Wild Pendulum;* Arthur Koestler, *Janus;* George Leonard, *Der Rhythmus des Kosmos*, München 1980; Judith Weschler (Hrsg.), *On Aesthetics in Science;* Arthur Young, *The Reflexive Universe* und *The Bell Notes;* George T.L. Land, *Grow or Die: The Unifying Principle of Transformation;* David Foster, *The Intelligent Universe* und Michael Polanyi, *Personal Knowledge*.

7 RICHTIG ANGEWANDTE MACHT

Ergänzend zu den im Kapitel angeführten Büchern und Autoren: Georg Cabot Lodge, *New American Ideology*; Alexis de Tocqueville, *Democracy in America*; John Stuart Mills Essay «On Liberty», und Henry David Thoreaus Essay *Über die Pflicht zum Ungehorsam gegen den Staat*, Zürich 1973. Erik Erikson, *Gandhis Wahrheit. Über die Ursprünge der militanten Gewaltlosigkeit*, Frankfurt 1978; Eknath Easwarans Buch *Gandhi the Man* wurde von der Nilgiri Press, Box 477, Petaluma, CA 94952, USA, veröffentlicht; weitere Quellen sind Interviews mit Jerry Rubin und dessen Buch *Growing (Up) at 37*; ein Artikel von Tom Hayden in der *Los Angeles Times*; John Platt, *Step to Man*; ein aus Melvin Gurtovs *Making Changes: Humanist Politics for the New Age* entnommenes Essay; Erich Fromm *Es geht um den Menschen*, Stuttgart, 1981, und *Wege aus einer kranken Gesellschaft*, Stuttgart, 1981; ein Interview mit James MacGregor Burns in *Psychology Today*, Oktober 1978; Willis Harman, *Gangbare Wege in die Zukunft?*, Darmstadt, 1978; «The Pornography of Everyday Life», ein Essay von Warren Bennis in der *New York Times*; ein Interview mit John Vasconcellos in *New Age*, Oktober 1978; Harold Barons Artikel in *Focus/Midwest*, Volume 11, Nr. 69; die Monographie «Woman and Power» aus den *Whole Earth Papers* (siehe Anhang B, Zeitschriften); Arianna Stassinopoulos, *After Reason*; die Zukunftsperspektiven von Stahrl Edmunds sind in *The Futurist*, Februar 1979, enthalten; William McLoughlin, *Revivals, Awakenings and Reform*; Edward Hall, *Beyond Culture* und ein Interview mit E. Hall in *Psychology Today*, Juli 1976.

Virginia Hines Beschreibung der SPINS, «Das grundlegende Paradigma eines zukünftigen sozio-kulturellen Systems», erschien ursprünglich in *World Issues*, April/Mai 1977, veröffentlicht vom Institut zur Erforschung demokratischer Institutionen. Virginia Hine und Luther Gerlach schrieben die Bücher: *People, Power, Change: Movements of Social Transformation* und *Lifeway Leap: The Dynamics of Change in America*. Siehe dazu auch Gerlachs Artikel über Bewegungen revolutionärer Veränderungen in der Zeitschrift *American Behavioral Scientist* 14 (6), S. 812-835.

Weitere Bücher zum Thema: John Vasconcellos, *A Liberating Vision*; Mark Satin, *New Age Politcs*; James Ogilvy, *Many-Dimensional Man* und von Theodore Roszak, *The Making of a Counter Culture, Where the Wasteland Ends* und *Mensch und Erde auf dem Weg zur Einheit*, Soyen 1982.

8 SELBSTHEILUNG

Richard Selzers Essay über den tibetanischen Arzt Yeshi Donden erschien in *Harper's*, Januar 1976 und *Reader's Digest*, August 1976. Der Bericht Nr. 94-887 des Gesundheitsausschusses des Amerikanischen Senats über humanistische Ansätze in der Medizin wurde am 14. Mai 1976 veröffentlicht. Edward Carpenters Ansichten über Gesundheit als eine allesbestimmende Harmonie erschienen in seinem Buch *Civilisation: Its Cause and Cure*. Die Experimente bezüglich des Einflusses, die der Glaube des Arztes beim Placeboeffekt ausübt, werden von Jerome Frank in seinem Buch *Die Heiler. Wirkungsweisen psychotherapeutischer Beeinflussung*, Stuttgart 1981, beschrieben. Rick Ingrasci berichtet in der Zeitschrift *New Age* , Mai 1979, über Placebo-Effekte. Kenneth Pelletier in *Medical Self-Care* 5 über die Rolle von Stress. In *Psychophysiology* 14, S. 517-521 wird über die Auswirkungen von Konfrontation und Ausweichen berichtet.

Die Bedeutung des Gehirns bei immunen Reaktionen wird in der Zeitschrift *Science* 191, S. 435-440 und in *Psychosomatic Medicine* 37, S. 333-340, beschrieben; das von Francisco Varela vom Medizinischen Institut der Universität von Colorado, Denver und dem brasilianischen Allergie-Forscher Nelson Paz vorgeschlagene neue Modell des Immunsystems als ein kognitiver Prozess erschien in *Medical Hypothesis* und *Brain/Mind Bulletin*, 6. Februar 1978; die Wirkung des Verlustes des Immunsystems in *Lancet*, 16. April 1977; die Beziehung zwischen Herz und Gehirn in *Journal of the American Medical Association*, 234, S. 9 und in *Science* 199, S. 449-451; die Bedeutung von Stress als Krebserzeuger wird in den Zeitschriften *Clinical Psychiatry News* 5 (12), S. 40 und in *Science News* 113 (3) S. 44-45 untersucht.

Siehe dazu auch folgende Bücher: James J. Lynch, *Das gebrochene Herz*, Hamburg 1979; Carl und Stephanie Simonton, *Getting Well Again: A Guide to Overcoming Cancer for Patients and Their Families*; Jeanne Achterberg und Frank Lawlis, *Imagery of Cancer*.

Über den Körper als Muster und Prozess: Ida Rolf, *Rolfing: The Integration of Human Structures*; Wallace Ellerbroeks Artikel über Krankheiten als ein Prozess erschien zuerst in der Zeitschrift *Perspectives in Biology and Medicine* 16 (2), S. 240-262.

Norman Cousins Buch *Der Arzt in uns selbst. Anatomie einer Krankheit aus der Sicht eines Betroffenen*, Reinbek 1981, beschreibt, basierend auf dem vielfach nachgedruckten Artikel aus der Zeitschrift *New England Journal of Medicine*, seine eigene Behandlung und Gesundung; siehe dazu auch die Zeitschrift *Saturday Review*, 28. Mai 1977; George Engels Essay erschien in der Zeitschrift *Science* 196, S. 129-136; der Artikel der Autorin über den neuen Aufnahmetest für Medizinische Fakultäten mit dem Titel «Once and Future Physician» erschien in *Human Behavior*, Februar 1977. Maggie Kuhns Kommentare erfolgten während eines Vortrages in Los Angeles im Jahre 1977.

Weitere Bücher: Dennis Jaffe, *Healing from Within*; Ken Dychtwald, *Körperbewusstsein*, Essen 1981; David Bresler, *Free Yourself from Pain*; Herbert Benson, *The Mind/Body Effect*; Kenneth Pelletier, *Mind as Healer, Mind as Slayer*; Delores Krieger, *Therapeutic Touch*; Cris Popenoe (Hrsg.), *Wellness* (eine Zusammenstellung von 1500 Büchern mit den Anschriften der Verlage); Dieter Hessel, *Maggie Kuhn on Aging*; Gay Gaer Luce, *Your Second Life* (auf dem SAGE-Programm beruhend); Jerome Allison, *Life's Second Half: The Dynamics of Aging*; Marshall Klaus, *Maternal-Infant Attachment*; Joseph Stone u.a. (Hrsg.), *The Competent Infant: Research and Commentary*; ein Artikel über Hospize erschien in der Zeitschrift *Science* 193, S. 389-391.

9 FLIEGEN UND ERKENNEN: NEUE WEGE DES LERNENS

Leslie Harts Artikel über «die dem menschlichen Gehirn entgegengesetzten Schulen» erschien in *Phi Delta Kappa*, Februar 1978; Hermann Hesses Gedanken über die Schule aus *Unterm Rad*, Frankfurt, 1976; John Gowans Äusserung über Kreativität stammt aus *Journal of Creative Behavior* 2 (2); Edward Hall über Kultur aus einem Interview in *Psychology Today*, Juli 1976; der Bericht über den Ansatz von Synectics erschien in einer Sonderausgabe des *Psychiatric Annals* über Kreativität Nr. 8 (3); Joseph Meekers Bemerkung über «die doppelzüngige Erziehung» erschien in *North American Review* vom Sommer 1975; der Bericht über die Eskimokinder erschien in Band 4 von *Children of Crisis* von Robert Coles; Erwartungshaltungen werden in dem Buch von Robert Rosenthal/Lenore Jacobson, *Pygmalion im Unterricht – Lehrererwartungen und Intelligenzentwicklung der Schüler*, Weinheim 1976, behandelt, ebenso in einem von Rosenthal verfassten Buch *Experimenter Effects in Behavioral Research*; das Beispiel mit «Fräulein A» erschien im *Harvard Educational Review* 48, S. 1-31; jene auf transpersonale Erziehung gerichtete Bewegung wird in *Phi Delta Kappa* vom April 1977 vorgestellt; «überzogener Gehorsam» wird in Stanley Milgrams *Obedience to Authority* behandelt, ebenso in *Science News*, 20. August 1977 und im *Journal of Personality and Social Psychology* vom Juli 1977; «Warum Johnny nicht ungehorsam sein kann» erschien in *The Humanist*, September/Oktober 1979; das sogenannte «Milwaukee-Projekt» wurde in zahlreichen Artikeln und Büchern beschrieben; für eine Zusammenstellung der entsprechenden Publikationen sendet man einen adressierten, mit einem internationalen Postgebührschein versehenen Briefumschlag an Rehabilitations Research, Waisman Center, University of Wisconsin, Madison, Wisconsin 53706, USA. Material über die spezialisierten Gehirnhemisphären, non-verbale Empfindlichkeit (Sensibilität), die förderlichen Vereinigungen zur Erforschung menschlichen Verhaltens, ebenso die Ergebnisse über den Wert der Neustrukturierung von Problemen und von vielen anderen Themen sind dem *Brain/Mind Bulletin* Ausgaben Oktober 1975 – November 1979) entnommen worden.

Weitere Bücher: Jeanne Chall und Allan Mirsky (Hrsg.), *Education and the Brain*; Allan Glatthorn, *Alternatives in Education: Schools and Programms*; Arthur Foshay/Irving Morrissett (Hrsg.), *Beyond the Scientific* (herausgegeben vom Social Science Education Consortium, 855 Broadway, Boulder, Colorado 80302, USA); Max Lerner, *Values in Education*; Bob Samples, *The Metaphoric Mind*; Bob Samples/Cheryl Charles/Dick Barnhart, *The Wholeschool Book*; Gay Hendricks/James Fadiman, *Transpersonal Education: A Curriculum for Feeling and Being*; Gay Hendricks/Russell Wills, *The Centering Book*; Gay Hendricks/Thomas B. Roberts, *The Second Centering Book*; Deborah Rozman, *Mit Kindern meditieren*, Frankfurt 1980; Andrew Fleugelman, *The New Games Book*; Marilyn Ferguson, *Die Revolution der Gehirnforschung*, Olten/Freiburg 1981; Peter Russel, *The Brain Book*; Georgyi Lozanov, *Suggestology*; Sheila Ostrander/Lynn Schroeder, *Leichter lernen ohne Stress*, München 1981; Jerome S. Bruner, *Der Prozess der Erziehung*, Düsseldorf 1980; Donnah Cannavan-Gumpert u.a., *The Success Fearing Personality*; Thomas B. Roberts, *Four Psychologies Applied to Education*; Eileen Simpson, *Reversals* (Bericht über Dyslexie); Russel A. Jones, *Self-Fulfilling Prophecies*.

10 DIE TRANSFORMATION DER WERTE UND DER INNEREN BERUFUNG

Ergänzend zu den im Text erwähnten Büchern und anderen Quellen: Willis Harman über Wertvorstellungen in der Zeitschrift *Fields within Fields* 5 (1); Lawrence Peter über freiwillige Einfachheit in *Human Behavior*, August 1978; L.R. Mobleys Schrift «Values Option Process» wurde im Rahmen einer im Jahre 1978 vor der General Systems Research Association veranstalteten Konferenz erstellt; Milton Mayerhoff, *On Caring*; die Studie über höchst erfolgreiche Manager ist in der Zeitschrift *Training*, Februar 1979, zusammengefasst; Probleme bezüglich Produktivität in *Training*, Januar 1979; Informationen über Berichte zum Thema freiwillige Einfachheit und neues Konsumverhalten (VALS-Report) finden sich in Studien des Center for the Study of Social Policy, Stanford Research Institute, Menlo Park, Kalifornien, USA; Strategien der rechten und der linken Gehirnhemisphäre bei Managern und Städteplanern sind in der Zeitschrift *Psychophysiology* 14, S. 385-392, veröffentlicht worden; die McGill-Studie findet sich im *Brain/Mind Bulletin* vom 2. August 1976; Intuition und Folgerung bei Entscheidungen der Verwaltung werden in der Zeitschrift *Fortune*, 23. April 1979, dargestellt; über die Bereitschaft von Arbeitern, intuitive Methoden zu erlernen, berichtet *Planning Review*, September 1978; das Interview mit Sim van der Ryn entstammt *New Age*, März 1979; das Zitat von Werner Erhard über «hohe Intentionen» stammt von William W. Bartley III.; der Gedanke, kreative Vorstellungskraft als Reichtum anzusehen, entstammt dem Buch *Humanomics* von Eugen Loebl; die Gefahr einer uns überrollenden Technologie wird in dem Buch von Joseph Weizenbaum, *Die Macht der Computer und die Ohnmacht der Vernunft*, Frankfurt 1979, angezeigt. Ein Buch von Bob Schwartz über den neuen Unternehmer wurde 1980 veröffentlicht.

11 SPIRITUELLES ABENTEUER: VERBINDUNG MIT DER QUELLE

Die Kommentare von Zbigniew Brzezinski erschienen in einem Interview mit James Reston für die Ausgabe der *New York Times* vom 31. Dezember 1978; Sy Safranskys Essay erschien in *The Sun* und wurde in Durham, North Carolina, veröffentlicht; die historische Sichtweise von Robert Ellwood ist in seinem Buch *Alternative Altars: Unconventional and Eastern Spirituality in America* erläutert. Herbert Koplowitz' Monographie über einheitliches operationales Denken wurde in der Ausgabe des *Brain/Mind Bulletin* vom 2. Oktober 1978 zusammengefasst. Ron Brownings Äusserung über das Transzendieren von Systemen ist seiner 1978 erstellten Dissertation «Psychotherapeutic Change East and West: Buddhist Psychological Paradigm of Change with Reference to Psychoanalysis» entnommen. C.G. Jungs Kommentar zur transpersonalen Perspektive stammt aus seinem Vorwort und Kommentar zu Richard Wilhelms Buch *Das Geheimnis der Goldenen Blüte*; Karl Pribrams Spekulation über einen mystischen Zugang zur implizierten Ordnung stammt aus einem Interview in *Psychology Today*, Februar 1979; Capras «Sehen» der Kaskaden von Energie entstammt seinem Buch *Der Kosmische Reigen*, München/Bern 1976; den erleichterten Zugang zum holographischen Grundzustand mittels Psychedelika beschreibt Stanislav Grofs Artikel in der Zeitschrift *Re-Visions*, Winter/Frühjahr 1979 sowie sein Buch *LSD Psychotherapy*; das Bild des Ozeans und des herausragenden Felsens findet sich in Karl Sperbers Artikel im *Journal of Humanistic Psychology* 19 (1); William James' Definition von Gott stammt aus *Die Vielfalt religiöser Erfahrung*, Freiburg 1979.

Weitere Bücher: Huston Smith, *Forgotten Truths*; Jacob Needleman, *A Sense of the Cosmos: The Encounter of Modern Science and Ancient Truth*; M. Scott Peck, *The Road Less Traveled*; Raymond Moody, *Leben nach dem Tod*, Reinbek 1977, und *Nachgedanken über das Leben nach dem Tod*, Reinbek 1978; Raymond Blakney (Übersetzer), *Meister Eckhart*; von unbekannten Autoren, *The Way of a Pilgrim* und *The Cloud of Unknowing*; Lex Hixon, *Coming Home*; Joan Halifax, *Die andere Wirklichkeit der Schamanen*, München 1981; Martin Buber, *Ten Rungs*; Idries Shah, *Die Sufis*, Düsseldorf 1980; Tarthang Tulku, *Psychische Energie des inneren Gleichgewichts*, Freiburg 1979; Chögyam Trungpa, *Aktive Meditation – Tibetische Weisheit*, Olten/Freiburg 1978; D.T. Suzuki, *What is Zen?* und *Die grosse Befreiung – Einführung in den Zen-Buddhismus*, München 1979; Robert S. de Ropp, *Das Meisterspiel*, München 1980; Charles Tart, *Transpersonale Psychologie*, Olten/Freiburg 1978; Owen Barfield, *The Rediscovery of Meaning*; Alan Watts, *Die Illusion des Ich*, Köln 1980, sowie *Die Essenz von Alan Watts*, Basel 1977, und *Weisheit des Ungesicherten Lebens*, München, 1981; John B. Cobb/David Griffin, *Prozess-Theologie. Eine Einführende Darstellung*, Göttingen 1979; A. Reza Arasteh, *Toward Final Personality Integration*. Siehe dazu auch das Verzeichnis unter Kapitel 4.

Eine ausgewählte Bibliographie namens «Science and Parascience», die sich auf die Integration wissenschaftlicher und mystischer Sichtweisen bezieht, ist unter der Leitung des Program for the Study of New Religions Movements in America zusammengestellt worden (für US$ 2.– bei Graduate Theological Union Library, 2451 Ridge Road, Berkeley, CA 94709, USA, erhältlich).

12 MENSCHLICHE BINDUNGEN: VERÄNDERNDE BEZIEHUNGEN

Die Passage von Martin Buber über «das Geheimnis» entstammt seinem Buch *Ich und Du*, Freiburg 1979; Krishnamurtis Gedanken über Liebe finden sich in *Schöpferische Freiheit*, Bern 1979; John Cubers Ansichten über die veränderte Haltung gegenüber «Regeln» und die Ansichten von Rustum und Della Roy über Monogamie stammen aus *Intimate Life Styles: Marriage and Its Alternatives*, herausgegeben von Jack und Joan DeLora; Joel Kramer und Diana Alstads Essay über sich wandelnde Sexualität aus der Zeitschrift *New Age*, August 1978; Adrienne Richs Bericht entstammt ihrem Buch *Von Frauen geboren*, München 1979; Ted Clark und Dennis Jaffe in der Zeitschrift *Grassroots*, Juli 1973; Hossain Daneshs Artikel über die autoritäre Familie und ihre heranwachsenden Kinder findet sich in der Zeitschrift *Canadian Psychiatric Association Journal* 23, S. 479-485. Siehe dazu auch June Singer, *Nur Frau – Nur Mann? Wir sind auf beides angelegt*, München 1981.

13 DIE WELTWEITE VERSCHWÖRUNG

Aurelio Pecceis Stellungnahme über jene Gruppierungen, die «die Hefe der Veränderung» darstellen, erschien in *The Futurist*, Dezember 1978; The Future in Our Hands Movement findet sich in der Zeitschrift *New Age* vom Oktober 1979; Die Bemühungen der «Les Vertes» sind in *Co-Evolution Quarterly*, Winter 1977-1978, beschrieben; Patricia Misches Aussagen über Frauen und Macht finden sich in den *Whole Earth Papers* 1 (8) und James Baines Beitrag über das Friedensparadigma in den *Whole Earth Papers* 1 (1); einiges Material über das Hunger Project sind aus verschiedenen Ausgaben ihrer eigenen Zeitschrift, *A Shift in the Wind*, entnommen worden. Das Tolstoi-Zitat wurde in dem von Havelock Ellis herausgegebenen Buch *The New Spirit* veröffentlicht.

NAMENSREGISTER*

SIEHE AUCH SACHREGISTER

Abstammung des Menschen, Die, 183
Adams, John, 139
African Genesis, 187
Airliehouse, 306
Alcott, Bronson, 53
Alexander, George, 97, 185
Alliance of Survival, 233
Alstad, Diana, 461–462
Alternative Geburts-Zentren, 314–315
Am Tor der Zukunft, 370
Amerikanische Vereinigung zur Förderung der Wissenschaft, 170
American Council of Life Insurance, 405
American Holistic Medical Association, 309
American Home Economics Association, 465
American Medical Association, 305–306
American Medical Students Association, 309
American Productivity Center, 404
American Psychological Association, 257
American Society for Psychical Research, 204
Amnesty International, 280
Anna Karenina, 462
Another Place, 389
Appollinaire, Guillaume, 340
Arcosanti, 389
Ardrey, Robert, 188
Argüelles, José, 71, 249, 372–373
Arnheim, Rudolf, 185
Ashen, Ruth Ananda, 63
Assagioli, Roberto, 256, 422, 486
Association for Humanistic Psychology; *siehe* Vereinigung für Humanistische Psychologie
Aufbruch ins Dritte Jahrtausend, 61–62, 175
Auf Messers Schneide, 159
Aurobindo Ashram, 159
Aurobindo, Sri, 486
Auroville, 389
Avery, Oswald, 206

---

* Viele Namen und Titel, die in der Bibliographie erscheinen, sind in diesem Register nicht aufgeführt. Siehe ebenfalls das alphabetische Verzeichnis der Netzwerke, Zeitschriften und Periodika in Anhang B.

Bach, Richard, 132
Bainès, James, 475–476
Baker, Russell, 38
Balzac, Honoré de, 444
Barker, Eric, 135
Baron, Harold, 242
Bartley, William, 102
Bates, William, 97, 113
Bateson, Gregory, 68, 486
Beauvoir, Simone de, 456–457
Belas, Ula, 208
Bell, Alexander, 200
Bell, J.S., 199
Bellow, Saul, 123, 126, 423
Benedict, Ruth, 486
Bennis, Warren, 225
Benson, Herbert, 277
Bentov, Itzhak, 208
Bergier, Jacques, 61–62, 175
Bergson, Henri, 194, 215
Berkeley Christian Coalition, 427
Bernstein, Jeremy, 198
Berry, Wendell, 389
Berryman, John, 113
Bertalanffy, Ludwig von, 59, 182, 256
Bhagavadgita, 53
Bhagwan Sri Rajneesh, 455
Blake, William, 53–54, 111, 437, 439
Böhme Jacob, 52, 54
Bohm, David, 210–211, 217, 319, 373, 433
Bohr, Niels, 174, 201
Book of Mirdad, 205
Boorstin, Daniel, 143, 155
Borghese, G.A., 73
Borman, Leonard, 254
Boulding, Elise, 486
Boulding, Kenneth, 63, 259, 354, 486
Boyle, Kay, 95
Bradbury, Ray, 104
Brezic, Marian Coe, 131–132
Briarpatch, 257, 409–410
British Broadcasting Corporation, 254
Brooke, Rupert, 417
Brown, Barbara, 177
Brown, Charlie (*Peanuts*), 360
Brown, Jerry, 251, 270, 274
Brown, Norman O., 158
Brown, Sam, 242
Browning, Ron, 429
Bruner, Jerome, 346, 361
Brunner, John, 98, 113
Bruteau, Beatrice, 29
Brzezinski, Zbigniew, 420
Buber, Martin, 59, 92, 114, 221, 286, 447, 454, 486
Bucke, Richard, 54

Buddha, Gautama, 93, 220, 437
Burbank, Luther, 204
Burns, James MacGregor, 139, 234–235, 243, 265, 270
Business Exchange, 386
Butler, Samuel, 83

Cabot Lodge, George, 70, 227, 228
California Commission on Crime Control and Violence Prevention, 275
Callenbach, Ernest, 413
Campbell, Joseph, 66
Campbell, Susan, 456
Cappa, Laurel, 309
Capra, Fritjof, 167, 173, 176, 200, 306, 431
Carlson, Rick, 306
Carlyle, Thomas, 53
Carnegie Council on Children, 462
Carpenter, Edward, 34–35, 54, 71, 77, 115, 120, 146, 249, 291, 361
Carrel, Alexis, 204
Carrol, Lewis, 32
Carter, Jimmy, 242, 270, 420
Castaneda, Carlos, 67, 109, 151, 158, 215, 338, 374
Catch 22, 180
Cavafy, C.P., 116, 219
Center for Attitudinal Healing, 318
Central Intelligence Agency (CIA), 146
Cervantes, Miguel, 116
Channon, Jim, 402
Charge-a-Trade, 386
Chew, Geoffrey, 200
Clark, Barbara, 359
Clark, Ted, 463
Clarke, Arthur C., 71, 182–183, 342
Cobbs, Price, 161
Coleridge, Samuel, 53
Commager, Henry Steele, 269
Committee for the Future, 65
Continental Drift, 154
Cooperative College Community, 388–389
Cori, Carl, 362
Corrigan, Mairead, 280
Couple's Journey, The, 456
Cousins, Norman, 308–309
Crossing Point, The, 68
Cuber, John, 460
cummings, e.e., 77
Curie, Eva u. Pierre, 204
Cusanus, Nicolaus, 440

Dalai, Lama, 286
Dalí, Salvador, 198
Damman, Erik, 472
Danesh, Hossain, 464

Dante Alighieri, 174
Darwin, Charles, 61, 183–184
Daumal, René, 94
Davy, Michael, 154, 156
Demian, 55, 93
Democracy in America, 43
Denver, John, 130, 479
Dewey, John, 54
Dickinson, Emily, 54
Dirac, Paul, 201
Dolgoff, Eugene, 208
Donne, John, 300
Dostojewsky, Fjodor, 447, 466
Dubos, René, 63
Durrell, Lawrence, 218

Easwaran, Eknath, 278, 387
Eccles, John, 177
Economics As If People Mattered, 411
Eddington, Arthur, 212
Edison, Thomas, 204
Edmunds, Stahrl, 278
Eiland, 62
Einsame Masse, Die, 60, 233
Einstein, Albert, 30, 173, 183, 198–199, 204, 210, 212, 466, 486
Eldredge, Niles, 184
Eliade, Mircea, 63
Eliot, T. S., 135, 214, 419, 444
Ellerbroek, Wallace, 302
Ellis, Havelock, 265–266
Ellis, John Tracy, 426
Ellwood, Robert, 424
Emerson, Ralph Waldo, 53, 141, 142, 215, 424
Engel, George, 310
Entstehung des Menschen, Die, 57
Erhard, Werner, 130
Erikson, Erik, 233
Esalen-Institut, 97, 106, 111, 156, 159–162
d'Espagnet, Bernard, 200
Eupsychisches Netzwerk, 64
Executive Trade Club, 386

Fantini, Mario, 325
Fegley, Robert, 393
Fehmi, Lester, 343
Feild, Reshad, 434
Feldenkrais, Moshe, 97, 300, 306
Fénelon, François, 467
Ferguson, Charles, 140
Ferguson, Tom, 312
Ferlinghetti, Lawrence, 445
Fiedler, Leslie, 165
Fields, Rick, 424
Findhorn, 389

Flach, Frederick, 83, 125
Flatland, 73, 78
Flaubert, Gustave, 156–157
Fletcher, Jerry, 371
Flinders, Timothy, 232
Floyd, Keith, 214
Foerster, Heinz von, 486
Forum for Correspondence
  and Contact, 256
Foster, David, 212
Frank, Jerome, 305, 319
Frankl, Viktor, 78, 97, 133, 256
Franklin, Benjamin, 140
Franz von Assisi, Heiliger, 210
Free for All, 386
Free Speech Movement, 67, 128, 146, 160
Freud, Sigmund, 37, 61, 268
Friedenskorps, 242
Fromm, Erich, 63, 65, 71, 129, 136, 262, 486
Frost, Robert, 93, 283
Fuller, R. Buckminster, 124, 305, 330, 357, 486
Fuller, Margaret, 53, 142
Fuller, Robert, 130
Future in Our Hands, The, 472

Gabor, Dennis, 207–209
Galbraith, John Kenneth, 229
Galilei, Galileo, 31, 211, 339
Galyean, Beverly, 364–365
Gamesman, The, 396
Gandhi, Mohandas, 54, 231–234, 249, 251, 261, 267, 278–279
Gandhi the Man, 278
Gangbare Wege in die Zukunft, 70, 395
Garcia Lorca, Federico, 116
Geheimes Wissen, 374
Gendlin, Eugene, 91, 103, 197, 345
Gerlach, Luther, 251–252
Gesellschaft für humanistische
  Psychologie, 44
Gilbert, Walter, 186
Glasperlenspiel, Das, 93
Göttliche Komödie, Die, 174
Goldstein, Joseph, 118
Gordon, William J. J., 354
Gottlieb, Ray, 351
Gough, Harrison, 311–312
Gould, Steven Jay, 183–185
Gowan, John, 373
Grayson, C. Jackson, 404
Green Alliance, 472
Green, Edith, 332
Greening of America, The, 68
Gregg, Richard, 391

Gregory, Dick, 480
Grof, Stanislav, 433–434
Gross, Ronald, 370
Groundswell, 280
Growing Up Gifted, 359
Guillemin, Roger, 179
Gurdjieff, G. I., 97
Gurtov, Melvin, 221, 261

Haldane, J. B. S., 173
Hall, Edward, 119, 268, 352
Hammarskjöld, Dag, 125
Haney, Craig, 350
Harman, Willis, 69–70, 263, 269, 393, 486
Harris, Evan, 208, 265
Harris, Lou, 265
Hart, Leslie, 343
Hawking, Stephen, 203
Hawthorne, Nathaniel, 54
Hayakawa, S. I., 160
Hayden, Tom, 243–244
Healy, Dorothy, 241
Heard, Gerald, 158
Hegel, Friedrich, 221
Heidegger, Martin, 471
Heilig, Gabriel Saul, 132
Heisenberg, Werner, 63, 155, 174
Herbert, Nick, 200
Herr der Ringe, Der, 423
Hesse, Hermann, 55, 86, 93–94, 134, 151, 350, 425, 486
Hippokrates, 313
Hilgard, Ernest, 85
Hine, Virginia, 251–252
Hoffman, Julius, 244
Hoffmann-La Roche, 393
Holism and Evolution, 55, 181
Holt, John, 66
Houston, James, 154
Houston, Jean, 130, 176
Hubbard, Barbara Marx, 65, 130
Hugo, Victor, 467
Human Systems Management, 71
Hunger Project, 476–479
Hutschnecker, Arnold, 310
Huxley, Aldous, 56, 59, 62, 94, 121, 151, 158–159, 220, 260, 361, 432, 440, 486
Huxley, T. H., 183

Ichazo, Oscar, 486
Illich, Ivan, 63
Illusions of Urban Man, 224
Ingrasci, Rick, 293
Inkeles, Alex, 143
International Trade Exchange, 293

Jacob Atabet, 51, 130
Jacobson, Lenore, 359
Jackson, Jesse, 371
Jaffe, Dennis, 453, 463
James, Henry, 348
James, William, 54–55, 80, 98, 204, 219, 422, 428, 441
Jampolsky, Gerald, 316
Janet, Pierre, 204
Jastrow, Robert, 201
Jeans, James, 212
Jeffers, Robinson, 156
Jefferson, Thomas, 139, 230
Johnson, Lyndon B., 160
Jonas, Hans, 315
Jung, C. G., 56, 108, 112, 125, 151, 204, 422, 430, 486
Justine, 218

Kant, Immanuel, 86, 221
Katchalsky, Aharon, 194–196
Katharina von Siena, Heilige, 116
Katha Upanishad, 435
Katz, Alfred, 251
Kazantzakis, Nikos, 21, 56, 93, 116, 121
Keller, Helen, 143
Kelly, Walt, 67
Kettering Foundation, 70
King, Martin Luther, 54, 160
Koestler, Arthur, 215, 256
Kohlberg, Lawrence, 360
Konfuzius, 370
Kopernikus, 31
Koplowitz, Herbert, 428–429
Korzybski, Alfred, 58, 172, 486
Kosmische Reigen, Der, 200
Kosmisches Bewusstsein, 54
Kostelanetz, André, 120
Kozol, Jonathan, 329
Kramer, Joel, 461
Krieger, Dolores, 319
Krippner, Stanley, 356
Krishnamurti, Jiddu, 151, 455, 486
Krupnik, Lou, 241
Kuhn, Maggie, 316–317
Kuhn, Thomas, 29–31, 174, 207, 229, 373
Kumarappa, J. C., 375

Lafayette, Marquis de, 140
Laing, Ronald D., 318
Languages of the Brain, 207
Lao-tse, 93, 235, 412
Lashley, Karl, 207
Laurel's Cookbook, 388
Leadership and Management Training, 276

Leakey, Louis, 188
Leben überlebt, Das, 70, 298
Leboyer, Frederick, 274, 314
Lehren des Don Juan, Die, 338
Leibniz, Gottfried W., 214
Leonard, George, 68, 157, 159–160, 162
Lerner, Max, 150, 332
Letzte Generation, Die, 71, 182, 342
Levin, Bernard, 45
Lewis, C. S., 61
Lifeline, 364
Lilly, John, 486
Lindbergh, Charles, 93, 143, 443–444
Lindner, Robert, 60
Linkage, 255–256, 408
Literature and Western Man, 61
Litwak, Leo, 161–162
Locke, John, 378
Lockheed-Werke, 163, 305
Loebl, Eugen, 416
Lyell, Charles, 183

McCarthy, Joseph Raymond, 148
McCarthy, Sarah, 369
Maccoby, Michael, 396
McCready, William, 421
McInnis, Noel, 242, 328–329
McKenna, Dennis, 208
McKenna, Terence, 208
McLoughlin, William, 147–148, 270, 426
McLuhan, Marshall, 39, 62, 89, 149, 219, 307, 357, 486
McPherson, James Alan, 164
McRae, Norman, 410
Magische Welt des Kindes, Die, 374
Maharishi Mahesh Yogi, 486
Man Who Gave Thunder to the Earth, The, 215
Marin, Peter, 102
Martin, P. W., 36
Maslow, Abraham, 56, 64–65, 102, 151, 158–159, 168, 256, 359, 422, 454, 466, 486
Master Hakuin, 418
Matteson, Jay, 276–277
Maugham, W. Somerset, 159
May, Rollo, 158, 264, 441
May, Scott, 311
Mayerhoff, Milton, 63, 440, 454
Mead, Margaret, 330, 486
Medved, Ron, 404
Meeker, Joseph 355
Meister Eckhart, 52, 215, 442, 444
Melville, Herman, 54, 142
Mendel, Gregor, 206
Menninger Foundation, 176, 294

Menninger, Karl, 318
Mental Radio, 204
Merton, Thomas, 64, 486
Mesmer, Franz Anton, 31, 292
Meyer, C. E., jr., 394–395
Mid-Peninsula Conversion Project, 257
Milgram, Stanley, 368–369
Mill, John Stuart, 229–230, 382
Miller, Henry, 58, 135
Milwaukee Project, 329
Mind Parasites, The, 224
Mische, Patricia, 264, 474
Mr. Sammler's Planet, 123
Mitchell, Edgar, 124
Mobley, Louis, 380
Mott, Benjamin, 156
Mount Analog, 94
Movement for a New Society, 388
Muir, John, 156
Mumford, Lewis, 48, 63–64
Murphy, Gardner, 60–61, 63, 486
Murphy, Michael, 51, 106, 130, 159–162
Murray, W. H., 124
Murry, John Middleton, 92–93
Must We Conform?, 60
Myrdal, Gunnar, 256

Nadeau, Remi, 153
NAPSAC (National Association of Parents and Professionals for Safe Alternatives in Childbirth), 315
Narziss und Goldmund, 93
Nasafi, Aziz, 201
Nash, Paul, 374
Nationale Akademie der Wissenschaften, 155
Nationale Vereinigung für Humanistische Gerontologie, 317
Nationale Vereinigung gegen Missbrauch von Drogen und Marihuana, 146
Nationales Meinungsforschungsinstitut, 421
Nazarea, Apolinario, 217
Needleman, Carla, 400
Needleman, Jacob, 69, 162, 424–425
Nelson, Ruben, 221
1984, 223
New Earth Expo, 392
New Games Foundation, 368
New Religions, The, 69, 162
Newton, Isaac, 29–30, 173
Nexus, 472
Notes on the Tao of the Body Politic, 241

Ogilvy, Jay, 261
Ökotopia, 413–414

Office of Technology Assessment, 222
On Waking Up, 131
O'Neill, Eugene, 135
Open Conspiracy: Blueprints for a World Revolution, The, 56
Open Network News, 256
Orwell, George, 223, 226
Outcalt, Douglas, 309
Outsider, The, 64

Pacific Institute, The, 404
Padovano, Anthony, 425
Paine, Thomas, 137, 140
Paracelsus, 321
Pasternak, Boris, 194
Pasteur, Louis, 31, 297
Patanjali, 216
Pauli, Wolfgang, 204
Pauling, Linus, 158
Paulus, Apostel, 111
Pauwels, Louis, 61, 175
Peace People, 280
Pearce, Joseph Chilton, 374, 486
Peccei, Aurelio, 473
Pelletier, Kenneth, 294–295, 303
People Index, 257
Perls, Frederick, 161, 340, 464
Pforten der Wahrnehmung, Die, 121
Piaget, Jean, 428
Pico della Mirandola, Giovanni, 52, 79
Pietsch, Paul, 209
Pirsig, Robert, 122, 411
Planck, Max, 204, 380
Plato, 221, 280, 356
Platt, John, 64, 189, 250, 258, 280
Plotinus, 445
Polanyi, Michael, 123, 206
Postman, Neil, 327
Prefontaine, Norbert, 452
Pribram, Karl, 176, 206–218, 319, 373, 431, 433, 486
Price, Richard, 162
Priestley, J. B., 61
Prigogine, Ilya, 28, 189–196, 199, 202, 380
Process and Reality, 56
Project Change, 364
Proust, Marcel, 135
Provender, 386
PUSH-Programm, 371

Quanier, Johann, 473

Ram Dass, 421
Rat für die Ratlosen, 412
Raymond, Dick, 409
Reflexive Universe, The, 444

Reich, Charles, 68
Reich, Wilhelm, 97, 117
Reise nach Ixtlan, Die, 109
Renascene Project, 257, 259, 410
Resource Manual, 388
Revel, Jean-François, 66, 144–145, 152
Revere, Paul, 140
Revolution der Gehirnforschung, Die, 20
Revolution der Hoffnung, Die, 65
Rhine, J. B., 160
Rich, Adrienne, 265
Richards, M. C., 68, 124
Richet, Charles, 174, 204
Riesman, David, 60, 323, 470
Rig Veda, 438
Rinzai, 436
Roberts, Tom, 358
Robertson, Laurel, 240
Robinson, John, 442
Rogers, Carl, 40, 65, 71, 151, 158, 160, 272, 468
Rolf, Ida, 97, 300
Rolling Thunder, 320
Roosevelt, F. D., 294
Rosenthal, Robert, 359, 361
Rossman, Michael, 67, 128, 241
Roszak, Theodore, 38, 41, 71, 112, 131, 151, 220, 248
Rothman, Esther, 362
Rowland, Vernon, 195
Roy, Della, 460, 461
Roy, Rustom, 460, 461
Rubin, Jerry, 240, 243
Rubinstein, Arthur, 423
Ruck, Frank, 405
Rumi, 99, 215
Rush, Benjamin, 139

Safranksy, Sy, 423
Saint-Exupéry, Antoine de, 123
Salinger, J. D., 441
Salk, Jonas, 63, 66, 125
Sanfte Geburt, Die, 274
Saxon, David, 274
Schöne neue Welt, 62
Schrödinger, Erwin, 175, 201, 204
Schumacher, E. F., 256, 378, 392, 411–412
Schutz, Will, 161
Schwartz, Bob, 409–410
Schwarz, Jack, 305, 320
Seeing Yourself See, 77
Self Determination, 271
Shah, Idries, 373
Shanti Project, Berkeley, 316
Sherrington, Charles, 204

Shimotsu, John, 373
Schockwellen-Reiter, 98, 113, 130
Siddharta, 93
Sieben Pfeile, 358
Simon, Herbert, 380
Sinclair, Upton, 204
Skinner, B. F., 160, 268, 323
Sloan-Kettering-Institut, 70
Smith, Page, 157
Smuts, Jan Christiaan, 55, 181
Snow, C. P., 155, 170, 176
Snyder, Gary, 156
Soleri, Paolo, 256, 401
Solomon, Paul, 320
Solomon, Robert, 41
Solschenizyn, Alexander, 419
Spiegelberg, Frederic, 486
Spirit of St. Louis, The, 433
Stafford, William, 470
Stanford Research-Institut, 69–70, 143, 158, 160, 391–395
Stapp, Henry, 199
Stassinopoulos, Arianna, 45
Steiger, William, 286
Stein, Gertrude, 149
Stent, Gunther, 206
Step to Man, 259, 280
Steppenwolf, 93
Sternlight, David, 378
Stevens, Wallace, 25, 49, 198
Stokowski, Leopold, 120
Storm, Hyemoyohsts, 358
Stratton, George, 266
Struktur wissenschaftlicher Revolutionen, Die, 29, 207
Strutt, J. W. (Lord Rayleigh), 204
Students for a Democratic Society (SDS), 243
Studienzentrum für Verhaltenswissenschaften, 207
Stulman, Julius, 378
Suzuki, D. T., 486
Swami Muktananda, 486
Swami Rama, 176
Swank, Calvin, 401
Swearingen, Robert, 321
Swedenborg, Emanuel, 52–54, 424
Symposium über die Zukunft der Menschheit, 45
Szent-Györgyi, Albert, 187, 354

Tagore, Rabindranath, 194
Tanco, Arturo, 477
Tanzenden Wu-Li Meister, Die, 200
Taylor, Matt, 259
Teaching as a Subversive Activity, 327

Teilhard de Chardin, Pierre, 22, 28, 49, 56, 57, 64, 65, 77, 115, 130, 151, 215, 262, 285, 324, 342, 401, 454, 466, 486
Theobald, Robert, 67, 238, 255, 256, 261, 408
Thomas, Lewis, 70, 298, 471
Thomas, Irving, 66
Thompson, Francis, 323
Thompson, J. J., 204
Thompson, William Irwin, 156, 370
Thoreau, Henry, 53, 141–142, 156, 231, 233, 240, 392, 424
Threshold Foundation, The, 473
Tiller, William, 70, 208
Tillich, Paul, 158, 486
Tilopa, 437
Tocqueville, Alexis C. de, 39–43, 143, 220, 226–227, 230, 262, 402, 416, 419, 481
Tod in zartem Alter, 329
Todd, Malcolm, 306
Toffler, Alvin, 350
Tolkien, J. R. R., 374, 423
Tolstoj, Leo, N., 481
Toynbee, Arnold, 58, 151, 158, 382
Trade-Americard, 386
Transformation, The, 68
Troubled Teachers, 362
Trudeau, Pierre, Elliot, 21, 22
Tulku, Tarthang, 283, 486

Unamuno, Miguel de, 164
Understanding Media, 62, 63
Unsetting of America, The, 389
Upanishaden, 118

Van der Ryn, Sim, 414
Vasconcellos, John, 272–275, 305
Vereinigung für Humanistische Psychologie, 163, 257–258, 276, 364
Vereinte Nationen, 252, 426
Vertes, Les, 472

Wallace, Anthony C. W., 147
Washington, George, 140
Watson, Diane, 363
Watson, Lyall, 180, 207–208, 374
Watts, Alan, 158, 160, 441, 486
Weg allen Fleisches, Der, 83
Weiner, Norbert, 300
Weingartner, Charles, 327
Wells, H. G., 56, 64
Wheeler, John, 201
Whitehead, Alfred North, 56, 194, 214, 486
Whitman, Walt, 54, 142, 424

517

Whole Earth Catalog, The, 357, 392
Whole Earth Papers, The, 44, 475
Whorf, Benjamin, 172
Whyte, Lancelot Law, 63, 66
Wigner, Eugene, 176, 203
Will to Live, The, 310
Williams, Roger, 155
Williams, John, 325
Wilson, Colin, 64, 188, 224, 441
Wilson, James Q., 385
Wisdom of the Heart, The, 58
Without Marx or Jesus, 66, 144
Wolf, Alvin, 252
Wolfe, Tom, 102
Women and Power, 264
Wood, Nancy, 215
Woodward, C. Vann, 152
Wordsworth, William, 111

World Future Society, 257
Worrall, Olga, 320
Wright, Gebr., 152–153
Young, Arthur, 444
Young, Ben, 453
Yourcenar, Marguerite, 167
Zen und die Kunst ein Motorrad zu warten, 122, 411
Zentrum für das Studium Demokratischer Institutionen, 158
Zentrum für Fortgeschrittene Studien der Verhaltenswissenschaften, 158
Zimbardo, Philip, 350
Zukav, Gary, 200–201
Zukunfts-Schock, Der, 350
Zumwalt, Elmo, 276
2001, 71

SACHREGISTER

SIEHE AUCH NAMENSREGISTER

Allgemeine Systemtheorie, 59, 181–182
Alternativkultur; *siehe* Gegenkultur
Amerikanischer Traum, 137–144; und das vierte «grosse Erwachen», 147; und Vorstellungskraft, 165; *siehe auch* Vereinigte Staaten
Amerikanische Transzendentalisten, 140–142, 424
angepasste Technologie; *siehe* Technologie
Angst, vor kreativem Verhalten, 318; vor Ketzerei, 230; vor höherem Potential, 102, 102; vor Wissen, 102, 168; und Lernen, 337–342; vor mystischen Zuständen, 318; vor Transformation, 132–133
Angst-vor-Erfolg-Syndrom, 342
Aufmerksamkeit, 77, 87–90, 97, 293–296, 342, 417
«Ausziehen», 357
Autarkie, 117, 222–223; *siehe auch* Autonomie, Freiheit
Autonomie, 113, 138, 239, 262; im Erziehungswesen, 339; im Gesundheitswesen, 283; und andere, 239; bei persönlichen Beziehungen, 406; bei Arbeitern, 404

Bells Theorem, 199–201, 305
Berufung, 396–402; Entdeckung der, 123–124; als Mittel zur Transformation, 396
Bewusstsein, auch Bewusstheit, 62, 66, 73–76, 84–90, 129, 177–180, 419, 433
Beziehungen, 447–453; das veränderte Paradigma von, 460; transformative, 453–461; am Arbeitsplatz, 416–418
Bioenergetik, 117, 301
Biofeedback, 96, 177–178, 240, 294, 303–304, 321
Buddha, achtfacher Pfad des Wissens bei, 220

Cheyenne Medizin-Rad, 356–358

Déjà vu, 216
Demokratie, 225–227, 230; verborgene Kräfte der, 263; und Spiritualität, 241
Dezentralisation, Macht der, 260; im Erziehungswesen, 369–373; *siehe auch* Pa-

radigmen: Leitsätze der alten und der neuen
Direktes Wissen; *siehe* Unmittelbare Erkenntnis
Dissipative Strukturen, 188–198, 260, 380; und Lernen, 338; bei Beziehungen, 447; und Gesellschaften, 238, 380
Dyslexie, 347

Endorphine, 179–180; *siehe auch* Placebo
Einfachheit; *siehe* Freiwillige Einfachheit
Entwicklungsprozess, Entdeckung des, 116–117; und transformiertes Leben, 134–136; *siehe auch* Lernen, Berufung, Gesundheit, Beziehungen
Erfolg, 129
Erwachen, Fähigkeit zum, 469; als Entdeckung der Transformation, 110–111
Erziehung, 323–327; und geeignete Belastung, 337–338; jenseits der Schulen, 369–373; im Sinne eines Zusammenhaltes, 352–355; und eine neue Gesellschaft, 324; und «pädogene Krankheit», 327–330; transpersonale, 333–334; *siehe auch* Lernen, Unterrichten
Evolution, 182–194; bewusste, 79–80; und dissipative Strukturen, 28; und Gene, DNA, 185–186; individuelle und kollektive, 79, 214, 442; neuer Spezies, 182; und Transformation, 187

Familie, 444–447; planetarische, 445–447
Fragebogen; *siehe* Umfrage
Fragen, neue, 32, 86, 123, 338, 435
Frauen, und Macht, 264–266
Freiheit, Entdeckung der Freiheit, 118; Evolution der, 164; *siehe auch* Autonomie
Freiwillige Einfachheit, 92, 396–397
Führerschaft, 238–244; transformierende, 310
Furcht; *siehe* Angst

Geburt und Bindung, 314–316
Gegenkultur, 66–67, 146–148, 242
Gehirnforschung, 87–92, 194–197, 296–218, 342–348
Geist; *siehe* Verstand
Gemeinschaften, 386–389; *siehe auch* Beziehungen
Geschäftswelt, Transformation der, 393–396; *siehe auch* Berufung
geschlechtliche Unterschiede in der Wahrnehmung, 268
Gesellschaft; *siehe* Kultur
Gesundheit, 283–290, 340–342; Leitsätze des alten und des neuen Paradigmas, 290–291; Aufmerksamkeit, 293–296; und Glauben, 292–294; und Körper-Geist-Koordination, 296–299; und «pädogene Krankheit», 327–330; und Transformation, 303–304; und Ganzheit, 284; *siehe auch* Heilen.

Heilen, 319–321; und veränderte Bewusstseinszustände, 294; und Fürsorge, 305; und elektrische Stimulation, 301; Natürliche Heilverfahren, 317–318; und Vorstellungskraft, 321; Modelle und Heilungsansätze, 318; und Heilungskraft, 318; und spirituelle Netzwerke, 305; und der Wille, 321; *siehe auch* Gesundheit, Psi
Hoffnung, 23, 41–42, 164
Hohe Erwartungen, 358–360
«Hoch gesteckte Ziele», 406–408
Holismus, 55, 181–182
Holographische Theorie, 206–218; und das Gehirn, 208–212; und östliche Philosophie, 431; und das Hunger Project, 478; und das medizinische Modell, 319
Holobewegung, 210–211
Hunger Project, 476–479
«Hüten des Ochsen», Das, 436–437

Iatrogene Krankheit, 288
Ich-Du-Beziehung, 286
Immunsystem, 298
Indianisches Medizin-Rad; *siehe* Cheyenne Medizin-Rad
Integrität, 231–232
Intuition, 342–344, 408; kollektive, 262; Entdeckung und Vertrauen in, 123

Kalifornien, 152–164; Zentrum spiritueller Ruhelosigkeit, 69–71; die Sanfte Verschwörung und kulturelle Veränderung in, 157–164; und das demokratische Experiment, 153; Politik von, 271–275
Körper, als Muster und Entwicklung, 300–301
Körper-Geist-Verbindung, 116, 164–165; und Gesundheit, 298–300; *siehe auch* Gesundheit
Kollektives Unbewusstes, 56, 108, 168
Kommunikation, 39–41; und neues Bewusstsein, 39; als soziales Nervensystem, 149–152
Komplementarität, Theorie der, 201
Konservierung, 412–414
Kooperation, 218, 251; *siehe auch* Tausch,

unterstützende Netzwerke, Synergie Kooperativen, 387–390
Krebs, *siehe* Immunsystem
Kultur, 42–49; Begrenzungen der, 119; Transzendenz der, 459–460; und Wertvorstellungen, 459–460; *siehe auch* Gegenkultur, kulturelle Verwirrung
Kulturelle Verwirrung, Freiheit von, 118; und gesellschaftliche Sitten, 459; und Transformation, 460

Lehrplan, neuer, 366–369; *siehe auch* Erziehung
Lernen, 323–374; Leitsätze des alten und des neuen Paradigmas, 335–337; und zwei spezialisierte Gehirnhemisphären, 342–348, 355, 367, 369; und Verbundenheit, 355–356; und Gesundheit, 327–330; und Intuition, 343; und die Rolle des metaphorischen Denkens, 355; und Transformation, 338–342; *siehe auch* Erziehung, Unterricht
Licht, bei spirituellen Erfahrungen, 444–445
Liebe, 446–447, 453–457; Entdeckung der, 113; Macht der, 282; als ein Zustand des Bewusstseins, 438; und universale Synthese, 284
Logik, Grenzen der, 121; *siehe auch* Intuition

Macht, der Entdeckung der, 113; andere Quellen der, 258–263; des radikalen Zentrums, 223, 267–271; «richtig angewandte Macht», 220; *siehe auch* Autonomie, Freiheit, Politik, Verantwortlichkeit
Marine-Ausbildungsprogramm, 227
Medien, 62; *siehe auch* Kommunikation
Meditation, 93, 96, 294, 303–304, 318; *siehe auch* spirituelle Disziplin
Monaden, 214
Mystische Erfahrung, 73–75, 418–420; begrenzte, bestimmte, 428; Fliessen und Ganzheit, 438–441; *siehe auch* unmittelbare Erkenntnis, spirituelle Disziplinen

Natur, 167–168, 187, 198; *siehe auch* Wissenschaft
Netzwerke, 27, 54, 71–72, 96, 487–496; SPINs, 251–252; Unterstützung, Entdeckung der, 129–132; als Mittel zur gesellschaftliche Transformation, 247–258
Neubeginn, 480–482

New Age-Partei, 279

Ökologie; *siehe* Konservierung
Ökonomie, 375–379; Leitsätze des alten und des neuen Paradigmas der, 380–382; *siehe auch* Werte
«Omega»-Punkt, 5

Pädagogik; *siehe* Erziehung
Paideia, 356, 369
Paradigmen und Paradigmenwechsel, 29–34, 228–233, 332–334, 379–382; Leitsätze des alten und des neuen Paradigmas im Wirtschaftsleben/Wertsystem, 380–382; im Erziehungswesen/beim Lernen, 335–337; im Gesundheitswesen, 290–291; Frieden, Macht-Paradigmen, 474–476; Leitsätze des alten und des neuen Paradigmas in der Politik, 245–247; «weltumspannendes Paradigma», 467
Parapsychologie; *siehe* Psi
Physik, 198–205; *siehe auch* Namensregister: Capra, Bohm, Bohr, Einstein, Heisenberg, Newton, Schrödinger
Placebo-Effekt, 362–364; *siehe auch* Endorphine
Politik, 219–281; *siehe auch* Macht
pravritti, 216
Prozess; *siehe* Entwicklungsprozess
Psi, 198–205, 305–306, 486
Psychedelika, 99–102, 106–107, 122, 126–128, 432–433
Psychiatrie, neue Ansätze in der, 317–319
Psychologie; *siehe* Bewusstsein, Verstand, Psychotechnologien, Transpersonale Psychologie
Psychotechnologien, 35–36, 109, 121; Actualizations, 97; Angewandte Kinesiologie, 97; Arica, 97; Autogenes Training, 96; Derwisch-Tänze, 97; EST, 97; Feldenkrais, 97; Fischer-Hoffman-Prozess, 97; und Gehirn-Synchronizität, 91; gelenkte Vorstellungen, 87, Gestalt-Therapie, 97; und Gurdjieffs System, 97; und Heilung, 97; Hypnose, 85–87, 96; Improvisationstheater, 96; Innere Sammlung, 91; «Kurs über Wunder», 97, Körperdisziplin, 97; und Lernen, 94; «Lifespring», 97; Logotherapie, 97; Musik, 96; und Nervensystem, 99; Neurokinästhetik, 117; Plecebo, letztliches, 321; Primär-Therapie, 97; Psychotherapie, 97; Psychosynthese, 96; Reich-Therapie, 117; Widerstand gegenüber den, 98; Rolfing, 97; Selbsterfahrung, 42;

Selbsthilfe und sich gegenseitig unterstützende Netzwerke, 96; Sinnesentzug und sinnliche Überbeanspruchung, 96; Silva Mind Control, 97; Sport, 97; sogen. «strukturelle Integration», 300; Sufi-Geschichten, 97; Theosophie, 97; Traumtagebuch, 97; Wissenschaft des Geistes, 97; *siehe auch* Bioenergetik, Biofeedback, Meditation, spirituelle Disziplinen
Punktionalität oder unterbrochenes Gleichgewicht, 183-184

Radikales Zentrum, 267-271, 332, 369, 440-441; *siehe auch* Zentrum, transzendentes
Regierung, Sanfte Verschwörung in der, 306-309; und Gesundheitswesen, 305-306; väterliche Rolle der, 223-28; *siehe auch* Politik, Macht
Reichtum, Quellen des, 384-390, 415-416; *siehe auch* Werte
Religion, 417-466; *siehe auch* Spiritualität
Revolution, Innengerichtetheit der, 240; «zweite Amerikanische», 144-149; als Lebensweg, 28
Romantik, umgrenzt, 488; Transformation der, 457-462

Sanfte Verschwörung, *siehe* Verschwörung im Zeichen des Wassermanns
Satyagraha, 231-233, 266, 317; *siehe auch* Namensregister: Gandhi
Schmerz, 84-87, 89; und Lernen, 337-342, 358; in Beziehungen, 447-453; *siehe auch* Dissipative Strukturen
Selbst, 112-114; *siehe auch* Autonomie
Selbstverwirklichte Menschen, als Transzendierende, 64, 447; und die «neue Armee», 402; Werte der, 332; *siehe auch* Namensregister: Maslow
Selbsterfüllende Prophezeihung, 271, 316, 359
Sexualität, 469-462
Sinn, Suche nach dem, 419-424; *siehe auch* Transformation, Entdeckung der
Soziale Bewegungen, 70, 146
Spirituelle Erfahrungen und Spiritualität, 417-446; und Lehrer-Schüler-Beziehung, 434-439
Sprache, Grenzen der, 81-82, 172
Stress, und Gesundheit, 293-296; und Lernen, 337-342; und Revolution, 146-148; *siehe auch* Dissipative Strukturen, Punktionalität
Suggestologie, 321

Synchronizität, 123, 131, 203, 212
Synektik, 352-353
Synergie, 181; und Kooperation, 250; als neuer Reichtum, 384-390; Wert der, 384-390
Synthese, umgrenzt, 181; und Natur, 181
Syntropie, 181, 187, 249

Tauschhandel, 385
Technologie, 259, 411-415
Transformation, Ahnungen von, 47; und die entscheidende Anzahl, 71; und Beziehungen, 448-457; umgrenzt, 70; Entdeckungen der, 110-134; Furcht, Scheu vor, 84-87; und Geschäftswelt und Arbeit, 393-396, 401-406; und das Gesundheitswesen, 309-312; und politische Krisen, 224; Männer und Frauen in der, 447; und Mythen, 358; persönliche, 26, 73-136; von Qualität zu Quantität, 295-206; die Rolle von Stress, Krise, Paradox, 44, 83; Stufen der, 99-110; und Vertrauen, 37-38; und Wertvorstellungen, 27, 375-376; Wissenschaft der, 189-194
Transformative Entwicklung, 73-136, 241; und Geschäftswelt, 408-412; und das «grosse Lernen», 369-372; und Beziehungen, 454-457; *siehe auch* Psychotechnologien, Transformation
Transformiertes Selbst, 134-136; als Botschaft, 134; und die Natur, 193; und soziale Unterfangen, 222-223
Transpersonale Erziehung, 332-334; *siehe auch* Lehrplan, Erziehung
Transpersonale Psychologie, 429-430

Umfrage zur Verschwörung im Zeichen des Wassermanns, 23, 95-98, 133, 136, 163, 204, 268, 309, 324-325, 397, 424, 432, 442-443, 483-486
Ungebundenheit, 119-120, 458
Universum, 181, 212, 473
Unmittelbare Erkenntnis, 428-434; Stufen der, 428-429; Tradition der, 436
Unsicherheit, Entdeckung des Prinzips der, 121, 258, 361, 380, 433, 475
Unternehmertum, 408-412.
Unterrichten, 339-341; *siehe auch* Erziehung, Lernen, spirituelle Erfahrung
Unterschiede; *siehe* geschlechtsbedingte Unterschiede

Veränderung, 81-84, 128; Vermeiden der, 84-87; Arten der, 81-82
Verbundenheit, Entdeckung der, 125-127

Vereinigte Staaten von Amerika, 137–166, 424–425; *siehe auch* Amerikanischer Traum, Amerikanische Transzendentalisten
Versagen, 129, 400
Verschwörung im Zeichen des Wassermanns, 22–24, 25–50, 234–238, 256–258, 266, 278, 401, 435; und Kalifornien, 157–164; und Regierung, 275; und das Gesundheitswesen, 304–319; als Netzwerk der Netzwerke, 251–252; und Paradigmenwechsel, 175; *siehe auch* Umfrage zur Verschwörung im Zeichen des Wassermanns, Netzwerke
Verstand, 73–94; des Körpers, 295–296; und Krankheit, 306; neuer Geist, neue Welt, 468–473; und die Wirklichkeit, 204; *siehe auch* Bewusstsein
Versteckter Beobachter, 85–86
Verwaltung, 262
Verzweiflung, 24, 41–42, 164

Werte, 375–416; der Erhaltung, 412–416; dessen, das man weiss, was man will, 390–393; und Paradigmenwechsel, 229; der persönlichen Entwicklung, 406–408; Transformation der, 27; «Vergeistigung» der, 382–384; *siehe auch* Ökonomie
Wissenschaft, 167–218; als Modell für soziale Veränderung, 175; der Transformation, 189–194; *siehe auch* Gehirnforschung, dissipative Strukturen, Evolution, Holographische Theorie, Natur, Psi, Physik
Wohlstand; *siehe* Reichtum

Zeit, 119, 133
Zentrum, transzendentes, 37, 92–94; *siehe auch* Radikales Zentrum
Zusammenhang, 345, 352–355; *siehe auch* Verbundenheit
Zhabotinskii Reaktion, 192